NomosPraxis

Walter Gierl | Dr. Andreas Köhler | Prof. Dr. Ludwig Kroiß | Harald Wilsch

Internationales Erbrecht

EuErbVO | IntErbRVG

Walter Gierl, Richter am Oberlandesgericht, München | **Dr. Andreas Köhler,** Akademischer Rat a.Z., Universität Passau | **Prof. Dr. Ludwig Kroiß,** Vizepräsident des Landgerichts Traunstein | **Harald Wilsch,** Dipl.-Rpfl., München

Nomos   MANZ

Die Deutsche Nationalbibliothek verzeichnet diese Publikation in
der Deutschen Nationalbibliografie; detaillierte bibliografische
Daten sind im Internet über http://dnb.d-nb.de abrufbar.

ISBN 978-3-8487-1826-9 (Nomos Verlagsgesellschaft, Baden-Baden)
ISBN 978-3-214-03963-9 (MANZ`sche Verlags- u. Universitätsbuchhandlung GmbH, Wien)

1. Auflage 2015
© Nomos Verlagsgesellschaft, Baden-Baden 2015. Printed in Germany. Alle Rechte,
auch die des Nachdrucks von Auszügen, der fotomechanischen Wiedergabe und der
Übersetzung, vorbehalten.

Vorwort

Das Jahr 2015 markiert für das Internationale Erbrecht eine tiefgreifende Zäsur. Die ab dem 17.8.2015 anzuwendende EuErbVO vereinheitlicht nicht nur das erbrechtliche Kollisionsrecht nahezu aller EU-Mitgliedstaaten, sondern sieht zugleich umfangreiche Regelungen hinsichtlich der internationalen Zuständigkeit in Erbsachen, der Anerkennung, Vollstreckbarkeit und Vollstreckbarerklärung mitgliedstaatlicher Entscheidungen, der Annahme öffentlicher Urkunden sowie der Einführung eines neuen Europäischen Nachlasszeugnisses vor, welche die grenzüberschreitende Abwicklung von Nachlassangelegenheiten innerhalb der Europäischen Union erleichtern sollen. Flankiert wird dieser europäische Rechtsakt mit dem Gesetz zum Internationalen Erbrecht und zur Änderung von Vorschriften zum Erbschein sowie zur Änderung sonstiger Vorschriften, welches die für die Durchführung der EuErbVO erforderlichen nationalen Regelungen in einem eigenständigen Gesetz (IntErbRVG) bündelt sowie umfangreiche Anpassungen für den gesamten Bereich des Erbrechts vornimmt.

Beide Rechtsakte stellen Praxis und Rechtswissenschaft vor neue Herausforderungen, die es in den nächsten Jahren zu bewältigen gilt. Aus der Europäisierung des Internationalen Erbrechts ergeben sich gänzlich neue Fragestellungen, aber auch altbekannte Problemfelder müssen auf der Grundlage des neuen Rechts analysiert und in spezifisch „europäischem Lichte" betrachtet werden. Über Auslegungsfragen bezüglich der EuErbVO wird nunmehr der EuGH letztverbindlich entscheiden können, womit eine einheitliche Anwendung der Verordnung in allen Mitgliedstaaten sichergestellt ist. Bis jedoch entsprechende EuGH-Entscheidungen hinsichtlich der zahlreichen, sich für die EuErbVO bereits abzeichnenden Streitfragen ergangen sind, besteht ein gewisses Maß an Rechtsunsicherheit, dem insbesondere die beratende Praxis mit den von der EuErbVO gewährten Gestaltungsmöglichkeiten begegnen sollte.

Anliegen des vorliegenden Buches ist es nicht alleine, in die neue Rechtslage einzuführen, sondern zugleich eine umfassende Darstellung des Internationalen Erbrechts in seiner nunmehr geltenden Fassung zu liefern. Behandelt werden daher nicht nur die Regelungen der EuErbVO (Teil 1), des IntErbRVG (Teil 2) sowie die Neuregelungen in anderen Gesetzen (Teil 3), sondern – im jeweiligen Kontext – auch sonstige, für die Lösung internationaler Erbrechtsfälle relevante Vorschriften und Fragestellungen. Der Rechtspraxis will das Buch einen sicheren und fundierten Weg durch die neue Rechtslage weisen, darüber hinaus aber auch Lösungsvorschläge für noch ungeklärte Fragen unterbreiten und insoweit gleichfalls zur weiteren Diskussion beitragen. Wir hoffen, dies zum Wohlgefallen der Leser erreicht zu haben, und freuen uns über Anregungen und Kritik.

Dank aussprechen möchten wir zuletzt unserem Lektor Herrn Frank Michel, der das Buchprojekt über den ganzen Entstehungszeitraum mit Engagement und Hilfsbereitschaft begleitete.

München, Passau und Traunstein im Juni 2015

Walter Gierl   *Ludwig Kroiß*   *Andreas Köhler*   *Harald Wilsch*

Inhaltsverzeichnis

Vorwort	5
Abkürzungsverzeichnis	27
Literatur	53

Teil 1 EuErbVO — 55

§ 1 Einleitung *(Köhler)* 55
A. Allgemeines 55
B. Überblick über die neuen Regelungen 56
C. Auslegung der EuErbVO 57
    I. Europarechtlich-autonome Auslegung, Rechtsfortbildung 57
    II. Auslegungskompetenz des EuGH 59

§ 2 Der Anwendungsbereich der EuErbVO *(Köhler)* 60
A. Allgemeines 60
B. Sachlicher Anwendungsbereich (Art. 1 EuErbVO) 60
    I. Allgemeines 60
    II. Einzelne Bereichsausnahmen des Art. 1 Abs. 2 EuErbVO 61
        1. Personenstand, familienrechtliche und ähnliche Verhältnisse (lit. a) 61
        2. Rechts-, Geschäfts- und Handlungsfähigkeit von natürlichen Personen (lit. b) 62
        3. Verschollenheit, Todesvermutung (lit. c) 62
        4. Güterrecht (lit. d) 62
        5. Unterhaltspflichten (lit. e) 63
        6. Formgültigkeit mündlicher Verfügungen von Todes wegen (lit. f) ... 63
        7. Rechtsgeschäfte unter Lebenden (lit. g) 63
        8. Gesellschaftsrecht, Vereinsrecht, Recht der juristischen Personen (lit. h, i) 64
        9. Trusts (lit. l, i) 64
        10. Dingliche Rechte (lit. k) 65
        11. Registerrecht (lit. l) 67
    III. Art. 25 EGBGB nF 67
C. Zeitlicher Anwendungsbereich (Art. 83 EuErbVO) 68
D. Räumlicher Anwendungsbereich 68
E. Verhältnis zu bestehenden internationalen Übereinkommen (Art. 75 EuErbVO) 68

§ 3	**Internationale Zuständigkeit nach der EuErbVO** (*Köhler*)	70
A.	Allgemeines	70
B.	Das Zuständigkeitssystem der EuErbVO	71
	I. Überblick	71
	II. Allgemeine Zuständigkeit (Art. 4 EuErbVO)	73
	1. Allgemeines	73
	2. Verfahren bei Vorliegen einer Rechtswahl des Erblassers zugunsten eines mitgliedstaatlichen Rechts	73
	a) Vorliegen einer Gerichtsstandsvereinbarung iSv Art. 5 EuErbVO	74
	b) Vereinbarung einer außergerichtlichen Regelung der Erbsache (Art. 8 EuErbVO)	74
	c) Sonstige Fälle (Art. 6 EuErbVO)	74
	III. Zuständigkeit bei einer Rechtswahl zugunsten eines mitgliedstaatlichen Rechts (Art. 7 EuErbVO)	75
	1. Allgemeines	75
	2. Zuständigkeitsbegründung kraft Unzuständigkeitserklärung (Art. 7 lit. a EuErbVO)	76
	3. Zuständigkeitsbegründung kraft Gerichtsstandsvereinbarung (Art. 7 lit. b EuErbVO)	77
	a) Allgemeines	77
	b) Zulässigkeits- und Wirksamkeitsvoraussetzungen einer Gerichtsstandsvereinbarung (Art. 5 EuErbVO)	78
	4. Zuständigkeitsbegründung kraft Gerichtsstandsanerkennung (Art. 7 lit. c EuErbVO)	80
	5. Rügelose Einlassung (Art. 9 EuErbVO)	80
	IV. Subsidiäre Zuständigkeit (Art. 10 EuErbVO)	81
	V. Notzuständigkeit (Art. 11 EuErbVO)	81
	VI. Zuständigkeit bei Annahme- und Ausschlagungserklärungen (Art. 13 EuErbVO)	83
	VII. Zuständigkeit bei einstweilige Maßnahmen einschließlich Sicherungsmaßnahmen (Art. 19 EuErbVO)	83
	VIII. Sonstige zuständigkeitsrechtliche Regelungen	84
	1. Beschränkung des Verfahrens (Art. 12 EuErbVO)	84
	2. Autonome Bestimmung der Anhängigkeit (Art. 14 EuErbVO)	85
	3. Vorschriften zur Vermeidung sich widersprechender Entscheidungen (Art. 17, 18 EuErbVO)	85
	a) Vermeidung von Parallelverfahren (Art. 17 EuErbVO)	85
	b) Im Zusammenhang stehende Verfahren (Art. 18 EuErbVO)	86
	4. Bestimmungen hinsichtlich der Prüfung der Zuständigkeit und Zulässigkeit des Verfahrens (Art. 15, 16 EuErbVO)	88
	a) Prüfung der Zuständigkeit (Art. 15 EuErbVO)	88
	b) Prüfung der Zulässigkeit (Art. 16 EuErbVO)	88

§ 4 Internationales Privatrecht *(Köhler)* ... 89
A. Allgemeines ... 89
   I. Überblick über das neue erbrechtliche Kollisionsrecht ... 89
   II. Prüfungsschritte bei der Lösung internationaler Erbrechtsfälle ... 90
B. Die Bestimmung des Erbstatuts nach der EuErbVO ... 91
   I. Überblick ... 91
   II. Objektive Bestimmung des Erbstatuts (Art. 21 EuErbVO) ... 92
   1. Allgemeines ... 92
   2. Grundanknüpfung an den gewöhnlichen Aufenthalt (Art. 21 Abs. 1 EuErbVO) ... 92
      a) Allgemeines ... 92
      b) Einheitliche oder divergierende Begriffsbildung ... 92
      c) Bestimmung des gewöhnlichen Aufenthalts nach der EuErbVO ... 94
   3. Ausweichklausel des Art. 21 Abs. 2 EuErbVO ... 98
   4. Fragen des Allgemeinen Teils; Internationale Zuständigkeit ... 98
   5. Praxishinweis ... 99
   III. Rechtswahl (Art. 22 EuErbVO) ... 99
   1. Allgemeines ... 99
   2. Rechtswahl zugunsten des Rechts der Staatsangehörigkeit ... 100
   3. Formelle Wirksamkeit der Rechtswahl ... 101
   4. Materielle Wirksamkeit der Rechtswahl ... 102
   5. Änderung oder Widerruf der Rechtswahl ... 103
   6. Übergangsrecht (Art. 83 EuErbVO) ... 104
      a) Rechtswahl vor dem 17.8.2015 ... 104
      b) Rechtswahl vor dem 16.8.2012 ... 104
      c) Fiktion der Rechtswahl (Art. 83 Abs. 4 EuErbVO) ... 105
   7. Fragen des Allgemeinen Teils, Internationale Zuständigkeit ... 106
   8. Praxishinweis ... 106
   IV. Reichweite des Erbstatuts (Art. 23 EuErbVO) ... 107
   1. Allgemeines ... 107
   2. Von Art. 23 EuErbVO ausdrücklich erfasste Rechtsbereiche ... 108
      a) Gründe, Zeitpunkt und Ort des Erbfalls (lit. a) ... 108
      b) Berechtigung am Nachlass (lit. b) ... 108
      c) Erbfähigkeit, Enterbung und Erbunwürdigkeit (lit. c, d) ... 108
      d) Erbgang, Annahme und Ausschlagung der Erbschaft (lit. e) ... 108
      e) Erbberechtigung (lit. f) ... 109
      f) Haftung für Nachlassverbindlichkeiten (lit. g) ... 109
      g) Pflichtteilsrecht, Ausgleichung und Anrechnung, Nachlassteilung (lit. h-j) ... 109
   3. Einzelne Abgrenzungsfragen ... 110
      a) Abgrenzung Erbstatut und Errichtungsstatut bzw Formstatut ... 110

b) Abgrenzung Erbstatut und Vertragsstatut 110
    aa) Allgemeines 110
    bb) Schenkungen von Todes wegen 110
    cc) Verträge zugunsten Dritter auf den Todesfall 111
c) Abgrenzung Erbstatut und Sachenstatut 112
d) Abgrenzung Erbstatut und Güterstatut 112
e) Abgrenzung Erbstatut und Adoptionsstatut 114
f) Abgrenzung Erbstatut und Gesellschaftsstatut 115
g) Besondere Bestimmungen (Eingriffsnormen) 116

C. Die kollisionsrechtliche Behandlung von Verfügungen von Todes wegen ... 116

I. Überblick 116
II. Materielle Wirksamkeitsvoraussetzungen von Verfügungen von Todes wegen 117
  1. Verfügungen von Todes wegen außer Erbverträgen (Art. 24 EuErbVO) 117
    a) Allgemeines 117
    b) Anknüpfungen 117
        aa) Allgemeine Anknüpfung (Art. 24 Abs. 1 EuErbVO) 117
        bb) Rechtswahl (Art. 24 Abs. 2 EuErbVO) 117
    c) Änderung oder Widerruf einer Verfügung von Todes wegen (Art. 24 Abs. 3 EuErbVO) 118
    d) Übergangsrecht (Art. 83 Abs. 3 EuErbVO) 118
    e) Praxishinweis 119
  2. Erbverträge (Art. 25 EuErbVO) 119
    a) Allgemeines 119
    b) Begriff des Erbvertrages 119
    c) Anknüpfungen 121
        aa) Allgemeine Anknüpfung (Art. 25 Abs. 1, 2 EuErbVO) 121
        bb) Rechtswahl (Art. 25 Abs. 3 EuErbVO) 122
    d) Übergangsrecht (Art. 83 Abs. 3 EuErbVO) 123
  3. Reichweite des Errichtungsstatuts, Testierfähigkeit bei Statutenwechsel (Art. 26 EuErbVO) 123
    a) Allgemeines 123
    b) Materielle Wirksamkeit (Art. 26 Abs. 1 EuErbVO) 124
    c) Testierfähigkeit bei Statutenwechsel (Art. 26 Abs. 2 EuErbVO) 124
III. Formelle Wirksamkeitsvoraussetzungen einer Verfügung von Todes wegen 125
  1. Maßgebliche Rechtsgrundlage 125

	2. Formgültigkeit von Verfügungen von Todes wegen mit Ausnahme mündlicher letztwilliger Verfügungen	126
	a) Bestimmung des Formstatuts (Art. 27 Abs. 1 EuErbVO bzw. Art. 1 UAbs. 1, UAbs. 3 HTestformÜ)	126
	aa) Errichtungsort (Art. 27 Abs. 1 UAbs. 1 lit. a EuErbVO, Art. 1 UAbs. 1 lit. a HTestformÜ)	126
	bb) Staatsangehörigkeit des Erblassers (Art. 27 Abs. 1 UAbs. 1 lit. b EuErbVO, Art. 1 UAbs. 1 lit. b HTestformÜ)	126
	cc) Wohnsitz und gewöhnlicher Aufenthalt des Erblassers (Art. 27 Abs. 1 UAbs. 1 lit. b, c EuErbVO, Art. 1 UAbs. 1 lit. b, c HTestformÜ)	127
	dd) Belegenheitsort bei unbeweglichem Vermögen (Art. 27 Abs. 1 UAbs. 1 lit. d EuErbVO, Art. 1 UAbs. 1 lit. d HTestformÜ)	127
	b) Änderung oder Widerruf einer Verfügungen von Todes wegen (Art. 27 Abs. 2 EuErbVO, Art. 2 HTestformÜ)	128
	c) Reichweite des Formstatuts (Art. 27 Abs. 3 EuErbVO, Art. 5 HTestformÜ)	128
	d) Fragen des Allgemeinen Teils	129
	3. Formgültigkeit mündlicher letztwilliger Verfügung	129
D.	**Weitere gesonderte Anknüpfungen der EuErbVO**.................................	130
I.	Überblick	130
II.	Formgültigkeit von Annahme- und Ausschlagungserklärungen (Art. 28 EuErbVO)	130
III.	Bestellung und Befugnisse von Nachlassverwaltern (Art. 29 EuErbVO)	130
	1. Allgemeines	130
	2. Bestellung des Nachlassverwalters (Art. 29 Abs. 1 EuErbVO)	131
	3. Befugnisse des Nachlassverwalters (Art. 29 Abs. 2, 3 EuErbVO)	131
IV.	Eingriffsnormen (Art. 30 EuErbVO)	131
	1. Grundlagen der Eingriffsnormenproblematik	132
	2. Anwendung von Eingriffsnormen im Rahmen von Art. 30 EuErbVO	133
	a) Besondere Bestimmungen iSv Art. 30 EuErbVO	133
	b) Kollisionsrechtliche Interessenprüfung	134
	aa) Allgemeine Anwendungsvoraussetzungen	134
	bb) Besondere Anwendungsvoraussetzungen für drittstaatliche Eingriffsnormen	135
	c) Rechtsfolge	136
	3. Andere „besondere Bestimmungen"	137
	4. Praxishinweis	138
E.	**Rück- und Weiterverweisungen**	138
I.	Allgemeines	138

II.	Gesamtverweisung (Art. 34 Abs. 1 EuErbVO)	139
	1. Rück- und Weiterverweisung auf das Recht eines Mitgliedstaates (lit. a)	140
	2. Weiterverweisung auf das Recht eines anderen (zweiten) Drittstaates (lit. b)	142
	3. Besonderheiten bei der Anwendung ausländischen Kollisionsrechts...	143
	a) Nachlassspaltung...	143
	b) Verweisung kraft abweichender Qualifikation, „Qualifikationsverweisungen"	143
	c) „Versteckte" Verweisungen	144
	d) Nichtermittelbarkeit ausländischen Kollisionsrechts............	146
III.	Sachnormverweisungen (Art. 34 Abs. 2 EuErbVO)	147
IV.	Verweisungen auf mitgliedstaatliche Rechtsordnungen mit vorrangig zu beachtenden Staatsverträgen	147

F. Interlokale, interpersonale und intertemporale Rechtsspaltung 148

    I. Interlokale Rechtsspaltung... 149
   II. Interpersonale Rechtsspaltung 150
  III. Intertemporale Rechtsspaltung 150

G. Die Behandlung von Vorfragen 150

H. Anpassung 154

    I. Anpassung im Allgemeinen....................................... 154
   II. Spezielle Anpassungsregelungen in der EuErbVO: Art. 31, 32, 33 EuErbVO 156
      1. Anpassung dinglicher Rechte (Art. 31 EuErbVO) 157
         a) Anwendungsbereich von Art. 31 EuErbVO 157
         b) Anwendungsvoraussetzungen und Rechtsfolge............. 157
         c) Einzelne Beispiele... 158
           aa) Zum Nachlass gehörende unbekannte dingliche Rechte 159
           bb) Durch das Erbstatut selbst geschaffene unbekannte dinglichen Rechte 159
      2. Kommorienten (Art. 32 EuErbVO) 161
      3. Erbenlose Nachlässe (Art. 33 EuErbVO) 163

I. Ordre public.. 166

    I. Allgemeines 166
   II. Zweck des ordre public, Methodik und Anwendungsvoraussetzungen...................................... 166
  III. Einzelfälle.. 169
  IV. Verortung des kollisionsrechtlichen Anwendungsbefehls; Prüfungskompetenz des EuGH 172

J. Gesetzesumgehung (fraus legis) 173

K. Problem des Auslandssachverhaltes; Handeln unter falschem Recht; Substitution 175
L. Ermittlung ausländischen Rechts 176
Anhang zu § 4: Vorrangig zu beachtende Staatsverträge auf dem Gebiet des Internationalen Erbrechts 178
    I. Allgemeines 178
    II. Deutsch-iranisches Niederlassungsabkommen 178
    III. Deutsch-türkischer Konsularvertrag 180
    IV. Deutsch-sowjetischer Konsularvertrag 182
    V. Staatsvertragliche Regelungen hinsichtlich des Personalstatuts 183

§ 5 Anerkennung, Vollstreckbarkeit und Vollstreckung von Entscheidungen (*Köhler*) 184
A. Mitgliedstaatliche Entscheidungen 184
    I. Allgemeines 184
    II. Anerkennung 184
        1. Allgemeines 184
        2. Gründe für die Nichtanerkennung einer Entscheidung (Art. 40 EuErbVO) 185
            a) Ordre public (Art. 40 lit. a EuErbVO) 185
            b) Wahrung der Verteidigungsrechte (Art. 40 lit. b EuErbVO) 186
            c) Unvereinbarkeit mit einer Entscheidung aus dem Anerkennungsstaat (Art. 40 lit. c EuErbVO) 186
            d) Unvereinbarkeit mit einer früheren ausländischen Entscheidung (Art. 40 lit. d EuErbVO) 187
    III. Exequatur- und Rechtsbehelfsverfahren 187
    IV. Einstweilige Maßnahmen einschließlich Sicherungsmaßnahmen (Art. 54 EuErbVO) 188
B. Drittstaatliche Entscheidungen 188

§ 6 Öffentliche Urkunden und gerichtliche Vergleiche (*Köhler*) 189
A. Überblick 189
B. Annahme öffentlicher Urkunden 190
    I. Allgemeines 190
    II. Einwände gegen öffentliche Urkunden 191
    III. Zuständigkeit hinsichtlich Vorfragen 192
    IV. Sich widersprechende Urkunden 192
C. Vollstreckbarkeit öffentlicher Urkunden 193
D. Vollstreckbarkeit gerichtlicher Vergleiche 193

§ 7	**Das Europäische Nachlasszeugnis** *(Köhler)*	**194**
A.	Allgemeines	194
B.	Zweck, Ausstellungsvoraussetzung und Verhältnis zu vergleichbaren nationalen Zeugnissen	195
	I. Zweck des Zeugnisses	195
	II. Ausstellungsvoraussetzung	195
	III. Verhältnis zu vergleichbaren nationalen Zeugnissen (Art. 62 Abs. 2 EuErbVO)	195
C.	Antragsverfahren	196
	I. Zuständigkeit für die Erteilung des Zeugnisses	196
	II. Antrag auf Ausstellung eines Zeugnisses	196
	III. Prüfung des Antrags	198
	IV. Ausstellung des Zeugnisses	198
	V. Beglaubigte Abschriften des Zeugnisses	199
	VI. Inhalt des Nachlasszeugnisses	199
D.	Wirkungen des Zeugnisses	201
	I. Vermutung der Richtigkeit	201
	II. Öffentlicher Glaube des ENZ	202
	III. Vorlage des ENZ bei registerführenden Behörden	203
E.	Berichtigung, Änderung oder Widerruf des Zeugnisses	204
	I. Allgemeines	204
	II. Schreibfehler	204
	III. Inhaltliche Unrichtigkeit	204
	IV. Herausgabe des ENZ	205
F.	Rechtsbehelfe	205
G.	Aussetzung der Wirkungen des Zeugnisses	206

Teil 2 Artikel 1 des Gesetzes zum Internationalen Erbrecht — 207

§ 1	**Anwendungsbereich und Zuständigkeit** *(Gierl)*	**207**
A.	Anwendungsbereich des IntErbRVG (§ 1)	207
B.	Örtliche Zuständigkeit (§ 2)	207
	I. Grundsätze	207
	II. Örtliche Zuständigkeit aufgrund unmittelbarer Geltung der EuErbVO (§ 2 Abs. 1–3)	208
	1. Durch Gerichtsstandsvereinbarung der Verfahrensparteien (§ 2 Abs. 1)	208
	2. Durch ausdrückliche Anerkennung der Verfahrensparteien (§ 2 Abs. 2)	208

　　　　3. Durch rügelose Einlassung derjenigen Verfahrenspartei, die nicht
　　　　　 Beteiligte der Gerichtsstandsvereinbarung ist (§ 2 Abs. 3) 208
　　III. Örtliche Zuständigkeit aufgrund nationaler Regelung
　　　　(§ 2 Abs. 4 und 5) 209
　　　　1. Internationale Zuständigkeit wird aufgrund anderer Vorschriften
　　　　　 des Kapitels II der EuErbVO begründet (Abs. 4) 209
　　　　　 a) Überblick 209
　　　　　 b) Erblasser hatte im Zeitpunkt seines Todes seinen gewöhnlichen
　　　　　　　 Aufenthalt im Inland (Abs. 4 S. 1) 209
　　　　　 c) Erblasser hatte im Zeitpunkt seines Todes seinen gewöhnlichen
　　　　　　　 Aufenthalt nicht im Inland (Abs. 4 S. 2 und 3) 209
　　　　2. Die weiteren Gerichtsstände der ZPO (§§ 12 ff) mit Ausnahme von
　　　　　 §§ 27, 28 ZPO (Abs. 5) 210
　　　　　 a) Überblick 210
　　　　　 b) Inhalt 210

**§ 2　Anerkennung und Vollstreckung ausländischer Titel
　　　 (§§ 3 bis 30 IntErbRVG)** *(Gierl)* 210
A. Vorbemerkung 210
B. Verfahren 211
　　I. Zuständigkeit (§ 3) 211
　　　1. Sachliche Zuständigkeit 211
　　　2. Örtliche Zuständigkeit 211
　　　3. Funktionelle Zuständigkeit 211
　　II. Verfahren 211
　　　1. Grundsatz 211
　　　2. Gerichtliche bzw notarielle Vollstreckbarerklärung 212
　　　　a) Antragstellung (§ 4) 212
　　　　b) Verfahren 213
　　　3. Entscheidung 214
　　　　a) Dem Antrag wird stattgegeben 214
　　　　b) Dem Antrag wird nicht stattgegeben 214
　　　　c) Dem Antrag wird nur teilweise stattgegeben 215
　　　4. Erteilung der Vollstreckungsklausel (§ 7) 215
　　III. Bekanntmachung 216
　　　1. den Antrag stattgebende Entscheidung (§ 9 Abs. 1) 216
　　　2. den Antrag ablehnende Entscheidung (§ 9 Abs. 2) 216
　　IV. Zustellung 216
　　V. Gerichtskosten 216
　　VI. Rechtsfolge der Vollstreckbarerklärung 216
　　　1. Maßnahmen zur Sicherung der Zwangsvollstreckung 216
　　　2. Umfang der Zwangsvollstreckung 217
　　　　a) Grundsatz: beschränkte Zulassung der Zwangsvollstreckung ... 217
　　　　b) Unbeschränkte Zulassung der Zwangsvollstreckung 217

C. Das Rechtsmittelverfahren 217

   I. Rechtsbehelf gegen die Entscheidung im Vollstreckungserklärungsverfahren 217
      1. Grundsatz 217
      2. Rechtsbehelf des Antraggegners (= Schuldner) 217
         a) Statthaftigkeit 217
         b) Form der Beschwerde 218
         c) Beschwerdefrist 218
         d) Beschwerdewert 219
      3. Rechtsbehelf für den Antragsteller 219
         a) Statthaftigkeit 219
         b) Form der Beschwerde 219
         c) Beschwerdefrist 219
         d) Beschwerdewert 220
         e) Beschwerdeverfahren 220
         f) Kosten 220
         g) Die Entscheidung des Beschwerdegerichts 221
            aa) Betreffend den Rechtsbehelf des Antragstellers – Beschwerde hat in der Sache Erfolg 221
               (1) Die Entscheidung des OLG 221
               (2) Rechtswirkung der den Antrag stattgebenden Entscheidung 221
               (3) Erteilung der Vollstreckungsklausel 221
               (4) Beschwerde ist unzulässig bzw hat in der Sache keinen Erfolg 222
            bb) Rechtsbehelf für den Antragsgegner 222
               (1) Beschwerde hat in der Sache Erfolg 222
               (2) Beschwerde ist unzulässig bzw hat in der Sache keinen Erfolg 222
         h) Rechtsbehelf gegen die Entscheidung über den Rechtsbehelf (Art. 51 EuErbVO) 223
            aa) Statthaftigkeit 223
            bb) Rechtsbeschwerdefrist 223
            cc) Form der Rechtsbeschwerde 223
            dd) Verfahren 223
            ee) Entscheidung 224
            ff) Rechtswirkungen 224
   II. Durchführung der Zwangsvollstreckung – Grundsatz 224
   III. Rechtsschutzmöglichkeiten des Schuldners im Rahmen der Zwangsvollstreckung 224
      1. Sicherheitsleistung durch den Schuldner (§ 16) 224
      2. Antrag auf Versteigerung beweglicher Sachen (§ 17) 225

3. Antrag, dass die Zwangsvollstreckung nicht oder nur gegen Sicherheitsleistung über Maßregeln der Sicherung hinausgehen darf (§ 18 Abs. 2) 225
4. Einwendungen des Schuldners betreffend einen Verstoß gegen die Beschränkung der Zwangsvollstreckung auf Sicherungsmaßregeln (§ 15) 225
   a) Gegenstand der Einwendungen 225
   b) Rechtsbehelf 226
5. Einwendungen gegen den Anspruch selbst (Vollstreckungsabwehrklage, § 23) 226
6. Antrag auf Aufhebung/Änderung der Zulassung der Zwangsvollstreckung aufgrund des Wegfalls der Vollstreckungskraft der Entscheidung des Ursprungsmitgliedstaats (§ 24) 226
   a) Anwendungsbereich 226
   b) Verfahren 226
7. Antrag auf Aufhebung/Änderung der Zulassung der Zwangsvollstreckung aufgrund des Wegfalls der Entscheidung des Ursprungsmitgliedstaats (§ 25) 227
8. Schadensersatz wegen ungerechtfertigter Vollstreckung (§ 26) 227
   a) Anwendungsbereich 227
   b) Verfahren 228

IV. Rechtsschutzmöglichkeiten des Gläubigers im Rahmen der Zwangsvollstreckung 228
1. Einwendungen des Gläubigers betreffend einen Verstoß gegen die Beschränkung der Zwangsvollstreckung auf Sicherungsmaßregeln (§ 15) 228
   a) Gegenstand der Einwendungen 228
   b) Rechtsbehelf 228
2. Antrag auf Versteigerung beweglicher Sachen (§ 17) 228
3. Antrag beim BGH, eine Anordnung des Beschwerdegericht iSd § 18 Abs. 2, wonach die Zwangsvollstreckung nicht bzw nur gegen Sicherheitsleistung über Maßregeln der Sicherung hinausgehen darf, abzuändern bzw aufzuheben (§ 18 Abs. 2) 229
4. Antrag auf unbeschränkte Fortsetzung der Zwangsvollstreckung ... 229
   a) die durch das Gericht des ersten Rechtszuges zugelassen wurde (§ 19) 229
   b) die durch das Beschwerdegericht zugelassen wurde (§ 20) 229

D. Feststellung der Anerkennung einer ausländischen Entscheidung 229
I. Grundsatz 229
II. Verfahren 229
1. Inzidente Anerkennung (Art. 39 Abs. 3 EuErbVO) 229
2. Selbstständiges Anerkennungsverfahren (Art. 39 Abs. 2 EuErbVO) 229

E. Entscheidungen deutscher Gerichte – Mahnverfahren (§§ 27–39)	230
I. Bescheinigungen zu inländischen Titeln (§ 27)	230
II. Vervollständigung inländischer Entscheidungen zur Verwendung im Ausland (§ 28)	231
1. Anwendungsbereich	231
2. Verfahren	231
III. Vollstreckungsklausel zur Verwendung im Ausland (§ 29)	231
IV. Mahnverfahren mit Zustellung im Ausland (§ 30)	231
§ 3 Entgegennahme von Erklärungen; Aneignungsrecht (§§ 31, 32 IntErbRVG) *(Wilsch)*	232
A. Entgegennahme von Erklärungen (§ 31 IntErbRVG)	232
I. Allgemeines und Kritisches	232
II. Spezielle örtliche Zuständigkeit, § 31 Satz 1 IntErbRVG	233
III. Prozedere der Entgegennahme, § 31 Satz 2 IntErbRVG	234
IV. Prozedere nach Entgegennahme der Erklärung, § 31 Satz 3 IntErbRVG, und Kritik hierzu	234
V. Kostenrecht, § 18 GNotKG	235
B. Aneignungsrecht (§ 32 IntErbRVG) *(Wilsch)*	235
I. Allgemeines und Kritisches	235
II. Prämissen, nachlassgerichtliche Feststellung und Mitteilung der Erbenlosigkeit, § 32 Abs. 1 IntErbRVG	236
III. Örtliche Zuständigkeit, § 32 Abs. 2 IntErbRVG	237
IV. Ausübung des Aneignungsrecht, § 32 Abs. 3 IntErbRVG	237
V. Rechtsfolge und Grundbuchberichtigung, § 32 Abs. 4 und 5 IntErbRVG	238
VI. Bescheinigung des Nachlassgerichts und Registerberichtigung durch die Aneignungsstelle, § 32 Abs. 5 IntErbRVG	238
VII. Vindikationslegatare, § 32 Abs. 6 IntErbRVG	239
VIII. Gläubigerrechte, § 32 Abs. 7 IntErbRVG	240
§ 4 Das Europäische Nachlasszeugnis (§§ 33–36 IntErbRVG) *(Kroiß)*	240
A. Anwendungsbereich (§ 33 IntErbRVG)	240
I. Allgemeines	240
II. Ausstellung, Berichtigung, Änderung oder Widerruf eines ENZ	240
III. Beglaubigte Abschriften	241
IV. Aussetzung der Wirkungen des ENZ	241
B. Örtliche und sachliche Zuständigkeit (§ 34 IntErbRVG)	241
I. Allgemeines	241
II. Die örtliche Zuständigkeit	242
1. Gerichtsstandsvereinbarungen	242
2. Anerkennung der Zuständigkeit	242

3. Ausschließliche Zuständigkeit	242
III. Sachliche Zuständigkeit	243
IV. Funktionelle Zuständigkeit	243

C. Allgemeine Verfahrensvorschriften (§ 35 IntErbRVG) 244
    I. Allgemeines 244
    II. Anwendbarkeit des FamFG, § 35 Abs. 1 IntErbRVG 244
    III. Gerichtssprache 247
    IV. Bekanntmachung von Entscheidungen 247

D. Ausstellung eines Europäischen Nachlasszeugnisses (§ 36 IntErbRVG) 247
    I. Allgemeines 247
    II. Antrag auf Ausstellung des ENZ 248
    III. Eidesstattliche Versicherung 248

§ 5 Europäisches Nachlasszeugnis – Beteiligte, Änderung, Widerruf, Art, Bekanntgabe und Wirksamwerden der Entscheidung, Gültigkeitsfrist und Rechtsbehelfe (§§ 37–42 IntErbRVG) *(Wilsch)* 248

A. Beteiligte (§ 37 IntErbRVG) 248
    I. Allgemeines 248
    II. Beteiligte im Verfahren über die Ausstellung eines ENZ,
        § 37 Abs. 1 IntErbRVG 249
        1. Antragsteller, § 37 Abs. 1 Satz 1 IntErbRVG 249
        2. Weitere Beteiligte, § 37 Abs. 1 S. 2 und 3 IntErbRVG 250
    III. Beteiligte in ENZ-Berichtigungs-, Änderungs-, Widerrufs- und
        Aussetzungsverfahren, § 37 Abs. 2 IntErbRVG 251
        1. Antragsteller, § 37 Abs. 2 Satz 1 IntErbRVG 251
        2. Sonstige Personen mit berechtigtem Interesse, § 37 Abs. 2 S. 2
           und 3 IntErbRVG 251
    IV. Beteiligte in Verfahren über Erteilung einer beglaubigten ENZ-
        Abschrift oder Verlängerung der Gültigkeitsfrist einer beglaubigten
        ENZ-Abschrift, § 37 Abs. 3 IntErbRVG 251

B. Änderung oder Widerruf eines Europäischen Nachlasszeugnisses (§ 38 IntErbRVG) 252
    I. Allgemeines und Kritisches 252
    II. Änderung eines ENZ und Antragserfordernis, § 38 IntErbRVG 253
    III. Widerruf eines ENZ auf Antrag oder von Amts wegen,
        § 38 IntErbRVG 253
    IV. Exkurs zu den sonstigen Verfahren (Ausstellung; Berichtigung;
        Erteilung einer beglaubigten Abschrift; Verlängerung Gültigkeitsfrist
        einer beglaubigten Abschrift; Aussetzung der Wirkungen eines ENZ) .. 254

C. § 39 IntErbRVG – Art der Entscheidung 254
    I. Allgemeines und Kritisches 254

II. Ausstellung eines ENZ und Art der Entscheidung, § 39 Abs. 1 Satz 1, Abs. 2 IntErbRVG 255
III. Erteilung einer beglaubigten Abschrift sowie Verlängerung der Gültigkeitsfrist einer beglaubigten Abschrift eines ENZ und Art der Entscheidung, § 39 Abs. 1 Satz 2, Abs. 2 IntErbRVG 256
IV. Entscheidung im Übrigen und Art der Entscheidung, § 39 Abs. 1 Satz 3 IntErbRVG 257

D. § 40 IntErbRVG – Bekanntgabe der Entscheidung 257
I. Allgemeines 257
II. Ausstellung eines ENZ: Bekanntgabe der Entscheidung an den Antragsteller, §§ 40 Satz 1, 39 Abs. 1 Satz 1 IntErbRVG 257
III. Ausstellung eines ENZ: Bekanntgabe der Entscheidung an die weiteren Beteiligten, §§ 40 Satz 2, 39 Abs. 1 Satz 1 IntErbRVG 258
IV. Erteilung einer beglaubigten ENZ-Abschrift: Bekanntgabe der Entscheidung, §§ 40 S. 1, 39 Abs. 1 Satz 2 IntErbRVG 258
V. Verlängerung der Gültigkeitsfrist einer beglaubigten ENZ- Abschrift: Bekanntgabe der Entscheidung, §§ 40 S. 1, 39 Abs. 1 Satz 2 IntErbRVG 258

E. § 41 IntErbRVG – Wirksamwerden 258
I. Wirksamwerden der Entscheidung, § 41 Satz 1 IntErbRVG 258
II. Vermerk auf der Entscheidung, § 41 Satz 2 IntErbRVG 259

F. § 42 IntErbRVG – Gültigkeitsfrist der beglaubigten Abschrift eines Europäischen Nachlasszeugnisses 259
I. Allgemeines 259
II. Beginn der Gültigkeitsfrist, § 42 Satz 1 IntErbRVG 259
III. Berechnung der Gültigkeitsfrist, § 42 Satz 2 IntErbRVG 260
IV. Kosten, Nr. 12218 KV GNotKG 261
V. Anhang: Verordnung (EWG, Euratom) Nr. 1182/71 des Rates zur Festlegung der Regeln für die Fristen, Daten und Termine 261

§ 6 Beschwerde und Rechtsbeschwerde (*Gierl*) 263
A. Beschwerde (§ 43 IntErbRVG) 263
I. Zulässigkeit der Beschwerde 263
1. Statthaftigkeit der Beschwerde (§ 43 Abs. 1) 263
2. Beschwerdegericht (§ 43 Abs. 1 S. 1) 264
3. Beschwerdewert (§ 43 Abs. 1 S. 2) 264
4. Beschwerdeberechtigung (§ 43 Abs. 2) 264
    a) Grundsatz 264
    b) Ausstellung eines Europäischen Nachlasszeugnisses (§ 33 Nr. 1 Alt. 1 iVm Art. 72 Abs. 1 EuErbVO) 264

	c) Berichtigung, Änderung, Widerruf eines Europäischen Nachlasszeugnisses (§ 33 Nr. 1 Alt. 2 iVm Art. 72 Abs. 1 EuErbVO) sowie Aussetzung der Wirkungen eines Europäischen Nachlasszeugnisses (§ 33 Nr. 3 iVm Art. 72 Abs. 1, Art. 73 Abs. 1 a))	264
	d) Erteilung einer beglaubigten Abschrift eines Europäischen Nachlasszeugnisses; Verlängerung der Gültigkeitsfrist einer beglaubigten Abschrift (§ 33 Nr. 2)	264
5.	Einlegung der Beschwerde (§ 43 Abs. 1 S. 2)	265
6.	Beschwerdefrist (§ 43 Abs. 3)	265
	a) Grundsatz	265
	b) Beginn der Frist	265
	c) Dauer der Frist (§ 43 Abs. 3 S. 1)	265
	d) Versäumung der Frist	265
II.	Beschwerdeverfahren	265
1.	Allgemeines	265
2.	Bekanntgabe der Beschwerde	265
3.	Beschwerdeentscheidung (§ 43 Abs. 5)	265
	a) Grundsatz	265
	aa) Beschwerde gegen die Ausstellung des Europäischen Nachlasszeugnisses ist begründet	266
	bb) Beschwerde gegen die Ablehnung der Ausstellung des Europäischen Nachlasszeugnisses ist begründet	266
	b) Sonstige Entscheidungen im Beschwerdeverfahren (Beschwerden sind unzulässig oder unbegründet)	266

B. Rechtsbeschwerde (§ 44) ... 266
  I. Grundsatz ... 266
  II. Rechtsbeschwerdeverfahren ... 266

§ 7 Authentizität von Urkunden (§§ 45, 46 IntErbRVG) *(Wilsch)* ... 267

A. Aussetzung des inländischen Verfahrens (§ 45 IntErbRVG) ... 267
  I. Anwendungsbereich ... 267
  II. Aussetzung des Verfahrens, § 45 IntErbRVG ... 267
  III. Wirkung der Aussetzung ... 268
  IV. Sofortige Beschwerde gegen Aussetzungsentscheidung ... 268

B. Authentizität einer deutschen öffentlichen Urkunde (§ 46 IntErbRVG) ... 268
  I. Allgemeines, Art. 59 Abs. 2 EuErbVO ... 268
  II. Authentizitätseinwände gegen eine gerichtliche Urkunde, § 46 Abs. 1 Satz 1 IntErbRVG ... 269
  III. Authentizitätseinwände gegen eine notarielle Urkunde, § 46 Abs. 1 Satz 2 IntErbRVG ... 269
  IV. Authentizitätseinwände gegen eine von einem Konsularbeamten im Ausland errichtete Urkunde, § 46 Abs. 1 Satz 3 IntErbRVG ... 270

V. Authentizitätseinwände im Übrigen, § 46 Abs. 1 Satz 4 IntErbRVG 270
VI. Verweisung auf FamFG-Vorschriften, § 46 Abs. 2 IntErbRVG 270
VII. Wirksamkeit mit Rechtskraft sowie Bindungswirkung, § 46 Abs. 3 IntErbRVG 271
VIII. Kosten des Verfahrens, Nr. 15215 KV GNotKG 271

Teil 3 Änderungen anderer Gesetze 273

§ 1 Änderung des Konsulargesetzes (Art. 2, KonsularG) *(Wilsch)* 273

A. Änderung des § 9 KonsularG 273

B. Änderung § 12 KonsularG 273

§ 2 Änderung der Auslandskostenverordnung (Art. 3, AKostV) *(Wilsch)* 274

A. Änderung Nr. 160.2 der Anlage 1 (Gebührenverzeichnis) der AKostV 274

B. Änderung der Nr. 18 der Anlage 2 (Wertermittlungsvorschriften) der AKostV 274

§ 3 Änderung des Rechtspflegergesetzes (Art. 4, RpflG) *(Wilsch)* 275

A. Allgemeines... 275

B. Grundsatz: Funktionsteilung nach § 3 RpflG 276

C. Europäisches Nachlasszeugnis und funktionelle Zuständigkeit des Rechtspflegers, § 3 Nr. 2 lit. i RpflG... 277
    I. Ausstellung eines ENZ, Art. 67 EuErbVO, § 36 IntErbRVG 277
    II. Berichtigung eines ENZ, Art. 71 Abs. 1 EuErbVO 280
    III. Änderung eines ENZ, Art. 71 Abs. 2 EuErbVO 281
    IV. Widerruf eines ENZ... 282
    V. Erteilung einer beglaubigten Abschrift eines ENZ 283
    VI. Verlängerung der Gültigkeitsfrist einer beglaubigten Abschrift des ENZ 285
    VII. Aussetzung der Wirkungen des ENZ....................................... 286
    VIII. Weitere Aspekte der funktionellen Zuständigkeit 286

D. Europäisches Nachlasszeugnis und funktionelle Zuständigkeit des Richters; Zuständigkeitsübertragung von Richter auf Rechtspfleger, § 16 RpflG 287

E. Verordnungsermächtigung, § 19 RpflG 288

F. Änderung des § 20 Abs. 1 Nr. 16 a RpflG (Hinweis auf § 17 IntErbRVG)........ 288

G. Besonderheiten für Baden-Württemberg, § 35 RpflG 289

§ 4 Änderung des Beurkundungsgesetzes (Art. 5, BeurkG) *(Wilsch)*.............. 289

§ 5	Änderung von Grundbuch- und Schiffsregistervorschriften (Art. 6 bis 10, GBO, GBMaßnG, GBVfg, SchRegO, SchRegDV) *(Wilsch)*	289
A.	Allgemeines	289
B.	Änderung grundbuchrechtlicher Vorschriften, Art. 6-8	290
	I. Änderungen der Grundbuchordnung (GBO), Art. 6	290
	1. Änderung § 35 GBO	290
	2. Änderung § 83 GBO	292
	II. Änderung des Gesetzes über Maßnahmen auf dem Gebiet des Grundbuchwesens (Art. 7, GBMaßnG)	292
	III. Änderung der Grundbuchverfügung (GBVfg.), Art. 8	293
C.	Exkurs: die EuErbVO und das IntErbRVG in der deutschen Grundbuchpraxis	294
	I. Unrichtigkeitsnachweis für die Eintragung eines Erben und Testamentsvollstreckers	294
	II. Formblattzwang	294
	III. Vorlage des ENZ in beglaubigter Abschrift	295
	IV. Gültigkeitsdauer des ENZ	296
	V. Vindikationslegate, dinglich wirkende Teilungsanordnungen und Legalnießbrauchsrechte im deutschen Grundbuchverfahren	297
	VI. Erbschein und ENZ widersprechen sich	299
	VII. Berichtigung eines ENZ	299
	VIII. Widerruf eines ENZ	300
	IX. Aussetzung der Wirkungen eines ENZ	300
	X. Aneignungsrecht nach § 32 IntErbRVG	301
D.	Änderung schiffsregisterlicher Vorschriften, Art. 9-10	301
	I. Änderung der Schiffsregisterordnung (SchRegO), Art. 9	301
	II. Änderung der Verordnung zur Durchführung der Schiffsregisterordnung (SchRegDV), Art. 10	302
§ 6	Änderungen des Gesetzes über das Verfahren in Familiensachen und in den Angelegenheiten der freiwilligen Gerichtsbarkeit (Art. 11) *(Gierl)*	302
A.	Vorbemerkung	302
B.	Änderungen betreffend die örtliche Zuständigkeit der Nachlassgerichte (§ 343–344 FamFG)	302
	I. Örtliche/internationale Zuständigkeit (§ 343 FamFG)	302
	II. Besondere örtliche Zuständigkeit (§ 344 FamFG)	303
C.	Neuregelung des Erbscheinsverfahrens (§ 352–352 e FamFG)	304
	I. Überblick	304
	II. Angaben im Antrag auf Erteilung eines Erbscheins – Nachweise (§ 352 FamFG)	304

  III. Gemeinschaftlicher Erbschein (§ 352 a FamFG) 305
    1. Grundsatz 305
    2. Neuerung 305
  IV. Inhalt des Erbscheins für den Vorerben – Angabe des
    Testamentsvollstreckers (§ 352 b FamFG) 305
  V. Gegenständlich beschränkter Erbschein (§ 352 c FamFG) 306
  VI. Öffentliche Aufforderung (§ 352 d FamFG) 306
  VII. Entscheidung über Erbscheinsanträge (§ 352 e FamFG) 306
  VIII. Einziehung oder Kraftloserklärung von Erbscheinen (§ 353 FamFG) ... 306
    1. Kraftloserklärung von Erbscheinen (Abs. 1) 306
    2. Sonstige Änderungen 307
  IX. Sonstige Zeugnisse (§ 354 FamFG) 307

§ 7 Änderung des Gerichtskostengesetzes (Art. 12) (*Wilsch*) 307

§ 8 Änderung des Gerichts- und Notarkostengesetzes (Art. 13, GNotKG)
  (*Wilsch*) 308

A. Allgemeines 308

B. Das Europäische Nachlasszeugnis im Kostenrecht 309
  I. Ausstellung eines ENZ 309
    1. Verfahrensgebühr, Nr. 12210 Abs. 1 KV GNotKG 309
    2. Geschäftswert hierzu, § 40 Abs. 1 S. 1 Nr. 2 GNotKG 310
    3. Sonderregelung für Anschlussverfahren,
     Nr. 12210 Abs. 2 KV GNotKG 311
    4. Gebühr für die Abnahme der eidesstattlichen Versicherung,
     Nr. 23300 KV GNotKG 312
    5. Geschäftswert hierzu, § 40 Abs. 1 S. 1 Nr. 1 GNotKG 312
  II. Berichtigung eines ENZ 313
  III. Änderung eines ENZ, Nr. 12217 KV GNotKG; § 40 GNotKG 313
  IV. Widerruf eines ENZ, Nr. 12216 KV GNotKG 313
  V. Erteilung einer beglaubigten Abschrift eines ENZ,
    Nr. 12218 KV GNotKG 314
  VI. Verlängerung der Gültigkeitsfrist einer beglaubigten Abschrift des
    ENZ, Nr. 12218 KV GNotKG 314
  VII. Aussetzung der Wirkungen des ENZ 315

C. Sonstige Änderungen im Kostenrecht 315
  I. Änderung des § 18 GNotKG 315
  II. Änderung § 67 Abs. 1 GNotKG; Änderung Nr. 12211 KV GNotKG ... 316
  III. Authentizitätsverfahren nach § 46 IntErbRVG:
    Nr. 15215 KV GNotKG 316
  IV. Vollstreckbarerklärung einer ausländischen notariellen Urkunde nach
    § 3 Abs. 4 IntErbRVG: Nr. 23806 KV GNotKG 316

V. Ausstellung der Bescheinigung nach § 27 IntErbRVG: Nr. 23808 KV GNotKG ... 317

§ 9 Änderung des Rechtsanwaltsvergütungsgesetzes (Art. 14) *(Kroiß)* ... 317

§ 10 Änderung des Einführungsgesetzes zum Bürgerlichen Gesetzbuche (Art. 15) *(Kroiß)* ... 317

A. Art. 3 EGBGB (Anwendungsbereich) ... 317
B. Art. 3 a EGBGB (Sachnormvereisung; Einzelstatut) ... 318
C. Art. 17 b EGBGB (Eingetragene Lebenspartnerschaft) ... 318
D. Art. 25 EGBGB (Rechtsnachfolge von Todes wegen) ... 318
E. Art. 26 EGBGB (Verfügungen von Todes wegen) ... 319
F. Überleitungsvorschrift ... 320
G. Länderöffnungsklausel ... 320

§ 11 Änderungen des Bürgerlichen Gesetzbuchs (Art. 16) *(Gierl)* ... 321

A. Wechselbezügliche Verfügungen (§ 2270 Abs. 3 BGB) – vertragsmäßige Verfügungen (§ 2278 Abs. 2 BGB) ... 321
B. Bestimmungen des Erbscheinsverfahrens (§§ 2354–2359 BGB) ... 321
C. Einziehung (oder Kraftloserklärung) des Erbscheins (§ 2361 BGB) ... 321
D. Herausgabeanspruch des Nacherben und des Testamentsvollstreckers (§ 2363 BGB) ... 321
E. Testamentsvollstreckerzeugnis (§ 2368 BGB) ... 322
F. Gegenständlich beschränkter Erbschein (§ 2369 BGB alt) ... 322

§ 12 Änderung des Erbschaftsteuer- und Schenkungsteuergesetzes (Art. 17) *(Kroiß)* ... 322

§ 13 Änderung der Erbschaftsteuer-Durchführungsverordnung (Art. 18) *(Kroiß)* ... 322

§ 14 Änderung der Höfeordnung (Art. 19) *(Wilsch)* ... 323

§ 15 Änderung des Einführungsgesetzes zum Gerichtsverfassungsgesetz (Art. 20) *(Wilsch)* ... 323

§ 16 Änderung anderer Rechtsvorschriften (Art. 21) *(Kroiß)* ... 324

Stichwortverzeichnis ... 325

Abkürzungsverzeichnis

1. RBerGAV	Verordnung zur Ausführung des Rechtsberatungsgesetzes
2. RBerGAV	Zweite Verordnung zur Ausführung des Rechtsberatungsgesetzes
5. VermBG	Fünftes Gesetz zur Förderung der Vermögensbildung der Arbeitnehmer
7. StBÄndG	Gesetz zur Änderung von Vorschriften über die Tätigkeit der Steuerberater
aA	anderer Auffassung
aaO	am angegebenen Ort
abgedr.	abgedruckt
ABl	Amtsblatt
abl.	ablehnend
ABlEG	Amtsblatt der Europäischen Gemeinschaften
Abs.	Absatz
Abschn.	Abschnitt
Abt.	Abteilung
abw.	abweichend
AcP	Archiv für die civilistische Praxis
aE	am Ende
AEntG	Gesetz über zwingende Arbeitsbedingungen bei grenzüberschreitenden Dienstleistungen (Arbeitnehmerentsendegesetz)
AErfG	Gesetz über Arbeitnehmererfindungen
AEVO	Arbeitserlaubnisverordnung
aF	alte Fassung
AfA	Absetzung bzw Abschreibung für Abnutzung
AFG	Arbeitsförderungsgesetz
AfP	Archiv für Presserecht
AFRG	Arbeitsförderungsreformgesetz
AG	Die Aktiengesellschaft (Zeitschrift); Aktiengesellschaft; Amtsgericht; Arbeitgeber; Auftraggeber; Ausführungsgesetz
AGB	Allgemeine Geschäftsbedingungen
AGBGB	Ausführungsgesetz zum Bürgerlichen Gesetzbuch
AGFGG	Ausführungsgesetz zum Gesetz über die Angelegenheiten der Freiwilligen Gerichtsbarkeit
AGGVG	Gesetz zur Ausführung des Gerichtsverfassungsgesetzes
AGH	Anwaltsgerichtshof
AGPStG	Gesetz zur Ausführung des Personenstandsgesetzes
AgrarR	Agrarrecht (Zeitschrift)
AGS	Anwaltsgebühren Spezial (Zeitschrift)
AIG	Auslandsinvestitionsgesetz

AKostG	Auslandskostengesetz
AKostV	Auslandskostenverordnung
AktG	Aktiengesetz
allg.	allgemein
allgM	allgemeine Meinung
Alt.	Alternative
AlterstzG	Altersteilzeitgesetz
ALVB	Allgemeine Lebensversicherungs-Bedingungen
aM	anderer Meinung
Amtl. Anz.	Amtlicher Anzeiger
AN	Arbeitnehmer
ÄndG	Änderungsgesetz
AnfG	Anfechtungsgesetz
Angekl	Angeklagte(r)
Anh.	Anhang
Anm.	Anmerkung
AnwBl	Anwaltsblatt
AnwG	Anwaltsgericht
AnwGH	Anwaltsgerichtshof
AO	Abgabenordnung
AöR	Archiv des öffentlichen Rechts (Zeitschrift)
AO-StB	Der AO-Steuerberater
AP	Arbeitsrechtliche Praxis (Zeitschrift)
ArbG	Arbeitsgericht
ArbGG	Arbeitsgerichtsgesetz
AR-Blattei	Arbeitsrechts-Blattei
ArbNErfG	Gesetz über Arbeitnehmererfindungen
ArbPlSchG	Arbeitsplatzschutzgesetz
ArbSchG	Arbeitsschutzgesetz
ArbSichG	Arbeitssicherstellungsgesetz
ArbZG	Arbeitszeitgesetz
ArbZRG	Arbeitszeitrechtsgesetz
ArchBürgR	Archiv für Bürgerliches Recht
ArchÖffR	Archiv für Öffentliches Recht
ArchPR	Archiv für Presserecht
arg.	argumentum
ARGE	Arbeitsgemeinschaft
ARST	Arbeitsrecht in Stichworten
Art.	Artikel
AStG	Außensteuergesetz
AT	Allgemeiner Teil
AuA	Arbeit und Arbeitsrecht (Zeitschrift)
AUB	Allgemeine Unfallversicherungsbedingungen

AufenthG/EWG	Gesetz über Einreise und Aufenthalt von Staatsangehörigen der Mitgliedstaaten der Europäischen Wirtschaftsgemeinschaft
Aufl.	Auflage
AÜG	Arbeitnehmerüberlassungsgesetz
AuR	Arbeit und Recht (Zeitschrift)
ausdr.	ausdrücklich
AusfG HZÜ/HBÜ	Gesetz über die Ausführung des Haager Übereinkommens vom 15. November 1965 über die Zustellung gerichtlicher und außergerichtlicher Schriftstücke im Ausland in Zivil- oder Handelssachen
AuslG	Ausländergesetz
AuslInvestmG	Gesetz über den Vertrieb ausländischer Investmentanteile und über die Besteuerung der Erträge aus ausländischen Investmentanteilen
AuslInvStG	Gesetz über steuerliche Maßnahmen bei Auslandsinvestitionen der deutschen Wirtschaft
AußenStG	Gesetz über die Besteuerung bei Auslandsbeziehungen
AV	Ausführungsverordnung
AVAG	Gesetz zur Ausführung zwischenstaatlicher Anerkennungs- und Vollstreckungsverträge in Zivil- und Handelssachen
AVB	Allgemeine Versicherungsbedingungen, Allgemeine Versorgungsbedingungen
AVBl	Amts- und Verordnungsblatt
AW-Prax	Außenwirtschaftliche Praxis (Zeitschrift)
Az.	Aktenzeichen
AZV	Arbeitszeitverordnung
BA	Bundesagentur für Arbeit
BABl	Bundesarbeitsblatt
BadRpr	Badische Rechtspraxis
Bad-WürttAGBGB	Baden-Württembergisches Ausführungsgesetz zum Bürgerlichen Gesetzbuch
BaFin	Bundesanstalt für Finanzdienstleistungsaufsicht
BAföG	Bundesausbildungsförderungsgesetz
BAG	Bundesarbeitsgericht
BAGE	Entscheidungen des Bundesarbeitsgerichts
BAnz	Bundesanzeiger
BAT	Bundes-Angestelltentarifvertrag
BauGB	Baugesetzbuch
BauNVO	Verordnung über die bauliche Nutzung der Grundstücke
BauO	Bauordnung
BausparkassenG	Gesetz über Bausparkassen

Abkürzungsverzeichnis

BAV	Bundesaufsichtsamt für das Versicherungswesen; Betriebliche Altersversorgung
BAWe	Bundesaufsichtsamt für das Wertpapierwesen
BaWü	Baden-Württemberg
BayAGBGB	Bayerisches Ausführungsgesetz zum Bürgerlichen Gesetzbuch
BayAGGVG	Bayerisches Ausführungsgesetz zum Gerichtsverfassungsgesetz
BayJMBl	Justizministerialblatt für Bayern
BayObLG	Bayerisches Oberstes Landesgericht
BayObLGReport	Rechtsprechungsreport des BayObLG
BayObLGZ	Entscheidungen des Bayerischen Obersten Landesgerichts in Zivilsachen
BayRS	Bayerische Rechtssammlung
BayStaatsbank	Bayerische Staatsbank
BayVBl	Bayerische Verwaltungsblätter
BayVerfGH	Bayerischer Verfassungsgerichtshof
BayVGH	Bayerischer Verwaltungsgerichtshof
BayZ	Zeitschrift für Rechtspflege in Bayern
BB	Der Betriebs-Berater (Zeitschrift)
BBankG	Gesetz über die Deutsche Bundesbank
BBauG	Bundesbaugesetz
BBergG	Bundesberggesetz
BBesG	Bundesbesoldungsgesetz
BBG	Bundesbeamtengesetz
Bd.	Band
BDG	Bundesdisziplinargesetz
BDH	Bundesdisziplinarhof
BDI	Bundesverband der Deutschen Industrie
BDiG	Bundesdisziplinargericht
BDO	Bundesdisziplinarordnung
BDSG	Bundesdatenschutzgesetz
BeamtVG	Gesetz über die Versorgung der Beamten und Richter in Bund und Ländern
BEG	Bundesentschädigungsgesetz
Beil.	Beilage
Bekl	Beklagte(r)
BerHG	Beratungshilfegesetz
BerlVerfGH	Berliner Verfassungsgerichtshof
BErzGG	Bundeserziehungsgeldgesetz
Beschl.	Beschluss
bestr.	bestritten
BetrAVG	Gesetz zur Verbesserung der betrieblichen Altersversorgung
BetrVG	Betriebsverfassungsgesetz

BeurkG	Beurkundungsgesetz
BewG	Bewertungsgesetz
BewGr	Richtlinien für die Bewertung von Grundvermögen
BewRL	Richtlinie zum Bewertungsgesetz
BezG	Bezirksgericht
BfA	Bundesversicherungsanstalt für Angestellte
BFH	Bundesfinanzhof
BFH/NV	Sammlung amtlich nicht veröffentlichter Entscheidungen des Bundesfinanzhofes
BFHE	Entscheidungen des Bundesfinanzhofs
BG	Berufsgenossenschaft
BGB	Bürgerliches Gesetzbuch
BGB-InfoV	BGB-Informationspflichtenverordnung
BGBl I, II, III	Bundesgesetzblatt, mit oder ohne Ziffer, mit I = Teil I; mit II = Teil II; mit III = Teil III
BGE	Entscheidungen des Schweizerischen Bundesgerichts
BGebG	Bundesgebührengesetz
BGG	Behindertengleichstellungsgesetz
BGH	Bundesgerichtshof
BGH VGrS	Bundesgerichtshof, Vereinigter Großer Senat
BGHR	BGH-Rechtsprechung
BGHSt	Entscheidungen des Bundesgerichtshofes in Strafsachen
BGHZ	Entscheidungen des Bundesgerichtshofs in Zivilsachen
BKartA	Bundeskartellamt
BKGG	Bundeskindergeldgesetz
BKR	Zeitschrift für Bank- und Kapitalmarktrecht
Bl	Blatt
BlGBW	Blätter für Grundstücks-, Bau- und Wohnungsrecht
BMA	Bundesministerium für Arbeit und Soziales
BMF	Bundesministerium der Finanzen
BMI	Bundesministerium des Innern
BMJ	Bundesministerium der Justiz
BNotO	Bundesnotarordnung
BORA	Berufsordnung für Rechtsanwälte
BörsG	Börsengesetz
BOStB	Berufsordnung für Steuerberater
BPatG	Bundespatentgericht
BPersVG	Bundespersonalvertretungsgesetz
BPflV	Verordnung zur Regelung der Krankenhauspflegesätze
BR	Bundesrat
BRAGO	Bundesrechtsanwaltsgebührenordnung
BRAK	Bundesrechtsanwaltskammer
BRAK-Mitt	Bundesrechtsanwaltskammer-Mitteilungen
BRAO	Bundesrechtsanwaltsordnung
BR-Drucks	Bundesrats-Drucksache

Abkürzungsverzeichnis

BReg	Bundesregierung
BRKG	Gesetz über die Reisekostenvergütung für die Bundesbeamten, Richter im Bundesdienst und Soldaten
BRRG	Rahmengesetz zur Vereinheitlichung des Beamtenrechts
BSG	Bundessozialgericht
BSGE	Amtliche Sammlung der Entscheidungen des Bundessozialgerichts
BSHG	Bundessozialhilfegesetz
bspw.	beispielsweise
BStBl	Bundessteuerblatt
BT	Besonderer Teil; Bundestag
BtBG	Betreuungsbehördengesetz
BT-Drucks	Bundestags-Drucksache
BtG	Betreuungsgesetz
BtPrax	Betreuungsrechtliche Praxis
Buchholz	Sammel- und Nachschlagewerk der Rechtsprechung des Bundesverwaltungsgerichts, hrsg. v. K. Buchholz Loseblatt; 1957 ff
Buchst.	Buchstabe
BUrlG	Bundesurlaubsgesetz
BV	Betriebsvereinbarung; Bestandsverzeichnis
BVerfG	Bundesverfassungsgericht
BVerfGE	Entscheidungen des Bundesverfassungsgerichts
BVerfGG	Gesetz über das Bundesverfassungsgericht
BVerwG	Bundesverwaltungsgericht
BVerwGE	Entscheidungen des Bundesverwaltungsgerichts
BVFG	Gesetz über die Angelegenheiten der Vertriebenen und Flüchtlinge (Bundesvertriebenengesetz)
BW	Baden-Württemberg
BWNotZ	Zeitschrift für das Notariat in Baden-Württemberg
bzgl.	bezüglich
BZRG	Bundeszentralregistergesetz
bzw	beziehungsweise
c.i.c.	culpa in contrahendo
CIEC	CIEC-Übereinkommen
ca.	circa
CC	code civil
dh	das heißt
DAngVers	Die Angestelltenversicherung (Zeitschrift)
DAV	Deutscher Anwaltverein
DAVorm	Der Amtsvormund (Zeitschrift)
DB	Der Betrieb (Zeitschrift)
DBA	Doppelbesteuerungsabkommen

DDR	Deutsche Demokratische Republik
DDR-ZGB	Zivilgesetzbuch der DDR
DepotG	Depotgesetz
dergl.	dergleichen
ders.	derselbe
DFG	Deutsche Freiwillige Gerichtsbarkeit
DGVZ	Deutsche Gerichtsvollzieherzeitung
DGWR	Deutsches Gemein- und Wirtschaftsrecht
dies.	dieselbe, dieselben
DIS	Deutsche Institution für Schiedsgerichtsbarkeit e.V.
Diss.	Dissertation
DiszH	Disziplinarhof
DJ	Deutsche Justiz (Zeitschrift)
DJT	Deutscher Juristentag
DJZ	Deutsche Juristen-Zeitung
DNotI	Deutsches Notarinstitut
DNotIR	Informationsdienst des Deutschen Notarinstituts-Report
DNotV	Zeitschrift des Deutschen Notarvereins, später: Deutsche Notar-Zeitschrift
DNotZ	Deutsche Notar-Zeitschrift
DöD	Der öffentliche Dienst (Zeitschrift)
DONot	Dienstordnung für Notare
DÖV	Die Öffentliche Verwaltung (Zeitschrift)
DR	Deutsches Recht
DRiG	Deutsches Richtergesetz
DRiZ	Deutsche Richterzeitung
DRpfl	Deutsche Rechtspflege
DRS	Deutscher Rechnungslegungsstandard
DRspr	Deutsche Rechtsprechung, Entscheidungssammlung und Aufsatzhinweise
Drucks	Drucksache
DRV	Deutsche Rentenversicherung
DRZ	Deutsche Rechtszeitschrift (ab 1946)
DStJG	Deutsche Steuerjuristische Gesellschaft
DStR	Deutsches Steuerrecht (Zeitschrift)
DStRE	DStR-Entscheidungsdienst
DStZ	Deutsche Steuer-Zeitung, Ausgabe A und B
DSWR	Datenverarbeitung, Steuer, Wirtschaft, Recht (Zeitschrift)
DtZ	Deutsch-deutsche Rechts-Zeitschrift
DuD	Datenschutz und Datensicherheit
DVBl	Deutsches Verwaltungsblatt (Zeitschrift)
DVEV	Deutsche Vereinigung für Erbrecht und Vermögensnachfolge e.V.

DVR	Deutsche Verkehrsteuer-Rundschau (Zeitschrift)
DWW	Deutsche Wohnungswirtschaft (Zeitschrift)
DZWir	Deutsche Zeitschrift für Wirtschaftsrecht
e.G.	eingetragene Genossenschaft
e.V.	eingetragener Verein
ebd.	ebenda
EFG	Entscheidungen der Finanzgerichte
EFZG	Entgeltfortzahlungsgesetz
EG	Europäische Gemeinschaft; Einführungsgesetz
EGAmtshilfeG	Gesetz zur Durchführung der EG-Richtlinie über die gegenseitige Amtshilfe im Bereich der direkten und indirekten Steuern
EGAO	Einführungsgesetz zur Abgabenordnung
EGBGB	Einführungsgesetz zum Bürgerlichen Gesetzbuch
EGFamGB	Einführungsgesetz zum Familiengesetzbuch der DDR
EGGVG	Einführungsgesetz zum Gerichtsverfassungsgesetz
EGH	Ehrengerichtshof der Rechtsanwaltskammer
EGHGB	Einführungsgesetz zum Handelsgesetzbuch
EGInsO	Einführungsgesetz zur Insolvenzordnung
EGMR	Europäischer Gerichtshof für Menschenrechte
EGScheckG	Einführungsgesetz zum Scheckgesetz
EGV	Vertrag zur Gründung der Europäischen Gemeinschaft
EGZPO	Einführungsgesetz zur Zivilprozessordnung
EGZVG	Einführungsgesetz zu dem Gesetz über die Zwangsversteigerung und die Zwangsverwaltung
EheG	Ehegesetz
Einf.	Einführung
eingetr.	eingetragen
EinigungsV	Einigungsstellenverordnung; Einigungsvertrag
Einl.	Einleitung
einschl.	einschließlich
EKG	Einheitliches Gesetz über den internationalen Kauf beweglicher Sachen
EKMR	Europäische Kommission für Menschenrechte
ElsLothZ	Juristische Zeitschrift für das Reichsland Elsaß-Lothringen
EMRK	Europäische Menschenrechtskonvention
EMRKG	Gesetz über die Konvention zum Schutz der Menschenrechte und Grundfreiheiten
EntgeltfortzahlungsG	Gesetz über die Zahlung des Arbeitsentgelts an Feiertagen und im Krankheitsfall
Entsch.	Entscheidung
Entschl.	Entschluss
entspr.	entsprechend

Entw.	Entwurf
EPA	Europäisches Patentamt
EPÜ	Europäisches Patentübereinkommen
ErbbauV	Verordnung über das Erbbaurecht
ErbbRVO	Erbbaurechtsverordnung
ErbBstg	Erbfolgebesteuerung
ErbGleichG	Erbrechtsgleichstellungsgesetz
Erbinfo	Erbfolge, Erbrecht, Erbfolgebesteuerung, Unternehmensnachfolge
ErbPrax	Praxishandbuch Erbrecht
ErbStDVO	Erbschaftsteuer-Durchführungsverordnung
ErbStG	Erbschaft- und Schenkungsteuergesetz
Erkl.	Erklärung
Erl.	Erlass; Erläuterung
ES	Entscheidungssammlung
EStB	Der Ertragsteuerberater (Zeitschrift)
EStDV	Einkommensteuer-Durchführungsverordnung
EStG	Einkommensteuergesetz
EStR	Einkommensteuer-Richtlinien
etc.	et cetera
EU	Europäische Union
EuBVO	Verordnung (EG) über die Zusammenarbeit zwischen den Gerichten der Mitgliedstaaten auf dem Gebiet der Beweisaufnahme in Zivil- und Handelssachen
EuEheVO	Verordnung (EG) über die Zuständigkeit und die Anerkennung und Vollstreckung von Entscheidungen in Ehesachen und in Verfahren betreffend die elterliche Verantwortung für die gemeinsamen Kinder der Ehegatten
EuG	Europäisches Gericht erster Instanz
EuGH	Europäischer Gerichtshof
EuGRZ	Europäische Grundrechte-Zeitschrift
EuGVÜ	Europäisches Übereinkommen über die gerichtliche Zuständigkeit und die Vollstreckung gerichtlicher Entscheidungen in Zivil- und Handelssachen
EuGVVO	Verordnung (EG) über die gerichtliche Zuständigkeit und die Vollstreckung gerichtlicher Entscheidungen in Zivil- und Handelssachen
EuR	Europarecht
EUR	Euro
EuroEG	Euro-Einführungsgesetz
EuroSchVG	Gesetz zur Umstellung von Schuldverschreibungen auf Euro
EUV	Vertrag über die Europäische Union
EuZW	Europäische Zeitschrift für Wirtschaftsrecht
EV	Eidesstattliche Versicherung

evtl.	eventuell
EWG	Europäische Wirtschaftsgemeinschaft
EWGV	Vertrag zur Gründung der Europäischen Wirtschaftsgemeinschaft
EWiR	Entscheidungen zum Wirtschaftsrecht
EWIV	Europäische Wirtschaftliche Interessenvereinigung
EWS	Europäisches Wirtschafts- und Steuerrecht (Zeitschrift)
EzA	Entscheidungssammlung zum Arbeitsrecht
f, ff	folgende, fortfolgende
FA	Finanzamt
Fa.	Firma
FamG	Familiengericht
FamNamRG	Gesetz zur Neuordnung des Familiennamensrechts
FamRÄndG	Familienrechtsänderungsgesetz
FamRB	Der Familienrechts-Berater (Zeitschrift)
FamRZ	Zeitschrift für das gesamte Familienrecht
FAO	Fachanwaltsordnung
FAZ	Frankfurter Allgemeine Zeitung
FernUSG	Gesetz zum Schutz der Teilnehmer am Fernunterricht
FeV	Fahrerlaubnis-Verordnung
FF	Forum Familien- und Erbrecht (Zeitschrift)
FG	Finanzgericht; Freiwillige Gerichtsbarkeit
FGG	Gesetz betreffend die Angelegenheiten der freiwilligen Gerichtsbarkeit
FGO	Finanzgerichtsordnung
FGPrax	Praxis der Freiwilligen Gerichtsbarkeit (Zeitschrift)
Fn	Fußnote
FördergebietsG	Gesetz über Sonderabschreibungen und Abzugsbeträge im Fördergebiet
FPR	Familie, Partnerschaft, Recht (Zeitschrift)
FR	Finanz-Rundschau (Zeitschrift)
FreizügG/EU	Freizügigkeitsgesetz/EU
FS	Festschrift
FuR	Familie und Recht (Zeitschrift)
G.	Gericht, Gesetz, Gesellschaft
G 10	Gesetz zur Beschränkung des Brief-, Post- und Fernmeldegeheimnisses
GBA	Grundbuchamt
GBBerG	Grundbuchbereinigungsgesetz
GBl	Gesetzblatt
GBO	Grundbuchordnung
GbR	Gesellschaft bürgerlichen Rechts
GdB	Grad der Behinderung
geänd.	geändert

GebO	Gebührenordnung
GebrMG	Gebrauchsmustergesetz
gem.	gemäß
GenG	Genossenschaftsgesetz
GenRegV	Verordnung über das Genossenschaftsregister
GeschmMG	Geschmacksmustergesetz
GesO	Gesamtvollstreckungsordnung
GewArch	Gewerbearchiv (Zeitschrift)
GewO	Gewerbeordnung
GewStDV	Gewerbesteuer-Durchführungsverordnung
GewStG	Gewerbesteuergesetz
GewStR	Gewerbesteuer-Richtlinien
GFK	Abkommen über die Rechtsstellung der Flüchtlinge (Genfer Flüchtlingskonvention)
GG	Grundgesetz
ggf	gegebenenfalls
GKG	Gerichtskostengesetz
Gl.	Gläubiger(in)
GleichberG	Gesetz über die Gleichberechtigung von Mann und Frau auf dem Gebiet des bürgerlichen Rechts
GmbH	Gesellschaft mit beschränkter Haftung
GmbH i. Gr.	GmbH in Gründung
GmbHG	GmbH-Gesetz
GMBl	Gemeinsames Ministerialblatt der Bundesministerien des Innern, für Wohnungsbau, für gesamtdeutsche Fragen, für Angelegenheiten des Bundesrats
GmS-OGB	Gemeinsamer Senat der obersten Gerichtshöfe des Bundes
GNotKG	Gerichts- und Notarkostengesetz
GO	Gemeindeordnung
GoA	Geschäftsführung ohne Auftrag
GoB	Grundsätze ordnungsgemäßer Buchführung
GPÜ	Gemeinschaftspatentübereinkommen
grds.	grundsätzlich
GrdstVG	Grundstücksverkehrsgesetz
GrEStG	Grunderwerbsteuergesetz
GrStG	Grundsteuergesetz
GRSSt	Großer Senat in Strafsachen
GrStVG	Grundstücksverkehrsgesetz
Gruchot	Beiträge zur Erläuterung des Deutschen Rechts
GrundE	Grundeigentum (Zeitschrift)
GRUR	Gewerblicher Rechtsschutz und Urheberrecht (Zeitschrift)
GRURInt	GRUR Internationaler Teil (Zeitschrift)
GRZS	Großer Senat in Zivilsachen

GS	Großer Senat; Gedächtnisschrift
GSiG	Grundsicherungsgesetz
GV	Gebührenverzeichnis
GV NW	Gesetz- und Verordnungsblatt für das Land Nordrhein-Westfalen
GVBl	Gesetz- und Verordnungsblatt
GVG	Gerichtsverfassungsgesetz
GVGA	Geschäftsanweisung für Gerichtsvollzieher
GvKostG	Gerichtsvollzieherkostengesetz
GWB	Gesetz gegen Wettbewerbsbeschränkungen
HAG PStG	Hessisches Ausführungsgesetz zum Personenstandsgesetz
h.L.	herrschende Lehre
h.M.	herrschende Meinung
Halbbd.	Halbband
HansRGZ	Hanseatische Rechts- und Gerichtszeitschrift
HausratV	Hausratsverordnung
HBÜ	Haager Übereinkommen über die Beweisaufnahme im Ausland in Zivil- und Handelssachen
HeimsicherungsVO	Verordnung über die Pflichten der Träger von Altenheimen, Altenwohnheimen, und Pflegeheimen für Volljährige im Falle der Entgegennahme von Leistungen zum Zwecke der Unterbringung eines Bewohners oder Bewerbers
HessFGG	Hessisches Gesetz über die Freiwillige Gerichtsbarkeit
HessStGH	Hessischer Staatsgerichtshof
HEZ	Höchstrichterliche Entscheidungen. Slg v. Entscheidungen d. Oberlandesgerichte u. d. Obersten Gerichte in Zivilsachen
HGB	Handelsgesetzbuch
HintO	Hinterlegungsordnung
Hinw.	Hinweis(e)
HKÜ	Haager Übereinkommen über die zivilrechtlichen Aspekte internationaler Kindesentführung
HöfeO	Höfeordnung
HöfeVfO	Verfahrensordnung für Höfesachen
HpflG	Haftpflichtgesetz
HRefG	Handelsrechts-Reformgesetz
HReg	Handelsregister
HRR	Höchstrichterliche Rechtsprechung
Hrsg.	Herausgeber(in)
hrsg.	herausgegeben
HRV	Handelsregisterverfügung
Hs.	Halbsatz
HwO	Gesetz zur Ordnung des Handwerks

HypBG	Hypothekenbankgesetz
HZPÜ	Haager Übereinkommen vom 1.3.1954 über den Zivilprozess
HZÜ	Haager Übereinkommen vom 15.11.1965 über die Zustellung gerichtlicher und außergerichtlicher Schriftstücke im Ausland in Zivil- und Handelssachen
i. Vorb.	in Vorbereitung
iA	im Auftrag
idF	in der Fassung
idR	in der Regel
idS	in diesem Sinne
iE	im Ergebnis
ieS	im engeren Sinne
i.G.	in Gründung
iHv	in Höhe von
i.L.	in Liquidation
iRd	im Rahmen des/der
iSd	im Sinne des/der
iSv	im Sinne von
iÜ	im Übrigen
i.V.	in Vertretung
iVm	in Verbindung mit
i.W.	in Worten
iwS	im weiteren Sinne
ibid.	ibidem
IDW	Institut der Wirtschaftsprüfer in Deutschland
IGH	Internationaler Gerichtshof
IHK	Industrie- und Handelskammer
IHKG	Gesetz über die Industrie- und Handelskammern
INF	Die Information über Steuer und Wirtschaft (Zeitschrift)
inkl.	inklusive
insb.	insbesondere
insg.	insgesamt
InsO	Insolvenzordnung
InsVV	Insolvenzrechtliche Vergütungsverordnung
InVo	Insolvenz und Vollstreckung (Zeitschrift)
IPG	Internationale Politik und Gesellschaft
IPR	Internationales Privatrecht
IPRax	Praxis des Internationalen Privat- und Verfahrensrechts (Zeitschrift)
IPRG	Gesetz zur Neuregelung des Internationalen Privatrechts
IPRspr	Die deutsche Rechtsprechung auf dem Gebiet des internationalen Privatrechts
IStR	Internationales Steuerrecht

IWB	Internationale Wirtschafts-Briefe (Loseblatt)
JA	Juristische Arbeitsblätter (Zeitschrift)
JAO	Juristenausbildungsordnung
JBeitrO	Justizbeitreibungsordnung
JBl	Justizblatt
JFG	Jahrbuch für Entscheidungen in Angelegenheiten der freiwilligen Gerichtsbarkeit und des Grundbuchrechts
Jg.	Jahrgang
JherJb	Jherings Jahrbücher für die Dogmatik des bürgerlichen Rechts
JMBl	Justizministerialblatt
JMBlNW	Justizministerialblatt Nordrhein-Westfalen
JR	Juristische Rundschau (Zeitschrift)
JuMiG	Justizmitteilungsgesetz
Jura	Juristische Ausbildung (Zeitschrift)
JurBüro	Juristisches Büro (Zeitschrift)
JuS	Juristische Schulung (Zeitschrift)
Justiz	Die Justiz (Zeitschrift)
JVBl	Justizverwaltungsblatt
JVKostO	Verordnung über Kosten im Bereich der Justizverwaltung
JW	Juristische Wochenschrift (Zeitschrift)
JZ	Juristenzeitung (Zeitschrift)
K&R	Kommunikation und Recht (Zeitschrift)
KAGG	Gesetz über Kapitalanlagegesellschaften
Kap.	Kapitel
KapErhStG	Gesetz über steuerrechtliche Maßnahmen bei Erhöhung des Nennkapitals aus Gesellschaftsmitteln
KfH	Kammer für Handelssachen
KG	Kommanditgesellschaft; Kammergericht
KGaA	Kommanditgesellschaft auf Aktien
KGJ	Jahrbuch für Entscheidungen des Kammergerichts in Sachen der freiwilligen Gerichtsbarkeit in Kosten-, Stempel- und Strafsachen
KG-Rp/KGR	Rechtsprechungsreport des Kammergerichts Berlin
Kind-Prax	Kindschaftsrechtliche Praxis (Zeitschrift)
KindUG	Gesetz zur Vereinheitlichung des Unterhaltsrechts minderjähriger Kinder
KJ	Kritische Justiz (Zeitschrift)
KJHG	Gesetz zur Neuordnung des Kinder- und Jugendhilferechts
KKZ	Kommunal-Kassen-Zeitschrift
KO	Konkursordnung
KonsG/KonsularG	Konsulargesetz

KonTraG	Gesetz zur Kontrolle und Transparenz im Unternehmensbereich
KÖSDI	Kölner Steuerdialog (Zeitschrift)
KostenRÄndG	Gesetz zur Änderung und Ergänzung kostenrechtlicher Vorschriften
KostO	Kostenordnung
krit.	kritisch
KSchG	Kündigungsschutzgesetz
KStDV	Körperschaftsteuer-Durchführungsverordnung
KStG	Körperschaftsteuergesetz
KStR	Körperschaftsteuer-Richtlinien
KTS	Konkurs-, Treuhand- und Schiedsgerichtswesen (ab 50.1998 Zeitschrift für Insolvenzrecht /vorher Konkurs- und Treuhandwesen)
KUG/KunstUrhG	Gesetz betreffend das Urheberrecht an Werken der bildenden Künste und der Photographie
KV	Kostenverzeichnis
KWG	Kreditwesengesetz
LAG	Landesarbeitsgericht; Lastenausgleichsgesetz
LandPVerkG	Landpachtverkehrsgesetz
LCIA	London Court of International Arbitration
lfd.	laufend
LFGG	Landesgesetz über die freiwillige Gerichtsbarkeit
LFZG	Lohnfortzahlungsgesetz
LG	Landgericht
lit.	litera (Buchstabe)
Lit.	Literatur
LM	Nachschlagewerk des Bundesgerichtshofes, hrsg. v. Lindenmaier, Möhring u.a.
LPachtVG	Gesetz über die Anzeige und Beanstandung von Landpachtverträgen
LPartG	Lebenspartnerschaftsgesetz
LRiG	Landesrichtergesetz
LS	Leitsatz
LSG	Landessozialgericht
LStDV	Lohnsteuer-Durchführungsverordnung
LStR	Lohnsteuer-Richtlinien
LuftfzRG	Gesetz über Rechte an Luftfahrzeugen
LuftVG	Luftverkehrsgesetz
LuftVO	Luftverkehrs-Ordnung
LuganoÜ	Lugano-Übereinkommen über die gerichtliche Zuständigkeit und die Vollstreckung gerichtlicher Entscheidungen in Zivil- und Handelssachen
LVA	Landesversicherungsanstalt

LWG	Landwirtschaftsgericht
LwVfG	Gesetz über das gerichtliche Verfahren in Landwirtschaftssachen
LZ	Leipziger Zeitschrift
m.Anm.	mit Anmerkung
mE	meines Erachtens
mN	mit Nachweisen
m.w.H.	mit weiteren Hinweisen
mwN	mit weiteren Nachweisen
mWv	mit Wirkung vom
MarkenG	Markengesetz
MdE	Minderung der Erwerbsfähigkeit
MDP	Mitteilungen der deutschen Patentanwälte (Zeitschrift)
MDR	Monatsschrift für Deutsches Recht (Zeitschrift)
MinBl	Ministerialblatt
mind.	mindestens
Mio.	Million
MitbestG	Mitbestimmungsgesetz
Mitt.	Mitteilungen
MittBayNot	Mitteilungen des Bayerischen Notarvereins, der Notarkasse und der Landesnotarkasse Bayern
MittRhNotK	Mitteilungen der Rheinischen Notarkammer
MiZi	Allgemeine Verfügung über Mitteilungen in Zivilsachen
MMR	MultiMedia und Recht (Zeitschrift)
MPU	Medizinisch-psychologische Untersuchung
MRVerbG	Gesetz zur Verbesserung des Mietrechts und zur Begrenzung des Mietanstiegs sowie zur Regelung von Ingenieur- und Architektenleistungen
MSchG	Mieterschutzgesetz
MwSt	Mehrwertsteuer
nF	neue Fassung
n.r.	nicht rechtskräftig
n.v.	nicht veröffentlicht
NachlG	Nachlassgericht
NachwG	Nachweisgesetz
NamÄndG	Gesetz über die Änderung von Familiennamen und Vornamen
NamensänderungsDV	Erste Verordnung zur Durchführung des Gesetzes über die Änderung von Familiennamen und Vornamen
NaStraG	Namensaktiengesetz
Nds. AVO PStG	Niedersächsische Verordnung zur Ausführung des Personenstandsgesetzes

NdsFGG	Niedersächsisches Gesetz über die freiwillige Gerichtsbarkeit
NdsRpfl	Niedersächsische Rechtspflege
NdsVBl	Niedersächsische Verwaltungsblätter (Zeitschrift)
NDV	Nachrichtendienst des Deutschen Vereins für öffentliche und private Fürsorge (Zeitschrift)
ne.	nichtehelich
NEhelG	Gesetz über die rechtliche Stellung der nichtehelichen Kinder
NJ	Neue Justiz (Zeitschrift)
NJW	Neue Juristische Wochenschrift
NJWE	NJW-Entscheidungsdienst
NJWE-FER	NJW-Entscheidungsdienst-Familien- und Erbrecht
NJWE-VHR	NJW-Entscheidungsdienst-Versicherungs- und Haftungsrecht
NJWE-WettbR	NJW-Entscheidungsdienst-Wettbewerbsrecht
NJW-RR	NJW-Rechtsprechungsreport
NMV	Neubaumietenverordnung
NotBZ	Zeitschrift für die notarielle Beratungs- und Beurkundungspraxis
Nr.	Nummer
NStE	Neue Entscheidungssammlung für Strafrecht
NStZ	Neue Zeitschrift für Strafrecht
NStZ-RR	Neue Zeitschrift für Strafrecht-Rechtsprechungsreport
NVersZ	Neue Zeitschrift für Versicherung und Recht
NW	Nordrhein-Westfalen
NWB	Neue Wirtschaftsbriefe (Zeitschrift)
NWVBl	Nordrhein-Westfälische Verwaltungsblätter
NZA	Neue Zeitschrift für Arbeitsrecht
NZA-RR	NZA-Rechtsprechungs-Report
NZG	Neue Zeitschrift für Gesellschaftsrecht
NZI	Neue Zeitschrift für Insolvenzrecht
NZM	Neue Zeitschrift für Miet- und Wohnungsrecht
NZS	Neue Zeitschrift für Sozialrecht
NZV	Neue Zeitschrift für Verkehrsrecht
o.a.	oben angegeben/angeführt
o.Ä.	oder Ähnliches
o.g.	oben genannt
OECD	Organization for Economic Cooperation and Development
OFD	Oberfinanzdirektion
OFH	Oberfinanzhof
OGHZ	Entscheidungen des Obersten Gerichtshofes für die Britische Zone in Zivilsachen

Abkürzungsverzeichnis

OHG	Offene Handelsgesellschaft
OLG	Oberlandesgericht
OLGE	Entscheidungssammlung der Oberlandesgerichte
OLG-NL	OLG-Rechtsprechung Neue Länder
OLGR	OLG-Report
OLGSt	Entscheidungen der Oberlandesgerichte zum Straf- und Strafverfahrensrecht
OLG-VertrÄndG	OLG Vertretungsänderungsgesetz
OLGZ	Entscheidungen der Oberlandesgerichte in Zivilsachen
OVG	Oberverwaltungsgericht
OWi	Ordnungswidrigkeit
OWiG	Ordnungswidrigkeitengesetz
p.a.	pro anno
PachtKrG	Pachtkreditgesetz
PAngG	Preisangaben- und Preisklauselgesetz
PAngV	Preisangabenverordnung
PartGG	Partnerschaftsgesellschaftsgesetz
PatAO	Patentanwaltsordnung
PatG	Patentgesetz
PersStDV	Landesverordnung zur Durchführung des Personenstandsgesetzes
PersV	Die Personalvertretung (Zeitschrift)
PfandbSchuldvG	Gesetz über die Pfandbriefe und verwandte Schuldverschreibungen öffentlich-rechtlicher Kreditanstalten
PflegeVG	Pflegeversicherungsgesetz
PflVG	Pflichtversicherungsgesetz
PKH	Prozesskostenhilfe
PKV	Prozesskostenvorschuss
PrAGBGB	Preußisches Ausführungsgesetz zum Bürgerlichen Gesetzbuch
PrFGG	Preußisches Gesetz betreffend die Angelegenheiten der Freiwilligen Gerichtsbarkeit
PrKV	Preisklauselverordnung
ProdHaftG	Produkthaftungsgesetz
Prot.	Protokoll
PRV	Partnerschaftsregisterverordnung
PStG	Personenstandsgesetz
PStGDV	Landesverordnung zur Durchführung des Personenstandsgesetzes
PStG-VwV	Allgemeine Verwaltungsvorschrift zum Personenstandsgesetz
PStV	Verordnung zur Ausführung des Personenstandsgesetztes (Personenstandsverordnung)

PStVO	Verordnung zur Durchführung des Personenstandsgesetzes
pVV	positive Vertragsverletzung
r+s	Recht und Schaden (Zeitschrift)
RA	Rechtsanwalt
RabelsZ	Zeitschrift für ausländisches und internationales Privatrecht, begr. v. Rabel
RAG	Reichsarbeitsgericht
RAin	Rechtsanwältin
RAuN	Rechtsanwalt und Notar
RAuNin	Rechtsanwältin und Notarin
RBerG	Rechtsberatungsgesetz
RdA	Recht der Arbeit (Zeitschrift)
RdErl	Runderlass
RdSchr	Rundschreiben
RDV	Recht der Datenverarbeitung (Zeitschrift)
Recht	Das Recht (Zeitschrift)
rechtskr.	rechtskräftig
Red.	Redaktion
Reg.	Regierung; Register
RegBl	Regierungsblatt
RegelbetrVO	Regelbetrags-Verordnung
RegelsatzVO	Verordnung zur Durchführung des § 22 des Bundessozialhilfegesetzes
RegEntw	Regierungsentwurf
RFH	Reichsfinanzhof
RG	Reichsgericht
RGBl	Reichsgesetzblatt
RGSt	Entscheidungen des RG in Strafsachen
RGZ	Entscheidungen des RG in Zivilsachen
RhPfAGBGB	Rheinland-Pfälzisches Ausführungsgesetz zum Bürgerlichen Gesetzbuch
RhPfGerichtsOrgG	Rheinland-Pfälzisches Gerichtsorganisationsgesetz
Ri	Richter
RiA	Das Recht im Amt (Zeitschrift)
RiAG	Richter(in) am Amtsgericht
RIW	Recht der internationalen Wirtschaft (Zeitschrift)
RJA	Entscheidungen in Angelegenheiten der freiwilligen Gerichtsbarkeit und des Grundbuchrechts
Rn	Randnummer
RNotZ	Rheinische Notar-Zeitschrift (ab 2001, vorher: MittRhNotK)
ROW	Recht in Ost und West (Zeitschrift)
RPflAnpG	Rechtspflegeanpassungsgesetz

Rpfleger	Der Deutsche Rechtspfleger (Zeitschrift)
RPflG	Rechtspflegergesetz
RpflJb	Rechtspfleger-Jahrbuch
RpflStud	Rechtspfleger-Studienhefte
RR	Rechtsprechungsreport
Rspr	Rechtsprechung
RsprEinhG	Gesetz zur Wahrung der Einheitlichkeit der Rechtsprechung der obersten Gerichtshöfe des Bundes
RStBl	Reichssteuerblatt
RÜ	Rechtsprechungsübersicht (Zeitschrift)
rückw.	rückwirkend
RuStAG	Reichs- und Staatsangehörigkeitsgesetz
RVA	Reichsversicherungsamt
RVG	Rechtsanwaltsvergütungsgesetz
RVG VV	Vergütungsverzeichnis zum RVG
RVO	Reichsversicherungsordnung
RWS	Kommunikationsforum Recht-Wirtschaft-Steuern
S.	Satz; Seite
s.	siehe
s.a.	siehe auch
SeeArbG	Seearbeitsgesetz
SeemG	Seemannsgesetz
s.o.	siehe oben
s.u.	siehe unten
SachBezV	Verordnung über den Wert der Sachbezüge in der Sozialversicherung
SächsArch	Sächsisches Archiv für Rechtspflege
SachenRBerG	Sachenrechtsbereinigungsgesetz
SAE	Sammlung Arbeitsrechtlicher Entscheidungen
SchiedsVfG	Schiedsverfahrens-Neuregelungsgesetz
SchiedsVZ	Zeitschrift für Schiedsverfahren
SchiffRegO	Schiffsregisterordnung
SchiffsRG	Gesetz über Rechte an eingetragenen Schiffen und Schiffsbauwerken
SchKG	Gesetz zur Vermeidung und Bewältigung von Schwangerschaftskonflikten (Schwangerschaftskonfliktgesetz)
SchlHA	Schleswig-Holsteinische Anzeigen (Zeitschrift)
SchlHOLG	Oberlandesgericht Schleswig-Holstein
SchlichtVerfVO	Verordnung über das Verfahren der Schlichtungsstellen für Überweisungen
SchuldRÄndG	Schuldrechtsänderungsgesetz
SchuldRAnpG	Schuldrechtsanpassungsgesetz
SchuldRModG	Gesetz zur Modernisierung des Schuldrechts

SeuffArch	Seufferts Archiv für Entscheidungen der obersten Gerichte in den deutschen Staaten
SG	Sozialgericht; Soldatengesetz
SGb	Die Sozialgerichtsbarkeit (Zeitschrift)
SGB AT	Sozialgesetzbuch – Allgemeiner Teil
SGB III	Sozialgesetzbuch Drittes Buch – Arbeitsförderung
SGB IV	Sozialgesetzbuch Viertes Buch – Sozialversicherung
SGB V	Sozialgesetzbuch Fünftes Buch – Gesetzliche Krankenversicherung
SGB VI	Sozialgesetzbuch Sechstes Buch – Gesetzliche Rentenversicherung
SGB VII	Sozialgesetzbuch Siebtes Buch – Gesetzliche Unfallversicherung
SGB VIII	Sozialgesetzbuch Achtes Buch – Kinder- und Jugendhilfe
SGB IX	Sozialgesetzbuch Neuntes Buch – Rehabilitation und Teilhabe behinderter Menschen
SGB X	Sozialgesetzbuch Zehntes Buch – Sozialverwaltungsverfahren und Sozialdatenschutz
SGB XI	Sozialgesetzbuch Elftes Buch – Soziale Pflegeversicherung
SGB XII	Sozialgesetzbuch Zwölftes Buch – Sozialhilfe
SGG	Sozialgerichtsgesetz
SGOBau	Schiedsgerichtsordnung für das Bauwesen
SigG	Signaturgesetz
Slg	Sammlung
SoergelRspr	Rechtsprechung zum BGB, EGBGB, CPO, KO, GBO und RFG
sog.	sogenannte/r/s
SozR	Sozialrecht. Rechtsprechung und Schrifttum, bearb. v. d. Richtern des Bundessozialgerichts (Loseblatt)
SozSich	Soziale Sicherheit (Zeitschrift)
SozVers	Die Sozialversicherung (Zeitschrift)
SP	Schaden-Praxis (Zeitschrift)
SprAuG	Sprecherausschussgesetz
st. Rspr	ständige Rechtsprechung
StAG	Staatsangehörigkeitsgesetz
StAnz	Staatsanzeiger
StAZ	Zeitschrift für Standesamtswesen, später: Das Standesamt
StB	Der Steuerberater (Zeitschrift)
StB	Steuerberater
StBp	Die steuerliche Betriebsprüfung (Zeitschrift)
StGB	Strafgesetzbuch
StGH	Staatsgerichtshof
StiftFördG	Gesetz zur weiteren steuerlichen Förderung von Stiftungen

StiftungsG	Stiftungsgesetz
StPO	Strafprozessordnung
str.	streitig
StraFo	Strafverteidiger Forum (Zeitschrift)
StrÄndG	Strafrechtsänderungsgesetz
StSenkG	Gesetz zur Senkung der Steuersätze und zur Reform der Unternehmensbesteuerung
StuB	Steuern und Bilanzen (Zeitschrift)
StuW	Steuer und Wirtschaft (Zeitschrift)
StV	Strafverteidiger (Zeitschrift)
StVj	Steuerliche Vierteljahresschrift
SÜ	Sicherheitsübereignung
SVG	Gesetz über die Versorgung für die ehemaligen Soldaten der Bundeswehr und ihre Hinterbliebenen
SZ	Süddeutsche Zeitung
ThürPStV	Thüringer Verordnung zur Ausführung des Personenstandsgesetzes (Thüringer Personenstandsverordnung)
tlw.	teilweise
TransplantationsG	Transplantationsgesetz
TSG	Gesetz über die Änderung der Vornamen und die Feststellung der Geschlechtszugehörigkeit in besonderen Fällen (Transsexuellengesetz)
TV	Tarifvertrag
TVG	Tarifvertragsgesetz
Tz.	Textzahl
TzBfG	Gesetz über Teilzeitarbeit und befristete Arbeitsverträge
TzWrG	Gesetz über die Veräußerung von Teilzeitnutzungsrechten an Wohngebäuden
u.a.	unter anderem
uÄ	und Ähnliches
uE	unseres Erachtens
uU	unter Umständen
uVm	und Vieles mehr
UÄndG	Unterhaltsänderungsgesetz
UBGG	Gesetz über Unternehmensbeteiligungsgesellschaften
UFITA	Archiv für Urheber-, Film-, Funk- und Theaterrecht
UhVorschG	Gesetz zur Sicherung des Unterhalts von Kindern alleinstehender Mütter und Väter durch Unterhaltsvorschüsse oder -ausfalleistungen
UKlaG	Unterlassungsklagegesetz
umstr.	umstritten
UmwBerG	Gesetz zur Bereinigung des Umwandlungsgesetzes
UmwG	Umwandlungsgesetz

UmwStErl	Umwandlungssteuererlass
UmwStG	Umwandlungssteuergesetz
Univ.	Universität
unstr.	unstreitig
UntVorschG	Unterhaltsvorschussgesetz
unveröff.	unveröffentlicht
UR	Umsatzsteuer-Rundschau (Zeitschrift)
UrhG	Urheberrechtsgesetz
urspr.	ursprünglich
Urt.	Urteil
UStDV	Umsatzsteuer-Durchführungsverordnung
UStG	Umsatzsteuergesetz
UStR	Umsatzsteuerrichtlinien
usw.	und so weiter
UVR	Umsatz- und Verkehrsteuer-Recht (Zeitschrift)
UWG	Gesetz gegen den unlauteren Wettbewerb
UZwG	Gesetz über den unmittelbaren Zwang bei Ausübung öffentlicher Gewalt durch Vollzugsbeamte des Bundes
v.H.	vom Hundert
VAG	Versicherungsaufsichtsgesetz
VAHRG	Gesetz zur Regelung von Härten im Versorgungsausgleich
VBl BW	Verwaltungsblätter Baden-Württemberg
VerbrKrG	Verbraucherkreditgesetz
VereinsG	Gesetz zur Regelung des öffentlichen Vereinsrechts
Verf.	Verfassung; Verfasser
VerfGH	Verfassungsgerichtshof
VerfGHG	Gesetz über den Verfassungsgerichtshof
VerfO	Verfahrensordnung
VerglO	Vergleichsordnung
VermG	Vermögensgesetz
Veröff.	Veröffentlichung
VerschG	Verschollenheitsgesetz
VersG	Gesetz über Versammlungen und Aufzüge
VersPrax	VersicherungsPraxis (Zeitschrift)
VersR	Versicherungsrecht
Verz.	Verzeichnis
Vfg.	Verfügung
VG	Verwaltungsgericht; Verwertungsgesellschaft
VGH	Verwaltungsgerichtshof; Verfassungsgerichtshof
vgl	vergleiche
VglO	Vergleichsordnung
VGrS	Vereinigter Großer Senat
VgV	Vergabeverordnung

VHB	Allgemeine Hausratsversicherungsbedingungen
VIZ	Zeitschrift für Vermögens- und Investitionsrecht (bis 6.1996)
VIZ	Zeitschrift für Vermögens- und Immobilienrecht (ab 7.1996)
VO	Verordnung
VOBl	Verordnungsblatt
VOL	Verdingungsordnung für Leistungen, ausgenommen Bauleistungen
Vorbem.	Vorbemerkung
vorl.	vorläufig
VormG	Vormundschaftsgericht
VRS	Verkehrsrechts-Sammlung
VStG	Vermögensteuergesetz
VStR	Vermögensteuer-Richtlinien
VuR	Verbraucher und Recht (Zeitschrift)
VVaG	Versicherungsverein auf Gegenseitigkeit
VVG	Versicherungsvertragsgesetz
VW	Versicherungswirtschaft (Zeitschrift)
VwGO	Verwaltungsgerichtsordnung
VwKostG	Verwaltungskostengesetz
VwVfG	Verwaltungsverfahrensgesetz
VwVG	Verwaltungsvollstreckungsgesetz
VwZG	Verwaltungszustellungsgesetz
VwZVG	Verwaltungszustellungs- und Vollstreckungsgesetz
VZ	Veranlagungszeitraum
WahrnG	Gesetz über die Wahrnehmung von Urheberrechten und verwandten Schutzrechten
WarnRspr	1. Rechtsprechung des Reichsgerichts auf dem Gebiete des Zivilrechts, soweit sie nicht in der amtlichen Sammlung der Entscheidungen des RG abgedruckt ist, hrsg. von Warneyer (bis 33.1941); 2. Sammlung zivilrechtlicher Entscheidungen des Reichsgerichts (1.1942–2.1943)
WE	Wohnungseigentum
WechselG	Wechselgesetz
WEG	Wohnungseigentumsgesetz
WertErmVO	Wertermittlungsverordnung
WEZ	Zeitschrift für Wohnungseigentumsrecht
WG	Wechselgesetz
WiB	Wirtschaftsrechtliche Beratung (Zeitschrift)
WiR	Wirtschaftsrecht (Zeitschrift)
wistra	Zeitschrift für Wirtschaft, Steuer, Strafrecht
WM, WPM	Wertpapier-Mitteilungen

WP	Wirtschaftsprüfer
WpHG	Wertpapierhandelsgesetz
WPO	Wirtschaftsprüferordnung
WRP	Wettbewerb in Recht und Praxis (Zeitschrift)
WÜK	Wiener Übereinkommen über konsularische Beziehungen vom 24. April 1963
WRV	Weimarer Reichsverfassung
WuW	Wirtschaft und Wettbewerb (Zeitschrift)
WZG	Warenzeichengesetz
zB	zum Beispiel
z.T.	zum Teil
ZAP	Zeitschrift für die Anwaltspraxis
ZblFG	Zentralblatt für Freiwillige Gerichtsbarkeit und Notariat
ZErb	Zeitschrift für die Steuer- und Erbrechtspraxis
ZEV	Zeitschrift für Erbrecht und Vermögensnachfolge
ZfA	Zeitschrift für Arbeitsrecht
ZFE	Zeitschrift für Familien- und Erbrecht
ZfF	Zeitschrift für das Fürsorgewesen
ZfRV	Zeitschrift für Rechtsvergleichung
zfs	Zeitschrift für Schadensrecht
ZfSH/SGB	Zeitschrift für Sozialhilfe und Sozialgesetzbuch
ZfV	Zeitschrift für Versicherungswesen
ZGB	Zivilgesetzbuch (DDR)
ZGR	Zeitschrift für Unternehmens- und Gesellschaftsrecht
ZGS	Zeitschrift für das gesamte Schuldrecht
ZHR	Zeitschrift für das gesamte Handels- und Wirtschaftsrecht
Ziff.	Ziffer
ZIP	Zeitschrift für Wirtschaftsrecht und Insolvenzpraxis
zit.	zitiert
ZNotP	Zeitschrift für die Notarpraxis
ZPO	Zivilprozessordnung
ZRHO	Rechtshilfeordnung für Zivilsachen
ZRP	Zeitschrift für Rechtspolitik
ZTR	Zentrales Testamentsregister
ZUM	Zeitschrift für Urheber- und Medienrecht
zust.	zustimmend
ZVG	Zwangsversteigerungsgesetz
ZVglRWiss	Zeitschrift für vergleichende Rechtswissenschaft
ZWE	Zeitschrift für Wohnungseigentum
zzgl	zuzüglich
ZZP	Zeitschrift für Zivilprozess
zzt.	zurzeit

Literatur

Bamberger/Roth, Kommentar zum Bürgerlichen Gesetzbuch: BGB, 3. Aufl. 2012 (zit.: Bamberger/Roth/*Bearbeiter*)

Baumbach/Hopt, Handelsgesetzbuch: HGB, 36. Aufl. 2014 (zit.: Baumbach/Hopt/*Bearbeiter*)

Baur/Stürner, Sachenrecht, 18. Aufl. 2009

Binder/Eichel, Internationale Dimensionen des Wirtschaftsrechts, 2013

Binz/Dörndorfer/Petzold/Zimmermann, GKG, FamGKG, JVEG, 3. Aufl., 2014

Burandt/Rojahn, Erbrecht, 2. Aufl. 2014 (zit.: Burandt/Rojahn/*Bearbeiter*)

Calliess/Ruffert, EUV/AEUV, 4. Aufl. 2011 (zit.: Calliess/Ruffert/*Bearbeiter*)

Dörndorfer, Rechtspflegergesetz, 2. Aufl., 2014

Dorsel, Kölner Formularbuch Erbrecht, 2. Aufl. 2015

Dutta/Herrler, Die Europäische Erbrechtsverordnung, 2014

Erman, BGB, Kommentar, 13. Aufl. 2011 (zit.: Erman/*Bearbeiter*)

Firsching/Graf, Nachlassrecht, 10. Aufl., 2014

Frank/Döbereiner, Nachlassfälle mit Auslandsbezug, 2015

Gärtner, Die Behandlung ausländischer Vindikationslegate im deutschen Recht, 2014 (zit.: *Gärtner*, Ausländische Vindikationslegate)

Gebauer/Wiedmann, Zivilrecht unter europäischem Einfluss, 2. Aufl. 2010 (zit.: Gebauer/Wiedmann/*Bearbeiter*)

Geimer, Internationales Zivilprozessrecht, 6. Auflage 2009

Geimer/Schütze, Europäisches Zivilverfahrensrecht, 3. Aufl. 2010

Gernhuber/Coester-Waltjen, Familienrecht, 6. Aufl. 2010

Haratsch/Koenig/Pechstein, Europarecht, 9. Aufl. 2014

Hügel, Grundbuchordnung, 2. Aufl. 2010 (zit.: Hügel/*Bearbeiter*)

Kegel/Schurig, Internationales Privatrecht, 9. Aufl. 2004

Keidel, FamFG, 18. Aufl. 2014 (zit.: Keidel/*Bearbeiter*)

Köhler, Eingriffsnormen – Der „unfertige Teil" des europäischen IPR, 2013

Korintenberg, Gerichts- und Notarkostengesetz: GNotKG, 19. Aufl. 2015 (zit.: Korintenberg/*Bearbeiter*)

Krafka/Kühn, Registerrecht, 9. Aufl. 2013

Kroiß/Horn/Solomon, Nachfolgerecht, 2015 (zit.: NK-NachfolgeR/*Bearbeiter*)

Kropholler, Internationales Privatrecht einschließlich der Grundbegriffe des Internationalen Zivilverfahrensrechts, 6. Auflage 2006

Literatur

Kropholler/von Hein, Europäisches Zivilprozessrecht, 9. Aufl. 2011
(zit.: Kropholler/von Hein/*Bearbeiter*)

Kuntze/Ertl/Herrmann/Eickmann, Grundbuchrecht, 6. Aufl. 2006
(zit.: Kuntze/Ertl/Herrmann/Eickmann/*Bearbeiter*)

Leible/Unberath, Brauchen wir eine Rom 0-Verordnung?, 2013

Lenel/Lewald, Abhandlungen zum internationalen Privatrecht (Band 1), 2013

Löhnig/Schwab/Henrich/Gottwald/Grziwotz/Reimann/Dutta, Erbfälle unter Geltung der Europäischen Erbrechtsverordnung, 2014

Looschelders, Internationales Privatrecht – Art. 3-46 EGBGB, 2004

Müller-Lukoschek, Die neue EU-Erbrechtsverordnung, 2013

Münchener Kommentar zum BGB (zit.: MüKo-BGB/*Bearbeiter*)

Palandt, Bürgerliches Gesetzbuch: BGB mit Nebengesetzen, 73. Aufl. 2014
(zit.: Palandt/*Bearbeiter*)

Prütting/Helms, FamFG, 3. Aufl. 2012 (zit.: Prütting/Helms/*Bearbeiter*)

Rauscher, Europäisches Zivilprozess- und Kollisionsrecht – EuZPR/EuIPR, 3. Aufl. 2011
(zit.: Rauscher/*Bearbeiter*)

Rauscher, Internationales Privatrecht, 4. Auflage 2012

Schack, Internationales Zivilverfahrensrecht, 6. Auflage 2014

Schlosser, EU-Zivilprozessrecht, 3. Aufl. 2009 (zit.: Schlosser/*Bearbeiter*)

Schöner/Stöber, Grundbuchrecht, 15. Aufl. 2012

Schurig, Kollisionsnorm und Sachrecht – Zu Struktur, Standort und Methode des internationalen Privatrechts, 1981

Soergel, Bürgerliches Gesetzbuch mit Einführungsgesetz und Nebengesetzen: BGB, 13. Aufl. 2002 (zit.: Soergel/*Bearbeiter*)

Spickhoff, Symposium Parteiautonomie im Europäischen Internationalen Privatrecht
(zit.: *Bearbeiter* in: Spickhoff)

Staudinger, Bürgerliches Gesetzbuch, 15. Aufl. 2011 ff (zit.: Staudinger/*Bearbeiter*)

Thomas/Putzo, Zivilprozessordnung: ZPO, 36. Aufl. 2015
(zit.: Thomas/Putzo/*Bearbeiter*)

von Bar/Mankowski, Internationales Privatrecht Band 1: Allgemeine Lehren, 2. Aufl. 2003

von Hoffmann/Thorn, Internationales Privatrecht, 9. Aufl. 2007

Zimmermann (Hrsg.), Praxiskommentar Erbrechtliche Nebengesetze, 2013
(zit.: Zimmermann/*Bearbeiter*)

Teil 1
EuErbVO

§ 1 Einleitung

A. Allgemeines

Die Verordnung (EU) Nr. 650/2012 des Europäischen Parlaments und des Rates vom 4.7.2012 über die Zuständigkeit, das anzuwendende Recht, die Anerkennung und Vollstreckung von Entscheidungen und die Annahme und Vollstreckung öffentlicher Urkunden in Erbsachen sowie zur Einführung eines Europäischen Nachlasszeugnisses (EuErbVO) stellt einen weiteren wichtigen Schritt zum Aufbau eines gemeinsamen europäischen Rechtsraums dar. Sie vereinheitlicht den Bereich des **Internationalen Erbrechts** umfassend und sieht neben verfahrens- und kollisionsrechtlichen Bestimmungen mit der Einführung eines Europäischen Nachlasszeugnisses nunmehr auch materiellrechtliche Regelungen vor, welche die grenzüberschreitende Abwicklung von Nachlassangelegenheiten innerhalb der Europäischen Union erleichtern sollen. 1

Als Maßnahme der justiziellen Zusammenarbeit in Zivilsachen wurde die EuErbVO auf die Kompetenznorm des Art. 81 Abs. 1, Abs. 2 lit. a, c, f AEUV[1] gestützt. Diese ermächtigt das Europäische Parlament und den Rat zu umfassenden Gesetzesvorhaben auf dem Gebiet des Internationalen Privat- und Verfahrensrechts unter Einschluss sogen. Drittstaatenfälle,[2] so dass die EuErbVO im Rahmen ihres Anwendungsbereichs auf **alle erbrechtlichen Streitigkeiten mit grenzüberschreitendem Bezug** anzuwenden ist. Sie trat für alle EU-Mitgliedstaaten – mit Ausnahme von Dänemark, Irland und des Vereinigten Königreichs (vgl Erwägungsgrund 82 und 83) – am 16.8.2012 in Kraft und gilt in ihren wesentlichen Teilen **ab dem 17.8.2015** (Art. 83, 84 EuErbVO). Von diesem Zeitpunkt an verdrängt die – gem. Art. 288 AEUV unmittelbar in jedem teilnehmenden Mitgliedstaat geltende – Verordnung kraft ihres **Anwendungsvorrangs** entgegenstehendes, in den Anwendungsbereich der Verordnung fallendes nationales Recht. 2

Der endgültigen Fassung der EuErbVO ging eine lange Entwicklungsgeschichte voraus. Bereits im Wiener Aktionsplan von 1998[3] und im Maßnahmenprogramm zur Umsetzung des Grundsatzes der gegenseitigen Anerkennung gerichtlicher Entscheidungen in Zivil- und Handelssachen von 2000[4] als Projekt vorgesehen, legte die Europäische Kommission – nach Vorarbeiten des Deutschen Notarinstituts unter Beteiligung von *Dörner* und *Lagarde* (sogen. DNotI-Studie)[5] – 2005 ein Grünbuch zum Erb- und Testamentsrecht[6] vor, dem 2009 ein konkreter Vorschlag für eine Verord- 3

---

1 Vertrag über die Arbeitsweise der Europäischen Union, ABl EU 2008 C 115 S. 47, zuletzt geändert durch Art. 2 ÄndBeschl. 2012/419/EU vom 11.7.2012 (ABl EU L 204 S. 131).
2 Vgl etwa Calliess/Ruffert/*Rossi*, Art. 81 AEUV Rn 14; anders nur *Majer*, ZEV 2011, 445, 449 f.
3 ABl EU 1999 C 19 S. 1, 10.
4 ABl EU 2001 C 12 S. 1, 3.
5 Rechtsvergleichende Studie der erbrechtlichen Regelungen des Internationalen Verfahrensrechtes und Internationalen Privatrechts der Mitgliedsstaaten der Europäischen Union für die Europäische Kommission vom 18.9./8.11.2002; abrufbar unter http://ec.europa.eu/civiljustice/publications/docs/testaments_successions_de.pdf.
6 KOM (2005) 65 endg.

nung über die Zuständigkeit, das anzuwendende Recht, die Anerkennung und die Vollstreckung von Entscheidungen und öffentlichen Urkunden in Erbsachen sowie zur Einführung eines Europäischen Nachlasszeugnisses folgte (EuErbVO-Entwurf 2009).[7] Nachdem am 8.12.2011 eine revidierte Fassung des Rates der Europäischen Union zur EuErbVO ergangen war,[8] die bereits im Wesentlichen den nunmehr geltenden Regelungen entsprach, wurde die EuErbVO in ihrer endgültigen Fassung vom 4.7.2012 verabschiedet und am 27.7.2012 im Amtsblatt der EU veröffentlicht.[9]

B. Überblick über die neuen Regelungen

4 Die EuErbVO gliedert sich in sieben einzelne Kapitel. **Kapitel I** legt zunächst den sachlichen Anwendungsbereich der EuErbVO fest (Art. 1 EuErbVO) und sieht in Art. 3 EuErbVO eine Begriffsbestimmung wesentlicher, im Rahmen der Verordnung verwendeter Rechtsbegriffe vor, welche deren gebotene autonome Auslegung (hierzu Rn 6) erleichtern sollen. Im Rahmen des **Kapitels II** wird die internationale Zuständigkeit in Erbsachen geregelt, **Kapitel III** sieht umfangreiche, alle Bereiche der Rechtsnachfolge von Todes wegen betreffende Kollisionsnormen vor, mittels derer das in Nachlasssachen anzuwendende Recht zu bestimmen ist. Besonders hervorzuheben ist insoweit die primäre Anknüpfung an den letzten **gewöhnlichen Aufenthalt** des Erblassers bei der Bestimmung der internationalen Zuständigkeit (Art. 4 EuErbVO) und des anwendbaren Rechts (Art. 21 Abs. 1 EuErbVO), welche in Anbetracht der zunehmenden Mobilität der Bürger eine „wirkliche[] Verbindung zwischen dem Nachlass und dem Mitgliedstaat, in dem die Erbsache abgewickelt wird", gewährleisten soll (vgl Erwägungsgrund 23). Auf die **Staatsangehörigkeit** des Erblassers kommt es hingegen – in rechtspolitischer Abkehr zu Art. 25 Abs. 1 EGBGB – bei der Bestimmung des auf die Rechtsnachfolge von Todes wegen anzuwendenden Rechts nur noch an, wenn der Erblasser dieses Anknüpfungsmoment im Wege der Rechtswahl für maßgeblich erklärt hat (Art. 22 EuErbVO); hat der Erblasser eine Rechtswahl zugunsten eines mitgliedstaatlichen Rechts getroffen, kann zudem eine internationale Zuständigkeit dieses Mitgliedstaates unter den Voraussetzungen des Art. 7 EuErbVO begründet werden. Das Regelungssystem der internationalen Zuständigkeit und des Kollisionsrechts ist darauf gerichtet, einen **Gleichlauf** zwischen gerichtlicher Zuständigkeit und anwendbarem Recht zu erreichen, so dass in Nachlasssachen deutlich häufiger als bisher deutsches Recht angewandt werden kann. Zudem ist die EuErbVO um **Nachlasseinheit** bemüht, da Art. 21, 22 EuErbVO – entsprechend Art. 25 Abs. 1 EGBGB – die *gesamte* Rechtsnachfolge von Todes wegen grundsätzlich nur einer Rechtsordnung unterstellt; durchbrochen wird dieser Grundsatz – abgesehen von dem seltenen Fall einer prozessualen Nachlassspaltung gem. Art. 10 Abs. 2 EuErbVO oder gem. Art. 12 EuErbVO – nur durch Art. 30 EuErbVO, der eine gesonderte Anknüpfung zugunsten besonderer *materieller*, insbesondere Sondervermögen aufgrund wirtschaftlicher, familiärer und sozialer Gründe konstituierender Sachnormen vorsieht, und von Art. 34 Abs. 1 EuErbVO, der unter sehr eingeschränkten Vor-

---

7 KOM(2009) 154 endg.
8 18320/11 ADD 1, Interinstitutionelles Dossier: 2009/0157 (COD), JUSTCIV 350, CODEC 2362.
9 ABl EU 2012 Nr. L 201 S. 107.

aussetzungen die Beachtlichkeit ausländischer, ggf. auch zu Nachlassspaltung führender (vgl § 4 Rn 128) Kollisionsnormen anordnet. Darüber hinaus enthält **Kapitel IV** Regelungen im Hinblick auf die Anerkennung, Vollstreckbarkeit und Vollstreckung von mitgliedstaatlichen Entscheidungen, die im Wesentlichen derjenigen der EuGVVO aF[10] entsprechen und wohl alleine im Hinblick auf deren Revision vom 12.12.2012[11] eine eigenständige Kodifikation erfahren haben.[12] Ergänzt werden diese Bestimmungen durch **Kapitel V**, welches spezielle Vorschriften für die Annahme und Vollstreckbarkeit von öffentlichen Urkunden und die Vollstreckbarkeit gerichtlicher Vergleiche vorsieht, die in einem anderen Mitgliedstaat errichtet wurden bzw. ergangen sind. Eine wesentliche Neuerung bringt **Kapitel VI**, das die Einführung eines **Europäischen Nachlasszeugnisses** (ENZ) zum Gegenstand hat. Dieses Zeugnis wird zur Verwendung in einem anderen Mitgliedstaat ausgestellt und tritt ergänzend neben den deutschen Erbschein (vgl Art. 62 Abs. 3 EuErbVO). Das Europäische Nachlasszeugnis dient insbesondere dem Nachweis der Rechtsstellung der durch den Erbfall berechtigten Personen (Art. 63 EuErbVO) und ist – ebenso wie der Erbschein nach deutschem Recht – mit öffentlichem Glauben ausgestattet (Art. 69 EuErbVO). Zuletzt enthält **Kapitel VII** einzelne Schlussbestimmungen, die neben dem Verhältnis der EuErbVO zu bestehenden internationalen Übereinkommen (Art. 75 EuErbVO) insbesondere intertemporale Anwendungsfragen (Art. 83 EuErbVO) und den Geltungszeitpunkt der EuErbVO (Art. 84 EuErbVO) betreffen.

Insbesondere im Hinblick auf das Zuständigkeits- und Verfahrensrecht bedarf es weiterer, die EuErbVO konkretisierender nationaler Durchführungsbestimmungen, welche der deutsche Gesetzgeber mit dem **Gesetz zum Internationalen Erbrecht und zur Änderung von Vorschriften zum Erbschein sowie zur Änderung sonstiger Vorschriften** erlassen hat. Dieses Gesetz enthält – neben zahlreichen Anpassungsregelungen für den gesamten Bereich des Erbrechts – als wesentliche Neuerung ein eigenständiges **Internationales Erbrechtsverfahrensgesetz** (IntErbRVG), in welchem alle zur Durchführung der EuErbVO erforderlichen Bestimmungen kodifiziert wurden (vgl hierzu im Einzelnen Teil 2 und Teil 3).

C. Auslegung der EuErbVO
I. Europarechtlich-autonome Auslegung, Rechtsfortbildung

Als europäischer Rechtsakt ist die EuErbVO **europarechtlich-autonom** auszulegen. Mit diesem Postulat geht in erster Linie die Notwendigkeit einer einheitlichen europäischen Begriffsbildung einher, welche unabhängig von dem jeweiligen nationalen Begriffsverständnis der einzelnen Mitgliedstaaten zu erfolgen hat, damit eine für

---

10 Verordnung (EG) Nr. 44/2001 des Rates vom 22.12.2000 über die gerichtliche Zuständigkeit und die Anerkennung und Vollstreckung von Entscheidungen in Zivil- und Handelssachen; ABl EU 2001 L 12 S. 1, ber. ABl EU L 307 S. 28 und ABl EU 2010 L 328 S. 36, zuletzt geändert durch Art. 1 ÄndVO (EU) 566/2013 vom 18.6.2013 (ABl EU L 167 S. 39).
11 Verordnung (EU) Nr. 1215/2012 des Europäischen Parlaments und des Rates vom 12.12.2012 über die gerichtliche Zuständigkeit und die Anerkennung und Vollstreckung von Entscheidungen in Zivil- und Handelssachen (ABl EU L 351 S. 1).
12 *Simon/Buschbaum*, NJW 2012, 2393, 2397.

alle Mitgliedstaaten *einheitliche* Auslegung gewährleistet werden kann.[13] Insoweit lassen sich jedoch grundsätzlich die aus dem nationalen Recht vertrauten Auslegungsmethoden heranziehen, wenngleich gewisse Besonderheiten zu beachten sind.[14] So muss eine am **Wortlaut** der einzelnen Bestimmungen orientierte Auslegung, die den Bedeutungssinn des jeweils verwendeten Rechtsterminus erschließen will, *jegliche* Sprachfassung der EuErbVO[15] berücksichtigen, da diese in Ermangelung einer einheitlichen Amtssprache allesamt verbindlich und damit für eine grammatikalische Auslegung gleichermaßen zugrunde zu legen sind. Im Rahmen einer **systematischen Auslegung** ist – neben der Binnenstruktur der EuErbVO selbst, die Aufschluss über den Bedeutungsgehalt der einzelnen Vorschriften zu geben vermag – insbesondere der Auslegungszusammenhang zu anderen, bislang erlassenen europäischen Rechtsakten aus dem Bereich des Internationalen Privat- und Verfahrensrechts (vor allem Rom I-VO, Rom II-VO, Rom III-VO, zudem EuGVVO, EuEheVO) zu beachten; soweit diese Rechtsakte gleichlautende Rechtsbegriffe verwenden, kann deren – möglicherweise bereits seitens des EuGH konkretisierter – Bedeutungsgehalt im Wege einer einheitlichen Auslegung auf die EuErbVO übertragen werden, sofern die dem Rechtsbegriff zugrundeliegende spezifische Interessenlage vergleichbar ist (zum zentralen Begriff des gewöhnlichen Aufenthalts vgl § 4 Rn 10 ff). Darüber hinaus ist die **teleologische Auslegung** auch bei der Auslegung europäischer Rechtsakte von zentraler Bedeutung. Zu beachten ist hier insbesondere, dass diese Rechtsakte auf eine weitestmögliche Rechtsvereinheitlichung gerichtet sind; Ausprägung hiervon ist der seitens des EuGH kreierte Auslegungsgrundsatz des *effet utile*, nach dem unionsrechtlichen Vorschriften bei Auslegungszweifeln die größtmögliche Wirkung zukommen soll.[16] Sinn und Zweck der einzelnen Normen der EuErbVO lassen sich zudem auch den zahlreichen, der Verordnung vorangestellten Erwägungsgründen entnehmen, die jedoch für sich genommen nicht verbindlich sind[17] und daher nur Anhaltspunkte für eine teleologische Interpretation liefern können. Der **historischen Auslegung** kommt demgegenüber nur untergeordnete Bedeutung zu, da die Verhandlungsprotokolle, welche Aufschluss über den Willen des Gesetzgebers geben könnten, öffentlich nicht zugänglich sind.[18] Für eine historische Auslegung der EuErbVO herangezogen werden können indes die veröffentlichten Vorarbeiten der beteiligten europäischen Institutionen, also insbesondere das Grünbuch der Europäischen Kommission zum Erb- und Testamentsrecht von 2005, der erste Vorschlag der Europäischen Kommission über einen Verordnungstext von 2009 sowie der Änderungsvorschlag des Europäischen Rates aus dem Jahr 2012 (vgl Rn 3); da die für die endgültige Fassung der EuErbVO letztendlich maßgeblichen Erwägungen mangels Veröffentlichung der entsprechenden Verhandlungsprotokolle jedoch völlig im Dunkeln liegen, ist die Aussagekraft der erwähnten Dokumente ebenfalls gering.

---

13 Näher hierzu Gebauer/Wiedmann/*Gebauer*, Kapitel 4 Rn 8.
14 Gebauer/Wiedmann/*Gebauer*, Kap. 4 Rn 4.
15 Andere Sprachfassungen der EuErbVO sind abrufbar unter http://eur-lex.europa.eu.
16 Vgl hierzu etwa Gebauer/Wiedmann/*Gebauer*, Kap. 4 Rn 7: „Dieser Effektivitätsgrundsatz verlangt also ein Normverständnis, das eine Umgehung oder Aufweichung der Norm verhindert und ihr zur praktischen Durchsetzung verhilft".
17 Regelmäßig wird dies bereits durch deren Formulierung deutlich („sollen").
18 Gebauer/Wiedmann/*Gebauer*, Kap. 4 Rn 5.

C. Auslegung der EuErbVO

Auch im europäischen Recht bildet der – ggf. unter Hinzuziehung anderer Sprachfassungen zu ermittelnde (vgl Rn 6) – Wortlaut einer Regelung die methodische Grenze der Auslegung. Wird dieser bei der Anwendung einer Bestimmung überschritten, handelt es sich methodisch daher nicht (mehr) um eine Auslegung der fraglichen Bestimmung, sondern um **Rechtsfortbildung**. Eine solche erfordert – herkömmlichen Grundsätzen entsprechend – eine Regelungslücke sowie eine Vergleichbarkeit der Interessenlage; liegen diese Voraussetzungen vor, ist die Regelungslücke mittels systeminterner, also der Verordnung selbst zugrundeliegender Grundsätze kohärent, d.h. system- und methodenkonform zu schließen. Zu beachten ist indes, dass eine *europäische* Rechtsfortbildung nur dann in Betracht kommt, wenn eine „interne", also innerhalb des Anwendungs- und damit Regelungsbereiches der Verordnung zu verortende Regelungslücke vorliegt; nur eine solche unterliegt der (letztverbindlichen) Prüfungskompetenz des EuGH (vgl hierzu § 2 Rn 2). Handelt es sich demgegenüber um eine „externe" Regelungslücke, muss diese Rechtsfrage nach Maßgabe des nationalen Rechts seitens der jeweiligen nationalen Gerichte letztverbindlich entschieden werden.

II. Auslegungskompetenz des EuGH

Eine einheitliche europäische Auslegungsmethode kann alleine nicht gewährleisten, dass vereinheitlichtes europäisches Recht auch in praxi einheitlich angewandt wird. Hierfür bedarf es einer judikativen Instanz, die letztverbindlich über strittige Auslegungsfragen entscheidet und auf diese Weise eine Rechtszersplitterung aufgrund divergierender Anwendung der gemeinsamen Rechtsgrundlage verhindert. Für das vereinheitlichte europäische Unionsrecht nimmt diese Aufgabe der EuGH wahr, dem im Rahmen des **Vorabentscheidungsverfahrens** gem. Art. 267 AEUV (234 I EGV aF) nicht nur Fragen zur Auslegung der europäischen Verträge (insbesondere Grundfreiheiten), sondern auch zur Gültigkeit und Auslegung (ggf. auch Rechtsfortbildung) von Sekundärrechtsakten vorgelegt werden können bzw – bei einem letztinstanzlichen, im konkreten Fall mit innerstaatlichen Rechtsbehelfen nicht mehr angreifbaren Urteil eines Mitgliedstaates – sogar vorgelegt werden *müssen*.[19]

Vorlageberechtigt ist gem. Art. 267 AEUV jedes mitgliedstaatliche Gericht, das Zweifel an der Gültigkeit oder Auslegung von EU-Recht geltend macht. Der Gerichtsbegriff wird seitens des EuGH – in europarechtlich-autonomer Auslegung – funktional dahingehend bestimmt, dass das fragliche Organ eine „Entscheidung mit Rechtsprechungscharakter" (in Abgrenzung zu einer Verwaltungsbehörde) zu treffen hat;[20] maßgebliche Kriterien eines Gerichtes i.S.v. Art. 267 AEUV sind insbesondere „gesetzliche Grundlage der Einrichtung, ständiger Charakter, obligatorische Gerichtsbarkeit, streitiges Verfahren, Anwendung von Rechtsnormen durch die Einrichtung sowie deren Unabhängigkeit",[21] wobei es unerheblich ist, „ob das Verfahren, in dem

---

19 Zum Vorabentscheidungsverfahren ausführlich *Haratsch/Koenig/Pechstein*, Europarecht, Rn 558-571.
20 Vgl EuGH v. 27.4.2006 – Rs. C-96/04 Rn 13; hierzu *Dutta*, FamRZ 2013, 4.
21 EuGH v. 27.4.2006 – Rs. C-96/04 Rn 12; ebenso bereits EuGH v. 27.4.1994 – Rs. C-393/92 Rn 21; EuGH v. 17.9.1997 – Rs. C-54/96 (Dorsch Consult) Rn 23; EuGH v. 15.1.2002 – Rs. C-182/00 Rn 12.

Köhler

das nationale Gericht eine Vorlagefrage abfasst, streitigen Charakter hat".[22] Der Gerichtsbegriff des EuGH entspricht der Sache nach der nunmehr von Art. 3 Abs. 2 EuErbVO vorgesehenen Definition eines Gerichts; soweit ein Gericht iSd Bestimmung vorliegt, ist die entsprechende Stelle daher vorlageberechtigt.[23]

10 Ist eine Entscheidung mit innerstaatlichen Rechtsbehelfen nicht mehr angreifbar, besteht für das zur Entscheidung berufene Gericht gem. Art. 267 Abs. 3 AEUV eine **Pflicht zur Vorlage** an den EuGH; diese entfällt alleine in drei Ausnahmesituationen:[24] (1) wenn der EuGH die konkrete Rechtsfrage in einem identischen Fall bereits zuvor entschieden hat, (2) wenn zu der vorgelegten Rechtsfrage bereits eine gefestigte Rechtsprechung des EuGH besteht („acte éclairé") oder (3) wenn die vorgelegte Rechtsfrage ohne jeglichen Zweifel beantwortet werden kann („acte claire"). Wird die sich aus Art. 267 Abs. 3 AEUV ergebende Vorlagepflicht verletzt, stellt dies zugleich eine Verletzung von Art. 101 Abs. 1 S. 2 GG dar, welche mit der Verfassungsbeschwerde vor dem BVerfG angegangen werden kann.[25]

§ 2 Der Anwendungsbereich der EuErbVO

A. Allgemeines

1 Die EuErbVO ist anzuwenden, wenn ihr sachlicher, zeitlicher und räumlicher Anwendungsbereich eröffnet ist. Ist dies der Fall, verdrängt die EuErbVO kraft ihres **Anwendungsvorrangs** entgegenstehendes, in den Anwendungsbereich der Verordnung fallendes nationales Recht. Soweit einzelne Mitgliedstaaten internationalen Übereinkommen auf dem Gebiet des Erbrechts *vor Inkrafttreten der EuErbVO* beigetreten sind, müssen diese jedoch aufgrund der diesbezüglichen **Öffnungsklausel** des Art. 75 Abs. 1 EuErbVO weiterhin vorrangig beachtet werden.

B. Sachlicher Anwendungsbereich (Art. 1 EuErbVO)
I. Allgemeines

2 Der **sachliche Anwendungsbereich der EuErbVO** wird von Art. 1 EuErbVO näher geregelt. Dieser beschränkt den Regelungsbereich zunächst auf **zivilrechtliche Aspekte der Rechtsnachfolge von Todes wegen**, nimmt also insbesondere **Steuer- und Zollsachen sowie sonstige öffentlich-rechtlich zu qualifizierende Angelegenheiten** (Art. 1 Abs. 1 EuErbVO) aus dem Anwendungsbereich der Verordnung aus.[1] Unter einer Rechtsnachfolge von Todes wegen sind nach der Legaldefinition des Art. 3 Abs. 1 lit. a EuErbVO jegliche Formen des Übergangs von Vermögenswerten, Rechten und Pflichten von Todes wegen, sei es im Wege der gewillkürten Erbfolge durch eine Ver-

---

22 EuGH v. 27.4.2006 – Rs. C-96/04 Rn 13; ebenso bereits EuGH v. 17.5.1994 – Rs. C-18/93 (Corsica Ferries) Rn 12.
23 Zur Vorlageberechtigung deutscher Notare vgl *Dutta*, FamRZ 2013, 4 f. mit Fn 8.
24 Hierzu *Haratsch/Koenig/Pechstein*, Europarecht, Rn 564 mwN.
25 Vgl etwa BVerfG NJW 2001, 1267, 1268.
1 Dies gilt insbesondere auch für die – steuerrechtlich zu qualifizierende – Frage, ob die Freigabe des Nachlassvermögens oder die Eintragung des Nachlassvermögens in ein Register die Begleichung einer mit dem Nachlass zusammenhängenden Steuerschuld zur Voraussetzung hat (vgl Erwägungsgrund 10).

fügung von Todes wegen oder im Wege der gesetzlichen Erbfolge, zu verstehen. Eine weitergehende, jedoch nicht abschließende Konkretisierung nimmt zudem Art. 23 Abs. 2 EuErbVO vor (vgl im Einzelnen § 4 Rn 41 ff), darüber hinaus erfasst die EuErbVO auch Fragen der Zulässigkeit sowie der formellen und materiellen Wirksamkeit von Verfügungen von Todes wegen (Art. 24-27 EuErbVO).

Ferner erfolgt eine Beschränkung des Anwendungsbereichs durch Art. 1 Abs. 2 EuErbVO: Dieser schließt einzelne, im Zusammenhang mit Erbsachen stehende zivilrechtliche Regelungsbereiche vom Anwendungsbereich der Verordnung aus und stellt damit ausdrücklich klar, dass diese nicht von der EuErbVO geregelt werden („externe Lücken"); deren rechtliche Beurteilung unterliegt damit grundsätzlich weiterhin dem **nationalen Recht der Mitgliedstaaten**, sofern keine andere europäische Verordnung (Rom I-VO, Rom II-VO, Rom III-VO, EuUnthVO) vorrangig anzuwenden ist. Da sich die Bereichsausnahmen des Art. 1 Abs. 2 EuErbVO ausschließlich im kollisionsrechtlichen Kontext stellen (dies regelmäßig als selbstständig anzuknüpfende Vorfragen, vgl § 4 Rn 145 ff), ist insoweit ein spezifisch kollisionsrechtliches Verständnis angezeigt, so dass die einzelnen Ausnahmetatbestände ggf mittels einer teleologischen kollisionsrechtlichen Interessenanalyse zu konkretisieren sind.[2] Hervorzuheben ist jedoch, dass mit den Bereichsausnahmen **keine Beschränkung der Kognitionsbefugnis** der nach der EuErbVO für Erbsachen (international) zuständigen Gerichte einhergeht (vgl hierzu § 3 Rn 3); diese haben die an sie herangetragene Erbsache daher unter allen in Betracht kommenden rechtlichen Gesichtspunkten (bei nichtvereinheitlichtem Recht unter Rückgriff auf die entsprechenden nationalen Kollisionsnormen) zu entscheiden.

Anmerkung:
Art. 1 EuErbVO präjudiziert zugleich die **Prüfungskompetenz des EuGH**: Soweit die betreffende Rechtsmaterie innerhalb der regulativen Reichweite der EuErbVO zu verorten ist, obliegt dem EuGH die letztverbindliche Auslegung bzw – im Falle von „internen Lücken" – Rechtsfortbildung, soweit sie außerhalb des Regelungsbereichs der Verordnung zu verorten ist („externe Lücken"), der Beurteilung durch das jeweilige nationale Recht. Dies gilt selbst dann, wenn „externe Lücken" kraft einer autonomen nationalen Verweisung wiederum dem Regelungsgehalt der EuErbVO unterstellt werden – auch bei derartigen Verweisungsnormen (etwa Art. 25 EGBGB nF) handelt es sich um nationales, daher der Prüfungskompetenz des EuGH entzogenes Recht.

II. Einzelne Bereichsausnahmen des Art. 1 Abs. 2 EuErbVO

1. Personenstand, familienrechtliche und ähnliche Verhältnisse (lit. a)

Vom Anwendungsbereich der EuErbVO ausgenommen sind zunächst der Personenstand sowie Familienverhältnisse und Verhältnisse, die nach dem auf diese Verhältnisse anzuwendenden Recht vergleichbare Wirkungen entfalten (Art. 1 Abs. 1 lit. a EuErbVO). Hierunter fallen alle Fragen nach dem Bestehen oder Nichtbestehen einer Ehe bzw Lebenspartnerschaft sowie abstammungs- und adoptionsrechtliche Fragen (zur Abgrenzung des Erbstatuts im Hinblick auf das Adoptionsstatut vgl § 4 Rn 60). Mit Ausnahme der Scheidung (Rom III-VO) unterliegen diese Rechtsbereiche in Ermangelung europäischer Rechtsakte allesamt nationalem Recht, so dass in kollisions-

---

2 Vgl hierzu NK-NachfolgeR/*Köhler*, Vor Art. 20-38 EuErbVO Rn 6-9.

rechtlicher Hinsicht weiterhin auf Art. 13 EGBGB (materielle Voraussetzungen der Eheschließung), Art. 11 EGBGB (formelle Voraussetzungen der Eheschließung), Art. 19 EGBGB (Abstammung) und Art. 22 f EGBGB (Annahme als Kind) abzustellen ist.

2. Rechts-, Geschäfts- und Handlungsfähigkeit von natürlichen Personen (lit. b)

4   Eine weitere Bereichsausnahme sieht Art. 1 Abs. 1 lit. b EuErbVO für Fragen nach der Rechts-, Geschäfts- und Handlungsfähigkeit natürlicher Personen vor, die dem weiterhin gem. Art. 12 EGBGB zu bestimmenden Personalstatut unterliegen. Wie Art. 1 Abs. 1 lit. b EuErbVO ausdrücklich klarstellt, erfasst die Bereichsausnahme nicht die **Erb- und Testierfähigkeit**; Erstere unterliegt dem gem. Art. 21 f EuErbVO zu bestimmenden Erbstatut (Art. 23 Abs. 2 lit. c EuErbVO), Letztere dem gem. Art. 24, 25 EuErbVO zu bestimmenden Errichtungsstatut (Art. 26 Abs. 1 lit. a, Abs. 2 EuErbVO).

3. Verschollenheit, Todesvermutung (lit. c)

5   Auch Fragen betreffend die Verschollenheit, die Abwesenheit einer natürlichen Person oder die Todesvermutung sind aus dem Anwendungsbereich der Verordnung ausgenommen, so dass im Hinblick auf die diesbezügliche Bestimmung des anwendbaren Rechts weiterhin die nationale Kollisionsnorm des Art. 9 EGBGB maßgeblich ist. Kommt es aufgrund unterschiedlicher Überlebensvermutungen der für die rechtliche Beurteilung maßgeblichen Rechtsordnungen zu einem Normwiderspruch, sieht die EuErbVO mit Art. 32 EuErbVO jedoch nunmehr eine eigene, also innerhalb ihres regulativen Anwendungsbereichs zu verortende, (sachrechtliche) Anpassungsregelung vor (vgl im Einzelnen § 4 Rn 162 ff).

4. Güterrecht (lit. d)

6   Eine weitere Bereichsausnahme sieht Art. 1 Abs. 2 lit. d EuErbVO für Fragen des ehelichen Güterrechts sowie des Güterrechts aufgrund von Verhältnissen, die nach dem auf diese Verhältnisse anzuwendenden Recht mit der Ehe vergleichbare Wirkungen entfalten (Lebenspartnerschaften). Gemeint sind hiermit sämtliche **vermögensrechtliche Regelungen** (auch im Rahmen eines Ehevertrages, vgl Erwägungsgrund 12), die im Verhältnis der Ehegatten bzw Lebenspartner untereinander sowie zwischen ihnen und Dritten gelten (Art. 2 lit. a EuGüVO-Entwurf[3] bzw Art. 2 lit. a EuPartVO-Entwurf).[4] Da die geplante EuGüVO bzw die EuPartVO noch nicht verabschiedet sind, verbleibt die kollisionsrechtliche Behandlung des Güterrechts einstweilen in mitgliedstaatlicher Kompetenz; die insoweit maßgeblichen Kollisionsnormen des Art. 15 bzw des Art. 17 b Abs. 1 S. 1 EGBGB sind damit weiterhin anzuwenden. Hat das nach nationalem IPR zu bestimmende Güterstatut Einfluss auf die dem Erbstatut unterliegenden Erbquoten, ist dies von den mitgliedstaatlichen Gerichten bei der rechtlichen Be-

---

[3] Vorschlag für eine Verordnung des Rates über die Zuständigkeit, das anzuwendende Recht, die Anerkennung und die Vollstreckung von Entscheidungen im Bereich des Ehegüterrechts, KOM (2011) 126/2.

[4] Vorschlag für eine Verordnung des Rates über die Zuständigkeit, das anzuwendende Recht, die Anerkennung und die Vollstreckung von Entscheidungen im Bereich des Güterrechts eingetragener Partnerschaften, KOM (2011) 127/2.

urteilung des Nachlasses zu berücksichtigen (vgl Erwägungsgrund 12 S. 2); eine Beschränkung der Kognitionsbefugnis auf rein erbrechtliche Aspekte kommt bei einer auf die EuErbVO gestützten Zuständigkeit nicht in Betracht (vgl § 3 Rn 3).

Anmerkung:
Im Rahmen dieser Bereichsausnahme ist aus Sicht des deutschen Rechts insbesondere die kollisionsrechtliche Qualifikation des **§ 1371 Abs. 1 BGB** zweifelhaft; richtigerweise ist diese den gesetzlichen Erbteil des überlebenden Ehegatten erhöhende Bestimmung **güterrechtlich** zu qualifizieren und somit nicht dem gem. Art. 21, 22 EuErbVO zu bestimmenden Erbstatut zu unterstellen (vgl hierzu § 4 Rn 57 ff). Zu betonen ist indes, dass die abschließende Klärung dieser Qualifikationsproblematik alleine seitens des EuGH erfolgen kann, da diesem die letztverbindliche Bestimmung der Reichweite des Erbstatuts gem. Art. 21 f EuErbVO (und damit mittelbar auch des Art. 15 EGBGB) unterliegt.

5. Unterhaltspflichten (lit. e)

Unterhaltspflichten, die auf einem Familien-, Verwandtschafts- oder eherechtlichen Verhältnis oder auf Schwägerschaft beruhen, unterliegen der seit dem 18. Juni 2011 geltenden EuUnthVO;[5] gem. Art. 15 EuUnthVO bestimmt sich das auf Unterhaltspflichten anwendbare Recht nach dem diesbezüglichen Haager Protokoll vom 23. November 2007.[6]

6. Formgültigkeit mündlicher Verfügungen von Todes wegen (lit. f)

Eine weitere Bereichsausnahme besteht für die Formgültigkeit *mündlicher* Verfügungen von Todes wegen. Da Deutschland Vertragsstaat des (gem. Art. 75 Abs. 1 UAbs. 2 EuErbVO auch unter Geltung der EuErbVO weiterhin beachtlichen) HTestformÜ[7] ist und von der Vorbehaltsmöglichkeit des Art. 10 HTestformÜ bezüglich der Anerkennung mündlicher Testamente keinen Gebrauch gemacht hat, unterliegt die rechtliche Beurteilung solcher Verfügungen weiterhin Art. 1 HTestformÜ. Bedeutung entfaltet die Bereichsausnahme des Art. 1 Abs. 2 lit. f EuErbVO hingegen für solche Mitgliedstaaten, die *nicht* Vertragsstaat des HTestformÜ sind oder einen Vorbehalt gem. Art. 10 dieses Übereinkommens eingelegt haben: Diesen soll die Vorbehaltsmöglichkeit erhalten bleiben, auch wenn für solche Staaten im Übrigen nunmehr das HTestformÜ (aufgrund dessen Inkorporation in Art. 27 EuErbVO) gilt. Vor diesem Hintergrund ist die Bereichsausnahme des Art. 1 Abs. 2 lit. f EuErbVO im Sinne von Art. 10 HTestformÜ zu verstehen, so dass mündliche Testamente, die unter außergewöhnlichen Umständen errichtet wurden, von Art. 1 Abs. 2 lit. f EuErbVO nicht erfasst werden.

7. Rechtsgeschäfte unter Lebenden (lit. g)

Rechte und Vermögenswerte, die auf *andere Weise als durch Rechtsnachfolge von Todes wegen* begründet oder übertragen werden, unterliegen gem. Art. 1 Abs. 2 lit. g EuErbVO ebenfalls nicht der EuErbVO. Hierunter sind jegliche – schuld- oder auch

---

5 Verordnung (EG) Nr. 4/2009 des Rates vom 18.12.2008 über die Zuständigkeit, das anwendbare Recht, die Anerkennung und Vollstreckung von Entscheidungen und die Zusammenarbeit in Unterhaltssachen (ABl EU 2009 L 7 S. 1, ber. ABl EU 2011 L 131 S. 26, ABl EU 2013 Nr. L 8 S. 19 und ABl EU L 281 S. 29).
6 Protokoll über das auf Unterhaltspflichten anzuwendende Recht vom 23.11.2007 (ABl EU 2009 L 331 S. 19).
7 BGBl. II 1965 S. 1145.

sachenrechtliche – Rechtsgeschäfte zu verstehen, die sich außerhalb des Erbrechts vollziehen und dem Erblasser selbst zuzurechnen sind, also sog. **Rechtsgeschäfte unter Lebenden**, die insbesondere für die vermögensrechtliche Zuordnung zum Nachlassvermögen von Relevanz sind (das Bestehen einer Forderung, Eigentumsrechte etc.). In kollisionsrechtlicher Hinsicht unterliegen sie (als selbstständig anzuknüpfende Vorfrage, vgl § 4 Rn 145 ff) dem für diese Rechtsgeschäfte maßgeblichen Recht, wenngleich sich ihr **Übergang** kraft Rechtsnachfolge von Todes wegen nach dem Erbstatut bemisst (Art. 23 Abs. 2 lit. e EuErbVO). Als – nicht abschließende – Beispiele erwähnt Art. 1 Abs. 2 lit. g EuErbVO in diesem Zusammenhang **unentgeltliche Zuwendungen** (Art. 3 ff Rom I-VO), die (lebzeitige) Begründung einer aus dem angloamerikanischen Rechtskreis stammenden **joint tenancy** (eine gesamthänderische Berechtigung an Vermögensgegenständen durch Einräumung eines Miteigentumsanteils mit einem Anwachsungsrecht des Überlebenden,[8] dessen kollisionsrechtliche Behandlung Art. 43 EGBGB unterliegt),[9] **Rentenpläne, Versicherungsverträge** und ähnliche Vereinbarungen (Art. 7 Rom I-VO). Inwieweit solche Rechtsgeschäfte unter Lebenden indes im Rahmen der Rechtsnachfolge von Todes wegen *auszugleichen* oder – bei der Bestimmung der Anteile der aufgrund des Erbgangs Berechtigten – *anzurechnen* sind, unterliegt demgegenüber gem. Art. 23 Abs. 2 lit. i EuErbVO dem Erbstatut, so dass diese Fragen innerhalb des Anwendungsbereichs der EuErbVO zu verorten sind.

Schwierigkeiten bereitet hingegen die Behandlung **von Rechtsgeschäften unter Lebenden auf den Todesfall**, da mit solchen eine Umgehung der erbrechtlichen Bestimmungen einhergehen kann; insoweit unterliegt zumindest die Frage nach der **Zulässigkeit** solcher Rechtsgeschäfte neben den erbrechtlichen Bestimmungen dem Erbstatut, vgl im Einzelnen § 4 Rn 50 ff.

8. Gesellschaftsrecht, Vereinsrecht, Recht der juristischen Personen (lit. h, i)

10 Aus dem Anwendungsbereich der EuErbVO ausgenommen sind Fragen des Gesellschaftsrechts, des Vereinsrechts und des Rechts der juristischen Personen (lit. h und i), welche dem – weiterhin nach nationalem IPR zu bestimmenden – **Gesellschaftsstatut** unterliegen. Dieses hat damit nicht nur Fragen hinsichtlich der Auflösung, des Erlöschens oder der Verschmelzung von Gesellschaften, Vereinen oder juristischen Personen zu beantworten (lit. i), sondern etwa auch das Bestehen eines Gesellschaftsanteils sowie dessen Vererblichkeit (etwa aufgrund einer Nachfolgeklausel); die konkrete Rechtsnachfolge in einen vom Gesellschaftsstatut vererblich gestellten Gesellschaftsanteil unterliegt indes gem. Art. 23 Abs. 2 lit. e EuErbVO dem Erbstatut, unterfällt also dem Regelungsbereich der EuErbVO; vgl hierzu im Einzelnen § 4 Rn 61 ff.

9. Trusts (lit. l, i)

11 Eine Bereichsausnahme sieht die EuErbVO darüber hinaus für die Errichtung, Funktionsweise und Auflösung eines Trusts vor. Ausweislich des Erwägungsgrunds 13

---

[8] Näher zu dieser Rechtsfigur *Jülicher*, ZEV 2001, 469-474; auch *Firsching*, IPRax 1982, 98-100; *Henrich*, in: FS Riesenfeld 1983, S. 103-116.
[9] *Dörner*, ZEV 2012, 505, 508.

geht hiermit indes kein genereller Ausschluss von – testamentarisch oder kraft Gesetzes im Rahmen der gesetzlichen Erbfolge entstandenen – Trustverhältnissen einher, sondern alleine ihrer *nicht* als erbrechtlich zu qualifizierender Elemente; der erbrechtliche Übergang der Vermögenswerte und die Bestimmung der Berechtigten unterliegen dem Erbstatut, Art. 23 Abs. 2 lit. e bzw lit. b EuErbVO, die hiermit einhergehenden Anpassungsprobleme sind Gegenstand von Art. 31 EuErbVO (vgl § 4 Rn 154 ff). Soweit ein Trust durch Rechtsgeschäft unter Lebenden begründet wird (inter vivos trust), ist dieser vom Anwendungsbereich der Verordnung bereits gem. Art. 1 Abs. 2 lit. g EuErbVO ausgenommen; über etwaige Fragen der Anrechnung und Ausgleichung entscheidet hingegen das Erbstatut, vgl Art. 23 Abs. 2 lit. i EuErbVO; wurde der Trust zwar unter Lebenden, jedoch auf den Todesfall begründet, unterliegt auch die Frage nach seiner Zulässigkeit neben den erbrechtlichen Bestimmungen dem Erbstatut, vgl im Einzelnen § 4 Rn 50 ff.

10. Dingliche Rechte (lit. k)

Eine wichtige – in ihrer konkreten Reichweite jedoch stark umstrittene – Bereichsausnahme sieht Art. 1 Abs. 2 lit. k EuErbVO für die „Art der dinglichen Rechte" vor, welche – im Unterschied zu dem (auch sachenrechtliche Vorfragen betreffenden, vgl Rn 9) Ausnahmetatbestand des lit. g – alleine die dingliche Wirkung solcher Rechte zum Gegenstand hat, die *durch das Erbstatut selbst* begründet werden. Angesichts des insoweit eindeutigen Wortlauts der – auch im Hinblick auf den Auslegungsgrundsatz des effet utile grundsätzlich restriktiv auszulegenden – Ausnahmeregelung ist diese auf die **Art der dinglichen Rechte** beschränkt[10] und erfasst damit gerade nicht die Fragen, ob und insbesondere unter welchen Voraussetzungen ein solches Recht besteht (**Erwerbsmodalitäten**); diese unterliegen als Frage des Nachlassübergangs gem. Art. 23 Abs. 2 lit. e EuErbVO dem Erbstatut (streitig),[11] wie zudem der Wortlaut von Art. 31 EuErbVO (Geltendmachung eines *kraft Erbstatuts entstandenen* dinglichen Rechts) sowie der Erwägungsgrund 15 S. 2, nach dem die Verordnung die Begründung dinglicher Rechte ermöglichen soll, verdeutlichen (zum speziellen Fall eines staatlichen Aneignungsrechts bei erbenlosen Nachlässen § 4 Rn 165 ff). Sogen. **Vindikationslegate** sind daher auch in ihrer dinglichen Wirkung anzuerkennen, soweit ein solches nach dem Erbstatut vorgesehen ist (näher hierzu § 4 Rn 161).

Zweifelhaft ist indes, ob die von Art. 1 Abs. 2 lit. k EuErbVO vorgesehene Bereichsausnahme bereits die konkrete inhaltliche Ausgestaltung einer – nach dem Erbstatut dann nur erworbenen – dinglichen Rechtsposition erfasst, also bereits auf der Ebene des (grundsätzlich dem Erbstatut obliegenden) Rechtserwerbs eingreift, oder diesen unangetastet lässt und ausschließlich die **Wirkungen** eines (dann nach ausländischem Erbstatut wirksam *begründeten*) dinglichen Rechts beschränkt. Da der Wortlaut des

---

10 Vgl hierzu etwa auch die englische („the nature of rights in rem"), französische („la nature des droits réels") oder spanische („a naturaleza de los derechos reales") Sprachfassung der EuErbVO.
11 Wie hier jurisPK/*Eichel*, Art. 1 EuErbVO Rn 44; Palandt/*Thorn*, Art. 1 EuErbVO Rn 15; *Dutta*, FamRZ 2013, 4, 12; *Schmidt*, RabelsZ 77 (2013), 1, 22; *Margonski*, GPR 2013, 106, 108-110; für nicht in Register einzutragende Rechte auch *Hertel*, ZEV 2013, 539, 540; *Lechner*, IPRax 2013, 497, 499; *Döbereiner*, MittBayNot 2013, 358, 360 f; *ders.*, GPR 2014, 42, 43. – AA (Erwerbsmodalitäten unterliegen dem gem. Art. 43 EGBGB zu bestimmenden Sachstatut) *Dörner*, ZEV 2012, 505, 509; vgl hierzu auch Teil 3 § 5 Rn 28.

Ausnahmetatbestandes keinerlei Einschränkungen vorsieht, müsste man jedenfalls bei dessen isolierter Betrachtung Ersteres annehmen, so dass der konkrete Inhalt einer dinglichen Rechtsposition nicht dem Erbstatut unterläge, sondern dem – weiterhin gem. Art. 43 EGBGB zu bestimmenden – Sachstatut; Folge hiervon wäre damit die Maßgeblichkeit der *jeweiligen* lex rei sitae für den konkreten Rechtsinhalt, so dass deutsche Gerichte aufgrund des allseitig formulierten Art. 43 EGBGB zur Bestimmung des jeweiligen Rechtsinhalts auch ausländisches Belegenheitsrecht zur Anwendung bringen müssten, sofern sich Nachlassgegenstände in mehreren Staaten befinden. Eine solche Sichtweise ist jedoch abzulehnen; wenn das Erbstatut über die Begründung einer dinglichen Rechtsposition entscheidet, muss dies auch für deren konkreten Inhalt gelten, da sich die Frage nach der dinglichen Ausgestaltung einer Rechtsposition schwerlich von ihrem konkreten Inhalt trennen lässt. Der Sinn und Zweck der Bereichsausnahme liegt nach dem insoweit maßgeblichen Erwägungsgrund 15 alleine darin, den **numerus clausus** der mitgliedstaatlichen Sachenrechte zu gewährleisten; hierfür bedarf es jedoch ausschließlich eines Vorbehalts zugunsten der jeweiligen (insoweit kumulativ anzuknüpfenden) lex rei sitae im Hinblick auf die konkreten *Wirkungen*, die einer nach ausländischem Recht wirksam begründeten dinglichen Rechtsposition bei Ausübung in dem jeweiligen Belegenheitsstaat zukommen (entsprechend Art. 43 Abs. 2 EGBGB, vgl hierzu im Einzelnen § 4 Rn 154 ff). Besonders deutlich wird dies zudem vor dem Hintergrund des Art. 31 EuErbVO, in dessen Lichte die Bereichsausnahme des Art. 1 Abs. 2 lit. k EuErbVO auszulegen ist:[12] Eine – vom Regelungsbereich dieser Vorschrift erfasste – Anpassungslage kann überhaupt nur entstehen, wenn die inhaltliche Ausgestaltung des dinglichen Rechts mit derjenigen von der lex rei sitae vorgesehenen kollidiert; dies setzt jedoch gerade voraus, dass sich der Rechtsinhalt *nicht* nach der lex rei sitae bestimmt (da sonst kein Widerspruch bestünde), sondern nach dem Erbstatut – erst dann besteht ein Anpassungsbedarf.[13] Würde man anders verfahren, führte dies der Sache nach zu einer Transposition ex lege, die jedoch nach Art. 31 EuErbVO nur hilfsweise („soweit erforderlich") erfolgen soll – nämlich alleine dann, wenn dies die lex rei sitae auch verlangt; dies ist nach dem Wortlaut des Art. 31 EuErbVO wiederum nur dann der Fall, wenn die dingliche Rechtsposition in dem Belegenheitsstaat *geltend gemacht wird*, so dass alleine die *Rechtswirkungen* eines – nach dem Erbstatut wirksam entstandenen – dinglichen Rechts durch die lex rei sitae begrenzt werden sollen.

14 Nach alledem ist festzuhalten: Die Bereichsausnahme des Art. 1 Abs. 2 lit. k EuErbVO betrifft alleine die **sachenrechtlichen Wirkungen**, die eine nach einem ausländischen Recht begründete dingliche Rechtsposition in dem jeweiligen Belegenheitsstaat entfaltet; sie erfasst hingegen **nicht den erbrechtlichen Erwerbsvorgang** als solchen, so dass nicht nur die Frage nach einer dinglichen Ausgestaltung des erbrechtlichen Übergangs, sondern auch der konkrete Inhalt einer solchen dinglichen Rechtsposition dem Erbstatut unterliegen und damit innerhalb des Anwendungsbereiches der EuErbVO zu verorten sind.

---

12 Vgl auch *Schmidt*, RabelsZ 77 (2013), 1, 17.
13 Ebenso *Schmidt*, RabelsZ 77 (2013), 1, 16.

11. Registerrecht (lit. l)

Aus dem Anwendungsbereich der EuErbVO ausgenommen sind zuletzt gem. Art. 1 Abs. 2 lit. l EuErbVO jede Eintragung von Rechten an beweglichen oder unbeweglichen Vermögensgegenständen in einem **Register** (in Deutschland insbesondere das Grundbuch) einschließlich der gesetzlichen Voraussetzungen für eine solche Eintragung sowie die Wirkungen der Eintragung oder der fehlenden Eintragung solcher Rechte in einem Register. Die Ausnahmevorschrift bezieht sich indes **alleine** auf das Registerrecht sowie auf die an dieses anknüpfenden materiellrechtlichen Folgen (gutgläubiger Erwerb etc.), jedoch **nicht auf den materiellrechtlichen Erwerbstatbestand** als solchen; dieser unterliegt auch für in Register einzutragende Rechte vollständig dem Erbstatut,[14] so dass das nationale Registerrecht insoweit nur über die Eintragungsfähigkeit solcher kraft Erbstatuts entstandenen Rechte sowie über die Folgen der Unrichtigkeit eines Registers zu entscheiden vermag. Ist beispielsweise ein in Deutschland belegenes Grundstück kraft ausländischen Vindikationslegats unmittelbar auf den Vermächtnisnehmer übergegangen, ist dieser – bei entsprechendem Nachweis seiner erbrechtlichen Berechtigung etwa durch ein Europäisches Nachlasszeugnis (vgl hierzu § 7 Rn 33) – im Grundbuch nach den maßgeblichen Vorschriften der GBO als Eigentümer einzutragen, ohne dass es hierfür eines gesonderten Übertragungsaktes seitens der Erben bedürfte. Unterbleibt die Eintragung, ist das Grundbuch unrichtig; die hiermit einhergehenden materiellen Folgen (etwa §§ 891 ff BGB) unterliegen der jeweiligen lex rei sitae. Nicht anders zu verstehen ist im Übrigen auch Erwägungsgrund 19 S. 3, nach welchem der Zeitpunkt des Erwerbs weiterhin der lex rei sitae unterliegen soll, soweit der Registereintragung nach diesem Recht *konstitutiver* Charakter zukommt: Relevant wird der konstitutive Charakter einer Eintragung nur bei der *Ausübung* der dinglichen Rechtsposition, etwa einer Weiterveräußerung. Diese unterfällt als neuer sachenrechtlicher Erwerbsvorgang indes nicht mehr dem Anwendungsbereich der EuErbVO, sondern dem – weiterhin in nationaler Kompetenz liegenden – Sachstatut; ist hiernach die Eintragung des zu übertragenden Rechts zwingende Erwerbsvoraussetzung, muss diese zunächst herbeigeführt werden (bei Rechten, welche der lex fori unbekannt sind, hilfsweise durch Transposition; vgl hierzu näher § 4 Rn 154 ff), so dass erst ab diesem Zeitpunkt der der lex rei sitae unterliegende (neue) Erwerbsvorgang abgeschlossen ist; der Zeitpunkt des *erbrechtlichen* Erwerbs registerrechtlich einzutragender Rechte unterliegt hingegen dem Erbstatut.

III. Art. 25 EGBGB nF

Um einen „möglichst weitgehenden Gleichlauf [...] des erbrechtlichen Kollisionsrechts"[15] erzielen zu können, ordnet Art. 25 EGBGB nF für (nach autonomen Maß-

---

14 Ebenso Palandt/*Thorn*, Art. 1 EuErbVO Rn 16; *Dutta*, FamRZ 2013, 4, 12; *Margonski*, GPR 2013, 106, 109 f; vgl auch *Schmidt*, ZEV 2014, 133 ff. – AA *Hertel*, ZEV 2013, 539, 540; *Lechner*, IPRax 2013, 497, 499; *Döbereiner*, MittBayNot 2013, 358, 360 f; *ders.*, GPR 2014, 42, 43; *Kunz*, GPR 2013, 293 f; *Simon/Buschbaum*, NJW 2012, 2393, 2394; *Volmer*, Rpfleger 2013, 421, 426 f; *Odersky*, Notar 2013, 3, 4. Eine gesonderte Behandlung von im Register nach der lex rei sitae einzutragender Rechte ist indes angesichts des eindeutigen, gerade *nicht* differenzierenden Wortlauts von Art. 23 Abs. 2 lit. e EuErbVO, der *alle* Fragen des Nachlassübergangs dem Erbstatut unterstellt, nicht gerechtfertigt.
15 BT-Drucks. 18/4201 S. 66.

stäben) erbrechtlich zu qualifizierende Fragen, die nicht in den Anwendungsbereich der EuErbVO fallen, eine entsprechende Anwendung der Regelungen der EuErbVO an (vgl hierzu auch Teil 3 § 10 Rn 5 ff. Wenngleich angesichts des weiten, sämtliche erbrechtlich zu qualifizierende Fragen erfassenden (vgl Rn 2 ff) Anwendungsbereichs der EuErbVO schwer vorstellbar erscheint, dass für Art. 25 EGBGB nF überhaupt ein relevanter Anwendungsbereich verbleibt, ist diese Auffangregelung aufgrund ihrer klarstellenden Funktion dennoch zu begrüßen, zumal eine vergleichbare, der Sache nach gebotene Regelung in anderen kollisionsrechtlichen Rechtsbereichen fehlt. Dies gilt allen voran für den Bereich des Internationalen Schuldrechts, in dem eine – der Rom I-VO entsprechende – kollisionsrechtliche Behandlung der aus ihrem Anwendungsbereich ausgenommenen Rechtsfragen (insbesondere Gerichts- und Schiedsvereinbarungen) zumindest gewissen Begründungsaufwand verursacht (für Gerichtsstandsvereinbarungen vgl § 4 Rn 25). Zu betonen ist jedoch, dass die autonome, auf nationalem Recht fußende Erweiterung des Anwendungsbereichs der EuErbVO der Prüfungskompetenz des EuGH entzogen ist.

C. Zeitlicher Anwendungsbereich (Art. 83 EuErbVO)

16 Der **zeitliche Anwendungsbereich** der EuErbVO ergibt sich aus Art. 83 EuErbVO. Gem. Art. 83 Abs. 1 EuErbVO ist die VO auf die Rechtsnachfolge von Personen anzuwenden, die am 17.8.2015 oder danach verstorben sind. Vor diesem Zeitpunkt ist grundsätzlich das jeweils geltende nationale Kollisionsrecht maßgeblich. Zu beachten ist insoweit jedoch Art. 83 Abs. 2-4 EuErbVO, der spezielle Regelungen hinsichtlich einer *vor* dem 17.8.2015 getroffenen Rechtswahl (vgl hierzu § 4 Rn 34 ff) sowie einer vor diesem Datum errichteten Verfügung von Todes wegen vorsieht (vgl hierzu § 4 Rn 71, 81), welche deren Wirksamkeit aus Gründen des Vertrauensschutzes[16] begünstigen.

D. Räumlicher Anwendungsbereich

17 Die EuErbVO gilt in räumlicher Hinsicht in allen Mitgliedstaaten **mit Ausnahme von Dänemark, Irland und des Vereinigten Königreichs**; die Anwendung der VO setzt darüber hinaus keinen besonderen Bezug zu einem weiteren Mitgliedstaat voraus, so dass auch sogen. Drittstaatensachverhalte von der EuErbVO erfasst werden.[17]

E. Verhältnis zu bestehenden internationalen Übereinkommen (Art. 75 EuErbVO)

18 Die **Öffnungsklausel** des Art. 75 Abs. 1 EuErbVO ermöglicht den einzelnen Mitgliedstaaten (trotz des grundsätzlichen Anwendungsvorrangs der EuErbVO) –, bestehende, also *vor Inkrafttreten der EuErbVO* abgeschlossene Staatsverträge, welche die Rechtsnachfolge von Todes wegen betreffen, weiterhin anzuwenden, damit diese ihre völkerrechtlichen Verpflichtungen wahren können (vgl Erwägungsgrund 73 S. 1).

---

16 *Schoppe*, IPRax 2014, 27, 28 f; Palandt/*Thorn*, Art. 83 EuErbVO Rn 1.
17 Vgl etwa Calliess/Ruffert/*Rossi*, Art. 81 AEUV Rn 14; anders nur *Majer*, ZEV 2011, 445, 449 f.

E. Verhältnis zu bestehenden internationalen Übereinkommen (Art. 75 EuErbVO)

Hinsichtlich der **Bestimmung des Erbstatuts** vorrangig anzuwenden sind daher auch unter Geltung der EuErbVO

- das **Niederlassungsabkommen zwischen dem Deutschen Reich und dem Kaiserreich Persien vom 17.2.1929**, welches mit Art. 8 Abs. 3 eine spezielle kollisionsrechtliche Regelung zur Bestimmung des Erbstatuts vorsieht (hierzu § 4 Rn 193 ff),
- der **deutsch-türkische Konsularvertrag vom 28.5.1929**, der mit § 14 der Anlage zu Art. 20 des Nachlassübereinkommens eine besondere Kollisionsnorm enthält (hierzu § 4 Rn 197 ff), sowie
- der **deutsch-sowjetische Konsularvertrag vom 25.4.1958**, dessen Art. 28 Abs. 3 eine spezielle Kollisionsnorm hinsichtlich unbeweglicher Nachlassgegenstände kennt (hierzu § 4 Rn 201 ff).

Weitere Staatsverträge, welche **Auswirkungen auf die erbrechtliche Anknüpfung** haben, stellen zudem

- das **New Yorker UN-Übereinkommen über die Rechtsstellung der Staatenlosen vom 28.9.1954** und
- das **Genfer UN-Abkommen über die Rechtsstellung der Flüchtlinge vom 28.7.1951** dar, die

besondere, die Rechtswahlmöglichkeiten nach Art. 22, 24, 25 EuErbVO erweiternde (vgl hierzu § 4 Rn 26) Regelungen im Hinblick auf die Bestimmung des Personalstatuts (jeweils Art. 12 Abs. 1 der Übereinkommen) enthalten.

Hinsichtlich der **Form testamentarischer Verfügungen** gilt für Deutschland gem. Art. 75 Abs. 1 UAbs. 2 EuErbVO weiterhin

- das **Haager Übereinkommen über das auf die Form letztwilliger Verfügungen anzuwendende Recht vom 5.10.1961** (hierzu § 4 Rn 86 ff).

Im Bereich des **Verfahrensrechts** sind zu beachten

- wiederum der **deutsch-türkische Konsularvertrag vom 28.5.1929**, der nicht nur kollisionsrechtliche Bestimmungen, sondern auch solche betreffend der internationalen Zuständigkeit (§ 15 S. 1 Nachlassabkommen), der Anerkennung der auf Grundlage des Übereinkommens ergangenen gerichtlichen Entscheidungen (§ 15 S. 2 Nachlassabkommen) sowie von Erbscheinen und Zeugnissen von Testamentsvollstreckern (§ 17 Nachlassabkommen) enthält,
- das **deutsch-britische Abkommen** über die gegenseitige Anerkennung und Vollstreckung von gerichtlichen Entscheidungen in Zivil- und Handelssachen vom 14.7.1960[18] sowie

---

[18] BGBl. II 1961 S. 302. Das Abkommen trat am 15.7.1961 in Kraft (BGBl. II 1961 S. 1025); vgl hierzu das deutsche Ausführungsgesetz vom 28.3.1961 (BGBl. I 1961 S. 301).

Köhler

- das **deutsch-schweizerische Abkommen** über die gegenseitige Anerkennung und Vollstreckung von gerichtlichen Entscheidungen und Schiedssprüchen vom 2.11.1929.[19]

23 Demgegenüber werden (in den sachlichen Anwendungsbereich der EuErbVO fallende) Staatsverträge, die *ausschließlich* zwischen Mitgliedstaaten geschlossen wurden (also keine Drittstaaten betreffen, gegenüber denen staatsvertragliche Pflichten verletzt werden können), von der Öffnungsklausel des Art. 75 Abs. 1 EuErbVO *nicht* erfasst (Art. 75 Abs. 2 EuErbVO), so dass diese von der EuErbVO verdrängt werden; daher können die sub § 5 Rn 12 genannten bilateralen Staatsverträge ab dem Geltungszeitpunkt der EuErbVO nicht mehr angewandt werden.

Anmerkung:
Die Bestimmung des Art. 75 Abs. 3 EuErbVO hat für Deutschland hingegen keine Bedeutung; sie enthält eine spezielle Regelung für das zwischen Dänemark, Finnland, Island, Norwegen und Schweden abgeschlossene sog. „Nordische Übereinkommen" vom 19.11.1934,[20] welches der EuErbVO nur im Hinblick auf die von Art. 75 Abs. 3 Nr. 1, 2 genannten Aspekte vorgeht und im Übrigen durch diese verdrängt wird.

§ 3 Internationale Zuständigkeit nach der EuErbVO

A. Allgemeines

1 Die **internationale Zuständigkeit** in Erbsachen wird von Kapitel II der EuErbVO geregelt. Ab dem Geltungszeitpunkt der EuErbVO verdrängen Art. 4 ff EuErbVO kraft ihres Anwendungsvorrangs die Regelungen des nationalen Zuständigkeitsrechts, soweit diese die internationale Zuständigkeit zum Gegenstand haben. Weiterhin von Bedeutung ist das nationale Recht jedoch hinsichtlich der Bestimmung der **örtlichen Zuständigkeit** (insbesondere § 2 IntErbVG) da diese gem. Art. 2 EuErbVO (allerdings mit Ausnahme von Art. 5 EuErbVO, vgl Rn 22) keinen Regelungsgegenstand der EuErbVO bildet. Die dem deutschen Verfahrensrecht zugrundeliegende **Unterteilung in streitige und freiwillige Gerichtsbarkeit** hat auf europäischer Ebene keine Entsprechung gefunden, so dass Art. 4 ff EuErbVO auf *alle* erbrechtlichen Verfahren – sei es im Rahmen der streitigen oder freiwilligen Gerichtsbarkeit – anzuwenden sind.

2 Die Zuständigkeitsbestimmungen der EuErbVO binden jegliche Gerichte iSd EuErbVO. Der Begriff des Gerichts ist in Art. 3 Abs. 2 EuErbVO legaldefiniert; er erfasst nicht nur Gerichte im eigentlichen Sinne, sondern gerade auch Behörden und Angehörige von Rechtsberufen, denen nach den internen Zuständigkeitsregelungen der Mitgliedstaaten Zuständigkeiten in Erbsachen zugewiesen sind und die insoweit Gerichtstätigkeit im materiellen Sinne ausüben (etwa bestimmte Registerbehörden und Notare, vgl Erwägungsgrund 20).

---

19 RGBl. II 1930 S. 1066. Das Abkommen trat am 1.12.1930 in Kraft (RGBl. II 1930 S. 1270). Es gilt alleine für diejenigen Rechtsgebiete, die nicht vom Anwendungsbereich des LugÜ 2007 (AblEU 2009 Nr. L 147 S. 5) erfasst werden (vgl Art. 1 Abs. 2 lit. a iVm Art. 65 LugÜ 2007).
20 Vgl hierzu *Jänterä-Jareborg*, in: Liber amicorum Pintens 2012, S. 733-752.

Anmerkung:
Die neben herkömmlichen Gerichten in Erbsachen zuständigen sonstigen Behörden und Angehörigen von Rechtsberufen haben die einzelnen Mitgliedstaaten der Europäischen Kommission nach Art. 79 EuErbVO mitzuteilen; diese Informationen sollen der Öffentlichkeit – voraussichtlich auf der Website des europäischen Justizportals[1] – zur Verfügung gestellt werden.

Art. 4 ff EuErbVO beziehen sich ausschließlich auf **Erbsachen**, also auf solche Verfahren, welche die *Nachlassabwicklung* zum Gegenstand haben. Soweit ein **ererbter Anspruch** Verfahrensgegenstand ist, bestimmt sich die internationale Zuständigkeit daher nicht nach der EuErbVO, sondern nach den für den Anspruch selbst maßgeblichen Zuständigkeitsregelungen,[2] im Falle eines ererbten Kaufpreisanspruchs etwa nach den Regelungen der EuGVVO. Der – im Rahmen der EuErbVO nicht legaldefinierte – Begriff einer Erbsache ist weiter gefasst als der (den Anwendungsbereich gem. Art. 1 Abs. 1 iVm Art. 3 Abs. 1 lit. a EuErbVO begrenzende) Terminus der „Rechtsnachfolge von Todes wegen"; damit kommt hinreichend zum Ausdruck, dass die **Kognitionsbefugnis** der nach der EuErbVO zuständigen Gerichte nicht auf den Regelungsgegenstand der EuErbVO beschränkt ist, sondern auch andere Rechtsbereiche erfassen kann. Die nach Art. 4 ff EuErbVO zuständigen Gerichte können daher über *alle* mit dem Nachlass in Zusammenhang stehenden Fragen entscheiden, so etwa auch über einen pauschalisierten Zugewinnausgleich (§ 1371 Abs. 1 BGB), der weiterhin dem seitens der nationalen Kollisionsnormen (Art. 15 EGBGB) bestimmten Recht unterliegt (vgl § 2 Rn 6).

B. Das Zuständigkeitssystem der EuErbVO
I. Überblick

Nach dem **Regelungssystem der Art. 4 ff EuErbVO** ist für die Bestimmung der internationalen Zuständigkeit danach zu differenzieren, ob der Erblasser eine *Rechtswahl* hinsichtlich seiner Rechtsnachfolge von Todes wegen zugunsten eines *mitgliedstaatlichen* Rechts iSd EuErbVO (also nicht das Recht von Dänemark, Irland und des Vereinigten Königreichs) getroffen hat oder nicht. Wie der (alleinige) Verweis der jeweils maßgeblichen Vorschriften (Art. 5 Abs. 1, Art. 6, Art. 7, Art. 8 EuErbVO) auf Art. 22 EuErbVO hinreichend verdeutlicht, muss sich diese Rechtswahl auf die *gesamte* Rechtsnachfolge von Todes wegen, also auf das Erbstatut beziehen, so dass einer nach Art. 24 Abs. 2 bzw Art. 25 Abs. 3 EuErbVO ebenfalls gestatteten Wahl des Errichtungsstatuts (vgl hierzu § 4 Rn 68 f, 78 ff) a priori *keine* zuständigkeitsrechtliche Bedeutung zukommt.[3] Einer Rechtswahl gem. Art. 22 EuErbVO gleichgestellt ist jedoch eine Rechtswahl nach – gem. Art. 83 Abs. 2 EuErbVO in der Übergangszeit weiterhin beachtlichem – nationalem Kollisionsrecht[4] (vgl hierzu § 4 Rn 34 ff) sowie eine sogen. „fiktive Rechtswahl" gem. Art. 83 Abs. 4 EuErbVO (vgl hierzu § 4 Rn 37).

---

1 https://e-justice.europa.eu/home.do?action=home&plang=de.
2 Vgl auch *Dutta*, FamRZ 2013, 4, 5 mit Verweis auf ein obiter dictum des EuGH v. 17.9.2009, Rs. C-347/08 Rn 44. – AA wohl *Volmer*, Rpfleger 2013, 421, 427.
3 Ebenso *Janzen*, DNotZ 2012, 484, 491 Fn 22. – AA *Dutta*, FamRZ 2013, 4, 6 f.
4 So auch *Schoppe*, IPRax 2014, 27, 32.

5 Liegt **keine** derartige **Rechtswahl** vor, kann sich die internationale Zuständigkeit mitgliedstaatlicher Gerichte ausschließlich aus Art. 4, Art. 10 oder Art. 11 EuErbVO ergeben. Diese Bestimmungen unterscheiden danach, ob der Erblasser seinen letzten gewöhnlichen Aufenthalt (zum Begriff vgl § 4 Rn 10 ff) in einem Mitgliedstaat oder in einem Drittstaat (wozu auch Dänemark, Irland und das Vereinigten Königreich zu zählen sind) hatte: Soweit Ersteres der Fall ist, sind nach der allgemeinen Zuständigkeitsbestimmung des Art. 4 EuErbVO die Gerichte dieses Mitgliedstaates für die Entscheidung der Erbsache international zuständig; soweit der gewöhnliche Aufenthalt in einem Drittstaat lag, kann sich eine internationale Zuständigkeit mitgliedstaatlicher Gerichte alleine aus der subsidiären Zuständigkeit des Art. 10 EuErbVO sowie aus der Notzuständigkeit des Art. 11 EuErbVO ergeben.

6 Hatte der Erblasser hingegen eine **wirksame Rechtswahl** zugunsten eines mitgliedstaatlichen Rechts getroffen, führt dies grundsätzlich zu einer Zuständigkeit der Gerichte *dieses* Mitgliedstaates (Art. 7 EuErbVO). Voraussetzung hierfür ist jedoch, dass die durch den Nachlass berechtigten Verfahrensparteien gem. Art. 5 EuErbVO entweder eine Gerichtsstandsvereinbarung zugunsten dieser Gerichte getroffen (Art. 7 lit. b EuErbVO) oder deren Zuständigkeit ausdrücklich anerkannt haben (Art. 7 lit. c EuErbVO). Fehlt es hieran, bleibt es grundsätzlich bei einer nach Art. 4, Art. 10 oder Art. 11 EuErbVO begründeten Zuständigkeit. Wird jedoch in dieser Konstellation ein gem. Art. 4 oder Art. 10 EuErbVO zuständiges mitgliedstaatliches Gericht angerufen, *kann* sich dieses gem. Art. 6 lit. a EuErbVO auf Antrag einer der Verfahrensparteien für unzuständig erklären, soweit seines Erachtens die gem. Art. 7 EuErbVO zuständigen Gerichte „in der Erbsache besser entscheiden können" (vgl hierzu Rn 15 f); in diesem Falle sind die mitgliedstaatlichen Gerichte des gewählten Rechts gem. Art. 7 lit. a EuErbVO ausschließlich zuständig.

7 Darüber hinaus sieht Art. 13 EuErbVO eine spezielle Zuständigkeitsregelung hinsichtlich der Abgabe einer **Annahme- oder Ausschlagungserklärung** vor, die insoweit – neben den gem. Art. 4, 7 EuErbVO gewährten Zuständigkeiten – einen *weiteren* besonderen Gerichtsstand am Ort des gewöhnlichen Aufenthalts des Erklärenden begründet. Zudem existiert mit Art. 19 EuErbVO eine besondere Zuständigkeit im Hinblick auf **einstweilige Maßnahmen einschließlich Sicherungsmaßnahmen**, die unter bestimmten Voraussetzungen auch dann vor den Gerichten eines Mitgliedstaates beantragt werden können, wenn diese nicht in der Hauptsache zuständig sind (vgl näher Rn 37 ff).

8 Auch unter Geltung der EuErbVO sind bestehende **Staatsverträge** vorrangig anzuwenden, Art. 75 Abs. 1 EuErbVO (vgl § 2 Rn 18 ff). Für Deutschland im Bereich der internationalen Zuständigkeit einzig relevant ist der **deutsch-türkische Konsularvertrag**, der mit § 15 S. 1 der Anlage zu Art. 20 des Übereinkommens eine diesbezügliche Regelung enthält (vgl § 4 Rn 200).

Überblickschema: Die internationale Zuständigkeit in Erbsachen 9

Weiterhin vorrangig zu beachten: § 15 S. 1 der Anlage zu Art. 20 des deutsch-türkischen Konsularvertrages	
Unterbliebene Rechtswahl oder Rechtswahl zugunsten eines drittstaatlichen Rechts	Rechtswahl zugunsten des Rechts eines Mitgliedstaates
■ Art. 4 EuErbVO (allgemeine Zuständigkeit bei letztem gewöhnlichen Aufenthalt des Erblassers in diesem *Mitgliedstaat*) ■ Art. 10 EuErbVO (subsidiäre Zuständigkeit bei letztem gewöhnlichen Aufenthalt des Erblassers in einem *Drittstaat*) ■ Art. 11 EuErbVO (Notzuständigkeit bei letztem gewöhnlichen Aufenthalt des Erblassers in einem *Drittstaat*)	■ Art. 7 EuErbVO (setzt voraus: entweder Gerichtsstandsvereinbarung gem. Art. 5 EuErbVO, formlose Gerichtsstandsanerkennung gem. Art. 7 lit. c EuErbVO oder Unzuständigkeitserklärung des nach Art. 4 oder Art. 10 EuErbVO zuständigen Gerichts gem. Art. 6 EuErbVO) ■ Art. 4, Art. 10, Art. 11 EuErbVO (soweit die Voraussetzungen des Art. 7 EuErbVO nicht vorliegen)
Daneben: Besondere Zuständigkeitsregelungen hinsichtlich der Abgabe einer Annahme- oder Ausschlagungserklärung (Art. 13 EuErbVO) sowie hinsichtlich einstweiliger Maßnahmen einschließlich Sicherungsmaßnahmen (Art. 19 EuErbVO).	

II. Allgemeine Zuständigkeit (Art. 4 EuErbVO)

1. Allgemeines

Die allgemeine internationale Zuständigkeit ist in Art. 4 EuErbVO geregelt. Hiernach sind für Entscheidungen in Erbsachen die Gerichte desjenigen Mitgliedstaats zuständig, in dessen Hoheitsgebiet der Erblasser im Zeitpunkt seines Todes seinen gewöhnlichen Aufenthalt (zum Begriff vgl im Einzelnen § 4 Rn 10 ff) hatte. Da auch die allgemeine Kollisionsnorm des Art. 21 Abs. 1 EuErbVO an den letzten gewöhnlichen Aufenthalt des Erblassers anknüpft, kommt es bei Anwendbarkeit beider Bestimmungen zu einem Gleichlauf zwischen gerichtlicher Zuständigkeit und anwendbarem Recht. Zur örtlichen Zuständigkeit vgl Teil 2 § 1. 10

Art. 4 EuErbVO begründet eine internationale Zuständigkeit in **Erbsachen**, so dass die hiernach zuständigen Gerichte über *alle* mit dem Nachlass in Zusammenhang stehenden Fragen entscheiden können. Zudem sind die nach Art. 4 EuErbVO zuständigen Gerichte zur Entscheidung über den *gesamten* (also sowohl in den einzelnen Mitgliedstaaten als auch in Drittstaaten belegenen) beweglichen und unbeweglichen Nachlass berufen; eine prozessuale Beschränkung auf die in dem jeweiligen Mitgliedstaat oder auch in anderen Mitgliedstaaten belegenen Vermögenswerte kommt alleine unter den Voraussetzungen des Art. 12 EuErbVO in Betracht (hierzu Rn 40 ff). 11

2. Verfahren bei Vorliegen einer Rechtswahl des Erblassers zugunsten eines mitgliedstaatlichen Rechts

Soweit der Erblasser eine *Rechtswahl* hinsichtlich seiner (gesamten) Rechtsnachfolge von Todes wegen zugunsten des Rechts eines Mitgliedstaates iSd EuErbVO getroffen hat (vgl Rn 4), muss ein nach Art. 4 EuErbVO angerufenes Gericht die besonderen Regelungen der Art. 6, 8 EuErbVO beachten. Insoweit sind folgende Situationen zu unterscheiden. 12

a) Vorliegen einer Gerichtsstandsvereinbarung iSv Art. 5 EuErbVO

13 Haben die Verfahrensparteien eine **Gerichtsstandsvereinbarung** iSv Art. 5 EuErbVO getroffen, begründet dies eine Zuständigkeit der Gerichte desjenigen Mitgliedstaats, dessen Recht der Erblasser für seine Rechtsnachfolge von Todes wegen gewählt hat (Art. 7 lit. b EuErbVO). Sofern die Gerichtsvereinbarung zulässig sowie formell und materiell wirksam ist (vgl hierzu im Einzelnen Rn 23 ff), **muss** sich ein nach Art. 4 EuErbVO angerufenes Gericht daher gem. Art. 6 lit. b EuErbVO von Amts wegen für unzuständig erklären (Art. 15 EuErbVO). Diese Entscheidung ist für das nach Art. 7 EuErbVO zuständige Gericht bindend, da diese gem. Art. 39 Abs. 1 EuErbVO unmittelbar, also ohne in der Sache anzuerkennen ist; aus diesem Grunde kann das prorogierte Gericht seine Zuständigkeit unmittelbar auf diese Entscheidung stützen (Art. 7 lit. a EuErbVO, vgl Rn 18 ff).

b) Vereinbarung einer außergerichtlichen Regelung der Erbsache (Art. 8 EuErbVO)

14 Soweit die Verfahrensparteien eine **einvernehmliche außergerichtliche Regelung der Erbsache** in dem Mitgliedstaat, dessen Recht gewählt wurde, vereinbart haben (womit wohl insbesondere §§ 363 ff FamFG vergleichbare Verfahren gemeint sind,[5] vgl insoweit auch Erwägungsgrund 29), muss ein nach Art. 4 EuErbVO angerufenes Gericht ein **von Amts wegen**[6] eingeleitetes Verfahren ebenfalls von Amts wegen **beenden**,[7] auch wenn das nationale Recht eine einvernehmliche Beendigung des Verfahrens nicht gestattet.[8] Welche **Voraussetzungen** an eine derartige Vereinbarung zu stellen sind, ist bislang offen. Der Wortlaut von Art. 8 EuErbVO sowie ein Vergleich mit Art. 5 EuErbVO lässt darauf schließen, dass es sich hierbei um eine *rechtsgeschäftliche* Vereinbarung handeln muss, so dass bloße Absichtserklärungen der Parteien nicht ausreichen dürften. Hinsichtlich ihrer formellen und materiellen Voraussetzungen sollte man solche Vereinbarungen wie eine Gerichtsstandsvereinbarung behandeln, so dass in formeller Hinsicht Art. 5 Abs. 2 EuErbVO entsprechend anzuwenden ist;[9] in materieller Hinsicht ist das Vertragsstatut maßgeblich (vgl hierzu näher Rn 23 ff).[10]

c) Sonstige Fälle (Art. 6 EuErbVO)

15 Haben die von der Rechtsnachfolge von Todes wegen betroffenen Parteien im Falle einer Rechtswahl des Erblassers weder eine Gerichtsstandsvereinbarung (Art. 5 EuErbVO) noch eine einvernehmliche außergerichtliche Regelung der Erbsache (Art. 8 EuErbVO) vereinbart, *kann* sich ein nach Art. 4 EuErbVO zuständiges Gericht zuletzt auf Antrag einer der Verfahrensparteien gem. Art. 6 lit. a EuErbVO für unzu-

---

5 Ob Art. 8 EuErbVO darüber hinaus auch im Falle von Schiedsvereinbarungen oder letztwilligen Schiedsverfügungen anzuwenden ist, erscheint bislang ungeklärt; vgl hierzu *Magnus*, IPRax 2013, 393, 398.
6 Wird das Verfahren *nicht* von Amts wegen eingeleitet, steht es den Parteien gem. Erwägungsgrund 29 S. 2 (auch im Falle einer Wahl drittstaatlichen Rechts, vgl Erwägungsgrund 29 S. 3) frei, die Erbsache außergerichtlich – etwa vor einem Notar – in einem *Mitgliedstaat ihrer Wahl* zu regeln, sofern dies nach dem Recht dieses Mitgliedstaates möglich ist; für solche Fälle enthält die EuErbVO demnach keinerlei Vorgaben, so dass die Zulässigkeit einer außergerichtlichen Einigung ebenso wie das Schicksal eines ggf bereits seitens der Parteien eingeleiteten Verfahrens der jeweiligen nationalen Rechtsordnung unterliegt.
7 Für einen vorrangige Aussetzung des Verfahrens *Hess*, in: Dutta/Herrler, S. 131, 141.
8 Vgl *Dutta*, FamRZ 2013, 4, 6, der § 22 Abs. 4 FamFG zum Beispiel gibt.
9 Auf Formanforderungen gänzlich verzichtend indes jurisPK/*Eichel*, Art. 8 EuErbVO Rn 8.
10 Ebenso jurisPK/*Eichel*, Art. 8 EuErbVO Rn 8.

ständig erklären, soweit seines Erachtens die gem. Art. 7 EuErbVO zuständigen Gerichte „in der Erbsache besser entscheiden können"; auch diese Entscheidung ist für das nach Art. 7 EuErbVO zuständige Gericht bindend und begründet dessen Zuständigkeit unmittelbar gem. Art. 7 lit. a EuErbVO (vgl hierzu auch Rn 18 ff).

In welchen Fällen das nach Art. 4 EuErbVO angerufene Gericht auf diese Weise verfahren darf, ist bislang ebenfalls offen. Dem Wortlaut von Art. 6 lit. a EuErbVO lässt sich entnehmen, dass hierfür insbesondere der gewöhnliche Aufenthalt der Parteien sowie der Ort, an dem Vermögenswerte des Erblassers belegen sind, ausschlaggebend sein können. Maßgebliche Leitlinien scheinen daher einerseits die Verfahrenserleichterung für die Parteien, andererseits die besondere Sach- und Beweisnähe im Hinblick auf die in dem Staat des gewählten Rechts belegenen Vermögenswerte zu sein. Für eine Entscheidung gem. Art. 6 lit. a EuErbVO stets erforderlich ist jedoch, dass das nach Art. 7 EuErbVO zuständige Gericht *wesentlich* besser zur Entscheidung in der Sache geeignet ist; dies wird sich nur annehmen lassen, wenn alle (oder zumindest fast alle) betroffenen Parteien ihren gemeinsamen gewöhnlichen Aufenthalt in dem Mitgliedstaat des gewählten Rechts haben oder wenn sich die *wesentlichen* Vermögenswerte in diesem Staat befinden. Art. 6 lit. a EuErbVO ist daher restriktiv zu handhaben; keinesfalls darf seine Anwendung darauf gestützt werden, dass das nach Art. 7 EuErbVO ebenfalls zuständige Gericht aufgrund der Anwendung seiner lex fori zur Entscheidung besser geeignet ist.

Anmerkung:
Prima facie scheint Art. 6 lit. a EuErbVO „jedenfalls in homöopathischen Dosen"[11] von dem anglo-amerikanischen Grundsatz des *forum non conveniens* beeinflusst. Nach vorzugswürdiger Ansicht räumt diese Bestimmung dem Richter jedoch kein echtes diskretionäres Ermessen bei der Zuständigkeitsentscheidung ein,[12] sondern ist als – durch Fallgruppenbildung konkretisierungsbedürftige – **Generalklausel** zu verstehen, deren Anwendung der Revision zugänglich und insbesondere der Letztauslegungskompetenz des EuGH unterliegt.

III. Zuständigkeit bei einer Rechtswahl zugunsten eines mitgliedstaatlichen Rechts (Art. 7 EuErbVO)

1. Allgemeines

Soweit der Erblasser ein mitgliedstaatliches Recht gewählt hat, kommt eine Zuständigkeit der Gerichte dieses Mitgliedstaates nach Art. 7 EuErbVO in Betracht. Voraussetzung hierfür ist jedoch, dass sich entweder ein zuvor angerufenes Gericht, das seine Zuständigkeit auf Art. 4 oder Art. 10 EuErbVO stützen kann, gem. Art. 6 EuErbVO für unzuständig erklärt hat (Art. 7 lit. a EuErbVO, vgl Rn 18 ff), die Verfahrensparteien eine förmliche Gerichtsstandsvereinbarung gem. Art. 5 EuErbVO zugunsten dieses Gerichtes geschlossen haben (Art. 7 lit. b EuErbVO, vgl Rn 22 ff) oder die Zuständigkeit des angerufenen Gerichts ausdrücklich anerkannt haben (Art. 7 lit. c Eu-

---

11 *Dutta*, FamRZ 2013, 4, 6.
12 Trotz anderem Ausgangspunkt im Ergebnis wohl ebenso BeckOGK/*Schmidt*, Art. 6 EuErbVO Rn 8 f. – AA Burandt/Rojahn/*Burandt*, Art. 6 EuErbVO Rn 1; MüKo-BGB/*Dutta*, Art. 6 EuErbVO Rn 7 f; zumindest für ein „intendiertes Ermessen" auch jurisPK/*Eichel*, Art. 6 EuErbVO Rn 21. – Die *forum non conveniens*-Doktrin wurde hinsichtlich der EuGVVO seitens des EuGH bereits abgelehnt, vgl EuGH v. 1.3.2005 – Rs. C-281/02.

ErbVO, vgl Rn 26). Liegen diese Voraussetzungen nicht vor, kann sich die internationale Zuständigkeit mitgliedstaatlicher Gerichte alleine aus Art. 4, Art. 10 oder Art. 11 EuErbVO ergeben. Zur örtlichen Zuständigkeit vgl Teil 2 § 1. Ebenso wie Art. 4 EuErbVO begründet Art. 7 EuErbVO eine Zuständigkeit in **Erbsachen**, so dass die hiernach zuständigen Gerichte über *alle* mit dem Nachlass in Zusammenhang stehenden Fragen entscheiden können (vgl Rn 3). Ebenfalls sind die nach Art. 7 EuErbVO zuständigen Gerichte zur Entscheidung über den **gesamten Nachlass** berufen; eine prozessuale Beschränkung auf bestimmte Vermögenswerte kommt alleine unter den Voraussetzungen des Art. 12 EuErbVO in Betracht (vgl Rn 40 ff).

2. Zuständigkeitsbegründung kraft Unzuständigkeitserklärung (Art. 7 lit. a EuErbVO)

18 Hat der Erblasser eine Rechtswahl zugunsten des Rechts eines Mitgliedstaates iSd EuErbVO (vgl im Einzelnen Rn 4) getroffen und wurde ein nach Art. 4 oder Art. 10 EuErbVO zuständiges Gericht angerufen, *kann* sich dieses auf Antrag einer der Verfahrensparteien gem. Art. 6 lit. a EuErbVO für unzuständig erklären, soweit seines Erachtens die gem. Art. 7 EuErbVO zuständigen Gerichte „in der Erbsache besser entscheiden können"; es *muss* sich darüber hinaus für unzuständig erklären, soweit die Verfahrensparteien eine zulässige sowie formell und materiell wirksame Gerichtsstandsvereinbarung getroffen haben (vgl hierzu bereits Rn 23 ff). Liegt eine solche **Unzuständigkeitserklärung** vor, begründet diese gem. Art. 7 lit. a EuErbVO in derselben Sache (Art. 17 EuErbVO, vgl hierzu Rn 45 ff) eine Zuständigkeit der Gerichte desjenigen Mitgliedstaates, dessen Recht der Erblasser für seine Rechtsnachfolge von Todes wegen gewählt hat. Die Unzuständigkeitserklärung eines nach Art. 4, Art. 10 EuErbVO angerufenen Gerichts ist für das nach Art. 7 EuErbVO in derselben Sache zuständige Gericht bindend;[13] eine Nachprüfung seitens des nach Art. 7 EuErbVO zuständigen Gerichts kommt nicht in Betracht, weil es sich bei einer auf Art. 6 lit. a oder lit. b EuErbVO gestützten Unzuständigkeitserklärung um eine – gem. Art. 39 Abs. 1 EuErbVO unmittelbar, also ohne besonderes Verfahren anzuerkennende – Entscheidung (Art. 3 Abs. 1 lit. g EuErbVO) eines mitgliedstaatlichen Gerichtes handelt.[14]

19 Fraglich ist indes, ob das nach Art. 7 lit. a EuErbVO angerufene Gericht seine Zuständigkeit deswegen ablehnen kann, weil seiner Auffassung nach **keine (wirksame) Rechtswahl** des Erblassers vorliegt. Möglich wäre dies, wenn man die – von Art. 7 Hs. 1 EuErbVO vorausgesetzte – Rechtswahl als eigenständiges Tatbestandsmerkmal für eine Zuständigkeitsbegründung nach Art. 7 lit. a EuErbVO begreift; denn auch wenn über das Vorliegen einer wirksamen Rechtswahl bereits seitens des nach Art. 4, Art. 10 EuErbVO angerufenen Gerichts inzidenter entschieden worden ist, erwächst diese Rechtsfrage – als Teil der Entscheidungsbegründung – regelmäßig (nach den je-

---

13 So auch MüKo-BGB/*Dutta*, Art. 7 EuErbVO Rn 3; jurisPK/*Eichel*, Art. 6 EuErbVO Rn 24.
14 Ebenso jurisPK/*Eichel*, Art. 6 EuErbVO Rn 24. Hinsichtlich Gerichtsstandsvereinbarungen im Rahmen der EuGVVO vgl EuGH v. 15.11.2012 – Rs. C-456/11 Rn 22-32; die Entscheidung stellt darüber hinaus klar (aaO Rn 33-43), dass das kraft Gerichtsstandsvereinbarung prorogierte Gericht an die Entscheidung des seine Zuständigkeit aufgrund der Gerichtsstandsvereinbarung ablehnenden Gerichts auch im Hinblick auf die Wirksamkeit der Gerichtsstandsvereinbarung gebunden ist, so dass eine diesbezügliche Nachprüfung nicht erfolgen kann; vgl hierzu auch § 5 Rn 3.

weiligen nationalen Verfahrensrechten) nicht in Rechtskraft, so dass die gem. Art. 7 lit. a EuErbVO zuständigen Gerichte über das Vorliegen einer Rechtswahl eigenständig befinden können. Ein derartiges Ergebnis ist indes abzulehnen; könnte ein nach Art. 7 lit. a EuErbVO angerufenes Gericht seine Zuständigkeit trotz einer Unzuständigkeitserklärung nach Art. 6 EuErbVO ablehnen, entstünde ein negativer Kompetenzkonflikt,[15] der auch nicht mittels der Notzuständigkeit des Art. 11 EuErbVO (vgl hierzu Rn 32 ff) behoben werden könnte. Die Unzuständigkeitserklärung eines nach Art. 4, Art. 10 EuErbVO angerufenen Gerichts muss daher unmittelbar, also **ohne weitere Voraussetzungen** zu einer Zuständigkeitsbegründung nach Art. 7 lit. a EuErbVO führen.[16]

Anmerkung:
Eine andere Frage ist indes, ob ein nach Art. 7 lit. a EuErbVO zuständiges Gericht das Vorliegen einer Rechtswahl im Hinblick auf die **kollisionsrechtliche Anwendungsentscheidung** abweichend von dem nach Art. 4, Art. 10 EuErbVO zunächst angerufenen Gericht beurteilen kann; dies ist – soweit die einzelnen Entscheidungsgründe nach dem nationalen Verfahrensrecht des Ursprungsmitgliedstaates nicht ausnahmsweise doch in Rechtskraft erwachsen (vgl hierzu § 5 Rn 3) – zu bejahen, so dass ein nach Art. 7 lit. a EuErbVO zuständiges Gericht die Rechtsnachfolge von Todes wegen ggf. auch nach Art. 21 EuErbVO beurteilen kann.

Wird gegen die Unzuständigkeitserklärung in dem Ursprungsmitgliedstaat ein **Rechtsbehelf** eingelegt, kann ein nach Art. 7 lit. a EuErbVO zuständiges Gericht das Verfahren unter den herkömmlichen Voraussetzungen des Art. 42 EuErbVO aussetzen; eine pauschale, vom Wortlaut des Art. 7 lit. a EuErbVO nicht gedeckte Beschränkung der Zuständigkeitsbegründung auf solche Fälle, in denen eine endgültige Unzuständigkeitsentscheidung vorliegt,[17] scheidet nach vorzugswürdiger Ansicht aus, zumal Art. 42 EuErbVO eine sachgerechte, den Einzelfall berücksichtigende (Ermessens-)Entscheidung ermöglicht.

Stellt sich bei einem auf Art. 7 lit. a EuErbVO iVm Art. 6 lit. b EuErbVO gestützten Verfahren heraus, dass nicht alle Verfahrensparteien der Gerichtsstandsvereinbarung angehören, ist zuletzt die Regelung des Art. 9 EuErbVO zu beachten (vgl hierzu Rn 27).

3. Zuständigkeitsbegründung kraft Gerichtsstandsvereinbarung (Art. 7 lit. b EuErbVO)

a) Allgemeines

Haben die Verfahrensparteien eine Gerichtsstandsvereinbarung iSv Art. 5 EuErbVO geschlossen, begründet diese eine Zuständigkeit nach Art. 7 lit. b EuErbVO. Nach dem insoweit eindeutigen Wortlaut des Art. 5 Abs. 1 EuErbVO können die Parteien nicht nur die Zuständigkeit mitgliedstaatlicher Gerichte, sondern auch die *eines bestimmten mitgliedstaatlichen Gerichts* vereinbaren, so dass sich die den Parteien eingeräumte Rechtsmacht sowohl auf die internationale als auch – entgegen Art. 2 EuErbVO – auf die örtliche Zuständigkeit bezieht (somit ist § 2 Abs. 1 IntErbRVG rein

---

15 MüKo-BGB/*Dutta*, Art. 7 EuErbVO Rn 3.
16 Ebenso MüKo-BGB/*Dutta*, Art. 7 EuErbVO Rn 3.
17 So jedoch MüKo-BGB/*Dutta* Art. 7 EuErbVO Rn 4; auch jurisPK/*Eichel*, Art. 7 EuErbVO Rn 9.

deklaratorisch[18]). Die Zulässigkeit sowie die formelle und materielle Wirksamkeit der Gerichtsstandsvereinbarung hat ein nach Art. 7 lit. b EuErbVO angerufenes Gericht (anders als ein nach Art. 7 lit. a EuErbVO zuständiges Gericht, vgl Rn 18) vollständig zu prüfen. Stellt sich im Rahmen des Verfahrens heraus, dass nicht alle von dem Nachlass betroffenen Parteien der Gerichtsstandsvereinbarung angehören, bleibt es bei der Zuständigkeit des Gerichts, soweit sich die Verfahrensparteien, die der Vereinbarung nicht angehören, **rügelos** auf das Verfahren einlassen (Art. 9 EuErbVO). Alternativ kommt eine formlose Anerkennung des Gerichtsstands durch sämtliche Verfahrensparteien in Betracht (Art. 7 lit. c EuErbVO), anderenfalls hat das Gericht nach Art. 15 EuErbVO zu verfahren und sich von Amts wegen für unzuständig zu erklären.

b) Zulässigkeits- und Wirksamkeitsvoraussetzungen einer Gerichtsstandsvereinbarung (Art. 5 EuErbVO)

23 Unter welchen Voraussetzungen eine Gerichtsstandsvereinbarung getroffen werden kann, regelt im Einzelnen Art. 5 EuErbVO. **Zulässigkeitsvoraussetzung** ist hiernach zunächst eine *wirksame Rechtswahl* des Erblassers zugunsten des Rechts eines Mitgliedstaates gem. Art. 22 EuErbVO *oder* nach dem – gem. Art. 84 EuErbVO – in der Übergangszeit weiterhin beachtlichen nationalen Kollisionsrecht (vgl hierzu Rn 4); liegt eine solche nicht vor, entfaltet auch eine im Übrigen wirksame Gerichtsstandsvereinbarung keine Wirkung. Darüber hinaus kann eine Gerichtsstandsvereinbarung alleine von den *betroffenen Parteien* geschlossen werden, worunter alle *von dem Nachlass* betroffenen (vgl Erwägungsgrund 28) Personen – also Erben, Vermächtnisnehmer oder Pflichtteilsberechtigte, denen aus dem Nachlass Rechte oder Pflichten erwachsen – zu verstehen sind. Sind nicht alle betroffenen Personen in die Gerichtsstandsvereinbarung einbezogen, entfaltet diese ebenfalls keine zuständigkeitsbegründende Wirkungen.

24 Welche **formellen Anforderungen** für eine wirksame Gerichtsstandsvereinbarung eingehalten werden müssen, ergibt sich aus Art. 5 Abs. 2 EuErbVO. Hiernach bedarf eine solche Vereinbarung der Schriftform; gleichgestellt sind ihr elektronische Übermittlungen (etwa per E-Mail oder Telefax), die eine dauerhafte Aufzeichnung der Vereinbarung ermöglichen. Die Vereinbarung ist darüber hinaus zu datieren und von allen betroffenen Parteien zu unterzeichnen.

25 Hinsichtlich der **materiellen Anforderungen** an eine Gerichtsstandsvereinbarung sieht Art. 5 EuErbVO keine ausdrücklichen Regelungen vor. Dies wirft – ebenso wie im Rahmen von Art. 23 EuGVVO in der bis zum 9.1.2015 geltenden Fassung[19] – die Frage auf, ob der EuErbVO neben der Zulässigkeit, Form und Wirkungen einer solchen Vereinbarung auch die diesbezüglichen materiellen Voraussetzungen (Zustandekommen und Wirksamkeit der Vereinbarung, daneben aber auch Fragen nach Willensmängeln, Geschäftsfähigkeit und Stellvertretung etc.) unmittelbar entnommen bzw – mangels ausdrücklicher Regelung – innerhalb ihres regulativen Anwendungs-

---

18 AA jurisPK/*Eichel*, Art. 5 EuErbVO Rn 8.
19 Anders Art. 25 Abs. 1 S. 1 EuGVVO in der ab dem 10.1.2015 geltenden Fassung, der hinsichtlich der materiellen Voraussetzungen einer Gerichtsstandsvereinbarung auf das (Kollisions-)Recht des prorogierten Gerichtes verweist.

bereichs modo legislatoris entwickelt werden können.[20] Sieht man einmal von der Frage nach dem schlichten Konsens der Parteien im Hinblick auf den Abschluss einer solchen Vereinbarung ab,[21] stellen sich bei der Beurteilung der materiellen Wirksamkeit einer Gerichtsstandsvereinbarung jedoch – wie die obigen Beispiele zeigen – regelmäßig sehr komplexe materiellrechtliche Fragen, deren Beantwortung alleine anhand differenzierter sachrechtlicher Regelungen erfolgen kann. Solche Regelungen lassen sich indes schwerlich ex nihilo im Rahmen der EuErbVO entwickeln, so dass die materielle Beurteilung der Gerichtsstandsvereinbarung einer *existierenden* Rechtsordnung unterstellt werden muss.[22] Welche dies sein soll, ist jedoch unklar. Teilweise wird schlicht die Maßgeblichkeit des Erbstatuts vorgeschlagen,[23] da dieses aufgrund des bezweckten Gleichlaufs von forum und ius regelmäßig die lex fori darstelle[24] und diesem auch im Übrigen die Beziehungen der Verfahrensparteien zueinander unterlägen.[25] Allerdings handelt es sich bei einer Gerichtsstandsvereinbarung nach zutreffender hM um einen materiellrechtlichen Vertrag über prozessrechtliche Beziehungen,[26] der daher *schuldrechtlich* zu qualifizieren und hinsichtlich seiner materiellen Wirksamkeit den *vertraglichen* Kollisionsnormen zu unterstellen ist.[27] Problematisch ist insoweit, dass Gerichtsstandsvereinbarungen gem. Art. 1 Abs. 2 lit. d Rom I-VO aus dem Anwendungsbereich der Rom I-VO ausgeschlossen sind und im Rahmen des deutschen Rechts aufgrund der Aufhebung der Art. 27 ff EGBGB aF keine einschlägigen kodifizierten Regelungen zur Verfügung stehen; die insoweit auftretende Regelungslücke im nationalen IPR ist jedoch mit einer entsprechenden Anwendung der Art. 3, 4 Rom I-VO zu schließen, da dem deutschen Gesetzgeber aufgrund der Aufhebung der Art. 27 ff EGBGB aF einerseits und der gleichzeitig erfolgten Anerkennung der Rom I-VO als nunmehr geltendes „deutsches" IPR für vertragliche Schuldverhältnisse gem. Art. 3 Nr. 1 lit. b EGBGB andererseits unterstellt werden kann, dass nunmehr entstandene Regelungslücken im nationalen Recht iSd Rom I-VO zu schließen sind;[28] zu beachten ist indes, dass es sich hierbei um Rechtsfortbildung im Rah-

---

20 Eine Anwendung des – von der EU zwar gezeichneten, jedoch bislang noch nicht in Kraft getretenen – Haager Übereinkommens über Gerichtsstandsvereinbarungen vom 30.6.2006 (ABl. EU Nr. L 133 S. 3) kommt demgegenüber aufgrund der für das Erbrecht bestehenden Bereichsausnahme des Art. 2 Abs. 2 lit. d nicht in Betracht.
21 Im Rahmen der EuGVVO wird verbreitet davon ausgegangen, dass wenigstens die materielle Konsensfrage anhand von autonomen, im Rahmen von Art. 23 EuGVVO aF zu entwickelnden Kriterien zu beantworten sei, vgl etwa Rauscher/*Mankowski*, Art. 23 EuGVVO Rn 39 ff; zu Recht ablehnend *Schlosser*, Art. 23 EuGVVO Rn 3; vgl hierzu ausführlich *Spellenberg*, IPRax 2010, 464, 466 ff. Für die EuErbVO auch jurisPK/*Eichel*, Art. 5 EuErbVO Rn 20.
22 Lässt man die Frage nach dem Konsens im Hinblick auf eine solche Vereinbarung außer Betracht, entspricht dies im Rahmen der EuGVVO wohl allgemeiner Auffassung, vgl etwa *Kropholler/von Hein*, Art. 23 EuGVVO Rn 28, Rauscher/*Mankowski*, Art. 23 EuGVVO Rn 41; *Schlosser*, Art. 23 EuGVVO Rn 3; *Gebauer*, in: FS von Hoffmann 2011, S. 577, 579. Diesen Weg beschreitet nun auch Art. 25 Abs. 1 S. 1 EuGVVO in der ab dem 10.1.2015 geltenden Fassung.
23 So *Kunz*, GPR 2012, 208, 210; ebenso *Dutta*, FamRZ 2013, 4, 6.
24 *Kunz*, GPR 2012, 208, 210.
25 *Dutta*, FamRZ 2013, 4, 6.
26 So die hM, grundlegend BGH NJW 1968, 1233; vgl auch MüKo-BGB/*Martiny*, Vor Art. 1 Rom I-VO Rn 51; *von Hoffmann/Thorn*, § 3 Rn 73. – AA etwa *Geimer*, Rn 1677 (Prozessvertrag, der diesen im Ergebnis jedoch ebenfalls den vertraglichen Kollisionsnormen unterstellt).
27 Vgl auch MüKo-BGB/*Martiny*, Vor Art. 1 Rom I-VO Rn 80.
28 Vgl hierzu *Köhler*, S. 110 Fn 31; ebenso jurisPK/*Eichel*, Art. 5 EuErbVO Rn 20; zurückhaltender Bamberger/Roth/*Spickhoff*, Art. 1 Rom I-VO Rn 30 („vorsichtige Analogie der Regeln von Rom I-VO denkbar"). Nach MüKo-BGB/*Martiny*, Vor Art. 1 Rom I-VO Rn 80 sind – jedoch ohne weitere Erläuterung – Art. 3 ff Rom I-VO *mittelbar* auf die Gerichtsstandsvereinbarung anzuwenden.

men des *nationalen* IPR handelt, auf welche sich die Prüfungskompetenz des EuGH nicht erstreckt (vgl hierzu allgemein § 1 Rn 7). Ob die materiellen Wirksamkeitsvoraussetzungen einer Gerichtsstandsvereinbarung erfüllt sind, unterliegt daher nach vorzugswürdiger Ansicht dem von Art. 3, 4 Rom I-VO bestimmten Recht. Wurde keine vorrangig zu beachtende Rechtswahl gem. Art. 3 Rom I-VO getroffen, muss das für die Gerichtsstandsvereinbarung maßgebliche Recht – mangels charakteristischer Leistung – nach Art. 4 Abs. 4 Rom I-VO bestimmt werden;[29] insoweit kommt in Betracht, entweder akzessorisch an das Hauptstatut[30] oder mittels selbstständiger Schwerpunktbetrachtung[31] an das Recht des prorogierten Gerichts anzuknüpfen. Da in beiden Fällen das insoweit anzuwendende Recht die lex fori des gem. Art. 7 EuErbVO zuständigen Gerichts darstellt, bedarf dieser Streit jedenfalls im Rahmen der EuErbVO keiner Entscheidung. Wurde eine Gerichtsstandsvereinbarung getroffen, unterliegt deren materielle Wirksamkeit daher primär dem von den Parteien für diese gewählten Recht; soweit keine Rechtswahl getroffen wurde, ist die lex fori des gem. Art. 7 EuErbVO zuständigen Gerichts maßgeblich.[32]

4. Zuständigkeitsbegründung kraft Gerichtsstandsanerkennung (Art. 7 lit. c EuErbVO)

26 Liegt keine förmliche Gerichtsstandsvereinbarung vor, kommt eine Zuständigkeit der Gerichte des Mitgliedstaates, dessen Recht der Erblasser auf seine gesamte Rechtsnachfolge gewählt hat (vgl Rn 4), zuletzt dann in Betracht, wenn die Verfahrensparteien die Zuständigkeit dieses Gerichts durch formlose[33] Erklärung ausdrücklich anerkannt haben (Art. 7 lit. c EuErbVO). Als Verfahrenshandlung unterliegt die Gerichtsstandsanerkennung im Übrigen dem nationalen Prozessrecht, das durch die EuErbVO nicht berührt wird. Art. 9 EuErbVO ist entsprechend anzuwenden, vgl Rn 27.

5. Rügelose Einlassung (Art. 9 EuErbVO)

27 Stellt sich in einem Verfahren vor dem Gericht eines Mitgliedstaats, das seine Zuständigkeit nach Art. 7 EuErbVO ausübt, heraus, dass nicht alle Parteien dieses Verfahrens der Gerichtsstandsvereinbarung angehören, so ist das Gericht gem. Art. 9 Abs. 1 EuErbVO weiterhin zuständig, wenn sich die Verfahrensparteien, die der Vereinbarung nicht angehören, auf das Verfahren **rügelos einlassen**. Geschieht dies nicht, erklärt sich das Gericht von Amts wegen für unzuständig (Art. 9 Abs. 2 S. 1 EuErbVO). In diesem Falle ist alleine das gem. Art. 4 bzw Art. 10 EuErbVO zuständige Gericht für die Entscheidung in Erbsachen berufen (Art. 9 Abs. 2 S. 2 EuErbVO). Entsprechend anzuwenden ist Art. 9 EuErbVO, wenn sich während des Verfahrens vor einem gem. Art. 7 lit. c EuErbVO zuständigen Gericht herausstellt, dass nicht alle Verfah-

---

29 Ebenso jurisPK/*Eichel*, Art. 5 EuErbVO Rn 20.
30 So die wohl hM hinsichtlich einer Gerichtsstandsvereinbarung im Rahmen von Art. 23 EuGGVO, vgl etwa BGH NJW 1972, 1622, 1623; BGH NJW 1989, 1431, 1432; BGH NJW 1997, 2885, 2886; auch MüKo-BGB/*Martiny*, Vor Art. 1 Rom I-VO Rn 80 (der aus diesem Grunde zu einer „mittelbaren Anwendung" von Art. 3 ff. Rom I-VO gelangt).
31 So etwa *von Hoffmann/Thorn*, § 3 Rn 77.
32 Demgegenüber wohl ohne Rechtswahlmöglichkeit stets an das Erbstatut anknüpfend MüKo-BGB/*Dutta*, Art. 5 EuErbVO Rn 18; BeckOGK/*Schmidt*, Art. 5 EuErbVO Rn 17.
33 Vgl auch *Dutta*, FamRZ 2013, 4, 6.

rensparteien die Zuständigkeit des angerufenen Gerichts ausdrücklich anerkannt haben.[34]

IV. Subsidiäre Zuständigkeit (Art. 10 EuErbVO)

Soweit der Erblasser seinen letzten gewöhnlichen Aufenthalt (zum Begriff vgl § 4 Rn 10 ff) *nicht* in einem Mitgliedstaat iSd EuErbVO hatte, kann sich eine internationale Zuständigkeit mitgliedstaatlicher Gerichte aus Art. 10 EuErbVO ergeben, sofern sich Nachlassvermögen in diesem Mitgliedstaat befindet. Zur örtlichen Zuständigkeit vgl Teil 2 § 1.

28

Eine Zuständigkeit gem. Art. 10 Abs. 1 EuErbVO setzt neben vorhandenem Nachlassvermögen in dem Mitgliedstaat voraus, dass der Erblasser entweder im Zeitpunkt seines Todes Staatsangehöriger dieses Mitgliedstaats war (lit. a) oder dass er seinen vorhergehenden gewöhnlichen Aufenthalt in dem betreffenden Mitgliedstaat hatte und der Aufenthaltswechsel zum Zeitpunkt der Anrufung des Gerichts (Art. 14 EuErbVO) nicht länger als fünf Jahre zurückliegt (lit. a). Insoweit muss es sich jedoch nicht zwingend um den unmittelbar vorangehenden, also vorletzten gewöhnlichen Aufenthalt handeln; für eine Zuständigkeit nach Art. 10 Abs. 1 lit. b EuErbVO genügt, dass der Erblasser innerhalb der letzten fünf Jahre seinen gewöhnlichen Aufenthalt in diesem Staat begründet hatte, mögen zwischenzeitlich auch mehrere Aufenthaltswechsel eingetreten sein.[35] Liegen diese Voraussetzungen vor, hat das zuständige Gericht über den *gesamten* Nachlass, also nicht nur über die in diesem Staate belegenen Vermögenswerte, zu entscheiden.

29

Liegen die Voraussetzungen des Art. 10 Abs. 1 EuErbVO nicht vor, kann eine Entscheidung eines Mitgliedstaates gem. Art. 10 Abs. 2 EuErbVO dennoch ergehen, wenn sich in diesem Staat Nachlassvermögen befindet; in diesem Falle ist die Kognitionsbefugnis der Gerichte jedoch auf die sich in diesem Staate befindlichen Nachlassgegenstände beschränkt, so dass über das restliche Vermögen keine Entscheidung ergehen kann. Eine auf Art. 10 Abs. 2 EuErbVO gestützte Zuständigkeit führt daher zu einer **prozessualen Nachlassspaltung**.

30

Hat der Erblasser eine wirksame **Rechtswahl** zugunsten des Rechts eines Mitgliedstaates getroffen (vgl Rn 4), kann sich das angerufene, nach Art. 10 EuErbVO zuständige Gericht gem. Art. 6 EuErbVO für unzuständig erklären (vgl hierzu Rn 15 f); soweit die Verfahrensparteien vereinbart haben, die Erbsache außergerichtlich zu regeln, ist gem. Art. 8 EuErbVO zu verfahren (vgl Rn 14).

31

V. Notzuständigkeit (Art. 11 EuErbVO)

In besonderen Ausnahmefällen sieht Art. 11 EuErbVO eine Notzuständigkeit mitgliedstaatlicher Gerichte vor, um Fällen von Rechtsverweigerung (aus Sicht der EuErbVO grundsätzlich zuständiger drittstaatlicher Gerichte) begegnen (vgl Erwägungs-

32

---

34 jurisPK/*Eichel*, Art. 9 EuErbVO Rn 1; MüKo-BGB/*Dutta*, Art. 9 EuErbVO Rn 4; BeckOGK/*Schmidt* Art. 9 EuErbVO Rn 5.
35 Ebenso jurisPK/*Eichel*, Art. 10 EuErbVO Rn 16. – AA BeckOGK/*Schmidt* Art. 10 EuErbVO Rn 20.

grund 31 S. 1) und damit dem Justizgewährungsanspruch (Art. 47 EU-Grundrechtscharta, Art. 6 EMRK)[36] Rechnung tragen zu können. Zur Vermeidung von exorbitanten Gerichtsständen muss diese Ausnahmevorschrift (vgl Erwägungsgrund 31 S. 1) jedoch stets **restriktiv ausgelegt** werden. Zur örtlichen Zuständigkeit vgl Teil 2 § 1.

33 Voraussetzung für die Annahme einer Notzuständigkeit ist zunächst, dass mitgliedstaatliche Gerichte nicht bereits aufgrund anderer Bestimmungen der EuErbVO (Art. 4, Art. 7, Art. 10 EuErbVO) zur Entscheidung der Erbsache berufen sind. Des Weiteren muss ein Verfahren in einem Drittstaat, zu dem die Sache einen engen Bezug aufweist, nicht zumutbar sein oder es sich als unmöglich erweisen. Dies ist etwa der Fall, wenn in dem betreffenden Drittstaat Bürgerkrieg (vgl Erwägungsgrund 31 S. 2) oder ähnliche Umstände herrschen, welche eine Entscheidung in der konkreten Erbsache seitens der Gerichte dieses Staates in einem tatsächlichen Sinne unmöglich machen; ob ein **konkreter Versuch** hinsichtlich der Einleitung eines Verfahrens in dem Drittstaat seitens der an dem Nachlass Berechtigten zu verlangen ist, muss einer Einzelfallprüfung vorbehalten bleiben; regelmäßig wird es jedoch ausreichen, wenn die in dem Drittstaat herrschenden Umstände (nach Maßgabe des nationalen Verfahrensrechts) festgestellt werden können und diese tatsächlichen Umstände eine Undurchführbarkeit des Verfahrens vor dessen Gerichten vermuten lassen.

34 Auch wenn diese Voraussetzungen erfüllt sind, bedarf es für eine auf Art. 11 EuErbVO gestützte Zuständigkeit darüber hinaus eines **ausreichenden Bezugs zu dem Mitgliedstaat** des angerufenen Gerichts. Da die Belegenheit von Nachlassvermögen in einem Mitgliedstaat bereits eine (Art. 11 EuErbVO vorrangige) Zuständigkeit nach Art. 10 EuErbVO begründet, wird man insoweit auf einen Bezug der an dem Nachlass Berechtigten oder des Erblassers selbst zu dem nach Art. 11 EuErbVO zuständigen Mitgliedstaat abzustellen haben; ein ausreichender Inlandsbezug dürfte insoweit jedenfalls dann zu bejahen sein, wenn die an dem Nachlass Berechtigten ihren gewöhnlichen Aufenthalt in diesem Mitgliedstaat oder dessen Staatsangehörigkeit haben, zudem auch, wenn der Erblasser seinen vorletzten oder weiter zurückliegenden gewöhnlichen Aufenthalt in diesem Mitgliedstaat oder dessen Staatsangehörigkeit hatte.

35 Sind die geschilderten Voraussetzungen erfüllt, ist eine internationale Zuständigkeit zwingend zu bejahen, da dem zuständigen mitgliedstaatlichen Gericht – entgegen dem missverständlichen Wortlaut von Art. 11 EuErbVO – **kein Ermessensspielraum** bei der Zuständigkeitsentscheidung zukommt;[37] Art. 11 EuErbVO stellt keine Ausprägung der **forum non conveniens**-Doktrin dar, sondern ist – ebenso wie Art. 6 EuErbVO (vgl Rn 16) – als eine durch Fallgruppenbildung konkretisierungsbedürftige *Generalklausel* zu verstehen, deren Anwendung der Revision zugänglich und insbesondere der Letztauslegungskompetenz des EuGH unterliegt.

---

36 jurisPK/*Eichel*, Art. 11 EuErbVO Rn 1. – Hinsichtlich Art. 7 EuErbVO Prütting/Helms/*Hau*, Anh. § 110 FamFG, Rn 63; *ders.*, in: FS Kaissis 2012, S. 355, 359; *Conti*, S. 120.
37 Ebenso jurisPK/*Eichel*, Art. 11 EuErbVO Rn 2; hinsichtlich Art. 7 EuErbVO auch Prütting/Helms/*Hau*, Anh. § 110 FamFG, Rn 63; *ders.*, in: FS Kaissis 2012, S. 355, 359 f; *Conti*, S. 120. – AA Rauscher/*Andrae*, Art. 7 EG-UntVO Rn 13.

VI. Zuständigkeit bei Annahme- und Ausschlagungserklärungen (Art. 13 EuErbVO)

Einen besonderen Gerichtsstand sieht Art. 13 EuErbVO hinsichtlich der Erklärung der Annahme oder Ausschlagung der Erbschaft, eines Vermächtnisses oder eines Pflichtteils vor (zur örtlichen Zuständigkeit vgl Teil 2 § 3 Rn 3 f). Eine solche Erklärung kann zunächst vor den entweder nach Art. 4, Art. 7, Art. 10 oder Art. 11 EuErbVO zuständigen Gerichten abgegeben werden, sie kann jedoch darüber hinaus auch vor den Gerichten desjenigen Mitgliedstaates erklärt werden, in welchem der Erklärende seinen gewöhnlichen Aufenthalt hat. In kollisionsrechtlicher Hinsicht wird Art. 13 EuErbVO durch Art. 28 EuErbVO ergänzt, der hinsichtlich der Formgültigkeit einer solchen Erklärung auch die lex fori des nach Art. 13 EuErbVO zuständigen Gerichts für maßgeblich erklärt (vgl im Einzelnen § 4 Rn 99). 36

VII. Zuständigkeit bei einstweilige Maßnahmen einschließlich Sicherungsmaßnahmen (Art. 19 EuErbVO)

Die internationale Zuständigkeit im Hinblick auf einstweilige Maßnahmen bestimmt sich grundsätzlich nach den herkömmlichen Zuständigkeitsbestimmungen der EuErbVO (Art. 4, 7, 10, 11 EuErbVO). Soweit eine internationale Zuständigkeit hiernach nicht begründet ist, kann eine solche jedoch auch auf (den mit Art. 35 EuGVVO inhaltsgleichen) Art. 19 EuErbVO gestützt werden, der hinsichtlich solcher Maßnahmen auf die innerstaatlichen Normen des angerufenen Gerichts verweist. 37

Unter **einstweiligen Maßnahmen** einschließlich Sicherungsmaßnahmen sind nach der Rspr des EuGH „solche Maßnahmen zu verstehen, die auf in den Anwendungsbereich [der Verordnung] fallenden Rechtsgebieten eine Veränderung der Sach- und Rechtslage verhindern sollen, um Rechte zu sichern, deren Anerkennung im Übrigen bei dem in der Hauptsache zuständigen Gericht beantragt wird".[38] Entscheidend ist somit, dass die Maßnahme der *vorläufigen Sicherung* von – im Rahmen der Hauptsache abschließend zu klärenden – Rechtspositionen dient, so dass von Art. 19 EuErbVO aus deutscher Sicht insbesondere der Arrest und die einstweilige Verfügung (§§ 916 ff ZPO) bzw die einstweilige Anordnung (§§ 49 ff FamFG) erfasst werden, daneben aber etwa auch Maßnahmen nach §§ 1960 f BGB oder nach § 1913 S. 2 BGB.[39] Soweit die Zuständigkeit auf Art. 19 EuErbVO gestützt wird, sind folgende Anwendungsvoraussetzungen zu beachten: Zunächst muss die einstweilige Maßnahme Rechtsbereiche betreffen, die in den **Anwendungsbereich der EuErbVO** fallen (vgl Art. 1 EuErbVO) und daher auf die Sicherung der Rechtsnachfolge von Todes wegen gerichtet sind; anderenfalls ist Art. 19 EuErbVO nicht anwendbar. Als ungeschriebenes Tatbestandsmerkmal fordert der EuGH darüber hinaus, „dass zwischen dem Gegenstand der beantragten Maßnahmen und der gebietsbezogenen Zuständigkeit des Vertragsstaats des angerufenen Gerichts eine **reale Verknüpfung** besteht".[40] Der 38

---

38 EuGH v. 24.4.2005 – Rs. 104-03 Rn 13; EuGH v. 26.3.1992 – Rs. C-261/90 Rn 34 (hinsichtlich Art. 24 EuGVÜ).
39 jurisPK/*Eichel*, Art. 19 EuErbVO Rn 3.
40 EuGH v. 17.11.1998 – Rs. C-391/95 Rn 40 (Hervorhebung hinzugefügt; Entscheidung erging hinsichtlich Art. 24 EuGVÜ); vgl hierzu *Kropholler/von Hein*, Art. 31 EuGVVO Rn 15.

EuGH rechtfertigt dieses Erfordernis insbesondere mit der Sachnähe des die Maßnahme treffenden Gerichts,[41] es dient jedoch darüber hinaus auch der *Beschränkung* weiterbestehender mitgliedstaatlicher Befugnisse und hat damit ebenfalls eine Kontrollfunktion. Eine „reale Verknüpfung" liegt vor, wenn das zu sichernde Nachlassvermögen in dem Mitgliedstaat liegt, dessen Gerichte sich auf Art. 19 EuErbVO stützen wollen. Zuletzt darf mit der auf Art. 19 EuErbVO gestützten Maßnahme keine Vorwegnahme der Hauptsache einhergehen, da dies zu einer Umgehung der von der EuErbVO vorgesehenen Zuständigkeitsnormen führen würde;[42] eine einstweilige Maßnahme kann nach nationalem Recht daher nur getroffen werden, wenn dieses zugleich dafür Sorge trägt, dass die Maßnahme – etwa durch Sicherheitsleistungen – rückgängig gemacht werden kann.[43]

39 Wird die einstweilige Maßnahme seitens des auf die Hauptsache zuständigen Gerichts getroffen, kommt es auf die genannten Einschränkungen – mangels Beeinträchtigung des von der EuErbVO vorgesehenen Zuständigkeitssystems – nicht an; es kann daher alle einstweiligen oder sichernden Maßnahmen anordnen, die erforderlich sind[44] und im Rahmen des nationalen Verfahrensrechtes zur Verfügung stehen.

VIII. Sonstige zuständigkeitsrechtliche Regelungen

1. Beschränkung des Verfahrens (Art. 12 EuErbVO)

40 Soweit ein mitgliedstaatliches Gericht gem. Art. 4, Art. 7, Art. 10 oder Art. 11 Abs. 1 EuErbVO zuständig ist,[45] hat dieses grundsätzlich über den *gesamten* Nachlass zu entscheiden. Auf Antrag einer der Parteien kommt jedoch gem. Art. 12 Abs. 1 EuErbVO eine Beschränkung des Verfahrens auf solche Nachlassgegenstände in Betracht, die sich in den einzelnen Mitgliedstaaten befinden. Eine anderweitige Beschränkung des Verfahrens (insbesondere im Hinblick auf Nachlassgegenstände, welche in dem für die Erbsache zuständigen Mitgliedstaat belegen sind) kann sich zudem aus dem jeweiligen nationalen Prozessrecht ergeben, welches gem. Art. 12 Abs. 2 EuErbVO insoweit unberührt bleibt.

41 Art. 12 Abs. 1 EuErbVO ermöglicht zunächst eine Beschränkung des Verfahrens auf solche Nachlassgegenstände, die in den einzelnen Mitgliedstaaten belegen sind. Sofern die Parteien einen entsprechenden Antrag gestellt haben, hat das zuständige mitgliedstaatliche Gericht daher nicht über in einem *Drittstaat* belegene Nachlassgegenstände zu entscheiden; ein auf *einzelne* Nachlassgegenstände beschränkter Antrag ist nach dem insoweit eindeutigen Wortlaut des Art. 12 Abs. 1 EuErbVO möglich. Voraussetzung hierfür ist jedoch stets, dass nach den konkreten Umständen mit einer Anerkennung und insbesondere Vollstreckbarerklärung einer über diese Nachlassgegenstände ergangenen Entscheidung nicht zu rechnen ist, weil die diesbezüglichen Voraussetzungen nach dem Recht dieses Drittstaates nicht vorliegen.

---

41 Vgl hierzu EuGH v. 17.11.1998 – Rs. C-391/95 Rn 39 (hinsichtlich Art. 24 EuGVÜ).
42 EuGH v. 17.11.1998 – Rs. C-391/95 Rn 46 (hinsichtlich Art. 24 EuGVÜ).
43 Vgl hinsichtlich eines Zahlungsanspruchs EuGH v. 17.11.1998 – Rs. C-391/95 Rn 47.
44 Vgl EuGH v. 17.11.1998 – Rs. C-391/95 Rn 19 (hinsichtlich des EuGVÜ).
45 Eine Ausnahme bildet alleine Art. 11 Abs. 2 EuErbVO, der bereits ex lege zu einer prozessualen Nachlassspaltung führt.

B. Das Zuständigkeitssystem der EuErbVO

Darüber hinaus enthält Art. 12 Abs. 2 EuErbVO eine Öffnungsklausel zugunsten solcher Verfahrensbestimmungen der lex fori, welche den Parteien die Beschränkung des Verfahrensgegenstands ermöglichen. Für deutsche Gerichte weiterhin beachtlich ist daher § 352 c FamFG, nach welchem auf Antrag der Parteien ein (nationaler) gegenständlich beschränkter Erbschein ergehen kann.

42

2. Autonome Bestimmung der Anhängigkeit (Art. 14 EuErbVO)

Art. 14 EuErbVO sieht – ebenso wie Art. 32 EuGVVO – eine autonome Bestimmung der **Anhängigkeit** vor. Insofern ist zu differenzieren: Soweit nach dem nationalen Prozessrecht die Zustellung des verfahrenseinleitenden Schriftstücks *nach dessen Einreichung* bei Gericht zu erfolgen hat (so gem. § 253 ZPO), erklärt Art. 14 lit. a EuErbVO den Zeitpunkt der Einreichung für maßgeblich; soweit die Zustellung *vor Einreichung* des Schriftstücks bei Gericht zu bewirken ist, kommt es gem. Art. 14 lit. b EuErbVO auf den Zeitpunkt an, zu dem die für die Zustellung verantwortliche Stelle das Schriftstück erhalten hat. Die Anhängigkeit setzt in beiden Fällen jedoch voraus, dass der Kläger seinen diesbezüglichen Mitwirkungsobliegenheiten (Angabe der richtigen Adresse, Einzahlung eines Kostenvorschusses, ordnungsgemäßer PKH-Antrag[46] etc.) nachgekommen ist; verletzt er diese, treten die von Art. 14 EuErbVO vorgesehenen Wirkungen nicht ein.

43

Handelt es sich um ein **von Amts wegen** einzuleitendes Verfahren, gilt das zuständige Gericht zu dem Zeitpunkt als angerufen, zu dem der Beschluss über die Einleitung des Verfahrens vom Gericht gefasst wurde oder – soweit es nach dem nationalen Recht eines solchen Beschlusses nicht bedarf – zu demjenigen Zeitpunkt, zu dem die Sache bei Gericht eingetragen wird.

44

3. Vorschriften zur Vermeidung sich widersprechender Entscheidungen (Art. 17, 18 EuErbVO)

a) Vermeidung von Parallelverfahren (Art. 17 EuErbVO)

Soweit bei Gerichten verschiedener Staaten Verfahren in Erbsachen wegen *desselben Anspruchs* zwischen *denselben Parteien* anhängig gemacht werden (Art. 14 EuErbVO), hat das später angerufene Gericht das Verfahren von Amts wegen auszusetzen, bis die Zuständigkeit des zuerst angerufenen Gerichts festgestellt ist (Art. 17 Abs. 1 EuErbVO); ist dies der Fall, erklärt sich das später angerufene Gericht ebenfalls von Amts wegen für unzuständig (Art. 17 Abs. 2 EuErbVO). Art. 17 EuErbVO folgt damit dem **Prioritätsgrundsatz**; er dient dem Interesse einer geordneten Rechtspflege in der Gemeinschaft und hat zum Ziel, „Parallelverfahren vor Gerichten verschiedener [Mitglied]staaten und daraus möglicherweise resultierende gegensätzliche Entscheidungen zu verhindern"[47] und damit auch Anerkennungshindernisse iSv Art. 40 lit. c

45

---

46 Thomas/Putzo/*Hüßtege*, Art. 30 EuGVVO Rn 4.
47 EuGH v. 9.12.2003 – Rs. C-116/02 Rn 41; EuGH v. 8.12.1987, Rs. C-144/86 (Gubisch Maschinenfabrik) Rn 8 (jeweils hinsichtlich des inhaltsgleichen Art. 21 EuGVÜ).

EuErbVO zu vermeiden.⁴⁸ Vor diesem Hintergrund ist Art. 17 EuErbVO grundsätzlich *weit* auszulegen.⁴⁹

46 Voraussetzung für eine Aussetzung des Verfahrens bzw einer Unzuständigkeitserklärung des später angerufenen Gerichts ist, dass die jeweils anhängigen Verfahren *denselben Anspruch zwischen denselben Parteien* betreffen. Diese beiden – autonom auszulegenden⁵⁰ – Begriffe sind vor dem Hintergrund des sub Rn 46 geschilderten Zwecks dieser Vorschrift in einem weiten Sinne zu verstehen.⁵¹ **Derselbe Anspruch** liegt vor, wenn der „Kernpunkt beider Rechtsstreitigkeiten derselbe ist",⁵² auf die bloße formale Identität der Klage kommt es hingegen nicht an.⁵³ Unter Verweis auf andere Sprachfassungen⁵⁴ stellt der EuGH im Rahmen der EuGVVO (bzw des EuGVÜ) zur Bestimmung der Kernpunkte einer Rechtsstreitigkeit auf die *Grundlage* des Anspruchs, der den Sachverhalt *und* die maßgeblichen Rechtsvorschriften erfasst,⁵⁵ sowie auf seinen *Gegenstand* ab, der nach dem „Zweck der Klage", also nach dem konkreten Klagebegehren zu bestimmen ist.⁵⁶ **Nicht** denselben Anspruch betreffen daher Verfahren im Rahmen des einstweiligen Rechtsschutzes,⁵⁷ wie zudem Art. 19 EuErbVO deutlich macht. Darüber hinaus muss der Anspruch zwischen *denselben* Parteien bestehen, also **Parteiidentität** gegeben sein; ein Wechsel der jeweiligen Partei*rollen* ist insoweit unerheblich.⁵⁸

47 Liegen diese Voraussetzungen vor, hat das später angerufene Gericht das Verfahren gem. Art. 17 Abs. 1 EuErbVO auszusetzen; dem Gericht ist es verwehrt, die Zuständigkeit des zuerst angerufenen Gerichts eigenständig zu prüfen,⁵⁹ eine Anerkennungsprognose hat daher keine Bedeutung für eine Aussetzung des Verfahrens.⁶⁰ Soweit das zuerst angerufene Gericht seine Zuständigkeit bejaht, muss sich das später angerufene Gericht gem. Art. 17 Abs. 2 EuErbVO für unzuständig erklären.

b) Im Zusammenhang stehende Verfahren (Art. 18 EuErbVO)

48 Soweit bestimmte, vor unterschiedlichen mitgliedstaatlichen Gerichten anhängige Verfahren in einem rechtlichen Zusammenhang stehen, gestattet – der mit Art. 28 EuGVVO aF (Art. 29 EuGVVO) identische – Art. 18 EuErbVO dem später angerufenen Gericht, das bei diesem anhängige Verfahren auszusetzen (Art. 18 Abs. 1 EuErbVO) oder sich diesbezüglich auf Antrag einer Partei für unzuständig zu erklären

---

48 EuGH v. 9.12.2003 – Rs. C-116/02 Rn 41; EuGH v. 8.12.1987, Rs. C-144/86 (Gubisch Maschinenfabrik) Rn 8 (jeweils hinsichtlich des inhaltsgleichen Art. 21 EuGVÜ).
49 EuGH v. 9.12.2003 – Rs. C-116/02 Rn 41 (hinsichtlich des inhaltsgleichen Art. 21 EuGVÜ).
50 EuGH v. 8.12.1987, Rs. C-144/86 (Gubisch Maschinenfabrik) Rn 11.
51 Thomas/Putzo/*Hüßtege*, Art. 27 EuGVVO Rn 5.
52 BGH NJW 2002, 2795, 2796 unter Berufung auf EuGH v. 8.12.1987, Rs. C-144/86 (Gubisch Maschinenfabrik) Rn 16 f; ausführlich hierzu *Kropholler/von Hein*, Art. 27 EuGVVO Rn 6-14.
53 EuGH v. 8.12.1987, Rs. C-144/86 (Gubisch Maschinenfabrik) Rn 17; vgl auch BGH NJW 2002, 2795, 2796.
54 Die gleiche Ausgangssituation besteht auch im Rahmen von Art. 17 EuErbVO, der Art. 21 EuGVVO – auch in anderen Sprachfassungen – entspricht; vgl insoweit etwa die französische Sprachfassung: „demandes ayant le même objet et la même cause".
55 EuGH v. 6.12.1994, Rs. C-406/92 Rn 39.
56 Vgl EuGH v. 6.12.1994, Rs. C-406/92 Rn 37-45; vgl bereits EuGH v. 8.12.1987, Rs. C-144/86 (Gubisch Maschinenfabrik) Rn 14.
57 Vgl auch Thomas/Putzo/*Hüßtege*, Art. 27 EuGVVO Rn 6.
58 *Kropholler/von Hein*, Art. 27 EuGVVO Rn 4; Thomas/Putzo/*Hüßtege*, Art. 27 EuGVVO Rn 7.
59 Vgl EuGH v. 9.12.2003 – Rs. C-116/02 Rn 44-54 (hinsichtlich des inhaltsgleichen Art. 21 EuGVÜ).
60 Thomas/Putzo/*Hüßtege*, Art. 27 EuGVVO Rn 2.

(Art. 18 Abs. 2 EuErbVO), damit – im Falle von Abs. 2 – das zuerst angerufene Gericht die Verfahren verbinden und über die im Zusammenhang stehenden Klagen entscheiden kann. Ebenso wie Art. 17 EuErbVO verfolgt Art. 18 EuErbVO den Zweck, gegensätzliche Entscheidungen zu vermeiden und auf diese Weise die Sicherung einer geordneten Rechtspflege in der Union zu gewährleisten;[61] Art. 18 EuErbVO soll darüber hinaus eine bessere Koordinierung der Rechtsprechungstätigkeit innerhalb der Union verwirklichen.[62]

Der Tatbestand des Art. 18 EuErbVO setzt – anders als Art. 17 EuErbVO – weder Anspruchs- noch Parteiidentität voraus; er ist anwendbar, wenn die Voraussetzungen des Art. 17 EuErbVO zwar nicht erfüllt sind,[63] die Verfahren aber dennoch in einem solchen Zusammenhang stehen, dass eine gemeinsame Verhandlung und Entscheidung zur Vermeidung sich widersprechender Entscheidungen geboten erscheint (Art. 18 Abs. 3 EuErbVO). Liegen diese Voraussetzungen vor, *kann* das später angerufene Gericht das bei diesem anhängige Verfahren gem. Art. 18 Abs. 1 EuErbVO aussetzen und die Entscheidung des zuerst angerufenen Gerichts abwarten; soweit die in Zusammenhang stehenden Verfahren jeweils in erster Instanz anhängig sind, kann sich das später angerufene Gericht auf Antrag einer Partei gem. Art. 18 Abs. 2 EuErbVO für unzuständig erklären, soweit das zuerst angerufene Gericht auch für dieses Verfahren zuständig und die Verbindung der Verfahren nach seinem Recht zulässig ist. Art. 18 EuErbVO gewährt demnach *keinen* besonderen Gerichtsstand des Sachzusammenhangs;[64] im Zusammenhang stehende Klagen können nur dann gemeinsam vor einem mitgliedstaatlichen Gericht anhängig gemacht werden, wenn bei deren isolierter Betrachtung jeweils die (internationale) Zuständigkeit dieses Gerichts gegeben ist. Eine Anwendung von Art. 18 EuErbVO setzt daher voraus, dass die im Zusammenhang stehenden Klagen bereits vor den Gerichten mindestens zweier Mitgliedstaaten anhängig gemacht worden sind.[65]

In welchen Fällen die in mehreren Mitgliedstaaten isoliert erhobenen Klagen in einem rechtlichen Zusammenhang stehen, regelt Art. 18 Abs. 3 EuErbVO, der ebenfalls europarechtlich-autonom auszulegen ist.[66] Nach dieser Legaldefinition stehen die Klagen im Zusammenhang, wenn zwischen ihnen eine so enge Beziehung gegeben ist, dass eine gemeinsame Verhandlung und Entscheidung geboten erscheint, um zu vermeiden, dass in getrennten Verfahren widersprechende Entscheidungen ergehen. Nach Ansicht des EuGH ist diese Legaldefinition weit zu verstehen und erfasst alle Fälle, „in denen die Gefahr einander widersprechender Entscheidungen besteht, selbst wenn die Entscheidungen getrennt vollstreckt werden können und sich ihre Rechtsfolgen nicht gegenseitig ausschließen".[67] Ein enger Zusammenhang iSv Art. 18 Abs. 3 EuErbVO setzt daher keine Unvereinbarkeit der Entscheidungen iSv Art. 40

---

61 EuGH v. 6.12.1994 – Rs. C-406/92 Rn 52 (hinsichtlich Art. 22 EuGVÜ).
62 EuGH v. 6.12.1994 – Rs. C-406/92 Rn 55 (hinsichtlich Art. 22 EuGVÜ).
63 EuGH v. 6.12.1994 – Rs. C-406/92 Rn 50 (hinsichtlich Art. 22 EuGVÜ).
64 EuGH v. 24.6.1981 – Rs. C-150/80 *(Elefanten Schuh)* Rn 19; EuGH v. 27.10.1998 – Rs. C-51/97 Rn 39; EuGH v. 5.10.1999 – Rs. C-420/97 Rn 22 (jeweils hinsichtlich Art. 22 EuGVÜ).
65 *Kropholler/von Hein*, Art. 28 EuGVVO Rn 2.
66 EuGH v. 6.12.1994 – Rs. C-406/92 Rn 52 (hinsichtlich Art. 22 EuGVÜ).
67 EuGH v. 6.12.1994 – Rs. C-406/92 Rn 53 (hinsichtlich Art. 22 EuGVÜ).

lit. c EuErbVO voraus;[68] es genügt bereits, dass sich die Entscheidungen *inhaltlich* widersprechen könnten.[69]

51 Ob das später angerufene Gericht das Verfahren gem. Art. 18 Abs. 1 EuErbVO aussetzt bzw sich gem. Art. 18 Abs. 2 EuErbVO für unzuständig erklärt, liegt in seinem **pflichtgemäßen Ermessen**.[70] Maßgebliche Kriterien hierfür sind insbesondere die Intensität des Zusammenhangs und der Grad der Gefahr einander widersprechender Entscheidungen, daneben aber auch Aspekte der Verfahrensökonomie (etwa Sach- und Beweisnähe) sowie Stand und Dauer beider Verfahren.[71]

4. Bestimmungen hinsichtlich der Prüfung der Zuständigkeit und Zulässigkeit des Verfahrens (Art. 15, 16 EuErbVO)

a) Prüfung der Zuständigkeit (Art. 15 EuErbVO)

52 Soweit ein nach der EuErbVO unzuständiges mitgliedstaatliches Gericht in einer Erbsache angerufen wird, hat sich dieses Gericht gem. Art. 15 EuErbVO von Amts wegen für unzuständig zu erklären. Sind die Voraussetzungen von Art. 16 EuErbVO erfüllt (Rn 53), muss das Gericht jedoch vorrangig nach dieser Vorschrift verfahren.

b) Prüfung der Zulässigkeit (Art. 16 EuErbVO)

53 Hat der Beklagte seinen gewöhnlichen Aufenthalt im Ausland und lässt sich dieser nicht auf das Verfahren ein, ordnet Art. 16 Abs. 1 EuErbVO die **Aussetzung des Verfahrens** so lange an, bis festgestellt ist, dass dem Beklagten der Empfang des verfahrenseinleitenden (oder gleichwertigen) Schriftstücks möglich war und damit seine Verteidigungsrechte gewahrt wurden. Soweit der Beklagte seinen gewöhnlichen Aufenthalt in einem Mitgliedstaat (mit Ausnahme von Dänemark) hat, wird Art. 16 Abs. 1 EuErbVO allerdings von der spezielleren Bestimmung des Art. 19 EuZVO[72] verdrängt, deklaratorisch Art. 16 Abs. 2 EuErbVO. Ebenfalls verdrängt wird Art. 16 Abs. 1 EuErbVO von Art. 15 HZÜ,[73] der als staatsvertragliche Regelung weiterhin vorrangig zu beachten ist (deklaratorisch Art. 16 Abs. 3 EuErbVO). Diese Bestimmung ist anwendbar, wenn der Beklagte seinen gewöhnlichen Aufenthalt in einem Vertragsstaat des HZÜ hat; im Verhältnis der Mitgliedstaaten untereinander tritt Art. 15 HZÜ jedoch hinter den (inhaltsgleichen) Art. 19 EuZVO zurück, vgl Art. 20 Abs. 1 EuZVO.

---

68 EuGH v. 6.12.1994 – Rs. C-406/92 Rn 55 (hinsichtlich Art. 22 bzw Art. 27 Nr. 3 EuGVÜ).
69 Vgl EuGH v. 6.12.1994 – Rs. C-406/92 Rn 55, der insoweit auf die Inkohärenz von Entscheidungen abstellt.
70 *Kropholler/von Hein*, Art. 28 EuGVVO Rn 10.
71 Kriterien von *Kropholler/von Hein*, Art. 28 EuGVVO Rn 10.
72 Verordnung (EG) Nr. 1393/2007 des Europäischen Parlaments und des Rates vom 13.11.2007 über die Zustellung gerichtlicher und außergerichtlicher Schriftstücke in Zivil- oder Handelssachen in den Mitgliedstaaten (Zustellung von Schriftstücken), ABl EU L 324/79, geändert durch Art. 1 Abs. 1 lit. k ÄndVO (EU) 517/2013 vom 13.5.2013 (ABl EU L 158 S. 1).
73 Haager Übereinkommen über die Zustellung gerichtlicher und außergerichtlicher Schriftstücke im Ausland in Zivil- und Handelssachen vom 15.11.1965 (BGBl. 1977 II S. 1453).

§ 4 Internationales Privatrecht

A. Allgemeines
I. Überblick über das neue erbrechtliche Kollisionsrecht

Das erbrechtliche IPR wurde mit Art. 20-38 EuErbVO neu geregelt. Die in Kapitel III der EuErbVO im Einzelnen vorgesehenen Kollisionsnormen sind allesamt als **loi uniforme** ausgestaltet (Art. 20 EuErbVO), berufen also mitgliedstaatliches wie nicht-mitgliedstaatliches Recht gleichermaßen, so dass für entgegenstehendes, zum Geltungszeitpunkt der EuErbVO ggf. noch bestehendes und in den Anwendungsbereich der EuErbVO fallendes nationales Recht – allerdings mit Ausnahme staatsvertraglicher Regelungen (vgl Rn 191 ff) – kein Anwendungsbereich verbleibt. Aus deutscher Sicht werden die kollisionsrechtlichen Regelungen der EuErbVO von Art. 25, 26 EGBGB nF ergänzt, die jedoch kraft autonomer Verweisung die jeweiligen Vorschriften der EuErbVO für entsprechend anwendbar erklären und damit zu einem Gleichlauf des erbrechtlichen Kollisionsrechts führen; als einzige nationale Besonderheit des internationalen Erbrecht bleibt damit die Alternativanknüpfung des Art. 26 Abs. 1 EGBGB nF (Art. 26 Abs. 1 Nr. 5 EGBGB aF) erhalten, die als zusätzliche Ergänzung neben die von Art. 27 Abs. 1 EuErbVO (Art. 1 Abs. 1 HTestformÜ) vorgesehenen Anknüpfungen tritt (vgl hierzu Rn 97). 1

Das für die rechtliche Beurteilung der *gesamten* Rechtsnachfolge von Todes wegen maßgebliche Recht (Erbstatut) bestimmt sich nach den **allgemeinen Kollisionsnormen** der Art. 21, 22 EuErbVO, deren konkrete Reichweite mittels der unselbstständigen Kollisionsnorm des Art. 23 EuErbVO näher festgelegt wird. Primär knüpft Art. 21 Abs. 1 EuErbVO die Rechtsnachfolge von Todes wegen an den letzten gewöhnlichen Aufenthalt des Erblassers an, Art. 21 Abs. 2 EuErbVO sieht jedoch eine – restriktiv zu handhabende – Ausweichklausel zugunsten des Rechts desjenigen Staates vor, mit welchem der Erblasser im Zeitpunkt seines Todes offensichtlich enger verbunden war. Um eine frühzeitige Nachlassplanung zu ermöglichen, enthält die EuErbVO mit Art. 22 EuErbVO zudem eine Rechtswahlmöglichkeit zugunsten des Rechts der Staatsangehörigkeit. 2

Gesonderte Anknüpfungen sieht die EuErbVO insbesondere für **Verfügungen von Todes wegen** vor. Im Hinblick auf ihre materiellen Wirksamkeitsvoraussetzungen unterliegen diese dem hypothetischen Erbstatut zum Zeitpunkt ihrer Errichtung (Errichtungsstatut), wobei die EuErbVO insoweit zwischen Erbverträgen (Art. 25 EuErbVO) und sonstigen Verfügungen von Todes wegen (Art. 24 EuErbVO) differenziert; die Reichweite des Errichtungsstatuts wird in beiden Fällen durch die unselbstständige Kollisionsnorm des Art. 26 EuErbVO näher konkretisiert. Im Hinblick auf ihre Formwirksamkeit sieht die EuErbVO ebenfalls eine eigenständige Kollisionsnorm vor (Art. 27 EuErbVO), welche das HTestformÜ inkorporiert. Für Deutschland hat diese Bestimmung jedenfalls bei strenger Betrachtung nur einen sehr kleinen Anwendungsbereich, da Art. 75 Abs. 1 UAbs. 2 EuErbVO den Vorrang des für Deutschland weiterhin verbindlichen HTestformÜ anordnet, welches somit für die Frage nach der Formwirksamkeit letztwilliger Verfügungen vorrangig anzuwenden ist. 3

4 Weitere gesonderte Anknüpfungen enthält die EuErbVO in Art. 28 EuErbVO hinsichtlich der **Formgültigkeit einer Annahme- oder Ausschlagungserklärung**, in Art. 29 EuErbVO hinsichtlich der **Bestellung und Befugnisse eines Nachlassverwalters** und in Art. 30 EuErbVO hinsichtlich solcher Bestimmungen (**Eingriffsnormen**), welche aus wirtschaftlichen, familiären oder sozialen Gründen etwa eine von den herkömmlichen erbrechtlichen Regelungen *abweichende* Sonderrechtsnachfolge anordnen (bspw Höferecht).

5 Darüber hinaus regelt die EuErbVO zahlreiche Fragen des Allgemeinen Teils des IPR. Besonders hervorzuheben ist zunächst die gem. Art. 34 Abs. 1 EuErbVO im Rahmen des europäischen IPR erstmalig angeordnete, allerdings auf wenige Konstellationen beschränkte **Beachtlichkeit ausländischen IPR**, welche im Rahmen von Art. 21 Abs. 1 EuErbVO (und den auf diese Bestimmungen verweisenden Kollisionsnormen) zu einer Rück- oder Weiterverweisung auf eine ausländische Rechtsordnung führen kann. Zudem nahm sich der europäische Gesetzgeber erstmals ausdrücklich der Anpassungsproblematik an, indem er spezielle **Anpassungsregeln** für im erbrechtlichen Kontext besonders wichtige Konstellationen – Normwidersprüche zwischen Erb- und Sachenstatut (Art. 31 EuErbVO), Normwidersprüche aufgrund unterschiedlicher Todesvermutungen (Art. 32 EuErbVO) sowie aufgrund einer unterschiedlichen Ausgestaltung der staatlichen Nachlassbeteiligung bei erbenlosen Nachlässen (Art. 33 EuErbVO) – kodifizierte. Zuletzt enthält die EuErbVO Regelungen hinsichtlich kollisionsrechtlicher **Verweisungen auf einen Mehrrechtsstaat** (Art. 36, 37 EuErbVO) sowie einen – bislang in allen europäischen Kollisionsrechtsakten vorgesehenen – Vorbehalt zugunsten des nationalen **ordre public** (Art. 35 EuErbVO). Keine ausdrückliche Kodifikation erfahren haben demgegenüber die – für die Behandlung internationaler Erbrechtsfälle zentrale – **Problematik der Vorfrageanknüpfung** sowie der **Gesetzesumgehung**; diese müssen daher weiterhin unter Rückgriff auf allgemeine Prinzipien des IPR (rechtsfortbildend) gelöst werden.

II. Prüfungsschritte bei der Lösung internationaler Erbrechtsfälle

6 Bei der Lösung internationaler Erbrechtsfälle sind folgende Prüfungsschritte zu beachten:

1. Internationale Zuständigkeit deutscher Gerichte

Voraussetzung für die Anwendung der Kollisionsnormen der lex fori (und damit der EuErbVO) ist die internationale Zuständigkeit der jeweiligen Gerichte (vgl hierzu das Überblickschema § 3 Rn 9). Diese ist daher stets vorab zu prüfen.

2. Bestimmung des anwendbaren Rechts

a) Vorrangige Staatsverträge

Bestehende Staatsverträge auf dem Gebiet des internationalen Erbrechts (vgl Rn 191 ff) sind auch weiterhin gem. Art. 75 Abs. 1 EuErbVO vorrangig anzuwenden; diese müssen daher vorrangig geprüft werden.

b) EuErbVO

aa) IPR

(1) Rechtsnachfolge von Todes wegen (Erbstatut, vgl Rn 7 ff)
Maßgebliche Kollisionsnormen: Art. 21, 22 EuErbVO; bei Vorliegen einer wirksamen Rechtswahl gem. Art. 22 EuErbVO geht diese vor, die Reichweite des Erbstatuts wird durch Art. 23 EuErbVO näher bestimmt
Bei Art. 21 Abs. 1 EuErbVO handelt es sich in den Fällen von Art. 34 Abs. 1 EuErbVO um eine Gesamtverweisung, bei Art. 21 Abs. 2, Art. 22 EuErbVO um Sachnormvereisungen (Art. 34 Abs. 2 EuErbVO); bei Verweisungen auf das Recht eines Mehrrechtsstaates sind Art. 37, 38 EuErbVO zu beachten.

(2) Verfügung von Todes wegen (Errichtungsstatut und Formstatut, vgl Rn 66 ff)
Maßgebliche Kollisionsnormen hinsichtlich deren Zulässigkeit, materielle Wirksamkeit und ggf Bindungswirkung: Art. 24, 25 EuErbVO; die Reichweite des Errichtungsstatuts wird durch Art. 26 EuErbVO näher bestimmt.
Maßgebliche Kollisionsnormen hinsichtlich der Formwirksamkeit letztwilliger Verfügungen: Art. 27 EuErbVO bzw das (weiterhin gem. Art. 75 Abs. 1 UAbs. 2 EuErbVO vorrangig zu beachtende HTestformÜ; vgl im Einzelnen Rn 86 f)

(3) Weitere gesonderte Anknüpfungen der EuErbVO
- Art. 28 EuErbVO (Formgültigkeit einer Annahme- oder Ausschlagungserklärung, vgl Rn 99 f)
- Art. 29 EuErbVO (Bestellung und Befugnisse eines Nachlassverwalters, vgl Rn 101 ff)
- Art. 30 (Eingriffsnormen, vgl Rn 104 ff)

bb) Ergebniskorrektur
Ist das auf den Sachverhalt anzuwendende Recht nach den herkömmlichen Kollisionsnormen bestimmt, können im Einzelfall dennoch Korrekturen des insoweit gefundenen Ergebnisses erforderlich werden. Kollisionsrechtliche Korrekturmechanismen stellen
- die **Anpassung** (vgl Rn 149 ff),
- der **ordre public-Vorbehalt** (vgl Rn 171 ff) und die
- die **Gesetzesumgehung** (vgl Rn 182 ff)

dar.

cc) Anwendung des berufenen Sachrechts
Bei der Anwendung des berufenen Sachrechts ist insbesondere darauf zu achten,
- ob dieses **Vorfragen** aufwirft (bspw das Bestehen einer Ehe als Voraussetzung für ein Ehegattenerbrecht); ist dies der Fall, muss die Frage nach dem anwendbaren Recht stets *erneut* anhand der Kollisionsnormen der lex fori gestellt werden (sog. selbstständige Anknüpfung; umstritten, vgl hierzu Rn 145 ff),
- ob dieses aufgrund der Besonderheiten des Auslandssachverhaltes ggf. in modifizierter Form angewandt werden muss (**Problem des Auslandssachverhalts, Substitution**, vgl hierzu Rn 184 ff).

Den Inhalt des zur Anwendung berufenen ausländischen Rechts hat das konkret zuständige (deutsche) Gericht von Amts wegen festzustellen (vgl Rn 187 ff).

B. Die Bestimmung des Erbstatuts nach der EuErbVO

I. Überblick

Welches Recht auf die Rechtsnachfolge von Todes wegen anzuwenden ist, ergibt sich aus den allgemeinen Kollisionsnormen der Art. 21, 22 EuErbVO. Ergänzt werden diese von der unselbstständigen Kollisionsnorm des Art. 23 EuErbVO, welcher die Reichweite des Erbstatuts im Einzelnen konkretisiert.

II. Objektive Bestimmung des Erbstatuts (Art. 21 EuErbVO)

1. Allgemeines

8 Liegt keine vorrangig zu beachtende Rechtswahl zugunsten des Rechts der Staatsangehörigkeit vor (Art. 22 EuErbVO), bestimmt sich das Erbstatut objektiv nach der Grundregel des Art. 21 EuErbVO. Diese knüpft – in rechtspolitischer Abkehr zu Art. 25 Abs. 1 EGBGB aF[1] – primär an den **letzten gewöhnlichen Aufenthalt des Erblassers** an und schafft damit regelmäßig Gleichlauf zwischen gerichtlicher Zuständigkeit (Art. 4 EuErbVO) und anwendbarem Recht. Art. 21 Abs. 2 EuErbVO enthält zudem erstmals eine (den Gleichlauf allerdings wieder durchbrechende) **Ausweichklausel** zugunsten des Rechts eines solchen Staates, zu dem der Erblasser „eine offensichtlich engere Verbindung" hatte; sie dient als (restriktiv zu handhabendes) Korrektiv der mit der primären Anknüpfung an den gewöhnlichen Aufenthalt einhergehenden Defizite (insbesondere im Hinblick auf seine „Flüchtigkeit") und gewährleistet die Bestimmung einer – von der implizierten kollisionsrechtlichen Interessenlage geforderten – hinreichend engen und festen Anknüpfung.

9 Art. 21 EuErbVO geht – wie bereits Art. 25 Abs. 1 EGBGB aF – vom **Prinzip der Nachlasseinheit** aus, so dass die **gesamte Rechtsnachfolge** von Todes wegen grundsätzlich nur *einer* Rechtsordnung zu unterstellen ist; durchbrochen wird dieses Prinzip – einmal abgesehen von dem Fall einer prozessualen Nachlassspaltung gem. Art. 10 Abs. 2 EuErbVO bzw Art. 12 EuErbVO – alleine von Art. 30 EuErbVO (vgl im Einzelnen Rn 104 ff) und von Art. 34 Abs. 1 EuErbVO, der im Rahmen der Anknüpfung des Art. 21 Abs. 1 EuErbVO zur Anwendung Nachlassspaltung anordnenden ausländischen Kollisionsrechts führen kann (näher hierzu Rn 128).

2. Grundanknüpfung an den gewöhnlichen Aufenthalt (Art. 21 Abs. 1 EuErbVO)

a) Allgemeines

10 Art. 21 Abs. 1 EuErbVO unterstellt die gesamte Rechtsnachfolge von Todes wegen (zur konkreten Reichweite des Erbstatuts vgl Rn 41 ff) dem Recht desjenigen Staates, in dem der Erblasser seinen **letzten gewöhnlichen Aufenthalt** hatte. Da dieser für die EuErbVO zentrale Rechtsbegriff jedenfalls für privat handelnde natürliche Personen weder im Rahmen der Begriffsbestimmungen des Art. 3 EuErbVO noch in anderen europäischen Rechtsakten legaldefiniert wurde, bleibt dessen (europarechtlich-autonome) Konkretisierung Rechtsprechung und Lehre überlassen, so dass bis zu einer abschließenden gerichtlichen Klärung insoweit eine gewisse Rechtsunsicherheit besteht.

b) Einheitliche oder divergierende Begriffsbildung

11 Angesichts der vielfältigen Verwendung des gewöhnlichen Aufenthalts als zentrales Anknüpfungsmoment in zahlreichen, sehr unterschiedliche Rechtsmaterien betreffenden europäischen Sekundärrechtsakten[2] stellt sich hinsichtlich der Bestimmung des gewöhnlichen Aufenthalts zunächst die Frage, ob eine **einheitliche, für alle europä-**

---

[1] Ausführlich zu diesem Paradigmenwechsel im internationalen Erbrecht *Sonnentag*, EWS 2012, 457-469.
[2] Einen ausführlichen Überblick gibt *Hilbig-Lugani*, GPR 2014, 8 f.

B. Die Bestimmung des Erbstatuts nach der EuErbVO

ischen Rechtsakte gleichermaßen gültige Begriffsbildung aufrechterhalten werden kann[3] oder eine kontextabhängige, nach einzelnen Rechtsmaterien differenzierende Auslegung erfolgen muss.[4] Für eine einheitliche Auslegung als Grundsatz spricht zunächst der (regelmäßig auch in den Erwägungsgründen der einzelnen europäischen Verordnungen postulierte) Gedanke der Einheit der (europäischen) Rechtsordnung sowie der Rechtssicherheit,[5] er wird jedoch immer zweifelhafter, je stärker die einzelnen Materien inhaltlich differieren.[6] In einer neueren Entscheidung hat der EuGH möglicherweise den Weg für eine nach dem jeweils maßgeblichen Kontext differenzierender Auslegung des gewöhnlichen Aufenthalts den Weg geebnet, indem er entschied, dass seine Rechtsprechung „zum Begriff des gewöhnlichen Aufenthalts in anderen Bereichen des Rechts der Europäischen Union [...] nicht unmittelbar auf die Feststellung des gewöhnlichen Aufenthalts von Kindern im Sinne von Art. 8 Abs. 1 der [Ehe-]Verordnung übertragen werden" kann[7] und daher ein eigenes Verständnis zu entwickeln sei. Auch scheint Erwägungsgrund 23 S. 3 von einem spezifisch erbrechtlichen Verständnis des gewöhnlichen Aufenthalts für die EuErbVO auszugehen, da dieses Anknüpfungsmoment „unter Berücksichtigung der spezifischen Ziele [der EuErbVO] eine besonders enge und feste Bindung zu dem betreffenden Staat erkennen" lasse. Dennoch sollte zum jetzigen Zeitpunkt der Versuch einer einheitlichen Begriffsbildung nicht vorschnell aufgegeben werden, zumal die EuErbVO für eine solche auch maßgebliche Impulse setzen kann. Inwieweit sich ein derartiges Unterfangen als aussichtslos erweist, muss damit der weiteren Rechtsentwicklung überlassen bleiben.

Demgegenüber ist ein **einheitliches Verständnis des gewöhnlichen Aufenthalts** jedenfalls **innerhalb der EuErbVO** zu bejahen, auch wenn dieser Rechtsbegriff sowohl im Rahmen der internationalen Zuständigkeit als auch im Rahmen des Kollisionsrechts Verwendung findet.[8] Zwar dienen diese Rechtsbereiche unterschiedlichen Interessen,[9] so dass in methodischer Hinsicht durchaus eine differierende Auslegung in Betracht käme, jedoch ist die Förderung des Gleichlaufs von gerichtlicher Zuständigkeit und anwendbarem Recht wesentlicher Zweck der EuErbVO (vgl Erwägungsgrund 27); gleichlautende Begriffe, die diesen Gleichlauf sicherstellen sollen, müssen daher auch

---

[3] In diesem Sinne insbesondere *Solomon*, in: Dutta/Herrler (Hrsg.), Die Europäische Erbrechtsverordnung, S. 19, 31 ff; *Dörner*, ZEV 2010, 221, 226; *ders.*, ZEV 2012, 505, 510; *Seibl*, in: *Spickhoff*, S. 123, 134; Palandt/*Thorn*, Art. 21 EuErbVO Rn 5; für eine einheitliche Begriffsbildung bereits Soergel/*Kegel*, Art. 5 EGBGB Rn 43.

[4] Ausführlich hierzu *Hilbig-Lugani*, GPR 2014, 8-16; so etwa *Lehmann*, DStR 2012, 2085, 2086; *Simon/Buschbaum*, NJW 2012, 2393, 2395; *Schaub*, in: Muscheler, Hereditare – Jahrbuch für Erbrecht und Schenkungsrecht (Band 3), S. 91, 112; auch *Weller*, in: Leible/Unberath, S. 293, 312: „die Europäischen Kollisionsrechtsakte [sind] inzwischen so zahlreich und disparat in ihrer Zielsetzung, dass eine Einheitsdefinition zu unterkomplex wäre und damit der kollisionsrechtlichen Gerechtigkeit zuwiderliefe"; *Baetge*, in: FS Kropholler 2008, S. 77, 82; für eine differenzierende Begriffsbildung bereits *Neuhaus*, § 29, S. 227 f und *Kropholler*, § 39 II 5 (S. 285 ff); vgl auch Staudinger/*Spellenberg* Art. 3 EheGVO Rn 42: Auslegung muss „vom *jeweiligen Zweck der Regelung* abhängen" (Hervorhebung im Original).

[5] So MüKo-BGB/*Sonnenberger*, 5. Aufl., Einl. IPR Rn 721; auch *Seibl*, in: *Spickhoff*, S. 123, 134; Palandt/*Thorn*, Art. 21 EuErbVO Rn 5.

[6] Pointiert *Weller*, in: Leible/Unberath, S. 293, 296: „Das Wohl des Kindes macht ein anderes Verständnis vom gewöhnlichen Aufenthalt erforderlich als das Interesse der Gläubiger an der Befriedigung ihrer Forderungen".

[7] EuGH v. 2.4.2009 – Rs. C-523/07 Rn 36.

[8] Vgl auch jurisPK/*Eichel*, Art. 4 EuErbVO Rn 44.

[9] Hierzu allgemein *Schack*, Rn 24, 229 ff; vgl auch *Köhler*, S. 219 f.

einheitlich ausgelegt werden.[10] Erfordern kollisionsrechtliche Interessen eine engere und festere Verbindung zu der anzuwendenden Rechtsordnung, als sie durch eine einheitliche Begriffsbestimmung des gewöhnlichen Aufenthalts zum Ausdruck gebracht werden kann, lässt sich diesen über die Ausweichklausel des Art. 21 Abs. 2 EuErbVO Rechnung tragen; insoweit ermöglicht Art. 21 Abs. 2 EuErbVO gerade eine einheitliche Begriffsbildung des gewöhnlichen Aufenthalts innerhalb der EuErbVO.[11]

c) Bestimmung des gewöhnlichen Aufenthalts nach der EuErbVO

13 Wenngleich die EuErbVO keine Legaldefinition des Begriffs des gewöhnlichen Aufenthalts kennt, enthalten die (allerdings für eine Auslegung nicht verbindlichen, vgl § 1 Rn 6) Erwägungsgründe 23–25 teilweise unter Rückgriff auf neuere EuGH-Entscheidungen zahlreiche Hinweise, die für eine europarechtlich-autonome Konkretisierung dieses Anknüpfungsmomentes herangezogen werden können. Hiernach soll die allgemeine Anknüpfung an den gewöhnlichen Aufenthalt des Erblassers in Anbetracht der zunehmenden Mobilität der Bürger eine „wirkliche", zudem besonders enge und feste Verbindung zu dem jeweiligen Aufenthaltsstaat darstellen (Erwägungsgrund 23 S. 1, 3). Der gewöhnliche Aufenthalt ist daher als **tatsächlicher Lebensmittelpunkt** einer natürlichen Person zu verstehen (Erwägungsgrund 24 S. 3), der mittels einer „Gesamtbeurteilung der Lebensumstände des Erblassers in den Jahren vor seinem Tod und im Zeitpunkt seines Todes" festzustellen ist (Erwägungsgrund 23 S. 2);[12] bei dieser wertenden Bestimmung sind alle relevanten Tatsachen zu berücksichtigen, so „insbesondere die Dauer und die Regelmäßigkeit des Aufenthalts des Erblassers in dem betreffenden Staat sowie die damit zusammenhängenden Umstände und Gründe" (Erwägungsgrund 23 S. 2),[13] die berufliche, familiäre und soziale Integration des Erblassers in dem betreffenden Staat (Erwägungsgrund 24 S. 2, 3)[14] sowie dessen Staatsangehörigkeit und die Belegenheit wesentlicher Vermögensgegenstände (Erwägungsgrund 24 S. 5).

14 Für die Bestimmung des gewöhnlichen Aufenthalts des Erblassers sind demnach **sowohl objektive als auch subjektive Kriterien** maßgeblich. In objektiver Hinsicht muss zumindest ein **tatsächlicher Aufenthalt** („körperliche Anwesenheit")[15] gegeben sein, auf eine konkrete Dauer (etwa ein halbes Jahr)[16] oder die Rechtmäßigkeit des Aufenthalts[17] kommt es hingegen nicht an; unschädlich ist auch eine vorübergehende Abwesenheit, soweit ein Rückkehrwille bestand.[18] In subjektiver Hinsicht ist das Vorliegen eines **animus manendi** (Bleibewille) erforderlich, also der nach außen manifestierte[19] Wille, seinen Lebensmittelpunkt am Ort des tatsächlichen Aufenthaltes auf

---

10 Ebenso MüKo-BGB/*Dutta*, Art. 21 EuErbVO Rn 4; zweifelnd indes *Schaub*, in: Muscheler, Hereditare – Jahrbuch für Erbrecht und Schenkungsrecht (Band 3), S. 91, 113.
11 Ebenso *Dörner*, ZEV 2012, 505, 510.
12 Vgl zudem EuGH v. 2.4.2009 – Rs. C-523/07; EuGH v. 22.12.2010 – Rs. C-497/10.
13 Vgl zudem EuGH v. 2.4.2009 – Rs. C-523/07; EuGH v. 22.12.2010 – Rs. C-497/10.
14 Vgl zudem EuGH v. 2.4.2009 – Rs. C-523/07; EuGH v. 22.12.2010 – Rs. C-497/10.
15 EuGH v. 2.4.2009 – Rs. C-523/07 Rn 37.
16 EuGH v. 22.12.2010 – Rs. C-497/10 Rn 51; *Dörner*, ZEV 2012, 505, 510; *Lehmann*, DStR 2012, 2085 f; *Döbereiner*, MittBayNot 2013, 358, 362; *Odersky*, notar 2013, 3, 4; Palandt/*Thorn*, Art. 21 EuErbVO Rn 6; vgl hierzu *Baetge*, in: FS Kropholler 2008, S. 77, 81 f.
17 Hierzu *Baetge*, in: FS Kropholler 2008, S. 77, 83 f.
18 Palandt/*Thorn*, Art. 21 EuErbVO Rn 6.
19 Palandt/*Thorn*, Art. 21 EuErbVO Rn 6; *Weller*, in: Leible/Unberath, S. 293, 317.

B. Die Bestimmung des Erbstatuts nach der EuErbVO

Dauer zu begründen;[20] ein *rechtsgeschäftlicher* Wille bedarf es insoweit nicht,[21] bei (einer eigenen Willensbildung nicht fähigen) Säuglingen kommt es auf den Bleibewillen der Eltern an, sofern sich das Kind in deren Obhut befindet.[22]

Zweifelhaft ist jedoch das **Verhältnis zwischen objektiven und subjektiven Kriterien**. Da der gewöhnliche Aufenthalt Ausdruck einer besonders engen und festen Bindung des Erblassers zu dem betreffenden Staat darstellen soll (vgl Erwägungsgrund 23), dürfte den objektiven Kriterien wohl das zentrale Gewicht zukommen; je weniger stark diese ausgeprägt sind (bspw nur tatsächlicher Aufenthalt), desto größere Bedeutung kommt jedoch dem Bleibewillen zu, wobei dieser andererseits *alleine* keinen (erstmals begründeten) gewöhnlichen Aufenthalt zu begründen vermag, da insoweit nur ein *zukünftiger* gewöhnlicher Aufenthalt beabsichtigt ist.[23] Streitig ist indes, ob – stets oder nur in bestimmten Konstellationen (etwa lebenslange Freiheitsstrafe) – auf eine subjektive Komponente gänzlich verzichtet werden kann;[24] richtigerweise ist dies zu verneinen, da sich eine den Interessen des Erblassers Rechnung tragende und deswegen auf seine tatsächliche Integration abstellende Anknüpfung zu einer bestimmten Rechtsordnung nicht ohne einen entsprechenden Willen der Person begründen lässt.[25] Ob ein animus mandeni in casu gegeben ist, bedarf daher der richterlichen Feststellung; soweit hinreichende objektive Kriterien (langjähriger freiwilliger Aufenthalt, berufliche, familiäre und soziale Integration) gegeben sind, kann indes regelmäßig (allerdings nur nach den Grundsätzen des jeweiligen nationalen Beweisrechts) auf des Vorliegen eines animus mandendi geschlossen werden.[26]

Einzelfälle: Zieht eine Person dauerhaft in einen anderen Staat, wird ein neuer gewöhnlicher Aufenthalt bereits mit abgeschlossenem **Umzug** und körperlicher Anwesenheit vor Ort begründet;[27] dem Umstand einer (noch) vorhandenen Integration in dem Wegzugsstaat ist über Art. 21 Abs. 2 EuErbVO Rechnung zu tragen (vgl Rn 18). Bei a priori nicht auf Dauer angelegten Auslandsaufenthalten (**Auslandsstudium**,[28]

---

20 EuGH v. 22.12.2010 – Rs. C-497/10 Rn 51: „Maßgebend für die Verlagerung des gewöhnlichen Aufenthalts in den Aufnahmestaat ist nämlich vor allem der Wille des Betreffenden, dort den ständigen oder gewöhnlichen Mittelpunkt seiner Interessen in der Absicht zu begründen, ihm Beständigkeit zu verleihen".
21 Zutreffend *Dörner*, ZEV 2012, 505, 510; ebenso *Wachter*, ZNotP 2014, 2, 4; *Lehmann*, DStR 2012, 2085, 2086 f.
22 EuGH v. 22.12.2010 – Rs. C-497/10.
23 Anders wohl Palandt/*Thorn*, Art. 21 EuErbVO Rn 6.
24 *Odersky*, notar 2013, 3, 5; vgl auch Staudinger/*Spellenberg*, Art. 3 EheGVO Rn 79 („animus manendi ist nicht nötig"); BGH NJW 1975, 1068: „Wille, den Aufenthaltsort zum Mittelpunkt oder Schwerpunkt der Lebensverhältnisse zu machen, nicht erforderlich".
25 Ebenso *Weller*, in: Leible/Unberath, S. 293, 317: „der nach außen erkennbare Wille, sich an einem Ort auf Dauer sozial zu integrieren, [hat] konstitutive Bedeutung für die Annahme des gewöhnlichen Aufenthalts"; wohl auch *Döbereiner*, MittBayNot 2013, 358, 362; *Lehmann*, DStR 2012, 2085, 2086 f; Palandt/*Thorn* Art. 21 EuErbVO Rn 6; vgl auch BeckOGK/*Schmidt*, Art. 4 EuErbVO Rn 21.
26 Ähnlich *Weller*, in: Leible/Unberath, S. 293, 317, 321 f.
27 *Dörner*, ZEV 2012, 505, 510; *Odersky*, notar 2013, 3, 4; vgl auch EuGH v. 22.12.2010 – Rs. C-497/10 Rn 51; *Lehmann*, DStR 2012, 2085 f; *Baetge*, in: FS Kropholler 2008, S. 77, 85; wohl auch *Weller*, in: Leible/Unberath, S. 293, 322; weitergehend Palandt/*Thorn*, Art. 21 EuErbVO Rn 6 (bloße Absicht, den Daseinsmittelpunkt zu verlagern, genügt für Begründung eines neuen gewöhnlichen Aufenthalts); ablehnend Staudinger/*Spellenberg*, Art. 3 EheGVO Rn 75 (notwendig sei die „tatsächliche Integration", die es abzuwarten gilt).
28 Ebenso *Döbereiner*, MittBayNot 2013, 358, 362, Palandt/*Thorn*, Art. 21 EuErbVO Rn 6; *Solomon*, in: Dutta/Herrler, S. 19, 26 f; *Weller*, in: Leible/Unberath, S. 293, 322; im Ergebnis auch *Odersky*, notar 2013, 3, 5.

beruflich bedingte Aufenthalte)²⁹ fehlt es demgegenüber an einem animus manendi als konstitutive Voraussetzung für die Begründung eines neuen gewöhnlichen Aufenthalts; dies gilt grundsätzlich auch bei **mehrjährigen Auslandsaufenthalten mit Rückkehrabsicht**, wobei insoweit zu berücksichtigen ist, dass bei Vorliegen gewichtiger objektiver Kriterien (insbesondere bei beruflicher, familiärer und sozialer Integration in dem betreffenden Staat) ein Bleibewille vermutet werden kann (vgl Rn 15);³⁰ im Falle eines (weithin positiv feststellbaren) Rückkehrwillens ist eine Korrektur über Art. 21 Abs. 2 EuErbVO in Erwägung zu ziehen (vgl Rn 18 f). Bei *unfreiwilligen* Aufenthalten in einem fremden Staat (**Strafhaft**) kommt die Begründung eines gewöhnlichen Aufenthalts hingegen mangels autonom gefassten Bleibewillens nicht in Betracht,³¹ mag der tatsächliche Aufenthalt auch zeitlich unbegrenzt (etwa bei lebenslanger Freiheitstrafe) sein. Werden **pflegebedürftige Personen** in ausländischen Pflegeheimen untergebracht, kommt es ebenfalls grundsätzlich auf deren Bleibewillen an. Können diese zum Zeitpunkt des Aufenthaltswechsels keinen eigenen Willen mehr bilden, fehlt es indes an dem für die Begründung eines neuen gewöhnlichen Aufenthalts erforderlichen animus manendi,³² so dass der ursprünglich begründete gewöhnliche Aufenthalt erhalten bleibt; ein Abstellen auf den Bleibewillen eines Betreuers kommt in diesen Fällen – entsprechend der oben Rn 14 erwähnten Rechtsprechung des EuGH hinsichtlich des gewöhnlichen Aufenthalts von Säuglingen – allenfalls dann in Betracht, wenn sich die pflegebedürftige Person in der *Obhut* des Betreuers befindet, was jedoch wiederum voraussetzt, dass dieser selbst seinen gewöhnlichen Aufenthalt in demjenigen Staat, in dem sich das Pflegeheim befindet, begründet haben muss.³³ Besonderheiten bestehen indes, wenn die tatsächlichen Umstände eine soziale Integration in den neuen Heimatstaat von vornherein ausschließen, dies etwa deswegen, weil die pflegebedürftige Person gesundheitsbedingt in ihrer Mobilität eingeschränkt ist und ein Pflegeheim bewohnt, das seinen Bewohnern ein dem Heimatstaat entsprechendes Umfeld bietet (deutsches Personal für deutsche Heimbewohner, ausschließliche Verwendung der deutschen Sprache etc. – „deutscher Binnenkosmos auf ausländischem Boden"). Da der gewöhnliche Aufenthalt Ausdruck einer besonders engen und festen Verbindung zu dem jeweiligen Aufenthaltsstaat darstellen soll (vgl Erwägungsgrund 23), wird man für dessen Begründung zumindest die *Möglichkeit* einer sozialen Integration in dem Aufenthaltsstaat verlangen müssen, so dass in genannten Fällen das Entstehen eines neuen gewöhnlichen Aufenthaltes abzulehnen ist.

17 Streitig ist, ob ein **mehrfacher gewöhnlicher Aufenthalt** bestehen kann. Verbreitet wird dies mit Hinweis auf die für die Bestimmung des gewöhnlichen Aufenthalts erforderliche umfassende Gesamtbetrachtung, die *stets* zu einem Ergebnis führen müs-

---

29 Palandt/*Thorn*, Art. 21 EuErbVO Rn 6; *Solomon*, in: Dutta/Herrler, S. 19, 27 f; vgl auch *Odersky*, notar 2013, 3, 5.
30 Im Ergebnis ebenso Palandt/*Thorn* Art. 21 EuErbVO Rn 6; *Odersky*, notar 2013, 3, 5; *Solomon*, in: Dutta/Herrler, S. 19, 27 f.
31 Ebenso Palandt/*Thorn*, Art. 21 EuErbVO Rn 6; *Döbereiner*, MittBayNot 2013, 358, 362; *Weller*, in: Leible/Unberath, S. 293, 323. – AA *Lehmann*, DStR 2012, 2085, 2087; ablehnend auch Staudinger/*Spellenberg*, Art. 3 EheGVO Rn 65.
32 Im Ergebnis auch *Odersky*, notar 2013, 3, 5 (nur hilfsweise Fall des Art. 21 Abs. 2 EuErbVO); Palandt/*Thorn*, Art. 21 EuErbVO Rn 6; ähnlich BeckOGK/*Schmidt*, Art. 4 EuErbVO Rn 32.2.
33 Weitergehend *Solomon*, in: Dutta/Herrler, S. 19, 29; *Kunz*, GPR 2012, 208, 210; wohl auch *Lehmann*, DStR 2012, 2085, 2087.

se, abgelehnt.³⁴ Zuzugeben ist, dass diese *im Regelfall* zu einer bestimmten Rechtsordnung führt – so etwa in dem von Erwägungsgrund 24 erwähnten Fall eines sog. „**Berufspendlers**", der zwar in einem anderen Staat – auch für längere Zeit – arbeitet, die „enge und feste Bindung zu seinem Herkunftsstaat" indes – etwa durch das Unterhalten einer Wohnung, regelmäßige Besuche, daneben aber auch aufgrund entsprechender Staatsangehörigkeit und der Belegenheit wesentliche Vermögenswerte in diesem Staat – aufrechterhalten hat, so dass *kein* neuer gewöhnlicher Aufenthalt begründet wurde. Gleiches gilt regelmäßig auch bei sog. „**Mallorca-Rentnern**", also bei Personen, die aus *privaten* Gründen jährlich mehrere Monate in einem anderen Staat verbringen, den Rest des Jahres jedoch weiterhin in ihrem Herkunftsstaat.³⁵ Denktheoretisch ausgeschlossen (wenngleich freilich sehr selten) ist jedoch keineswegs, dass die umfassende Einzelfallprüfung tatsächlich zu einem „**absolute[n] Patt**"³⁶ zwischen zwei oder gar mehr Rechtsordnungen führt³⁷ (so etwa bei einem deutsch-spanischen Doppelstaater, der stets die erste Hälfte eines Jahres in Spanien, die zweite Hälfte in Deutschland verbringt, in beiden Ländern vergleichbar integriert ist und dort jeweils auch vergleichbare Vermögenswerte hat); ist dies der Fall, liegen daher zwei (oder ggf auch mehr) gewöhnliche Aufenthalte vor, was im Rahmen der internationalen Zuständigkeit (Art. 4 EuErbVO) zu einer *konkurrierenden* Zuständigkeit führt. Problematisch ist die Annahme eines mehrfachen gewöhnlichen Aufenthalts alleine in kollisionsrechtlicher Hinsicht, da insoweit eine Auswahlentscheidung getroffen werden *muss*. Wie diese zu erfolgen hat, ist offen. Grundsätzlich in Betracht käme die Entwicklung hilfsweiser objektiver Anknüpfungen (iSd „Kegelschen Leiter"),³⁸ sie dürfte jedoch keinen Erfolg versprechen, da die hierfür anzulegenden differenzierenden Kriterien allesamt bereits bei der Bestimmung des gewöhnlichen Aufenthaltes berücksichtigt worden sind. Zur Auflösung des kollisionsrechtlichen „Patts" muss daher wohl die Parteiautonomie als „Verlegenheitslösung"³⁹ bemüht werden. Angesichts der Seltenheit solcher Fälle dürfte der Erblasser selbst jedoch regelmäßig keine derartige Auswahlentscheidung treffen, so dass es vorzugswürdig erscheint, die Auswahl eines der (konkurrierend zuständigen) Forumgerichte – seitens der durch den Nachlass Berechtigten – zugleich für die notwendig zu treffende kollisionsrechtliche Auswahlentscheidung wirken zu lassen; mit einem solchen Vorgehen lässt sich zudem das von der EuErbVO vorgesehene Gleichlaufprinz wahren und damit dem von der EuErbVO besonders betonten (vgl Rn 119) Ordnungsinteresse an einer schnellen und sicheren Entscheidung Rechnung tragen. Wird daher ein im Falle eines mehrfachen gewöhnlichen Aufenthalts konkurrierend zuständiges Gericht ange-

---

34 *Dörner*, ZEV 2012, 505, 510; *Döbereiner*, MittBayNot 2013, 358, 362; *Odersky*, notar 2013, 3, 4; *Wachter*, ZNotP 2014, 2, 4; Palandt/*Thorn*, Art. 21 EuErbVO Rn 6; vgl auch *Mankowski*, IPRax 2015, 39, 45; allgemein verneinend auch Staudinger/*Spellenberg*, Art. 3 EheGVO Rn 44; MüKo-BGB/*Sonnenberger*, 5. Aufl., Einl. IPR Rn 724.
35 Vgl hierzu *Lehmann*, DStR 2012, 2085, 2086; *Solomon*, in: Dutta/Herrler, S. 19, 30 f.
36 MüKo-BGB/*Sonnenberger*, 5. Aufl., Einl. IPR Rn 724.
37 Ebenso *Seibl*, in: *Spickhoff*, Symposium Parteiautonomie im Europäischen Internationalen Privatrecht, S. 123, 135; *ders.*, Die Beweislast bei Kollisionsnormen, 2009, S. 83–85; zum alten Recht bereits Soergel/*Kegel*, Art. 5 EGBGB Rn 75; *Spickhoff*, IPRax 1995, 185, 189.
38 Die Bestimmung eines „effektiven" gewöhnlichen Aufenthalts in solchen Fällen erwägt *Seibl*, in: *Spickhoff* (Hrsg.), Symposium Parteiautonomie im Europäischen Internationalen Privatrecht, S. 123, 135; auf die letzte Präsenz vor dem Zeitpunkt des Todes abstellend jurisPK/*Eichel*, Art. 4 EuErbVO Rn 52.
39 Begriff von *Kegel*, vgl Kegel/Schurig, § 19 I 1 c, S. 653.

rufen, ist *dessen lex fori* (als Recht *eines* gewöhnlichen Aufenthalts) für die Beurteilung der Rechtsnachfolge von Todes wegen maßgeblich.

3. Ausweichklausel des Art. 21 Abs. 2 EuErbVO

18 Neben der Grundanknüpfung an den gewöhnlichen Aufenthalt sieht Art. 21 Abs. 2 EuErbVO eine Ausweichklausel vor; sie greift ein, wenn der Erblasser zum Zeitpunkt seines Todes mit einem anderen Staat „offensichtlich" enger verbunden war als mit demjenigen seines gewöhnlichen Aufenthalts. Ausweislich des Erwägungsgrunds 25 sollen hiermit insbesondere Fälle erfasst werden, in denen der Erblasser erst kurz vor seinem Tode einen neuen, jedoch **noch nicht hinreichend verfestigten gewöhnlichen Aufenthalt** begründet hat; in diesen Konstellationen ermöglicht Art. 21 Abs. 2 EuErbVO eine Anknüpfung der gesamten Rechtsnachfolge von Todes wegen an das Recht des vorletzten oder gar noch weiter zurückliegenden gewöhnlichen Aufenthalts, sofern der Erblasser mit diesem Staat zum Zeitpunkt seines Todes (noch) enger verbunden war als mit dem seines letzten gewöhnlichen Aufenthalts. Maßgebliches Kriterium dürfte insoweit die *tatsächliche Integration* des Erblassers in dem betreffenden Staat sein, welcher bei der Bestimmung des gewöhnlichen Aufenthalts – jedenfalls in dieser Fallgruppe – nicht ausreichend Rechnung getragen wurde (vgl Rn 16). Ein Eingreifen der Ausweichklausel ist daher auch in den Fällen eines mehrjährigen Auslandsaufenthalts mit (positiv feststellbarer) Rückkehrabsicht (vgl Rn 16) vorstellbar,[40] wenn in dem Aufenthaltsstaat mangels (dauerhaften) Bleibewillens zwar (noch) kein gewöhnlicher Aufenthalt begründet wurde, eine tatsächliche Integration des Erblassers in diesem Staat jedoch stattgefunden hat; diese muss diejenige in dem Staat des gewöhnlichen Aufenthalts jedoch *wesentlich* überwiegen, was schwierige Einzelfallfeststellungen zur Folge haben kann.

19 Art. 21 Abs. 2 EuErbVO dient damit letztlich der Korrektur der der Grundanknüpfung an den gewöhnlichen Aufenthalt immanenten Unzulänglichkeiten: Nicht in jedem Fall stellt der (uU bereits mit tatsächlichem Aufenthalt und Bleibewille begründete) gewöhnliche Aufenthalt ein angemessenes, dh den implizierten kollisionsrechtlichen Interessen entsprechendes Anknüpfungsmoment dar, so dass diesen über die Ausweichklausel Rechnung getragen werden muss.[41] Freilich geht mit einem solchen Regelungskonzept eine Einbuße an Rechtssicherheit einher, die alleine durch eine – bereits vom Wortlaut des Art. 21 Abs. 2 EuErbVO angemahnte – **restriktive Handhabung** der Ausweichklausel abgeschwächt werden kann; sie darf nach Erwägungsgrund 25 insbesondere nicht als Hilfsanknüpfung gebraucht werden, wenn sich Feststellung des letzten gewöhnlichen Aufenthalts als schwierig erweist.

4. Fragen des Allgemeinen Teils; Internationale Zuständigkeit

20 Verweist Art. 21 Abs. 1 EuErbVO auf das Recht eines ausländischen Staates, liegt eine **Gesamtverweisung** vor, so dass etwaige Rück- und Weiterverweisungen seitens des ausländischen IPR in dem von Art. 34 Abs. 1 EuErbVO gesteckten Rahmen be-

---

[40] Vgl auch *Dörner*, ZEV 2012, 505, 511.
[41] Ähnlich *Dutta*, FamRZ 2013, 4, 8: Gerichte können „über die Ausweichklausel Stabilitätsinteressen des Erblassers wahren"; auch Palandt/*Thorn*, Art. 21 EuErbVO Rn 7.

achtlich sind; dies gilt indes **nicht** für die von Art. 21 Abs. 2 EuErbVO ausgesprochene Verweisung, bei der es sich gem. Art. 34 Abs. 2 EuErbVO – rechtspolitisch wenig überzeugend[42] – explizit um eine **Sachnormverweisung** handelt. Ist das Recht eines **Mehrrechtsstaates** anzuwenden, obliegt die Bestimmung der maßgeblichen Teilrechtsordnung im Falle einer von Art. 21 Abs. 1 iVm Art. 34 Abs. 1 EuErbVO ausgesprochenen Gesamtverweisung dem drittstaatlichen IPR (vgl Rn 139), im Rahmen der von Art. 21 Abs. 2 EuErbVO angeordneten Sachnormverweisung ist Art. 36 bzw Art. 37 EuErbVO zu beachten. **Vorfragen** sind stets selbstständig anzuknüpfen (vgl Rn 145 ff); beruft Art. 21 EuErbVO ausländisches Recht zur Anwendung, steht dieses unter dem Vorbehalt des **ordre public** (Art. 35 EuErbVO; vgl Rn 171 ff).

Die **internationale Zuständigkeit** kann sich in den Fällen des Art. 21 EuErbVO aus Art. 4 EuErbVO (allgemeine Zuständigkeit), Art. 10 EuErbVO (subsidiäre Zuständigkeit) oder Art. 11 EuErbVO (Notzuständigkeit) ergeben. Soweit die Zuständigkeit – wie regelmäßig – auf Art. 4 EuErbVO gestützt wird, kommt es zum **Gleichlauf** zwischen Zuständigkeit und anwendbarem Recht, sofern nicht die Ausweichklausel des Art. 21 Abs. 2 EuErbVO zur Anwendung einer ausländischen Rechtsordnung führt. **21**

5. Praxishinweis

Angesichts der (jedenfalls zu diesem Zeitpunkt noch) bestehenden Unsicherheiten im Hinblick auf die Bestimmung des gewöhnlichen Aufenthalts bzw das Eingreifen der Ausweichklausel dürfte im Rahmen der Rechtsberatung regelmäßig eine Rechtswahl zugunsten des Heimatrechtes zu empfehlen sein, wenn eine frühzeitige Nachlassplanung gewünscht ist und ein späterer Wohnsitzwechsel in einen anderen Staat nicht ausgeschlossen werden kann (Formulierungsvorschlag für eine Rechtswahl unten Rn 40). **22**

III. Rechtswahl (Art. 22 EuErbVO)

1. Allgemeines

Art. 22 EuErbVO gestattet dem Erblasser, für die Rechtsnachfolge von Todes wegen das Recht desjenigen Staates zu wählen, dem er im Zeitpunkt der Rechtswahl oder im Zeitpunkt seines Todes angehört. Liegt eine wirksame Rechtswahl vor, verdrängt sie die objektive Anknüpfung des Art. 21 EuErbVO, so dass die *gesamte* Rechtsnachfolge von Todes wegen dem gewählten Recht unterliegt – eine Teilrechtswahl, wie sie Art. 25 Abs. 2 EGBGB aF im Hinblick auf das im Inland belegene unbewegliche Vermögen vorsah, ist damit nicht mehr möglich. Die von Art. 22 EuErbVO gewährte, jedoch stark limitierte Parteiautonomie trägt in Anbetracht der zunehmenden Mobilität der Bürger dem Bedürfnis einer frühzeitigen Nachlassplanung Rechnung (vgl Erwägungsgrund 23, 38 S. 1) und dient damit der Rechtssicherheit, welche die primäre Anknüpfung an den gewöhnlichen Aufenthalt nicht stets gewährleisten kann; sie hat insoweit auch eine Korrekturfunktion.[43] **23**

---

[42] *Solomon*, in: Liber Amicorum Schurig 2012, S. 237, 257-259.
[43] Palandt/*Thorn*, Art. 22 EuErbVO Rn 1.

2. Rechtswahl zugunsten des Rechts der Staatsangehörigkeit

24 Art. 22 Abs. 1 S. 1 EuErbVO beschränkt die Rechtswahl auf das Recht der Staatsangehörigkeit. Wählbar ist alleine eine Gesamtrechtsordnung (zB Recht der USA), nicht jedoch zugleich auch eine Teilrechtsordnung (zB Recht von Florida) eines Mehrrechtsstaates;[44] zur Bestimmung der anzuwendenden Teilrechtsordnung sind insoweit alleine Art. 36 Abs. 1 bzw Abs. 2 lit. b EuErbVO sowie Art. 37 EuErbVO maßgeblich,[45] eine Rechtswahl zugunsten einer Teilrechtsordnung ist jedoch nicht unwirksam, sondern als Wahl der Gesamtrechtsordnung auszulegen (allerdings nach Maßgabe des hypothetischen Erbstatuts, vgl Rn 29).

25 Der Erblasser muss zum **Zeitpunkt der Rechtswahl oder zum Zeitpunkt seines Todes** die Staatsangehörigkeit desjenigen Staates innehaben, dessen Recht er gewählt hat. Ändert der Erblasser nach einer wirksamen Rechtswahl seine Staatsangehörigkeit, so bleibt diese wirksam; fehlt es zum Zeitpunkt der Rechtswahl hingegen an einer entsprechenden Staatsangehörigkeit, wird die Rechtswahl nur wirksam, wenn die Staatsangehörigkeit später erworben wurde *und* noch zum Todeszeitpunkt bestand. Zweifelhaft ist indes, ob eine allgemein gehaltene („**dynamische**") **Rechtswahl** zugunsten des Rechts der Staatsangehörigkeit ohne Bezeichnung derselben zulässig ist.[46] Teilweise wird dies mit Verweis auf Art. 22 Abs. 2 EuErbVO[47] oder auf die Rechtssicherheit[48] verneint, jedoch zu Unrecht, da der Wortlaut des Art. 22 EuErbVO insoweit keinerlei Anforderungen stellt[49] und die Rechtssicherheit aufgrund der – zweifellos gegebenen – *Bestimmbarkeit* der maßgeblichen Rechtsordnung nicht tangiert ist; dem Interesse des Erblasser an der Maßgeblichkeit seiner (zukünftigen, jedoch möglicherweise noch nicht bekannten) Heimatrechtsordnung ist daher Rechnung zu tragen und eine entsprechende Rechtswahl anzuerkennen.[50]

26 Gehört der Erblasser mehreren Staaten an (**Mehrrechtsstaater**), erstreckt sich die Rechtswahlmöglichkeit gem. Art. 22 Abs. 1 S. 2 EuErbVO auf alle Staatsangehörigkeiten, die der Erblasser besitzt; einer Beschränkung auf die „effektive" Staatsangehörigkeit wurde somit ausdrücklich eine Absage erteilt. Ist der Erblasser ein **Staatenloser**, greift die von Art. 22 Abs. 1 EuErbVO vorgesehene Anknüpfung prima facie ins Leere; eine alleinige Anwendung des Art. 21 EuErbVO kommt indes – jedenfalls für Deutschland – nicht in Betracht,[51] da das Personalstatut in diesen Fällen nach

---

44 *Leitzen*, ZEV 2013, 128; *Döbereiner*, MittBayNot 2013, 358, 362; *Nordmeier*, GPR 2013, 148, 151; *Solomon*, in: Dutta/Herrler, S. 19, 40.
45 *Eichel*, in Leible/Unberath, S. 397, 419; *Leitzen*, ZEV 2013, 128; *Döbereiner*, MittBayNot 2013, 358, 362; *Nordmeier*, GPR 2013, 148, 151; *Solomon*, in: Dutta/Herrler, S. 19, 40. – AA wohl Palandt/*Thorn*, Art. 22 EuErbVO Rn 3 (gem. Art. 36 Abs. 2 lit. b sei nur die Teilrechtsordnung wählbar, zu welcher der Erblasser die engste Verbindung hatte).
46 Diesbezügliches Bespiel von *Dörner*, ZEV 2012, 505, 511 (Fn 37) „Ich will nach dem Recht beerbt werden, das bei meinem Tod mein Heimatrecht sein wird".
47 *Janzen*, DNotZ 2012, 484, 486.
48 *Dörner*, ZEV 2012, 505, 511; ohne Begründung ablehnend auch *Leitzen*, ZEV 2013, 128; *Döbereiner*, MittBayNot 2013, 358, 363; Palandt/*Thorn*, Art. 22 EuErbVO Rn 3; Burandt/Rojahn/*Burandt*, Art. 22 EuErbVO Rn 6.
49 Dies teilweise einräumend *Dörner*, ZEV 2012, 505, 511: „Gesetzeswortlaut [erlaubt] in diesem Punkt Zweifel".
50 Ebenso MüKo-BGB/*Dutta*, Art. 22 EuErbVO Rn 11; *Volmer*, Rpfleger 2013, 421, 423; *Nordmeier*, GPR 2013, 148, 151; *Solomon*, in: Dutta/Herrler, S. 19, 38; wohl auch *Wilke*, RIW 2012, 601, 605 f.
51 AA (ohne Begründung) *Leitzen*, ZEV 2013, 128; auch *Schaub*, in: Muscheler, Hereditare – Jahrbuch für Erbrecht und Schenkungsrecht (Band 3), S. 91, 115.

dem (auch unter Geltung der EuErbVO gem. Art. 75 Abs. 1 UAbs. 1 EuErbVO weiterhin vorrangig zu beachtenden) **New Yorker UN-Übereinkommen über die Rechtsstellung der Staatenlosen vom 28.9.1954**[52] zu ermitteln ist; dieses bestimmt sich gem. Art. 12 Abs. 1 dieses Übereinkommens nach dem Recht des Wohnsitzes oder – bei Nichtvorhandensein eines solchen – nach dem Aufenthaltsrecht. Ist der Erblasser ein Staatenloser iSd Art. 1 des genannten Übereinkommens, kann dieser daher das nach Art. 12 Abs. 1 maßgebliche Recht wählen.[53] Entsprechendes gilt für **Flüchtlinge** iSd (ebenfalls der EuErbVO vorgehenden) **Genfer UN-Abkommens über die Rechtsstellung der Flüchtlinge vom 28.7.1951**,[54] deren Personalstatut sich ebenfalls gem. Art. 12 Abs. 1 dieses Übereinkommens nach dem Recht des Wohnsitzes oder – bei Nichtvorhandensein eines solchen – nach dem Aufenthaltsrecht bestimmt und das somit im Rahmen von Art. 22 Abs. 1 EuErbVO wählbar ist. Um den Regelungsgehalt des Art. 22 Abs. 1 EuErbVO im Hinblick auf den Auslegungsgrundsatz des effet utile nicht zu beeinträchtigen, bleibt es jedoch (alternativ) bei der Wahlmöglichkeit zugunsten des Rechts der Staatsangehörigkeit,[55] sofern eine solche zu den von Art. 22 Abs. 1 EuErbVO für maßgeblich erklärten Zeitpunkten vorhanden ist.

Ob der Erblasser **Staatsgehöriger eines bestimmten Staates** ist, hat dieser Staat selbst zu entscheiden;[56] liegt keine (anerkennungsfähige) Entscheidung hierüber vor, ist die Frage nach der Staatsangehörigkeit – sofern sie sich ex lege ergeben kann – als (selbstständig anzuknüpfende, vgl Rn 145 ff) Vorfrage nach dem Recht dieses Staates zu bestimmen;[57] stellen sich in diesem Kontext wiederum einzelne Vorfragen (wirksame Ehe, Abstammung, Adoption etc.), sind diese ausnahmsweise *unselbstständig* anzuknüpfen, da die Frage nach der Staatszugehörigkeit zu einem bestimmten Staat in voller Übereinstimmung mit seinen Gesetzen zu erfolgen hat, um eine „aufgedrängte", also real nicht bestehende Staatsangehörigkeit zu verhindern.[58]

3. Formelle Wirksamkeit der Rechtswahl

Gem. Art. 22 Abs. 2 EuErbVO muss eine Rechtswahl in der **Form einer Verfügung von Todes wegen** erfolgen, so dass die Formwirksamkeit einer solchen dem gem. Art. 27 EuErbVO bzw nach den Kollisionsnormen des – für Deutschland aufgrund von Art. 75 Abs. 1 UAbs. 2 EuErbVO weiterhin vorrangig zu beachtenden – **HTestformÜ**[59] zu bestimmenden Recht unterliegt. Dies gilt insbesondere auch für die Frage nach der Formwirksamkeit einer **konkludenten Rechtswahl**, deren Wirksamkeit sich im Übrigen nach dem gewählten Erbstatut bemisst (vgl Rn 30); es obliegt daher dem auf die Form einer letztwilligen Verfügung anzuwendenden Recht, ob und unter wel-

---

52 BGBl. II 1976 S. 474.
53 Ebenso *Nordmeier*, GPR 2013, 148, 149 f; *Döbereiner*, MittBayNot 2013, 358, 362 f; Palandt/*Thorn*, Art. 22 EuErbVO Rn 4; *Solomon*, in: Dutta/Herrler, S. 19, 39.
54 BGBl. II 1953 S. 560.
55 AA Palandt/*Thorn*, Art. 22 EuErbVO Rn 4.
56 *Kegel/Schurig*, § 9 II 2 a, S. 382; *von Hoffmann/Thorn*, § 6 Rn 63; vgl auch MüKo-BGB/*Dutta*, Art. 22 EuErbVO Rn 4.
57 MüKo-BGB/*Sonnenberger*, 5. Aufl., Einl. IPR Rn 571; *Kegel/Schurig*, § 9 II 2 a, S. 382; *Kropholler*, § 32 IV 2 b, S. 227; *von Hoffmann/Thorn*, § 6 Rn 63.
58 *Kegel/Schurig*, § 9 II 2 a, S. 382; Soergel/*Kegel*, Art. 5 EGBGB Rn 3.
59 BGBl. II 1965 S. 1145.

chen Voraussetzungen eine konkludente Rechtswahl formwirksam ist (etwa im Sinne der „Andeutungstheorie"[60] des deutschen Rechts).[61]

4. Materielle Wirksamkeit der Rechtswahl

29 Die materielle Wirksamkeit der Rechtswahl (nicht jedoch deren Zulässigkeit als solche, die sich unmittelbar aus Art. 22 Abs. 1 EuErbVO ergibt)[62] unterliegt gem. Art. 22 Abs. 3 EuErbVO – wie stets – dem jeweils **gewählten Recht**, so dass dieses insbesondere über die Auslegung und die Folgen etwaiger Willensmängel zu befinden hat.[63]

30 Diesem Recht obliegt insbesondere auch die Frage, ob in einer Verfügung von Todes wegen eine **konkludente Rechtswahl** getroffen wurde.[64] Ein – den europäischen Entscheidungseinklang beeinträchtigender – Rückgriff auf die lex fori oder ein verordnungsautonomer Ansatz, der gemeineuropäische Kriterien für die Annahme einer solchen entwickeln müsste,[65] ist abzulehnen, da die von Art. 22 Abs. 2, 3 EuErbVO ausgesprochenen Verweisungen hinreichend deutlich machen, dass die Frage nach der (formellen und materiellen) Wirksamkeit einer Rechtswahl seitens *existierender, kollisionsrechtlich berufener* materieller Rechtsordnungen beantwortet werden soll; eine unterschiedliche Behandlung von ausdrücklicher und konkludenter Rechtswahl ist nicht zu rechtfertigen, die Erwähnung der konkludenten Rechtswahl im Rahmen von Art. 22 Abs. 2 EuErbVO ist alleine als Hinweis auf das mögliche Vorliegen einer solchen zu verstehen, deren Rechtswirksamkeit anhand der insoweit maßgeblichen, also kollisionsrechtlich berufenen Rechtsordnungen zu prüfen ist. Nimmt der Erblasser somit in seiner Verfügung von Todes wegen Bezug auf bestimmte Vorschriften seiner Heimatrechtsordnung,[66] obliegt dieser die Frage nach den materiellen Voraussetzungen für eine konkludente Willenserklärung;[67] das auf die Form einer letztwilligen Verfügung anzuwendende Recht hat demgegenüber darüber zu entscheiden, ob und unter welchen Voraussetzungen eine konkludente Rechtswahl formwirksam ist.

Hinweis:
Ein sog. „Handeln unter falschem Recht" (vgl hierzu Rn 185) dürfte unter Geltung der EuErbVO seltener vorkommen, da solche Fallkonstellationen ggf. als konkludente Rechtswahl angesehen werden können.[68]

---

60 Vgl hierzu NK-BGB/*Fleindl*, § 2085 BGB Rn 15.
61 Insoweit aA Burandt/Rojahn/*Burandt*, Art. 22 EuErbVO Rn 6, welcher die „Andeutungstheorie" wohl als materielles Wirksamkeitserfordernis versteht.
62 *Nordmeier*, GPR 2013, 148, 153. Daher ist eine Rechtswahl auch dann wirksam, wenn nach dem gewählten Recht eine Rechtswahl nicht zulässig ist (vgl Erwägungsgrund 40 S. 1).
63 *Dörner*, ZEV 2012, 505, 511; BeckOGK/*Schmidt*, Art. 22 EuErbVO Rn 30; *Nordmeier*, GPR 2013, 148, 153 („im Kern Regeln der allgemeinen Rechtsgeschäftslehre); vgl auch Erwägungsgrund 40 S. 2.
64 *Leitzen*, ZEV 2013, 128, 129; *Schaub*, in: Muscheler, Hereditare – Jahrbuch für Erbrecht und Schenkungsrecht (Band 2), S. 91, 115; wohl auch *Dörner*, ZEV 2012, 505, 511.
65 So jedoch MüKo-BGB/*Dutta*, Art. 22 EuErbVO Rn 14; BeckOGK/*Schmidt*, Art. 22 EuErbVO Rn 21; Palandt/*Thorn*, Art. 22 EuErbVO Rn 6; *Nordmeier*, GPR 2013, 148, 151 f, 153; *Solomon*, in: Dutta/Herrler, S. 19, 40 f.
66 Vgl insoweit Erwägungsgrund 39 S. 2.
67 Insoweit ebenso Burandt/Rojahn/*Burandt*, Art. 22 EuErbVO Rn 6.
68 Vgl auch Palandt/*Thorn*, Art. 22 EuErbVO Rn 6.

5. Änderung oder Widerruf der Rechtswahl

Die Wirksamkeit der Änderung oder des Widerrufs einer bereits getroffenen Rechtswahl unterliegt als erneute Ausübung der gewährten Parteiautonomie grundsätzlich den gleichen Anforderungen wie eine erstmals ausgeübte Rechtswahl, allerdings bestehen – von Art. 22 Abs. 4 EuErbVO nur hinsichtlich ihrer Formwirksamkeit ausdrücklich geregelte – Besonderheiten. 31

Im Hinblick auf die **formelle Wirksamkeit** verweist Art. 22 Abs. 4 EuErbVO auf die spezielle, weitere alternative Anknüpfungen gewährende Kollisionsnorm des Art. 27 Abs. 2 EuErbVO (bzw. Art. 2 HTestformÜ), die insoweit entsprechend anzuwenden ist. Die Änderung oder der Widerruf einer bereits getroffenen Rechtswahl ist demnach formwirksam, wenn die Erklärung den Formvorschriften entweder einer der nach Maßgabe des Art. 27 Abs. 1 EuErbVO (bzw. Art. 1 Abs. 1 Art. 2 HTestformÜ) bestimmten Rechtsordnungen (Art. 27 Abs. 2 S. 1 EuErbVO bzw. Art. 2 Abs. 1 HTestformÜ) oder – darüber hinausgehend – einer derjenigen Rechtsordnungen entspricht, nach denen die geänderte oder widerrufene Rechtswahl formgültig war (Art. 27 Abs. 2 S. 2 EuErbVO bzw. Art. 2 Abs. 2 HTestformÜ). 32

Hinsichtlich der **materiellen Wirksamkeit** enthält Art. 22 Abs. 4 EuErbVO keinerlei Regelungen, so dass jedenfalls bei einem einfachen Widerruf Art. 22 Abs. 3 EuErbVO entsprechend anzuwenden ist und daher insoweit das *widerrufene*, also das für die ursprüngliche Rechtswahl maßgebliche Recht berufen wird.[69] Problematisch ist indes die Behandlung einer Änderung der Rechtswahl, da sich diese analytisch betrachtet aus einem Widerruf der ursprünglichen Rechtswahl *und* einer neuen Rechtswahl zusammensetzt. Konsequent erscheint es daher, die materielle Wirksamkeit der Änderung einer Rechtswahl sowohl den Voraussetzungen des widerrufenen als auch des neugewählten Rechts zu unterstellen[70] – ein Ergebnis, das auch bei zeitlichem Auseinanderfallen der beiden Rechtshandlungen eintreten würde. Dennoch ist ein solcher Weg abzulehnen: Bei der Abänderung einer bereits getroffenen Rechtswahl durch eine erneute Rechtswahl handelt es sich – wie auch Erwägungsgrund 40 S. 3 deutlich macht – um *eine einzige* Rechtshandlung. Eine kumulative Anknüpfung ihrer materiellen Wirksamkeitsvoraussetzungen kann methodisch nur in Betracht gezogen werden, wenn auf diese Weise ein besonderes materielles Interesse gefördert werden soll,[71] das jedoch nicht besteht. Denn gerade im Hinblick auf die subjektive Bestimmung des Errichtungsstatuts für Testamente (Art. 24 Abs. 2 EuErbVO) und Erbverträge (Art. 25 Abs. 3 EuErbVO), in dessen Rahmen die Bindungswirkung an eine bereits getroffene Rechtswahl von Relevanz wäre, ist der (isolierte) Widerruf bzw. die Änderung einer einmal ausgeübten Rechtswahl ausgeschlossen (vgl. hierzu Rn 69 bzw. Rn 80). Darüber hinaus ist kein Grund ersichtlich, warum die Wirksamkeit einer erneuten Rechtswahl von der Billigung der derogierten Rechtswahl abhängig gemacht werden soll, zumal auch die Derogation des objektiven Erbstatuts durch eine Rechtswahl nicht der Billigung Ersteres bedarf (Art. 23 Abs. 3 EuErbVO).[72] Erwägungs- 33

---

69 Ebenso *Solomon*, in: Dutta/Herrler, S. 19, 43; *Döbereiner*, MittBayNot 2013, 358, 363; *Leitzen*, ZEV 2013, 128, 129; *Dutta*, FamRZ 2013, 4, 9; Palandt/*Thorn*, Art. 22 EuErbVO Rn 8.
70 So insbesondere *Leitzen*, ZEV 2013, 128, 129; vgl auch MüKo-BGB/*Dutta*, Art. 22 EuErbVO Rn 20 f.
71 Vgl hierzu *Schurig*, S. 204-209; *Köhler*, S. 241.
72 So zu Recht *Solomon*, in: Dutta/Herrler, S. 19, 43.

grund 40 S. 3 geht ausdrücklich davon aus, dass für die materielle Wirksamkeit einer Änderung oder eines Widerrufs jeweils nur *ein* Recht maßgeblich ist, nämlich dasjenige, auf das die jeweilige Rechtshandlung gerichtet ist. Daher unterliegen die materiellen Wirksamkeitsvoraussetzungen einer erneuten Rechtswahl *ausschließlich* der neu gewählten Rechtsordnung.[73]

6. Übergangsrecht (Art. 83 EuErbVO)
a) Rechtswahl vor dem 17.8.2015

34 Die EuErbVO findet gem. Art. 83 Abs. 1 EuErbVO auf die Rechtsnachfolge von Personen Anwendung, die am 17.8.2015 oder später verstorben sind. Hat der Erblasser eine **Rechtswahl vor diesem Zeitpunkt** getroffen, ist diese gem. Art. 83 Abs. 2 EuErbVO wirksam, wenn sie entweder den diesbezüglichen Voraussetzungen der EuErbVO oder des – zu dem Zeitpunkt der Rechtswahl geltenden – nationalen IPR des Staates entspricht, in welchem der Erblasser seinen gewöhnlichen Aufenthalt hatte oder dessen Staatsangehörigkeit er besaß. Der Erblasser kann damit in der Übergangszeit selbst entscheiden, ob er den ihm durch die EuErbVO gewährten Gestaltungsspielraum nutzt oder weiterhin denjenigen des bis zum 16.8.2015 geltenden nationalen Rechts. Eine vor dem Geltungszeitpunkt der EuErbVO getroffene Teilrechtswahl gem. Art. 25 Abs. 2 EGBGB aF, die ein Deutscher oder eine Person mit gewöhnlichem Aufenthalt in Deutschland vor dem 17.8.2015 getroffen hat, bleibt damit auch unter Geltung der EuErbVO wirksam und kann zu einer Nachlassspaltung im Hinblick auf die in Deutschland belegenen unbeweglichen Vermögenswerte führen.[74]

Anmerkung:
Die Regelung des Art. 83 Abs. 2 EuErbVO kann zur Folge haben, dass die Wirksamkeit einer vor dem 17.8.2015 getroffenen Rechtswahl ggf anhand von drei unterschiedlichen Kollisionsrechtsordnungen zu beurteilen ist; soweit diese Rechtsordnungen unterschiedliche Voraussetzungen für eine Rechtswahl aufstellen, ist aufgrund der von Art. 83 Abs. 2 EuErbVO vorgesehenen alternativen Anknüpfung letztendlich dasjenige Regelungsregime maßgeblich, welches die getroffene Rechtswahl am weitestgehenden verwirklicht.

Beispiel: Ein italienischer Erblasser mit gewöhnlichem Aufenthalt in Deutschland trifft eine umfassende, also sowohl bewegliche als auch unbewegliche Vermögensgüter erfassende Rechtswahl zugunsten deutschen Rechts. Soweit ihre jeweiligen formellen und materiellen Wirksamkeitsvoraussetzungen erfüllt sind, führt diese Rechtswahl – entweder nach Art. 22 EuErbVO (Art. 83 Abs. 2 Alt. 1 EuErbVO) oder nach Art. 46 Abs. 2 des italienischen IPR-Gesetzes (Art. 83 Abs. 2 Alt. 3 EuErbVO) – zu einer umfassenden Wahl des Erbstatuts; sie ist also gerade *nicht* als Teilrechtswahl iSv Art. 25 Abs. 2 EGBGB aF (Art. 83 Abs. 2 Alt. 2 EuErbVO) zu verstehen, da insoweit „günstigere" Alternativen zur Verfügung stehen.

b) Rechtswahl vor dem 16.8.2012

35 Fraglich ist jedoch, ob auch eine *vor* **Inkrafttreten der EuErbVO** (16.8.2012) getroffene Rechtswahl im Rahmen von Art. 22 EuErbVO beachtlich ist.[75] Dagegen spricht,

---

73 Ebenso *Solomon*, in: Dutta/Herrler, S. 19, 43; *Döbereiner*, MittBayNot 2013, 358, 363. – Für die Maßgeblichkeit der derogierten Rechtsordnung indes *Nordmeier*, GPR 2013, 148, 154, der jedoch jedenfalls für Erbverträge von einer Widerruflichkeit bzw Abänderbarkeit einer einmal getroffenen Wahl des Errichtungsstatuts im Rahmen von Art. 25 Abs. 3 EuErbVO ausgeht (vgl *Nordmeier*, ZErb 2013, 117 f); ebenso BeckOGK/*Schmidt*, Art. 22 EuErbVO Rn 40.
74 Vgl auch *Leitzen*, ZEV 2013, 128, 131; Palandt/*Thorn*, Art. 83 EuErbVO Rn 5.
75 Vgl hierzu *Leitzen*, ZEV 2013, 128, 130 f.

dass dem Erblasser der Regelungsgehalt der EuErbVO noch nicht bekannt war und er daher schwerlich von dieser Rechtsmacht Gebrauch machen konnte bzw vielleicht sogar auch gar nicht wollte, weil er bewusst eine (etwa im Hinblick auf Art. 25 Abs. 2 EGBGB aF) unwirksame (Gesamt-)Rechtswahl herbeizuführen bezweckte. Dennoch muss auch eine vor Inkrafttreten der EuErbVO getroffene Rechtswahl im Rahmen von Art. 22 EuErbVO beachtlich sein,[76] da der Wortlaut von Art. 83 Abs. 2 EuErbVO diesbezüglich keinerlei Einschränkungen enthält. Der der Rechtsnachfolge von Todes wegen zugrundeliegende Sachverhalt ist erst mit dem Tod des Erblassers abgeschlossen, so dass zu dessen rechtlicher Beurteilung die zu diesem Zeitpunkt geltende Rechtslage maßgeblich ist; schutzwürdige Interessen des Erblassers werden mit einer solchen Ausweitung nicht tangiert, es liegt vielmehr in seinem Interesse, seine ggf unter Geltung der alten Rechtslage unwirksame Rechtswahl wirken zu lassen, wenn diese nach der EuErbVO als wirksam betrachtet werden kann. Fälle, in denen eine Rechtswahl nur zum Schein oder unter geheimem Vorbehalt mit der Erwartung ihrer Nichtigkeit abgegeben werden, sind im Rahmen des auf die Rechtswahl anzuwendenden materiellen Rechts (Art. 22 Abs. 3 EuErbVO) zu lösen.

Stirbt der Erblasser indes **vor dem 17.8.2015**, ist seine – nach den Bestimmungen der EuErbVO grundsätzlich wirksame – Rechtswahl ohne Wirkung, da Art. 22 EuErbVO gem. Art. 83 Abs. 1 EuErbVO alleine auf die Rechtsnachfolge von Personen Anwendung findet, die am 17.8.2015 oder später verstorben sind.[77] Eine Korrektur dieses Ergebnisses kommt angesichts des klaren Wortlauts von Art. 83 Abs. 1 EuErbVO nicht in Betracht,[78] so dass in einem solchen Falle weiterhin nationales IPR Anwendung findet. Sind unbewegliche Vermögenswerte in Deutschland belegen, kommt indes eine Umdeutung der im Hinblick auf die EuErbVO getroffenen Rechtswahl in eine Teilrechtswahl iSd Art. 25 Abs. 2 EGBGB aF in Betracht; eine solche ist im Zweifel als wirksam anzusehen (§ 2085 BGB).[79]

c) Fiktion der Rechtswahl (Art. 83 Abs. 4 EuErbVO)

Keine Rechtswahl iSv Art. 22 EuErbVO stellt die sog. „fiktive Rechtswahl" nach Art. 83 Abs. 4 EuErbVO dar. Diese Übergangsvorschrift erfasst solche Fälle, in denen der Erblasser vor dem 17.8.2015 eine Verfügung von Todes wegen nach einem Recht errichtet hat, welches er gem. Art. 22 EuErbVO *hätte* wählen können, eine Rechtswahl also gerade *unterblieben* ist. Aus Gründen des Vertrauensschutzes *gilt* dieses Recht als das für die gesamte Rechtsnachfolge von Todes wegen *gewählte* Recht. Dem Erblasser eine von ihm gerade nicht getroffene Rechtswahl zu unterstellen, macht vor dem Hintergrund des von Art. 84 EuErbVO bezweckten Vertrauensschut-

---

76 Ebenso *Nordmeier*, GPR 2013, 148, 154; *Odersky*, notar 2013, 3, 5; Palandt/*Thorn* Art. 83 EuErbVO Rn 4; *Schoppe*, IPRax 2014, 27, 29; kritisch *Solomon*, in: Dutta/Herrler (Hrsg.), Die Europäische Erbrechtsverordnung, S. 19, 45.
77 *Dörner*, ZEV 2012, 505, 506; *Leitzen*, ZEV 2013, 128, 130; *Schaub*, in: Muscheler, Hereditare – Jahrbuch für Erbrecht und Schenkungsrecht (Band 3), S. 91, 129. – AA *Solomon*, in: Dutta/Herrler, S. 19, 45 (bei ausgeübter Rechtswahl Anwendbarkeit der EuErbVO auch vor dem 17.8.2015).
78 AA *Solomon*, in: Dutta/Herrler (Hrsg.), Die Europäische Erbrechtsverordnung, S. 19, 45.
79 NK-NachfolgeR/*Köhler*, Vor Art. 20-38 EuErbVO Rn 74; *Kropholler*, § 51 III 2 d, S. 440; *von Hoffmann/Thorn*, § 9 Rn 29-30; *Jayme*, IPRax 1986, 265, 270; *Tiedemann*, RabelsZ 55 (1991), 17, 24. – AA Soergel/*Schurig* Art. 25 EGBGB Rn 8 (Anwendung der allgemeinen Regel der Teilnichtigkeit – § 139 BGB –, so dass Rechtswahl im Zweifel unwirksam); ebenso Staudinger/*Dörner*, Art. 25 EGBGB Rn 524 f.

zes allerdings nur Sinn, wenn dieser zum Errichtungszeitpunkt von der Maßgeblichkeit seiner Heimatrechtsordnung für seine Rechtsnachfolge von Todes wegen ausgehen durfte, was wiederum nur der Fall ist, wenn die zu diesem Zeitpunkt maßgeblichen nationalen Kollisionsnormen objektiv an die Staatsangehörigkeit anknüpfen.[80] Voraussetzung für eine nach Art. 83 Abs. 4 EuErbVO fingierte Rechtswahl ist daher eine entsprechende Ausgestaltung der vor dem 17.8.2015 maßgeblichen nationalen Kollisionsnormen. Offen ist, ob die nach dem Heimatrecht errichtete letztwillige Verfügung für das Eingreifen der Rechtswahlfiktion darüber hinaus auch (materiell und formell) *wirksam* sein muss.[81] Hierfür spricht die englische und französische Sprachfassung, nach welcher die Verfügung in *Übereinstimmung* mit der Heimatrechtsordnung getroffen sein muss („in accordance with", „conformément à"), die deutsche Sprachfassung (Errichtung *nach* dem Heimatrecht) lässt jedoch auch ein anderweitiges Verständnis zu.[82] Da ein Vertrauen hinsichtlich der Anwendbarkeit der Heimatrechtsordnung auch bei einer unwirksamen Verfügung von Todes wegen entstehen kann, erscheint ein Verzicht auf diese Voraussetzung indes vorzugswürdig.

7. Fragen des Allgemeinen Teils, Internationale Zuständigkeit

38   Bei der von Art. 22 EuErbVO ausgesprochenen Verweisung handelt es sich gem. Art. 34 Abs. 2 EuErbVO explizit um eine **Sachnormverweisung**, so dass etwaige Rück- und Weiterverweisungen seitens eines ausländischen IPR unbeachtlich sind. Wird auf das Recht eines **Mehrrechtsstaates** verwiesen, bestimmt sich die maßgebliche Teilrechtsordnung gem. Art. 36 Abs. 1, 2 lit. b, Art. 37 EuErbVO. **Vorfragen** sind stets selbstständig anzuknüpfen (vgl Rn 145 ff); beruft Art. 21 EuErbVO ausländisches Recht zur Anwendung, steht dieses unter dem Vorbehalt des **ordre public** (Art. 35 EuErbVO).

39   Die **internationale Zuständigkeit** mitgliedstaatlicher Gerichte kann sich in den Fällen des Art. 22 EuErbVO – neben den von Art. 4, Art. 10 EuErbVO oder Art. 11 EuErbVO gewährten Zuständigkeiten – insbesondere aus Art. 7 EuErbVO (Zuständigkeit bei Rechtswahl) ergeben; nach dieser Bestimmung sind die Gerichte des Mitgliedstaates, dessen Recht der Erblasser gewählt hat, zuständig, wenn (a) sich ein zuvor angerufenes, gem. Art. 4 oder Art. 10 EuErbVO zuständiges Gericht nach Art. 6 EuErbVO in derselben Sache für unzuständig erklärt hat, (b) die Verfahrensparteien nach Art. 5 EuErbVO die Zuständigkeit eines Gerichts oder der Gerichte dieses Mitgliedstaats vereinbart haben oder (c) die Verfahrensparteien die Zuständigkeit des angerufenen Gerichts ausdrücklich anerkannt haben (vgl hierzu im Einzelnen § 3 Rn 17 ff).

8. Praxishinweis

40   Im Rahmen einer frühzeitigen Nachlassgestaltung sollte die Rechtsberatung auch bei einem Deutschen mit gewöhnlichem Aufenthalt in Deutschland auf eine ausdrückliche Rechtswahl hinwirken, sofern ein späterer Aufenthaltswechsel in einen anderen

---

80 Vgl auch *Seibl*, in: *Spickhoff*, S. 123, 140.
81 Dies annehmend *Nordmeier*, GPR 2013, 148, 155; in diese Richtung tendierend auch *Solomon*, in: Dutta/Herrler, S. 19, 43 f.
82 Vgl *Solomon*, in: Dutta/Herrler, S. 19, 43 f; *Nordmeier*, GPR 2013, 148, 155.

Staat nicht ausgeschlossen werden kann. Bei der Formulierung einer Rechtswahl ist zu beachten, dass angesichts der Möglichkeit einer Teilrechtswahl des Errichtungsstatuts (vgl hierzu Art. 24, 25 EuErbVO) der Umfang der Rechtswahl ausdrücklich festgehalten wird.

Formulierungsvorschlag:[83]
Ich bin ausschließlich deutscher Staatsangehöriger und habe meinen derzeitigen gewöhnlichen Aufenthalt in Deutschland. Für meine gesamte Rechtsnachfolge von Todes wegen einschließlich Fragen der Rechtswirksamkeit dieses Testaments wähle ich deutsches Recht, auch wenn ich meinen gewöhnlichen Aufenthalt zu einem späteren Zeitpunkt in einem anderen Staat begründen sollte.

Sofern die Rechtsnachfolge von Todes wegen zum Zeitpunkt der Rechtsberatung zwei Rechtsordnungen unterliegen kann (die zu beratende Person ist Deutscher mit gewöhnlichem Aufenthalt in einem anderen Staat), muss im Rahmen der Nachlassplanung der Regelungsgehalt der ausländischen Rechtsordnung in die Beratung miteinbezogen werden; da die Ermittlung ausländischen Rechts (vgl hierzu Rn 187 ff) teilweise schwierig und auch fehleranfällig ist, bietet sich für die Praxis eine diesbezügliche Haftungsbeschränkung an.[84]

Insbesondere bei Ausländern mit gewöhnlichem Aufenthalt in Deutschland ist an die Gefahr einer konkludenten Rechtswahl durch ein „Handeln unter fremdem Recht" (vgl hierzu Rn 185) zu denken; dieses Problem sollte im Rahmen der Rechtsberatung angesprochen und ggf durch eine ausdrückliche Erklärung beseitigt werden.[85]

IV. Reichweite des Erbstatuts (Art. 23 EuErbVO)

1. Allgemeines

Die Reichweite des – sowohl subjektiv als auch objektiv ermittelten – Erbstatuts wird durch die unselbstständige Kollisionsnorm des Art. 23 EuErbVO näher bestimmt: Gem. Art. 23 Abs. 1 EuErbVO unterliegt dem nach Art. 21 EuErbVO oder Art. 22 EuErbVO bezeichneten Recht die gesamte Rechtsnachfolge von Todes wegen, worunter nach der Legaldefinition des Art. 3 Abs. 1 lit. a EuErbVO jedwede Form des Übergangs von Vermögenswerten, Rechten und Pflichten von Todes wegen, sei es im Wege der gewillkürten Erbfolge durch eine Verfügung von Todes wegen oder im Wege der gesetzlichen Erbfolge, zu verstehen ist. Art. 23 Abs. 2 EuErbVO konkretisiert den Umfang des Erbstatuts darüber hinaus mittels zahlreicher, jedoch nicht abschließender[86] Beispiele, so dass bereits regelmäßig anhand des detaillierten Wortlauts die Reichweite des Erbstatuts bestimmt werden kann. Zu betonen ist indes, dass auch der Wortlaut des Art. 23 EuErbVO dem erbrechtlichen Anknüpfungsgegenstand alleine den „äußeren Rahmen" zu setzen vermag; ob die von Art. 23 EuErbVO bezeichnete Sachnorm in concreto als erbrechtliche Bestimmung zu qualifizieren ist, lässt sich abschließend alleine mittels einer teleologischen, den Sinn und Zweck der fraglichen Sachnorm berücksichtigenden kollisionsrechtlichen Interessenanalyse beurteilen.

---

83 Nach *Odersky*, notar 2013, 3, 7 und *Leitzen*, ZEV 2013, 128, 131.
84 Entsprechender Formulierungsvorschlag bei *Odersky*, notar 2013, 3, 7.
85 Vgl auch *Odersky*, notar 2013, 3, 7.
86 Vgl auch MüKo-BGB/*Dutta*, Art. 23 EuErbVO Rn 5.

2. Von Art. 23 EuErbVO ausdrücklich erfasste Rechtsbereiche
a) Gründe, Zeitpunkt und Ort des Erbfalls (lit. a)

42 Dem Erbstatut unterliegen zunächst die **Gründe für den Eintritt des Erbfalls** (regelmäßig der Tod des Erblassers, grundsätzlich aber auch der heute wohl kaum mehr relevante, jedenfalls ordre-public-widrige[87] sog. bürgerliche Tod oder Klostertod), der für den Eintritt des Erbfalls maßgebliche **Zeitpunkt** (Hirntod, Zeitpunkt der richterlichen Todesfeststellung etc.; jedoch unter Ausschluss der aufgrund von Art. 1 Abs. 2 lit. c EuErbVO weiterhin Art. 9 EGBGB unterfallenden Todesvermutungen) sowie der für den Eintritt des Erbfalls maßgebliche **Ort**, soweit das Erbstatut diesbezüglich irgendwelche Regelungen vorsieht.

b) Berechtigung am Nachlass (lit. b)

43 Darüber hinaus unterliegt dem Erbstatut die Bestimmung des Kreises der **an dem Nachlass Berechtigten** (zur erbrechtlichen Berechtigung des Fiskus vgl Art. 33 EuErbVO), die **Art ihrer Berechtigung** (Erbe, Vermächtnisnehmer oder Pflichtteilsberechtigter), die **Bestimmung ihrer jeweiligen Anteile** (Erbquoten, Höhe der Pflichtteilsberechtigung) und etwaiger ihnen **vom Erblasser auferlegter Pflichten** (bspw Auflagen) sowie die Bestimmung **sonstiger Rechte an dem Nachlass**, einschließlich der Nachlassansprüche des überlebenden Ehegatten oder Lebenspartners, soweit diese nicht güterrechtlich zu qualifizieren sind (zu § 1371 BGB vgl Rn 57 ff).

Hinweis:
Da erbrechtliche Ansprüche des Lebenspartners seitens des nach den Kollisionsnormen der EuErbVO zu bestimmenden Erbstatuts erfasst werden, wurde die diesbezügliche Regelung des deutschen Rechts (Art. 17 b Abs. 1 S. 2 EGBGB aF) gestrichen (zur Korrekturmöglichkeit im Rahmen des ordre public vgl Rn 176).

c) Erbfähigkeit, Enterbung und Erbunwürdigkeit (lit. c, d)

44 Das Erbstatut entscheidet zudem über die **Erbfähigkeit** natürlicher Personen (etwa eines nasciturus, eines nondum conceptus) sowie von Gesellschaften, Vereinen und juristischen Personen. Setzt die Erbfähigkeit hingegen ihrerseits wiederum Rechtsfähigkeit voraus, ist diese (selbstständig anzuknüpfende, vgl Rn 145 ff) Vorfrage aufgrund der Bereichsausnahme des Art. 1 Abs. 2 lit. b EuErbVO nach dem von Art. 7 EGBGB bestimmten Recht zu entscheiden. Auch die Frage nach einer **Enterbung** oder nach der **Erbunwürdigkeit** einer grundsätzlich durch den Erbgang berechtigten Person unterliegt dem Erbstatut.

d) Erbgang, Annahme und Ausschlagung der Erbschaft (lit. e)

45 Dem Regelungsbereich des Erbstatuts ausdrücklich zugeordnet wird der **Übergang der zum Nachlass gehörenden Vermögenswerte, Rechte und Pflichten** auf die Erben und gegebenenfalls die Vermächtnisnehmer. Dem Erbstatut unterfällt damit nicht nur die Frage nach der Ausgestaltung des Erbgangs (Universal- oder Singularsukzession, unmittelbarer Rechtserwerb oder – wie etwa im Falle der Einantwortung nach österreichischem Recht – weitere Erwerbsvoraussetzungen), sondern insbesondere auch die **Erwerbsmodalitäten** im Hinblick auf die vom Erbstatut selbst geschaffenen Rech-

---

[87] Soergel/*Schurig*, Art. 25 EGBGB Rn 23.

B. Die Bestimmung des Erbstatuts nach der EuErbVO **1**

te, so dass dem Erbstatut die vollständige Vermögenszuordnung einschließlich ihrer – relativen oder auch dinglichen – Wirkungen unterliegt (streitig, vgl unten Rn 55 f); daher sind insbesondere Vindikationslegate auch in ihrer dinglichen Wirkung anzuerkennen (vgl Rn 161). Eine Beschränkung der durch das Erbstatut selbst geschaffenen dinglichen Rechte erfolgt durch das Sachenstatut alleine im Hinblick auf deren konkrete sachenrechtliche Wirkungen, wenngleich auch insoweit eine Transposition in ein der lex fori bekanntes Rechtsinstitut nur in Ausnahmefällen in Betracht kommt (vgl Rn 155 ff). Zudem unterliegen sowohl die Voraussetzungen als auch die konkreten Wirkungen einer **Annahme** oder einer **Ausschlagung** der Erbschaft, eines Vermächtnisses oder eines Pflichtteils dem Erbstatut (in **formeller Hinsicht** gilt insoweit der alternativ an das Erbstatut oder an den gewöhnlichen Aufenthalt des An- oder Ausschlagenden anknüpfende Art. 28 EuErbVO, vgl Rn 99).

e) Erbberechtigung (lit. f)

Die **Rechte der Erben, Testamentsvollstrecker und anderer Nachlassverwalter**, insbesondere im Hinblick auf die Veräußerung von Vermögen und die Befriedigung der Gläubiger, unterliegen grundsätzlich dem Erbstatut, soweit Art. 29 EuErbVO insoweit keine kumulative (Abs. 2) oder Art. 21 f EuErbVO verdrängende (Abs. 3) Anknüpfung zugunsten der lex fori des für die Bestellung des Verwalters zuständigen mitgliedstaatlichen Gerichts vorsieht; diese kommt insbesondere dann in Betracht, wenn die seitens des Erbstatuts gewährten Befugnisse zur Erhaltung des Nachlassvermögens oder zum Schutz der Nachlassgläubiger nicht ausreichen (vgl hierzu Rn 103). **46**

f) Haftung für Nachlassverbindlichkeiten (lit. g)

Fragen im Zusammenhang mit der **Haftung für die Nachlassverbindlichkeiten** unterfallen ebenfalls dem Erbstatut, u.a. auch die Rangfolge der Nachlassgläubiger im Rahmen ihrer Befriedigung (Erwägungsgrund 42 S. 3) oder die materiellen Voraussetzungen einer Erklärung zur Beschränkung der Nachlasshaftung. Hinsichtlich ihrer **Form** unterliegt eine solche Erklärung grundsätzlich der alternativen Anknüpfung des Art. 28 EuErbVO (Rn 99). Soweit das Erbstatut jedoch ein **besonderes Verfahren** zur Beschränkung der Nachlasshaftung vorsieht (beispielsweise ein Verfahren zur Inventarerrichtung), ist dieses (als materielle Voraussetzung der Nachlassbeschränkung) nach den insoweit maßgeblichen Bestimmungen vor den gem. Art. 13 EuErbVO zuständigen mitgliedstaatlichen Gerichten durchzuführen; etwaige Formerfordernisse für Erklärung im Rahmen eines solchen Verfahrens unterliegen daher ebenfalls dem Erbstatut, so dass Art. 28 EuErbVO in diesen Fällen nicht anwendbar ist (vgl hierzu Erwägungsgrund 33). **47**

g) Pflichtteilsrecht, Ausgleichung und Anrechnung, Nachlassteilung (lit. h-j)

Ebenfalls erbrechtlich zu qualifizieren sind Fragen nach dem **Umfang des Nachlasses** (wenngleich die Frage nach dem Bestehen eines zum Nachlass gehörenden Rechts – als selbstständig anzuknüpfende Vorfrage – dem jeweiligen Geschäftsstatut unterliegt), das **Pflichtteilsrecht** und diesem vergleichbare Beschränkungen der Testierfreiheit sowie etwaige **Ansprüche von dem Erblasser nahestehender Personen** gegen den Nachlass bzw die Erben, zudem die **Ausgleichung und Anrechnung** unentgeltlicher **48**

Köhler

Zuwendungen bei der Bestimmung der Anteile der einzelnen Berechtigten und die **Teilung des Nachlasses** (etwa die Auseinandersetzung der Erbengemeinschaft gem. § 2042 BGB).

3. Einzelne Abgrenzungsfragen

a) Abgrenzung Erbstatut und Errichtungsstatut bzw Formstatut

49 Zulässigkeit, materielle Wirksamkeit und ggf Bindungswirkungen einer Verfügung von Todes unterliegen dem **Errichtungsstatut** (zu dessen Reichweite vgl Rn 82 ff), das gem. Art. 24 bzw Art. 25 EuErbVO zu bestimmen ist. Die formelle Wirksamkeit einer Verfügung von Todes wegen unterliegt demgegenüber dem von Art. 27 EuErbVO (bzw den entsprechenden Vorschriften des HTestformÜ) bestimmten Recht (vgl im Einzelnen Rn 86 f).

b) Abgrenzung Erbstatut und Vertragsstatut
aa) Allgemeines

50 Im Hinblick auf die Abgrenzung zur Rom I-VO problematisch sind (schuldrechtliche) **Rechtsgeschäfte unter Lebenden auf den Todesfall**, also solche, die zwar vom Erblasser selbst zu seinen Lebzeiten abgeschlossen werden, deren Wirkungen jedoch gerade mit dessen Tod eintreten sollen. Soweit es um Fragen geht, die den schuldrechtlichen Vertrag als solchen betreffen (Wirksamkeit des Vertrages nach schuldrechtlichen Gesichtspunkten, Vertragsinhalt etc.), unterliegen diese Rechtsgeschäfte grundsätzlich der durch die maßgeblichen Kollisionsnormen der Rom I-VO bestimmten Rechtsordnung (Art. 1 Abs. 2 lit. g EuErbVO). Im Hinblick auf die **erbrechtlichen Auswirkungen** solcher Rechtsgeschäfte ist jedoch wenigstens **zugleich** das Erbstatut maßgeblich: Dies gilt nicht nur für die Frage, ob und in welchem Maße solche Rechtsgeschäfte **anzurechnen bzw auszugleichen** sind (Art. 23 Abs. 1 lit. i EuErbVO), sondern insbesondere auch für die Frage, ob und – wenn ja – **unter welchen Voraussetzungen** solche Rechtsgeschäfte *neben* dem erbrechtlichen Vermögensübergang **zulässig** sind, weil diese zu einer Umgehung der – ausschließlich dem Erbstatut unterliegenden (Art. 23 Abs. 1 lit. e EuErbVO) – erbrechtlichen Vermögenszuordnung führen können.

51 Da die Bereichsausnahme von Art. 1 Abs. 2 lit. g EuErbVO nur für eine Vermögensübertragung *auf andere Weise* als durch Rechtsnachfolge von Todes wegen greift, muss das Erbstatut zunächst (jedenfalls als negative Voraussetzung) darüber befinden, ob eine solche vorliegt oder nicht. Stellt das Erbstatut Rechtsgeschäfte unter Lebenden einer Verfügung von Todes wegen **gleich** (wie beispielsweise § 2301 BGB für die Schenkung von Todes wegen, vgl Rn 52 f), vollziehen sich diese bei Lichte betrachtet nach dem Erbrecht, so dass ausschließlich eine **erbrechtliche Qualifikation** in Betracht kommt. Im Ergebnis unterliegt daher auch die **Abgrenzung** von Erbstatut und Vertragsstatut bei Rechtsgeschäften auf den Todesfall dem Erbstatut (vgl Rn 53).

bb) Schenkungen von Todes wegen

52 Probleme wirft in diesem Zusammenhang die Qualifikation sog. **Schenkungen von Todes wegen** auf. Nach deutschem materiellen Recht handelt es sich hierbei gem. § 2301 BGB um ein Schenkungsversprechen, das unter einer Überlebensbedingung abgegeben wird. Sofern die Schenkung vor dem Tod des Schenkenden noch **nicht vollzogen** wurde (Abs. 2), gelten für diese die Vorschriften über Verfügungen von Todes wegen (Abs. 1). Der Zweck dieser Bestimmung ist darauf gerichtet, eine Umgehung zwingender erbrechtlicher Vorschriften durch formlose Rechtsgeschäfte zu verhindern, so dass diese einer Verfügung von Todes wegen gleichgestellt und deren Regelungen unterworfen werden; § 2301 BGB dient somit spezifisch erbrechtlichen Interessen, ist daher **erbrechtlich zu qualifizieren** und folglich anwendbar, wenn deutsches Recht für die Rechtsnachfolge von Todes wegen maßgeblich ist. Soweit für das Schenkungsversprechen selbst schuldrechtliche Bestimmungen maßgeblich sind, unterliegen diese (als selbstständig anzuknüpfende Vorfrage) dem Vertragsstatut; im Übrigen gelten aufgrund des von § 2301 Abs. 1 BGB vorgesehenen Verweises die Vorschriften über Verfügungen von Todes wegen, die (wiederum als selbstständig anzuknüpfende Vorfrage) gem. Art. 24 bzw. Art. 25 EuErbVO (je nach Verständnis des von § 2301 Abs. 1 BGB vorgesehenen Verweises)[88] zu bestimmen sind. Zuletzt unterliegt die für den Vollzug der Schenkung (§ 2301 Abs. 2 BGB) relevante Frage nach der dinglichen Erfüllung dem für diese anwendbaren Recht (Art. 43 EGBGB bei Eigentumsübertragung, Art. 14 Rom I-VO bei Übertragung einer Forderung). Wurde die Schenkung indes vollzogen, liegt gem. § 2301 Abs. 1 BGB eine **Schenkung unter Lebenden** vor, welche den Kollisionsnormen der Rom I-VO unterliegt.

Da die Zulässigkeitsvoraussetzungen von Rechtsgeschäften auf den Todesfall dem Erbstatut unterfallen (vgl Rn 50), hat dieses auch über die **Abgrenzung** einer (dem Erbstatut unterfallenden) Schenkung von Todes wegen und einer (dem Vertragsstatut unterfallenden) Schenkung unter Lebenden zu entscheiden[89] (nur relevant bei ausländischem Erbstatut). Eine generelle Abgrenzung anhand des von § 2301 Abs. 2 BGB vorgesehenen Kriteriums des schenkungsrechtlichen Vollzugs, wie es im Rahmen von Art. 25 EGBGB aF überwiegend vertreten wird,[90] begegnet bereits im Hinblick auf das Gebot einer europarechtlich-autonomen Auslegung der europäischen Rechtsakte Bedenken,[91] sie ist jedoch auch der Sache nach unangemessen, da eine ausländische Rechtsordnung ebenso eine hiervon abweichende, dann jedoch ggf nicht berücksichtigungsfähige Abgrenzung vornehmen könnte. 53

cc) Verträge zugunsten Dritter auf den Todesfall

Liegt ein Vertrag zugunsten Dritter vor, bei dem einem Dritten schenkungsweise Vermögen bei Tod des Schenkenden zugewandt werden soll, unterliegt das vertragliche Deckungsverhältnis zwischen Versprechendem und Versprechensempfänger dem 54

---

88 Vgl hierzu NK-BGB/*Müßig*, § 2301 BGB Rn 65 ff; Palandt/*Weidlich*, § 2301 BGB Rn 6. Nach vorzugswürdiger Ansicht bezieht sich der Verweis von § 2301 Abs. 1 S. 1 BGB ausschließlich auf Vorschriften für Testamente, nicht auf diejenigen für Erbverträge (so zu Recht MüKo-BGB/*Musielak*, § 2301 BGB Rn 13), so dass insoweit Art. 24 EuErbVO maßgeblich ist. Für die Anwendung von Art. 25 EuErbVO hingegen *Dörner*, ZEV 2013, 505, 508; *Nordmeier*, ZEV 2013, 117, 121.
89 Ebenso jurisPK/*Eichel*, Art. 1 EuErbVO Rn 38 ff; im Ergebnis auch *Dörner*, ZEV 2013, 505, 508; *Döbereiner*, MittBayNot 2013, 437, 439. Zum nationalen Recht bereits Soergel/*Schurig*, Art. 26 EGBGB Rn 44.
90 Vgl nur MüKo-BGB/*Dutta*, Art. 26 EGBGB Rn 154; Palandt/*Thorn*, Art. 25 EGBGB Rn 15. – AA Soergel/*Schurig*, Art. 26 EGBGB Rn 44; Staudinger/*Dörner*, Art. 25 EGBGB Rn 375.
91 *Döbereiner*, MittBayNot 2013, 437, 439; vgl auch *Dörner*, ZEV 2012, 505, 508. – AA *Nordmeier*, ZEV 2013, 117, 121 f; Palandt/*Thorn*, Art. 1 EuErbVO Rn 11.

nach den Kollisionsnormen der Rom I-VO bestimmten Recht.[92] Im Rahmen des Valutaverhältnisses zwischen Versprechensempfänger und begünstigtem Dritten ist demgegenüber die Frage zu klären, ob eine Schenkung von Todes wegen (Erbstatut) oder unter Lebenden (Vertragsstatut) vorliegt;[93] jedenfalls hierüber entscheidet das Erbstatut (vgl oben Rn 52 f).

c) Abgrenzung Erbstatut und Sachenstatut

55 Höchst streitig ist die Abgrenzung des Erbstatuts von dem weiterhin mittels nationaler Kollisionsnormen zu ermittelnden Sachenstatut (Art. 43 ff EGBGB); vgl hierzu ausführlich § 2 Rn 12 ff, Rn 154. Da die Regelungen der EuErbVO den nationalen Bestimmungen kraft Anwendungsvorrangs vorgehen, hängt die genaue Grenzziehung davon ab, welche Reichweite dem nach Art. 23 EuErbVO zu bestimmenden Erbstatut zuzusprechen ist; die letztverbindliche Entscheidung obliegt daher insoweit dem EuGH.

56 Nach vorzugswürdiger, jedoch umstrittener Ansicht unterliegt dem Erbstatut nicht nur die vermögensrechtliche Zuordnung der zum Nachlass gehörenden Rechte, sondern auch die Frage nach deren (dinglicher oder relativer) Ausgestaltung sowie deren Erwerbsmodalitäten (vgl § 2 Rn 12 ff). Art. 43 ff EGBGB (und die entsprechenden Vorschriften anderer Mitgliedstaaten) werden daher insoweit verdrängt, als es um die **Begründung** einer durch ausländisches Erbstatut geschaffenen dinglichen Rechtsposition geht (zum speziellen Fall eines staatlichen Aneignungsrechts bei erbenlosen Nachlässen vgl Rn 165 ff); unberührt bleiben hingegen die sachenrechtlichen **Wirkungen**, die dem nach ausländischem Erbrecht begründeten dinglichen Recht bei dessen Ausübung in dem jeweiligen Mitgliedstaat zukommen; diese Frage unterliegt weiterhin dem jeweiligen Belegenheitsrecht, der damit einhergehende Anpassungsbedarf ist Gegenstand von Art. 31 EuErbVO (vgl Rn 154 ff). Gleiches gilt im Übrigen auch für in ein **Register** (zB Grundbuch) einzutragende Rechte, da sich die Bereichsausnahme des Art. 1 Abs. 2 lit. l EuErbVO jedenfalls nach vorzugswürdiger, jedoch ebenfalls umstrittener Ansicht nicht auf den materiellrechtlichen Erwerbstatbestand bezieht (vgl § 2 Rn 15). Demgegenüber sind **sachenrechtliche Rechtsgeschäfte unter Lebenden**, welche für die Nachlasszugehörigkeit von Bedeutung sind und daher regelmäßig als (selbstständig anzuknüpfende) Vorfrage geklärt werden müssen, unstreitig aus dem Anwendungsbereich der EuErbVO ausgenommen (Art. 1 Abs. 1 lit. g EuErbVO), so dass diese weiterhin anhand des von Art. 43 ff EGBGB zu bestimmenden Rechtes zu beurteilen sind (vgl auch § 2 Rn 9).

d) Abgrenzung Erbstatut und Güterstatut

57 Abgrenzungsprobleme im Hinblick auf das vom Anwendungsbereich der Verordnung gem. Art. 1 Abs. 2 lit. d EuErbVO ausgenommene, daher weiterhin Art. 15 EGBGB unterliegende Güterrecht bestehen insbesondere im Hinblick auf die Qualifikation

---

[92] Vgl auch *Vollmer*, ZErb 2012, 227, 229; *Döbereiner*, MittBayNot 2013, 437, 439; Palandt/*Thorn*, Art. 1 EuErbVO Rn 11.
[93] Ebenso *Vollmer*, ZErb 2012, 227, 229; *Döbereiner*, MittBayNot 2013, 437, 439; Palandt/*Thorn*, Art. 1 EuErbVO Rn 11. – AA *Normeier*, ZEV 2013, 117, 122 f (akzessorische Anknüpfung an das Statut des Deckungsverhältnisses).

des § 1371 Abs. 1 BGB. Stirbt einer der im gesetzlichen Güterstand der Zugewinngemeinschaft lebenden Ehegatten (§ 1363 BGB), wird der Ausgleich des Zugewinns nach dieser Vorschrift dadurch verwirklicht, dass sich der gesetzliche Erbteil des überlebenden Ehegatten (§ 1931 BGB) um ein Viertel der Erbschaft erhöht (**pauschalisierter Zugewinnausgleich**). Bildet deutsches Recht sowohl das Güterstatut als auch das Erbstatut, kommt es auf eine genaue kollisionsrechtliche Einordnung dieser Vorschrift nicht an. Ist hingegen ausländisches Recht als Erbstatut neben einem deutschen Güterstatut berufen, muss diese bereits seit langem umstrittene Frage geklärt werden. Als Möglichkeiten kommen in Betracht:

- eine **güterrechtliche Qualifikation**[94] (so dass § 1371 Abs. 1 BGB nur bei deutschem Güterstatut anwendbar ist, Art. 15 EGBGB),
- eine **erbrechtliche Qualifikation**[95] (so dass § 1371 Abs. 1 BGB nur bei deutschem Erbstatut anwendbar ist, Art. 21 f EuErbVO) oder
- eine **Doppelqualifikation**[96] (so dass die Anwendbarkeit von § 1371 Abs. 1 BGB sowohl deutsches Güterstatut als auch deutsches Erbstatut voraussetzt; bei ausländischem Erbstatut erfolgt der Zugewinnausgleich daher über § 1371 Abs. 2 BGB).

Stellungnahme: Die Vorschrift des § 1371 Abs. 1 BGB ist mit der bisher herrschenden Ansicht auch unter Geltung der EuErbVO **güterrechtlich** zu qualifizieren.[97] Auch wenn es im Ergebnis um die Bestimmung des Erbteils eines Ehegatten geht, bezweckt § 1371 Abs. 1 BGB bereits ausweislich seines Wortlauts sowie seiner systematischen Stellung im Güterrecht alleine die *Verwirklichung* des Zugewinnausgleiches; die gewählte Form eines *pauschalisierten* Ausgleichs folgt keinen spezifisch erbrechtlichen Erwägungen, sondern soll eine konkrete Berechnung des Zugewinnausgleichs gem. §§ 1372 ff BGB im Interesse des Familienfriedens verhindern.[98] § 1371 Abs. 1 BGB liegen daher ausschließlich güterrechtliche Interessen zugrunde, so dass diese Bestimmung unter Art. 15 EGBGB zu qualifizieren ist. Auch eine güter- *und* erbrechtliche Doppelqualifikation kommt vor diesem Hintergrund nicht in Betracht; die von dieser Ansicht letztlich aufgeworfene Frage nach der **Kombinierbarkeit** des § 1371 Abs. 1 BGB mit einem nach ausländischem Erbstatut begründeten Erbrecht des überlebenden Ehegatten ist methodisch richtigerweise als **Substitutionsproblem** einzuordnen,[99]

58

---

94 Staudinger/*Dörner*, Art. 25 EGBGB Rn 34; *ders.*, in: Dutta/Herrler, S. 73, 77 f; Soergel/*Schurig*, Art. 15 EGBGB Rn 38; MüKo-BGB/*Dutta*, Art. 25 EGBGB Rn 157; NK-BGB/*Kroiß*, Art. 25 EGBGB Rn 101; Palandt/*Thorn*, Art. 15 EGBGB Rn 26; OLG Schleswig ZEV 2014, 93, 94; OLG München ZEV 2012, 591, 593; BGH, Beschl. v. 13.5.2015, IV ZB 30/14; bereits LG Mosbach ZEV 1998, 489; ausführlich *Mankowski*, ZEV 2014, 121 ff.
95 Staudinger/*Firsching* (12. Aufl.), Vorbem. zu Art. 24-26 Rn 227; *Raape* (5. Aufl.), S. 336 f.
96 MüKo-BGB/*Birk*, 5. Aufl., Art. 25 EGBGB Rn 158; *Schotten*, MittRhNotK 1987, 18, 19; *Schotten/Johnen*, DtZ 1991, 257, 259; OLG Düsseldorf MittRhNotK 1988, 68 f („jedenfalls im Ergebnis"); der Sache nach auch OLG Stuttgart ZEV 2005, 443, 444 m.Anm. *Dörner* 444.
97 *Dörner* ZEV 2010, 221, 223; *ders.*, ZEV 2012, 505, 507 f; *Schurig*, in: FS Spellenberg 2010, S. 343, 351 f; *Odersky*, notar 2013, 3 f; *Döbereiner*, MittBayNot 2013, 358, 359; ausführlich *Mankowski*, ZEV 2014, 121, 125 ff; wohl auch Palandt/*Thorn*, Art. 1 EuErbVO Rn 8; ebenfalls in diese Richtung tendierend *Dutta*, FamRZ 2013, 4, 9.
98 Palandt/*Brudermüller*, § 1371 BGB Rn 1; vgl auch NK-BGB/*Löhnig*, § 1371 BGB Rn 1; deutlich nunmehr auch OLG Schleswig ZEV 2014, 93, 94 f.
99 Vgl auch Soergel/*Schurig*, Art. 15 EGBGB Rn 40; ; BGH, Beschl. v. 13.5.2015, IV ZB 30/14; OLG Schleswig ZEV 2014, 93, 95.

so dass es insoweit alleine auf eine **funktionelle Gleichwertigkeit** der ausländischen Erbberechtigung ankommt (vgl Rn 186). Eine solche ist zumindest dann gegeben, wenn die ausländischen Sachnormen eine spezifisch erbrechtliche Beteiligung an dem Nachlass gewähren, die aus der ehelichen Verbundenheit resultiert und damit jedenfalls im Schwerpunkt[100] weder unterhaltsrechtliche noch güterrechtliche Zwecke verfolgt[101] (sonst unterhaltsrechtliche bzw güterrechtliche Qualifikation). Ist dies der Fall, kann auch ein ausländischem Recht unterliegendes Erbrecht mit § 1371 Abs. 1 BGB kombiniert werden;[102] hiermit ggf einhergehende Normwidersprüche sind im Wege der **Anpassung** zu lösen.[103]

59 **Beispiel:**[104]
Erblasser hinterlässt Frau und zwei Kinder. Güterstatut ist gem. Art. 15 EGBGB deutsches Recht, Erbstatut gem. Art. 21 Abs. 2 EuErbVO österreichisches Recht, eine Zuständigkeit deutscher Gerichte ergibt sich aus Art. 4 EuErbVO.

Nach österreichischem Recht erbt der Ehegatte neben den beiden Kindern zu 1/3 (§ 757 Abs. 1 ABGB), die restlichen 2/3 teilen sich die beiden Kinder (§ 732 S. 3 ABGB). Lebten die Ehegatten im Güterstand der Zugewinngemeinschaft, ist die österreichischem Recht unterliegende Erbquote gem. § 1371 Abs. 1 BGB um 1/4 zu erhöhen, so dass der Ehegatte 7/12, die Kinder jeweils 5/24 erhalten würden. Problematisch ist indes, dass bei einem Ergebnis dem überlebenden Ehegatten ein Erbteil zugesprochen wird, den die beiden beteiligten Rechtsordnungen bei jeweils isolierter Entscheidung so nicht zusprechen würden: Nach deutschem Recht ergäbe sich für diesen eine erbrechtliche Beteiligung zu 1/2 (§§ 1931 Abs. 1, 3, § 1371 Abs. 1 BGB), nach österreichischem Recht zu 1/3 (da eine güterrechtliche Erhöhung nicht vorgesehen ist, vgl §§ 1233, 1237 ABGB). Dieser Fall der Normenhäufung ist methodisch im Wege der Anpassung zu beseitigen, nach vorzugswürdiger Ansicht (vgl Rn 151) im Rahmen des Sachrechts,[105] so dass eine quotale Beteiligung des überlebenden Ehegattens an dem Nachlass zwischen 1/3 und 1/2 in Betracht kommt. Um dem ursprünglichen Ergebnis von 7/12 am weitesten entgegenzukommen (Prinzip des „geringsten Eingriffs", vgl hierzu Rn 151),[106] ist eine Herabsetzung der Erbquote auf 1/2 vorzuziehen.[107] Im Ergebnis erbt der überlebende Ehegatte daher zu 1/2, die Kinder jeweils zu 1/4.

e) Abgrenzung Erbstatut und Adoptionsstatut

60 Dem Erbstatut obliegt gem. Art. 23 Abs. 2 lit. b EuErbVO die Bestimmung des Kreises der an dem Nachlass berechtigten Personen, so dass dieses auch über die Voraus-

---

100 Dass der ausländischen Regelung ggf untergeordnete unterhalts- bzw güterrechtliche Zwecke zugrunde liegen, ist unerheblich, solange diese nicht überwiegen (so treffend Staudinger/*Dörner*, Art. 25 EGBGB Rn 36 mwN). Erst wenn solche Normzwecke überwiegen, impliziert die fragliche Norm abweichende kollisionsrechtliche Interessen, die zu einer „Disqualifikation" im Hinblick auf die erbrechtlichen Kollisionsnormen führen.
101 So zutreffend Staudinger/*Dörner*, Art. 25 EGBGB Rn 36; Palandt/*Thorn*, Art. 15 EGBGB Rn 26; vgl auch Soergel/*Schurig*, Art. 15 EGBGB Rn 40 (mit Fn 69); LG Mosbach ZEV 1998, 489, 489; enger MüKo-BGB/*Birk*, 5. Aufl., Art. 25 EGBGB Rn 158 (und der Sache nach auch die anderen Vertreter einer „Doppelqualifikation"): Substitution nur, wenn ausländische Erbquote auch der Höhe nach der deutschen Erbquote des gesetzlichen Ehegattens entspricht.
102 Ablehnend MüKo-BGB/*Birk*, 5. Aufl., Art. 25 EGBGB Rn 158 (nur bei gleichen Erbquoten der Höhe nach); ebenso die anderen Vertreter einer „Doppelqualifikation". Folge dieser Ansicht ist in diesen Fällen ein realer Zugewinnausgleich gem. §§ 1373 ff BGB, vgl etwa OLG Stuttgart ZEV 2005, 443, 444.
103 Staudinger/*Dörner*, Art. 25 EGBGB Rn 37; Soergel/*Schurig*, Art. 15 EGBGB Rn 40; MüKo-BGB/*Dutta*, Art. 25 EGBGB Rn 157; Palandt/*Thorn*, Art. 15 EGBGB Rn 26; LG Mosbach ZEV 1998, 489, 490; dem nunmehr folgend BGH, Beschl. v. 13.5.2015, IV ZB 30/14; OLG Schleswig ZEV 2014, 93, 95 f.
104 Nach LG Mosbach ZEV 1998, 489; vgl jedoch andererseits OLG Stuttgart ZEV 2005, 443 (mangels Kombinierbarkeit des § 1371 Abs. 1 mit dem österreichischen Erbstatut realer Zugewinnausgleich über §§ 1373 ff BGB).
105 Ebenso LG Mosbach ZEV 1998, 489, 490.
106 Vgl auch Soergel/*Schurig*, Art. 15 EGBGB Rn 40.
107 LG Mosbach ZEV 1998, 489, 490.

setzungen eines gesetzlichen Erbrechts des Adoptivkindes zu befinden hat; werden hiernach bestimmte Anforderungen an die rechtliche Ausgestaltung an das durch die Adoption begründete Verwandtschaftsverhältnis gestellt, das als (selbstständig anzuknüpfende) Vorfrage dem nach Art. 22 EGBGB zu bestimmenden Adoptionsstatut unterliegt,[108] stellt sich ggf ein Substitutionsproblem,[109] das nach den diesbezüglichen Grundsätzen des Erbstatuts zu lösen ist.

f) Abgrenzung Erbstatut und Gesellschaftsstatut

Abgrenzungsfragen zu dem vom Anwendungsbereich der EuErbVO ebenfalls ausgenommenen Gesellschaftsstatut (Art. 1 Abs. 2 lit. h, i EuErbVO) ergeben sich im Hinblick auf die Vererbung von Gesellschaftsanteilen. **Grundsätzlich gilt:** Das Gesellschaftsstatut entscheidet über das Bestehen und die inhaltliche Ausgestaltung des Anteils sowie über dessen Vererblichkeit (etwa aufgrund einer Fortsetzungs- bzw Nachfolgeklausel), das Erbstatut hingegen über den Übergang des zu dem Nachlass gehörenden und vom Gesellschaftsstatut vererblich gestellten Gesellschaftsanteils (Art. 23 Abs. 2 lit. e EuErbVO).[110]

Besonderheiten bestehen indes bei der Vererbung von Gesellschaftsanteilen an **Personengesellschaften** (GbR, OHG, KG). Die deutsche Rspr hat diesbezüglich – mittlerweile zu Gewohnheitsrecht erstarkte[111] – materiellrechtliche Grundsätze entwickelt, die unter bestimmten Voraussetzungen zu einer **Sonderrechtsnachfolge** in den Gesellschaftsanteil des Erblassers führen.[112] Die hiermit einhergehende Bildung von – außerhalb des Erbrechts übergehendem – Sondervermögen liegen spezifisch gesellschaftsrechtliche Interessen zugrunde, da einerseits der persönlichkeitsbezogenen Rechtsstellung der Gesellschafter Rechnung getragen wird, andererseits dem gesellschaftsrechtlichen Haftungssystem (unbeschränkte Haftung des persönlich haftenden Gesellschafters, § 128 HGB), das sich mit der Möglichkeit einer vom Erbrecht vorgesehenen Haftungsbeschränkung (§ 2059 BGB) nicht verträgt; diese Grundsätze sind daher ebenfalls unter Geltung der EuErbVO **gesellschaftsrechtlich** zu qualifizieren,[113] auch wenn die Ausgestaltung der Erbfolge grundsätzlich dem Erbstatut unterliegt (vgl oben Rn 45). Art. 30 EuErbVO stellt insoweit klar, dass Sondervermögen konstituierende Bestimmungen, die aufgrund ihrer spezifischen Sachnormzwecke nicht unter die erbrechtlichen Kollisionsnormen qualifiziert werden können, *neben* dem Erbstatut zur Anwendung zu bringen sind; dass besondere *gesellschaftsrechtliche* Bestimmungen nicht von dieser Kollisionsnorm erfasst werden, liegt alleine in der Heraus-

---

108 Zum alten Recht vgl etwa MüKo-BGB/*Helms*, Art. 22 EGBGB Rn 37; Soergel/*Schurig*, Art. 25 EGBGB Rn 28; Soergel/*Lüderitz*, Art. 22 EGBGB Rn 28 ff; *Kegel/Schurig*, § 20 XIII 2 c, S. 974; *Kropholler*, § 51 IV 2 b, S. 442; BGH NJW 1989, 2197 f.
109 MüKo-BGB/*Helms*, Art. 22 EGBGB Rn 37; *Kropholler*, § 51 IV 2 b, S. 442.
110 Vgl auch jurisPK/*Eichel*, Art. 1 EuErbVO Rn 42; *Dörner*, ZEV 2012, 505, 508; *Döbereiner*, MittBayNot 2013, 358, 360; ausführlich zur Abgrenzung von Gesellschaftsstatut und Erbstatut *Leitzen*, ZEV 2012, 520 ff.
111 *Wiedemann*, JZ 1977, 689, 690 f.
112 BGH NJW 1957, 180 f; vgl hierzu Palandt/*Weidlich*, § 1922 BGB Rn 17; NK-BGB/*Kroiß*, § 1922 BGB Rn 26.
113 Ebenso *Dutta*, FamRZ 2013, 4, 11; *Döbereiner*, MittBayNot 2013, 358, 364; unklar *Leitzen*, ZEV 2012, 520, 521; zum alten Recht Soergel/*Schurig*, Art. 25 EGBGB Rn 76, 89 Fn 63; Staudinger/*Dörner*, Art. 25 EGBGB Rn 66; Palandt/*Thorn*, Art. 25 EGBGB Rn 15; *Kegel/Schurig*, § 12 II 2 b aa bbb, S. 430. – AA wohl Erman/*Hohloch*, Art. 3 a EGBGB Rn 9.

nahme des Gesellschaftsrechts aus dem Anwendungsbereich der EuErbVO begründet, weswegen diese nicht – wie im Rahmen von Art. 30 EuErbVO – über die kollisionsrechtliche Anwendbarkeit solcher Bestimmungen entscheiden kann (vgl Rn 116).

63 **Beispiel:**
Tod eines (persönlich haftenden) Gesellschafters einer Personengesellschaft; Gesellschaftsstatut bildet deutsches Recht, Erbstatut ausländisches Recht.

Dem **Gesellschaftsstatut** unterliegt zunächst die Frage, ob eine Gesellschaft bei Tod eines Gesellschafters weiter **bestehen bleibt** (bei der GbR grundsätzlich Auflösung der Gesellschaft, sofern keine Fortsetzungsklausel im Gesellschaftsvertrag vereinbart wurde, §§ 727 Abs. 1, 736 BGB; bei der OHG gem. § 131 Abs. 3 Nr. 1 HGB bzw bei der KG gem. §§ 161 Abs. 2, 131 Abs. 3 Nr. 1 HGB nur Ausscheiden des Gesellschafter), zudem die Frage, welche **weiteren Folgen** mit dem Tod eines Gesellschafters verbunden sind (Anwachsungen und Ausgleichsansprüche gem. § 738 Abs. 1 BGB, Vererblichkeit der Anteile aufgrund von Nachfolgeklauseln im Gesellschaftsvertrag).[114] **Wer Erbe geworden ist,** unterliegt indes dem Erbstatut, die Frage nach einer etwaigen Sonderrechtsnachfolge wiederum dem Gesellschaftsstatut (vgl Rn 62). Sieht der Gesellschaftsvertrag hingegen eine **rechtsgeschäftliche Nachfolgeklausel** vor, liegt ein Vertrag zugunsten Dritter auf den Todesfall vor, dessen Zulässigkeit in erbrechtlicher Hinsicht dem Erbstatut unterliegt (vgl hierzu oben Rn 54); inwieweit eine solche Klausel gesellschaftsrechtlich zulässig ist, entscheidet indes wiederum das Gesellschaftsstatut.

g) Besondere Bestimmungen (Eingriffsnormen)

64 Nicht dem Erbstatut unterfallen sog. Eingriffsnormen, also zivilrechtliche Rechtsfolgen setzende Sachnormen, die überwiegend *öffentlichen* Normzwecken Rechnung tragen, deswegen kollisionsrechtliche Gemeininteressen implizieren und daher nicht unter die herkömmlichen (erbrechtlichen) Kollisionsnormen qualifiziert werden können (vgl hierzu näher Rn 105 ff). Soweit solche Normen zivilrechtliche Rechtsfolgen vorsehen, welche die Rechtsnachfolge von Todes wegen betreffen, fallen sie in den Anwendungsbereich der EuErbVO (vgl Rn 105), so dass diese über deren kollisionsrechtliche An- oder Nichtanwendbarkeit entscheiden muss. Sehen solche Bestimmungen Regelungen vor, welche die Rechtsnachfolge von Todes wegen im Hinblick auf bestimmte Vermögenswerte berühren, erfolgt dies im Rahmen von Art. 30 EuErbVO (vgl Rn 104 ff), ansonsten muss eine den konkreten Sachnormzwecken der fraglichen Sachnorm entsprechende Kollisionsnorm modo legislatoris ausgebildet werden. Dies gilt insbesondere für **§ 14 HeimG**, der neben dem Erbstatut anzuwenden ist (hierzu Rn 117).

C. Die kollisionsrechtliche Behandlung von Verfügungen von Todes wegen
I. Überblick

65 Spezielle Anknüpfungsregeln sieht die EuErbVO für **Verfügungen von Todes wegen** (gem. der Legaldefinition des Art. 3 Abs. 1 lit. d EuErbVO: Testamente, gemeinschaftliche Testamente oder Erbverträge) vor. Hinsichtlich ihrer **materielle Wirksamkeitsvoraussetzungen** unterliegen diese dem hypothetischen Erbstatut zum Zeitpunkt ihrer Errichtung (Errichtungsstatut), das für Erbverträge sowie gemeinschaftliche Testamente mit Bindungswirkung (str., vgl Rn 75) nach Art. 25 EuErbVO, für sonstige Verfügungen von Todes wegen nach Art. 24 EuErbVO zu bestimmen ist; die kon-

---

114 *Leitzen*, ZEV 2012, 520.

krete Reichweite des Errichtungsstatuts bestimmt im Einzelnen die unselbstständige Kollisionsnorm des Art. 26 EuErbVO (vgl hierzu Rn 82 ff). Gesondert anzuknüpfen ist demgegenüber stets die **Formwirksamkeit von Verfügungen von Todes wegen.** Insoweit sieht die EuErbVO mit Art. 27 EuErbVO ebenfalls eine eigenständige Kollisionsnorm vor, die jedoch zumindest bei strenger Betrachtung von dem – gem. Art. 75 Abs. 1 UAbs. 2 EuErbVO weiterhin vorrangig anzuwenden, allerdings inhaltsgleichen – HTestformÜ weitestgehend verdrängt wird (vgl hierzu im Einzelnen Rn 86 f).

II. Materielle Wirksamkeitsvoraussetzungen von Verfügungen von Todes wegen

1. Verfügungen von Todes wegen außer Erbverträgen (Art. 24 EuErbVO)

a) Allgemeines

Art. 24 EuErbVO kodifiziert eine gesonderte Anknüpfung hinsichtlich der **Zulässigkeit und der materielle Wirksamkeit** einer Verfügung von Todes wegen (zur Reichweite des Errichtungsstatuts vgl Rn 82 ff), jedoch mit ausdrücklicher Ausnahme von Erbverträgen, die aufgrund ihrer Bindungswirkung der speziellen Kollisionsnorm des Art. 25 EuErbVO unterliegen. Soweit gemeinschaftlichen Testamenten eine Bindungswirkung zukommt, unterfallen sie ebenfalls Art. 25 EuErbVO (str., vgl Rn 75). Die **formelle Wirksamkeit** einer Verfügung von Todes wegen unterliegt demgegenüber dem nach Art. 27 EuErbVO (bzw nach Art. 1 HTestformÜ) bestimmten Recht, vgl Rn 86 ff. Das gem. Art. 24 EuErbVO bestimmte Recht ist **unwandelbar,** so dass die gesonderte Anknüpfung in besonderem Maße der Nachlassplanung dient (vgl auch Erwägungsgrund 48 S. 1).

66

b) Anknüpfungen

aa) Allgemeine Anknüpfung (Art. 24 Abs. 1 EuErbVO)

Art. 24 Abs. 1 EuErbVO knüpft an das **hypothetische Erbstatut** des die Verfügung von Todes wegen errichtenden Erblassers **zum Zeitpunkt der Errichtung** an (sog. Errichtungsstatut);[115] verwiesen wird damit auf Art. 21, 22 EuErbVO, so dass gem. Art. 21 Abs. 1 EuErbVO primär das Recht des gewöhnlichen Aufenthalts (ggf Gesamtverweisung, Art. 34 Abs. 1 EuErbVO), in Ausnahmefällen auch das über die Ausweichklausel des Art. 21 Abs. 2 EuErbVO bestimmte Recht der engsten Verbindung oder das nach Art. 22 Abs. 1 EuErbVO maßgebliche Recht (soweit eine – zum Errichtungszeitpunkt – wirksame Rechtswahl vorliegt) anzuwenden ist (beides Sachnormverweisungen gem. Art. 34 Abs. 2 EuErbVO).

67

bb) Rechtswahl (Art. 24 Abs. 2 EuErbVO)

Art. 24 Abs. 2 EuErbVO gestattet zudem eine **Wahl des Errichtungsstatuts** unter den von Art. 22 EuErbVO aufgestellten Voraussetzungen; gewählt werden kann daher alleine das Recht desjenigen Staates, dem der Erblasser zum Zeitpunkt der Testamentserrichtung angehörte (vgl im Einzelnen Rn 24 ff). Eine **Teilrechtswahl** hinsichtlich einzelner Aspekte des Errichtungsstatuts ist nach dem Wortlaut des Art. 24 Abs. 2 EuErbVO ausgeschlossen. Die Reichweite einer Rechtswahl (nur Erbstatut, nur Errich-

68

---

115 Vgl hierzu anschaulich *Nordmeier*, ZErb 2013, 112.

tungsstatut oder beides) ergibt sich durch Auslegung derselben, welche nach den Grundsätzen des jeweils gewählten Rechts zu erfolgen hat (Art. 22 Abs. 3 EuErbVO); Unklarheiten sollten indes von vornherein durch eine eindeutige Erklärung des Erblassers beseitigt werden (vgl hierzu Rn 40; Formulierungsvorschlag unten Rn 72).

69 Ein **isolierter Widerruf** bzw eine **isolierte Änderung** einer bereits ausgeübten Wahl des Errichtungsstatuts kommt hingegen nicht in Betracht. Art. 24 Abs. 2 EuErbVO – der die Zulässigkeit einer subjektiven Bestimmung des Errichtungsstatuts abschließend und autonom bestimmt – gestattet nach seinem eindeutigen Wortlaut alleine eine *Rechtswahl*, die gem. Art. 22 EuErbVO terminologisch von einem nachträglichen Widerruf bzw einer Änderung derselben zu unterscheiden ist, so dass sich die Verweisung des Art. 24 Abs. 2 EuErbVO alleine auf Art. 22 Abs. 1-3 EuErbVO bezieht. Einmal gewählt, ist das Errichtungsstatut daher **unwandelbar** und bestimmt abschließend über die Zulässigkeit und materielle Wirksamkeit der Verfügung von Todes wegen (vgl hierzu auch Rn 80); *deren* Abänderung bzw Widerruf unterliegt dem nach Art. 24 Abs. 3 EuErbVO bestimmten Recht (vgl Rn 70), wobei ein isolierter Widerruf bzw eine Änderung der Rechtswahl ggf – jedoch nach Maßgabe des insoweit anzuwendenden Rechts – als materielle Änderung bzw Widerruf *des Testaments selbst* zu behandeln ist, soweit ein diesbezüglicher Wille festgestellt werden kann.

c) Änderung oder Widerruf einer Verfügung von Todes wegen (Art. 24 Abs. 3 EuErbVO)

70 Die Zulässigkeit und materielle Wirksamkeit einer Änderung bzw eines Widerrufs der ursprünglichen Verfügung von Todes wegen unterliegt als neue Verfügung von Todes wegen ebenfalls dem nach Maßgabe der Abs. 1 bzw 2 bestimmten Rechtsordnung zum Zeitpunkt ihrer jeweiligen Erklärung (Art. 24 Abs. 3 EuErbVO); ob indes die ursprüngliche Verfügung von Todes wegen wirksam abgeändert oder widerrufen werden kann, unterliegt als Frage *ihrer* materiellen Wirksamkeit weiterhin dem auf diese Verfügung von Todes wegen anzuwendenden Recht.[116] Hinsichtlich der Testierfähigkeit ist insoweit Art. 26 Abs. 2 EuErbVO zu beachten, vgl Rn 85.

d) Übergangsrecht (Art. 83 Abs. 3 EuErbVO)

71 Wurde die Verfügung von Todes wegen vor dem 17.8.2015 errichtet, ist die Übergangsvorschrift des Art. 83 Abs. 3 EuErbVO zu beachten. Hiernach ist eine solche Verfügung zulässig sowie materiell und formell wirksam, wenn sich dies aus demjenigen Recht ergibt, das die Kollisionsnormen der EuErbVO (in materieller Hinsicht Art. 24 EuErbVO, in formeller Hinsicht Art. 27 EuErbVO bzw die entsprechenden Bestimmungen des HTestformÜ) für anwendbar erklären (Alt. 1). Alternativ ist darüber hinaus auch auf diejenigen – zum Errichtungszeitpunkt der letztwilligen Verfügung geltenden – nationalen Kollisionsnormen desjenigen Staates abzustellen, in dem der Erblasser seinen letzten gewöhnlichen Aufenthalt hatte (Alt. 2), dessen Staatsangehörigkeit er besaß (Alt. 3) oder dessen Gerichte bzw Behörden mit der Erbsache befasst sind.[117] Zulässigkeit und Wirksamkeit einer vor dem 17. August 2015 errichte-

---

116 Vgl auch Palandt/*Thorn*, Art. 24 EuErbVO Rn 5; *Nordmeier*, ZEV 2012, 513, 517 f; *Dutta*, FamRZ 2013, 4, 10.
117 In der ursprünglichen deutschen Fassung der EuErbVO wurde diese Alternative zunächst nicht berücksichtigt, vgl etwa *Dutta*, FamRZ 2013, 4, 15. Dies wurde zwischenzeitlich korrigiert, vgl ABl. 2013 L 41/16.

ten Verfügung von Todes wegen sind daher dann zu bejahen, wenn sich diese aus *einer* der insoweit anzuwendenden Rechtsordnungen ergibt.

e) Praxishinweis

Ist von dem letztwillig Verfügenden ausdrücklich eine isolierte, dh nur die Rechtswirksamkeit der letztwilligen Verfügung betreffende Rechtswahl gewünscht, so kommt folgende Formulierung in Betracht:

Formulierungsvorschlag:
Ich bin ausschließlich deutscher Staatsangehöriger und habe meinen derzeitigen gewöhnlichen Aufenthalt in Frankreich. Für Fragen der Rechtswirksamkeit dieses Testaments wähle ich deutsches Recht; eine weitergehende Rechtswahl im Hinblick auf die übrige Rechtsnachfolge von Todes wegen geht mit dieser Erklärung nicht einher.

2. Erbverträge (Art. 25 EuErbVO)

a) Allgemeines

Art. 25 EuErbVO sieht – in Ergänzung zu Art. 24 EuErbVO – eine weitere gesonderte Anknüpfung für Erbverträge im Hinblick auf ihre **Zulässigkeit, der materiellen Wirksamkeit und der Bindungswirkung** einschließlich der Voraussetzungen für ihre Auflösung vor (zur Reichweite des Errichtungsstatuts vgl Rn 82 ff); hinsichtlich ihrer **Formwirksamkeit** unterliegen Erbverträge dem nach Art. 27 EuErbVO bestimmten Recht (vgl Rn 86 ff). Inhaltlich differenziert Art. 25 EuErbVO zwischen **einseitigen**, alleine den Nachlass einer einzigen Person betreffenden Erbverträgen (Abs. 1) sowie **mehrseitigen**, den Nachlass mehrerer Personen betreffenden **Erbverträgen** (Abs. 2) und knüpft diese im Hinblick auf ihre materielle Wirksamkeit und Bindungswirkung im Rahmen der objektiven Anknüpfung unterschiedlich an. Art. 25 Abs. 3 EuErbVO gewährt zudem wiederum eine beschränkte, für beide Erbvertragstypen eröffnete Rechtswahlmöglichkeit. Das gem. Art. 25 EuErbVO bestimmte Recht ist **unwandelbar**; die Anknüpfung dient damit wiederum in besonderem Maße der frühzeitigen Nachlassplanung (vgl auch Erwägungsgrund 48 S. 1).

b) Begriff des Erbvertrages

Unter einem **Erbvertrag** sind gem. der Legaldefinition des Art. 3 Abs. 1 lit. b EuErbVO Vereinbarungen, einschließlich einer Vereinbarung aufgrund gegenseitiger Testamente, zu verstehen, die mit oder ohne Gegenleistung *Rechte am künftigen Nachlass* oder künftigen Nachlässen einer oder mehrerer an dieser Vereinbarung beteiligter Personen *begründen, ändern oder entziehen*. Der kollisionsrechtliche Begriff des Erbvertrages ist damit weiter als derjenige des deutschen Sachrechts, er erfasst nicht nur **Erbverträge iSv §§ 2274 BGB**, sondern auch einen **Erb- bzw Pflichtteilsverzicht**[118] sowie in Ausnahmefällen auch **Schenkungen von Todes wegen**, soweit das jeweilige Erbstatut diese als solche behandelt wissen lassen will (vgl hierzu und zur – vorzugswürdigen Behandlung von § 2301 BGB – Rn 52 mit Fn 88). Ein Erbvertrag liegt stets dann vor, wenn dieser **Auswirkungen auf die Rechtsnachfolge von Todes wegen** zumindest einer der beteiligten Personen hat; korrespondiert mit einem solchen eine

---

118 Palandt/*Thorn*, Art. 25 EuErbVO Rn 2.

nicht-erbrechtlich zu qualifizierende Gegenleistung („entgeltlicher Erbvertrag"), die – wie im deutschen Recht – Gegenstand eines *eigenständigen*, regelmäßig schuldrechtlich zu qualifizierenden Vertrags darstellt, unterliegt dieser den insoweit maßgeblichen Kollisionsnormen[119] (bei schuldrechtlichen Verträgen also Art. 3 ff Rom I-VO, wobei – jedenfalls bei unterlassener Rechtswahl – wohl regelmäßig gem. Art. 4 Abs. 3 Rom I-VO akzessorisch an Art. 25 EuErbVO angeknüpft werden kann).[120]

75 Problematisch ist die kollisionsrechtliche Behandlung von **gemeinschaftlichen Testamenten**, soweit diesen – wie im deutschen Recht gem. §§ 2265 ff BGB – **Bindungswirkung** zukommen kann. Prima facie scheinen solche Testamente Art. 24 EuErbVO zu unterfallen,[121] welcher alle Verfügungen von Todes wegen mit Ausnahme von Erbverträgen erfasst, gem. Art. 3 Abs. 1 lit. d EuErbVO also gerade auch gemeinschaftliche Testamente, die im Rahmen von Art. 3 Abs. 1 lit. c EuErbVO eigenständig ausschließlich anhand formaler Kriterien (äußere Zusammenfassung ansonsten eigenständiger Testamente in einer Urkunde) definiert werden; eine gesonderte Anknüpfung der Bindungswirkung käme demnach nicht in Betracht, so dass diese Frage dem (wandelbaren) Erbstatut unterläge. Eine solche Ansicht vermag indes nicht zu überzeugen. Die – jeweils europarechtlich-autonom auszulegenden, daher nicht an den deutschen sachrechtlichen Kategorien zu orientierenden[122] – Rechtsbegriffe des gemeinschaftlichen Testaments und des Erbvertrags stehen *nicht* in einem Ausschließlichkeitsverhältnis, sondern überschneiden sich,[123] wie insbesondere das deutsche **Ehegattentestament** gem. §§ 2265 ff BGB zeigt: Dieses kann ein gemeinschaftliches Testament iSv Art. 3 Abs. 1 lit. c EuErbVO darstellen, soweit es in einer einzigen Urkunde verfasst ist, muss es aber nicht (§ 2267 BGB stellt insoweit nur eine Formerleichterung dar);[124] es kann zusätzlich auch einen (ausdrücklich auch Vereinbarungen aufgrund gegenseitiger Testamente miteinbeziehenden) Erbvertrag iSv Art. 3 Abs. 1 lit. b EuErbVO darstellen (soweit es wechselbezügliche, also auf dem gemeinsamen Willen der Ehegatten basierende korrespektive Verfügungen vorsieht,[125] die zu einer Bindungswirkung führen und damit den Nachlass betreffen),[126] muss es aber ebenso wenig (§ 2270 BGB). Dies macht deutlich: Für eine Abgrenzung der Art. 24, 25 EuErbVO, die ausschließlich materielle Aspekte einer Verfügung von Todes wegen zum Gegenstand haben, taugt das Begriffspaar Erbvertrag/gemeinschaftliches Testament nicht und sollte es wohl auch nicht: Denn zu Recht wird darauf hingewiesen, dass der Begriff des gemeinschaftlichen Testaments im Rahmen der EuErbVO alleine im Zusammenhang mit dem (in Art. 27 EuErbVO inkorporierten) HTestformÜ Erwäh-

---

119 AA wohl Palandt/*Thorn*, Art. 25 EuErbVO Rn 2.
120 Ähnlich *Nordmeier*, ZEV 2013, 117, 119 (anscheinend jedoch einschränkend auf solche Fälle, in denen die Gegenleistung des Erbvertrages nur von geringer Bedeutung ist).
121 So etwa *Nordmeier*, ZEV 2013, 117, 120; *ders.*, ZEV 2012, 513, 514; ebenso *Simon/Buschbaum*, NJW 2012, 2393, 2396.
122 Dies in dem Zusammenhang besonders betonend *Lechner*, NJW 2013, 26 f; ebenso *Dutta*, FamRZ 2013, 4, 9 Fn 50; Palandt/*Thorn*, Art. 25 EuErbVO Rn 3.
123 Ausführlich *Lehmann*, ZErb 2013, 25, 26 f; *Dutta*, FamRZ 2013, 4, 9 Fn 50; Palandt/*Thorn*, Art. 25 EuErbVO Rn 3.
124 NK-BGB/*Radlmayr*, § 2267 BGB Rn 1.
125 NK-BGB/*Müßig*, § 2270 BGB Rn 4.
126 So insbesondere *Lechner*, NJW 2013, 26 f.

nung findet (Art. 75 Abs. 1 UAbs. 2),[127] so dass es sich bei Art. 3 Abs. 1 lit. c EuErbVO wohl schlicht um eine **Inkorporation** des (inhaltsgleichen) Art. 4 HTestformÜ handelt, welche keinerlei Bedeutung für die im Rahmen von Art. 24, 25 EuErbVO zu entscheidende Qualifikationsfrage entfalten sollte.[128] Diese Frage ist daher – wie stets – ausschließlich anhand einer kollisionsrechtlichen Interessenanalyse zu entscheiden: Soweit gemeinschaftlichen Testamenten Bindungswirkung zukommen kann, implizieren die insoweit maßgeblichen Sachnormen *dieselben* kollisionsrechtlichen Interessen, die im Rahmen von Art. 25 EuErbVO zu einer gesonderten Anknüpfung der Bindungswirkungen (Abs. 1) und – bei Auswirkungen auf die Rechtsnachfolge mehrerer beteiligter Personen – zu einer kumulativen Anknüpfung der Zulässigkeitsvoraussetzungen sowie zu einer einheitlichen Anknüpfung der materiellen Wirksamkeitsvoraussetzungen und Bindungswirkungen führen. Maßgebliches Qualifikationskriterium ist damit stets die **Bindungswirkung** gegenseitiger, auf einem gemeinschaftlichen Willen beruhender Verfügungen von Todes wegen: Soweit eine solche zu bejahen ist, sind die insoweit maßgeblichen Sachnormen unter Art. 25 EuErbVO zu qualifizieren, unabhängig davon, ob die Verfügungen von Todes wegen formal in einer Testamentsurkunde zusammengefasst sind oder nicht; fehlt es an einer materiellen Bindungswirkung, bleibt es bei der Anwendung der allgemeinen Kollisionsnorm des Art. 24 EuErbVO.[129]

c) Anknüpfungen
aa) Allgemeine Anknüpfung (Art. 25 Abs. 1, 2 EuErbVO)

Soweit ein **einseitiger**, also nur den Nachlass einer einzigen Person betreffender **Erbvertrag** vorliegt, erklärt Art. 25 Abs. 1 EuErbVO das **hypothetische Erbstatut** dieser Person **zum Zeitpunkt des Vertragsschlusses** für maßgeblich; verwiesen wird damit – ebenso wie im Rahmen von Art. 24 Abs. 1 EuErbVO – auf Art. 21 Abs. 1, 2[130] sowie Art. 22 EuErbVO, vgl Rn 67. **76**

Betrifft der Erbvertrag hingegen den Nachlass mehrerer am Erbvertrag beteiligter Personen (**mehrseitiger Erbvertrag**), so ist zu differenzieren: Hinsichtlich der Frage nach der **Zulässigkeit des Erbvertrags** beruft Art. 25 Abs. 2 UAbs. 1 EuErbVO aus Schutzgründen **kumulativ** das hypothetische Erbstatut (wiederum zum Zeitpunkt des Vertragsschlusses) eines jeden Beteiligten zur Anwendung, dessen Nachlass durch den Erbvertrag *betroffen* ist;[131] ist der Erbvertrag nur nach einer der insoweit anzuwendenden Rechtsordnungen unzulässig, ist dieser als Ganzes unwirksam. Demgegenüber unterliegen die Fragen nach der **materiellen Wirksamkeit und Bindungswirkung** des Erbvertrages einschließlich der **Voraussetzungen seiner Auflösung** gemäß Art. 25 **77**

---

127 *Wilke*, RIW 2012, 601, 606 Fn 63; Palandt/*Thorn*, Art. 25 EuErbVO Rn 3.
128 Palandt/*Thorn*, Art. 25 EuErbVO Rn 3.
129 Ebenso *Lechner*, NJW 2013, 26, 27; ebenfalls für eine erbvertragliche Qualifikation gemeinschaftlicher Testamente Palandt/*Thorn*, Art. 25 EuErbVO Rn 3; Burandt/Rojahn/*Burandt*, Art. 25 EuErbVO Rn 2; *Döbereiner*, MittBayNot 2013, 437, 439; in diese Richtung tendierend ebenso *Odersky*, notar 2013, 3, 8; vgl auch *Dutta*, FamRZ 2013, 4, 9 (entsprechende Anwendung von Art. 25 EuErbVO, „wenn man eine wechselbezügliche Verfügung nach deutschem Recht nicht ohnehin als Erbvertrag im Sinne der Verordnung [...] qualifiziert").
130 Angesichts des eindeutigen Wortlaut von Art. 25 Abs. 1 EuErbVO findet selbstverständlich auch die Ausweichklausel des Art. 21 Abs. 2 EuErbVO Anwendung; dies problematisierend, im Ergebnis jedoch ebenfalls bejahend *Nordmeier*, ZErb 2013, 112, 113 f.
131 Vgl zu dieser Einschränkung auch *Nordmeier*, ZErb 2013, 112, 113.

Abs. 2 UAbs. 2 EuErbVO nur *einer* der gem. UAbs. 1 zu bestimmenden Rechtsordnungen, nämlich derjenigen Rechtsordnung, zu welcher der *Erbvertrag* die engste Verbindung hat. Für die im Rahmen von UAbs. 2 ggf zu treffende Auswahlentscheidung dürften daher in erster Linie die mit dem Vertragsschluss einhergehenden Umstände maßgeblich sein (allen voran der Ort des Vertragsschlusses, insbesondere bei beurkundungsbedürftigen letztwilligen Verfügungen),[132] zudem auch Umstände, die sich aus dem Vertragsinhalt selbst ergeben (Umfang der jeweiligen Verpflichtung, Belegenheit durch den Erbvertrag ausschließlich betroffener Nachlassgegenstände etc.); nicht oder allenfalls nachrangig zu berücksichtigen sein dürften hingegen der gewöhnliche Aufenthalt oder die Staatsangehörigkeit der Parteien, da diese Kriterien nicht unmittelbar mit dem Erbvertrag in Zusammenhang stehen und damit im Hinblick auf dessen Verbindung zu dem jeweiligen Staat kaum aussagekräftig sind.[133]

bb) Rechtswahl (Art. 25 Abs. 3 EuErbVO)

78   Ebenso wie Art. 24 Abs. 2 EuErbVO gewährt auch Art. 25 Abs. 3 EuErbVO eine **beschränkte Rechtswahlmöglichkeit** unter den von Art. 22 EuErbVO genannten Bedingungen (vgl im Einzelnen Rn 23 ff), unabhängig davon, ob ein einseitiger oder mehrseitiger Erbvertrag geschlossen wurde. Gewählt werden kann aufgrund des Verweises auf Art. 22 EuErbVO alleine das **Heimatrecht** derjenigen Person, deren Nachlass von dem Erbvertrag betroffen wird; liegt ein mehrseitiger Erbvertrag vor, erstreckt sich die Rechtswahlmöglichkeit auf das Heimatrecht einer *jeden* Person, deren Nachlass durch die Verfügung von Todes wegen betroffen wird, was bei Mehrstaatern zu einer großen Auswahlmöglichkeit führen kann; maßgeblich ist wiederum stets der Zeitpunkt des Vertragsschlusses.

79   Die Rechtswahl im Rahmen von Art. 25 Abs. 3 EuErbVO ist ausweislich seines Wortlauts stets eine **gemeinsame Rechtswahl**[134] („können die Parteien [...] wählen"), so dass das für die Beurteilung der materiellen Wirksamkeit einer solchen maßgebliche (gewählte) Recht auch (abweichend von Art. 22 Abs. 3 EuErbVO) darüber befinden muss, ob eine *gemeinsame* Rechtswahl (ggf konkludent)[135] getroffen wurde. Sofern die Rechtswahl wirksam ist, bezieht sie sich stets auf *alle* von Art. 25 EuErbVO erfassten materiellen Aspekte des Erbvertrages, also auf seine Zulässigkeit, seine materielle Wirksamkeit, seine Bindungswirkung sowie auf die Voraussetzungen seiner Auflösung; eine diesbezüglich **Teilrechtswahl** ist folglich **ausgeschlossen**.[136]

80   Ein **isolierter Widerruf** bzw eine **isolierte Änderung** der gemeinsamen Rechtswahl kommt hingegen – ebenso wie im Rahmen von Art. 24 Abs. 2 EuErbVO (vgl Rn 69) – *nicht* in Betracht:[137] Auch Art. 25 Abs. 3 EuErbVO gestattet nach seinem eindeutigen

---

132 *Simon/Buschbaum*, NJW 2012, 2393, 2396; ebenso Palandt/*Thorn*, Art. 25 EuErbVO Rn 6; *Nordmeier*, ZErb 2013, 112, 115.
133 Anders Palandt/*Thorn*, Art. 25 EuErbVO Rn 6; *Nordmeier*, ZErb 2013, 112, 115.
134 Palandt/*Thorn*, Art. 25 EuErbVO Rn 7; *Nordmeier*, ZErb 2013, 112, 115 f.
135 Vgl hierzu *Nordmeier*, ZErb 2013, 112, 117.
136 Ebenso Palandt/*Thorn*, Art. 25 EuErbVO Rn 7; *Nordmeier*, ZErb 2013, 112, 116 f.
137 AA *Nordmeier*, ZErb 2013, 117 f; *Leitzen*, ZEV 2013, 128, 130; vgl auch *Odersky*, notar 2013, 3, 8 (Frage nach der Bindungswirkung einer Rechtswahl „ist wohl nicht autonom aus der Verordnung zu entwickeln, sondern wird man dem für die materielle Wirksamkeit gewählten Recht unterstellen, da dieses auch über den Umfang der Bindungswirkung entscheidet".

Wortlaut[138] alleine eine *Rechtswahl*, nicht jedoch zugleich einen (gem. Art. 22 EuErbVO terminologisch hiervon zu unterscheidenden) Widerruf bzw eine Änderung einer bereits ausgeübten Wahl des Errichtungsstatuts,[139] so dass die Verweisung des Art. 25 Abs. 3 EuErbVO ebenfalls alleine auf Art. 22 Abs. 1–3 EuErbVO bezogen ist. Eine Auslegung gegen diesen Wortlaut kommt bereits deswegen nicht in Betracht, da die Zulässigkeit einer (isolierten) nachträglichen Abänderung der Rechtswahl nicht nur zu einer (nachträglichen) Unwirksamkeit des wirksam errichteten Erbvertrages führen kann (bspw bei nunmehriger Maßgeblichkeit einer Rechtsordnung mit diesbezüglichen materiellen Verbotsnormen), sondern auch die wirksam entstandenen Bindungswirkungen untergehen lassen könnte. Ein solches Ergebnis lässt sich auch nicht mit dem dahin gehenden Hinweis rechtfertigen, dass ein derartiger Widerruf bzw eine Änderung von den beteiligten Parteien *gemeinsam* getroffen werden müsste:[140] Zumindest eine Partei ist durch den wirksamen Abschluss eines Erbvertrages in ihrer Privatautonomie (Testierfreiheit) beschränkt, so dass ein *sachrechtliche Wertungen verwirklichendes* IPR diese materiellrechtliche Entscheidung durch Gewährung von Parteiautonomie nicht konterkarieren kann. Ein einmal gewähltes Errichtungsstatut ist daher **unwandelbar** und bestimmt abschließend über die Zulässigkeit, materielle Wirksamkeit, Bindungswirkung sowie die Auflösungsvoraussetzungen eines Erbvertrages.

d) Übergangsrecht (Art. 83 Abs. 3 EuErbVO)

Wurde der Erbvertrag vor dem 17.8.2015 errichtet, ist die Übergangsvorschrift des Art. 83 Abs. 3 EuErbVO zu beachten. Nach dieser unterliegt die Beurteilung einer solchen letztwilligen Verfügung nicht alleine den Kollisionsnormen der EuErbVO, sondern alternativ auch den zum Errichtungszeitpunkt geltenden nationalen Kollisionsnormen desjenigen Staates, in welchem der Erblasser seinen letzten gewöhnlichen Aufenthalt hatte, dessen Staatsangehörigkeit er besaß oder dessen Gerichte bzw Behörden mit der Erbsache befasst sind (vgl hierzu bereits Rn 71).

3. Reichweite des Errichtungsstatuts, Testierfähigkeit bei Statutenwechsel (Art. 26 EuErbVO)

a) Allgemeines

Welche Rechtsfragen im Einzelnen zu der **materiellen Wirksamkeit** iSd Art. 24 und 25 EuErbVO zu zählen sind, bestimmt die (allerdings nicht als abschließend zu verstehende und ggf mittels einer kollisionsrechtlichen Interessenprüfung näher zu konkretisierende) unselbstständige Kollisionsnorm des Art. 26 Abs. 1 EuErbVO. Darüber hinaus enthält Art. 26 Abs. 2 EuErbVO eine Sonderregelung hinsichtlich der Testierfä-

---

138 Anders *Nordmeier*, ZErb 2013, 117 f Fn 53, der jedoch einräumt, dass der Wortlaut des Art. 25 Abs. 3 EuErbVO wenigstens „höchst andeutungsweise" durch Verwendung des – auch in anderen Sprachfassungen gebrauchten – grammatikalischen Irrealis („hätte wählen können") auf den Errichtungszeitpunkt als maßgeblichen Zeitpunkt für die Rechtswahl abstellt. Da eine nachträgliche Rechtswahl somit ausgeschlossen ist, findet sie aus *diesem* Grund – anders als im Rahmen der Rom I-VO (vgl Art. 3 Abs. 2 Rom I-VO) – keine Erwähnung in der EuErbVO.
139 Vgl insoweit auch die anderen Sprachfassungen der EuErbVO.
140 Insoweit zutreffend *Nordmeier*, ZErb 2013, 117 f.

higkeit bei Änderung oder Widerruf der letztwilligen Verfügung im Falle eines **Statutenwechsels**.

b) Materielle Wirksamkeit (Art. 26 Abs. 1 EuErbVO)

83 Zur materiellen Wirksamkeit iSd Art. 24 und 25 EuErbVO gehören insbesondere

- gem. lit. a die **Testierfähigkeit** der letztwillig verfügenden Person (bei Statutenwechsel ist Abs. 2 zu beachten),
- gem. lit. b die besonderen Gründe, aufgrund derer die letztwillig verfügende Person nicht zugunsten bestimmter Personen verfügen oder aufgrund derer eine Person kein Nachlassvermögen vom Erblasser erhalten darf, also **Testier- und Erbverbote** (etwa §§ 2249 Abs. 1 S. 3, 2250 Abs. 3 S. 2 BGB), soweit sie nicht (wie § 14 HeimG, vgl Rn 117) aufgrund überwiegend öffentlicher Zwecksetzung als Eingriffsnormen zu qualifizieren sind,
- gem. lit. c die **Zulässigkeit der Stellvertretung** bei der Errichtung einer Verfügung von Todes wegen, soweit die entsprechenden Normen *materielle*, nicht nur *formelle* Anforderungen stellen,
- gem. lit. d die **Auslegung der Verfügung** sowie
- gem. lit. e alle Fragen hinsichtlich des Vorhandenseins des **Testierwillens** sowie etwaiger **Willensmängel**, mögen sie auf Täuschung, Nötigung, Irrtum oder sonstigen Gründen beruhen.

84 Soweit einzelne Rechtsordnungen ein **Verbot gemeinschaftlicher Testamente oder Erbverträge** anordnen (so insbesondere die romanischen Rechtsordnungen),[141] das sich nicht gegen die formale Zusammenfassung in einer Urkunde (diese unterfallen als Formfrage dem Formstatut, vgl Rn 95), sondern gegen die *Bindungswirkung* als solche richtet, handelt es sich nach der von Art. 24, 25 EuErbVO gewählten Terminologie um eine Frage der **Zulässigkeit** einer letztwilligen Verfügung, die ohne Rückgriff auf Art. 26 EuErbVO unmittelbar von den genannten Kollisionsnormen erfasst wird (vgl den jeweiligen Wortlaut von Art. 24, 25 EuErbVO).

c) Testierfähigkeit bei Statutenwechsel (Art. 26 Abs. 2 EuErbVO)

85 Art. 26 Abs. 2 EuErbVO bestimmt, dass eine einmal erlangte Testierfähigkeit trotz späteren Wechsels des anzuwendenden Rechts erhalten bleibt, soweit es um die **Änderung** oder den **Widerruf** einer *bereits errichteten* Verfügung von Todes wegen geht. Diese unterliegt als neue Verfügung von Todes wegen dem *zum Zeitpunkt ihrer Errichtung* gem. Art. 24, 25 EuErbVO maßgeblichen Recht (vgl hierzu Rn 67, Rn 76), so dass bei einem zwischenzeitlichen Statutenwechsel eine (seitens des ursprünglichen Errichtungsstatuts gestattete) Abänderung der früheren Verfügung von Todes wegen ohne die Regelung des Art. 26 Abs. 2 EuErbVO nicht möglich wäre, wenn das neue Errichtungsstatut die Testierfähigkeit verneint. Voraussetzung für den Erhalt einer einmal erlangten Testierfähigkeit ist jedoch stets, dass von dieser *konkret Gebrauch*

---

141 So etwa in Italien Art. 458, Art. 589, Art. 635 Cc (vgl NK-BGB/*Frank*, Länderbericht Italien, Rn 60; auch Palandt/*Thorn*, Art. 25 EGBGB Rn 14; Soergel/*Schurig*, Art. 26 EGBGB Rn 23); in Frankreich möglicherweise Art. 968, Art. 1130 Cc (vgl NK-BGB/*Frank*, Länderbericht Frankreich, Rn 75 ff; als Formvorschrift qualifizierend demgegenüber Palandt/*Thorn*, Art. 25 EGBGB Rn 14; in diese Richtung auch Soergel/*Schurig*, Art. 26 EGBGB Rn 23 jeweils mwN).

C. Die kollisionsrechtliche Behandlung von Verfügungen von Todes wegen

gemacht worden ist; anders als Art. 26 Abs. 5 S. 2 EGBGB aF[142] schützt Art. 26 Abs. 2 EuErbVO somit nur das *konkrete Vertrauen* in die Abänderbarkeit einer errichteten Verfügung von Todes wegen im Hinblick auf die Testierfähigkeit.[143]

III. Formelle Wirksamkeitsvoraussetzungen einer Verfügung von Todes wegen

1. Maßgebliche Rechtsgrundlage

Das für die **Formgültigkeit einer schriftlichen Verfügung von Todes wegen** (einschließlich ihres Widerrufs bzw ihrer Änderung) maßgebliche Recht bestimmt Art. 27 EuErbVO; mündliche Verfügungen von Todes wegen sind aus dem Anwendungsbereich der EuErbVO gem. Art. 1 Abs. 2 lit. f EuErbVO ausgenommen und unterliegen damit den Kollisionsnormen der jeweiligen lex fori (vgl § 2 Rn 8). Da Art. 75 Abs. 1 UAbs. 2 EuErbVO indes den Vorrang des ebenfalls Formfragen betreffenden **Haager Übereinkommens über das auf die Form letztwilliger Verfügungen anzuwendende Recht vom 5.10.1961** anordnet, ergibt sich *formal* betrachtet folgende Gemengelage der maßgeblichen Rechtsquellen: Soweit der Anwendungsbereich des HTestformÜ greift (schriftliche und mündliche[144] Verfügungen von Todes wegen sowie gemeinschaftliche Testamente, vgl Art. 1 Abs. 1, Art. 4 HTestformÜ), geht dieses Art. 27 EuErbVO vor, so dass die europäische Bestimmung aus deutscher Sicht letztlich alleine für Formfragen *schriftlicher* Erbverträge sowie Erbverzichte anzuwenden ist; für *mündliche* Erbverträge und Erbverzichte bleibt es hingegen mangels Eröffnung des Anwendungsbereichs des HTestformÜ und der EuErbVO bei der Geltung des nationalen Kollisionsrechts, welches diese jedoch ebenfalls – kraft autonomer Verweisung – der Regelung des Art. 27 EuErbVO unterstellt (Art. 26 Abs. 2 EGBGB nF).

86

In *materieller* Hinsicht inkorporiert Art. 27 EuErbVO die maßgeblichen Bestimmungen des HTestformÜ, so dass Art. 27 EuErbVO bereits nach seinem Sinn und Zweck (vgl Erwägungsgrund 52 S. 1) entsprechend dem Haager Übereinkommen auszulegen, also diesem letztlich **inhaltsgleich** ist. Da die Vorrangfrage *inhaltsgleicher* Bestimmungen bei Lichte betrachtet reine Formalität darstellt, kann bei der Rechtsanwendung daher jedenfalls aus Vereinfachungsgründen unmittelbar auf Art. 27 EuErbVO zurückgegriffen werden.[145] Zu beachten ist jedoch, dass für Verfügungen von Todes wegen, die nicht in den Anwendungsbereich der EuErbVO fallen – also *mündliche* Verfügungen von Todes – zusätzlich die besondere (nationale) Regelung des Art. 26 Abs. 1 EGBGB nF greift, die eine weitere, neben Art. 27 EuErbVO tretende alternative Anknüpfung des Formstatuts für letztwillige Verfügungen (jedoch mit Ausnahme von *mündlichen* Erbverträgen sowie Erbverzichten, die von Art. 26 Abs. 2 EGBGB nF erfasst werden) vorsieht (vgl Rn 97). Daher werden **von dem Regelungs-**

87

---

142 Vgl nur MüKo-BGB/*Dutta*, Art. 26 EGBGB Rn 19; Soergel/*Schurig*, Art. 26 EGBGB Rn 29 jeweils mwN.
143 Für eine extensive Auslegung hingegen Palandt/*Thorn*, Art. 26 EuErbVO Rn 2.
144 Ein Vorbehalt gem. Art. 10 HTestformÜ hat Deutschland nicht eingelegt.
145 Für das Verhältnis der Kollisionsnormen des HTestformÜ und seiner deutschen Umsetzungsnorm Art. 26 EGBGB auch Soergel/*Schurig*, Art. 26 EGBGB Rn 3; Kegel/*Schurig*, § 1 IV 1 a, S. 12 f; Palandt/*Thorn*, Art. 26 EGBGB Rn 1. – AA MüKo-BGB/*Dutta*, Art. 26 EGBGB Rn 2.

gehalt des Art. 27 EuErbVO vorbehaltslos nur Verfügungen von Todes wegen mit Ausnahme mündlicher letztwilliger Verfügungen erfasst.

2. Formgültigkeit von Verfügungen von Todes wegen mit Ausnahme mündlicher letztwilliger Verfügungen

**a) Bestimmung des Formstatuts
(Art. 27 Abs. 1 EuErbVO bzw. Art. 1 UAbs. 1, UAbs. 3 HTestformÜ)**

88 Art. 27 Abs. 1 S. 1 EuErbVO sieht *alternative* Anknüpfungen des Formstatuts vor, um die Formwirksamkeit testamentarischer Verfügungen zu begünstigen (sog. favor testamenti); eine Verfügung von Todes wegen ist daher bereits dann formwirksam, wenn eine der gem. Art. 27 Abs. 1 S. 1 EuErbVO anwendbaren Rechtsordnungen zur Formwirksamkeit einer solchen gelangt.

aa) Errichtungsort (Art. 27 Abs. 1 UAbs. 1 lit. a EuErbVO, Art. 1 UAbs. 1 lit. a HTestformÜ)

89 Art. 27 Abs. 1 UAbs. 1 lit. a EuErbVO (Art. 1 UAbs. 1 lit. a HTestformÜ) sieht zunächst eine Anknüpfung an denjenigen Ort vor, an welchem die Verfügung errichtet oder der Erbvertrag geschlossen wurde. Unter dem **Errichtungsort** ist der Ort zu verstehen, an dem das Testament angefertigt wurde, bei sukzessiver Testamentserrichtung mit Berührung zu mehreren Staaten (Beginn der Anfertigung des Testaments in Staat X, Vollendung des Testaments durch Unterzeichnung in Staat Y) ist der Ort maßgeblich, an dem das Testament (regelmäßig durch Unterschrift) abgeschlossen, also vollendet wurde.[146]

90 Hinsichtlich Erbverträge knüpft Art. 27 Abs. 1 UAbs. 1 lit. a EuErbVO an den **Abschlussort des Erbvertrages** an; soweit die insoweit beteiligten Personen ihre rechtserhebliche Erklärung in verschiedenen Staaten abgegeben, ist der Erbvertrag im Hinblick auf die von Art. 27 Abs. 1 UAbs. 1 EuErbVO bezweckte Formerleichterung (entsprechend Art. 27 Abs. 1 UAbs. 1 lit. b EuErbVO) bereits dann als formwirksam zu betrachten, wenn er den Formerfordernissen *einer* der beteiligten Rechtsordnungen genügt.[147]

**bb) Staatsangehörigkeit des Erblassers
(Art. 27 Abs. 1 UAbs. 1 lit. b EuErbVO, Art. 1 UAbs. 1 lit. b HTestformÜ)**

91 Eine schriftliche Verfügung von Todes wegen ist zudem dann formwirksam, wenn sie dem Recht desjenigen Staates entspricht, dem der Erblasser oder mindestens eine der Personen, deren Rechtsnachfolge von Todes wegen durch einen Erbvertrag betroffen ist, entweder im **Zeitpunkt** der Errichtung der Verfügung bzw des Abschlusses des Erbvertrags oder im Zeitpunkt des Todes angehörte. Maßgebliches Anknüpfungskriterium ist somit die **Staatsangehörigkeit des Erblassers** oder – im Rahmen mehrseitiger erbvertraglicher Verfügungen – die **Staatsangehörigkeit jeder an dem Erbvertrag beteiligten Personen** (alternative Anknüpfung aufgrund des bezweckten favor testamenti, vgl Rn 88). Ist die insoweit maßgebliche Person **staatenlos**, tritt an die Stelle

---

146 MüKo-BGB/*Dutta*, Art. 26 EGBGB Rn 52.
147 AA jedenfalls im Rahmen von Art. 26 EGBGB Staudinger/*Dörner*, Art. 26 EGBGB Rn 43 (Maßgeblichkeit alleine des Rechts desjenigen Ortes, an welchem die zum Vertragsschluss führende *Annahme*erklärung abgegeben und ggf beurkundet wurde); noch anders Soergel/*Schurig*, Art. 26 EGBGB Rn 16 (kumulative Berufung der beteiligten Rechte).

der Staatsangehörigkeit das Recht des schlichten Aufenthalts (vgl Art. 12 Abs. 1 des weiterhin beachtlichen New Yorker UN-Übereinkommen über die Rechtsstellung der Staatenlosen vom 28.9.1954);[148] handelt es sich bei der betreffenden Person um einen **Flüchtling** iSd Genfer UN-Abkommens über die Rechtsstellung der Flüchtlinge vom 28.7.1951,[149] sind aufgrund des bezweckten favor testamenti sowohl dessen Staatsangehörigkeit als auch dessen schlichter Aufenthalt (vgl Art. 12 Abs. 1 dieses Übereinkommens) maßgebliche Anknüpfungsmomente iSv Art. 27 Abs. 1 S. 1 lit. b EuErbVO.[150] War die für die jeweilige Anknüpfung relevante Person **Mehrrechtsstaater**, ist alternativ auf jede vorhandene Staatsangehörigkeit abzustellen; eine Beschränkung auf die „effektive" Staatsangehörigkeit kommt vor dem Hintergrund des mit Art. 27 Abs. 1 UAbs. 1 EuErbVO verfolgten favor testamenti ebenfalls nicht in Betracht.[151] Hinsichtlich der Bestimmung der Staatsangehörigkeit vgl Rn 27.

cc) Wohnsitz und gewöhnlicher Aufenthalt des Erblassers (Art. 27 Abs. 1 UAbs. 1 lit. b, c EuErbVO, Art. 1 UAbs. 1 lit. b, c HTestformÜ)

Darüber hinaus ist eine schriftliche Verfügung von Todes wegen formwirksam, wenn sie dem Recht desjenigen Staates entspricht, in dem der Erblasser oder mindestens eine der Personen, deren Rechtsnachfolge von Todes wegen durch einen Erbvertrag betroffen ist, entweder im **Zeitpunkt** der Errichtung der Verfügung oder des Abschlusses des Erbvertrags oder im Zeitpunkt des Todes den **Wohnsitz** (lit. c) oder den **gewöhnlichen Aufenthalt** (lit. d) hatte. Ob ein Wohnsitz in einem bestimmten Staat besteht, unterliegt gem. Art. 27 Abs. 1 UAbs. 2 EuErbVO (Art. 1 UAbs. 3 HTestformÜ) dem in diesem Staat geltenden Recht; zum Begriff des gewöhnlichen Aufenthalts vgl Rn 10 ff.

92

dd) Belegenheitsort bei unbeweglichem Vermögen (Art. 27 Abs. 1 UAbs. 1 lit. d EuErbVO, Art. 1 UAbs. 1 lit. d HTestformÜ)

Formgültig sind zuletzt Verfügungen von Todes wegen, welche dem Recht des Belegenheitsstaates von unbeweglichen Vermögensgütern entsprechen, jedoch *nur* hinsichtlich dieser Gegenstände; die Verfügung von Todes wegen kann daher im Hinblick auf anderes Nachlassvermögen unwirksam sein. Art. 27 Abs. 1 S. 1 lit. d EuErbVO (Art. 1 UAbs. 1 lit. d HTestformÜ) spricht ebenfalls eine **alternative Anknüpfung** aus, sie darf nicht als (abschließende) lex specialis für unbewegliche Vermögensgegenstände missverstanden werden.[152] Welche Nachlassgegenstände als unbewegliches Vermögen zu qualifizieren sind, unterliegt der lex rei sitae.[153]

93

---

148 BGBl. II 1976 S. 474; bei Vorhandensein eines (nach diesem Übereinkommen gem. dessen Art. 12 Abs. 1 vorrangig zu beachtenden) gewöhnlichen Aufenthalts kann (da inhaltsgleich, vgl Rn 87) auch unmittelbar auf Art. 27 Abs. 1 S. 1 lit. d EuErbVO abgestellt werden.
149 BGBl. II 1953 S. 560; bei Vorhandensein eines (nach diesem Übereinkommen gem. dessen Art. 12 Abs. 1 vorrangig zu beachtenden) gewöhnlichen Aufenthalts kann ebenfalls unmittelbar auf Art. 27 Abs. 1 S. 1 lit. d EuErbVO abgestellt werden.
150 Zu Art. 1 HTestformÜ auch Staudinger/*Dörner*, Vorbem. zu Art. 25 f EGBGB Rn 49.
151 Zu Art. 26 EGBGB auch Staudinger/*Dörner*, Vorbem. zu Art. 25 f EGBGB Rn 49, Art. 26 EGBGB Rn 41.
152 BeckOGK/*Schmidt* Art. 27 EuErbVO Rn 70; bereits Soergel/*Schurig*, Art. 26 EGBGB Rn 12; Staudinger/*Dörner*, Art. 26 EGBGB Rn 46; MüKo-BGB/*Dutta*, Art. 26 Rn 58.
153 Soergel/*Schurig*, Art. 26 EGBGB Rn 12; Staudinger/*Dörner*, Art. 26 EGBGB Rn 46; MüKo-BGB/*Dutta*, Art. 26 EGBGB Rn 59. – AA BeckOGK/*Schmidt* Art. 27 EuErbVO Rn 64.

b) Änderung oder Widerruf einer Verfügungen von Todes wegen (Art. 27 Abs. 2 EuErbVO, Art. 2 HTestformÜ)

94 Soweit eine frühere Verfügung von Todes wegen geändert oder widerrufen wird, unterliegt die Frage nach der **Formwirksamkeit der Änderung bzw des Widerrufs** ebenfalls der nach Maßgabe des Art. 27 Abs. 1 EuErbVO (Art. 1 UAbs. 1 HTestformÜ) bestimmten Rechtsordnung (Art. 27 Abs. 2 S. 1 EuErbVO, Art. 2 S. 1 HTestformÜ). Darüber hinaus ist insoweit zusätzlich das Recht derjenigen Rechtsordnung maßgeblich, nach der die geänderte oder widerrufene Verfügung von Todes wegen nach Art. 27 Abs. 1 EuErbVO (Art. 1 HTestformÜ) gültig war (Art. 27 Abs. 2 S. 2 EuErbVO, Art. 2 S. 2 HTestformÜ).

Beispiel:
Ein Deutscher mit gewöhnlichem Aufenthalt in Österreich errichtete dort ein allografes Testament (ein in Anwesenheit von Zeugen von einem Dritten geschriebenes, sodann vom Erblasser eigenhändig unterschriebenes Testament) gem. § 579 ABGB. Begründet der Erblasser sodann seinen neuen gewöhnlichen Aufenthalt in Deutschland, kann der Widerruf des Testaments gem. Art. 27 Abs. 2 S. 2 EuErbVO (Art. 2 S. 2 HTestformÜ) in § 579 ABGB entsprechender Form erklärt werden.

c) Reichweite des Formstatuts (Art. 27 Abs. 3 EuErbVO, Art. 5 HTestformÜ)

95 Art. 27 Abs. 3 EuErbVO (Art. 5 HTestformÜ) sieht eine das Formstatut konkretisierende (Hilfs-)Kollisionsnorm vor, deren Detailgenauigkeit indes nicht an Art. 23, 26 EuErbVO heranragt und nur einige problematische Fälle ausdrücklich erfasst; die konkrete Qualifikationsfrage muss daher regelmäßig mittels einer teleologischen, den Sinn und Zweck der fraglichen Sachnorm berücksichtigenden kollisionsrechtlichen Interessenanalyse beantwortet werden. Als **Formvorschriften zu qualifizieren** sind demnach regelmäßig solche Bestimmungen, die eine bestimmte äußere Gestaltung des Rechtsgeschäfts vorschreiben und mit dieser insbesondere eine Warn-, Beweis-, Beratungs- oder Kontrollfunktion verfolgen;[154] sie sind samt ihrer konkreten Rechtsfolgen anzuwenden.[155] Art. 27 Abs. 3 EuErbVO (Art. 5 HTestformÜ) konkretisiert insoweit, dass Bestimmungen, welche die Form letztwilliger Verfügungen von Todes wegen aus Gründen des Alters, der Staatsangehörigkeit oder anderer persönlicher Eigenschaften (Analphabetismus, Blind-, Stumm- oder Taubheit, Geistesschwäche[156] etc.) beschränken, grundsätzlich als Formvorschriften qualifiziert werden können, unabhängig davon, ob diese Eigenschaften bei dem Erblasser bzw einer Person, deren Rechtsnachfolge von Todes wegen durch einen Erbvertrag betroffen ist, oder bei den (für die Gültigkeit einer Verfügung von Todes wegen möglicherweise erforderlichen) Zeugen vorliegen. Die **Testierfähigkeit** einer Person ist demgegenüber materiellrechtlich zu qualifizieren (vgl Art. 26 Abs. 1 lit. a EuErbVO) und unterliegt damit *nicht* dem Formstatut. **Verbote gemeinschaftlicher Testamente oder Erbverträge** fallen unter das Formstatut, soweit sie zumindest *überwiegend* Formzwecke verfolgen,[157] wie

---

[154] Vgl Staudinger/*Dörner*, Vorbem. zu Art. 25 f EGBGB Rn 85.
[155] Staudinger/*Dörner*, Art. 26 EGBGB Rn 36, Vorbem. zu Art. 25 f EGBGB Rn 86; Soergel/*Schurig*, Art. 26 EGBGB Rn 25; vgl hierzu auch *Köhler*, S. 261 f. – AA MüKo-BGB/*Dutta*, Art. 26 EGBGB Rn 47 (Erbstatut).
[156] Beispiele von Staudinger/*Dörner*, Vorbem. zu Art. 25 f EGBGB Rn 87; vgl auch BeckOGK/*Schmidt* Art. 27 EuErbVO Rn 32.
[157] Soergel/*Schurig*, Art. 26 EGBGB Rn 23.

etwa das niederländische Verbot gemeinschaftlicher Testamente (Art. 4:4 Abs. 2 B.W.);[158] richtet sich das Verbot indes gegen die materielle Bindungswirkung als solche (so insbesondere im romanischen Rechtskreis),[159] handelt es sich um eine Frage der materiellen Wirksamkeit, welche dem gem. Art. 25, 26 EuErbVO zu bestimmenden Errichtungsstatut unterliegt. Vgl hierzu und zu weiteren Abgrenzungsfragen Rn 84.

d) Fragen des Allgemeinen Teils

Bei den von Art. 27 EuErbVO ausgesprochenen Verweisungen handelt es sich – ebenso wie bei denjenigen des HTestformÜ – allesamt gem. Art. 34 Abs. 2 EuErbVO (bzw. gem. Art. 1 UAbs. 1 HTestformÜ) explizit um **Sachnormverweisungen**, so dass etwaige Rück- oder Weiterverweisungen seitens eines ausländischen IPR unbeachtlich sind. Wird auf das Recht eines **Mehrrechtsstaates** verwiesen, ist die maßgebliche Teilrechtsordnung mittels des speziell für die Verweisungen des Art. 27 EuErbVO vorgesehenen, Art. 1 Abs. 2 HTestformÜ inkorporierenden Art. 36 Abs. 3 EuErbVO zu bestimmen. **Vorfragen** sind stets selbstständig anzuknüpfen (vgl Rn 145 ff); beruft Art. 27 EuErbVO ausländisches Recht zur Anwendung, steht dieses unter dem Vorbehalt des **ordre public** (Art. 35 EuErbVO bzw. Art. 7 HTestformÜ).

3. Formgültigkeit mündlicher letztwilliger Verfügung

Wie bereits sub Rn 87 dargestellt, können alle Verfügungen von Todes wegen zumindest mittelbar der Regelung des Art. 27 EuErbVO unterstellt werden. Dies gilt grundsätzlich auch für **mündliche letztwillige Verfügungen von Todes wegen**, wenngleich Art. 26 Abs. 1 EGBGB nF (Art. 26 Abs. 1 S. 1 Nr. 5 EGBGB aF) insoweit eine **weitere alternative Anknüpfung Formstatuts** an das Erb- bzw Errichtungsstatut vorsieht, die zusätzlich zu dem von Art. 27 EuErbVO bestimmten Recht zu beachten ist; bei dieser Anknüpfung handelt es sich gem. Art. 4 Abs. 1 S. 1 EGBGB um eine Gesamtverweisung.[160]

Anmerkung:
Art. 26 Abs. 1 EGBGB nF erfasst – trotz seines insoweit missverständlichen Wortlauts – **keine schriftlichen Verfügungen von Todes wegen**. Zwar gestattet Art. 3 HTestformÜ den einzelnen Vertragsstaaten den Erlass weiterer, formbegünstigender Alternativanknüpfungen, jedoch sind diese – das HTestformÜ alleine ergänzende – Kollisionsnormen **von nationaler Provenienz**, so dass diese die Öffnungsklausel des – sich expressis verbis ausschließlich auf **Bestimmungen des HTestformÜ** beziehenden – Art. 75 Abs. 1 UAbs. 2 nicht „passieren" können;[161] Art. 26 Abs. 1 EGBGB nF wird daher insoweit teilweise von Art. 27 EuErbVO derogiert. Ebenso wenig von Art. 26 Abs. 1 EGBGB nF erfasst werden **mündliche Erbverträge und Erbverzichte**, die als „andere Verfügungen von Todes wegen" gem. Art. 26 Abs. 2 EGBGB nF ausschließlich dem Regelungsgehalt des Art. 27 EuErbVO unterstellt werden. Zu Art. 26 EGBGB aF vgl. auch Teil 3 § 10 Rn 8 ff.

---

158 Vgl hierzu NK-BGB/*Süß*, Länderbericht Niederlande, Rn 46 f.
159 So etwa in Italien Art. 458, Art. 589, Art. 635 Cc (vgl NK-BGB/*Frank*, Länderbericht Italien, Rn 60; auch Palandt/*Thorn*, Art. 25 EGBGB Rn 14; Soergel/*Schurig*, Art. 26 EGBGB Rn 23); in Frankreich möglicherweise Art. 968, Art. 1130 Cc (vgl NK-BGB/*Frank*, Länderbericht Frankreich, Rn 75 ff; als Formvorschrift qualifizierend demgegenüber Palandt/*Thorn*, Art. 25 EGBGB Rn 14; in diese Richtung auch Soergel/*Schurig*, Art. 26 EGBGB Rn 23 jeweils mwN).
160 Zum alten Recht vgl Staudinger/*Dörner*, Art. 26 EGBGB Rn 48; Soergel/*Schurig*, Art. 26 EGBGB Rn 13.
161 Vgl auch MüKo-BGB/*Dutta*, Art. 27 EuErbVO Rn 7. – AA BeckOGK/*Schmidt* Art. 27 EuErbVO Rn 14.

D. Weitere gesonderte Anknüpfungen der EuErbVO
I. Überblick

98 Weitere gesonderte Anknüpfungen sieht die EuErbVO für die **Formgültigkeit einer Annahme- und Ausschlagungserklärungen** (Art. 28 EuErbVO), für die **Bestellung und die Befugnisse eines Nachlassverwalters** (Art. 29 EuErbVO) sowie für **Eingriffsnormen** (Art. 30 EuErbVO) vor.

II. Formgültigkeit von Annahme- und Ausschlagungserklärungen (Art. 28 EuErbVO)

99 Das auf die **Formgültigkeit** von Annahme- oder Ausschlagungserklärungen sowie Erklärung zur Beschränkung der Nachlasshaftung anzuwenden Recht bestimmt sich nicht nach Art. 27 EuErbVO, sondern nach der speziellen Kollisionsnorm des Art. 28 EuErbVO. Diese knüpft akzessorisch an das gem. Art. 21, 22 EuErbVO zu bestimmende **Erbstatut** an, so dass diesem sowohl formelle als auch materielle (vgl Rn 47) Fragen hinsichtlich solcher Erklärungen unterliegen. *Alternativ* erklärt Art. 28 lit. b EuErbVO zudem das Recht des Staates für anwendbar, in dem der Erklärende seinen **gewöhnlichen Aufenthalt** hat (Sachnormverweisung gem. Art. 34 Abs. 2 EuErbVO). Besonderheiten bestehen indes bei einer **Erklärung zur Beschränkung der Nachlasshaftung**: Soweit das Erbstatut diesbezüglich ein **besonderes Verfahren** anordnet (etwa ein Verfahren zur Inventarerrichtung), unterliegen auch die formellen Voraussetzungen für im Rahmen eines solchen Verfahrens abzugebende Erklärungen ausschließlich dem Erbstatut (vgl hierzu Rn 47).

100 Art. 28 EuErbVO ergänzt in kollisionsrechtlicher Hinsicht die Zuständigkeitsbestimmung des Art. 13 EuErbVO und gewährleistet, dass die erfassten Erklärungen stets *auch* nach denjenigen Formvorschriften abgegeben werden können, die in dem Staat des für die Entgegennahme solcher Erklärungen zuständigen Gerichts gelten (vgl auch Erwägungsgrund 32).

III. Bestellung und Befugnisse von Nachlassverwaltern (Art. 29 EuErbVO)
1. Allgemeines

101 Ist die Bestellung eines Nachlassverwalters nach der lex fori des für die Entscheidung in Erbsachen zuständigen mitgliedstaatlichen Gerichts – ggf auf Antrag – verpflichtend vorgeschrieben und unterliegt die Rechtsnachfolge von Todes wegen einem ausländischen Recht, gewährt Art. 29 EuErbVO eine **gesonderte Anknüpfung** der für die Bestellung und die Befugnisse des Nachlassverwalters maßgeblichen Regelungen der lex fori. Bedeutung hat die spezielle Kollisionsnorm des Art. 29 EuErbVO allen voran für Mitgliedstaaten des englischen Rechtskreises, die zwingende Nachlassverwaltung durch einen sog. *personal representative* (entweder einen vom Erblasser selbst eingesetzten *executor* oder ein seitens des Gerichts ernannter *administrator*) anordnen[162]

---

162 Vgl hierzu NK-BGB/*Odersky*, Länderbericht Großbritannien, Rn 60 ff; Burandt/Rojahn/*Solomon*, Länderbericht Großbritannien, Rn 132.

und deren besonderes Verfahren durch die EuErbVO nicht berührt werden sollte.[163] Da Großbritannien und Irland indes an der Verordnung nicht teilnehmen, entfaltet Art. 29 EuErbVO nur für Zypern seine vollständige Bedeutung.[164] Ob Art. 29 EuErbVO im Rahmen des Verlassenschaftsverfahrens nach österreichischem Recht angewandt werden kann, ist streitig,[165] für Deutschland dürfte die besondere Kollisionsnorm hingegen nur im Hinblick auf die – auf Antrag seitens des Gerichts anzuordnende – Nachlassverwaltung gem. § 1981 BGB von Relevanz sein.[166]

2. Bestellung des Nachlassverwalters (Art. 29 Abs. 1 EuErbVO)

Art. 29 Abs. 1 EuErbVO gestattet den nach der EuErbVO zuständigen Gerichten die Bestellung eines oder auch mehrerer Nachlassverwalter nach der lex fori unter bereits geschilderten Voraussetzungen (Rn 101); der Nachlassverwalter ist berechtigt, das Testament des Erblassers zu vollstrecken und den Nachlass nach Maßgabe des auf die Rechtsnachfolge von Todes wegen anzuwendenden Rechts zu verwalten. 102

3. Befugnisse des Nachlassverwalters (Art. 29 Abs. 2, 3 EuErbVO)

Die Rechte des Nachlassverwalters insbesondere im Hinblick auf die Veräußerung von Vermögen und die Befriedigung der Gläubiger unterliegen grundsätzlich dem Erbstatut, Art. 23 Abs. 2 lit. f EuErbVO. Soweit die von dem Erbstatut gewährten Befugnisse zur Erhaltung des Nachlassvermögens oder dem Schutz der Nachlassgläubiger nicht ausreichen, gestattet Art. 29 Abs. 2 EuErbVO eine **kumulative Anknüpfung** solcher Bestimmungen der lex fori, die geeignete, das Erbstatut insoweit **ergänzende Befugnisse** vorsehen; im Übrigen gilt das Erbstatut (UAbs. 3). Soweit das **Erbstatut drittstaatliches Recht** darstellt, können gem. Art. 29 Abs. 3 EuErbVO darüber hinausgehend sämtliche von der lex fori vorgesehenen Befugnisse auf den bestellten Nachlassverwalter übertragen werden; ausweisliche des Wortlauts („ausnahmsweise") ist diese das Erbstatut im Hinblick auf die Verwaltungsbefugnisse vollständig **verdrängende Anknüpfung** indes restriktiv zu handhaben. 103

IV. Eingriffsnormen (Art. 30 EuErbVO)

Art. 30 EuErbVO kodifiziert einen Teilbereich der Eingriffsnormenproblematik[167] und enthält eine – konkretisierungsbedürftige – kollisionsrechtliche **Generalklausel** zugunsten solcher Sachnormen, welche die Rechtsnachfolge von Todes wegen in Bezug auf unbewegliche Sachen, Unternehmen oder andere besondere Arten von Vermögenswerten aus wirtschaftlichen, familiären oder sozialen Erwägungen beschrän- 104

---

163 Vgl. auch MüKo-BGB/*Dutta*, Art. 29 EuErbVO Rn 1; *ders.*, FamRZ 2013, 4, 11; Palandt/*Thorn*, Art. 29 EuErbVO Rn 1.
164 *Dutta*, FamRZ 2013, 4, 11; Palandt/*Thorn*, Art. 29 EuErbVO Rn 1; jurisPK/*Ludwig*, Art. 29 EuErbVO Rn 9.
165 Bei Bestellung eines Verlassenschaftskurators gem. § 173 AußStrG bejahend *Vollmer*, ZErb 2012, 227, 232; ebenso jurisPK/*Ludwig*, Art. 29 EuErbVO Rn 10. – Ablehnend MüKo-BGB/*Dutta*, Art. 29 EuErbVO Rn 6; *ders.*, FamRZ 2013, 4, 11; Palandt/*Thorn*, Art. 29 EuErbVO Rn 1.
166 *Dutta*, FamRZ 2013, 4, 11; vgl. auch jurisPK/*Ludwig*, Art. 29 EuErbVO Rn 11.
167 Vgl. etwa MüKo-BGB/*Dutta*, Art. 30 EuErbVO Rn 1; *ders.*, FamRZ 2013, 4, 11; BeckOGK/*Schmidt*, Art. 30 EuErbVO Rn 4, 13; Palandt/*Thorn*, Art. 30 EuErbVO Rn 1; jurisPK/*Ludwig*, Art. 30 EuErbVO Rn 1; *Döbereiner*, MittBayNot 2013, 358, 364.

ken oder berühren. Diese besonderen Regelungen sind *unabhängig* von dem regulär über Art. 21 bzw Art. 22 EuErbVO bestimmten Erbstatut im Wege einer **gesonderten Anknüpfung** zur Anwendung zu bringen, so dass der Erbgang bezüglich der von Art. 30 EuErbVO erfassten Vermögenswerte einem von dem Erbstatut verschiedenen Recht – nämlich der lex rei sitae – unterliegt. Art. 30 EuErbVO führt damit zu einer **kollisionsrechtlichen Nachlassspaltung** und durchbricht – als zweiter Fall neben der im Rahmen von Art. 34 Abs. 1 EuErbVO beachtlichen kollisionsrechtlichen Nachlassspaltung (vgl Rn 128) – das von Art. 21, 22 EuErbVO grundsätzlich vorgesehene Prinzip der Nachlasseinheit.

1. Grundlagen der Eingriffsnormenproblematik

105 Die Problematik der Behandlung in- und ausländischer Eingriffsnormen gehört zu den umstrittensten Bereichen des IPR, die hier nicht im Einzelnen wiedergegeben werden kann.[168] Für das Verständnis von Art. 30 EuErbVO ist jedoch Folgendes vorwegzuschicken: **Eingriffsnormen** gehören – auch wenn dies gelegentlich angenommen wird – nicht dem Öffentlichen Recht an.[169] Sie entstammen zwar dessen „Dunstkreis", weil sie überwiegend öffentlichen Interessen Rechnung tragen, sie sehen jedoch *zivilrechtliche* Rechtsfolgen vor, so dass sie nach allen gängigen Abgrenzungstheorien jedenfalls insoweit dem Zivilrecht zuzuordnen sind.[170] Daher unterfällt die kollisionsrechtliche Behandlung der Eingriffsnormen nicht etwa dem – aus dem Anwendungsbereich der europäischen Verordnungen stets ausgenommenen – Internationalen Öffentlichen Recht,[171] sondern dem Internationalen Privatrecht, so dass sich dieses originär mit deren kollisionsrechtlicher Behandlung auseinandersetzen muss. Soweit solche Normen zivilrechtliche Rechtsfolgen vorsehen, welche die **Rechtsnachfolge von Todes wegen** betreffen, fallen sie in den regulativen Anwendungsbereich der EuErbVO,[172] so dass diese auch – systemkonform im Rahmen der herkömmlichen kollisionsrechtlichen Methodik – über deren kollisionsrechtliche An- oder Nichtanwendbarkeit entscheiden muss.[173] **Charakteristikum einer Eingriffsnorm** sind ihre besonderen, überwiegend öffentlichen Interessen Rechnung tragenden Sachnormzwecke (nach dem Wortlaut von Art. 30 EuErbVO: wirtschaftliche, familiäre oder soziale Sachnormzwecke), so dass solche Normen kollisionsrechtliche **Gemeininteressen** implizieren, welche eine Qualifikation unter die herkömmlichen (erbrechtlichen) Kollisionsnormen regelmäßig verhindern; diese insoweit „disqualifizierten"[174] Sachnormen bedürfen vor dem Hintergrund konkurrierender Rechtsordnungen einer gesonderten, ihren Sachnormzwecken entsprechenden kollisionsrechtlichen Anknüp-

---

168 Vgl hierzu ausführlich *Köhler*, S. 5-102.
169 Vgl hierzu *Köhler*, S. 40-49; *ders.*, in: *Binder/Eichel*, S. 199, 207.
170 *Köhler*, S. 46-49.
171 So aber etwa *Kegel/Schurig*, § 2 IV 1, S. 148, § 23, S. 1090 ff; zurückhaltender, aber im Ergebnis ebenso MüKo-BGB/*Sonnenberger*, 5. Aufl., Einl. IPR Rn 36, 388; deutlich *Maultzsch*, RabelsZ 75 (2011), 60, 90 f.
172 NK-NachfolgeR/*Köhler*, Art. 1 EuErbVO Rn 5.
173 Vgl *Köhler*, S. 50-88.
174 Begriff von *Kuckein*, Die „Berücksichtigung" von Eingriffsnormen im deutschen und englischen internationalen Vertragsrecht, 2008, S. 41; näher hierzu *Köhler*, S. 92-97.

D. Weitere gesonderte Anknüpfungen der EuErbVO

fung,[175] die Art. 30 EuErbVO ausdrücklich sicherstellen will und daher vor diesem Hintergrund zu verstehen ist.

Art. 30 EuErbVO sieht insoweit zwei bemerkenswerte Besonderheiten vor: Zum einen **beschränkt** Art. 30 EuErbVO die einer gesonderten Anknüpfung potenziell zugänglichen Eingriffsnormen auf solche, die ein Sondervermögen konstituieren und besondere Regelungen hinsichtlich der Rechtsnachfolge von Todes wegen vorsehen; *andere* Eingriffsnormen, die diese Voraussetzungen nicht erfüllen, sind daher grundsätzlich außerhalb des Regelungsbereichs von Art. 30 EuErbVO zur Anwendung zu bringen (vgl Rn 117). Zum anderen ist Art. 30 EuErbVO **allseitig formuliert**, so dass nicht nur inländische, sondern auch ausländische Eingriffsnormen zur Anwendung gebracht werden können. Eine Beschränkung auf mitgliedstaatliche Eingriffsnormen, wie sie Art. 22 des EuErbVO-Entwurf von 2009[176] vorsah und noch in Erwägungsgrund 54 S. 1 angedeutet wird, kommt vor dem eindeutigen, nicht differenzierenden Wortlaut nicht in Betracht,[177] zumal eine solche auch nicht von den bisher kodifizierten europäischen Regelungen für Eingriffsnormen (Art. 9 Rom I-VO bzw Art. 16 Rom II-VO) vorgenommen wird; bei der Anwendung drittstaatlicher Eingriffsnormen bestehen jedoch gewisse Besonderheiten, vgl Rn 112 ff.

2. Anwendung von Eingriffsnormen im Rahmen von Art. 30 EuErbVO

Ebenso wie die bislang kodifizierten europäischen Regelungen für Eingriffsnormen (Art. 9 Rom I-VO bzw Art. 16 Rom II-VO) stellt Art. 30 EuErbVO die Rechtsanwendungsfrage technisch gesehen „vom Gesetz her",[178] so dass anhand dessen Wortlauts zunächst diejenigen Bestimmungen zu identifizieren sind, die einer gesonderten Anknüpfung im Rahmen dieser Bestimmung potenziell zugänglich sind (sub a). Aber auch hier kann der Wortlaut nur den „äußeren Rahmen" bilden und folglich alleine eine „heuristische Vorauswahl" potenziell berufbarer Eingriffsnormen ermöglichen – ob diese dann in concreto gesondert anzuknüpfen sind, lässt sich ausschließlich anhand einer – anschließend durchzuführenden (sub b) – autonomen kollisionsrechtlichen Interessenbewertung für diese Normen beantworten.[179]

a) Besondere Bestimmungen iSv Art. 30 EuErbVO

Nach dem Wortlaut von Art. 30 EuErbVO sind unter „besonderen Bestimmungen" solche Regelungen zu verstehen, welche die Rechtsnachfolge von Todes wegen in Bezug auf unbewegliche Sachen, Unternehmen oder andere besondere Arten von Vermögenswerten aus wirtschaftlichen, familiären oder sozialen Erwägungen beschränken oder berühren. Zunächst sind damit **ausschließlich Sachnormen** gemeint; Nachlassspaltung anordnende ausländische Kollisionsnormen stellen damit – in ausdrück-

---

175 Näher hierzu *Köhler*, S. 88-101.
176 Vorschlag für eine Verordnung des europäischen Parlaments und des Rates über die Zuständigkeit, das anzuwendende Recht, die Anerkennung und die Vollstreckung von Entscheidungen und öffentlichen Urkunden in Erbsachen sowie zur Einführung eines Europäischen Nachlasszeugnisses vom 14.10.2009, KOM (2009) 154 endg.
177 Ebenso jurisPK/*Ludwig*, Art. 30 EuErbVO Rn 12; MüKo-BGB/*Dutta*, Art. 30 EuErbVO Rn 7.
178 Hierzu *Kropholler*, § 3 II, S. 18, wenngleich dieses Vorgehen keine methodische Abweichung von der herkömmlichen kollisionsrechtlichen Fragestellung darstellt, vgl *Köhler*, S. 50-62, 99, 210 ff.
179 *Köhler*, S. 231 ff.

licher Abkehr von der zu Art. 3a Abs. 2 EGBGB vertretenen, jedoch nicht überzeugenden herrschenden Meinung[180] – *keine* besonderen Bestimmungen iSv Art. 30 EuErbVO dar, wie auch Erwägungsgrund 54 ausdrücklich klarstellt. Zudem müssen diese Sachnormen für bestimmte Vermögenswerte besondere **Regelungen im Hinblick auf deren Rechtsnachfolge** vorsehen; prominentestes Beispiel hierfür sind Bestimmungen, die ein Sondervermögen konstituieren und dieses außerhalb der regulären Erbfolge im Wege der Singularsukzession übergehen lassen, wie insbesondere das **Höferecht** (in Deutschland die **HöfeO**, in Österreich etwa das **Kärntner Erbhöfegesetz**, das **Tiroler Höfegesetz** sowie das für die anderen österreichischen Bundesländer geltende **Anerbengesetz**)[181] oder – heute weniger relevant – Fideikommisse, Lehen-, Renten-, Stamm- und andere Güter konstituierende Regelungen.[182] Der Wortlaut des Art. 30 EuErbVO ist jedoch weit gefasst, so dass hierunter nicht nur Sondervermögen konstituierende Bestimmungen zu verstehen sind, sondern jegliche Regelungen, welche die Rechtsnachfolge von Todes wegen „berühren", also irgendwelche zusätzliche, insoweit kumulativ anzuknüpfende Voraussetzungen für einen Erwerb von Todes wegen aufstellen.[183] Notwendig ist jedoch stets, dass der die herkömmlichen erbrechtlichen Bestimmungen beeinträchtigende Regelungsgehalt von einer besonderen materiellrechtlichen Zwecksetzung getragen wird, also (insbesondere) wirtschaftlichen, familiären oder sozialen Interessen dient und sich insoweit von den herkömmlichen erbrechtlichen Bestimmungen unterscheidet.

b) Kollisionsrechtliche Interessenprüfung

109 Sind diejenigen ausländischen Sachnormen identifiziert, die nach dem Wortlaut des Art. 30 EuErbVO zumindest potenziell für eine von den herkömmlichen Kollisionsnormen unabhängige Anknüpfung in Betracht zu ziehen sind, muss die konkrete Entscheidung über ihre Anwendbarkeit anhand spezifisch kollisionsrechtlicher Erwägungen getroffen werden. Hierfür ist zunächst eine Prüfung der durch die fragliche Norm implizierten kollisionsrechtlichen Interessenlage anhand der europäisch „legitimen" Abwägungstopoi erforderlich, wobei die kollisionsrechtliche Interessenlage maßgeblich von den der fraglichen Sachnorm zugrunde liegenden Sachnormzwecken bestimmt wird.[184] Sodann ergeben sich aus der oben Rn 105 geschilderten Struktur der Eingriffsnormenproblematik folgende **Anwendungsvoraussetzungen**:

aa) Allgemeine Anwendungsvoraussetzungen

110 Zunächst müssen die vom Wortlaut des Art. 30 EuErbVO erfassten Sachnormen aufgrund ihrer besonderen wirtschaftlichen, familiären oder sozialen Sachnormzwecke *andere* als die Art. 21, 22 EuErbVO zugrundeliegenden kollisionsrechtlichen Interessen implizieren, so dass diese nicht unter die herkömmlichen erbrechtlichen Kollisionsnormen qualifiziert werden können („**Disqualifikation**"). Diese erste Anwen-

---

[180] Vgl hierzu NK-NachfolgeRe/*Köhler*, Vor Art. 20-38 EuErbVO Rn 75-77.
[181] Vgl hierzu NK-BGB/*Süß*, Länderbericht Österreich, Rn 42 f; Burandt/Rojahn/*Solomon*, Länderbericht Österreich, Rn 45.
[182] Staudinger/*Hausmann*, Art. 3a EGBGB Rn 24; Staudinger/*Dörner*, Art. 25 EGBGB Rn 568; Soergel/*Kegel* Art. 3 EGBGB Rn 12; Soergel/*Schurig*, Art. 25 EGBGB Rn 89; Kegel/*Schurig*, § 12 II 2 b, S. 427; Kropholler, § 26 II 2a, S. 184.
[183] Vgl auch BeckOGK/*Schmidt*, Art. 30 EuErbVO Rn 12.
[184] Vgl hierzu NK-NachfolgeR/*Köhler* Vor Art. 20-38 EuErbVO Rn 5 ff.

dungsvoraussetzung kommt im maßgeblichen Erwägungsgrund 54 – etwas undeutlich – dadurch zum Ausdruck, dass die von Art. 30 EuErbVO angeordnete, restriktiv zu handhabende gesonderte Anknüpfung der allgemeinen Zielsetzung der EuErbVO nicht zuwiderlaufen darf, den Regelungsgehalt der kodifizierten Bestimmungen also nicht beeinträchtigen soll. Folglich sind *jegliche* vom Erbstatut erfassten Bestimmungen (vgl hierzu Art. 23 EuErbVO) einer gesonderten Anknüpfung *nicht* zugänglich, so auch die vom Erwägungsgrund 54 ausdrücklich erwähnten pflichtteilsrechtlichen Bestimmungen des Belegenheitsstaates, weil diese aufgrund ihrer spezifisch erbrechtlichen Normzwecke ausschließlich kollisionsrechtliche Parteiinteressen implizieren, welche eine Qualifikation unter Art. 21, 22 EuErbVO erlaubt (Art. 23 Abs. 2 lit. h EuErbVO).

Da Art. 30 EuErbVO jedenfalls das **Anknüpfungsmoment** (Ort der Belegenheit) präjudiziert, müssen die nach dieser Vorschrift zur Anwendung zu bringenden Vorschriften zudem solche kollisionsrechtlichen Interessen implizieren, die eine solche Anknüpfung nahelegen.[185] Diese zweite Anwendungsvoraussetzung ist indes regelmäßig erfüllt, weil die zur „Disqualifikation" führenden kollisionsrechtlichen Gemeininteressen eine territoriale Anknüpfung indizieren, die mit dem Belegenheitsort gegeben ist. Soweit die von Art. 30 EuErbVO erfassten Vermögenswerte in demjenigen Staat, der diese besonderen Regelungen unterwirft, belegen sind, können diese Regelungen folglich angewandt werden.

111

bb) Besondere Anwendungsvoraussetzungen für drittstaatliche Eingriffsnormen

Aus dem Umstand, dass im Rahmen des allseitig formulierten Art. 30 EuErbVO Normen zur Anwendung gebracht werden können, die dem öffentlichen Interesse eines *ausländischen* Staates Rechnung tragen, folgt allgemeinen Grundsätzen entsprechend, dass diese nur dann anzuwenden sind, wenn ein diesbezügliches **Anwendungsinteresse** besteht.[186] Dieses zusätzliche Anwendungskriterium rechtfertigt sich daraus, dass typisches Eingriffsrecht Domäne „egoistischer"[187] Staatspolitik ist; sie konterkarieren damit regelmäßig nicht nur Privat-, sondern auch Staatsinteressen,[188] so dass **drittstaatliches**[189] **Eingriffsrecht** gerade *wegen* seines besonderen *materiellen Regelungsgehalts* nicht einfach unbesehen anhand einer engen Verbindung zur Anwendung gebracht werden kann, sondern ein – positiv festzustellendes – Interesse an der Anwendung solcher Bestimmungen bestehen muss. Ein solches ist unter **zwei Voraussetzungen** zu bejahen:

112

---

185 Vgl insoweit auch die parallele Situation im Rahmen von Art. 9 Abs. 3 Rom I-VO, näher *Köhler*, S. 231-235.
186 Vgl hierzu ausführlich *Köhler*, S. 235-261; *ders.*, in: *Binder/Eichel*, S. 199, 208-218.
187 Hierzu *Kegel/Schurig*, § 2 IV 1, S. 149: „Staatseingriffe in private Rechtsverhältnisse dienen dem Leben und Gedeih oder, anders ausgedrückt, dem Wohl des Staates. Staaten sind egoistisch. Sie haben kein primäres Interesse daran, das Wohl anderer Staaten zu fördern".
188 *Köhler*, S. 242-245; *ders.*, in: *Binder/Eichel*, S. 199, 208 f.
189 Für die Anwendung *mitgliedstaatlicher* Eingriffsnormen gilt diese Einschränkung nicht, da für diese die Anwendungsvoraussetzungen für inländische Eingriffsnormen gelten, vgl hierzu *Köhler*, S. 292-320, insbesondere S. 309-313; eine materiellrechtliche Kontrolle erfolgt insoweit bereits durch das Erfordernis der Primärrechtskonformität mitgliedstaatlicher Normen (vgl *Fetsch*, Eingriffsnormen und EG-Vertrag, 2002, S. 87), zudem besteht in Ausnahmefällen eine Abwehrmöglichkeit über das ordre public des jeweiligen Forumstaates, vgl *Köhler*, S. 317 f.

§ 4 Internationales Privatrecht

113 In materieller Hinsicht ist zunächst erforderlich, dass die fraglichen Normen mit den Wertungen der eigenen Rechtsordnung kompatibel sind (sog. **shared value approach**).[190] Hierfür bedarf es einer *materiellrechtlichen* „Sympathieprüfung", anhand derer sich ermitteln lässt, ob wir die mit der ausländischen Bestimmung verfolgten Zwecke *teilen*, weil wir in entsprechenden Fällen ebenso unsere – vergleichbaren – öffentlichen Interessen zulasten privater Interessen durchsetzen.[191] Nach vorzugswürdiger Ansicht ist diese nicht anhand nationaler, sondern allen europäischen Mitgliedstaaten *gemeinsamer* Wertungen vorzunehmen,[192] wobei sich das Anwendungsinteresse bei Regelungen, die den oben Rn 108 genannten entsprechen, regelmäßig bejahen lässt.

114 Als zweite Voraussetzung ist zudem zu verlangen, dass der Erlassstaat die in Frage stehende Norm selbst in casu kollisionsrechtlich anwenden würde, da eine Durchsetzung seiner (legitimen) Interessen dann nicht in Betracht kommen kann, wenn diese überhaupt nicht tangiert sind.[193] Der von Art. 30 EuErbVO ausgesprochene kollisionsrechtliche Anwendungsbefehl ist daher (trotz der expliziten Anordnung einer Sachnormverweisung gem. Art. 34 Abs. 2 EuErbVO) **bedingt ausgesprochen,** „bedingt nämlich dadurch, dass der betreffende Staat die Durchsetzung selbst (kollisionsrechtlich) will".[194] Etwas unglücklich kommt dies im (sich an Art. 7 Abs. 1 EVÜ anlehnenden) Wortlaut des Art. 30 EuErbVO dadurch zum Ausdruck, dass ausländische Eingriffsnormen nur dann zur Anwendung zu bringen sind, soweit sie nach dem Recht dieses Staates *unabhängig* von dem auf die Rechtsnachfolge von Todes wegen anzuwendenden Recht anzuwenden sind.

c) Rechtsfolge

115 Die unter Art. 30 EuErbVO zu qualifizierenden Bestimmungen sind bei Vorliegen der geschilderten Voraussetzungen – mitsamt ihrer Rechtsfolgen[195] – **anzuwenden**. Diese von Art. 30 EuErbVO nunmehr gewählte Formulierung schafft – anders als der Art. 22 EuErbVO-Entwurf 2009 – begrüßenswerte Klarheit darüber, dass der im Rahmen dieser Vorschrift zu entwickelnde kollisionsrechtliche Anwendungsbefehl **europäischem Recht** entstammt und damit der **vollständigen Prüfungskompetenz des EuGH** unterliegt.[196]

---

190 *Kropholler*, § 52 X 3, S. 506 f: „gewisse[r] Interessen- oder Wertegleichklang"; *Schurig*, RabelsZ 54 (1990), 217, 239 f: „Interessengleichheit" und „internationale Interessensympathie"; vgl auch *Kegel/Schurig*, § 23 I 3, S. 1096 f. Zum „shared values approach" insbesondere *Großfeld/Rogers*, Int.Comp.L.Q. 32 (1983), S. 931, 939, 943 f; *Großfeld/Junker*, Das CoCom im Internationalen Wirtschaftsrecht, 1991, S. 131-134, S. 152 f.
191 Ausführlich hierzu *Köhler*, S. 235-258; *ders.*, in: Binder/Eichel, S. 199, 213-217.
192 *Köhler*, S. 246-256; *ders.*, in: Binder/Eichel, S. 199, 215-217.
193 Vgl nur MüKo-BGB/*Sonnenberger*, 5. Aufl., Einl. IPR Rn 60; MüKo-BGB/*Martiny*, Art. 9 Rom I-VO Rn 115; hierzu *Köhler*, S. 258-261; *ders.*, in: Binder/Eichel, S. 199, 217 f.
194 Näher hierzu *Schurig*, S. 329 f; *ders.*, RabelsZ 54 (1990), 217, 238; ebenso MüKo-BGB/*Sonnenberger*, 5. Aufl., Einl. IPR Rn 60.
195 *Köhler*, S. 261-263.
196 Näher hierzu *Köhler*, S. 325-328.

3. Andere „besondere Bestimmungen"

Vom Regelungsbereich des Art. 30 EuErbVO nicht erfasst werden zunächst

- **gesellschaftsrechtliche Regelungen**,[197] die eine Sonderrechtsnachfolge begründen, da diese gesellschaftsrechtlich zu qualifizieren sind und damit dem aus dem Anwendungsbereich der EuErbVO ausgenommenen Gesellschaftsstatut unterfallen (vgl hierzu Rn 62),
- **§§ 563, 563a, 563b BGB**,[198] da diese schuldrechtlich zu qualifizieren sind und damit dem aus dem Anwendungsbereich der EuErbVO ebenfalls ausgenommenen Vertragsstatut unterfallen,[199] sowie
- **Versorgungsanwartschaften**,[200] da sie keine Regelungen hinsichtlich eines bestimmten Vermögensgegenstands treffen und zudem dem nach den Kollisionsnormen der Rom III-VO bestimmten Recht unterliegen (Art. 17 Abs. 1 EGBGB).

Andere (in- und ausländische) Eingriffsnormen, welche die Rechtsnachfolge von Todes wegen betreffen, jedoch nicht auf einen bestimmten Vermögenswert bezogen sind, werden nach dem Wortlaut des Art. 30 EuErbVO ebenfalls nicht erfasst, sie sind jedoch – allgemeinen Grundsätzen entsprechend – **anzuwenden**, sofern die für sie maßgeblichen Anwendungsvoraussetzungen (vgl oben Rn 110 ff) erfüllt sind;[201] Art. 30 EuErbVO entfaltet – ebenso wie Art. 9 Rom I-VO bzw Art. 16 Rom II-VO[202] – **keine Sperrwirkung**.[203] Daher kann insbesondere **§ 14 HeimG**, der aus öffentlichen Interessen ein Testierverbot für Verfügungen zugunsten Heimen bzw deren Mitarbeiter anordnet,[204] weiterhin im Wege einer – modo legislatoris nunmehr im Rahmen der EuErbVO auszubildenden – gesonderten Anknüpfung *neben* dem nach Art. 24, 25 EuErbVO zu bestimmenden Errichtungsstatut zur Anwendung gebracht werden.[205] Maßgebliches Anknüpfungsmoment dieser ungeschriebenen Kollisionsnorm ist der Ort, an welchem sich das Heim befindet,[206] so dass diese auf alle (in- und aus-

---

[197] Ebenso jurisPK/*Ludwig*, Art. 30 EuErbVO Rn 14; MüKo-BGB/*Dutta*, Art. 30 EuErbVO Rn 2.
[198] Staudinger/*Dörner*, Art. 25 EGBGB Rn 62, 558, 585; MüKo-BGB/*Sonnenberger*, 5. Aufl., Art. 3a EGBGB Rn 23. – AA (im Rahmen von Art. 3a EGBGB) Palandt/*Thorn*, Art. 3a EGBGB Rn 5; Erman/*Hohloch*, Art. 3a EGBGB Rn 9 (diese Einordnung sei jedoch nicht „zwingend").
[199] Zur kollisionsrechtlichen Behandlung von Bestimmungen des sozialen Mietrechts vgl *Köhler*, S. 135-148, 290 f.
[200] MüKo-BGB/*Sonnenberger*, 5. Aufl., Art. 3a EGBGB Rn 23; Palandt/*Thorn*, Art. 3a EGBGB Rn 5; Erman/*Hohloch*, Art. 3a EGBGB Rn 9.
[201] Allgemein hierzu *Köhler*, S. 286-289.
[202] Vgl hierzu *Köhler*, S. 264-278.
[203] Ebenso jurisPK/*Ludwig*, Art. 30 EuErbVO Rn 10. – AA *Kunz*, GPR 2012, 253, 255 (die jedoch mit gewissen Bedenken § 14 HeimG über die positive Funktion der ordre public-Klausel durchsetzen will, was der hier vertretenen Ansicht entspricht); ähnlich MüKo-BGB/*Dutta*, Art. 30 EuErbVO Rn 11 (der jedoch zumindest Eingriffsnormen des Forumstaates „kraft ihres eigenen Anwendungsbefehls oder jedenfalls über den ordre public-Vorbehalt des Art. 35 EuErbVO" durchsetzen will; eine „Sperrwirkung" ebenfalls annehmend BeckOGK/*Schmidt*, Art. 30 EuErbVO Rn 21.
[204] Vgl hierzu BVerfG NJW 1998, 2964 („Das Testierverbot dient legitimen Gemeinwohlzielen"); so bereits OLG Oldenburg NJW 1999, 2448 (das insoweit insbesondere auf den öffentlich-rechtlichen Regelungszusammenhang abstellt); ebenso *Kunz*, GPR 2012, 253, 254.
[205] Ebenso jurisPK/*Ludwig*, Art. 30 EuErbVO Rn 10; im Ergebnis auch *Kunz*, GPR 2012, 253, 254 f; im Rahmen des nationalen Rechts ebenso Staudinger/*Dörner*, Art. 25 EGBGB Rn 131; dem folgend OLG Oldenburg NJW 1999, 2448; *Lange*, ZEV 2000, 469, 470; *Mankowski*, FamRZ 1999, 1313 f. – AA (erbrechtliche Qualifikation) MüKo-BGB/*Dutta*, Art. 25 EGBGB Rn 208; hierzu tendierend auch *Kegel/Schurig*, § 7 II 3, S. 335 Fn 52.
[206] Vgl nur Staudinger/*Dörner*, Art. 25 EGBGB Rn 131; dem folgend OLG Oldenburg NJW 1999, 2448; vgl auch *Mankowski*, FamRZ 1999, 1314; ferner *Kunz*, GPR 2012, 253, 254 f.

ländischen) Bewohner deutscher Heime anzuwenden ist. Nach vorzugswürdiger Ansicht ist dieser europäische Anwendungsbefehl *allseitig* zu erweitern,[207] so dass auch entsprechende ausländische Bestimmungen anzuwenden sind (bei drittstaatlichen Bestimmungen freilich unter der Einschränkung ihrer Kompatibilität mit europäischen Wertungen und im Rahmen einer bedingten Verweisung, vgl oben Rn 112 ff). Zu eingriffsrechtlich zu qualifizierenden staatlichen Aneignungsrechten erbenloser Nachlässe vgl Rn 170.

4. Praxishinweis

118 Zur Reduzierung von Pflichtteilsansprüchen war in der Praxis bislang das Vorgehen verbreitet, Immobilien in Ländern zu erwerben, die zum einen kollisionsrechtliche Nachlassspaltung für bewegliches und unbewegliches Vermögen vorsehen und zum anderen keine Pflichtteilsansprüche gewähren (so insbesondere in den USA, Großbritannien und Australien);[208] unter der Geltung des alten nationalen IPR waren diese unbeweglichen Vermögensgegenstände – wenigstens nach herrschender, auch von der Rspr geteilter Meinung – gem. Art. 3 a Abs. 2 EGBGB der lex rei sitae zu unterstellen, da kollisionsrechtliche Nachlassspaltung anordnende Kollisionsnormen – allerdings zweifelhaft[209] – „besondere Vorschriften" iSv Art. 3 a Abs. 2 EGBGB darstellen sollten. Mit dem Geltungszeitpunkt der EuErbVO wird diese Praxis gegenstandslos: Eine gesonderte Anknüpfung von Kollisionsnormen kommt nicht in Betracht, Sondervermögen bildende materielle Bestimmungen können nur unter den oben Rn 107 ff genannten Voraussetzungen zur Anwendung gebracht werden, die jedoch für eine derartige Nachlassgestaltung keinen Spielraum lassen. Nunmehr sind daher auch Auslandsimmobilien in den genannten Ländern zur Berechnung etwaiger, nach dem Erbstatut bestehender Pflichtteilsansprüche miteinzubeziehen.

E. Rück- und Weiterverweisungen
I. Allgemeines

119 Entgegen den bislang erlassenen europäischen Kollisionsrechtsakten und auch entgegen dem Vorentwurf der EuErbVO[210] ordnet deren endgültige Fassung mit Art. 34 Abs. 1 EuErbVO nunmehr wiederum eine – allerdings auf wenige Konstellationen beschränkte (vgl Rn 4) – Beachtlichkeit ausländischen IPR an, so dass in diesen Fällen einer seitens der lex causae vorgesehenen Rück- oder Weiterverweisung auf eine andere Rechtsordnung Folge zu leisten ist. Ausweislich des Erwägungsgrundes 57 trägt die Regelung des Art. 34 EuErbVO dem **internationalen Entscheidungseinklang** Rechnung, die restriktive Fassung dieser Vorschrift macht jedoch deutlich, dass dieser nicht vollumfänglich verwirklicht werden soll, sondern alleine dann, wenn dies zu-

---

207 Hierzu *Köhler*, S. 286-289.
208 Vgl hierzu etwa *Lehmann*, ZErb 2013, 25, 30.
209 Vgl hierzu NK-NachfolgR/*Köhler*, Vor Art. 20-38 EuErbVO Rn 75 ff.
210 Vgl Art. 26 Vorschlags für eine Verordnung des europäischen Parlaments und des Rates über die Zuständigkeit, das anzuwendende Recht, die Anerkennung und die Vollstreckung von Entscheidungen und öffentlichen Urkunden in Erbsachen sowie zur Einführung eines Europäischen Nachlasszeugnisses vom 14.10.2009, KOM (2009) 154 endg.; diese Regelung stieß in der Literatur teils auf heftige Kritik, vgl nur *Schurig*, in: FS Spellenberg 2010, S. 343, 349: „Der Ausschluss des Renvoi ist ein schwerwiegender rechtspolitischer Fehler".

gleich die Rechtsanwendung erleichtert (lit. a, vgl Rn 122 ff) oder jedenfalls nicht erschwert (lit. b, vgl Rn 126 ff); dem Interesse an äußerem Entscheidungseinklang wird somit nur dann Rechnung getragen, wenn der Renvoi zugleich von *anderen* Ordnungsinteressen (insbesondere an einer schnellen und sicheren Entscheidung) gestützt wird.

Gem. Art. 34 Abs. 1 EuErbVO schließen die von den Kollisionsnormen der EuErbVO ausgesprochenen Verweisungen auf das Recht eines Drittstaates dessen IPR mit ein, soweit die in lit. a oder lit. b näher bezeichneten Voraussetzungen (hierzu Rn 121) erfüllt sind. Die allgemein gehaltene Fassung dieser Vorschrift suggeriert die Gesamtverweisung als Grundsatz der EuErbVO, allerdings ordnet Abs. 2 so weitreichende Ausnahmen an (vgl im Einzelnen Rn 136), dass letztlich alleine Art. 21 Abs. 1 EuErbVO – und damit die auf diese Vorschrift verweisenden Art. 24 Abs. 1, Abs. 3 S. 1, Art. 25, Art. 28 lit. a EuErbVO – eine Gesamtverweisung auszusprechen vermag. Voraussetzung für die Beachtlichkeit eines drittstaatlichen Renvoi ist somit von vornherein, dass der **Erblasser seinen gewöhnlichen Aufenthalt in diesem Drittstaat** hat. Da sich in einem solchen Fall die internationale Zuständigkeit der mitgliedstaatlichen Gerichte alleine über Art. 10 EuErbVO (subsidiäre Zuständigkeit) und Art. 11 EuErbVO (Notzuständigkeit) begründen lässt, ist die praktische Relevanz dieser Vorschrift jedenfalls in Nachlasssachen gering;[211] im Rahmen von (selbstständig anzuknüpfenden, vgl Rn 145 ff) *erbrechtlichen Vorfragen* kommt ihr jedoch eine weitergehende Bedeutung zu.

II. Gesamtverweisung (Art. 34 Abs. 1 EuErbVO)

Die Annahme einer Gesamtverweisung setzt nach dem Wortlaut des Art. 34 Abs. 1 EuErbVO zunächst voraus, dass auf das Recht eines **Drittstaates** verwiesen wird. Hierunter sind neben allen Nicht-Mitgliedstaaten insbesondere auch diejenigen Mitgliedstaaten zu verstehen, die an der EuErbVO nicht beteiligt sind (das Vereinigte Königreich, Irland und Dänemark).[212] Den Fall, dass auf das Recht eines *anderen* Mitgliedstaates verwiesen wird, regelt Art. 34 Abs. 1 EuErbVO nicht, allerdings besteht insoweit regelmäßig auch keine Notwendigkeit, da jedenfalls in Nachlasssachen die Zuständigkeitsregeln der Art. 4 ff EuErbVO iVm den in Art. 34 Abs. 2 EuErbVO ausdrücklich angeordneten Sachnormverweisungen eine *Gesamtverweisung* auf das Recht eines anderen Mitgliedstaates von vorneherein ausschließen (zu Ausnahmen, insbesondere im Rahmen von Vorfragen, vgl Rn 138). Darüber hinaus ist die von Art. 34 Abs. 1 EuErbVO angeordnete Verweisung auf ein drittstaatliches Kollisionsrecht stets **bedingt**: Sie ist nur zu beachten, soweit das drittstaatliche IPR auf das Recht eines Mitgliedstaates (lit. a) oder auf das Recht eines anderen (zweiten) Drittstaates, der sein eigenes Recht anwenden würde (lit. b), rück- oder verweist. Nimmt der Drittstaat hingegen die Verweisung an, erfolgt die Berufung seines Sachrechts – etwas umständlich – nunmehr anhand der Kollisionsnormen der EuErbVO, die in

---

211 *Dörner*, ZEV 2012, 505, 511 f; Staudinger/*Hausmann*, Art. 4 EGBGB Rn 164; Palandt/*Thorn*, Art. 34 EuErbVO Rn 1.
212 BeckOGK/*Schmidt*, Art. 34 EuErbVO Rn 4; Staudinger/*Hausmann*, Art. 4 EGBGB Rn 163.

diesem Falle (mangels Vorliegen der von Art. 34 Abs. 1 EuErbVO aufgestellten Bedingungen) eine *Sachnorm*verweisung auf dessen Recht aussprechen.

1. Rück- und Weiterverweisung auf das Recht eines Mitgliedstaates (lit. a)

122 Im Rahmen von Art. 34 Abs. 1 lit. a EuErbVO müssen zwei Konstellationen unterschieden werden: Handelt es sich bei der drittstaatlichen Verweisung um eine **Sachnormverweisung** auf eine mitgliedstaatliche Rechtsordnung, sind (unstreitig) dessen Sachnormen anzuwenden, da das berufene ausländische Recht – allgemeinen Grundsätzen entsprechend – so anzuwenden ist, wie dies durch den jeweiligen Erlassstaat erfolgt. Spricht das drittstaatliche Kollisionsrecht hingegen eine **Gesamtverweisung** aus, entsteht ein Verweisungszirkel („Ping-Pong-Spiel"),[213] der mittels einer **Abbruchregelung** durchbrochen werden muss. Eine solche sieht die EuErbVO indes nicht vor,[214] so dass insoweit eine interne Regelungslücke besteht, die im Wege *unionsrechtlicher* Rechtsfortbildung zu schließen ist. Auf welche Weise dies zu erfolgen hat, ist bislang offen und kann letztverbindlich alleine seitens des EuGH geklärt werden. Vorstellbar sind jedoch grundsätzlich drei Lösungsansätze:[215] (1) autonomer Abbruch der Verweisung bei der mitgliedstaatlichen Rechtsordnung,[216] (2) autonomer Abbruch bei der drittstaatlichen Rechtsordnung oder (3) Anwendung der Abbruchregelung des Drittstaates („foreign-court-Theorie").[217]

123 Bei der Lösung dieser Problematik ist zu beachten, dass die Beachtlichkeit des Renvoi in der EuErbVO nach den einleitenden Bemerkungen nicht zu einer vollumfänglichen Verwirklichung des internationalen Entscheidungseinklangs führen soll, sondern insbesondere Praktikabilitätsinteressen bei der Rechtsanwendung geschuldet ist, denen am besten Rechnung getragen wird, wenn die zuständigen Gerichte die ihnen vertraute lex fori anwenden können („Heimwärtsstreben" als Ausfluss des Ordnungsinteresses an schneller und sicherer Entscheidung).[218] **Lösung 2** wird dieser Interessenlage nicht gerecht, da die Durchsetzung der eigenen, durch die Verweisung der EuErbVO konkretisierte kollisionsrechtliche Gerechtigkeitsentscheidung weder den Entscheidungseinklang mit dem Drittstaat gewährleistet (eben weil wir dessen eigene Abbruchregelung unbeachtet lassen) noch die Anwendung der lex fori begünstigt, da ein solches Vorgehen *stets* zur Anwendung einer von der lex fori verschiedenen Rechtsordnung führt. Demgegenüber kann **Lösung 3** für sich in Anspruch nehmen, den Entscheidungseinklang mit dem Drittstaat vollumfänglich zu verwirklichen, jedoch geht auch dieser Ansatz zulasten des (Ordnungs-)Interesses an der Anwendung der eigenen Rechtsordnung, da im Falle einer Rückverweisung auf die lex fori das drittstaatliche Recht angewandt werden müsste, wenn dessen Kollisionsrecht dies verlangt.

---

213 *Kegel/Schurig*, § 10 III 1, S. 393.
214 Vgl auch *Solomon*, in: Liber amicorum Schurig 2012, S. 237, 242; Staudinger/*Hausmann*, Art. 4 EGBGB Rn 165; MüKo-BGB/*Dutta*, Art. 34 EuErbVO Rn 3.
215 Vgl hierzu *Kegel/Schurig*, § 10 III 1, S. 393 f.
216 In diesem Sinne (jedoch zurückhaltend) *Solomon*, in: Liber amicorum Schurig 2012, S. 237, 242 f, 253; dem folgend *von Hein*, in: Leible/Unberath, S. 341, 374; auch MüKo-BGB/*Dutta*, Art. 34 EuErbVO Rn 3; BeckOGK/*Schmidt*, Art. 34 EuErbVO Rn 9.
217 So Staudinger/*Hausmann*, Art. 4 EGBGB Rn 165.
218 Vgl *Kegel/Schurig*, § 2 II 3 b, S. 143.

E. Rück- und Weiterverweisungen

Die Beachtung einer derartigen Abbruchregelung erscheint zweifelhaft,[219] da diese ihrerseits bezweckt, die Rechtsanwendung durch die eigenen Gerichte zu erleichtern, und dieser Zweck in sein Gegenteil verkehrt wird, wenn mitgliedstaatliche Gerichte diese beachten und *ihretwegen* ausländisches Recht anwenden müssten.[220] Die Anwendung der eigenen lex fori wird indes am besten durch **Lösung 1** gefördert, da jegliche Rückverweisung auf die lex fori zu einer Anwendung derselben führt, so dass dieser im Ergebnis zu folgen ist. Allerdings erfasst der Wortlaut des Art. 34 Abs. 1 lit. a EuErbVO nicht alleine diese, ebenfalls von Art. 4 Abs. 1 EGBGB geregelte Konstellation der *Rück*verweisung, sondern auch solche Fälle, in denen der Drittstaat auf eine andere mitgliedstaatliche Rechtsordnung *weiter*verweist. Ein autonomer Abbruch bei dieser mitgliedstaatlichen Rechtsordnung und ein damit einhergehender Verzicht auf die Verwirklichung des Entscheidungseinklangs mit dem Drittstaat lässt sich allerdings nicht anhand des Art. 34 EuErbVO zugrundeliegenden *Ordnungsinteresses an schneller und sicherer Entscheidung* rechtfertigen, weil sich bei der Anwendung einer mitgliedstaatlichen Rechtsordnung qualitativ *dieselben* Schwierigkeiten stellen, die auch mit der Anwendung einer drittstaatlichen Rechtsordnung verbunden sind.

Anmerkung: 124
Vor diesem Hintergrund ließe sich ein **differenziertes Vorgehen** erwägen: Verweist die gem. Art. 34 Abs. 1 lit. a EuErbVO beachtliche kollisionsrechtliche Verweisung des Drittstaates auf eine mitgliedstaatliche Rechtsordnung zurück, die *zugleich* die lex fori bildet, könnte man die **Rückverweisung** aus Praktikabilitätsgründen autonom abbrechen und die lex fori anwenden. Verweist der Drittstaat hingegen im Wege einer Gesamtverweisung auf eine andere, der lex fori verschiedene mitgliedstaatliche Rechtsordnung (**Weiterverweisung**), wäre – da die Förderung des Ordnungsinteresses an schneller und sicherer Entscheidung im konkreten Fall nicht verwirklicht werden kann – dem internationalen Entscheidungseinklang mit dem *Drittstaat* Rechnung zu tragen und dessen kollisionsrechtliche Abbruchregelung zu beachten.

Dennoch ist eine solche Differenzierung abzulehnen. Auch wenn ein genereller Abbruch bei dem Recht (irgend)eines Mitgliedstaates nicht auf das Ordnungsinteresse an schneller und sicherer Entscheidung gestützt werden kann, gewährleistet allein die Gleichbehandlung von solchen Rück- und Weiterverweisungen den *europäischen Entscheidungseinklang*, da nur in diesem Falle die Rechtsanwendungsfrage vor *allen* mitgliedstaatlichen Gerichten gleich, also unabhängig von deren internationaler Zuständigkeit entschieden werden kann[221] (was insbesondere bei der Beurteilung erbrechtlicher *Vorfragen*, die sich nunmehr ebenfalls nach der EuErbVO richten, von Relevanz ist). Da der europäische Entscheidungseinklang *Hauptzweck* der europäischen Vereinheitlichung des Internationalen Privat- und Verfahrensrechts darstellt, muss das von Art. 34 Abs. 1 EuErbVO sowieso nur nachrangig verfolgte Interesse an äußerem Entscheidungseinklang zurücktreten, so dass *jede* im Rahmen von Art. 34 Abs. 1 lit. a EuErbVO beachtliche drittstaatliche Kollisionsnormverweisung auf das Recht (irgend)eines Mitgliedstaates zur Anwendung von *dessen* Sachrecht führt. 125

---

219 Sie könnte nur zu rechtfertigen sein, wenn der Zweck von Art. 34 Abs. 1 lit. a EuErbVO – entsprechend lit. b – alleine darauf gerichtet wäre, keine *weitere* Rechtsordnung eines *anderen* Staates prüfen zu müssen; dies erscheint indes zweifelhaft.
220 *Solomon*, in: Liber amicorum Schurig 2012, S. 237, 253.
221 Vgl. hierzu *Solomon*, in: Liber amicorum Schurig 2012, S. 237, 243.

2. Weiterverweisung auf das Recht eines anderen (zweiten) Drittstaates (lit. b)

126 Gem. Art. 34 Abs. 1 lit. b EuErbVO ist eine Weiterverweisung auf das Recht eines weiteren (zweiten) Drittstaates unter der Bedingung beachtlich, dass dieser Staat sein eigenes Recht anwendet, also seinerseits nicht noch auf einen dritten Drittstaat verweist. Hinter dieser Einschränkung des internationalen Entscheidungseinklangs stehen wohl wiederum Gründe der Praktikabilität, da unabsehbare Verweisungsketten auf mehrere Staaten und damit einhergehend ein erhöhter Rechtsermittlungsaufwand verhindert werden sollten.[222] Diese Regelung ist rechtspolitisch fragwürdig,[223] da die in Betracht kommenden Anknüpfungsmomente im Erbrecht a priori beschränkt sind (international gebräuchlich ist letztlich nur die Anknüpfung an den gewöhnlichen Aufenthalt, an die Staatsangehörigkeit oder – für unbewegliches Vermögen – eine Anknüpfung an das Belegenheitsrecht), so dass unüberschaubare Verweisungsketten in der Praxis nicht vorkommen, jedoch ist der Rechtsanwender angesichts des klaren Wortlauts der Regelung an diese Entscheidung de lege lata gebunden. Eine **Weiterverweisung** des ersten Drittstaates auf das Recht eines zweiten Drittstaates ist damit **nur beachtlich**, wenn dieser selbst sein Recht für anwendbar erklärt. Ist dies nicht der Fall, weil der zweite Drittstaat auf einen dritten Drittstaat weiterverweist, tritt die von Art. 34 Abs. 1 lit. b EuErbVO aufgestellte Bedingung nicht ein, so dass es sich bei der ursprünglichen, von der EuErbVO ausgesprochenen Verweisung nunmehr um eine Sachnormverweisung handelt, die zur Anwendung des Sachrechts des ersten Drittstaates führt.

127 Über den Wortlaut von Art. 34 Abs. 1 lit. b EuErbVO sind **zwei Ausnahmen** zu machen: Verweist das Kollisionsrecht des zweiten Drittstaates auf ein *mitgliedstaatliches* Recht, entspricht dies der von lit. a erfassten Konstellation, so dass es im Hinblick auf eine wertungsmäßig kohärente Auslegung dieser Regelung geboten erscheint, die Fälle gleich zu behandeln und somit eine Weiterverweisung des zweiten Drittstaates auf ein *mitgliedstaatliches* Recht ebenfalls für beachtlich zu erklären, um die Anwendung des eigenen Rechts zu fördern;[224] insoweit kann auf Rn 122 ff verwiesen werden. Eine teleologische Korrektur des Art. 34 Abs. 1 lit. b EuErbVO sollte zudem dann erfolgen, wenn der zweite Drittstaat auf den ersten Drittstaat zurückverweist, dieser jedoch das Recht des zweiten Drittstaates für maßgeblich erklärt (also oben Rn 122 beschriebener Lösung 2 folgt).[225] In diesem Falle sind die den internationalen Entscheidungseinklang einschränkenden Erwägungen (vgl Rn 126) nicht tangiert, da keine *weitere* Rechtsordnung zu prüfen ist, so dass mit dem ersten Drittstaat möglichst umfangreich Entscheidungseinklang hergestellt werden kann. Eine wortlautgetreue Anwendung des Art. 34 Abs. 1 lit. b EuErbVO würde demgegenüber dazu führen, dass von vorneherein nur eine Sachnormverweisung auf das Recht des Drittstaa-

---

222 Vgl hierzu etwa *Kropholler*, § 24 II 4, S. 175 (Ausführung zu Art. 4 EGBGB).
223 Vgl auch *Solomon*, in: Liber amicorum Schurig 2012, S. 237, 254 ff.
224 Ebenso MüKo-BGB/*Dutta*, Art. 34 EuErbVO Rn 5; vgl hierzu bereits *Solomon*, in: Liber amicorum Schurig 2012, S. 237, 255 f; dem folgend *von Hein*, in: Leible/Unberath, S. 341, 375. – AA jurisPK/*Ludwig*, Art. 34 EuErbVO Rn 52.
225 AA MüKo-BGB/*Dutta*, Art. 34 EuErbVO Rn 5; ablehnend auch jurisPK/*Ludwig*, Art. 34 EuErbVO Rn 49; wohl auch *von Hein*, in: Leible/Unberath, S. 341, 375; kritisch *Solomon*, in: Liber amicorum Schurig 2012, S. 237, 254 f.

tes angenommen werden müsste, unabhängig davon, welches Recht dieser in casu berufen würde.

3. Besonderheiten bei der Anwendung ausländischen Kollisionsrechts
a) Nachlassspaltung

Knüpft das von den Kollisionsnormen der EuErbVO berufene drittstaatliche Kollisionsrecht einzelne Nachlassgegenstände unterschiedlich an (häufigster Fall: unterschiedliche kollisionsrechtliche Behandlung von beweglichen und unbeweglichen Gegenständen), kann es – trotz der von Art. 21, 22 EuErbVO grundsätzlich vorgesehenen einheitlichen Anknüpfung des Nachlasses – zu einer für uns beachtlichen kollisionsrechtlichen **Nachlassspaltung** kommen, der Nachlass also unterschiedlichen Rechtsordnungen unterliegt. Diese Konsequenz aus der Anerkennung des Renvoi ergibt sich bereits aus dem Wortlaut des Art. 34 Abs. 1 EuErbVO, der eine Rück- und Weiterverweisung in dem Umfang für beachtlich erklärt, *soweit* der Drittstaat eine solche anordnet, und entspricht dem Interesse an einem möglichst umfangreichen Entscheidungseinklang mit dem Drittstaat. Eine Korrektur dieses Ergebnisses dahin gehend, dass eine Beachtlichkeit des Renvoi alleine dann anzunehmen ist, wenn die von Art. 21 EuErbVO angeordnete Nachlasseinheit erhalten bleibt,[226] kommt nicht in Betracht, zumal die EuErbVO selbst mit Art. 30 EuErbVO eine zur Nachlassspaltung führende Bestimmung kennt und den Grundsatz der Nachlasseinheit damit selbst relativiert.

128

b) Verweisung kraft abweichender Qualifikation, „Qualifikationsverweisungen"

Wird ausländisches Kollisionsrecht berufen, ist dieses so anzuwenden, wie dies durch die Gerichte des Erlassstaates erfolgen würde (vgl Rn 187). Qualifiziert das berufene ausländische IPR die ihm überantwortete Rechtsfrage abweichend von den Systembegriffen der EuErbVO (bspw güterrechtliche statt erbrechtliche Qualifikation), ist dem Verständnis des ausländischen Rechts daher zu folgen und die aus dessen Sicht einschlägige Kollisionsnorm anzuwenden.[227] Spricht diese Kollisionsnorm wiederum eine Rück- oder Weiterverweisung aus, ist eine solche **Verweisung kraft abweichender Qualifikation** – herkömmlichem Vorgehen entsprechend – im Rahmen der von Art. 34 Abs. 1 EuErbVO aufgestellten Bedingungen beachtlich.

129

Gleiches gilt für sog. **„Qualifikationsverweisungen"**. Hierunter versteht man Konstellationen, in denen die berufene ausländische Kollisionsnorm alleine die Auslegung bestimmter Tatbestandsmerkmale einer anderen Rechtsordnung überlässt (häufigstes Beispiel: Abgrenzung von beweglichem und unbeweglichem Vermögen nach der lex rei sitae; so etwa im englischen Recht),[228] der konkrete Regelungsgehalt der berufenen ausländischen Kollisionsnorm also (jedenfalls partiell) mittels einer weiteren

130

---

226 Dies erwägend, jedoch im Ergebnis insbesondere im Hinblick auf die Normgenese ablehnend *von Hein*, in: Leible/Unberath, S. 341, 378 f.
227 Vgl nur Staudinger/*Hausmann*, Art. 4 EGBGB Rn 66; *von Bar/Mankowski*, § 7 Rn 220; *von Hoffmann/Thorn*, § 6 Rn 82.
228 Vgl hierzu NK-BGB/*Odersky*, Länderbericht Großbritannien, Rn 6; Burandt/Rojahn/*Solomon*, Länderbericht Großbritannien, Rn 9.

Rechtsordnung bestimmt wird. Auch in diesen Fällen ist – dem Gebot der „originalgetreuen" Anwendung ausländischen Rechts folgend – der Verweisung zu folgen.

c) „Versteckte" Verweisungen

131 Bei der Anwendung drittstaatlichen Kollisionsrechts kann zudem das Problem der sog. „versteckten" – oder allgemeiner: „hypothetischen" – Verweisung auftreten.[229] Dieses stellt sich immer dann, wenn die im Wege der Gesamtverweisung berufene ausländische Rechtsordnung zwar keine herkömmlichen allseitigen Kollisionsnormen kennt, jedoch bei gegebener internationaler Zuständigkeit seiner eigenen Gerichte *stets* die eigene lex fori für anwendbar erklärt (so insbesondere im anglo-amerikanischen Rechtskreis in Familien- und Erbsachen; „lex-fori-Prinzip"). Da jegliche Rechtsanwendung – auch der jeweiligen lex fori – vor dem Hintergrund konkurrierender Rechtsordnung einer kollisionsrechtlichen Entscheidung bedarf, liegt auch in diesen Fällen funktional eine – allerdings einseitige und „zuständigkeitsrechtlich determiniert[e]"[230] – drittstaatliche Kollisionsnorm zugunsten seiner lex fori vor,[231] die entweder ausdrücklich kodifiziert sein kann[232] oder anderenfalls in den prozessrechtlichen Bestimmungen der ausländischen Rechtsordnung „versteckt" ist. Zu einer seitens des drittstaatlichen Kollisionsrechts explizit angeordneten Rück- oder Weiterverweisung auf eine andere Rechtsordnung kann es in diesen Fällen von vorneherein nicht kommen, weil der ausländische Staat *keinerlei* Entscheidung über die Anwendbarkeit *anderer*, von der lex fori verschiedener Rechtsordnungen getroffen hat, so dass die von Art. 34 Abs. 1 lit. a und lit. b EuErbVO aufgestellten Bedingungen nicht erfüllt sind; bei wortlautgetreuer Anwendung dieser Vorschrift müsste folglich eine *Sachnorm*verweisung auf das drittstaatliche Recht angenommen werden, auch wenn dieser Drittstaat – mangels eigener internationaler Zuständigkeit – niemals in der Sache entscheiden würde.

132 Ein solches Ergebnis erscheint indes zweifelhaft. Denn der Grund für die ausschließliche Anwendung des eigenen Rechts liegt in diesen Fällen regelmäßig nicht in einer einseitigen Bevorzugung desselben begründet,[233] sondern in der rechtspolitischen Überzeugung, dass die Anwendung der lex fori nicht nur für die eigenen, sondern auch für andere *ausländische* Gerichte die angemessene Entscheidungsgrundlage bei gegebener internationaler Zuständigkeit darstellt;[234] die kollisionsrechtliche Abgrenzung der einzelnen Rechtsordnungen erfolgt damit ausschließlich über die Bestimmungen der internationalen Zuständigkeiten, was wiederum dazu führt, dass Entscheidungen ausländischer Gerichte seitens des dem lex-fori-Prinzip folgenden Staates

---

229 Ausführlich hierzu MüKo-BGB/*von Hein*, Art. 4 EGBGB Rn 43–69; NK-BGB/*Freitag*, Art. 4 EGBGB Rn 10–12; Staudinger/*Hausmann*, Art. 4 EGBGB Rn 79–87; *Kegel/Schurig*, § 10 VI, S. 409 ff; *von Bar/Mankowski*, § 7 Rn 218 f; *Kropholler*, § 25, S. 179 ff.
230 *Von Bar/Mankowski*, § 7 Rn 218.
231 Vgl auch NK-BGB/*Freitag*, Art. 4 EGBGB Rn 11.
232 So etwa § 28 Abs. 2 des österreichischen IPRG.
233 Wäre dies der Fall, weil der fragliche Staat (kaum vorstellbar) die Rechtsqualität ausländischen Rechts generell leugnete („juristischer Solipsismus", vgl *Schurig*, S. 51 f; *Köhler*, S. 6 Fn. 4), wäre sein Recht anzuwenden, weil er unsere autonome kollisionsrechtliche Entscheidung jedenfalls der Sache nach teilt, unsere Verweisung also annimmt.
234 *Kegel/Schurig*, § 10 VI, S. 410.

anerkannt werden, wenn jene nach seiner Sicht international zuständig sind.[235] Bei Lichte betrachtet handelt es sich hierbei somit alleine um einen andersartigen, funktional *prozessual* zu verortenden Regelungsmechanismus zur Lösung internationaler Sachverhalte. Diese Erkenntnis lässt Raum für folgende Überlegung: Wenn der dem lex-fori-Prinzip folgende Staat grundsätzlich bereit ist, auch ausländisches Recht (wenn auch nur im Rahmen seiner Anerkennungsvorschriften) zur Wirkung zu verhelfen, lässt sich der einseitigen Festlegung des kollisionsrechtlichen Anwendungsbereichs seiner lex fori (siehe oben Rn 131) der verallgemeinerungsfähige Gedanke entnehmen,[236] dass ausländisches Recht unter *denselben* Voraussetzungen zur Anwendung gebracht werden kann; anhand der die internationale Zuständigkeit des Drittstaates begründenden Umstände (etwa Staatsangehörigkeit oder gewöhnlicher Aufenthalt des Erblassers, Belegenheitsort von Nachlasssachen etc.) lässt sich daher in den genannten Fallkonstellationen jedenfalls *hypothetisch* eine (nach unserem funktionalen Verständnis) allseitige Kollisionsnorm ausbilden, welche die mutmaßliche kollisionsrechtliche Haltung des Drittstaates zum Ausdruck bringt.[237] Weist die auf diese Weise fingierte Kollisionsnorm auf das Recht des Forumstaates zurück, wird diese **hypothetische Rückverweisung** jedenfalls im Rahmen von Art. 4 Abs. 1 EGBGB nach zutreffender, ganz herrschender Ansicht[238] für beachtlich erklärt (eine Verweisung bei deutschem Recht somit abgebrochen), da der – zumindest konkretisierbare – kollisionsrechtliche Gehalt der ausländischen Rechtsordnung einer explizit angeordneten Rückverweisung entspricht und einer solchen daher gleichzustellen ist; dem „Heimwärtsstreben" kann daher in diesen Fällen Rechnung getragen werden.[239] Diese Erwägungen gelten erst recht im Rahmen von Art. 34 Abs. 1 EuErbVO, der dem (Ordnungs-)Interesse an einer schnellen und sicheren Entscheidung weit größere Bedeutung einräumt als Art. 4 Abs. 1 EGBGB, so dass die Rechtsfigur der hypothetischen Rückverweisung **auch im Anwendungsbereich der EuErbVO anzuerkennen** ist.[240] Zu betonen ist jedoch, dass diese rein hypothetische Erwägung in methodischer Hinsicht keine Rechtsfortbildung drittstaatlichen Rechts darstellt[241] (dieses weist überhaupt keine Regelungslücke auf, weil sich das Problem aus Sicht des Drittstaates mangels eigener Zuständigkeit nicht stellt), sondern zu einer **teleologischen**

---

235 Auf die Bedeutung des Anerkennungsrechts zu Recht hinweisend MüKo-BGB/*Sonnenberger*, 5. Aufl., Art. 4 EGBGB Rn 50.
236 Dies wäre nur dann nicht möglich, wenn die Anwendung der lex fori auf einer einseitigen Bevorzugung derselben beruhte, die einseitige Kollisionsnorm also eine Exklusivnorm (vgl *von Hoffmann/Thorn*, § 4 Rn 13) darstellte, welche den Anwendungsbereich des eigenen Rechts systemwidrig ausdehnt; vgl *von Bar/Mankowski*, § 7 Rn 218; *Solomon*, ZVglRWiss 99 (2000), 170, 196. Dies ist etwa bei § 28 Abs. 2 des österreichischen IPRG der Fall, so dass diese Regelung keine „versteckte" Rückverweisung aussprechen kann; vgl Burandt/Rojahn/*Solomon*, Länderbericht Österreich, Rn 12; *ders.*, ZVglRWiss 99 (2000), 170, 193-197.
237 Vgl *von Bar/Mankowski*, § 7 Rn 218 („allseitige ausländische Kollisionsnorm interpolier[en]".).
238 Vgl nur Soergel/*Kegel*, Art. 4 EGBGB Rn 16; NK-BGB/*Freitag*, Art. 4 EGBGB Rn 10-12; Staudinger/*Hausmann*, Art. 4 EGBGB Rn 83-87; *Kegel/Schurig*, § 10 VI, S. 409 ff; *von Bar/Mankowski*, § 7 Rn 218 f; *Kropholler*, § 25, S. 179 ff; abweichend MüKo-BGB/*Sonnenberger*, 5. Aufl., Art. 4 EGBGB Rn 42-55 (Entwicklung ersatzweiser Anknüpfungen).
239 *Kegel/Schurig*, § 10 VI, S. 410; Staudinger/*Hausmann*, Art. 4 EGBGB Rn 83.
240 Ebenso MüKo-BGB/*Dutta*, Art. 34 EuErbVO Rn 7; wohl auch *Nordmeier*, IPRax 2013, 418, 423.
241 So zu Recht MüKo-BGB/*Sonnenberger*, 5. Aufl., Art. 4 EGBGB Rn 50.

Korrektur²⁴² des Art. 34 Abs. 1 lit. a EuErbVO führt (Analogie aufgrund identischer Interessenlage), die als solche der vollen Prüfungskompetenz des für die letztverbindliche Auslegung von Sekundärrecht zuständigen EuGH unterliegt.

133 Streitig sind indes die konkreten **Voraussetzungen** für die Beachtlichkeit einer „versteckten" Rückverweisung.²⁴³ Teilweise wird verlangt, dass das mitgliedstaatliche Forumgericht aus Sicht des Drittstaates in casu international **ausschließlich zuständig** sein muss,²⁴⁴ da der drittstaatlichen Rechtsordnung alleine in diesem Falle ein hinreichend konkreter kollisionsrechtlicher Gehalt entnommen werden kann, der die Gleichbehandlung von realer und hypothetischer Rückverweisung rechtfertigt. Rechtsprechung²⁴⁵ und der überwiegende Teil der Literatur²⁴⁶ lassen es demgegenüber genügen, wenn der Drittstaat eine **konkurrierende Zuständigkeit** unserer Gerichte anerkennt. Letzteres ist vorzuziehen, da eine konkurrierende Zuständigkeit im Rahmen der oben angestellten funktionalen Erwägung eine *alternative* Anknüpfung der drittstaatlichen lex fori darstellt; weist eine solche kollisionsrechtliche Verweisung auf unser Recht zurück, entspricht die Annahme derselben durch unsere Gerichte herkömmlichem Vorgehen,²⁴⁷ so dass auch insoweit eine Gleichbehandlung geboten ist.²⁴⁸

134 Demgegenüber kann einer **hypothetischen Weiterverweisung** jedenfalls im Rahmen der EuErbVO nicht gefolgt werden.²⁴⁹ Denn die Beachtlichkeit einer (herkömmlichen) Weiterverweisung dient im System der EuErbVO alleine der Herstellung des Entscheidungseinklangs mit dem durch die Kollisionsnormen der EuErbVO bestimmten Drittstaat; kann dieser von vornherein nicht hergestellt werden, weil der Drittstaat in dieser Sache aufgrund seiner Zuständigkeitsregeln unter keinen Umständen entscheiden wird, wird dieses Ziel verfehlt, so dass damit auch die Rechtfertigung für eine Weiterverweisung entfällt. Eine teleologische Korrektur von Art. 34 Abs. 1 EuErbVO mittels hypothetischen Fortentwickelns der ausländischen Rechtsordnung kommt daher insoweit nicht in Betracht.

d) Nichtermittelbarkeit ausländischen Kollisionsrechts

135 Kann bei der Ermittlung drittstaatlichen Kollisionsrechts rein *faktisch* nicht festgestellt werden, ob der von den Kollisionsnormen der EuErbVO bezeichnete Drittstaat unsere Verweisung annimmt oder rück- bzw weiterverweist, ist streitig, wie zu verfahren ist. Teilweise wird in diesen Fällen eine (autonome) Sachnormverweisung auf

---

242 Vgl hierzu (jedoch jeweils auf Art. 4 EGBGB bezogen) MüKo-BGB/*Sonnenberger*, 5. Aufl., Art. 4 EGBGB Rn 51 (jedoch mit anderem Ergebnis); NK-BGB/*Freitag*, Art. 4 EGBGB Rn 11; Palandt/*Thorn*, Art. 4 EGBGB Rn 2; *von Hoffmann/Thorn*, § 6 Rn 85.
243 Vgl hierzu *Kegel/Schurig*, § 10 VI, S. 412 f; *von Bar/Mankowski*, § 7 Rn 219.
244 *Beitzke*, NJW 1960, 251.
245 KG NJW 1960, 248, 250 f m. abl. Anm. *Beitzke* 251; implizit auch OLG Stuttgart FamRZ 1986, 687; OLG Hamburg FamRZ 2001, 916, 917; KG FamRZ 2007, 1561, 1563; KG FamRZ 2007, 1564, 1565.
246 Staudinger/*Hausmann*, Art. 4 EGBGB Rn 85; NK-BGB/*Freitag*, Art. 4 EGBGB Rn 11 f; *Kegel/Schurig*, § 10 VI, S. 412 f; *von Bar/Mankowski*, § 7 Rn 219; *Kropholler*, § 25 III, S. 182.
247 Alleine die – bei Vorliegen einer realen ausländischen alternativen Anknüpfung sonst zwingend gebotene – Beachtung einer (hypothetischen) Weiterverweisung kommt nicht in Betracht (hierzu Rn 134).
248 Ebenso Staudinger/*Hausmann*, Art. 4 EGBGB Rn 85; vgl auch *Rauscher*, 386.
249 Zum alten Recht ebenso *Rauscher*, Rn 388; Staudinger/*Hausmann*, Art. 4 EGBGB Rn 84. – AA *Kegel/Schurig*, § 10 VI, S. 413.

das drittstaatliche Recht angenommen,[250] richtigerweise ist – herkömmlichem Vorgehen entsprechend (vgl Rn 189) – zunächst zu versuchen, die insoweit vorhandene Regelungslücke im Sinne der drittstaatlichen Rechtsordnung zu schließen (etwa durch Vergleich mit anderen kollisionsrechtlichen Regelungsbereichen, ggf auch unter Hinzuziehung verwandter Rechtsordnungen des entsprechenden Rechtskreises).[251] Erst wenn diese Bemühungen misslingen, der Rechtsinhalt also auch rechtsfortbildend nicht mit hinreichender Sicherheit festgestellt werden kann, ist von einer autonomen Sachnormverweisung auszugehen.

III. Sachnormverweisungen (Art. 34 Abs. 2 EuErbVO)

Gem. Art. 34 Abs. 2 EuErbVO handelt es sich bei den Verweisungen der Art. 21 Abs. 2 (Ausweichklausel), Art. 22 (Rechtswahl), Art. 27 (Formgültigkeit von Verfügungen von Todes wegen), Art. 28 lit. a (Formgültigkeit einer Annahme- oder Ausschlagungserklärung) und Art. 30 EuErbVO (Eingriffsnormen; vgl hierzu aber Rn 114) explizit um **Sachnormverweisungen**, so dass in diesen Fällen eine abweichende kollisionsrechtliche Entscheidung des berufenen ausländischen Rechts unbeachtlich ist; auf die Herstellung des Entscheidungseinklangs mit dem betreffenden Staat wird damit von vorneherein verzichtet. Dieser sehr weitgehende Ausschluss des Renvoi begegnet in rechtspolitischer Hinsicht Bedenken,[252] angesichts des klaren Wortlauts der Bestimmung ist eine teleologische Korrektur de lege lata jedoch – jedenfalls bei einer Verweisung auf drittstaatliches Recht – ausgeschlossen. Zur Verweisung auf ein mitgliedstaatliches Recht vgl Rn 137 f.

136

IV. Verweisungen auf mitgliedstaatliche Rechtsordnungen mit vorrangig zu beachtenden Staatsverträgen

Wie bereits erwähnt, enthält Art. 34 EuErbVO keine ausdrückliche Regelung hinsichtlich der Ausgestaltung einer auf das Recht eines anderen Mitgliedstaats bezogenen Verweisung. Prima facie besteht hierfür auch keine Notwendigkeit, da in **Nachlasssachen** jegliche von der EuErbVO angeordnete Verweisung auf das Recht eines anderen Mitgliedstaates eine Sachnormverweisung darstellt (Art. 4 ff iVm Art. 34 Abs. 2 EuErbVO; vgl Rn 121). Sind die Kollisionsnormen der EuErbVO hingegen bei der Beurteilung **erbrechtlicher Vorfragen** anzuwenden, könnte Art. 21 Abs. 1 EuErbVO zwar theoretisch eine Gesamtverweisung aussprechen, da sich Vorfragen in einem *anderen* Rechtskontext stellen und daher nicht den Zuständigkeitsvorschriften der EuErbVO unterworfen sind, die Frage nach der diesbezüglichen Ausgestaltung als Gesamt- oder Sachnormverweisung erscheint jedoch regelmäßig unnötig, da auch ein Rückgriff auf das – inter partes ja gerade vereinheitlichte – Kollisionsrecht zu demselben Ergebnis führt.[253]

137

---

250 MüKo-BGB/*Sonnenberger*, 5. Aufl., Art. 4 EGBGB Rn 71.
251 *Kegel/Schurig*, § 10 VI, S. 413 f; Soergel/*Kegel*, Art. 4 EGBGB Rn 36.
252 Ausführlich hierzu *Solomon*, in: Liber Amicorum Schurig 2012, S. 237, 256 ff.
253 Vgl etwa Staudinger/*Hausmann*, Art. 4 EGBGB Rn. 163; *Schurig*, in: FS Spellenberg 2010, S. 343, 347; *Solomon*, in: Liber Amicorum Schurig 2012, S. 237, 241 Fn. 29.

138 Eine Besonderheit besteht jedoch, wenn in demjenigen Mitgliedstaat, auf den die Kollisionsnormen der EuErbVO verweisen, **staatsvertragliche Kollisionsregeln** gelten, die auch unter Geltung der EuErbVO gem. Art. 75 Abs. 1 UAbs. 1 EuErbVO weiterhin vorrangig zu beachten sind. In einem solchen Falle würde dieser mitgliedstaatliche Vertragsstaat bei eigener Zuständigkeit die für ihn maßgeblichen staatsvertraglichen Regelungen anwenden (und damit zu einer von der EuErbVO abweichenden Entscheidung gelangen), jeglicher andere Mitgliedstaat jedoch bei eigener Zuständigkeit *dessen Sachrecht* – ein Ergebnis, das nicht nur den europäischen Entscheidungseinklang (als Hauptziel der EuErbVO) beeinträchtigt, sondern auch das *forum shopping* begünstigt, dem mit der europäischen Kollisionsrechtsvereinheitlichung der Boden entzogen werden sollte. Vor diesem Hintergrund erscheint eine teleologische Korrektur erwägenswert: Die beiden Ziele der EuErbVO, einerseits europäischen Entscheidungseinklang herzustellen, andererseits den einzelnen Mitgliedstaaten völkerrechtskonformes Verhalten im Hinblick auf bereits *geschlossene* Staatsverträge zu ermöglichen, lassen sich nur vereinbaren (und – im Hinblick auf den Auslegungsgrundsatz des effet utile – „effektiv" durchsetzen), wenn die seitens der EuErbVO angeordnete Beachtlichkeit eines Staatsvertrages für *alle* Mitgliedstaaten gleichermaßen verbindlich ist. Verweisen die Kollisionsnormen der EuErbVO daher – im Wege einer Gesamt- oder Sachnormverweisung – auf das Recht eines Mitgliedstaates, der aufgrund von Art. 75 EuErbVO bei eigener Zuständigkeit staatsvertragliches Kollisionsrecht zur Anwendung bringen würde, erscheint es vorzugswürdig, die von der EuErbVO angeordnete Verweisung auf diese Kollisionsnormen zu beziehen,[254] so dass *jeder* Mitgliedstaat in der Sache gleich entscheiden kann. Im Rahmen von Art. 21 Abs. 1 EuErbVO lässt sich dieses Ergebnis mit einer analogen Anwendung des Art. 34 Abs. 1 EuErbVO begründen, da insoweit eine ausfüllungsbedürftige Regelungslücke besteht. Problematischer ist dies jedoch bei Verweisungen auf ein anderes mitgliedstaatliches Recht, die von Art. 21 Abs. 2 und Art. 22 EuErbVO ausgesprochen werden: Da es sich bei diesen gem. Art. 34 Abs. 1 EuErbVO explizit um Sachnormverweisungen handelt, bedürfte es insoweit einer teleologischen Reduktion, die sich jedoch mE mit den obigen Erwägungen begründen ließe.[255] Letztverbindlich kann das hier aufgeworfene Problem indes alleine seitens des EuGH geklärt werden, dem insoweit eine originäre Prüfungskompetenz zukommt.

F. Interlokale, interpersonale und intertemporale Rechtsspaltung

139 Soweit die Kollisionsnormen der EuErbVO im Wege einer **Sachnormverweisung** das Recht eines **Mehrrechtsstaates** (etwa Großbritannien, USA, Spanien) für anwendbar erklären, muss die Frage beantwortet werden, *welche* der in Betracht kommenden Teilrechtsordnungen für die Beurteilung des Sachverhaltes heranzuziehen ist. Bei

---

254 AA MüKo-BGB/*Dutta*, Art. 34 EuErbVO Rn 12; jurisPK/*Ludwig*, Art. 34 EuErbVO Rn 26.
255 Dies gilt auch für eine von Art. 22 EuErbVO ausgesprochenen Verweisung, da die Rechtswahl iSv Art. 22 EuErbVO alleine ein *Auswahlrecht* zwischen zwei grundsätzlich gleichwertigen Anknüpfungsmomenten darstellt und – anders als im Rahmen von Art. 3 Rom I-VO – daher nicht die „engste Verbindung" als solche zu begründen vermag (vgl hierzu NK-NachfolgeR/*Köhler*, Art. 22 EuErbVO Rn 2); die Gründe, die herkömmlicherweise gegen eine Gesamtverweisung im Falle einer Rechtswahl angeführt werden, greifen daher insoweit nicht (vgl hierzu auch *Solomon*, in: Liber Amicorum Schurig 2012, S. 237, 259 f).

F. Interlokale, interpersonale und intertemporale Rechtsspaltung

einer **interlokalen Rechtsspaltung** bestimmt dies Art. 36 EuErbVO, bei einer interpersonalen Rechtsspaltung Art. 37 EuErbVO. Spricht die europäische Kollisionsnorm hingegen eine **Gesamtverweisung** aus (Art. 21 Abs. 1 iVm Art. 32 Abs. 1 EuErbVO), wird die maßgebliche Teilrechtsordnung durch das insoweit berufene *ausländische* IPR bestimmt, so dass Entscheidungseinklang mit diesem Staat hergestellt wird; ein Rückgriff auf die autonomen Bestimmungen der Art. 36, 37 EuErbVO kommt in diesem Falle allenfalls dann in Betracht, wenn das ausländische IPR eine entsprechende Regelung nicht kennt.

I. Interlokale Rechtspaltung

Existiert in dem Staat, auf dessen Recht verwiesen wird, ein **eigenes interlokales Kollisionsrecht**, erklärt Art. 36 Abs. 1 EuErbVO *dieses* für maßgeblich; jegliche seitens der Kollisionsnormen der EuErbVO ausgesprochene Sachnormverweisung erfolgt damit (in Abkehr zu Art. 22 Abs. 1 Rom I-VO, Art. 25 Abs. 1 Rom II-VO und Art. 14 Rom III-VO) *stets* unter Einschluss des jeweils geltenden nationalen interlokalen Kollisionsrechts. Nur soweit ein solches nicht vorhanden ist (und auch nicht rechtsfortbildend entwickelt werden kann, vgl Rn 189), erfolgt eine unmittelbare Bestimmung der maßgeblichen Teilrechtsordnung nach den von Art. 36 Abs. 2 EuErbVO vorgesehenen **autonomen Hilfsanknüpfungen**. Diese differenzieren nach dem jeweiligen Anknüpfungsmoment: Soweit die Kollisionsnorm der EuErbVO an den **gewöhnlichen Aufenthalt** anknüpft (Art. 28 lit. b EuErbVO; *nicht* Art. 21 Abs. 1 EuErbVO, vgl Rn 139), bezieht sich deren Verweisung gem. Art. 36 Abs. 2 lit. a EuErbVO auf diejenige Teilrechtsordnung, in welcher der Erblasser seinen letzten gewöhnlichen Aufenthalt hatte („durchschlagende Anknüpfungen"). Wird an die **Staatsangehörigkeit** angeknüpft, ist – mangels unmittelbarer Bestimmbarkeit der maßgeblichen Teilrechtsordnung durch dieses Anknüpfungsmoment – gem. Art. 36 Abs. 2 lit. b EuErbVO diejenige Teilrechtsordnung anzuwenden, zu welcher der Erblasser die engste Verbindung hatte; maßgeblich sind insoweit insbesondere Dauer und Art des Aufenthaltes, familiäre Beziehungen, Belegenheit des Vermögens etc. Bei **sonstigen Anknüpfungsmomenten** (insbesondere Belegenheit iSv Art. 30 EuErbVO, engste Verbindung iSv Art. 21 Abs. 2 EuErbVO) erklärt Art. 36 Abs. 2 lit. c EuErbVO zuletzt allgemein diejenige Teilrechtsordnung für maßgeblich, in der sich der einschlägige Anknüpfungspunkt befindet (bei Art. 30 EuErbVO der Ort der Belegenheit, bei Art. 21 Abs. 2 EuErbVO der Ort, an dem die die engste Verbindung begründenden Umstände zu lokalisieren sind).

Art. 36 Abs. 3 EuErbVO sieht demgegenüber eine **spezielle Regelung** für das gem. Art. 27 EuErbVO Formstatut vor, die der Inkorporation des Art. 1 Abs. 2 HTestformÜ geschuldet ist: In Ermanglungen interlokaler Kollisionsverschriften der gem. Art. 27 EuErbVO berufenen Mehrrechtsordnung ist diejenige Teilrechtsordnung anzuwenden, zu welcher der Erblasser oder die Person, deren Rechtsnachfolge von Todes wegen durch einen Erbvertrag betroffen ist, die engste Verbindung hatte; herangezogen werden können insoweit ebenfalls die oben Rn 140 erwähnten Kriterien.

142 **Anmerkung:**
Art. 38 EuErbVO stellt fest, dass ein mitgliedstaatlicher Mehrrechtsstaat in einem **reinen Inlandssachverhalt** nicht verpflichtet ist, die kollisionsrechtlichen Regelungen der EuErbVO anstelle seines eigenen interlokalen Kollisionsrechts anzuwenden. Diese Vorschrift hat freilich nur deklaratorischen Charakter, da die Kollisionsnormen der EuErbVO alleine das inter*nationale* Kollisionsrecht regeln und daher das inter*lokale* Kollisionsrecht eines Mitgliedstaates überhaupt nicht verdrängen *können* (ganz abgesehen davon, dass der EU für eine entsprechende Regelung die diesbezüglich Kompetenz fehlen würde, weil Art. 81 Abs. 1 AEUV einen *grenzüberschreitenden* Bezug verlangt). Art. 28 EuErbVO hat somit keinerlei Bedeutung für die Beurteilung eines Sachverhalts mit Auslandsbezug: Soweit die Kollisionsnormen der EuErbVO auf das Recht eines mitgliedstaatlichen Mehrrechtsstaats (etwa Spanien) verweisen, ist gem. Art. 36 Abs. 1 EuErbVO dessen nationales interlokales Kollisionsrecht anzuwenden.

II. Interpersonale Rechtspaltung

143 In Ergänzung zu Art. 36 EuErbVO enthält Art. 37 EuErbVO eine Regelung hinsichtlich der Anwendung von (wiederum nur im Wege einer *Sachnorm*verweisung berufenen, vgl Rn 139) nationalen Rechtsordnungen, die unterschiedliche Regelungsregime für (meist ethnisch oder religiös) verschiedene Personengruppen vorsehen. Soweit der betreffende Staat insoweit ein eigenes **interpersonales Kollisionsrecht** erlassen hat, entscheidet dieses gem. Art. 37 S. 1 EuErbVO über die anwendbare Teilrechtsordnung. Nur wenn ein solches fehlt (was indes kaum vorstellbar ist, da der Grund der interpersonalen Rechtsspaltung – Ethnie, Religion etc. – zugleich das maßgebliche Anknüpfungsmoment für das interpersonale Kollisionsrecht darstellt), ist die kollisionsrechtliche Entscheidung gem. Art. 37 S. 2 EuErbVO *autonom* zu treffen und diejenige Teilrechtsordnung anzuwenden, zu welcher der Erblasser die engste Verbindung hatte (Art. 37 S. 2 EuErbVO).

III. Intertemporale Rechtspaltung

144 Eine spezielle Regelungen hinsichtlich des **intertemporalen Kollisionsrecht** sieht die EuErbVO – ebenso wie die übrigen europäischen Kollisionsrechtsverordnungen – nicht vor; dieses ist jedoch von dem Umfang der einzelnen Verweisung erfasst, so dass die jeweilige lex causae über die zeitliche Anwendbarkeit der Sachvorschriften entscheidet.

G. Die Behandlung von Vorfragen

145 Ist über eine konkrete Rechtsfrage (bspw Rechtsnachfolge von Todes wegen) zu entscheiden, berufen die hierfür maßgeblichen Kollisionsnormen alle unter diese zu qualifizierenden Sachnormen einer Rechtsordnung, und *nur* diese. Setzen die demnach anwendbaren Sachnormen nach ihrem Tatbestand jedoch ihrerseits wiederum präjudizielle Rechtsverhältnisse voraus (bspw das Bestehen einer Ehe als Voraussetzung für ein Ehegattenerbrecht, ein wirksamer sachenrechtlicher Erwerb als Voraussetzung für einen Erwerb kraft Erbgang etc.), können die hierfür maßgeblichen Sachnormen nicht einfach der – *alleine* für die ursprüngliche (Haupt-)Frage berufenen – lex causae entnommen werden, weil (und freilich soweit) diese Sachnormen *abweichende* kollisionsrechtliche Interessen implizieren und daher *nicht* unter die zunächst maßgeb-

G. Die Behandlung von Vorfragen

liche Kollisionsnorm qualifiziert werden können; sie sind daher nicht zugleich „mitberufen". Für solche materiellrechtlichen **Vorfragen**, die sich im Rahmen der rechtlichen Beurteilung einer sog. „Hauptfrage" stellen und insoweit „vorab" zu beantworten sind, muss die Frage nach der anwendbaren Rechtsordnung daher stets *erneut* gestellt werden.

Bildet die lex causae *deutsches* Recht, sind unzweifelhaft die in Deutschland geltenden Kollisionsnormen (völkerrechtlicher, europäischer oder nationaler Herkunft) anzuwenden (für die Frage nach dem Bestehen einer Ehe Art. 13, 11 EGBGB, für die Frage nach einem wirksamen sachenrechtlichen Erwerb Art. 43 EGBGB etc.). Stellt die lex causae hingegen *ausländisches* Recht dar, ist im nationalen wie im europäischen IPR mangels ausdrücklicher Regelung umstritten, ob für die kollisionsrechtliche Beurteilung der Vorfrage auf die Kollisionsnormen der lex fori oder auf diejenigen der lex causae abzustellen ist.[256] Vertreten werden folgende Lösungsansätze:

- **selbstständige Vorfragenanknüpfung** (h.M.):[257] Vorfragen sind grundsätzlich[258] nach dem IPR der lex fori zu beantworten (Grund: Förderung des inneren Entscheidungseinklangs, so dass dieselbe Rechtsfrage in jedem rechtlichen Kontext unabhängig von der jeweiligen lex causae gleich entschieden werden kann).

- **unselbstständige Vorfragenanknüpfung**:[259] Vorfragen sind grundsätzlich nach dem IPR der lex causae zu beantworten (Grund: Förderung des äußeren Entscheidungseinklangs mit der für die Hauptfrage maßgeblichen Rechtsordnung; im Rahmen des europäischen IPR zudem: Förderung des europäischen Entscheidungseinklangs, da auch nicht vereinheitlichte Rechtsbereiche europaweit einheitlich angeknüpft werden können). Ausnahmen bestehen jedoch nach dieser Ansicht für sog. Teil- und Erstfragen, also Vorfragen, die eigenständig kodifiziert wurden (bspw Art. 7 EGBGB, Art. 11 EGBGB, Art. 26 EGBGB) oder die bereits im Tatbestand einer inländischen Kollisionsnorm aufgeworfen werden (bspw Art. 19 Abs. 1 S. 3 und Art. 22 Abs. 1 S. 1 EGBGB);[260] diese sind auch nach der Lehre der unselbstständigen Vorfragenanknüpfung stets selbstständig anzuknüpfen.[261]

- **vermittelnder Ansatz**:[262] Bei überwiegendem Auslandsbezug sind Vorfragen unselbstständig, bei überwiegendem Inlandsbezug selbstständig anzuknüpfen. Teil- und Erstfragen sind ebenfalls stets selbstständig anzuknüpfen.

Stellungnahme: Vorfragen sind im nationalen wie im europäischen IPR **selbstständig** anzuknüpfen. Einer unselbstständigen Vorfragenanknüpfung ist entgegenzuhalten,

---

256 Vgl hierzu ausführlich *Kegel/Schurig*, § 9, S. 373-386; *von Bar/Mankowski*, § 7 Rn 182-213; *Kropholler*, § 32, S. 221-230, *von Hoffmann/Thorn*, § 6 Rn 56-72.
257 Soergel/*Kegel*, Vor Art. 3 EGBGB Rn 130; Staudinger/*Sturm/Sturm*, Einl zum IPR, Rn 279; *Kegel/Schurig*, § 9 II 1, S. 379-381; *von Bar/Mankowski*, § 7 Rn 192-206; *Rauscher*, Rn 509; *Looschelders*, Vorbem. zu Art. 3-6 EGBGB Rn 38; auch die Rechtsprechung knüpft überwiegend selbstständig an, vgl etwa BGH NJW 1981, 1900, 1901.
258 Eine Ausnahme besteht insoweit für Vorfragen, die sich bei der Ermittlung der Staatsangehörigkeit stellen; vgl hierzu Rn 27.
259 *Von Hoffmann/Thorn*, § 6 Rn 71-72.
260 Hierzu etwa *von Hoffmann/Thorn*, § 6 Rn 43-55.
261 Hierzu etwa *von Hoffmann/Thorn*, § 6 Rn 43-46.
262 Vgl etwa *Kropholler*, § 32 IV 2, S. 226 f (grundsätzlich selbstständige Anknüpfung, bei überwiegendem Auslandsbezug allerdings ausnahmsweise unselbstständige Anknüpfung).

dass sie *kodifizierte* Kollisionsnormen der lex fori außer Betracht lässt, indem sie modo legislatoris eigenständige, die herkömmlichen Kollisionsnormen *umgehende* Kollisionsgrundnormen[263] für Vorfragen entwickelt,[264] die diesbezügliches ausländisches Kollisionsrecht unmittelbar berufen und sich somit deren kollisionsrechtliche Gerechtigkeitsentscheidung zu eigen machen. Für eine derartige Rechtsfortbildung fehlt es jedoch regelmäßig bereits an einer Regelungslücke, da den existierenden Kollisionsnormen keinerlei Einschränkungen dahin gehend zu entnehmen sind, dass sie ausschließlich auf sog. Hauptfragen anzuwenden wären (insbesondere, da manche Kollisionsnormen – etwa Art. 7, 11 EGBGB – solche Rechtsverhältnisse erfassen, die sich regelmäßig nur als Vorfragen stellen). Aber auch in der Sache kann eine unselbstständige Vorfragenanknüpfung nicht überzeugen. Die kollisionsrechtliche Gerechtigkeitsentscheidung muss der jeweils kompetente Gesetzgeber grundsätzlich in *eigener* rechtspolitischer Verantwortung, also autonom treffen, die systemwidrige Übernahme der kollisionsrechtlichen Gerechtigkeitsentscheidung eines ausländischen Staates bedarf daher einer besonderen Rechtfertigung.[265] Der (alleinige) Verweis auf den äußeren Entscheidungseinklang genügt insoweit nicht, da eine unselbstständige Vorfragenanknüpfung zwar Entscheidungseinklang mit der für die Hauptfrage maßgeblichen Rechtsordnung gewährleisten kann, jedoch gerade nicht mit demjenigen Staat, dessen Recht *wir* aufgrund unserer autonomen kollisionsrechtlichen Gerechtigkeitsentscheidung für die Beurteilung des Sachverhaltes für angemessen halten. Warum man dennoch so verfahren sollte, entzieht sich regelmäßig einer systemkonformen Begründung, insbesondere besteht kein gesteigertes (Ordnungs-)Interesse an einer realen Entscheidung, dem man mit einer abhängigen Vorfragenanknüpfung Rechnung tragen müsste (anders nur im öffentlich-rechtlich geprägten Recht der Staatsangehörigkeit, vgl hierzu Rn 27). Eine unselbstständige Vorfragenanknüpfung beeinträchtigt demgegenüber den **inneren Entscheidungseinklang** auf nicht hinnehmbare Weise: Unterstellt man die Entscheidung über eine Vorfrage (etwa hinsichtlich der Wirksamkeit einer Ehe) den Kollisionsnormen der jeweiligen lex causae, so sind hierfür stets *unterschiedliche* Kollisionsnormen maßgeblich (je nachdem, welcher Staat die lex causae stellt). Dies kann dazu führen, dass ein und dieselbe Rechtsfrage – je nach rechtlichem Kontext – unterschiedlich zu beantworten ist, weil beispielsweise eine Ehe nach deutscher Sicht (Art. 13 EGBGB) besteht, im konkreten Rechtskontext (etwa bei der Frage nach dem Bestehen eines Ehegattenerbrechts) jedoch verneint werden muss, weil die Kollisionsnormen der ausländischen lex causae zu einem Recht führen, nach dem die Ehevoraussetzungen nicht vorliegen – ein im Hinblick auf das Gebot einer wertungsmäßig widerspruchsfreien Rechtsordnung untragbares Ergebnis,[266] das den Parteien zudem (ungewollt) Gestaltungsspielraum einräumen würde, weil sie im Hinblick auf das präjudizielle Rechtsverhältnis ein ihnen genehmes, für die Hauptfrage präjudizierendes Feststellungsurteil beantragen könnten. Kohärente, wertungsmäßig stimmige Ergebnisse lassen sich daher nur erreichen, wenn

---

263 Vgl hierzu ausführlich *Schurig*, S. 73-77; auch *Köhler*, S. 193.
264 *Kegel/Schurig*, § 9 II 1, S. 379.
265 Vgl hierzu *Köhler*, S. 208 mit Fn 176.
266 Vgl *Kegel/Schurig*, § 9 II, S. 379-381 Ein solches Ergebnis, das auf „juristische Schizophrenie" hinausläuft, widerspricht der Ordnungsaufgabe des Rechts".

für alle (Haupt- und Vor-)Fragen die kodifizierten Kollisionsnormen der lex fori angewandt werden.

Gleiches gilt für die **EuErbVO** sowie das gesamte **europäische IPR**.[267] Dieses misst dem Interesse an äußerem Entscheidungseinklang zunächst weit weniger Bedeutung zu als das deutsche IPR, wie der Verzicht auf eine (jedenfalls umfassende) Anerkennung des Renvoi zeigt. Wertungsmäßig wäre es daher kaum überzeugend, würde man einerseits die Beachtlichkeit ausländischen Kollisionsrechts (unter Inkaufnahme hinkender Rechtsverhältnisse) zugunsten Ordnungsinteressen erheblich einschränken (so Art. 34 EuErbVO, vgl Rn 119), andererseits jedoch ausländisches Kollisionsrecht bei der Beurteilung einer Vorfrage (unter Inkaufnahme der hiermit einhergehenden Beeinträchtigung des inneren Entscheidungseinklangs, vgl Rn 147) heranziehen. Einzuräumen ist, dass sich für eine unselbstständige Vorfragenanknüpfung im Rahmen des europäischen IPR zusätzlich auf das (grundsätzlich durchaus beachtliche) Interesse an *europäischem* Entscheidungseinklang abstellen lässt, da mittels einer solchen auch *nichtvereinheitlichte* Rechtsbereiche europaweit einheitlich angeknüpft werden und damit sowohl Urteile als auch Europäische Nachlasszeugnisse[268] in jedem Mitgliedstaat auf Grundlage desselben materiellen Rechts ergehen könnten. Aber auch diese Erwägung kann letztlich zu keiner abweichenden Beurteilung führen. Denn die Beeinträchtigung des europäischen Entscheidungseinklangs liegt alleine in dem Umstand begründet, dass noch nicht *alle* kollisionsrechtlichen Rechtsbereiche vereinheitlicht sind; *dieses* Defizit vermag das europäische IPR jedoch nicht aus sich selbst heraus überwinden (zumal dies mittels eines methodisch und sachlich nicht überzeugenden Ansatzes erfolgen müsste), sondern kann alleine seitens des insoweit kompetenten europäischen Gesetzgebers durch Erlass weiterer Kollisionsrechtsakte beseitigt werden. Dass der europäische Gesetzgeber selbst von dem Konzept einer unselbstständigen Vorfragenanknüpfung ausgeht, verdeutlicht bereits der Ausschluss einzelner, sich regelmäßig als Vorfrage stellender Rechtsbereiche aus dem Anwendungsbereich der europäischen Verordnungen (jeweils Art. 1 Abs. 2 Rom I/II/III-VO, EuErbVO); wenn diese Bereiche aus dem regulativen Anwendungsbereich der Verordnungen ausgenommen sind, gilt dies auch für solche Kollisionsgrundnormen, die auf die Anwendung entsprechender Kollisionsnormen der lex causae gerichtet sind. Ausdrücklich stellt dies nun der Ausschlusstatbestand des Art. 1 Abs. 2 Rom III-VO klar,

---

267 So auch *Solomon*, in: FS Spellenberg 2010, S. 355, 369 f; *Schurig*, in: FS Spellenberg 2010, S. 343, 350 f; ebenso *Nordmeier*, ZEV 2012, 513, 515; *Döbereiner*, MittBayNot 2013, 358, 361; vgl auch *Kropholler*, § 32 VI 2, S. 230. – Ablehnend *Dörner*, ZEV 2012, 505, 512 f ("unselbstständige Vorfragenanknüpfung jedenfalls im [Rahmen der EuErbVO] unabweisbar, um die Funktionsfähigkeit des Europäischen Nachlasszeugnisses zu gewährleisten"); ebenso Palandt/*Thorn*, Art. 1 EuErbVO Rn 5; MüKo-BGB/*Dutta*, Vor Art. 20 EuErbVO Rn 28; *ders.*, IPRax 2015, 32, 36.

268 Dies insbesondere betonend *Dörner*, ZEV 2012, 505, 512 f; ebenso *Dutta*, FamRZ 2013, 4, 13; *Zimmermann*/*Grau*, Anhang zu Art. 25, 26 EGBGB: EuErbVO, Rn 64; Palandt/*Thorn*, Art. 1 EuErbVO Rn 5. Allerdings kann aus der Einführung des Europäischen Nachlasszeugnisses gerade kein besonderes Argument *für* die unselbstständige Vorfragenanknüpfung hergeleitet werden. Zwar gehen mit dem Europäischen Nachlasszeugnis bestimmte materielle Wirkungen einher (vgl Art. 69 EuErbVO), diese beeinträchtigten den europäischen Entscheidungseinklang jedoch keinesfalls stärker als die Wirkungen eines *mit Rechtskraft* ausgestatteten und (in allen Mitgliedstaaten anzuerkennenden) Urteils. Die Diskussion über die selbstständige oder unselbstständige Vorfragenanknüpfung muss sich daher im Hinblick auf eine kohärente Systembildung innerhalb des europäischen IPR darauf beschränken, ob man *generell* (also für *alle* europäischen Kollisionsrechtsakte) eine selbstständige Vorfragenanknüpfung annehmen soll oder nicht.

der expressis verbis auch Vorfragen miteinbezieht und damit eine Entscheidung zugunsten der selbstständigen Vorfragenanknüpfung trifft (vgl insoweit auch Erwägungsgrund 10 S. 5 Rom III-VO); er ist nach dem zuvor Gesagten als Bestätigung eines allgemeinen, *allen* europäischen Kollisionsrechtsakten zugrundeliegenden Prinzips zu verstehen.

H. Anpassung
I. Anpassung im Allgemeinen

149 Die analytische Methode des IPR, nach der für jede aufgeworfene Rechtsfrage die für sie (kollisionsrechtlich) angemessene Rechtsordnung zu bestimmen ist, führt nicht selten dazu, dass bei der rechtlichen Beurteilung eines Sachverhaltes mit Auslandsbezug mehrere Rechtsordnungen nebeneinander zur Anwendung zu bringen sind (sog. depeçage). Da die jeweiligen nationalen Rechtsordnungen nicht aufeinander abgestimmt sind, kann deren kombinierte Anwendung zu Normwidersprüchen (in Form eines „Normenmangels" oder einer „Normenhäufung") führen, also zu einem Ergebnis, welches *keine* der beteiligten Rechtsordnungen so vorsehen würde, wären sie jeweils isoliert zur Entscheidung des gesamten Rechtsstreits berufen (vgl hierzu etwa das Fallbeispiel sub Rn 59). In solchen Fällen muss das Ergebnis korrigiert werden. Methodisches Mittel hierfür ist die sog. **Anpassung (Angleichung)**, die zum einen auf der Ebene des Kollisionsrechts, zum anderen auf der Ebene des Sachrechts erfolgen kann.[269] Bei der **kollisionsrechtlichen Anpassung** erfolgt eine Korrektur des zunächst gefundenen Ergebnisses auf der Ebene des Kollisionsrechts dahin gehend, dass der Anwendungsbereich einer bestehenden Kollisionsnorm neu gefasst oder auch eine völlig neue Anknüpfung entwickelt wird;[270] auf diese Weise wird die fragliche Rechtsbeziehung nunmehr alleine *einem* Recht unterstellt und die Ursache des Normwiderspruchs damit unmittelbar beseitigt.[271] Bei der **sachrechtlichen Anpassung** erfolgt die Ergebniskorrektur hingegen ausschließlich auf der Ebene des materiellen Rechts durch Modifikation der anzuwendenden Sachnormen; deren Regelungsgehalt ist im Hinblick auf Beseitigung des Normwiderspruchs abzuändern, ggf sind auch völlig neue Sachnormen modo legislatoris zu entwickeln.[272]

150 Welcher dieser beiden Wege im Rahmen der EuErbVO zu beschreiten ist, wird durch diese – ebenso wie durch die anderen bislang kodifizierten europäischen Kollisionsrechtsakte – *nicht* präjudiziert: Zwar enthalten Art. 31, 32 EuErbVO sachrechtlich zu verortende Anpassungsregelungen (vgl hierzu im Einzelnen Rn 154 ff), allerdings beziehen sich diese nur auf spezielle Einzelfälle und können daher nicht als verallgemeinerungsfähige Entscheidung zugunsten einer sachrechtlichen Anpassung verstanden werden, zumal mit Art. 33 EuErbVO eine weitere spezielle Regelung vorgesehen ist (Rn 165 ff), die eine kollisionsrechtliche Anpassung ermöglicht.[273] Darüber hinaus

---

[269] Vgl hierzu ausführlich *Kegel/Schurig*, § 8, S. 357-371; *von Bar/Mankowski*, § 7 Rn 249-257; *Kropholler*, § 34, S. 234-240, *von Hoffmann/Thorn*, § 6 Rn 31-39.
[270] Diese muss sich jedoch stets an kollisionsrechtlichen Wertungen orientieren und damit systemkonform (etwa mittels Hilfsanknüpfungen iSd „Kegelschen Leiter") erfolgen.
[271] Vgl etwa *Kegel/Schurig*, § 8 III 1, S. 361.
[272] Vgl etwa *Kegel/Schurig*, § 8 III 1, S. 361.
[273] So zu Recht MüKo-BGB/*Dutta*, Art. 33 EuErbVO Rn 1.

stellt Erwägungsgrund 17 ausdrücklich klar, dass Art. 31 EuErbVO andere Formen der Anpassung im Zusammenhang mit der Anwendung dieser Verordnung nicht ausschließt, so dass deren Entwicklung weiterhin Rechtsprechung und Lehre überlassen bleibt. Zu betonen ist indes, dass die Anpassung als **systemimmanenter Korrekturmechanismus des IPR** innerhalb des regulativen Anwendungsbereichs der EuErbVO zu verorten ist (wie auch die Kodifikation von Art. 31, 32 und 33 EuErbVO hinreichend deutlich macht) und insoweit der **vollständigen Prüfungskompetenz** des EuGH unterliegt.

Soweit die speziellen Regelungen der Art. 31-33 EuErbVO einschlägig sind, ist die konkrete Anpassung zweifelsfrei nach der von der jeweiligen Vorschift vorgesehenen Methode durchzuführen. Welcher Anpassungsmethode jedoch **außerhalb des Regelungsbereichs dieser Vorschriften** der Vorzug zu geben ist (etwa im Falle von Normwidersprüchen bei einer güterrechtlichen Erhöhung einer nach ausländischem Recht bestimmten Erbquote, vgl hierzu Rn 59), ist bislang umstritten und richtigerweise kontextabhängig zu entscheiden.[274] Jegliche Form der Anpassung stellt einen erheblichen Eingriff in das kollisions- bzw sachrechtliche Regelungsgefüge und damit in die zivilrechtliche Gerechtigkeitsentscheidung selbst dar; dieser Eingriff rechtfertigt sich alleine aus der *konkreten* Notwendigkeit, eine widerspruchsfreie und damit „gerechte" Entscheidung zu treffen (Ordnungsinteresse), so dass dieses Ziel mit dem – *in casu* – **geringsten Eingriff in die rechtlichen Strukturen** zu erreichen ist.[275] Regelmäßig ist das geeinigte Mittel hierfür die sachrechtliche Anpassung, da das materielle Recht differenziertere Korrekturen zulässt als die kollisionsrechtliche Grundentscheidung hinsichtlich der Anwendbarkeit einer Rechtsordnung, die im Rahmen einer kollisionsrechtlichen Anpassung vollständig übergangen wird; insoweit ergibt sich ein **Vorrang der sachrechtlichen vor einer kollisionsrechtlichen Anpassung**,[276] der auch von der EuErbVO mit Art. 31, 32 EuErbVO angedeutet wird. Um die kollisionsrechtliche Entscheidung, eine bestimmte Rechtsordnung anzuwenden, weitestgehend zur Geltung zu verhelfen, hat sich eine sachrechtliche Anpassung stets an den materiellen Wertungen der beteiligten (also kollisionsrechtlich berufenen) Rechtsordnungen zu orientieren – dem Regelungsgehalt der sich widersprechenden Sachnormen ist weitestmöglich Rechnung zu tragen und daher geringstmöglich zu korrigieren. Kommt eine derartige Korrektur nicht in Betracht, weil der Normwiderspruch nur unter vollständiger Außerachtlassung des sachrechtlichen Regelungsgehalts einer der berufenen Sachnormen erfolgen kann (so etwa im Falle sich widersprechender Todesvermutungen, vgl hierzu Art. 32 EuErbVO), müssen *eigenständige* Sachnormen ohne Anbindung an eine beteiligte Rechtsordnung ausgebildet werden, die sich mit *Steindorff* als

---

274 Vgl etwa *Kegel/Schurig*, § 8 III 1, S. 361 f; *Kropholler*, § 34 IV, S. 237-240, *von Hoffmann/Thorn*, § 6 Rn 35 (die jeweiligen Aussagen sind stets auf das nationale Recht bezogen; die Problematik wurde für das europäische IPR – soweit ersichtlich – noch nicht diskutiert).
275 *Kegel/Schurig*, § 8 III 1, S. 361 f; *Kropholler*, § 34 IV 2, S. 238.
276 So auch *von Bar/Mankowski*, § 7 Rn 257 (kollisionsrechtliche Anpassung „enthält zu starke Eingriffe in das kollisionsrechtliche Gesamtgefüge"); ebenso *Looschelders*, Die Anpassung im Internationalen Privatrecht, 1995, S. 210 f; *ders.*, Vorbem. zu Art. 3-6 EGBGB, Rn 60; für einen Vorrang der kollisionsrechtlichen Anpassung hingegen *Kropholler*, § 34 IV 2 d, S. 240; *von Hoffmann/Thorn*, § 6 Rn 36 f (Schaffung neuer Sachnormen „ultima ratio").

„Sachnormen im IPR"[277] bezeichnen lassen – ein Weg, der im speziellen Fall sich widersprechender Todesvermutungen auch von Art. 32 EuErbVO beschritten wird. In vergleichbaren Fällen müssen solche Sachnormen nunmehr – für alle Mitgliedstaaten einheitlich – im Rahmen des europäischen IPR modo legislatoris anhand gemeinsamer *europäischer* Wertungen ausgebildet (und mittels eines eigenständigen, ebenfalls europäischem Recht entstammenden kollisionsrechtlichen Anwendungsbefehls berufen) werden, damit der europäische Entscheidungseinklang nicht beeinträchtigt wird. Da sich solche „Sachnormen im *europäischen* IPR" jedoch alleine mittels eines materiellrechtlichen Bezugssystems entwickeln lassen, bedarf es hierfür regelmäßig eines Rückgriffs auf bereits europäisch-vereinheitlichtes materielles Recht, das allerdings (insbesondere im Bereich des Erbrechts) nicht stets vorhanden ist. Können die für die Lösung des Normwiderspruchs erforderlichen materiellen Kriterien auch nicht rechtsvergleichend ermittelt werden (was regelmäßig schwierig sein dürfte, da sich diese zumeist auf einen bestimmten Regelungsgehalt konkretisieren müssen), kommt nur eine – den europäischen Entscheidungseinklang wahrende – *kollisionsrechtliche* Anpassung in Betracht, wie auch die spezielle Regelungen des Art. 33 EuErbVO verdeutlicht. Ein denkbarer, jedoch den europäischen Entscheidungseinklang beeinträchtigender Rückgriff auf die lex fori als materielles Bezugssystem ist abzulehnen.

152 Hinweis:
Anzumerken ist, dass auch die Entwicklung von „Sachnormen im europäischen IPR" der vollständigen Prüfungskompetenz des EuGH unterliegt, da es sich hierbei (trotz des Rückgriffs auf *materielle* Wertungen) um einen – von der Kompetenzbestimmung des Art. 81 AEUV grundsätzlich erfassten – Regelungsmechanismus zur Lösung zivilrechtlicher Sachverhalte mit grenzüberscheitendem Bezug handelt. Denn zur Lösung eines *Sachverhalts mit Auslandsbezug* können grundsätzlich zwei Wege beschritten werden:[278] zum einen die Kodifikation eines kollisionsrechtlichen Systems, welches zum Ausgleich des aufgrund der räumlichen Relativität eines jeden Rechtssatzes auftretenden „Gerechtigkeitsdefizits" der lex fori auf die Anwendung existierender, für die Beurteilung des Sachverhaltes angemessener ausländischer Normen zurückgreift, zum anderen die Ausbildung eines autonomen materiellen Sonderrechts für Auslandssachverhalte, das jedoch – jedenfalls als grundsätzlicher Lösungsmechanismus – regelmäßig an den komplexen Anforderungen, welche die rechtliche Beurteilung eines solchen Sachverhaltes stellt, scheitert. Führt jedoch das kodifizierte kollisionsrechtliche Regelungssystem zu keiner Lösung (wie in den beschriebenen Fällen), kann auf die (partielle) Ausbildung materiellen Sonderrechts als subsidiärer Korrekturmechanismus zurückgegriffen werden; als solcher ist er von dem Anwendungsbereich der europäischen Kollisionsrechtsakte erfasst und fällt damit in deren regulativen Anwendungsbereich.

II. Spezielle Anpassungsregelungen in der EuErbVO: Art. 31, 32, 33 EuErbVO

153 Für die im erbrechtlichen Kontext besonders wichtigen Anpassungsfragen sieht die EuErbVO mit Art. 31 EuErbVO (Anpassung dinglicher Rechte), Art. 32 EuErbVO (Kommorienten) sowie Art. 33 EuErbVO (erbenlose Nachlässe) erstmals spezielle Anpassungsregelungen vor, die den allgemeinen, soeben Rn 149 ff beschriebenen Anpassungsgrundsätzen stets vorgehen.

---

277 Vgl *Steindorff*, Sachnormen im IPR, 1958; kritisch hierzu *Kegel/Schurig*, § 8 III 3, S. 370 f.
278 Vgl hierzu auch *Köhler*, S. 67, 208 Fn 176.

H. Anpassung

1. Anpassung dinglicher Rechte (Art. 31 EuErbVO)
a) Anwendungsbereich von Art. 31 EuErbVO

Ob und mit welchem Inhalt eine dingliche Rechtsposition kraft erbrechtlichen Übergangs erworben wurde, unterliegt nach vorzugswürdiger, jedoch umstrittener Ansicht dem Erbstatut (vgl hierzu § 2 Rn 12 ff); ein der lex fori unbekanntes Recht ist in den Grenzen des ordre public anzuerkennen, wobei zu berücksichtigen ist, dass aus der neueren deutschen Rechtsprechung keine Fälle bekannt sind, in denen einem dem deutschen Recht unbekannten Rechtsinstitut die Anerkennung versagt worden ist.[279] Der Ausschlussgrund des Art. 1 Abs. 2 lit. k EuErbVO bezieht sich demgegenüber alleine auf die *Rechtswirkungen* einer nach ausländischem Recht begründeten dinglichen Rechtsposition, welche in dem Belegenheitsstaat geltend gemacht wird; nur *insoweit* wird – entsprechend Art. 43 Abs. 2 EGBGB – der lex rei sitae Vorrang eingeräumt (vgl § 2 Rn 13). Die hiermit einhergehende **Anpassungsproblematik** ist Gegenstand von Art. 31 EuErbVO. Demnach erfasst diese Regelung die besondere Konstellation, dass das **Erbstatut selbst** ein dingliches Recht an dem Nachlass schafft, welches der lex rei sitae unbekannt ist; solche dinglichen Rechte können nach Art. 31 EuErbVO – soweit erforderlich und möglich – im Wege der **Transposition** an ein der lex fori „am ehesten vergleichbaren" Rechtsinstitut angepasst werden, so dass der sachenrechtliche numerus clausus des Mitgliedstaats, in welchem die dingliche Rechtsposition geltend gemacht wird, durch die EuErbVO nicht beeinträchtigt wird (vgl hierzu Erwägungsgrund 15 und 16).

b) Anwendungsvoraussetzungen und Rechtsfolge

Art. 31 EuErbVO setzt zunächst voraus, dass das Erbstatut ein dingliches Recht an dem Nachlass gewährt, welches der lex fori **unbekannt** ist (vgl unten Rn 156 ff). Wird ein solches Recht in einem Mitgliedstaat **geltend gemacht** – worunter jegliche Ausübung der dinglichen Rechtsposition zu verstehen ist (Herausgabeansprüche, Verwertungsrechte, Grundbucheintragungen etc.)[280] –, obliegt es insoweit (aufgrund von Art. 1 Abs. 2 lit. k EuErbVO) weiterhin der materiellen *lex fori*, ob und inwieweit die ihm unbekannte dingliche Rechtsposition in ihren Rechtswirkungen anzuerkennen ist. Voraussetzung dafür ist jedoch ihre **kollisionsrechtliche Anwendbarkeit**, so dass – aus deutscher Sicht – gem. Art. 43 Abs. 1 EGBGB die fragliche Sache in Deutschland belegen sein muss; ist sie es nicht, kommt eine Anpassung an das *deutsche* Recht a priori nicht in Betracht. Angesichts des klaren Wortlauts muss eine Anpassung an ein *ausländisches* Belegenheitsrecht ebenfalls ausscheiden, da Art. 31 EuErbVO insoweit alleine auf denjenigen Mitgliedstaat abstellt, in welchem das Recht geltend gemacht wird; nur insoweit greift der Ausschlusstatbestand des Art. 1 Abs. 2 lit. k EuErbVO, so dass eine **allseitige Anwendung** von Art. 43 Abs. 1 EGBGB – insbesondere im Rahmen eines Nachlassverfahrens – nicht in Betracht kommt. Damit obliegt es weiterhin jedem Belegenheitsstaat selbst, zum Zeitpunkt der konkreten Geltendmachung der (ggf bereits durch ein mitgliedstaatliches Urteil festgestellten oder durch ein ENZ

---

[279] Vgl *von Hoffmann/Thorn*, § 12 Rn 32; auch MüKo-BGB/*Wendehorst*, Art. 43 EGBGB Rn 159; *Looschelders*, Art. 43 EGBGB Rn 52; *Kropholler*, § 54 III 1 a, S. 560.
[280] Vgl auch jurisPK/*Ludwig*, Art. 31 EuErbVO Rn 13.

ausgewiesenen) dinglichen Rechtsposition vor seinen Gerichten bzw anderen zuständigen Stellen über deren Anerkennung in dem jeweiligen Rechtskontext (beispielsweise bei der Eintragung des Rechtes in ein Register, bei dessen Verwertung etc.) zu entscheiden und auf diese Weise seinen sachenrechtlichen numerus clausus in den von Art. 31 EuErbVO gezogenen Grenzen zu wahren. Als – zwingende[281] – **Rechtsfolge** sieht Art. 31 EuErbVO die Anpassung des der lex fori unbekannten dinglichen Rechts vor. Angesichts des eindeutigen Wortlauts („soweit erforderlich") kommt eine **Transposition** im klassischen Sinne – also die formelle Überleitung eines ausländischen Sachenrechts in funktionsäquivalente Typen der lex fori[282] – jedenfalls bei **beweglichen Sachen** regelmäßig nicht in Betracht, da ein solches Vorgehen zur Wahrung des sachenrechtlichen numerus clausus nicht erforderlich ist:[283] Es genügt, wenn das fremde, nach seinem Inhalt anzuerkennende Recht im Sinne der **Hinnahmetheorie**[284] alleine in seinen *Wirkungen* einem funktionsäquivalenten inländischen Sachenrechtstyp zugeordnet wird;[285] nur diese Vorgehensweise stellt sicher, dass ein durch das Erbstatut wirksam begründetes Recht erhalten bleibt und ggf zukünftig – bei einem erneuten Statutenwechsel – seine volle Rechtswirkung entfalten kann (etwa durch Verbringung der Sache in den Staat, nach dessen Recht die dingliche Rechtsposition begründet wurde). Sind indes unbekannte dingliche Rechtspositionen an **unbeweglichen Sachen** entstanden, ist ein erneuter Statutenwechsel, der eine zukünftige Ausübung der dinglichen Rechtsposition ermöglichen könnte, a priori ausgeschlossen; in diesen Fällen kann den Verkehrsinteressen des Belegenheitsstaates daher durch eine Transposition im klassischen Sinne Rechnung getragen werden. Wie Art. 31 EuErbVO a.E. ausdrücklich klarstellt, sind bei der Anpassung die mit dem ausländischen dinglichen Recht verfolgten Ziele und Interessen und die mit ihm verbundenen Wirkungen zu berücksichtigen – freilich eine Selbstverständlichkeit, wenn man ein ausländisches dingliches Recht einem funktionsäquivalenten inländischen Sachenrechtstyp zuordnen will.

c) Einzelne Beispiele

156   Im Rahmen von Art. 31 EuErbVO sind zwei verschiedene Konstellationen zu unterscheiden, bei denen der Rechtsanwender im Rahmen einer Nachlasssache mit unbekannten dinglichen Rechten oder Erwerbsformen konfrontiert werden kann.

---

281   Genau gesehen enthält Art. 31 EuErbVO für die einzelnen Mitgliedstaaten nicht nur das Recht, sondern auch die Pflicht, die Wahrung ihres sachenrechtlichen numerus clausus durch *Anpassung* der unbekannten Rechtsposition (und *nicht* durch deren Nichtanerkennung) sicherzustellen (ebenso jurisPK/*Ludwig*, Art. 31 EuErbVO Rn 30) – eine vollständige Versagung der Anerkennung einem ausländischen Recht wirksam begründeten, der lex fori jedoch unbekannten Rechtsposition kommt daher allenfalls in den Grenzen des ordre public in Betracht.
282   *Looschelders*, Art. 43 EGBGB Rn 50; Soergel/*Lüderitz*, Art. 38 EGBGB Anh II Rn 50.
283   Vgl hierzu ausführlich MüKo-BGB/*Wendehorst*, Art. 43 EGBGB Rn 147-159; *Looschelders*, Art. 43 EGBGB Rn 51.
284   So etwa MüKo-BGB/*Wendehorst*, Art. 43 EGBGB Rn 152 f; Palandt/*Thorn*, Art. 43 EGBGB Rn 5; *von Hoffmann/Thorn*, § 12 Rn 31; *Kropholler*, § 54 III 1a, S. 560-562. – AA *Kegel/Schurig*, § 19 III, S. 772 f (sog. Theorie des „Reinigungseffekts", „effet de purge").
285   *Looschelders*, Art. 43 EGBGB Rn 51.

aa) Zum Nachlass gehörende unbekannte dingliche Rechte

Möglich ist zunächst, dass zum Nachlass selbst ein der lex fori unbekanntes dingliches Recht gehört, aus deutscher Sicht etwa ein (besitzloses) französisches Registerpfandrecht an einem KFZ,[286] eine Autohypothek nach italienischem Recht[287] oder ein Lösungsrecht des gutgläubigen Käufers nach schweizerischem Recht.[288] Ob ein solches Recht wirksam begründet wurde bzw bei einem Statutenwechsel weiterhin besteht, obliegt (als selbstständig anzuknüpfende Vorfrage, vgl Rn 145 ff) aufgrund der Bereichsausnahme des Art. 1 Abs. 2 lit. g EuErbVO dem weiterhin nach nationalem Kollisionsrecht zu bestimmenden Sachstatut (Art. 43 ff EGBGB) und fällt damit aus dem Regelungsbereich der EuErbVO; allenfalls lässt sich Art. 31 EuErbVO diesbezüglich für die einzelnen Mitgliedstaaten die Vorgabe entnehmen, dass solche, weiterhin dem Sachstatut unterliegenden Rechte grundsätzlich im Rahmen eines Nachlassverfahrens zugesprochen werden *müssen* (vgl insoweit auch Erwägungsgrund 42 S. 1 und Rn 155 mit Fn 281, wenigstens mit dem von der lex fori vorgesehenen Inhalt (Transposition). Für deutsche Gerichte wäre diese Vorgabe indes unerheblich, da unbekannte ausländische Rechte grundsätzlich anerkannt werden (vgl oben Rn 154; anders etwa in Österreich im Hinblick auf einen nach deutschem Recht erworbenen Eigentumsvorbehalt oder ein Sicherungseigentum).[289]

bb) Durch das Erbstatut selbst geschaffene unbekannte dinglichen Rechte

Der eigentliche Anwendungsbereich von Art. 31 EuErbVO ist eröffnet, wenn das über den Nachlassübergang entscheidende Erbstatut selbst dingliche Rechte an dem Nachlass kreiert, die der lex rei sitae unbekannt sind. Zu nennen sind hier aus deutscher Sicht insbesondere **Trusts**, **joint tenancies**, kraft Gesetz entstandene **Nießbrauchrechte**, **dinglich wirkende Teilungsanordnungen** sowie **Vindikationslegate**.

Im Hinblick auf einen – testamentarisch oder ex lege entstandenen – **Trust** des angloamerikanischen Rechtskreises (der nur im Hinblick auf seine Errichtung, Funktionsweise oder Auflösung aus dem Anwendungsbereich der EuErbVO ausgenommen ist, Art. 1 Abs. 2 lit. j EuErbVO) geht die bisher überwiegende Auffassung davon aus, dass ein solcher *nicht* an inländischen Vermögenswerten begründet werden kann; die mit einem solchen einhergehende Aufteilung der Eigentümerstellung zwischen beneficiary und trustee[290] verstoße gegen den numerus clausus des deutschen Sachenrechts,[291] so dass die Einsetzung eines trustee in eine Einsetzung als Treuhänder[292] oder Testamentsvollstrecker[293] umgedeutet werden müsse; hinsichtlich des nach eng-

---

286 BGH NJW 1963, 1200; vgl auch *Kropholler*, § 54 III 1 a, S. 560; *von Hoffmann/Thorn*, § 12 Rn 31.
287 BGH NJW 1991, 1415; vgl auch *Kropholler*, § 54 III 1 a, S. 560; *von Hoffmann/Thorn*, § 12 Rn 31.
288 *Kropholler*, § 54 III 1 a, S. 560.
289 Vgl OGH IPRax 1985, 165.
290 Näher hierzu Burandt/Rojahn/*Solomon*, Länderbericht Großbritannien, Rn 111-113; vgl auch *Schurig*, IPRax 2001, 446.
291 Grundlegend hierzu BGH IPRax 1985, 221, 223 f; vgl auch Staudinger/*Dörner*, Art. 25 EGBGB Rn 51, 431 mwN; jurisPK/*Ludwig*, Art. 31 EuErbVO Rn 32. – AA Soergel/*Schurig*, Art. 25 EGBGB Rn 43; *ders.*, IPRax 2001, 446, 447: „Die Aufspaltung in ein ‚legal' und ein ‚equitable' Eigentum ist dem deutschen Recht zwar fremd. Die *einzelnen* Wirkungen sind aber drittwirksamen Verfügungsbeschränkungen und beschränkten dinglichen Rechten im Allgemeinen so ähnlich, dass von der Tätigkeit eines trustee in Deutschland keine untragbar störenden Einflüsse auf die Vermögensrechtsordnung ausgehen, die man generell eliminieren müsste".
292 So BGH IPRax 1985, 221, 224.
293 LG München I IPRax 2001, 459, 461.

lischem Recht vorgesehenen life interest, das dem überlebenden Ehegatten ein durch einen Trust verwirklichtes lebenslanges Nutzungsrecht am halben Restnachlass gewährt,[294] kommt eine Umdeutung in eine (befreite) Vor- und Nacherbschaft in Betracht.[295] Gleiches soll zudem bei einer kraft Erbstatuts begründeten **joint tenancy** an inländischen Vermögenswerten gelten;[296] indes stellt die Begründung eines Miteigentumsanteils als solches *kein* Verstoß gegen den numerus clausus des deutschen Sachenrechts dar,[297] Bedenken bestehen alleine im Hinblick auf das mit diesem einhergehenden (automatischen) Anwachsungsrecht zugunsten des überlebenden Miteigentümers („right of survivorship)". Daher sollte eine **joint tenancy** zumindest als Gesamthand ohne Anwachsungsrecht anerkannt werden.[298]

160 Ein Verstoß gegen den numerus clausus des deutschen Sachenrechts soll zudem auch dann gegeben sein, wenn das Erbstatut ein – insbesondere im romanischen Rechtskreis verbreitetes – **ex lege entstandenes Nießbrauchrecht** vorsieht, da ein solches nach der deutschen Rechtsordnung nur kraft Rechtsgeschäfts entstehen kann; soweit in Deutschland belegene Vermögensgegenstände betroffen sind, sei dieses in eine Verpflichtung des Erben zur Nießbrauchbestellung umzudeuten.[299] Nach vorzugswürdiger Ansicht liegt in solchen Fällen jedoch **kein Verstoß** gegen die deutsche Sachenrechtsordnung vor: Die Erwerbsmodalitäten eines dinglichen Rechts unterliegen dem Erbstatut (streitig, vgl § 2 Rn 12 ff), alleine über deren sachenrechtliche Wirkungen vermag die lex rei sitae (mit) zu entscheiden – da die deutsche Rechtsordnung indes Nießbrauchrechte als solche kennt, kann das ausländische Rechtsinstitut (jedenfalls bei funktional vergleichbarer Ausgestaltung) nicht gegen den deutschen numerus clausus der Sachenrechte verstoßen;[300] eine Anpassung kommt damit nicht in Betracht.

161 Gleiches gilt im Übrigen für **dinglich wirkende Teilungsanordnungen** und – ebenfalls im romanischen Rechtskreis verbreitete[301] – **Vindikationslegate**, also ein Vermächtnis mit unmittelbar dinglicher Wirkung.[302] Da die Frage nach dem Bestehen eines dinglichen Rechts seitens des Erbstatuts zu beantworten ist, kommt es auch hier wiederum nur auf die Verträglichkeit des entstandenen dinglichen Rechts mit der jeweiligen Belegenheitsrechtsordnung an; da die genannten Rechtsinstitute jedoch regelmäßig zum *Volleigentum* des fraglichen Gegenstandes führen, welches der deutschen Rechtsordnung freilich bekannt ist, liegt **kein Verstoß** gegen den numerus clausus des deutschen

---

294 Vgl hierzu Burandt/Rojahn/*Solomon*, Länderbericht Großbritannien, Rn 34.
295 *Dutta*, FamRZ 2013, 4, 12.
296 Staudinger/*Dörner*, Art. 25 EGBGB Rn 52; vgl auch MüKo-BGB/*Dutta*, Art. 25 EGBGB Rn 170.
297 Vgl auch *Henrich*, FS Riesenfeld 1983, S. 103, 109 (wenn auch mit anderem Ergebnis, nämlich sachenrechtlicher Qualifikation).
298 So auch Soergel/*Lüderitz*, Art. 38 EGBGB Anh. II Rn 20.
299 Staudinger/*Dörner*, Art. 25 EGBGB Rn 49, 148, 757.
300 Zum nationalen Recht auch Soergel/*Schurig*, Art. 25 EGBGB Rn 24; MüKo-BGB/*Dutta*, Art. 25 EGBGB Rn 337; *Kegel/Schurig*, § 21 IV 4, S. 1023.
301 So etwa in Frankreich (hierzu NK-BGB/*Frank*, Länderbericht Frankreich, Rn 97), Italien (hierzu NK-BGB/*Frank*, Länderbericht Italien, Rn 76) und Portugal (hierzu NK-BGB/*Müller-Bromley*, Länderbericht Portugal, Rn 175); Überblick bei *Süß*, RabelsZ 65 (2001), 245, 246 f.
302 Vgl hierzu ausführlich *Schmidt*, RabelsZ 77 (2013), 1-29; *Süß*, RabelsZ 65 (2001), 245-263; Staudinger/*Dörner*, Art. 25 EGBGB Rn 284 ff.

H. Anpassung

Sachenrechts vor.[303] Eine Anpassung in eine nur relativ wirkende Teilungsanordnung oder in ein nur schuldrechtliche Wirkungen entfaltendes Vermächtnis nach deutschem Recht (Damnationslegat nach § 2174 BGB) kommt daher – auch wenn es sich um ein in ein Register einzutragendes Recht handelt, vgl § 2 Rn 15 – *nicht* in Betracht (Zur Gegenansicht Teil 3 § 5 Rn 27 f).[304] Die Anerkennung dieser beiden Rechtsinstitute verstößt im Übrigen auch nicht gegen den deutschen ordre public, da jedenfalls *im Ergebnis* kein wesentlicher Grundsatz des deutschen Rechts verletzt wird (vgl hierzu Rn 173); denn diesem ist die Singularsukzession als solche keineswegs fremd, darüber hinaus besteht auch nach deutschem Erbrecht die Möglichkeit, eine (dann unmittelbar dinglich wirkende) Erbeinsetzung auf einen bestimmten Gegenstand kraft letztwilliger Verfügung herbeizuführen.

2. Kommorienten (Art. 32 EuErbVO)

Hängt die rechtliche Beurteilung der Rechtsnachfolge von Todes wegen von der zeitlichen Reihenfolge des Versterbens zweier oder mehrerer Personen ab, die jedoch aufgrund tatsächlicher Umstände (etwa bei einem gemeinsamen Verkehrsunfall)[305] nicht mehr aufgeklärt werden kann, muss diese Frage mittels gesetzlicher Vermutungsregelungen gelöst werden (sog. Kommorientenvermutungen, für das deutsche Recht § 11 VerschG); die Ermittlung der insoweit maßgeblichen Rechtsordnung unterliegt als selbstständig[306] (vgl hierzu Rn 145 ff) anzuknüpfende Vorfrage – mangels Eröffnung des Anwendungsbereichs der EuErbVO (Art. 1 Abs. 2 lit. c EuErbVO) – weiterhin nationalem Kollisionsrecht, so dass gem. Art. 9 EGBGB insoweit das jeweilige Heimatrecht maßgeblich ist. Da die gesetzlichen Regelungen der Kommorientenvermutung in den einzelnen nationalen Rechtsordnungen teilweise sehr unterschiedlich ausgestaltet sind, kann die kumulierte Berufung von Todesvermutungen verschiedener Rechtsordnungen im Rahmen ein und desselben Sachverhaltes indes zu einem **Normwiderspruch** führen, den Art. 32 EuErbVO – in Anlehnung an Art. 13 des von Deutschland nicht gezeichneten Haager Übereinkommens über das auf die Rechtsnachfolge von Todes wegen anzuwendende Recht vom 1.8.1989[307] – mittels einer weiteren, ebenfalls **sachrechtlich zu verortenden Anpassungsregel** aufzulösen bezweckt. Art. 32 EuErbVO trägt dem Umstand Rechnung, dass im Bereich der Todes-

---

303 So zu Recht (wenn auch mit anderer Schlussfolgerung) *Dörner*, ZEV 2012, 505, 509; vgl auch *Schmidt*, RabelsZ 77 (2013), 1, 19, 21 f; BeckOGK/*Schmidt*, Art. 31 EuErbVO Rn 29.
304 So auch Palandt/*Thorn*, Art. 1 EuErbVO Rn 15, Art. 31 EuErbVO Rn 2; *Schmidt*, RabelsZ 77 (2013), 1, 19, 21 f; *Margonski*, GPR 2013, 106, 108-110; BeckOGK/*Schmidt*, Art. 31 EuErbVO Rn 29; in diese Richtung tendierend *Dutta*, FamRZ 2013, 4, 12; nur für *nicht* in ein Register einzutragende Rechte *Hertel*, ZEV 2013, 539, 540; *Lechner*, IPRax 2013, 497, 499; *Döbereiner*, MittBayNot 2013, 358, 360 f; *ders.*, GPR 2014, 42, 43. – Für eine generelle Anpassung des Vindikationslegat in ein Damnationslegat hingegen: *Dörner*, ZEV 2012, 505, 509; auch jurisPK/*Ludwig*, Art. 31 EuErbVO Rn 27, 29; jedenfalls im Hinblick auf Rechte, die in ein Register einzutragen sind (und ohne Aussage hinsichtlich anderer Rechte) ebenso *Simon/Buschbaum*, NJW 2012, 2393, 2394; *Volmer*, Rpfleger 2013, 421, 426; *Odersky*, notar 2013, 3, 4. Für eine generelle Anpassung auch die h.M. zum bisherigen Recht, insbesondere: Staudinger/*Dörner*, Art. 25 Rn 50, 284 ff; MüKo-BGB/*Birk*, 5. Aufl., Art. 25 Rn 170; NK-BGB/*Kroiß*, Art. 25 EGBGB Rn 75; grundlegend BGH NJW 1995, 58, 59; BayObLGZ 1995, 366, 376; anders jedoch zu Recht Soergel/*Schurig*, Art. 25 EGBGB Rn 24 mwN.
305 Palandt/*Thorn*, Art. 32 EuErbVO Rn 1.
306 AA Palandt/*Thorn*, Art. 32 EuErbVO Rn 2, so dass insoweit die entsprechende Kollisionsnorm der lex causae anzuwenden wäre und Art. 9 EGBGB daher alleine bei deutschem Erbstatut zur Anwendung gelangte.
307 Vgl *Dutta*, FamRZ 2013, 4, 11.

vermutung keine europäisch-vereinheitlichte *materielle* Rechtsgrundlage existiert, auf welche im Rahmen einer sachrechtlichen Anpassung zurückgegriffen werden kann; zur Gewährleistung des europäischen Entscheidungseinklangs bedarf es daher insoweit einer eigenen materiellrechtlichen Regelung, die sich in Anlehnung an *Steindorff*[308] als „Sachnorm im europäischen IPR" bezeichnen lässt (vgl hierzu Rn 152).

163 Anwendungsvoraussetzung für Art. 32 EuErbVO ist eine **Anpassungslage**, die konkret aus der kumulierten Anwendung **sich widersprechender**[309] Todesvermutungen verschiedener Rechtsordnungen resultiert. Entgegen dem Wortlaut ist daher *nicht* entscheidend, dass die *Rechtsnachfolge von Todes* wegen unterschiedlichen Rechtsordnungen unterliegt, alleine die **Frage nach der Todesvermutung muss *verschiedenen* Rechtsordnungen zugewiesen sein**,[310] da nur in diesem Falle ein entsprechender Normwiderspruch auftreten kann. Ausweislich seines Wortlauts soll Art. 32 EuErbVO zudem auch dann anwendbar sein, wenn die im Rahmen von Art. 9 EGBGB bestimmte Rechtsordnung **keinerlei Vermutungsregeln** vorsieht;[311] Voraussetzung für einen Rückgriff auf Art. 32 EuErbVO als Ersatzrecht ist jedoch, dass eine entsprechende ausländische Regelung – trotz Wahrung der diesbezüglichen richterlichen Ermittlungspflicht – nicht auffindbar ist und auch nicht rechtsfortbildend – nach Maßgabe der Grundsätze des ausländischen Rechts – ausgebildet werden kann (vgl hierzu Rn 189). Als **Rechtsfolge** sieht Art. 32 EuErbVO (entsprechend der deutschen Sachnorm des § 11 VerschG) vor, dass *keiner* der verstorbenen Personen einen Anspruch auf den Nachlass des jeweils anderen hat.

164 **Beispiel:**[312]
Vater und Tochter (er Franzose, sie Engländerin, beide mit gewöhnlichem Aufenthalt in Deutschland) sterben bei einem gemeinsamen Verkehrsunfall; der konkrete Todeszeitpunkt lässt sich in beiden Fällen nicht feststellen. Beide bestimmen in Form einer Verfügung von Todes wegen den jeweils anderen zum Alleinerben und setzten je einen Ersatzerben ein – der Vater Freund A, die Tochter Freundin B.
Gemeinsames Erbstatut ist gem. Art. 21 Abs. 1 EuErbVO deutsches Recht, nach welchem nur derjenige erben kann, der den Erblasser überlebt (§ 1923 Abs. 1 BGB). Da der jeweilige Todeszeitpunkt im Beispielsfall nicht feststellbar ist, muss insoweit auf gesetzliche Vermutungsregelungen zurückgegriffen werden; diese Vorfrage unterliegt gem. Art. 9 EGBGB im Hinblick auf den Vater französischem Recht (das gem. Art. 725-1 Cc – entsprechend § 11 VerschG – den gleichzeitigen Tod vermutet),[313] im Hinblick auf die Tochter englischem Recht (das ein Überleben des jeweils Älteren[314] und damit des Vaters vermutet). Da sich beide in casu anzuwendenden Todesvermutungen inhaltlich widersprechen (die vorverstorbene Tochter kann nicht zugleich zeitgleich mit ihrem Vater verstorben sein), liegt ein *Normwiderspruch* vor, der gem. Art. 32 EuErb-

---

308 *Steindorff*, Sachnormen im IPR, 1958.
309 Ebenso Palandt/*Thorn*, Art. 32 EuErbVO Rn 2. – AA *Dutta*, FamRZ 2013, 4, 11 (unterschiedliche, also sich *nicht* notwendigerweise widersprechende Todesvermutungen für Anwendung des Art. 32 EuErbVO ausreichend).
310 Im Ergebnis ebenso Palandt/*Thorn*, Art. 32 EuErbVO Rn 2 (jedoch vom Standpunkt einer unselbstständigen Vorfragenanknüpfung). – Anders jedoch MüKo-BGB/*Dutta*, Art. 32 EuErbVO Rn 1; BeckOGK/*Schmidt*, Art. 32 EuErbVO Rn 8; auch jurisPK/*Ludwig*, Art. 32 EuErbVO Rn 2 (Todesvermutungen unterlägen dem Erbstatut; vgl hierzu Rn 42).
311 So auch Palandt/*Thorn*, Art. 32 EuErbVO Rn 2; *Dutta*, FamRZ 2013, 4, 11; jurisPK/*Ludwig*, Art. 32 EuErbVO Rn 12.
312 Fall von *Kegel/Schurig*, § 8 III 3, S. 370 f.
313 Hierzu *Süß*, ZErb 2002, 62, 66 (mit Verweis auf die Änderung der Rechtslage im Jahr 2002; vor diesem Zeitpunkt wurde gem. Art. 721 Cc das Überleben des jeweils Jüngeren vermutet).
314 Vgl hierzu Ferid/Firsching/Dörner/Hausmann/*Henrich*, Länderbericht Großbritannien, Grdz. D III Rn 108.

VO sachrechtlich dahin gehend aufzulösen ist, dass keiner der beiden verstorbenen Personen Anspruch auf den Nachlass des jeweils anderen hat. Damit liegen die Anwendungsvoraussetzungen von § 2096 BGB vor, so dass A den Vater und B die Tochter jeweils als Ersatzerben beerben können.

3. Erbenlose Nachlässe (Art. 33 EuErbVO)

Eine besondere Regelung für **erbenlose Nachlässe** enthält Art. 33 EuErbVO. Hintergrund dieser Bestimmung ist die teils sehr unterschiedliche Behandlung solcher Fälle in den nationalen Sachrechtsordnungen[315] (vgl hierzu Erwägungsgrund 56): Teils sehen diese ein subsidiäres gesetzliches **Erbrecht des Staates** vor (so etwa gem. § 1936 BGB die deutsche oder gem. Art. 956 Cc die spanische Rechtsordnung), teils besteht ein **sachenrechtliches Aneignungsrecht des Staates** hinsichtlich solcher Nachlässe (so etwa gem. s. 46 (1) (vi) Administration of Estates Act 1925 die englische oder gem. § 760 ABGB die österreichische Rechtsordnung;[316] nunmehr auch § 32 IntErbRVG, vgl zu dieser Regelung im Einzelnen Teil 2 § 3 Rn 10 ff). Daher ist es möglich, dass ein (erbrechtlich zu qualifizierendes, daher dem Erbstatut gem. Art. 23 Abs. 2 lit. b EuErbVO unterliegendes) gesetzliches Erbrecht eines Staates mit einem (sachenrechtlich zu qualifizierenden, daher dem gem. Art. 43 Abs. 1 EGBGB bestimmten Sachenstatut unterliegenden)[317] staatlichen Aneignungsrecht *zusammentrifft*; in diesen Fällen ordnet Art. 33 EuErbVO ausnahmsweise (in Abweichung zu Art. 23 Abs. 2 lit. e EuErbVO) den *Vorrang des Sachenstatuts vor dem Erbstatut* an,[318] soweit Gläubigerrechte nicht beeinträchtigt werden. Entgegen dem restriktiv anmutenden Wortlaut ist die Anwendung des Art. 33 EuErbVO nicht auf mitgliedstaatliche Aneignungsrechte beschränkt, so dass auch **drittstaatliches Recht** zu beachten ist.[319]

165

Die Anwendung von Art. 33 EuErbVO setzt stets voraus, dass nach dem Erbstatut ein **gesetzliches Erbrecht** eines Staates besteht. Soweit der Fiskus seitens des Erblassers testamentarisch zum Erbe bzw zum Vermächtnisnehmer (im Hinblick auf den betreffenden Gegenstand) eingesetzt wurde oder natürliche Personen als gesetzliche Erben vorhanden sind, unterliegt die dingliche Zuordnung des Nachlasses vollständig dem Erbstatut[320] (vgl hierzu § 2 Rn 12 ff); etwaige *sachenrechtlich* zu qualifizierende Aneignungsrechte sind in diesem Falle a priori *nicht* beachtlich.

166

---

315 Überblick bei jurisPK/*Ludwig*, Art. 33 EuErbVO Rn 5.
316 So zutreffend Soergel/*Schurig*, Art. 25 EGBGB Rn 29 f mit Fn 41 (jedoch im Ergebnis erbrechtlich qualifizierend); für eine eingriffsrechtliche Qualifikation hingegen Staudinger/*Dörner*, Art. 25 EGBGB Rn 205 jeweils mwN; hinsichtlich § 760 ABGB auch OLG München IPRax 2013, 443 f. Gerade im Hinblick auf § 760 ABGB wird stets betont, dass diese Bestimmung ein „besonderes öffentlich-rechtliches Aneignungsrecht" darstellt, vgl OLG München IPRax 2013, 443 f mwN. Worin jedoch die besondere – und im Hinblick auf § 1936 BGB *abweichende* – öffentliche Zwecksetzung liegen soll, ist nicht ersichtlich: Beide Bestimmungen dienen der geordneten Abwicklung des Nachlasses, sie unterscheiden sich alleine in ihrer (erbrechtlichen bzw sachenrechtlichen) Ausgestaltung, die für die Qualifikation den Ausschlag gibt.
317 Jedenfalls für das nationale Recht aA Soergel/*Schurig*, Art. 25 EGBGB Rn 29 f (erbrechtliche Qualifikation); ebenso MüKo-BGB/*Birk*, 5. Aufl., Art. 25 EGBGB Rn 173.
318 AA Palandt/*Thorn*, Art. 33 EuErbVO Rn 2 (Kollision zwischen staatlichem Erbrecht und „öffentlich-rechtlichem Aneignungsrecht"); ebenso MüKo-BGB/*Dutta*, Art. 33 EuErbVO Rn 1; ders., FamRZ 2013, 4, 11 („öffentliche[s] Aneignungsrecht").
319 Ebenso *Nordmeier*, IPRax 2013, 418, 424; MüKo-BGB/*Dutta*, Art. 33 EuErbVO Rn 8; im Ergebnis auch jurisPK/*Ludwig*, Art. 33 EuErbVO Rn 19.
320 So auch jurisPK/*Ludwig*, Art. 33 EuErbVO Rn 10.

167 Weitere Anwendungsvoraussetzung für Art. 33 EuErbVO ist das gleichzeitige Bestehen eines **sachenrechtlich zu qualifizierenden staatlichen Aneignungsrechts**, was nach dem – weiterhin anhand der nationalen Kollisionsnorm des Art. 43 Abs. 1 EGBGB zu bestimmenden – Sachenstatut zu beurteilen ist. Soweit dieses Gläubigerrechte an dem betreffenden Nachlassgegenstand unberührt lässt, unterliegt ihre dingliche Zuordnung *ausnahmsweise* gem. Art. 33 EuErbVO dem Sachenstatut; das Erbstatut tritt somit zurück. Zu beachten ist jedoch, dass das anzuwendende Sachrecht selbst den Vorrang des Erbstatuts anordnen kann.

Beispiel:
Hinterlässt ein erbenloser Erblasser mit gewöhnlichem Aufenthalt in Deutschland unbewegliches Vermögen in England und Österreich, ist der deutsche Staat grundsätzlich als Erbe berufen (Erbstatut ist gem. Art. 21 Abs. 1 EuErbVO deutsches Recht, so dass § 1936 BGB Anwendung findet). Neben dem deutschen Recht ist aufgrund von Art. 33 EuErbVO auch englisches und österreichisches Sachrecht im Hinblick auf die dort belegenen Vermögensgüter berufen (Art. 43 Abs. 1 EGBGB, die Gesamtverweisung wird jeweils angenommen); nach englischem und österreichischem Recht setzt das jeweilige staatliche Aneignungsrecht indes voraus, dass *kein* Erbe vorhanden ist. Diese Frage obliegt als selbstständig anzuknüpfende Vorfrage (vgl Rn 145 ff) wiederum gem. Art. 21 Abs. 1 EuErbVO deutschem Recht, nach dem jedoch ein Erbe (nämlich der deutsche Staat) vorhanden ist, so dass die sachrechtlichen Tatbestandsvoraussetzungen des jeweiligen Aneignungsrechts nicht erfüllt sind;[321] der Nachlass wäre in diesem Falle daher trotz der Regelung des Art. 33 EuErbVO vollständig dem deutschen Staat zuzusprechen.

168 Soweit sich ein gem. Art. 33 EuErbVO beachtliches staatliches Aneignungsrecht nicht nur auf die in diesem Staate belegenen Gegenstände beschränkt, sondern auch auf in anderen Staaten belegene Vermögenswerte bezogen ist (so etwa Kapitel 5 § 1 des schwedischen Erbgesetzes), kommt eine Anwendung nicht in Betracht (insoweit deklaratorisch Art. 33 EuErbVO); gem. Art. 43 Abs. 1 EGBGB ist für die Frage der dinglichen Zuordnung alleine das jeweilige Belegenheitsrecht berufen, so dass dieses stets nur über die *in diesem Staate belegenen* Vermögenswerte entscheiden kann.

169 Sieht das Erbstatut hingegen **kein gesetzliches Erbrecht** vor, unterliegt die dingliche Zuordnung der einzelnen Nachlassgegenstände von vornherein ausschließlich dem gem. Art. 43 Abs. 1 EGBGB bestimmten Sachenstatut.[322] Gewährt die lex rei sitae demnach dem Belegenheitsstaat ein sachenrechtliches Aneignungsrecht, kann dieses zugesprochen werden; soweit ein solches nicht besteht, ist zu differenzieren: Liegt in der maßgeblichen Rechtsordnung diesbezüglich eine schlichte **Regelungslücke** vor, da der staatliche Erwerb erbenloser Nachlässe entsprechend dem deutschen oder spanischen Recht erbrechtlich ausgestaltet ist, kann diese Regelungslücke regelmäßig (je-

---

321 Etwas anderes gilt nur, wenn sich die entsprechenden sachrechtlichen Vorschriften gegen eine Substituierbarkeit im Hinblick auf ein ausländisches Erbrecht eines Staates sperrten, also ein solches nicht akzeptieren würden; dies dürfte indes bei den genannten Bestimmungen des englischen und österreichischen Rechts nicht der Fall sein.
322 Im Ergebnis ebenso die hM (zum nationalen Recht), auch wenn die diesbezüglichen Begründungen stark variieren; vgl etwa MüKo-BGB/*Birk*, 5. Aufl., Art. 25 EGBGB Rn 175 (Anwendung der lex rei sitae über Art. 3a Abs. 2 EGBGB); Staudinger/*Dörner*, Art. 25 EGBGB Rn 214 (Anwendung der lex rei sitae aufgrund versteckter Rückverweisung, sofern der das Erbstatut stellende Staat ein Aneignungsrecht kennt – was unter Geltung der EuErbVO bereits deswegen problematisch ist, weil ein Renvoi nur unter bestimmten Bedingungen anerkannt wird); ebenso Soergel/*Schurig*, Art. 25 EGBGB Rn 31. Grenzt man indes mit der hier vertretenen Ansicht Erb- und Sachenstatut streng voneinander ab, bedarf es solcher Begründungsversuche nicht, da das zuständige Gericht den Sachverhalt unter *allen* rechtlichen Gesichtspunkten – erbrechtlichen wie sachenrechtlichen – zu würdigen hat.

doch stets nach Maßgabe der lex causae, vgl Rn 189) durch Annahme eines Aneignungsrechtes geschlossen (für das deutsche Recht wurde diese Regelungslücke mit § 32 IntErbRVG beseitigt, so dass es nunmehr keiner analoge Anwendung des § 958 Abs. 2 BGB[323] mehr bedarf) und dem fraglichen Staat die dort belegenen Nachlassgegenstände zugesprochen werden.[324] Liegt in dem Verzicht auf eine Regelung jedoch eine bewusste gesetzgeberische Entscheidung (was kaum vorstellbar ist, da sich der betreffende Staat in diesem Falle einer geordneten Nachlassabwicklung bewusst entziehen würde), ist diese – jedenfalls in den Grenzen des ordre public – zu respektieren, so dass eine Zuordnung der betreffenden Vermögensgegenstände durch die zuständigen Gerichte ausgeschlossen ist.

Der eigentliche Anwendungsbereich des Art. 33 EuErbVO ist nach den vorherigen Ausführungen nur eröffnet, wenn ein *erbrechtlich* zu qualifizierendes staatliches Erbrecht mit einem *sachenrechtlich* zu qualifizierenden staatlichen Aneignungsrecht zusammentrifft. Auch wenn staatliche Aneignungsrechte – mangels besonderer öffentlicher Zwecksetzung – regelmäßig sachenrechtlich zu qualifizieren sind, ist es freilich nicht ausgeschlossen, dass einem solchen überwiegend öffentliche Normzwecke zugrunde liegen (was jedoch positiv festgestellt werden muss und jedenfalls in den oben genannten Beispielen nach vorzugswürdiger Ansicht nicht der Fall ist).[325] Sofern eine überwiegend öffentliche Zwecksetzung festgestellt wird, implizieren die fraglichen Sachnormen kollisionsrechtliche Gemeininteressen, die sowohl eine erbrechtliche als auch eine sachenrechtliche Qualifikation ausschließen („Disqualifikation", vgl Rn 105). Solche sachrechtlichen Bestimmungen stellen daher **Eingriffsnormen** dar, welche stets *neben* dem Erb- und Sachstatut zur Anwendung gebracht werden müssen (vgl hierzu ausführlich Rn 117, 107 ff); auf den von Art. 33 EuErbVO angeordneten Vorrang des Sachstatuts vor dem Erbstatut kommt es daher – ebenso wie auf die von Art. 33 EuErbVO vorgesehene Beschränkung auf ein *gesetzliches* staatliches Erbrecht – nicht an. Ob und unter welchen Voraussetzungen solche Eingriffsnormen zur Anwendung zu bringen sind, bestimmt sich nach den insoweit geltenden allgemeinen Grundsätzen, so dass neben einer angemessenen *räumlichen Verknüpfung* (die in diesen Fällen ebenfalls durch die Belegenheit des fraglichen Gegenstands in dem Aneignungsstaat erfüllt ist) insbesondere ein *Anwendungsinteresse* an (drittstaatlichen) Bestimmungen bestehen muss (vgl hierzu Rn 112 ff). Diesbezüglich ist Art. 33 EuErbVO jedoch wenigstens die Vorgabe zu entnehmen, dass solche Bestimmungen nur zur Anwendung gebracht werden können, wenn diese zugleich bestehende Gläubigerrechte an dem Nachlassgegenstand wahren; nur in diesen Fällen lässt sich daher überhaupt das erforderliche Anwendungsinteresse bejahen. Da die in den einzelnen staatlichen Rechtsordnungen vorgesehenen Aneignungsrechte nach vor-

---

323 So *von Hoffmann/Thorn*, § 9 Rn 57; *Looschelders*, Art. 25 EGBGB Rn 5, ders., Die Anpassung im Internationalen Privatrecht, 1995, S. 363 f. – AA (jedoch im Ergebnis ähnlich) Staudinger/*Dörner*, Art. 25 EGBGB Rn 202 (Anwendung von § 1936 BGB, der in diesen Fällen jedoch ebenfalls teleologisch modifiziert werden müsste).
324 Demgegenüber sieht *Nordmeier*, IPRax 2013, 418, 423 in diesen Fällen eine Anpassungsproblematik (Normmangel), die im Wege einer kollisionsrechtlichen Anpassung (Anwendung des Belegenheitsrechts) zu lösen sei; vgl auch Palandt/*Thorn*, Art. 33 EuErbVO Rn 3 („negative[r] Anwendungskonflikt[]").
325 So zum alten Recht Soergel/*Schurig*, Art. 25 EGBGB Rn 29 f. – AA Staudinger/*Dörner*, Art. 25 EGBGB Rn 205 jeweils mwN.

zugswürdiger Ansicht regelmäßig *sachenrechtlich* zu qualifizieren sind, kommt dieser Fallgruppe indes kaum Bedeutung zu.

I. Ordre public
I. Allgemeines

171 Die Anwendung einer ausländischen Rechtsordnung ist nach den bekannten Worten von *Raape* stets „Sprung ins Dunkle",[326] da das ausländische Recht – jedenfalls im Hinblick auf seinen *konkreten* Regelungsgehalt – „unbesehen" zur Anwendung gebracht wird. Führt die Anwendung ausländischen (also mitgliedstaatlichen *und* drittstaatlichen) Rechts indes im Ergebnis zu einer Verletzung **wesentlicher materieller Grundsätze** der lex fori (ordre public), gestattet Art. 35 EuErbVO eine – diese Grundsätze wahrende – Ergebniskorrektur. Vorbehalte zugunsten des jeweiligen nationalen ordre public sehen alle bislang erlassenen europäischen Kollisionsrechtsakte vor (vgl Art. 21 Rom I-VO, Art. 26 Rom II-VO, Art. 12 Rom III-VO); da es sich hierbei um ein allgemeines, also *kontextunabhängiges* Rechtsprinzip handelt, bestehen keine Unterschiede hinsichtlich der Bestimmung des nationalen ordre public, gleich ob dieser im Rahmen des staatsvertraglichen, europäischen oder nationalen Kollisionsrechts zu konkretisieren ist. Ein **Verstoß gegen den deutschen ordre public** liegt nach der Rechtsprechung des BGH vor, wenn „das Ergebnis der Anwendung des ausländischen Rechts zu den Grundgedanken der deutschen Regelungen und den in ihnen enthaltenen Gerechtigkeitsvorstellungen in so starkem Widerspruch steht, dass es nach inländischer Vorstellung untragbar erscheint"[327] (vgl insoweit auch den auf dieser Rechtsprechung beruhenden Wortlaut des Art. 6 EGBGB).

II. Zweck des ordre public, Methodik und Anwendungsvoraussetzungen

172 Wesentliche Grundsätze einer Rechtsordnung stellen **fundamentale Gerechtigkeitsprinzipien** dar, die sich zwar nicht notwendig, jedoch regelmäßig aus höherrangigen Rechtssätzen – insbesondere Grundrechte, EMRK, Charta der Grundrechte der Europäischen Union (vgl insoweit Erwägungsgrund 58) oder auch europäische Grundfreiheiten – ergeben. Diese vorrangig zu beachtenden Rechtssätze stellen bestimmte *Anforderungen* an die Ausgestaltung der Zivilrechtsordnung (zivilrechtliche Reflexwirkung, mittelbare „Drittwirkung"), die sich jedoch zumeist nicht in *einer* konkreten zivilrechtlichen Sachnorm manifestieren, sondern als allgemeine Wertungsprinzipien der gesamten Zivilrechtsordnung zugrunde liegen. Da Ausgangspunkt der kollisionsrechtlichen Rechtsanwendungsfrage stets die kollisionsrechtlichen Interessen bilden, die durch die *dominierenden* Sachnormzwecke impliziert werden,[328] werden die einer konkreten zivilrechtlichen Sachnorm (eben nur „auch") zugrundeliegenden allgemeinen Gerechtigkeitsprinzipien bei der Bestimmung des anwendbaren Rechts regelmäßig ausgeblendet; die Anwendung der herkömmlichen Kollisionsnormen kann *deswegen* im Ergebnis zu ihrer Verletzung führen. **Zweck** des ordre public-

---

326 *Raape/Sturm*, § 13 I 1, S. 199.
327 Vgl nur BGH NJW 1993, 3269; grundlegend BGH NJW 1996, 369, 370 zu Art. 30 EGBGB aF.
328 NK-NachfolgeR/*Köhler*, Vor Art. 20-38 EuErbVO Rn 6; *ders*, S. 81 f.

I. Ordre public

Vorbehalts ist es daher, die durch die allgemeinen Kollisionsnormen nicht berücksichtigten fundamentalen Gerechtigkeitsprinzipien abzusichern und im *konkreten Fall* zur Anwendung zu verhelfen.

Auf welchem methodischen Wege dies erfolgt, ist indes umstritten. Nach überwiegendem Verständnis stellen die einzelnen Vorbehaltsklauseln des ordre public **unselbstständige Kollisionsnormen** dar, welche die kollisionsrechtliche Berufung eines jeden ausländischen Rechts unter die (auflösende) Bedingung ihrer Vereinbarkeit mit wesentlichen materiellen Grundsätzen des nationalen Rechts stellen: Liegt ein ordre public-Verstoß vor, entfällt der auf die ausländischen Sachnormen bezogene kollisionsrechtliche Anwendungsbefehl, so dass die insoweit entstehende „Lücke" hinsichtlich der für die Beurteilung des Sachverhaltes erforderlichen Rechtsgrundlage im Sinne des nationalen ordre public geschlossen werden muss[329] – dies entweder durch Modifikation des ausländischen[330] oder des inländischen[331] Rechts (streitig), was jedoch im Ergebnis regelmäßig keinen Unterschied machen dürfte. Der ordre public erfüllt demnach eine rein **negative Funktion**:[332] Er wehrt die Anwendung ausländischen Rechts ab und durchbricht die internationalprivatrechtliche Gerechtigkeit zugunsten der materiellen Gerechtigkeit.[333] Einem solchen Verständnis begegnen indes Bedenken. Auch materielle, nicht weiter ausgeformte Rechtsgrundsätze einer Rechtsordnung sind vor dem Hintergrund konkurrierender Rechtsordnung nur zu beachten, wenn sie *kollisionsrechtlich* berufen sind.[334] Um die von der überwiegenden Auffassung betonte negative Funktion erfüllen zu können, müssen die maßgeblichen Rechtssätze daher zunächst *positiv* berufen sein.[335] Für ihre Beachtlichkeit notwendig ist somit stets ein kollisionsrechtlicher Anwendungsbefehl, der – mangels Berücksichtigung der Grundsätze im Rahmen der herkömmlichen Kollisionsnormen (vgl Rn 172) und in Ermangelung spezieller Kollisionsnormen des ordre public (etwa Art. 13 Abs. 2, Abs. 3 S. 1, Art. 17 b Abs. 4, Art. 40 Abs. 3 EGBGB) – *modo legislatoris* anhand der herkömmlichen Methodik zu entwickeln ist.[336] Die Problematik des ordre public entspricht damit der Eingriffsnormenproblematik: Es geht um die kollisionsrechtliche Anwendbarkeit (allerdings zunächst nicht weiter konkretisierter) Rechtsprinzipien, die von den herkömmlichen Kollisionsnormen nicht erfasst werden und denen daher vor dem Hintergrund konkurrierender Rechtsordnung eine ihren materiellen Zwecken entsprechende Anknüpfung modo legislatoris zur Verfügung ge-

---

329 Vgl etwa Staudinger/*Voltz*, Art. 6 EGBGB Rn 21, 204; Palandt/*Thorn*, Art. 6 EGBGB Rn 1, 3, 13; *Kegel* (7. Aufl.), § 16 XI, S. 385; *Kropholler*, § 36 I, S. 244 f; *von Hoffmann/Thorn*, § 6 Rn 154.
330 BGH NJW 1993, 848, 850; OLG München ZEV 2012, 591, 593; KG ZEV 2008, 440, 442; ebenso Palandt/*Thorn*, Art. 6 EGBGB Rn 13; *Kropholler*, § 36 V, S. 255; *von Hoffmann/Thorn*, § 6 Rn 154.
331 *Von Bar/Mankowski*, § 7 Rn 285.
332 Vgl hierzu ausführlich Staudinger/*Voltz*, Art. 6 EGBGB Rn 8-21; auch *Kropholler*, § 36, S. 244 f; *von Hoffmann/Thorn*, § 6 Rn 142 f.
333 So insbesondere *Kegel* (7. Aufl.), § 16 XI, S. 385; vgl auch *Kropholler*, § 36, S. 244 f; *von Hoffmann/Thorn*, § 6 Rn 136 ff.
334 Vgl NK-NachfolgeR/*Köhler*, Vor Art. 20-38 EuErbVO Rn 2; *ders*, S. 6 f; 62 ff.
335 Vgl hierzu ausführlich *Kegel/Schurig*, § 16 I, S. 516-520, *Schurig*, S. 251-255.
336 Vgl hierzu ausführlich *Kegel/Schurig*, § 16, S. 516-524, *Schurig*, S. 248-269; *Siehr*, RabelsZ 36 (1972), 93, 98-110; ebenso *Mankowski*, RIW 1996, 8, 10; *Epe*, Die Funktion des ordre public im deutschen Internationalen Privatrecht, 1983, S. 139-149; bereits *Kahn*, in: Lenel/Lewald, S. 161, 251.

stellt werden muss[337] (vgl hierzu auch Rn 105 ff). Der einzige Unterschied besteht darin, dass der Gegenstand der Anknüpfung im Rahmen des ordre public zunächst nicht weiter bestimmt ist, sondern erst durch einen Vergleich des anhand der herkömmlichen Kollisionsnormen gefundenen Ergebnisses mit den Rechtsvorstellungen unserer Rechtsordnung ermittelt werden kann; „stören" wir uns im hermeneutischen Sinne[338] an dem **konkreten Ergebnis der Rechtsanwendung** (daher nicht: an dem abstrakten Norminhalt des ausländischen Rechtssatzes), kommt eine Verletzung wesentlicher deutscher Grundsätze in Betracht; dies gibt Anlass, das insoweit maßgebliche Rechtsprinzip zu ermitteln, seine konkreten zivilrechtlichen Vorgaben festzustellen, um *im Anschluss daran* über die kollisionsrechtliche Anwendbarkeit des Grundsatzes mittels der herkömmlichen kollisionsrechtlichen Dogmatik zu entscheiden. Zusammen mit den (regelmäßig als positiver ordre public bezeichneten) Eingriffsnormen bildet der ordre public daher *den noch unerkannten und den noch unfertigen Teil des internationalen Privatrechts.*[339]

174 Ein Eingreifen des ordre public setzt nach einhelliger Auffassung zweierlei voraus: zum einen eine **Verletzung wesentlicher Grundsätze** der lex fori (die selbstverständlich auch nationaler, staatsvertraglicher oder europäischer Herkunft sein können), zum anderen einen bestimmten **Inlandsbezug**,[340] der je nach Art des materiellen Rechtsgrundsatzes unterschiedlich beschaffen sein muss. Regelmäßig wird in diesem Zusammenhang von einer Wechselwirkung zwischen materiellem Grundsatz und Inlandsbezug gesprochen: Je „wichtiger" Ersterer ist, desto geringere Anforderungen sind an den Inlandsbezug zu stellen, je weniger bedeutend er ist, desto stärker muss der Inlandsbezug sein (sog. **Relativität des ordre public**).[341] Diese Formulierung ist – wenngleich richtig – unpräzise: Der maßgebliche Inlandsbezug bestimmt sich als herkömmliches Anknüpfungsmoment[342] anhand der durch den in Frage stehenden materiellen Grundsatz implizierten kollisionsrechtlichen Interessen, so dass eine diesem Grundsatz *angemessene* kollisionsrechtliche Anknüpfung entwickelt werden muss;[343] je „wichtiger" ein Grundsatz ist, desto *mehr* Anknüpfungspunkte kommen in Be-

---

337 Vgl hierzu *Köhler*, S. 88-101(die Aussagen sind zwar primär auf Eingriffsnormen, also den „positiven" ordre public, bezogen, sie sind aber entsprechend übertragbar).
338 Hierzu treffend *Siehr*, RabelsZ 36 (1972), 93, 109.
339 So bereits *Kahn*, in: Lenel/Lewald, S. 161, 251. So führt *Kahn*, aaO, S. 251 f aus: „Was man unter den ‚Gesetzen der öffentlichen Ordnung', der ‚Vorbehaltsklausel' und ähnlichem zusammenzufassen pflegt, ist im allgemeinen *der noch unerkannte und der noch unfertige Teil des internationalen Privatrechts*. Jede Ausnahme von einer sonst geltenden Regel, jede speziellere, neu sich bildende Kollisionsnorm, jede Abänderung, Umformung einer bestehenden pflegt eingeführt zu werden mit jenem *passe-partout* des *ordre public*. Diese Ausnahmen und Schranken der geltenden Kollisionsnormen, diese ihre Umbildungen, Neubildungen, Ergänzungen heißt es zu erkennen und festzustellen. Und es hat dies für jede Einzelmaterie besonders zu geschehen, ist nur möglich auf der Basis von Spezialuntersuchungen. *Eine Vorbehaltsklausel allgemeiner Art zugunsten streng-zwingender, positiver Gesetze, zugunsten von lois d'ordre public etc. gibt es nicht"* (Hervorhebung im Original). Vgl heute insbesondere *Kegel/Schurig*, § 16 II, S. 524: „Hinter dem ordre-public-Begriff verbirgt sich also ein *zweites, kumulatives, noch unausgeformtes kollisionsrechtliches Anknüpfungssystem für die elementaren Rechtsprinzipien der eigenen Rechtsordnung"* (Hervorhebung im Original).
340 Staudinger/*Voltz*, Art. 6 EGBGB Rn 156 ff; MüKo-BGB/*von Hein*, Art. 6 EGBGB Rn 184 ff; Palandt/*Thorn*, Art. 6 EGBGB Rn 6; *Kegel/Schurig*, § 16 II, S. 521; *von Bar/Mankowski*, § 7 Rn 263 f; *Kropholler*, § 36 II 2, S. 246; *von Hoffmann/Thorn*, § 6 Rn 152.
341 Staudinger/*Voltz*, Art. 6 EGBGB Rn 161; *von Bar/Mankowski*, § 7 Rn 264; *Kropholler*, § 36 II 2, S. 246; *von Hoffmann/Thorn*, § 6 Rn 152.
342 Vgl hierzu *Kegel/Schurig*, § 16 II, S. 521.
343 Der Sache nach auch *Kropholler*, § 36 II 2, S. 246.

tracht, an die uU geringere Anforderungen (ggf bereits ausreichend: Zuständigkeit eines deutschen Gerichts) zu stellen sind.³⁴⁴ Mit dem *BVerfG* lässt sich hinsichtlich des kollisionsrechtlichen Anwendungsbereichs deutscher Grundrechte (Entsprechendes gilt für Bestimmungen der EMRK, der europäischen Grundrechtscharta und Grundfreiheiten)³⁴⁵ daher formulieren, dass sich der (im Rahmen des ordre public zu bestimmende) räumliche Anwendungsbereich dieser Normen (hinsichtlich ihrer zivilrechtlichen Reflexwirkung) „nicht allgemein bestimmen" lässt; „[v]ielmehr ist jeweils durch Auslegung³⁴⁶ der entsprechenden Verfassungsnorm festzustellen, ob sie nach Wortlaut, Sinn und Zweck für jede denkbare Anwendung hoheitlicher Gewalt innerhalb der Bundesrepublik gelten will oder ob sie bei Sachverhalten mit mehr oder weniger intensiver Auslandsbeziehung eine Differenzierung zulässt oder verlangt".³⁴⁷

Nach den vorangegangenen Ausführungen lässt sich das im Rahmen der ordre public-Kontrolle durchzuführende **Prüfungsprogramm** folgendermaßen präzisieren: **175**

1. **Feststellung**, dass das *konkrete*, durch die Anwendung der herkömmlichen Kollisionsnormen gefundene **Ergebnis** (*nicht* die ausländische Rechtsnorm als solche) zu einem **Verstoß gegen wesentliche materielle Grundsätze** des deutschen Rechts führt
2. **Konkretisierung des verletzten Grundsatzes**, also Bestimmung seiner konkreten zivilrechtlichen Vorgaben (als „gedachte" Sachnorm)
3. Entscheidung über dessen **kollisionsrechtliche Anwendbarkeit** anhand der herkömmlichen kollisionsrechtlichen Methodik (kollisionsrechtliche Interessenprüfung hinsichtlich des materiellen Grundsatzes, hiernach Bestimmung des maßgeblichen Anknüpfungsmoments, also des maßgeblichen Inlandsbezugs)

Ist der in Frage stehende Grundsatz demnach in casu anwendbar, ist er *kumulativ* neben dem durch die herkömmlichen Kollisionsnormen bestimmten Recht berufen und setzt sich daher als „strengeres" Recht im Ergebnis gegen die entsprechende Regelung der lex causae durch.³⁴⁸

III. Einzelfälle

Besondere Bedeutung hat der ordre public-Vorbehalt im Bereich des Erbrechts, da diese Materie stark verfassungsrechtlich geprägt und Ausdruck fundamentaler gesellschafts- und sozialpolitischer Wertungen ist. Ordre public-Verstöße kommen insbesondere in Betracht, wenn das berufene ausländische Recht **176**

- **kein gesetzliches Erbrecht** bei **Religionsverschiedenheit** (etwa Art. 6 des ägyptischen Gesetzes Nr. 77/1943: keine Erbfolge zwischen einem Muslim und Nicht-

---

344 *Kegel/Schurig*, § 16 III 2 b, S. 527.
345 Vgl hierzu *Köhler*, S. 164 f.
346 Auch wenn es hierbei *nicht* um Auslegung, sondern um die Entwicklung spezieller, auf die fragliche Norm bezogener einseitiger Kollisionsnormen, also um *Rechtsfortbildung* geht. Vgl hierzu allgemein *Köhler*, S. 13, 18-20.
347 So BVerfG NJW 1971, 1509, 1512 („Spanierentscheidung").
348 *Kegel/Schurig*, § 16 II, S. 524; *Schurig*, S. 259-261.

muslim)³⁴⁹ oder bei **nichtehelichen Kindern**³⁵⁰ vorsieht: Ein wesentlicher Grundsatz des deutschen Rechts ist jeweils zu bejahen (bezüglich Religionsverschiedenheit: Art. 3 Abs. 3 S. 1 GG als absolutes Differenzierungsverbot,³⁵¹ daneben auch Art. 21 EU-Grundrechtscharta, Art. 14 EMRK; hinsichtlich Diskriminierung von nichtehelichen Kindern: Art. 6 Abs. 1 GG, Art. 21 EU-Grundrechtscharta, Art. 14 EMRK);³⁵² Voraussetzung für einen ordre public-Verstoß ist jedoch stets eine Verletzung dieses Grundsatzes im konkreten Einzelfall, was beispielsweise dann nicht der Fall ist, wenn der Ausschluss von dem – allerdings positiv festzustellenden – Willen des Erblassers getragen wird, da auch nach deutschem Recht in diesem Sinne hätte *testiert* werden können;³⁵³ ein maßgeblicher Inlandsbezug ist in diesen Fällen jedenfalls dann gegeben, wenn der von der Erbfolge Ausgeschlossene Deutscher ist oder seinen gewöhnlichen Aufenthalt in Deutschland hat. Ein Inlandsbezug ist auch dann anzunehmen, wenn der von der Erbfolge Ausgeschlossene seinen gewöhnlichen Aufenthalt in einem Staat hat, in dem entweder die EU-Grundrechtscharta oder die EMRK gilt.³⁵⁴

- **kein gesetzliches Erbrecht des Lebenspartners** vorsieht: Diese Problematik wird mit Geltung der EuErbVO besonders relevant, da die (in den Anwendungsbereich der EuErbVO fallende)³⁵⁵ spezielle Kollisionsnorm des Art. 17b Abs. 1 S. 2 EGBGB aF aufgehoben wurde; das gesetzliche Erbrecht des Lebenspartners stellt einen wesentlichen Grundsatz des deutschen Rechts dar (Art. 6 Abs. 1 iVm Art. 3 Abs. 1 GG, daneben Art. 21 EU-Grundrechtscharta³⁵⁶ und Art. 14 EMRK), der im konkreten Einzelfall verletzt sein muss (vgl oben). Ein maßgeblicher Inlandsbezug ist jedenfalls dann zu bejahen, wenn der von dem Erbe ausgeschlossene Lebenspartner Deutscher ist oder seinen gewöhnlichen Aufenthalt in Deutschland bzw in einem Staat hat, in dem entweder die EU-Grundrechtscharta oder die EMRK gilt (vgl oben).

- **kein Pflichtteilsrecht** vorsieht: Ein wesentlicher Grundsatz des deutschen Rechts ist ebenfalls grundsätzlich zu bejahen, da die Erbrechtsgarantie des Art. 14 Abs. 1 S. 1 iVm Art. 6 Abs. 1 GG eine „grundsätzlich unentziehbare und bedarfsunabhängige wirtschaftliche Mindestbeteiligung der Kinder des Erblassers an dessen Nachlass" gewährleistet;³⁵⁷ der maßgebliche Inlandsbezug ist wiederum jedenfalls dann zu bejahen, wenn das nicht pflichtteilsberechtigte Kind Deutscher ist oder seinen gewöhnlichen Aufenthalt in Deutschland hat.

---

349 Hierzu OLG Hamm ZEV 2005, 436 m. Anm. *Lorenz* 440; OLG Frankfurt ZEV 2011, 135.
350 Vgl hierzu KG ZEV 2008, 440 m. Anm. *Patter* 442 und *Dörner* 442.
351 OLG Hamm ZEV 2005, 436, 437.
352 EGMR v. 7. 2.2013 – 16574/08.
353 So OLG Hamm ZEV 2005, 436, 439 im Anschluss an Staudinger/*Dörner*, Art. 25 EGBGB Rn 717; MüKo-BGB/*Dutta*, Art. 25 EGBGB Rn 114; Bamberger/Roth/*Lorenz*, Art. 25 EGBGB Rn 59.
354 Vgl hierzu etwa Staudinger/*Voltz*, Art. 6 EGBGB Rn 160; ebenso NK-BGB/*Schulze*, Art. 6 EGBGB Rn 41; MüKo-BGB/*Martiny*, Art. 21 Rom I-VO Rn 5; zurückhaltender MüKo-BGB/*v. Hein*, Art. 6 EGBGB Rn 193 f.
355 Vgl hierzu etwa *Coester*, ZEV 2013, 115, 116.
356 Vgl *Coester*, ZEV 2013, 115, 117.
357 BVerfG ZEV 2005, 301; vgl auch KG ZEV 2008, 440, 441; anders noch BGH NJW 1993, 1920, 1921 (die Entscheidung erging indes vor dem genannten Urteil des BVerfG). Ausführlich hierzu Staudinger/*Voltz*, Art. 6 EGBGB Rn 190.

I. Ordre public

- geringere gesetzliche Erbquoten für weibliche Erben[358] vorsieht: Ein wesentlicher Grundsatz des deutschen Rechts ist auch insoweit grundsätzlich zu bejahen (Art. 3 Abs. 2 GG, daneben auch Art. 21, 23 EU-Grundrechtscharta, Art. 14 EMRK); Voraussetzung für einen ordre public-Verstoß ist jedoch wiederum eine Verletzung dieses Grundsatzes im konkreten Einzelfall (was wiederum nicht der Fall ist, wenn der Ausschluss von dem – positiv festzustellenden Willen des Erblassers getragen wird, da auch nach deutschem Recht in diesem Sinne hätte testiert werden können;[359] ebenso wenig, wenn a priori *nur* weibliche Erben in Betracht kommen). Auch in diesen Fällen ist ein maßgeblicher Inlandsbezug jedenfalls dann gegeben, wenn die Erbin Deutsche[360] ist oder ihren gewöhnlichen Aufenthalt in Deutschland bzw in einem Staat hat, in dem entweder die EU-Grundrechtscharta oder die EMRK gilt[361] (vgl oben).

Kein Verstoß gegen den ordre public liegt demgegenüber vor, wenn das ausländische Recht entfernten Verwandten kein gesetzliches Erbrecht zukommen lässt (verfassungsrechtlich garantiert ist nur die gesetzliche Erbfolge der *engeren* Familie)[362] oder wenn das ausländische Recht auch ein gesetzliches Erbrecht für *nichteheliche* Lebensgefährten vorsieht.[363]

177

Fragen des ordre public können sich auch im Rahmen von **Vorfragen** stellen.

178

Beispiel:[364]
Ein iranischer Moslem, der im Iran mehrere Iranerinnen – nach iranischem Recht wirksam – geheiratet und mit diesen dort lange gelebt hat, zieht mit seiner Familie nach Deutschland und verstirbt nach einiger Zeit. Nach iranischem Recht erben alle Ehefrauen zu gleichen Teilen.
Soweit gewöhnlicher Aufenthalt zu bejahen ist, unterliegt die Rechtsnachfolge von Todes wegen deutschem Recht (Art. 21 Abs. 1 EuErbVO). Im Rahmen der Prüfung der gesetzlichen Erbrechte der Ehefrauen (§ 1931 Abs. 1 BGB) ist die Wirksamkeit der jeweiligen Ehe als (selbstständig anzuknüpfende, vgl Rn 145 ff) Vorfrage zu beurteilen, die am ordre public scheitern könnte: Der Grundsatz der Einehe als „Ausprägung eines als unantastbar empfundenen kulturellen Besitzes"[365] (konkretisiert in § 1306 BGB) stellt einen wesentlichen Grundsatz des deutschen Rechts dar, der vorliegend auch im konkreten Einzelfall verletzt wurde. Allerdings fehlt es insoweit an dem *maßgeblichen Inlandsbezug*: Die einzelnen Eheschließungen fanden im Iran statt, so dass ein Inlandsbezug hinsichtlich dieser *konkreten* Vorfrage nicht vorliegt. Ein Eingreifen des ordre public kommt daher nicht in Betracht,[366] so dass allen Ehefrauen ein gesetzliches Erbrecht gem. § 1931 Abs. 1 BGB zusteht (und die Erbquoten entsprechend anzupassen sind).

---

358 Hierzu OLG Düsseldorf ZEV 2009, 190; OLG München ZEV 2012, 591.
359 OLG Düsseldorf ZEV 2009, 190, 191; ebenso OLG Hamm ZEV 2005, 436, 439.
360 OLG Frankfurt a.M. ZEV 2011, 135, 136.
361 Hinsichtlich einer Erweiterung des Inlandsbezuges in den Fällen, in denen die Erbin ihren gewöhnlichen Aufenthalt in einem Staat hat (im konkreten Fall Frankreich), dessen Rechtsordnung ebenfalls Diskriminierung verbietet, vgl OLG Frankfurt a.M. ZEV 2011, 135, 136 (wenngleich der Inlandsbezug in diesem Falle bereits aufgrund der deutschen Staatsangehörigkeit der Erbin zu bejahen war).
362 KG ZEV 2011, 132, 133 f.
363 BayObLG NJW 1976, 2076.
364 Fall nach *von Hoffmann/Thorn*, § 6 Rn 153.
365 *Gernhuber/Coester-Waltjen*, § 10 Rn 10; ebenfalls wörtlich zitierend Bamberger/Roth/*Hahn*, § 1306 BGB Rn 1.
366 Im Ergebnis ebenso *von Hoffmann/Thorn*, § 6 Rn 153; *Kegel/Schurig*, § 16 III 2 b, S. 528; vgl allgemein auch MüKo-BGB/*Sonnenberger*, 5. Aufl., Art. 6 EGBGB Rn 85; Palandt/*Thorn*, Art. 6 EGBGB Rn 6; *Kropholler*, § 36 II 2, S. 246.

IV. Verortung des kollisionsrechtlichen Anwendungsbefehls; Prüfungskompetenz des EuGH

179 Das hier vertretene Verständnis des ordre public als Generalklausel für ungeschriebene Kollisionsnormen (vgl Rn 173) wirft die Frage auf, ob der jeweilige kollisionsrechtliche Anwendungsbefehl im **Rahmen des nationalen oder europäischen IPR** zu entwickeln ist.[367] Dies hängt wiederum davon ab, welchen Regelungsgehalt man Art. 35 EuErbVO – bzw auch Art. 21 Rom I-VO, Art. 26 Rom II-VO, Art. 12 Rom III-VO – entnehmen will: Sieht man in diesen alleine Öffnungsklauseln zugunsten nationaler Kollisionsnormen des ordre public, könnte der maßgebliche kollisionsrechtliche Anwendungsbefehl trotz vereinheitlichten europäischen Rechts weiterhin dem nationalen Recht entnommen werden; Folge hiervon wäre, dass das europäische IPR alleine den Rahmen zur Durchsetzung des (dann vollständig in nationaler Kompetenz verbleibenden) ordre public vorgeben würde[368] und sich eine Prüfungskompetenz des EuGH grundsätzlich nur auf materielle Rechtsgrundsätze erstrecken könnte, die ihm im Rahmen von Art. 267 AEUV (insbesondere Charta der Grundrechte der Europäischen Union, Grundfreiheiten) sowieso zugewiesen sind.[369]

180 Ein solches Verständnis ist jedoch keineswegs zwingend. Ein Vorbehalt zugunsten des nationalen ordre public bedeutet nur, dass wesentliche *sachrechtliche* Grundsätze einer nationalen Rechtsordnung auch unter Geltung des vereinheitlichten europäischen IPR weiterhin durchgesetzt werden können, nicht jedoch zugleich, dass hiermit auch ein Verzicht auf die (unionsrechtliche) Festlegung der *kollisionsrechtlichen* Voraussetzungen einhergehen müsste, unter denen diese nationalen sachrechtlichen Grundsätze weiterhin beachtlich sind. Die Kodifikation der Öffnungsklauseln zugunsten des ordre public in den einzelnen europäischen Rechtsakten sowie die grundsätzliche Eröffnung des Anwendungsbereiches der einzelnen Verordnungen bezüglich dieser Materie[370] legt demgegenüber eine Verortung der Problematik *innerhalb des regulativen Anwendungsbereichs* der einzelnen Verordnungen nahe, ebenso der Umstand, dass für die Bestimmungen des kollisionsrechtlichen Anwendungsbereichs zentrale kollisionsrechtliche Wertungen des nunmehr vereinheitlichten europäischen IPR maßgeblich sind[371] (insbesondere für die Bestimmung des insoweit maßgeblichen Inlandsbezugs, vgl oben Rn 174). Die Diskussion um die vollständige Abschaffung des

---

367 Vgl zu dieser Fragestellung *Köhler*, S. 106-127 (die Aussagen sind zwar wiederum primär auf Eingriffsnormen, also auf den „positiven" ordre public bezogen, sie gelten aber für den herkömmlichen ordre public entsprechend).
368 Vgl hierzu die – allerdings vor Inkrafttreten der europäischen Kollisionsrechtsakte ergangene – „Krombach"-Rechtsprechung des EuGH bzgl Art. 27 EuGVÜ aF (Art. 34 Nr. 1 EuGVVO), nach welcher die Mitgliedstaaten zwar die Anforderungen, die „sich nach ihren innerstaatlichen Anschauungen aus ihrer öffentlichen Ordnung ergeben", selbst festlegen können, der Gerichtshof jedoch „über die Grenzen zu wachen [hat], innerhalb deren sich das Gericht eines Vertragsstaats auf diesen Begriff stützen darf, um der Entscheidung eines Gerichts eines anderen Vertragsstaats die Anerkennung zu versagen" – EuGH v. 28.3.2000 – Rs. C-7/98 (Krombach) Rn 22 f; bestätigt mit EuGH v. 11.5.2000 – Rs. C-38/98 (Renault SA/Maxicar SpA) Rn 27 f; EuGH v. 6.9.2012 – Rs. C-619/10 Rn 49; für die EuInsVO EuGH v. 2.5.2006 – Rs. C-341/04 (Eurofood IFSC Ltd.) Rn 63 f.
369 Vgl insoweit auch *Köhler*, S. 322-325.
370 Der sachliche Anwendungsbereich der europäischen IPR-Verordnungen erstreckt sich jeweils gem. Art. 1 Abs. 1 Rom I-VO/Rom II-VO/Rom III-VO/EuErbVO auf *alle* zivilrechtlichen Aspekte, damit auch auf zivilrechtliche Reflexwirkungen höherrangiger Bestimmungen; eine diesbezügliche ausdrückliche Beschränkung des Anwendungsbereiches findet sich in *keiner* Verordnung; vgl auch *Köhler*, S. 113 f.
371 Vgl hierzu auch *Köhler*, S. 109 f.

ordre public-Vorbehalts, welche insbesondere im prozessualen Bereich im Rahmen der EuVTVO, EuBagatellVO und EuMahnVO bereits realisiert wurde, macht darüber hinaus deutlich, dass auch insoweit (jedenfalls aus Sicht des europäischen Gesetzgebers) keine *kompetenzrechtlichen* Probleme bestehen, so dass nach vorzugswürdiger Ansicht von einem **europäischen Anwendungsbefehl** auszugehen ist.[372]

Diese Annahme hat Folgen für die **Prüfungskompetenz des EuGH** hinsichtlich der Durchsetzung des nationalen ordre public:[373] Seine *sachrechtliche* Konkretisierung bleibt weiterhin originäre Aufgabe der einzelnen nationalen Gerichte, eine Ausnahme besteht alleine dann, wenn die wesentlichen Grundsätze des ordre public europäischen Normen entstammen, für welche dem EuGH eine originäre Prüfungskompetenz zukommt (Art. 267 AEUV; vgl oben Rn 172). Demgegenüber obliegt die *kollisionsrechtliche Frage* der Anwendbarkeit des sachrechtlichen Grundsatzes der vollständigen Prüfungskompetenz des EuGH, da der modo legislatoris zu entwickelnde kollisionsrechtliche Anwendungsbefehl nach hier vertretener Ansicht europäischem (Sekundär-)Recht entstammt (Art. 267 AEUV). Es lässt sich daher zusammenfassen:[374] Widerstreitet ein anzuwendender ausländischer Rechtssatz elementaren Grundsätzen der lex fori (was grundsätzlich die *nationalen* Gerichte letztverbindlich festzustellen haben), dann muss deren räumlicher Anwendungsbereich bestimmt werden (den der EuGH letztverbindlich festzustellen hat).

J. Gesetzesumgehung (fraus legis)

Das IPR eröffnet den Parteien zahlreiche Gelegenheiten, auf die Anknüpfungsentscheidung einzuwirken. Teilweise räumt ihnen das Kollisionsrecht selbst die Rechtsmacht ein, das zur Anwendung auf den Sachverhalt maßgebliche Recht zu wählen (insbesondere Art. 3 Rom I-VO, aber etwa auch Art. 22 EuErbVO), die Parteien können jedoch auch eigenmächtig die für die Anknüpfung maßgeblichen tatsächlichen Umstände beeinflussen (Begründung eines neuen gewöhnlichen Aufenthalts, Wechsel der Staatsangehörigkeit etc.) und auf diese Weise die Anwendung einer ihnen genehmen Rechtsordnung herbeiführen. In derartigen Fällen fragt sich, ob die Umgehung des ohne die beeinflussende Handlung gegebenen Anknüpfungsmoments eine zulässige Ausnutzung der seitens des Gesetzes selbst gewährten Gestaltungsmöglichkeiten darstellt oder als rechtsmissbräuchliche **Gesetzesumgehung (fraus legis)** zu korrigieren ist. Das Rechtsinstitut der Gesetzesumgehung,[375] welches im Rahmen der EuErbVO keine ausdrückliche Kodifikation erfahren hat, stellt einen *systemimmanenten* Korrekturmechanismus dar, der nicht alleine im IPR, sondern auch im materiellen Recht von Bedeutung ist. Voraussetzung für die Annahme einer solchen sind:[376]

1. ein *umgangener* Rechtssatz (also eine Rechtsnorm, die ohne die Umgehungshandlung erfüllt wäre),

---

372 Für Eingriffsnormen als positiven ordre public vgl *Köhler*, S. 113-127.
373 Vgl *Köhler*, S. 325-328.
374 In Anlehnung an *Schurig*, S. 259.
375 Vgl hierzu ausführlich *Kegel/Schurig*, § 14, S. 475-494; *von Bar/Mankowski*, § 7 Rn 128-137; *Kropholler*, § 23, S. 156-162, *von Hoffmann/Thorn*, § 6 Rn 122-135.
376 Vgl *Kegel/Schurig*, § 14 II, S. 478, § 14 III, S. 480-482.

2. ein *ergangener* Rechtssatz (also eine Rechtsnorm, die aufgrund der Umgehungshandlung erfüllt ist),
3. eine *Umgehungshandlung*,
4. eine *Umgehungsabsicht* und – als zentrale Voraussetzung –
5. die *Unangemessenheit* des konkreten Vorgehens (Rechtsmissbrauch).

Letzteres ist unter Berücksichtigung des Sinns und Zwecks sowohl des ergangenen als auch umgangenen Rechtssatzes zu bestimmen, so dass es sich bei der Korrektur mittels des Rechtsinstituts der Gesetzesumgehung letztlich um *teleologische* Rechtsanwendung handelt.[377] Wann eine unzulässige Gesetzesumgehung zu bejahen ist, muss mittels einer **Einzelfallprüfung** festgestellt werden.[378] Ihre Annahme ist auf **krasse Ausnahmefälle** beschränkt; sie ist insbesondere in denjenigen Fällen ausgeschlossen, in denen der Gesetzgeber bewusst Gestaltungsspielräume einräumt (etwa durch die Gewährung einer Rechtswahl) oder ein bestimmtes materielles Ergebnis fördern will (so etwa in den Fällen des Art. 27 EuErbVO). Die Annahme einer Gesetzesumgehung ist regelmäßig auch in den Fällen eines **bewussten Wechsels der Staatsangehörigkeit**[379] **oder des gewöhnlichen Aufenthalts** ausgeschlossen, da die (in der Regel strengen) Anforderungen an die Begründung einer Staatsangehörigkeit sowie die umfassende Einzelfallfeststellung des gewöhnlichen Aufenthalts (vgl hierzu Rn 13 ff) und die diesbezügliche Korrekturmöglichkeit über Art. 21 Abs. 2 EuErbVO (Ausweichklausel zugunsten einer engeren Verbindung) keinen Raum für missbräuchliches Vorgehen lassen. Ein möglicher Anwendungsfall stellt demgegenüber der in der Literatur diskutierte und von französischen Gerichten entschiedene *Leslie Caron*-Fall[380] dar, in welchem der amerikanische Erblasser in Frankreich belegenes Vermögen in eine nach amerikanischem Recht gegründete *corporation* überführte, um (nach französischem Recht bestehende) Pflichtteilsansprüche der Kinder zu verhindern; aber auch dieser Fall wird – jedenfalls bei Zuständigkeit deutscher Gerichte – im Rahmen des (kollisionsrechtlichen oder anerkennungsrechtlichen) ordre public ohne Rückgriff auf eine Gesetzesumgehung zu lösen sein.

183 Nach alledem ergibt sich jedenfalls für die **EuErbVO** nur ein sehr kleiner, auf extreme Ausnahmefälle beschränkter Anwendungsbereich für dieses Rechtsinstitut; sie ist den Mitgliedstaaten jedoch freilich weiterhin gestattet, wie Erwägungsgrund 26 ausdrücklich klarstellt. Als systeminterner, auf teleologischer Rechtsanwendung basierender Korrekturmechanismus fällt die Gesetzesumgehung in den regulativen Anwendungsbereich der europäischen Rechtsakte und unterliegt damit der vollständigen Prüfungskompetenz des EuGH.

---

377 MüKo-BGB/*Sonnenberger*, 5. Aufl., Einl. IPR Rn 752; *Kropholler*, § 23 II 3, S. 160-162.; vgl auch *Kegel/Schurig*, § 14 III, S. 480-482, § 14 IV, S. 482 f.
378 Hierzu *Kegel/Schurig*, § 14 II, S. 480-482.
379 Palandt/*Thorn*, Vor Art. 3 EGBGB Rn 26; *Kegel/Schurig*, § 14 IV, S. 485; *von Hoffmann/Thorn*, § 6 Rn 128.
380 Cour de cassation Rev.crit.dr.i.p. 1986, 66; hierzu *Kegel/Schurig*, § 1 I 5, S. 4, § 14 II, S. 480.

K. Problem des Auslandssachverhaltes; Handeln unter falschem Recht; Substitution

Auch wenn die maßgebliche Rechtsordnung bestimmt ist, kann ein Sachverhalt mit Auslandsbezug **Besonderheiten tatsächlicher Art** aufweisen, die möglicherweise eine – im Hinblick auf einen „reinen" Inlandssachverhalt – modifizierte Anwendung des materiellen Rechts erforderlich werden lassen.[381] So hängt etwa die Bemessung des Bedarfs einer unterhaltsberechtigten Person auch von den tatsächlichen Lebenshaltungskosten ab; lebt der Anspruchsberechtigte indes nicht in Deutschland, sondern in einem Land mit einem (deutlich) geringeren Lebenshaltungskostenindex, ist dieser (tatsächlichen) Besonderheit eines Auslandssachverhaltes auch bei Anwendbarkeit deutschen Rechts Rechnung zu tragen und ein (im Vergleich zu einem „reinen" Inlandssachverhalt) geringerer Betrag zuzusprechen.[382] In manchen Fällen sieht das materielle Recht auch selbst besondere Regelungen für einen Auslandssachverhalt vor: So verlängert bspw § 1944 Abs. 3 BGB die Ausschlagungsfrist für eine Erbschaft mit Auslandsbezug auf sechs Monate, um den insoweit erschwerten Umständen bei der Ermittlung der Verhältnisse Rechnung zu tragen.[383] In **methodischer Hinsicht** wirft das Problem des Auslandssachverhaltes somit *keine* besonderen Schwierigkeiten auf; dem rechtlich zu beurteilenden Sachverhalt liegen alleine besondere, in einem reinen Inlandssachverhalt regelmäßig nicht gegebene tatsächliche Umstände zugrunde, die im Rahmen des anwendbaren Rechts – nach *dessen* Grundsätzen – zu bewerten sind.[384]

184

Für das internationale Erbrecht von besonderer Relevanz ist in diesem Zusammenhang die Fallgruppe des sog. **„Handelns unter falschem Recht"**, in welcher der Erblasser inhaltlich nach kollisionsrechtlich nicht anwendbarem Recht testiert hat;[385] in diesen Fällen ist nach Maßgabe des auf die Rechtsnachfolge von Todes wegen anzuwendenden Rechts dem (auch anhand der fälschlicherweise für anwendbar gehaltenen Rechtsordnung zu ermittelnden) Erblasserwillen so weit wie möglich Rechnung zu tragen.[386] Wurde etwa ein Vindikationslegat nach französischem Recht bei Anwendbarkeit deutschen Rechts verfügt, ist dieses als herkömmliches (nur schuldrechtlich wirkendes) Vermächtnis iSv §§ 2147, 2174 BGB auszulegen (§ 2084 BGB). Da die EuErbVO die Möglichkeit einer **konkludenten Rechtswahl** des Erbstatuts kennt (Art. 22 Abs. 2 EuErbVO), ist in solchen Fällen jedoch stets zu prüfen, ob die Errichtung eines inhaltlich auf eine bestimmte Rechtsordnung bezogenen Testaments nicht eine Rechtswahl zugunsten dieses Rechts darstellt (zu den diesbezüglichen Voraussetzungen vgl Rn 28, 30).

185

Eine weitere Erscheinungsform des Auslandssachverhaltes stellt das Problemfeld der **Substitution** dar.[387] In diesem Rahmen ist die Frage zu klären, ob ein von einer Sach-

186

---

381 Vgl hierzu *Kegel/Schurig*, § 1 VIII 2 b, S. 61-63; *von Hoffmann/Thorn*, § 1 Rn 129.
382 Palandt/*Brudermüller*, § 1610 BGB Rn 2.
383 NK-BGB/*Ivo*, § 1944 BGB Rn 20.
384 Hinsichtlich faktischer Wirkungen (kollisionsrechtlich nicht anwendbarer) ausländischer Eingriffsnormen vgl *Köhler*, S. 175-180.
385 Vgl etwa Soergel/*Kegel*, Vor Art. 3 EGBGB Rn 165; *Kegel/Schurig*, § 1 VIII 2 d, S. 66.
386 *Kegel/Schurig*, § 1 VIII 2 d, S. 66.
387 Vgl hierzu *Kegel/Schurig*, § 1 VIII 2 e, S. 66 f; *von Bar/Mankowski*, § 7 Rn 239-245; *Kropholler*, § 33, S. 231-234; *von Hoffmann/Thorn*, § 6 Rn 40 f.

norm vorausgesetzter Rechtsbegriff durch Rechtserscheinungen bzw Rechtsverhältnisse einer anderen Rechtsordnung ausgefüllt werden kann,[388] also etwa ob eine nach deutschem Recht wirksame notarielle Beurkundung auch durch einen ausländischen Notar erfolgen oder ob ein ausländischem Recht unterliegendes Erbrecht mit § 1371 Abs. 1 BGB kombiniert werden kann (vgl hierzu Rn 58). Methodisch handelt es sich insoweit um ein Problem der **Auslegung**[389] der in Frage stehenden Sachnorm, welches nach den Auslegungsgrundsätzen des (anwendbaren) materiellen Rechts zu lösen ist. Für das deutsche Sachrecht lässt sich regelmäßig eine Substituierbarkeit inländischer durch ausländische Rechtsbegriffe bejahen;[390] Voraussetzung für eine Substitution ist jedoch stets, dass der ausländische Rechtsbegriff dem inländischen **funktionell vergleichbar** und damit **gleichwertig** ist.[391]

L. Ermittlung ausländischen Rechts

187 Den konkreten Inhalt des anzuwendenden ausländischen Rechts hat ein deutsches Gericht nach ständiger Rechtsprechung **von Amts wegen** festzustellen[392] (§ 293 ZPO, § 26 FamFG); das Gericht ist insoweit nicht auf die von den Parteien beigebrachten Nachweise beschränkt, sondern hat nach pflichtgemäßem Ermessen alle zugänglichen Erkenntnisquellen zu seiner Ermittlung auszuschöpfen (§ 293 S. 2 ZPO). Der Umfang und die Intensität der tatrichterlichen Ermittlungspflicht bestimmen sich nach dem konkreten Einzelfall;[393] die diesbezüglichen Anforderungen korrelieren mit der Komplexität des anzuwendenden ausländischen Rechts oder seiner Unterschiedlichkeit zum deutschen Recht.[394] Das Gericht darf sich indes nicht mit der Ermittlung des ausländischen Gesetzestextes begnügen, sondern muss im Hinblick auf das Gebot einer originalgetreuen Anwendung ausländischen Rechts dessen konkrete *Auslegung* durch die ausländische Rechtspraxis, insbesondere durch die ausländische Rechtsprechung, ermitteln.[395] Die Verletzung der tatrichterlichen Ermittlungspflicht kann einen Revisionsgrund darstellen (vgl Rn 190).

188 **Anmerkung:**
Als **praktische Hilfsmittel** zur Ermittlung ausländischen Rechts stehen – neben der oft schwer zugänglichen ausländischen Literatur – in deutscher Sprache verfasste **Länderberichte**[396] zur Verfügung; einen Überblick und ersten Zugriff auf das nationale Erbrecht der europäischen Mitgliedstaaten bietet zudem die Website des Rats der Notariate der Europäischen Union,[397] die in den nächsten Jahren sukzessive ausgebaut werden soll. In der Praxis üblich ist die Einholung von **Rechtsgutachten** zum ausländischen Recht, die etwa das Hamburger Max-Planck-Institut

---

388 Vgl *Kegel/Schurig,* § 1 VIII 2 e, S. 66 f; *Kropholler,* § 33 I 1, S. 231; *von Hoffmann/Thorn,* § 6 Rn 40.
389 *Kegel/Schurig,* § 1 VIII 2 e, S. 67; *von Bar/Mankowski,* § 7 Rn 240; *Kropholler,* § 33 I 1, S. 231.
390 Vgl auch *Kropholler,* § 33 II, S. 231; *von Bar/Mankowski,* § 7 Rn 243.
391 *Von Bar/Mankowski,* § 7 Rn 239; *Kropholler,* § 33 II, S. 232 f; *von Hoffmann/Thorn,* § 6 Rn 41.
392 Vgl nur BGH WM 2013, 1225, 1228 f; BGH NJW 2003, 2685, 2686; BGH NJW-RR 2002, 1359, 1360.
393 BGH NJW 1992, 2026, 2029.
394 BGH NJW-RR 2002, 1359, 1360; BGH NJW 1992, 2026, 2029.
395 BGH WM 2013, 1225, 1229; BGH NJW 2003, 2685, 2686; BGH NJW-RR 2002, 1359, 1360.
396 Für das Erbrecht insbesondere *Kroiß/Ann/Mayer,* NK-BGB Erbrecht, 4. Aufl. 2014; *Burandt/Rojahn,* Erbrecht, 2. Aufl. 2014; *Ferid/Firsching/Dörner/Hausmann,* Internationales Erbrecht, 92. Aufl. 2014; *Flick/Piltz,* Der internationale Erbfall, 2. Aufl. 2008; *Ivens,* Internationales Erbrecht, 2006; *Süß,* Erbrecht in Europa, 2. Aufl. 2008; systematische Nachweise der in deutscher Sprache erschienenen Literatur sowie ergangener Rechtsprechung zu ausländischem Privat- und Verfahrensrecht (hinsichtlich aller Rechtsgebiete) *von Bar,* Ausländisches Privat- und Verfahrensrecht in deutscher Sprache, 9. Aufl. 2013.
397 http://www.successions-europe.eu/de/home.

L. Ermittlung ausländischen Rechts

für ausländisches und internationales Privatrecht und bestimmte Universitätsinstitute erstellen.[398] Zudem besteht die Möglichkeit, Auskünfte zum Inhalt ausländischen Rechts auf Grundlage des **Europäischen Übereinkommens betreffend Auskünfte über ausländisches Recht** v. 7.6.1968[399] einzuholen.

Soweit die in casu relevante **Rechtsfrage** seitens der ausländischen Gerichte **noch nicht entschieden** wurde, hat das für deren Entscheidung zuständige deutsche Gericht das ausländische Recht nach dessen methodischen Grundsätzen auszulegen und entsprechend anzuwenden; eventuell bestehende Regelungslücken sind durch Rechtsfortbildung zu schließen,[400] die sich ebenfalls nach den der lex causae zu entnehmenden diesbezüglichen Grundsätzen richtet. Kann der Inhalt des ausländischen Rechts indes trotz pflichtgemäßer Ausschöpfung aller Erkenntnisquellen **nicht zweifelsfrei festgestellt** werden, ist der wahrscheinlichste Inhalt der ausländischen Rechtsordnung (ggf unter Hinzuziehung verwandter Rechtsordnungen des entsprechenden Rechtskreises) zu ermitteln; erst wenn dies misslingt, kann auf die lex fori als Ersatzrecht zurückgegriffen werden.[401]

189

Außerhalb der Arbeitsgerichtsbarkeit[402] ist die Anwendung ausländischen Rechts jedenfalls nach Ansicht des BGH weiterhin **nicht revisibel**,[403] auch wenn der jeweilige Wortlaut der insoweit maßgeblichen Bestimmungen der § 545 Abs. 1 ZPO und § 72 Abs. 1 FamFG ein anderes Verständnis zulässt. Eine Revision kann demnach alleine auf die **Verletzung der tatrichterlichen Ermittlungspflicht** gestützt werden. Eine solche liegt vor, wenn das Gericht die sich anbietenden Erkenntnisquellen unter Berücksichtigung der Umstände des Einzelfalls nicht hinreichend ausgeschöpft hat;[404] von einer Verletzung der Ermittlungspflicht ist insbesondere dann auszugehen, wenn die angefochtene Entscheidung keinerlei Aufschluss darüber zulässt, dass der Tatrichter seiner Pflicht nachgekommen ist.[405] Ausnahmen von der grundsätzlichen Nichtrevisibilität ausländischen Rechts erkannte die Rechtsprechung jedenfalls unter Geltung des alten Rechts etwa an, wenn die Anwendbarkeit deutschen Rechts von einer Rückverweisung seitens des ausländischen IPR abhängt.[406] Angesichts der Abgrenzungsschwierigkeiten zwischen einem (revisiblen) Verstoß gegen § 293 ZPO, § 26 FamFG und

190

---

398 Eine Auflistung einzelner Sachverständige für ausländisches und internationales Privatrecht (Stand 2003) findet sich bei *Hetger*, DNotZ 2003, 310-320.
399 BGBl. II 1974 S. 938; mit Zusatzprotokoll vom 15.3.1978 (BGBl. II 1987 S. 58) und Ausführungsgesetz vom 5.7.1974 (BGBl. I 1974 S. 1433).
400 *Kegel/Schurig*, § 15 III, S. 504-507; *Kropholler*, § 31 I, S. 213 f.
401 Ebenso Soergel/*Kegel*, Vor Art. 3 EGBGB Rn 215; Palandt/*Thorn*, Vor Art. 3 EGBGB Rn 36; *Kegel/Schurig*, § 15 V 2, S. 512 f. – AA BGH NJW 1982, 1215, 1216: Bei nicht zweifelsfreier Feststellbarkeit ausländischen Rechts sei grundsätzlich auf die lex fori als Ersatzrecht zurückzugreifen; alleine in den Fällen, „in denen die Anwendung des ausländischen Rechts äußerst unbefriedigend wäre, kann auch die Anwendung des dem an sich berufenen Recht nächstverwandten oder des wahrscheinlich geltenden Rechts gerechtfertigt sein". Zu weitgehend indes BGH NJW 1978, 496, 497 f: „Ist das an sich berufene ausländische Recht nicht oder nur mit unverhältnismäßigem Aufwand und erheblicher Verfahrensverzögerung feststellbar, dann können, jedenfalls bei starken Inlandsbeziehungen und mangelndem Widerspruch der Beteiligten, die Sachnormen des deutschen Rechts angewendet werden".
402 Im Rahmen von § 73 Abs. 1 S. 1 ArbGG wird demgegenüber eine Revisibilität ausländischen Rechts bejaht, vgl BAG NJW 1975, 2160.
403 BGH NJW 2013, 3656, 3657 f; mit beachtlichen Gründen aA *Eichel*, IPRax 2009, 389-393; *Hau*, FamRZ 2009, 821, 824.
404 BGH WM 2013, 1225, 1229.
405 BGH WM 2013, 1225, 1229; BGH NJW-RR 2002, 1359, 1360.
406 Zu den einzelnen Fallgruppen ausführlich Soergel/*Kegel*, Vor Art. 3 EGBGB Rn 218-231; *Kegel/Schurig*, § 15 IV, S. 509 f.

Köhler

einer (nicht revisiblen) Verletzung ausländischen Rechts[407] sowie des weiteren, gerade keine Einschränkung auf inländisches Recht vornehmenden Wortlauts der §§ 545 Abs. 1 ZPO, 72 Abs. 1 FamFG erscheint die Annahme einer vollständigen Revisibilität ausländischen Rechts indes – entgegen dem BGH – vorzugswürdig.

Anhang zu § 4: Vorrangig zu beachtende Staatsverträge auf dem Gebiet des Internationalen Erbrechts

I. Allgemeines

191 Bei der Bestimmung des auf die Rechtsnachfolge von Todes wegen anzuwendenden Rechts sind aus deutscher Sicht auch unter Geltung der EuErbVO (vgl. Art. 75 Abs. 1 UAbs. 1 EuErbVO) insbesondere drei bilaterale Staatsverträge vorrangig zu beachten:[408] Das **Niederlassungsabkommen zwischen dem Deutschen Reich und dem Kaiserreich Persien vom 17.2.1929**, der **deutsch-türkische Konsularvertrag vom 28.5.1929** und der **deutsch-sowjetische Konsularvertrag vom 25.4.1958**. Auswirkungen auf die Anknüpfung des Erbstatuts haben zudem das **New Yorker UN-Übereinkommen über die Rechtsstellung der Staatenlosen vom 28.9.1954** und das **Genfer UN-Abkommens über die Rechtsstellung der Flüchtlinge vom 28.7.1951**.

192 Hinsichtlich der Form testamentarischer Verfügungen gilt weiterhin das **Haager Übereinkommen über das auf die Form letztwilliger Verfügungen anzuwendende Recht vom 5.10.1961**; Art. 27 EuErbVO wird insoweit verdrängt, vgl. Art. 75 Abs. 1 UAbs. 2 EuErbVO (näher hierzu Rn 86 f).

II. Deutsch-iranisches Niederlassungsabkommen

193 Das am 17.2.1929 zwischen dem Deutschen Reich und dem Kaiserreich Persien geschlossene, staatsvertraglich autonom auszulegende[409] **deutsch-iranische Niederlassungsübereinkommen**[410] trat zusammen mit seinem erläuternden Schlussprotokoll[411] am 11.1.1931 in Kraft. Aus deutscher Sicht ist dieses anwendbar, wenn der Erblasser zum Zeitpunkt seines Todes iranischer Staatsangehöriger war. Ob **Mehrrechtsstaater** in den Anwendungsbereich des Abkommens fallen, ist streitig. Teilweise wird dies ganz verneint,[412] richtigerweise ist zu differenzieren: Zweck des bilateralen Übereinkommens ist es, die jeweiligen Staatsbürger den Rechten und Pflichten ihrer Heimatrechtsordnung zu unterstellen, um diesen u.a. auch den Schutz durch die eigene Rechtsordnung zukommen zu lassen.[413] Dieser Schutzzweck läuft bei **deutsch-iranischen Doppelstaater** ins Leere, da diesen die mit beiden Staatsangehörigkeiten jeweils

---

407 Vgl hierzu etwa *Jansen/Michaels*, ZZP 116 (2003), 3, 44 ff (treffende Kritik S. 46 f).
408 Vgl hierzu auch *Süß*, in: Dutta/Herrler, S. 181 ff.
409 Vgl hierzu allgemein MüKo-BGB/*Sonnenberger*, 5. Aufl., Einl. IPR Rn 307-309; *Kropholler*, § 9 V 1, S. 69 f.
410 RGBl. II 1930 S. 1006.
411 RGBl. II 1930 S. 1012.
412 Soergel/*Kegel*, Vor Art. 3 EGBGB Rn 46; deutlich auch Soergel/*Kegel* (11. Aufl.), Vor Art. 24 EGBGB Rn 132; ebenso *Süß*, in: Dutta/Herrler, S. 181, 182.
413 Etwas undeutlich auch BVerfG FamRZ 2007, 615 unter Berufung auf *Schotten/Wittkowski*, FamRZ 1995, 264, 265 f; dem folgend OLG München ZEV 2010, 255-257.

verbundene Rechtsstellung ohnehin zukommt,[414] nicht jedoch bei Personen, die neben der iranischen Staatsangehörigkeit diejenige eines Drittstaates haben. Folglich fallen alleine deutsch-iranische Doppelstaater aus dem Anwendungsbereich des Übereinkommens, nicht jedoch andere Mehrrechtsstaater.[415] War der iranische Erblasser indes **Flüchtling** iSd (für beide Vertragsstaaten verbindlichen und daher vorrangig zu beachtenden) **Genfer UN-Abkommens über die Rechtsstellung der Flüchtlinge vom 28.7.1951**,[416] scheidet eine Anwendung des Niederlassungsübereinkommens aus.[417] Soweit der Anwendungsbereich des Niederlassungsübereinkommens nicht eröffnet ist, unterliegt die rechtliche Beurteilung der Rechtsnachfolge von Todes wegen dem nach Art. 21 f EuErbVO bestimmten Recht.

In kollisionsrechtlicher Hinsicht unterstellt das Niederlassungsübereinkommen die gesamte Rechtsnachfolge von Todes wegen einheitlich dem Recht des Staates, dem der Erblasser angehörte. Der Anknüpfungsgegenstand erfasst **alle erbrechtlich zu qualifizierenden Rechtsfragen**, er ist also nicht auf die im Schlussprotokoll erwähnte testamentarische und gesetzliche Erbfolge, Nachlassabwicklungen und Erbauseinandersetzungen beschränkt;[418] die Frage nach der Staatsangehörigkeit ist in Übereinstimmung mit dem Recht des jeweiligen Staates zu entscheiden (vgl Rn 27). Wie bei (in den Anwendungsbereich des Übereinkommens fallenden) **Mehrrechtsstaatern** zu verfahren ist, regelt das Übereinkommen nicht ausdrücklich. Ein (unmittelbarer) Rückgriff auf die nationale Vorschrift des Art. 5 Abs. 1 S. 1 EGBGB scheidet zwar aus,[419] da insoweit eine *interne* Regelungslücke vorliegt, die staatsvertraglich autonom zu schließen ist; dennoch kann der dieser Vorschrift zugrundeliegende Rechtsgedanke als Ausprägung der „engsten Verbindung" (der auch das kollisionsrechtliche Überkommen verpflichtet ist) auf das deutsch-iranische Niederlassungsübereinkommen übertragen werden, so dass in diesen Fällen das Recht der *effektiven* Staatsangehörigkeit zur Anwendung gelangt.[420]

194

Regelmäßig wird (meist ohne Begründung) davon ausgegangen, bei Art. 8 Abs. 3 des Niederlassungsübereinkommens handle es sich um eine **Sachnormverweisung**.[421] Hieran ist richtig, dass bei Staatsverträgen, die ausschließlich die Anwendbarkeit der jeweiligen Rechtsordnungen im Verhältnis der Vertragsstaaten untereinander zum Gegenstand haben, die Annahme einer Gesamtverweisung überflüssig ist, weil auch ein Rückgriff auf das – inter partes ja gerade vereinheitlichte – Kollisionsrecht zu

195

---

414 BVerfG FamRZ 2007, 615 unter Berufung auf *Schotten/Wittkowski*, FamRZ 1995, 264, 265 f; dem folgend OLG München ZEV 2010, 255-257.
415 Deutlich *Schotten/Wittkowski*, FamRZ 1995, 264, 265 f (dort insbesondere Fn 27); im Ergebnis auch die hM, vgl etwa BVerfG FamRZ 2007, 615; OLG München ZEV 2010, 255-257; Erman/*Hohloch*, Art. 25 EGBGB Rn 4; Bamberger/Roth/*Lorenz*, Art. 25 EGBGB Rn 11; Zimmermann/*Grau*, Art. 25 EGBGB Rn 10. – AA MüKo-BGB/*Dutta*, Art. 25 EGBGB Rn 295 (maßgeblich ist stets die effektive Staatsangehörigkeit); im Ergebnis auch Staudinger/*Dörner*, Vorbem. zu Art. 25 f EGBGB Rn 157.
416 BGBl. II 1953 S. 560.
417 *Süß*, in: Dutta/Herrler, S. 181, 182.
418 Ebenso Staudinger/*Dörner*, Vorbem. zu Art. 25 f EGBGB Rn 155; MüKo-BGB/*Dutta*, Art. 25 EGBGB Rn 296.
419 Zutreffend MüKo-BGB/*Dutta*, Art. 25 EGBGB Rn 295. – AA Staudinger/*Dörner*, Vorbem. zu Art. 25 f EGBGB Rn 157.
420 So auch MüKo-BGB/*Dutta*, Art. 25 EGBGB Rn 295, der jedoch auf diese Weise auch bei deutsch-iranischen Doppelstaatern verfahren will.
421 Staudinger/*Dörner*, Vorbem. zu Art. 25 f EGBGB Rn 158; Bamberger/Roth/*Lorenz*, Art. 25 EGBGB Rn 11.

demselben Ergebnis führt. Da das Niederlassungsübereinkommen jedoch auch zu der Anwendung einer *drittstaatlichen* Rechtsordnung führen kann (etwa dann, wenn der iranische Erblasser eine andere, nicht-deutsche *effektive* Staatsangehörigkeit hatte, vgl Rn 193 f), sollte in diesen Fällen eine **Gesamtverweisung** angenommen werden, um Entscheidungseinklang mit dem Drittstaat zu erreichen. Die allgemeine Erwägung der hM, dass Staatsverträge aufgrund des von ihnen bezweckten Entscheidungseinklangs generell Renvoi-feindlich sind,[422] kann nicht überzeugen, da Entscheidungseinklang ebenso bei Annahme einer (dann eben für alle teilnehmenden Staaten verbindlichen) Gesamtverweisung erreicht werden kann.[423] Wird auf das Recht des Irans verwiesen, erfolgt dies **unter Einschluss seines interpersonalen Kollisionsrechts**, so dass mittels diesem Recht die maßgebliche Teilrechtsordnung zu bestimmen ist.[424]

196 Das Übereinkommen geht in seinem Anwendungsbereich **europäischem sowie nationalem IPR vor** (vgl Art. 75 Abs. 1 EuErbVO bzw – deklaratorisch – Art. 3 Nr. 2 EGBGB), so dass neben Art. 8 Abs. 3 Niederlassungsübereinkommen weder Art. 22 EuErbVO[425] noch Art. 25 Abs. 2 EGBGB aF[426] sowie Art. 3 a Abs. 2 EGBGB[427] zur Anwendung gebracht werden können. Handelt es sich indes um „besondere" *materielle* Bestimmungen iSv Art. 30 EuErbVO (Eingriffsnormen), kommt deren gesonderte Anwendung in Betracht,[428] da diese *nicht* erbrechtlich zu qualifizieren sind und daher auch nicht vom Anknüpfungsgegenstand des Art. 8 Abs. 3 S. 1 Niederlassungsübereinkommen erfasst werden. Ein Rückgriff auf den (in Fällen mit Bezug zum Iran besonders relevanten) nationalen **ordre public** gestattet Art. 8 Abs. 3 S. 2 Niederlassungsübereinkommen ausdrücklich. **Vorfragen** sind nach vorzugswürdiger, freilich umstrittener Ansicht – wie stets (vgl Rn 145 ff) – selbstständig anzuknüpfen.[429] Die **Frage nach der Formwirksamkeit** unterliegt – auch unter Geltung der EuErbVO (vgl Rn 86 f) – dem HTestformÜ.[430]

III. Deutsch-türkischer Konsularvertrag

197 Der am 28.5.1929 zwischen dem Deutschen Reich und der Türkischen Republik geschlossene, ebenfalls staatsvertraglich autonom auszulegende[431] **deutsch-türkische Konsularvertrag**[432] trat samt Anlage am 18.11.1931 in Kraft. Inhaltlich enthält dieses

---

422 Vgl hierzu etwa MüKo-BGB/*Sonnenberger*, 5. Aufl., Art. 4 EGBGB Rn 66 f; *von Bar/Mankowski*, § 3 Rn 115; *Kropholler*, § 24 III, S. 177-179; *von Hoffmann/Thorn*, § 6 Rn 107.
423 Vgl hierzu ausführlich *Solomon*, in: Liber Amicorum Schurig 2012, S. 237, 242-244; eine Differenzierung zwischen Verweisungen auf Vertragsstaaten und Drittstaaten erwägend, jedoch im Ergebnis ablehnend *Kropholler*, § 24 III, S. 178 f.
424 Staudinger/*Dörner*, Vorbem. zu Art. 25 f EGBGB Rn 158.
425 MüKo-BGB/*Dutta*, Art. 25 EGBGB Rn 296.
426 So auch MüKo-BGB/*Birk*, Art. 25 EGBGB Rn 296; Bamberger/Roth/*Lorenz*, Art. 25 EGBGB Rn 11; *Schotten/Wittkowski*, FamRZ 1995, 264, 269. – AA Staudinger/*Dörner*, Vorbem. zu Art. 25 f EGBGB Rn 151.
427 So auch MüKo-BGB/*Dutta*, Art. 25 EGBGB Rn 297; *Schotten/Wittkowski*, FamRZ 1995, 264, 266. – AA Staudinger/*Dörner*, Vorbem. zu Art. 25 f EGBGB Rn 152.
428 Jedenfalls insoweit auch Staudinger/*Dörner*, Vorbem. zu Art. 25 f EGBGB Rn 152.
429 So auch Zimmermann/*Grau*, Art. 25 EGBGB Rn 11; allgemein *Kropholler*, § 32 VI 2, S. 230. – AA etwa *von Hoffmann/Thorn*, § 6 Rn 55, 64.
430 BGBl. II 1965 S. 1145.
431 Vgl hierzu allgemein MüKo-BGB/*Sonnenberger*, 5. Aufl., Einl. IPR Rn 307-309; *Kropholler*, § 9 V 1, S. 69 f.
432 RGBl. II 1931 S. 538.

Übereinkommen nicht nur **kollisionsrechtliche Bestimmungen** (§ 14 Nachlassabkommen), sondern auch solche betreffend der **internationalen Zuständigkeit** (§ 15 S. 1 Nachlassabkommen), der **Anerkennung** der auf Grundlage des Übereinkommens ergangenen gerichtlichen Entscheidungen (§ 15 S. 2 Nachlassabkommen) sowie von Erbscheinen und Zeugnissen von Testamentsvollstreckern (§ 17 Nachlassabkommen), welche der EuErbVO gem. Art. 75 Abs. 1 UAbs. 1 EuErbVO allesamt vorgehen.

Aus deutscher Sicht ist der Konsularvertrag **anwendbar**, wenn der Erblasser zum Zeitpunkt seines Todes türkischer Staatsangehöriger war oder wenn ein deutscher Erblasser unbewegliches Vermögen in der Türkei hinterlässt. Ob **Mehrrechtsstaater** in den Anwendungsbereich des Abkommens fallen, ist wiederum streitig, richtigerwiese ist grundsätzlich entsprechend den Ausführungen sub Rn 193 f zu verfahren, so dass alleine **deutsch-türkische Doppelstaater** aus dem Anwendungsbereich des Übereinkommens ausgenommen sind;[433] soweit diese indes **unbewegliches Vermögen** in der Türkei hinterlassen, ist der Anwendungsbereich des Übereinkommens jedenfalls insoweit ebenfalls eröffnet,[434] so dass hinsichtlich dieser Vermögenswerte türkisches Recht (§ 14 Abs. 2 Nachlassabkommen), hinsichtlich des restlichen (beweglichen und unbeweglichen) Nachlasses das über Art. 21, 22 EuErbVO bestimmte Recht anzuwenden ist. Gleichfalls umstritten ist, ob das Übereinkommen alleine das in den beiden Vertragsstaaten belegene unbewegliche Vermögen erfasst[435] oder auch solches, das sich in einem **Drittstaat** befindet.[436] Für Ersteres spricht der Wortlaut des Art. 20 Konsularvertrag sowie §§ 14 Abs. 2, 18 Nachlassabkommen,[437] zudem die mit diesem völkerrechtlichen Vertrag verfolgten hoheitlichen Interessen,[438] welche nach traditioneller Ansicht nicht nur eine personale, sondern auch territoriale Beschränkung erfahren. Der deutsch-türkische Konsularvertrag erfasst daher *keine* in Drittstaaten belegenen unbeweglichen Nachlassgegenstände, so dass die rechtliche Beurteilung der diesbezüglichen Rechtsnachfolge dem von Art. 21, 22 EuErbVO bestimmten Recht unterliegt.

In kollisionsrechtlicher Hinsicht führt die Anwendung des Konsularvertrages zu einer **Nachlassspaltung**: Die Rechtsnachfolge von Todes wegen in bewegliches Vermögen unterliegt dem Recht der Staatsangehörigkeit (§ 14 Abs. 1 Nachlassabkommen), die Rechtsnachfolge von Todes wegen in unbewegliches, nicht in einem Drittstaat belegenes Vermögen der lex rei sitae (§ 14 Abs. 2 Nachlassabkommen), wobei die Abgrenzung zwischen beweglichem und unbeweglichem Vermögen gem. § 12 Abs. 3 Nachlassabkommen dem Belegenheitsrecht unterliegt. Ein **Renvoi** ist beachtlich, soweit dieser seitens des Rechts eines **Drittstaats** ausgesprochen wird (vgl hierzu Rn 195).[439]

---

433 Im Ergebnis auch Staudinger/*Dörner*, Vorbem. zu Art. 25 f EGBGB Rn 173; *Schotten/Schmellenkamp*, § 7 Rn 264; vgl auch *Bauer*, FamRZ 2007, 1252, 1255. – AA MüKo-BGB/*Dutta*, Art. 25 EGBGB Rn 300 (maßgeblich wiederum die effektive Staatsangehörigkeit).
434 Staudinger/*Dörner*, Vorbem. zu Art. 25 f EGBGB Rn 173; *Schotten/Schmellenkamp*, § 7 Rn 264.
435 Staudinger/*Dörner*, Vorbem. zu Art. 25 f EGBGB Rn 163, 171; *ders.*, ZEV 1996, 90, 94; *Schotten/Schmellenkamp*, § 7 Rn 264; *Süß*, in: Dutta/Herrler, S. 181, 187 f.
436 MüKo-BGB/*Dutta*, Art. 25 EGBGB Rn 299.
437 Zimmermann/*Grau*, Art. 25 EGBGB Rn 15; *Dörner*, ZEV 1996, 90, 94; *Schotten/Schmellenkamp*, § 7 Rn 264.
438 Hierzu etwa *Bauer*, FamRZ 2007, 1252, 1255.
439 AA etwa Staudinger/*Dörner*, Vorbem. zu Art. 25 f EGBGB Rn 177.

Ein Rückgriff auf den nationalen **ordre public** ist entgegen der hM trotz Fehlens einer ausdrücklichen Regelung möglich,[440] da es sich hierbei um einen allgemeinen, daher auch im Rahmen des Übereinkommens zu beachtenden Grundsatz handelt. **Vorfragen** sind nach vorzugswürdiger Ansicht selbstständig anzuknüpfen (vgl Rn 145 ff).[441] Die Frage nach der **Formwirksamkeit testamentarischer Verfügungen** unterliegt trotz der Regelung des § 16 Nachlassabkommen dem HTestformÜ,[442] das in beiden Staaten gilt und daher als lex specialis vorrangig zu beachten ist;[443] § 16 Nachlassabkommen ist damit alleine für die **Formwirksamkeit von Erbverträgen** anwendbar, die nicht vom Anwendungsbereich des Haager Übereinkommens erfasst sind.[444]

200   Eine **ausschließliche**[445] internationale Zuständigkeit für Klagen, welche die Feststellung des Erbrechts, Erbschaftsansprüche, Ansprüche aus Vermächtnissen sowie Pflichtteilsansprüche zum Gegenstand haben, ergibt sich aus § 15 S. 1 Nachlassabkommen: Hiernach sind für den **beweglichen Nachlass** die Gerichte des Staates zuständig, dem der Erblasser zur Zeit seines Todes angehörte, für den **unbeweglichen Nachlass** die Gerichte des Belegenheitsstaates. Ihre Entscheidungen sind jeweils **anzuerkennen** (§ 15 S. 2 Nachlassabkommen). Gleiches gilt für Zeugnisse über ein erbrechtliches Verhältnis (insbesondere Erbschein und Testamentsvollstreckerzeugnisse), soweit sie sich auf den unbeweglichen Nachlass beziehen (§ 17 S. 1 Nachlassabkommen).

IV. Deutsch-sowjetischer Konsularvertrag

201   Der zwischen der Bundesrepublik Deutschland und der Union der Sozialistischen Sowjetrepubliken geschlossene, wiederum staatsvertraglich autonom auszulegende[446] **deutsch-sowjetische Konsularvertrag**[447] trat am 25.4.1958 in Kraft und gilt noch heute im Verhältnis zu den meisten sowjetischen Nachfolgestaaten mit Ausnahme der EU-Mitgliedstaaten Estland, Lettland und Litauen sowie Turkmenistan.[448] Er ist anwendbar, wenn der Erblasser zum Zeitpunkt seines Todes Staatsangehöriger eines der Vertragsstaaten war und sich **unbewegliches** Vermögen in dem anderen Vertragsstaat

---

440   Vgl insoweit *Kropholler*, § 36 VI, S. 256 f (es muss „im Wege der Auslegung ermittelt werden, ob und in welchem Umfang eine Berufung auf den nationalen ordre public zulässig ist); auch MüKo-BGB/*von Hein*, Art. 6 EGBGB Rn 40 ff. – AA indes etwa Staudinger/*Dörner*, Vorbem. zu Art. 25 f EGBGB Rn 180 (der jedoch eine Ausnahme bei Verstoß gegen die sowohl von der Türkei als auch von Deutschland ratifizierten Europäischen Menschenrechtskonvention zulässt); *ders.*, ZEV 1996, 90, 91; vgl auch MüKo-BGB/*Sonnenberger*, 5. Aufl., Art. 6 EGBGB Rn 29.
441   So auch Zimmermann/*Grau*, Art. 25 EGBGB Rn 17; allgemein *Kropholler*, § 32 VI 2, S. 230. – AA etwa Staudinger/*Dörner*, Vorbem. zu Art. 25 f EGBGB Rn 179, allgemein auch *von Hoffmann/Thorn*, § 6 Rn 55, 64.
442   BGBl. II 1965 S. 1145.
443   Staudinger/*Dörner*, Vorbem. zu Art. 25 f EGBGB Rn 185.
444   Staudinger/*Dörner*, Vorbem. zu Art. 25 f EGBGB Rn 185.
445   LG München I FamRZ 2007, 1250, 1251 m. zust. Anm. *Bauer* 1252; für die Annahme einer konkurrierenden Zuständigkeit, sofern einer der am Nachlasses berechtigten Personen nicht die türkische Staatsangehörigkeit hat, etwa Staudinger/*Dörner*, Vorbem. zu Art. 25 f EGBGB Rn 182; für eine einschränkende Auslegung auch Erman/*Hohloch*, Art. 25 EGBGB Rn 57.
446   Vgl hierzu allgemein MüKo-BGB/*Sonnenberger*, 5. Aufl., Einl. IPR Rn 307-309; *Kropholler*, § 9 V 1, S. 69 f.
447   BGBl. II 1959 S. 233.
448   Vgl hierzu Staudinger/*Dörner*, Vorbem. zu Art. 25 f EGBGB Rn 194 f.

befindet.[449] Eine Anwendbarkeit scheidet bei **Mehrstaatern**, die zugleich die deutsche Staatsangehörigkeit haben, aus (vgl oben Rn 193),[450] ebenso bei **Flüchtlingen** iSd Genfer UN-Abkommens über die Rechtsstellung der Flüchtlinge vom 28.7.1951;[451] ebenfalls unanwendbar ist das Übereinkommen für *nicht* in einem der Vertragsstaaten belegene unbewegliche Vermögensgegenstände sowie bewegliches Vermögen.

Sind die Anwendungsvoraussetzungen erfüllt, unterliegt die Rechtsfolge von Todes wegen im Hinblick auf die unbeweglichen Vermögensgegenstände der jeweiligen **lex rei sitae**, die zugleich auch über die Qualifikation als unbeweglicher Gegenstand befindet.[452] Bei der von Art. 28 Abs. 3 Konsularvertrag ausgesprochenen Verweisung handelt es sich um eine **Sachnormverweisung**,[453] da aufgrund des engen Anwendungsbereichs des Übereinkommens kein drittstaatliches Recht zur Anwendung gebracht werden kann (vgl hierzu Rn 195). 202

Ein Rückgriff auf den nationalen **ordre public** ist entgegen der hM trotz Fehlens einer ausdrücklichen Regelung möglich (vgl Rn 199),[454] **Vorfragen** sind nach vorzugswürdiger Ansicht selbstständig anzuknüpfen (vgl Rn 145 ff).[455] Die **Frage nach der Formwirksamkeit** unterliegt – auch unter Geltung der EuErbVO – dem HTestformÜ.[456] 203

Das für die Rechtsnachfolge von Todes wegen in **bewegliche Vermögensgegenstände** sowie in einem **Drittstaat belegene unbewegliche Vermögensgegenstände** maßgebliche Recht bestimmt sich – mangels Eröffnung des Anwendungsbereichs des Übereinkommens – nach dem IPR der lex fori (Art. 21 f EuErbVO), so dass die Anwendung des Konsularvertrages zu einer kollisionsrechtlichen **Nachlassspaltung** führt. 204

V. Staatsvertragliche Regelungen hinsichtlich des Personalstatuts

Besondere Regelungen hinsichtlich der Bestimmung des Personalstatuts enthalten zuletzt Art. 12 Abs. 1 des **New Yorker UN-Übereinkommen über die Rechtsstellung der Staatenlosen vom 28.9.1954** und Art. 12 Abs. 1 des **Genfer UN-Abkommens über die Rechtsstellung der Flüchtlinge vom 28.7.1951**. Diese sind auch unter Geltung der EuErbVO weiterhin beachtlich und erweitern die gem. Art. 22, 24, 25 EuErbVO gestattete Rechtswahlmöglichkeit (vgl hierzu Rn 26). 205

---

449 *Schotten/Schmellenkamp*, § 7 Rn 265, S. 282.
450 AA *Schotten/Schmellenkamp*, § 7 Rn 265, S. 282; dem folgend *Fetsch*, RNotZ 2006, 77, 91.
451 BGBl. II 1953 S. 560; ebenso *Schotten/Schmellenkamp*, § 7 Rn 265, S. 282; *Zimmermann/Grau*, Art. 25 EGBGB Rn 21.
452 *Staudinger/Dörner*, Vorbem. zu Art. 25 f EGBGB Rn 197; ebenso *Schotten/Schmellenkamp*, § 7 Rn 265, S. 282; *Zimmermann/Grau*, Art. 25 EGBGB Rn 21.
453 Ebenso *Zimmermann/Grau*, Art. 25 EGBGB Rn 21.
454 Vgl insoweit *Kropholler*, § 36 VI, S. 256 f (es muss „im Wege der Auslegung ermittelt werden, ob und in welchem Umfang eine Berufung auf den nationalen ordre public zulässig ist"); vgl auch auch MüKo-BGB/*von Hein*, Art. 6 EGBGB Rn 40 ff. – Zurückhaltender MüKo-BGB/*Sonnenberger*, 5. Aufl., Art. 6 EGBGB Rn 29.
455 Allgemein *Kropholler*, § 32 VI 2, S. 230. – AA etwa *von Hoffmann/Thorn*, § 6 Rn 55, 64.
456 BGBl. II 1965 S. 1145.

§ 5 Anerkennung, Vollstreckbarkeit und Vollstreckung von Entscheidungen

A. Mitgliedstaatliche Entscheidungen

I. Allgemeines

1 Die Anerkennung, Vollstreckbarkeit und Vollstreckbarerklärung mitgliedstaatlicher Entscheidungen in einem anderen Mitgliedstaat wird von Kapitel IV der EuErbVO geregelt. Die dort kodifizierten Bestimmungen (Art. 39-58 EuErbVO) übernehmen im Wesentlichen die diesbezüglichen Regelungen der EuGVVO (aF) und können daher diesen entsprechend ausgelegt werden. Wenngleich Art. 39-58 EuErbVO ersichtlich auf das streitige Verfahren zugeschnitten sind, sind diese Vorschriften sowohl im Rahmen des streitigen als auch im Rahmen des nichtstreitigen Verfahrens anzuwenden (vgl Erwägungsgrund 59), was zu Friktionen führen kann.[1] Die für die Konkretisierung der Art. 39-58 EuErbVO erforderlichen nationalen verfahrensrechtlichen Bestimmungen sind in Abschnitt 3 des IntErbRVG geregelt (vgl hierzu im Einzelnen Teil 2 § 2). Unter einer Entscheidung iSd EuErbVO ist gem. der Legaldefinition des Art. 3 Abs. 1 lit. g EuErbVO *jegliche* seitens eines mitgliedstaatlichen (vgl § 2 Rn 17) Gerichts in einer Erbsache erlassene Entscheidung zu verstehen, dies ungeachtet ihrer konkreten Bezeichnung und unter Einschluss von Kostenfestsetzungsbeschlüssen eines Gerichtsbediensteten.

II. Anerkennung

1. Allgemeines

2 Mitgliedstaatliche Entscheidungen werden in einem anderen Mitgliedstaat ohne ein besonderes Verfahren, also ipso jure, **anerkannt** (Art. 39 Abs. 1 EuErbVO), die Anerkennung kann jedoch auch gem. Art. 39 Abs. 2 EuErbVO Gegenstand eines eigenständigen Verfahrens sein, das sich nach Art. 45-58 EuErbVO richtet. Die Anerkennung einer Entscheidung eines Mitgliedstaates darf nur aus den in Art. 40 EuErbVO genannten Gründen versagt werden, eine Nachprüfung in der Sache (révision au fond) kommt nicht in Betracht (Art. 41 EuErbVO). Zum Anerkennungsverfahren vgl im Einzelnen Teil 2 § 2.

3 Ebenso wie die EuGVVO[2] folgt auch die EuErbVO der *Wirkungserstreckungslehre*, so dass mitgliedstaatlichen Entscheidungen diejenigen Wirkungen beizumessen sind, die ihnen in dem Ursprungsmitgliedstaat zukommen.[3] Die Urteilswirkungen richten sich daher stets nach dem Recht des Ursprungsmitgliedstaates, unabhängig davon, ob diese Wirkungen hinter denjenigen des deutschen Rechts zurückstehen oder über dieses hinausgehen. Erstreckt sich etwa die materielle Rechtskraft eines Urteils nach dem

---

1 Vgl *Dutta*, FamRZ 2013, 4, 13 mit Beispielen.
2 Vgl nur *Kropholler/von Hein*, Vor Art. 33 EuGVVO Rn 9.
3 EuGH v. 4.2.1988 – C-145/86 (Hoffmann) Rn 10; EuGH v. 15.11.2012 – C-456/11 Rn 34 (hinsichtlich Art. 26 EuGVÜ bzw Art. 33 EuGVVO).

Recht des Ursprungsmitgliedstaates auch auf materielle Vorfragen, sind solche Wirkungen daher – in den Grenzen des ordre public – hinzunehmen.[4]

Anmerkung:
Ein einheitlicher europäischer Rechtskraftbegriff existiert demgegenüber bislang nicht.[5] Nach der Rechtsprechung des EuGH besteht nur dann eine Ausnahme, wenn sich ein mitgliedstaatliches Gericht aufgrund einer Gerichtsstandsvereinbarung zugunsten eines anderen mitgliedstaatlichen Gerichts für unzuständig erklärt; an die Feststellung bezüglich der Wirksamkeit einer solchen Vereinbarung sind die prorogierten Gerichte gebunden, da der Begriff der Rechtskraft im Unionsrecht – jedenfalls in diesen Fällen – „nicht nur den Tenor der fraglichen gerichtlichen Entscheidung, sondern auch deren Gründe, die den Tenor tragen und von ihm daher nicht zu trennen sind",[6] umfasst. Diese Rechtsprechung hat daher alleine zuständigkeitsrechtliche Bedeutung (vgl § 2 Rn 18).

2. Gründe für die Nichtanerkennung einer Entscheidung (Art. 40 EuErbVO)

Die Anerkennungshindernisse für eine mitgliedstaatliche Entscheidung in Erbsachen sind im Einzelnen in Art. 40 EuErbVO geregelt; dieser ist *abschließend*, so dass die Anerkennung nur aus den von Art. 40 lit. a-d EuErbVO genannten Gründen versagt werden darf (Art. 41 EuErbVO).

a) Ordre public (Art. 40 lit. a EuErbVO)

Die Anerkennung einer mitgliedstaatlichen Entscheidung kann zunächst aufgrund eines Verstoßes gegen den ordre public des Anerkennungsstaates versagt werden. Der anerkennungsrechtliche Begriff des ordre public ist weiter als derjenige des Kollisionsrechts (Art. 35 EuErbVO, vgl hierzu § 4 Rn 171 ff): Er schließt diesen zwar mit ein, er erfasst jedoch darüber hinaus auch verfahrensrechtliche Aspekte (insbesondere Art. 103 Abs. 1 GG, Art. 47 EU-Grundrechtscharta, Art. 6 EMRK), so dass die Anerkennung einer Entscheidung auch dann versagt werden kann, wenn diese unter Verletzung fundamentaler Verfahrensprinzipien zustande gekommen ist.[7] Da jedoch die EU-Grundrechtscharta sowie die EMRK für alle Mitgliedstaaten gleichermaßen verbindlich ist und Gegenstand der Anerkennung im Rahmen der EuErbVO alleine *mitgliedstaatliche* Entscheidungen bilden, ist die Bedeutung von Art. 40 lit. a EuErbVO (jedenfalls bei Beachtung dieser geltenden Grundsätze durch die jeweiligen mitgliedstaatlichen Gerichte)[8] gering. Hinsichtlich der **Konkretisierung** des anerkennungsrechtlichen ordre public gelten die Ausführungen zum materiellrechtlichen ordre public entsprechend, so dass auf diese verwiesen werden kann (vgl hierzu § 4 Rn 172 ff). Besonderheiten ergeben sich im Rahmen des anerkennungsrechtlichen ordre public alleine aus dem Umstand, dass den mitgliedstaatlichen Gerichten eine *révision au fond* verwehrt ist, diese also die Entscheidung weder rechtlich noch tatsächlich nach-

---

4 *Linke/Hau*, Rn 12.7.
5 MüKo-ZPO/*Gottwald*, Art. 33 EuGVVO Rn 3.
6 EuGH v. 15.11.2012 – C-456/11 Rn 40 unter Berufung auf EuGH v. 19.4.2012 – C-221/10 P Rn 87; EuGH v. 1.6.2006 – C-442/03 P und C-471/03 P, C-442/03 P, C-471/03 P Rn 44.
7 Vgl hierzu etwa *Kropholler/von Hein*, Art. 34 EuGVVO Rn 12-21; Thomas/Putzo/*Hüßtege*, Art. 34 EuGVVO Rn 2; auch jurisPK/*Schärtl*, Art. 40 EuErbVO Rn 8.
8 Hierin lag die Besonderheit in der zentralen *Krombach*-Entscheidung des EuGH (EuGH v. 28.3.2000 – Rs. C-7/98). Nach dieser ist die Anwendung des ordre public-Vorbehalts „in den Ausnahmefällen für zulässig zu erachten […], in denen die durch die Rechtsvorschriften des Ursprungsstaats und das Übereinkommen selbst verbürgten Garantien nicht genügt haben, um den Beklagten vor einer offensichtlichen Verletzung seines in der EMRK anerkannten Rechts […] zu schützen" (aaO Rn 44).

prüfen können (Art. 41 EuErbVO); zu einer Verletzung wesentlicher Grundsätze des deutschen Rechts kann es daher *im Ergebnis* (vgl hierzu § 4 Rn 173) nur dann kommen, wenn die *anzuerkennenden Wirkungen* des Urteils – und damit alleine der in Rechtskraft erwachsende Teil der Entscheidung – gegen diese Grundsätze verstoßen, nicht bereits dann, wenn die konkrete *Rechtsanwendung* als solche zu einem ordre public-widrigen Ergebnis führt. Dieser Umstand wird in der Literatur – etwas blumig – als *effet atténué de l'ordre public* beschrieben,[9] er ist jedoch rein phänomenologischer Natur und resultiert aus der herkömmlichen Methodik zur Konkretisierung des ordre public, stellt also gerade keine Abweichung hiervon dar.

b) Wahrung der Verteidigungsrechte (Art. 40 lit. b EuErbVO)

6 Die Anerkennung eines mitgliedstaatlichen Urteils ist des Weiteren ausgeschlossen, wenn sich der Beklagte im Hinblick auf das anzuerkennende Urteil nicht wirksam verteidigen konnte. Art. 40 lit. b EuErbVO schützt damit das **rechtliche Gehör**, soweit dieses im Rahmen der Verfahrenseinleitung verletzt wurde; kam es zu einer Verletzung dieses Grundsatzes im weiteren Verfahren, kann sich ein Anerkennungshindernis alleine aus Art. 40 lit. a EuErbVO ergeben.[10] Ein Anerkennungshindernis nach Art. 40 lit. b EuErbVO setzt voraus, dass sich der Beklagte *nicht* auf das Verfahren eingelassen hat. Unter einer – autonom auszulegenden[11] – Einlassung im Sinne von Art. 40 lit. b EuErbVO ist **jedes Verhandeln** zu verstehen, „aus dem sich ergibt, dass der Beklagte von dem gegen ihn eingeleiteten Verfahren Kenntnis erlangt und die Möglichkeit der Verteidigung gegen den Angriff des Klägers erhalten hat";[12] unschädlich ist jedoch, wenn der Beklagte ausschließlich die fehlende Zuständigkeit des Gerichts oder die fehlerhafte Zustellung rügt.[13] Weitere Anwendungsvoraussetzung ist, dass der Beklagte aufgrund der fehlerhaften Zustellung des verfahrenseinleitenden (oder gleichwertigen) Schriftstücks **tatsächlich** nicht in der Lage war, sich zu verteidigen. Eine rein formal fehlerhafte Zustellung verletzt die Verteidigungsrechte des Beklagten daher nicht; sie gelten in diesem Falle als gewahrt, wenn der Beklagte anderweitig Kenntnis von dem laufenden Verfahren erlangt hat und sich aus diesem Grunde hätte verteidigen können.[14] Liegen die Voraussetzungen von Art. 40 lit. b EuErbVO vor, ist das Anerkennungshindernis von Amts wegen zu berücksichtigen.[15]

c) Unvereinbarkeit mit einer Entscheidung aus dem Anerkennungsstaat (Art. 40 lit. c EuErbVO)

7 Ein weiteres Anerkennungshindernis besteht, wenn die anzuerkennende Entscheidung mit einer Entscheidung des *Anerkennungsstaates* unvereinbar ist, die in einem Ver-

---

9 So etwa *Kropholler*, § 60 IV 2, S. 667; vgl auch *Geimer*, Rn 27 (der dem anerkennungsrechtlichen ordre public eine geringere „Angriffsintensität" als dem kollisionsrechtlichen ordre public attestiert); auch BGH NJW 1998, 2358 („großzügigere[r] anerkennungsrechtliche[r] ordre public").
10 Vgl auch Thomas/Putzo/*Hüßtege*, Art. 34 EuGVVO Rn 5.
11 jurisPK/*Schärtl*, Art. 40 EuErbVO Rn 21.
12 BGH NJW 2011, 3103, 3104 (hinsichtlich Art. 34 EuGVVO) im Anschluss an *Kropholler/von Hein*, Art. 34 EuGVVO Rn 27; Geimer/Schütze/*Geimer*, Art. 34 EuGVVO Rn 109-115.
13 BGH NJW 2011, 3103, 3104 (hinsichtlich Art. 34 EuGVVO); *Kropholler/von Hein*, Art. 34 EuGVVO Rn 27.
14 BGH NJW 3103, 3104 (hinsichtlich Art. 34 EuGVVO).
15 *Kropholler/von Hein*, Art. 34 EuGVVO Rn 45; Thomas/Putzo/*Hüßtege*, Art. 34 EuGVVO Rn 4. – AA Geimer/Schütze/*Geimer*, Art. 34 EuGVVO Rn 101.

fahren zwischen denselben Parteien ergangen ist. Grundsätzlich sollen solche Fälle durch die Regelung des Art. 17 EuErbVO vermieden werden; werden dennoch zwei miteinander unvereinbare Entscheidungen erlassen, setzt sich gem. Art. 40 lit. c EuErbVO stets die Entscheidung des Anerkennungsstaates durch, und dies (anders als im Rahmen von Art. 40 lit. d EuErbVO) unabhängig davon, welche Entscheidung zuerst ergangen ist. Unvereinbarkeit iSv Art. 40 lit. c EuErbVO liegt vor, wenn die „betreffenden Entscheidungen Rechtsfolgen haben, die sich gegenseitig ausschließen".[16]

d) Unvereinbarkeit mit einer früheren ausländischen Entscheidung (Art. 40 lit. d EuErbVO)

Ist die anzuerkennende Entscheidung mit einer mitgliedstaatlichen Entscheidung oder auch mit einer drittstaatlichen Entscheidung, die aufgrund autonomen Rechts in einem Mitgliedstaat anzuerkennen ist, unvereinbar (vgl Rn 7), löst Art. 40 lit. d EuErbVO die insoweit entstehende Kollision (anders als Art. 40 lit. c EuErbVO) mittels des Prioritätsprinzips: Die zuerst ergangene Entscheidung ist anzuerkennen, zeitlich nachfolgenden Entscheidungen ist die Anerkennung zu versagen.

III. Exequatur- und Rechtsbehelfsverfahren

Die in einem Mitgliedstaat (sog. Ursprungsmitgliedstaat gem. Art. 3 Abs. 1 lit. e EuErbVO) ergangenen und in diesem Staat vollstreckbaren Entscheidungen können gem. Art. 43 EuErbVO in einem anderen Mitgliedstaat (sog. Vollstreckungsmitgliedstaat gem. Art. 3 Abs. 1 lit. f EuErbVO) vollstreckt werden, wenn sie in dem Vollstreckungsmitgliedstaat nach dem von Art. 45-58 EuErbVO vorgesehenen Verfahren für **vollstreckbar erklärt** worden sind. Eingeleitet wird das **Exequaturverfahren** auf Antrag eines Berechtigten (Art. 43 EuErbVO). Anders als im nationalen Recht (§ 723 Abs. 2 S. 2 ZPO) sind die Anerkennungsvoraussetzungen (Art. 40 EuErbVO) im Rahmen dieses Verfahrens *nicht* nachzuprüfen (Art. 48 S. 1 EuErbVO), auch wird dem Vollstreckungsschuldner kein rechtliches Gehör gewährt (Art. 48 S. 2 EuErbVO); der Prüfungsumfang erstreckt sich gem. Art. 40 EuErbVO alleine auf die von Art. 46 EuErbVO vorgesehenen Förmlichkeiten (dh eine Ausfertigung der Entscheidung des Ursprungsmitgliedstaats sowie eine Bescheinigung des Ursprungsgerichts gem. Art. 80 EuErbVO,[17] die unter den Voraussetzungen des Art. 47 EuErbVO durch eine gleichwertige Urkunde ersetzt werden kann). Sind diese Förmlichkeiten erfüllt, ist die Entscheidung gem. Art. 48 EuErbVO unverzüglich für vollstreckbar zu erklären. Eine Prüfung der von Art. 40 EuErbVO vorgesehenen Anerkennungsvoraussetzungen kommt demgegenüber alleine im Rahmen des **Rechtsbehelfsverfahrens** (Art. 50 EuErbVO) oder gegen die Entscheidung über diesen Rechtsbehelf (Art. 51 EuErbVO) in Betracht (vgl Art. 52 EuErbVO); auch diese Verfahren, die in Deutschland als Be-

---

[16] EuGH v. 6.6.2002 – Rs. C-80/00 Rn 40; EuGH v. 4.2.1988 – C-145/86 (Hoffmann) Rn 22 (jeweils hinsichtlich Art. 27 EuGVÜ); vgl auch jurisPK/*Schärtl*, Art. 40 EuErbVO Rn 24.
[17] Vgl hierzu das Formblatt I (Anhang 1) der Durchführungsverordnung (EU) Nr. 1329/2014 der Kommission vom 9.12.2014 zur Festlegung der Formblätter nach Maßgabe der Verordnung (EU) Nr. 650/2012 des Europäischen Parlaments und des Rates über die Zuständigkeit, das anzuwendende Recht, die Anerkennung und Vollstreckung von Entscheidungen und die Annahme und Vollstreckung öffentlicher Urkunden in Erbsachen sowie zur Einführung eines Europäischen Nachlasszeugnisses (ABl. EU L 359 S. 30; abrufbar unter http://eur-lex.europa.eu/legal-content/DE/TXT/PDF/?uri=CELEX:32014R1329&from=EN).

schwerde zum OLG bzw. als Rechtsbeschwerde zum BGH ausgestaltet wurden (vgl §§ 10 IntErbRVG), können nur auf Antrag eingeleitet werden. Zum Exequatur- und Rechtsbehelfsverfahren vgl im Einzelnen Teil 2 § 2.

IV. Einstweilige Maßnahmen einschließlich Sicherungsmaßnahmen (Art. 54 EuErbVO)

10 Sofern eine Entscheidung gem. Art. 39 EuErbVO anzuerkennen ist, können auf diese Entscheidung gestützte **einstweilige Maßnahmen einschließlich Sicherungsmaßnahmen** auch ohne Vollstreckbarerklärung gem. Art. 48 EuErbVO angeordnet werden, Art. 54 Abs. 1 EuErbVO. Insoweit ist jedoch zu differenzieren: Wurde eine Entscheidung noch nicht gem. Art. 48 EuErbVO für vollstreckbar erklärt, kann der Antragsteller gem. Art. 54 Abs. 1 EuErbVO bereits zu diesem Zeitpunkt einstweilige Maßnahmen einschließlich Sicherungsmaßnahmen nach dem Recht des Vollstreckungsmitgliedstaats einleiten; insoweit bedarf es keiner Vollstreckbarerklärung gem. Art. 48 EuErbVO, die Voraussetzungen für solche Maßnahmen unterliegen jedoch ausschließlich dem jeweiligen *nationalen* Recht. Wurde die fragliche Entscheidung hingegen gem. Art. 48 EuErbVO für vollstreckbar erklärt, ergibt sich bereits aus der Vollstreckbarerklärung – und damit (anders als im Rahmen von Art. 54 Abs. 1 EuErbVO) unmittelbar aus dem *Unionsrecht*[18] – die Befugnis, Maßnahmen zur Sicherung zu veranlassen (Art. 54 Abs. 2 EuErbVO); auf die Vollstreckbarerklärung gem. Art. 48 EuErbVO können daher unabhängig von den Voraussetzungen des nationalen Rechts Sicherungsmaßnahmen gestützt werden.[19] Soweit gegen die Vollstreckbarerklärung ein Rechtsbehelf eingelegt wurde, über den noch keine Entscheidung ergangen ist, sind innerhalb der Frist des Art. 50 Abs. 5 EuErbVO alleine Maßnahmen zur *Sicherung* zulässig (Art. 54 Abs. 3 EuErbVO). Eine unbeschränkte Zwangsvollstreckung in das Vermögen des Schuldners kann erst nach Ablauf dieser Frist erfolgen.

B. Drittstaatliche Entscheidungen

11 Soweit eine **drittstaatliche Entscheidung** anzuerkennen und für vollstreckbar zu erklären ist, sind grundsätzlich die nationalen Vorschriften (§§ 328, 722, 723 ZPO bzw §§ 108-110 FamFG) anzuwenden.[20] Diesen vorrangig sind jedoch wiederum staatsvertragliche Regelungen. Auf dem Gebiet der Anerkennung und Vollstreckung ausländischer Entscheidungen in Erbsachen sind insoweit zu beachten:

- das **deutsch-britische Abkommen** über die gegenseitige Anerkennung und Vollstreckung von gerichtlichen Entscheidungen in Zivil- und Handelssachen vom 14.7.1960,[21]

---

18 Vgl *Kropholler/von Hein*, Art. 47 EuGVVO Rn 9.
19 Zum Verhältnis von Art. 54 EuErbVO und dem autonomen Recht vgl *Kropholler/von Hein*, Art. 47 EuGVVO Rn 10-13 (Aussagen auf Art. 47 EuGVVO bezogen, sie gelten jedoch entsprechend).
20 Vgl hierzu NK-BGB/*Kroiß*, Art. 25 EGBGB Rn 156-167.
21 BGBl. II 1961 S. 302. Das Abkommen trat am 15.7.1961 in Kraft (BGBl. II 1961 S. 1025); vgl hierzu das deutsche Ausführungsgesetz vom 28.3.1961 (BGBl. I 1961 S. 301).

- das **deutsch-schweizerische Abkommen** über die gegenseitige Anerkennung und Vollstreckung von gerichtlichen Entscheidungen und Schiedssprüchen vom 2.11.1929[22] sowie
- der **deutsch-türkische Konsularvertrag** vom 28.5.1929 (§ 4 Rn 197).

Neben diesen beiden Abkommen bestehen weitere bilaterale Übereinkommen mit einzelnen Mitgliedstaaten, die jedoch mit Geltung der EuErbVO **gegenstandslos** werden (Art. 75 Abs. 2 EuErbVO). Zu nennen sind insoweit:

- das **deutsch-belgische Abkommen** über die gegenseitige Anerkennung und Vollstreckung von gerichtlichen Entscheidungen, Schiedssprüchen und öffentlichen Urkunden in Zivil- und Handelssachen vom 30.6.1958,[23]
- der **Vertrag zwischen der Bundesrepublik Deutschland und dem Königreich Griechenland** über die gegenseitige Anerkennung und Vollstreckung von gerichtlichen Entscheidungen, Vergleichen und öffentlichen Urkunden in Zivil- und Handelssachen vom 4.11.1961,[24]
- das **deutsch-italienische Abkommen** über die Anerkennung und Vollstreckung gerichtlicher Entscheidungen in Zivil- und Handelssachen vom 9.3.1936,[25]
- der **deutsch-niederländische Vertrag** über gegenseitige Anerkennung und Vollstreckung gerichtlicher Entscheidungen und anderer Schuldtitel in Zivil- und Handelssachen vom 30.8.1962,[26]
- der **deutsch-österreichische Vertrag** über die gegenseitige Anerkennung und Vollstreckung von gerichtlichen Entscheidungen, Vergleichen und öffentlichen Urkunden in Zivil- und Handelssachen vom 6.6.1959[27] und
- der **deutsch-spanische Vertrag** über die Anerkennung und Vollstreckung von gerichtlichen Entscheidungen und Vergleichen sowie vollstreckbaren öffentlichen Urkunden in Zivil- und Handelssachen vom 14.11.1983.[28]

§ 6 Öffentliche Urkunden und gerichtliche Vergleiche

A. Überblick

Spezielle Vorschriften sieht die EuErbVO in ihrem Kapitel V für die Annahme und Vollstreckbarkeit von öffentlichen Urkunden sowie die Vollstreckbarkeit gerichtlicher Vergleiche vor, die in einem anderen Mitgliedstaat errichtet bzw geschlossen wurden. Eine Neuerung bringt Art. 59 EuErbVO, der erstmalig die „Annahme" mitgliedstaatlicher Urkunden regelt; im Hinblick auf deren formelle Beweiskraft führt diese Bestimmung zu einer Wirkungserstreckung, so dass solche Urkunden in jedem Mitglied-

---

22 RGBl. II 1930 S. 1066. Das Abkommen trat am 1.12.1930 in Kraft (RGBl. II 1930 S. 1270). Es gilt alleine für diejenigen Rechtsgebiete, die nicht vom Anwendungsbereich des LugÜ 2007 (ABl. EU 2009 L 147 S. 5) erfasst werden (vgl Art. 1 Abs. 2 lit. a iVm Art. 65 LugÜ 2007).
23 BGBl. II 1959 S. 766.
24 BGBl. II 1963 S. 110.
25 RGBl. II 1937 S. 145.
26 BGBl. II 1965 S. 27.
27 BGBl. II 1960 S. 1246.
28 BGBl. II 1987 S. 35.

staat die ihr in dem Ursprungsmitgliedstaat (Art. 3 Abs. 1 lit. e EuErbVO) zukommende Beweiskraft entfalten (vgl Rn 2 f). Art. 59 und 60 EuErbVO übernehmen demgegenüber im Wesentlichen die maßgeblichen Bestimmungen der EuGVVO (Art. 58 ff EuGVVO) und können daher diesen entsprechend ausgelegt werden. Zu §§ 45, 46 IntErbRVG vgl im Einzelnen Teil 2 § 7).

B. Annahme öffentlicher Urkunden
I. Allgemeines

Eine **öffentliche Urkunde** ist gem. Art. 3 Abs. 1 lit. i EuErbVO ein Schriftstück in Erbsachen, das in einem Mitgliedstaat nach dessen Recht als öffentliche Urkunde förmlich errichtet bzw eingetragen wurde und dessen *Beweiskraft* sich zum einen sowohl auf die Unterschrift als auch den Inhalt der öffentlichen Urkunde bezieht und zum anderen durch eine Behörde oder eine andere vom Ursprungsmitgliedstaat hierzu ermächtigte Stelle festgestellt worden ist. Solche Urkunden (bspw ein Erbschein nach deutschem Recht oder vergleichbare mitgliedstaatliche Zeugnisse)[1] entfalten in einem anderen Mitgliedstaat gem. Art. 59 Abs. 1 UAbs. 1 EuErbVO grundsätzlich die gleiche **formelle Beweiskraft** wie in dem Ursprungsstaat, so dass sich diese in allen Mitgliedstaaten nach dem Recht des Ursprungsstaates richtet (vgl auch Erwägungsgrund 61 S. 3). Der Sache nach ordnet Art. 59 Abs. 1 UAbs. 1 EuErbVO daher eine *Wirkungserstreckung* an,[2] die sich jedoch ausschließlich auf die formelle Beweiskraft der Urkunde bezieht; eine solche wird daher nicht anerkannt, sondern – in terminologischer Abgrenzung hierzu – **angenommen**. Der genaue Umfang der formellen Beweiskraft nach dem Recht des Ursprungsmitgliedstaats ergibt sich aus dem (nach dem Beratungsverfahren gem. Art. 81 Abs. 2 EuErbVO erstellten) **Formblatt II (Anhang 2) der EuErbVO-Durchführungsverordnung**,[3] welches von der die Urkunde ausstellenden Behörde des Ursprungsmitgliedstats auf Antrag ausgefüllt wird (Art. 59 Abs. 1 UAbs. 2 EuErbVO).

Steht die nach dem Recht des Ursprungsmitgliedstaates vorgesehene formelle Beweiskraft hinter derjenigen des deutschen Rechts zurück, bleibt es bei den seitens der Ursprungsrechtsordnung vorgesehenen Wirkungen;[4] eine automatische „Gleichstellung" mit inländischen Urkunden kommt in diesen Fällen nicht in Betracht, sie kann sich jedoch aus dem jeweiligen nationalen Recht ergeben (so etwa aus § 438 Abs. 2 ZPO iVm Art. 74 EuErbVO im Hinblick auf die Echtheit der Urkunde). Geht die formelle Beweiskraft der mitgliedstaatlichen Urkunde indes über diejenige des deutschen Rechts hinaus, wird teilweise eine absolute Gleichstellung mit inländischen Urkunden

---

[1] Ebenso jurisPK/*Schärtl*, Art. 59 EuErbVO Rn 3; auch *Schaub*, in: Muscheler, Hereditare – Jahrbuch für Erbrecht und Schenkungsrecht (Band 3), S. 91, 109; *Kleinschmidt*, RabelsZ 77 (2013), 723, 737 ff, 783; zum EuErbVO-Entwurf 2009 bereits *Schurig*, in: FS Spellenberg 2010, S. 343, 352 mit Fn 35. – AA indes MüKo-BGB/*Dutta*, Art. 59 EuErbVO Rn 5 (Erbnachweise sind – soweit sie als gerichtliche Entscheidungen ergehen – gem. Art. 39 EuErbVO anzuerkennen); *ders.*, IPRax 2015, 32, 37; ablehnend auch *Dörner*, ZEV 2012, 505, 512; *Hertel*, ZEV 2013, 539, 541.
[2] Ebenso *Kleinschmidt*, RabelsZ 77 (2013), 723, 736. – Demgegenüber sieht *Dutta*, FamRZ 2013, 4, 13 in Art. 53 Abs. 1 Unterabs. 2 EuErbVO eine „verfahrensrechtliche Kollisionsnorm"; vgl auch MüKo-BGB/*Dutta*, Art. 59 EuErbVO Rn 1.
[3] Durchführungsverordnung (EU) Nr. 1329/2014.
[4] Ebenso jurisPK/*Schärtl*, Art. 59 EuErbVO Rn 1.

angenommen, so dass die Wirkungen mitgliedstaatlicher Urkunden nicht über diejenigen inländischer Urkunden hinausgehen können.[5] Der Wortlaut von Art. 59 Abs. 1 UAbs. 1 EuErbVO verlangt dies indes nicht,[6] so dass nach vorzugswürdiger Ansicht im Rahmen von Art. 59 Abs. 1 UAbs. 1 EuErbVO entsprechend der Anerkennung mitgliedstaatlicher Urteile zu verfahren ist (vgl hierzu § 5 Rn 3): Auch über das deutsche Recht hinausgehende Wirkungen der formellen Beweiskraft sind – in den Grenzen des ordre public – auf das Inland zu erstrecken, so dass alleine der deutschen Rechtsordnung wesensfremde verfahrensrechtliche Beweiswirkungen versagt werden können;[7] dies etwa dann, wenn nach dem Recht des Ursprungsmitgliedstaates ein Entkräften der Beweiswirkung durch den Nachweis des Gegenteils generell unzulässig wäre.[8] In einem solchen Falle ist die mitgliedstaatliche Urkunde alleine mit den für uns vertretbaren Wirkungen auszustatten, wobei dem mitgliedstaatlichen Recht weitestmöglich Rechnung zu tragen ist.

II. Einwände gegen öffentliche Urkunden

Für **Einwände gegen die Authentizität** einer öffentlichen Urkunde sind gem. Art. 59 Abs. 2 S. 1 EuErbVO die Gerichte des Ursprungsmitgliedstaats zuständig, die hierüber nach ihrem Recht zu befinden haben (§ 46 IntErbRVG; vgl hierzu Teil 2 § 5 Rn 7 ff); wird ein solches Verfahren in einem anderen Mitgliedstaat eröffnet, kann ein inländisches Verfahren gem. § 45 IntErbRVG bis zur Erledigung des ausländischen Verfahrens ausgesetzt werden. Der Begriff **Authentizität** ist autonom auszulegen; er erfasst nach Erwägungsgrund 62 S. 1 „Aspekte wie die Echtheit der Urkunde, die Formerfordernisse für die Urkunde, die Befugnisse der Behörde, die die Urkunde errichtet, und das Verfahren, nach dem die Urkunde errichtet wird", darüber hinaus „die von der betreffenden Behörde in der öffentlichen Urkunde beurkundeten Vorgänge [...], wie zB die Tatsache, dass die genannten Parteien an dem genannten Tag vor dieser Behörde erschienen sind und die genannten Erklärungen abgegeben haben". 4

Über **Einwände gegen die in einer öffentlichen Urkunde beurkundeten Rechtsgeschäfte oder Rechtsverhältnisse** haben demgegenüber gem. Art. 59 Abs. 3 S. 1 EuErbVO die nach Art. 4 ff EuErbVO zuständigen Gerichte nach Maßgabe der nach Art. 20 ff EuErbVO anzuwendenden Rechtsordnung zu entscheiden. Art. 59 Abs. 3 S. 1 EuErbVO erfasst – entgegen Art. 59 Abs. 2 EuErbVO – ausschließlich Einwände gegen den in der öffentlichen Urkunde niedergelegten *Inhalt* (Erwägungsgrund 63 S. 1); bei einem in einer öffentlichen Urkunde beurkundeten **Rechtsgeschäft** kann es sich nach Erwägungsgrund 63 S. 2 „etwa um eine Vereinbarung zwischen den Parteien über die Verteilung des Nachlasses, um ein Testament oder einen Erbvertrag oder um eine sonstige Willenserklärung handeln", bei einem **Rechtsverhältnis** „etwa um die Bestimmung der Erben und sonstiger Berechtigter nach dem auf die Rechtsnachfolge 5

---

5 So *Simon/Buschbaum*, NJW 2012, 2393, 2397; auch *Kleinschmidt*, RabelsZ 77 (2013), 723, 739.
6 Vgl hierzu *Dutta*, FamRZ 2013, 4, 14.
7 Vgl auch jurisPK/*Schärtl*, Art. 59 EuErbVO Rn 1; im Ergebnis zudem *Dutta*, FamRZ 2013, 4, 14; kritisch *Geimer*, in: Dutta/Herrler (Hrsg.), Die Europäische Erbrechtsverordnung, S. 143, 152 f.
8 Beispiel von *Dutta*, FamRZ 2013, 4, 14.

§ 6 Öffentliche Urkunden und gerichtliche Vergleiche

von Todes wegen anzuwendenden Recht, ihre jeweiligen Anteile und das Bestehen eines Pflichtteils oder um jedes andere Element, das nach dem auf die Rechtsnachfolge von Todes wegen anzuwendenden Recht bestimmt wurde".

6 Solange ein Verfahren gem. Art. 59 Abs. 2 oder Abs. 3 EuErbVO anhängig ist, kommt der angefochtenen Urkunde *keine* formelle Beweiskraft zu (Art. 59 Abs. 2 S. 2, Abs. 3 S. 2 EuErbVO). Werden Einwände gegen ein beurkundetes Rechtsgeschäft oder Rechtsverhältnis erhoben (Abs. 3) soll sich dieser Suspensiveffekt gem. Art. 59 Abs. 3 S. 2 EuErbVO auf den konkret angefochtenen Umstand beschränken, so dass im Übrigen die von Art. 59 Abs. 1 EuErbVO vorgesehenen Wirkungen eintreten können; allerdings wird man dies nur dann annehmen können, wenn die nicht angefochtenen Umstände auch bei erfolgreicher Anfechtung bestehen bleiben können, die Urkunde also in diesem Falle nicht in toto aufzuheben ist. Wird die öffentliche Urkunde in dem Verfahren für ungültig erklärt, entfaltet sie – mangels Wirkungen, die „erstreckt" werden können – keine Beweiskraft mehr (vgl Erwägungsgrund 65 S. 3).

III. Zuständigkeit hinsichtlich Vorfragen

7 Soweit sich ein in einer öffentlichen Urkunde beurkundetes Rechtsgeschäft oder Rechtsverhältnis iSv Art. 59 Abs. 3 EuErbVO als Vorfrage im Rahmen eines vor einem mitgliedstaatlichen Gerichts anhängigen Verfahrens stellt, ist dieses Gericht gem. Art. 59 Abs. 4 EuErbVO zur Entscheidung über diese Vorfrage zuständig. Eine diesbezügliche Zuständigkeit folgt indes bereits aus den allgemeinen Zuständigkeitsnormen (je nach Verfahrensgegenstand entweder der EuErbVO, der EuGVVO etc.), so dass Art. 59 Abs. 4 EuErbVO insoweit rein deklaratorischen Charakter hat. Die Bestimmung mag daher allenfalls der (wiederholten) Klarstellung dienen, dass öffentliche Urkunden keine materielle Rechtskraft, sondern alleine formelle Beweiskraft (nach Maßgabe der Ursprungsrechtsordnungen) entfalten, so dass der beurkundete Inhalt im Rahmen eines (ggf nicht auf die Zuständigkeitsbestimmungen der EuErbVO gestützten) Verfahrens durch den Beweis des Gegenteils widerlegt werden kann und im Übrigen der uneingeschränkten rechtlichen Würdigung durch das konkret zuständige Gericht unterliegt. Eine Zuständigkeit hinsichtlich einer etwaigen Kraftloserklärung oder Einziehung der öffentlichen Urkunde (etwa eines ausländischen Erbscheins) begründet Art. 59 Abs. 4 EuErbVO hingegen nicht; eine solche kann daher alleine vor den gem. Art. 4 ff EuErbVO zuständigen Gerichten erwirkt werden.

IV. Sich widersprechende Urkunden

8 Wie ein mitgliedstaatliches Gericht zu verfahren hat, wenn diesem zwei oder mehr nicht miteinander vereinbare, jedoch allesamt gem. Art. 59 Abs. 1 EuErbVO anzunehmende **öffentliche Urkunden** vorgelegt werden, regelt Art. 59 EuErbVO nicht ausdrücklich. Erwägungsgrund 66 S. 1 ist insoweit zu entnehmen, dass die Frage, welcher der vorgelegten Urkunden der Vorrang einzuräumen ist, anhand einer Einzelfallprüfung zu erfolgen hat, die sich nach dem jeweiligen nationalen Prozessrecht des für diese Frage zuständigen mitgliedstaatlichen Gerichts richten muss. Soweit eine gem.

Art. 59 Abs. 1 EuErbVO anzunehmende öffentliche Urkunde mit einer **gerichtlichen Entscheidung** unvereinbar ist, sollen nach Erwägungsgrund 66 S. 3 darüber hinaus „die Gründe für die Nichtanerkennung von Entscheidungen nach dieser Verordnung berücksichtigt werden", so dass wohl an eine entsprechende Anwendung von Art. 40 lit. c, d EuErbVO gedacht ist. Sobald indes eine (ggf anzuerkennende) mitgliedstaatliche Entscheidung über das in der öffentlichen Urkunde beurkundete Rechtsgeschäft oder Rechtsverhältnis rechtskräftig ergangen ist, setzt sich diese stets gegen eine nur formelle Beweiskraft entfaltende Urkunde durch; auf eine entsprechende Anwendung der Anerkennungsvoraussetzungen des Art. 40 EuErbVO kommt es daher nicht an.

C. Vollstreckbarkeit öffentlicher Urkunden

Soweit öffentliche Urkunden (zum Begriff vgl Rn 2) nach dem Recht des Ursprungsmitgliedstaats vollstreckbar sind, können diese in einem anderen Mitgliedstaat auf Antrag eines Berechtigten gem. Art. 60 EuErbVO nach dem von Art. 45-58 EuErbVO vorgesehenen Verfahren für vollstreckbar erklärt werden. Die Vollstreckbarkeit einer Urkunde ist zu bejahen, wenn mit dieser im Ursprungsmitgliedstaat ohne Weiteres die Zwangsvollstreckung durchgeführt werden könnte.[9] Die für die Einleitung des Vollstreckungsverfahrens gem. Art. 46 Abs. 3 lit. b EuErbVO erforderliche Bescheinigung stellt – auf Antrag eines Berechtigten – diejenige Behörde aus, welche die öffentliche Urkunde errichtet hat (Art. 60 Abs. 2 EuErbVO); sie verwendet hierfür das **Formblatt II (Anhang 2) der Durchführungsverordnung**.[10]

9

D. Vollstreckbarkeit gerichtlicher Vergleiche

Auch gerichtliche Vergleiche können gem. Art. 61 EuErbVO in anderen Mitgliedstaaten für vollstreckbar erklärt werden. Unter einem gerichtlichen Vergleich ist gem. der Legaldefinition des Art. 3 Abs. 1 lit. h EuErbVO ein von einem Gericht (zum Begriff vgl § 3 Rn 2) gebilligter oder vor einem Gericht im Laufe eines Verfahrens geschlossener Vergleich in einer Erbsache zu verstehen. Soweit dieser in dem Ursprungsmitgliedstaat vollstreckbar ist (vgl Rn 9), kann der Vergleich in einem anderen Mitgliedstaat auf Antrag eines Berechtigten nach dem Verfahren gem. Art. 45-58 EuErbVO für vollstreckbar erklärt werden. Die nach Art. 46 Abs. 3 lit. b EuErbVO insoweit erforderliche Bescheinigung stellt das Ursprungsgericht auf Antrag eines Berechtigten unter Verwendung des **Formblatts III (Anhang 3) der Durchführungsverordnung**[11] aus (Art. 61 Abs. 2 EuErbVO).

10

---

9 Ebenso jurisPK/*Schärtl*, Art. 60 EuErbVO Rn 1.
10 Durchführungsverordnung (EU) Nr. 1329/2014.
11 Durchführungsverordnung (EU) Nr. 1329/2014.

§ 7 Das Europäische Nachlasszeugnis

A. Allgemeines

1 Eine wesentliche, mit der EuErbVO einhergehende Neuerung stellt das in Art. 62-73 EuErbVO geregelte **Europäische Nachlasszeugnis** (ENZ) dar, welches ausweislich des Erwägungsgrunds 67 S. 1 eine „zügige, unkomplizierte und effiziente Abwicklung einer Erbsache mit grenzüberschreitendem Bezug innerhalb der Union" ermöglichen soll. Mit diesem Nachlasszeugnis wird den durch den Erbfall berechtigten Personen (Erben, Vermächtnisnehmer, Testamentsvollstrecker oder Nachlassverwalter) ein **Nachweis ihrer jeweiligen Rechtsstellung** erteilt; das ENZ stellt damit keinen vollstreckbaren Titel dar, besitzt aber Beweiskraft (Erwägungsgrund 71 S. 2 EuErbVO). Darüber hinaus kommt dem ENZ – ebenso wie dem Erbschein nach deutschem Recht – **öffentlicher Glauben** zu (vgl Rn 15 ff). Das ENZ tritt *nicht* an die Stelle eines nationalen Erbscheins, es handelt sich bei diesem vielmehr um ein **fakultatives Instrument** zur grenzüberschreitenden Nachlassabwicklung innerhalb der Union, dessen sich der Antragsteller bedienen kann, jedoch nicht muss (vgl Rn 6). Verfahrensrechtlich konkretisiert werden die Regelungen des Art. 62-73 EuErbVO mittels §§ 33-44 IntErbRVG (vgl hierzu im Einzelnen Teil 2 § 4, 5).

2 Die **internationale Zuständigkeit** hinsichtlich der Ausstellung eines ENZ (ebenso wie für die Ausstellung eines nationalen Erbscheins) unterliegt – da es sich um eine Erbsache handelt – den allgemeinen Regelungen (vgl Art. 64 EuErbVO), damit also Art. 4, Art. 7, Art. 10 oder Art. 11 EuErbVO (vgl hierzu § 3). Die **Ausstellung eines ENZ** kann nur auf Antrag bei der zuständigen Ausstellungsbehörde erfolgen (Art. 65 EuErbVO); diese hat den Antrag in tatsächlicher und rechtlicher Hinsicht zu prüfen (Art. 66 EuErbVO) und ggf das Nachlasszeugnis mit dem von Art. 68 EuErbVO vorgesehenen Inhalt auszustellen (Art. 67 EuErbVO). Eine Besonderheit besteht darin, dass der Antragsteller bzw andere Personen, die ein berechtigtes Interesse an der Ausstellung eines ENZ nachweisen können, **keine** Urschrift des Zeugnisses erhalten, sondern ausschließlich – anders als bei einer Erteilung eines Erbscheins nach deutschem Recht – **beglaubigte Abschriften**; die Urschrift des Zeugnisses verbleibt hingegen bei der Ausstellungsbehörde und ist von dieser aufzubewahren (vgl Art. 70 EuErbVO).

3 Spätere **Berichtigungen, Änderungen oder** auch ein vollständiger **Widerruf** eines unrichtigen ENZ können seitens der Ausstellungsbehörde gem. Art. 71 EuErbVO vorgenommen werden, zudem steht mit Art. 72 EuErbVO ein spezieller **Rechtsbehelf** gegen Entscheidungen der Ausstellungsbehörde zur Verfügung. Sind Verfahren gem. Art. 71 oder Art. 72 EuErbVO anhängig, können die jeweils mit der Sache befassten Stellen die **Wirkungen** des Zeugnisses (insbesondere im Hinblick auf dessen öffentlichen Glauben) zum Schutz der tatsächlich durch den Erbgang berechtigten Personen gem. Art. 73 EuErbVO vorläufig **aussetzen**, bis eine endgültige Entscheidung in dem jeweiligen Verfahren ergangen ist.

B. Zweck, Ausstellungsvoraussetzung und Verhältnis zu vergleichbaren nationalen Zeugnissen
I. Zweck des Zeugnisses

Das ENZ ist gem. Art. 63 Abs. 1 EuErbVO „zur Verwendung durch Erben, Vermächtnisnehmer mit unmittelbarer Berechtigung am Nachlass, Testamentsvollstrecker oder Nachlassverwalter bestimmt, die sich in einem anderen Mitgliedstaat auf ihre Rechtsstellung berufen oder ihre Rechte als Erben oder Vermächtnisnehmer oder ihre Befugnisse als Testamentsvollstrecker oder Nachlassverwalter ausüben müssen". Es dient gem. Art. 63 Abs. 2 EuErbVO insbesondere als **Nachweis** über die Rechtsstellung bzw Rechte der an dem Nachlass Berechtigten, über die Zuweisung einzelner Vermögensgegenstände an die Erben oder Vermächtnisnehmer sowie über die Befugnisse eines Testamentsvollstreckers oder Nachlassverwalters.

II. Ausstellungsvoraussetzung

Wie sich aus Art. 62 Abs. 1 EuErbVO ergibt, wird das ENZ zur Verwendung in einem anderen Mitgliedstaat ausgestellt. Mit dieser Formulierung wird deutlich, dass die Ausstellung eines ENZ einen **grenzüberschreitenden Bezug** zu einem anderen Mitgliedstaat voraussetzt.[1] Dieser lässt sich unter Rückgriff auf Art. 63 EuErbVO dahin gehend konkretisieren, dass sich der Antragsteller als Nachlassberechtigter in einem anderen Mitgliedstaat auf seine Rechtstellung berufen muss; eine solche Situation ist jedenfalls dann gegeben, wenn sich Nachlassvermögen in anderen Mitgliedstaaten befindet. Der grenzüberschreitende Bezug muss seitens des Antragstellers gem. Art. 65 Abs. 3 lit. f EuErbVO im Rahmen der Antragstellung angegeben werden und kann seitens des zuständigen Gerichts gem. Art. 66 Abs. 1 S. 1 EuErbVO nachgeprüft werden.

III. Verhältnis zu vergleichbaren nationalen Zeugnissen (Art. 62 Abs. 2 EuErbVO)

Die Verwendung des ENZ ist gem. Art. 62 Abs. 2 EuErbVO nicht verpflichtend. Soweit ein solches beantragt werden kann (Rn 5), tritt es gem. Art. 62 Abs. 3 S. 1 EuErbVO *nicht* an die Stelle vergleichbarer nationaler Zeugnisse (etwa eines Erbscheins nach deutschem Recht), sondern stellt eine *Alternative* zu diesen dar (vgl hierzu auch Erwägungsgrund 67 S. 3, der die gewählte Konzeption mit dem Subsidiaritätsprinzip begründet); vor den gem. Art. 4 ff EuErbVO zuständigen Gerichten kann daher entweder die Ausstellung eines ENZ oder die Ausstellung eines nationalen Zeugnisses verlangt werden. Liegt hingegen kein grenzüberschreitender Bezug iSv Art. 63 Abs. 1 EuErbVO vor, kommt ausschließlich die Ausstellung eines *nationalen* Zeugnisses in Betracht. Soweit nationale Zeugnisse – entsprechend dem ENZ – mit öffentlichem Glauben ausgestattet sind[2] (so etwa der Erbschein nach deutschem Recht), stellen

---

[1] Vgl auch *Kleinschmidt*, RabelsZ 77 (2013), 723, 746; *Schaub*, in: Muscheler, Hereditare – Jahrbuch für Erbrecht und Schenkungsrecht (Band 3), S. 91, 124.
[2] Einen Überblick über die Vielfalt der Erbnachweise in den einzelnen Mitgliedstaaten gibt *Kleinschmidt*, RabelsZ 77 (2013), 723, 727-730.

beide Arten von Zeugnissen grundsätzlich *gleichwertige* Alternativen zur grenzüberscheitenden Nachlassabwicklung innerhalb der EU dar: Denn beide Zeugnisse entfalten in ihrem Ausstellungsstaat ihre jeweiligen Wirkungen (für das ENZ vgl Art. 62 Abs. 3 S. 2 EuErbVO), ebenfalls eignen sich beide für eine Verwendung in anderen Mitgliedstaaten, da auch nationalen Zeugnissen – jedenfalls nach vorzugswürdiger Ansicht (vgl § 6 Rn 2) – im Hinblick auf ihre formelle Beweiskraft gem. Art. 59 Abs. 1 EuErbVO in jedem Mitgliedstaat dieselben Wirkungen zukommen, die sie in dem Ursprungsmitgliedstaat entfalten. Für die Rechtspraxis wird jedoch der Umstand zu berücksichtigen sein, dass die Akzeptanz eines ENZ, das jede mitgliedstaatliche Rechtsordnung nunmehr mit Geltungszeitpunkt der EuErbVO vorsieht, in den einzelnen Mitgliedstaaten ausgeprägter sein dürfte als die Akzeptanz eines – nur gem. Art. 59 Abs. 1 EuErbVO anzunehmenden – Nachlasszeugnisses einer nationalen Rechtsordnung. Vor diesem Hintergrund dürfte die Einführung des ENZ die grenzüberschreitende Nachlassabwicklung innerhalb der EU in der Tat wesentlich erleichtern.

C. Antragsverfahren
I. Zuständigkeit für die Erteilung des Zeugnisses

7 Die internationale Zuständigkeit für die Erteilung des ENZ bestimmt sich gem. Art. 64 S. 1 EuErbVO nach den **allgemeinen Bestimmungen der EuErbVO**, also nach Art. 4, Art. 7, Art. 10 oder Art. 11 EuErbVO. Für die sachliche Zuständigkeit verweist Art. 64 S. 2 EuErbVO auf das nationale Recht der Mitgliedstaaten, das ebenfalls für die Bestimmung der örtlichen sowie der funktionellen Zuständigkeit maßgeblich ist (Art. 2 EuErbVO).

Hinweis:
Für Deutschland sind die – als Nachlassgerichte entscheidenden – Amtsgerichte sachlich ausschließlich zuständig (§ 34 Abs. 4 IntErbRVG), die örtliche Zuständigkeit ergibt sich aus § 34 Abs. 1-3 IntErbRVG. Funktionell zuständig ist gem. § 3 Nr. 2 lit. i RPflG nF grundsätzlich der Rechtspfleger; liegt indes eine Verfügung von Todes wegen vor oder unterliegt die Rechtsnachfolge ausländischem Recht, verbleibt die funktionelle Zuständigkeit gem. § 16 Abs. 1 Nr. 8, Abs. 2 S. 1 RPflG nF bei dem Richter. Vgl hierzu ausführlich Teil 2 § 4 Rn 5 ff, Teil 3 § 3 Rn 8 ff.

II. Antrag auf Ausstellung eines Zeugnisses

8 Die Ausstellung des ENZ erfolgt auf **Antrag**. Antragsberechtigt sind die von Art. 63 Abs. 1 EuErbVO genannten Personen, also die am Nachlass Berechtigten (Erben, Vermächtnisnehmer, Testamentsvollstrecker, Nachlassverwalter). Für die Vorlage eines Antrags bei der Ausstellungsbehörde des ENZ kann der Antragsteller das **Formblatt IV (Anhang 4) der EuErbVO-Durchführungsverordnung**[3] verwenden (Art. 65 Abs. 2 EuErbVO). Dem Antrag sind gem. Art. 65 Abs. 3 Hs. 2 EuErbVO alle erforderlichen Schriftstücke (entweder in Urschrift oder in Form einer Abschrift, welche die erforderlichen Voraussetzungen für ihre Beweiskraft erfüllt; zu beachten bleibt jedoch Art. 66 Abs. 2 EuErbVO) beizufügen. Welche Angaben der Antrag enthalten muss,

---
3 Durchführungsverordnung (EU) Nr. 1329/2014.

regelt detailliert Art. 65 Abs. 3 Hs. 1 EuErbVO: Soweit sie dem Antragsteller bekannt sind und von der Ausstellungsbehörde zur Beschreibung des Sachverhalts, dessen Bestätigung der Antragsteller begehrt, benötigt werden, muss der Antrag folgende Angaben erhalten:

a) Angaben zum Erblasser: Name (gegebenenfalls Geburtsname), Vorname(n), Geschlecht, Geburtsdatum und -ort, Personenstand, Staatsangehörigkeit, Identifikationsnummer (sofern vorhanden), Anschrift im Zeitpunkt seines Todes, Todesdatum und -ort;

b) Angaben zum Antragsteller: Name (gegebenenfalls Geburtsname), Vorname(n), Geschlecht, Geburtsdatum und -ort, Personenstand, Staatsangehörigkeit, Identifikationsnummer (sofern vorhanden), Anschrift und etwaiges Verwandtschafts- oder Schwägerschaftsverhältnis zum Erblasser;

c) Angaben zum etwaigen Vertreter des Antragstellers: Name (gegebenenfalls Geburtsname), Vorname(n), Anschrift und Nachweis der Vertretungsmacht;

d) Angaben zum Ehegatten oder Partner des Erblassers und gegebenenfalls zu(m) ehemaligen Ehegatten oder Partner(n): Name (gegebenenfalls Geburtsname), Vorname(n), Geschlecht, Geburtsdatum und -ort, Personenstand, Staatsangehörigkeit, Identifikationsnummer (sofern vorhanden) und Anschrift;

e) Angaben zu sonstigen möglichen Berechtigten aufgrund einer Verfügung von Todes wegen und/oder nach gesetzlicher Erbfolge: Name und Vorname(n) oder Name der Körperschaft, Identifikationsnummer (sofern vorhanden) und Anschrift;

f) den beabsichtigten Zweck des Zeugnisses nach Artikel 63;

g) Kontaktangaben des Gerichts oder der sonstigen zuständigen Behörde, das oder die mit der Erbsache als solcher befasst ist oder war, sofern zutreffend;

h) den Sachverhalt, auf den der Antragsteller gegebenenfalls die von ihm geltend gemachte Berechtigung am Nachlass und/oder sein Recht zur Vollstreckung des Testaments des Erblassers und/oder das Recht zur Verwaltung von dessen Nachlass gründet;

i) eine Angabe darüber, ob der Erblasser eine Verfügung von Todes wegen errichtet hatte; falls weder die Urschrift noch eine Abschrift beigefügt ist, eine Angabe darüber, wo sich die Urschrift befindet;

j) eine Angabe darüber, ob der Erblasser einen Ehevertrag oder einen Vertrag in Bezug auf ein Verhältnis, das mit der Ehe vergleichbare Wirkungen entfaltet, geschlossen hatte; falls weder die Urschrift noch eine Abschrift des Vertrags beigefügt ist, eine Angabe darüber, wo sich die Urschrift befindet;

k) eine Angabe darüber, ob einer der Berechtigten eine Erklärung über die Annahme oder die Ausschlagung der Erbschaft abgegeben hat;

l) eine Erklärung des Inhalts, dass nach bestem Wissen des Antragstellers kein Rechtsstreit in Bezug auf den zu bescheinigenden Sachverhalt anhängig ist;

m) sonstige vom Antragsteller für die Ausstellung des Zeugnisses für nützlich erachtete Angabe

III. Prüfung des Antrags

9 Das zur Ausstellung eines ENZ führende Verfahren wird von Art. 66 EuErbVO näher geregelt. Sobald der **Antrag** auf Ausstellung eines ENZ (Art. 65 EuErbVO) bei der zuständigen Ausstellungsbehörde (Art. 64 EuErbVO) eingegangen ist, hat diese gem. Art. 66 Abs. 1 S. 1 EuErbVO die vom Antragsteller übermittelten Angaben, Erklärungen, Schriftstücke und sonstigen Nachweise zu überprüfen; die für diese **Überprüfung** erforderlichen Nachforschungen sind **von Amts wegen** durchzuführen, soweit das nationale Recht dies – wie § 26 FamFG (iVm § 35 Abs. 1 IntErbRVG) – vorsieht (Art. 66 Abs. 1 S. 2 EuErbVO). Hat der Antragsteller – entgegen Art. 65 Abs. 3 Hs 2 EuErbVO – keine Abschriften der einschlägigen Schriftstücke mit hinreichender Beweiskraft vorgelegt, kann sich die Ausstellungsbehörde gem. Art. 66 Abs. 2 EuErbVO auf einen Nachweis in anderer Form beschränken; sie kann gem. Art. 66 Abs. 3 EuErbVO – ebenfalls nach Maßgabe des nationalen Rechts (§ 36 Abs. 2 IntErbRVG) – verlangen, dass Erklärungen unter Eid oder durch eidesstattliche Versicherung abgegeben werden. Gem. Art. 66 Abs. 4 S. 1 EuErbVO ist das Nachlassgericht verpflichtet, alle erforderlichen Schritte zu unternehmen, um die Berechtigten von der Beantragung eines Zeugnisses zu unterrichten; es hat gem. Art. 66 Abs. 4 S. 2 EuErbVO ggf jeden Beteiligten (vgl insoweit § 37 Abs. 1 IntErbRVG), Testamentsvollstrecker oder Nachlassverwalter anzuhören und durch öffentliche Bekanntmachung (vgl § 35 Abs. 3 IntErbRVG) anderen möglichen Berechtigten die Gelegenheit zu geben, ihre Rechte geltend zu machen. Aus Art. 66 Abs. 5 EuErbVO ergibt sich zuletzt eine **Mitwirkungspflicht anderer mitgliedstaatlicher Behörden**: Auf Ersuchen des das ENZ ausstellenden Gerichts haben diese Behörden für die Rechtsnachfolge von Todes wegen sowie für den Güterstand des Erblassers relevante Auskünfte aus Grundbüchern, Personenstandsregistern oder anderen Registern zu erteilen, soweit diese nach dem innerstaatlichen Recht auch zur Auskunft an eine andere inländische Behörde befugt sind.

IV. Ausstellung des Zeugnisses

10 Steht der gem. Art. 66 EuErbVO zu ermittelnde Sachverhalt fest und ergibt dessen rechtliche Würdigung eine im ENZ auszuweisende Berechtigung des Antragstellers, ist diesem gem. Art. 67 Abs. 1 EuErbVO ein entsprechendes ENZ auszustellen; hierzu hat die Ausstellungsbehörde das – nach dem Beratungsverfahren nach Art. 81 Abs. 2 erstellte – **Formblatt V (Anhang 5) der EuErbVO-Durchführungsverordnung**[4] zu verwenden. Eine Ausstellung des ENZ kommt hingegen **nicht in Betracht**, wenn Einwände gegen den zu bescheinigenden Sachverhalt anhängig sind oder wenn eine (ggf anzuerkennende) Entscheidung vorliegt, die dem gem. Art. 66 EuErbVO festgestellten Sachverhalt widerspricht (Art. 67 Abs. 1 S. 3 EuErbVO). Gegen eine Entscheidung gem. Art. 67 EuErbVO kann der **Rechtsbehelf** des Art. 72 EuErbVO erhoben werden (vgl Rn 28).

---

4 Durchführungsverordnung (EU) Nr. 1329/2014.

V. Beglaubigte Abschriften des Zeugnisses

Anders als bei Erteilung eines Erbscheins nach deutschem Recht hat die Ausstellungsbehörde gem. Art. 70 Abs. 1 EuErbVO dem Antragsteller bzw anderen Personen, die ein berechtigtes Interesse an dem ENZ nachweisen, alleine eine **beglaubigte Abschrift des ENZ** auszustellen; die Urschrift verbleibt bei der Ausstellungsbehörde und ist von dieser aufzubewahren. Die Ausstellungsbehörde hat gem. Art. 70 Abs. 2 EuErbVO darüber hinaus ein Verzeichnis über die von ihr ausgestellten beglaubigten Abschriften zu führen, damit alle Personen, die eine solche Abschrift erhalten haben, im Hinblick auf eine etwaige Berichtigung, Änderung oder einen Widerruf des ENZ im Rahmen des Verfahrens nach Art. 71 oder Art. 72 EuErbVO unverzüglich unterrichtet werden können; dies soll eine missbräuchliche Verwendung der Abschriften vermeiden (vgl Erwägungsgrund 72 S. 5). 11

Zu beachten ist, dass die dem Antragsteller und anderen Personen mit berechtigtem Interesse ausgestellten beglaubigten Abschriften des ENZ gem. Art. 70 Abs. 3 EuErbVO nur für einen **begrenzten Zeitraum** (regelmäßig sechs Monate, in begründeten Ausnahmefällen auch länger) gültig sind, der in der beglaubigten Abschrift durch ein Ablaufdatum anzugeben ist. Nach Ablauf dieser Frist entfallen die mit dem ENZ einhergehenden Wirkungen (Art. 69 EuErbVO), so dass eine *neue* beglaubigte Abschrift beantragt werden muss, sofern das ENZ weiterhin verwendet werden soll. Zur Berechnung der Gültigkeitsfrist vgl § 42 IntErbRVG (Teil 2 § 5 Rn 37 ff). 12

VI. Inhalt des Nachlasszeugnisses

Mit welchem (möglichen) **Inhalt** das ENZ auszustellen ist, ergibt sich im Einzelnen aus Art. 68 EuErbVO. Soweit dies für die Zwecke, zu denen das ENZ ausgestellt wird, erforderlich ist, enthält dieses: 13

a) die Bezeichnung und die Anschrift der Ausstellungsbehörde;
b) das Aktenzeichen;
c) die Umstände, aus denen die Ausstellungsbehörde ihre Zuständigkeit für die Ausstellung des Zeugnisses herleitet;
d) das Ausstellungsdatum;
e) Angaben zum Antragsteller: Name (gegebenenfalls Geburtsname), Vorname(n), Geschlecht, Geburtsdatum und -ort, Personenstand, Staatsangehörigkeit, Identifikationsnummer (sofern vorhanden), Anschrift und etwaiges Verwandtschafts- oder Schwägerschaftsverhältnis zum Erblasser;
f) Angaben zum Erblasser: Name (gegebenenfalls Geburtsname), Vorname(n), Geschlecht, Geburtsdatum und -ort, Personenstand, Staatsangehörigkeit, Identifikationsnummer (sofern vorhanden), Anschrift im Zeitpunkt seines Todes, Todesdatum und -ort;
g) Angaben zu den Berechtigten: Name (gegebenenfalls Geburtsname), Vorname(n) und Identifikationsnummer (sofern vorhanden);
h) Angaben zu einem vom Erblasser geschlossenen Ehevertrag oder, sofern zutreffend, einem vom Erblasser geschlossenen Vertrag im Zusammenhang mit einem

Verhältnis, das nach dem auf dieses Verhältnis anwendbaren Recht mit der Ehe vergleichbare Wirkungen entfaltet, und Angaben zum ehelichen Güterstand oder einem vergleichbaren Güterstand;

i) das auf die Rechtsnachfolge von Todes wegen anzuwendende Recht sowie die Umstände, auf deren Grundlage das anzuwendende Recht bestimmt wurde;

j) Angaben darüber, ob für die Rechtsnachfolge von Todes wegen die gewillkürte oder die gesetzliche Erbfolge gilt, einschließlich Angaben zu den Umständen, aus denen sich die Rechte und/oder Befugnisse der Erben, Vermächtnisnehmer, Testamentsvollstrecker oder Nachlassverwalter herleiten;

k) sofern zutreffend, in Bezug auf jeden Berechtigten Angaben über die Art der Annahme oder der Ausschlagung der Erbschaft;

l) den Erbteil jedes Erben und gegebenenfalls das Verzeichnis der Rechte und/oder Vermögenswerte, die einem bestimmten Erben zustehen;

m) das Verzeichnis der Rechte und/oder Vermögenswerte, die einem bestimmten Vermächtnisnehmer zustehen [dies betrifft auch eine etwaige dingliche Wirkung von Vermächtnissen, so dass **Vindikationslegate** als solche einzutragen sind; zu grundbuchrechtlichen Fragen vgl Rn 22 f];

n) die Beschränkungen ihrer Rechte, denen die Erben und gegebenenfalls die Vermächtnisnehmer nach dem auf die Rechtsnachfolge von Todes wegen anzuwendenden Recht und/oder nach Maßgabe der Verfügung von Todes wegen unterliegen;

o) die Befugnisse des Testamentsvollstreckers und/oder des Nachlassverwalters und die Beschränkungen dieser Befugnisse nach dem auf die Rechtsnachfolge von Todes wegen anzuwendenden Recht und/oder nach Maßgabe der Verfügung von Todes wegen.

14 Soweit der gem. Art. 68 lit. l EuErbVO in das ENZ aufzunehmende **Erbteil** aufgrund von § 1371 Abs. 1 BGB oder einer vergleichbaren Vorschrift erhöht worden ist (vgl hierzu § 4 Rn 57 ff), muss die insoweit erhöhte Erbquote – entgegen teilweise vertretener Auffassung[5] – dennoch in das ENZ als Erbteil iSv Art. 68 lit. l EuErbVO aufgenommen werden,[6] auch wenn das güterrechtliche Kollisionsrecht zum jetzigen Zeitpunkt noch nicht europaweit vereinheitlicht ist und die Bestimmung der Erbquote in den einzelnen Mitgliedstaaten daher ggf unterschiedlich ausfallen kann.[7] Die Ausstellungsbehörde hat den von ihr festgestellten Sachverhalt – ebenso wie jedes andere in Erbsachen berufene Gericht – rechtlich *vollständig* – auch auf Grundlage noch nicht vereinheitlichten Kollisionsrechts – zu würdigen, so dass der hiernach bestimmte Erbteil gem. Art. 68 lit. l EuErbVO einzutragen ist (vgl insoweit auch Erwägungsgrund 12 S. 2); dieser hat im Falle einer güterrechtlichen Erhöhung daher keineswegs nur „informatorischen Charakter",[8] sondern partizipiert vollständig an der Vermu-

---

[5] So insbesondere *Dörner*, ZEV 2012, 505, 508 (der das „güterrechtliche Viertel" des § 1371 Abs. 1 BGB gem. Art. 68 lit. h EuErbVO – und daher nur „mit informatorischem Charakter" – ausweisen will).
[6] Zum EuErbVO-Entwurf 2009 bereits *Schurig*, in: FS Spellenberg 2010, S. 343, 352; im Ergebnis auch *Süß*, ZeuP 2013, 725, 742 f.
[7] Dies problematisierend *Dutta*, FamRZ 2013, 4, 14 f.
[8] So aber *Dörner*, ZEV 2012, 505, 508; dem folgend *Mankowski*, ZEV 2014, 121, 126.

tungswirkung des Art. 69 EuErbVO.⁹ Korrekturbedürftige Friktionen – etwa in Form inhaltlich divergierender Erbscheine – gehen hiermit bereits deswegen nicht einher, weil Art. 4 ff EuErbVO regelmäßig nur einen Mitgliedstaat hinsichtlich der Ausstellung eines ENZ (oder auch eines nationalen Erbscheins) für international zuständig erklären.¹⁰

D. Wirkungen des Zeugnisses

Welche Wirkungen das ENZ in den Mitgliedstaaten (einschließlich des Ursprungsmitgliedstaats, vgl Art. 62 Abs. 3 S. 2 EuErbVO) entfaltet, ergibt sich im Einzelnen aus Art. 69 EuErbVO. Diese Wirkungen treten, wie Art. 69 Abs. 1 EuErbVO explizit feststellt, ohne ein besonderes Verfahren, also ipso iure, ein. 15

I. Vermutung der Richtigkeit

Ebenso wie bei einem Erbschein nach deutschem Recht (§ 2365 BGB) wird die Richtigkeit des Inhalts eines ENZ (sowohl zugunsten als auch zulasten des Antragstellers) gem. Art. 69 Abs. 2 EuErbVO vermutet. Diese Vermutung bezieht sich gem. Art. 69 Abs. 2 S. 1 EuErbVO zunächst auf den festgestellten (und rechtlich gewürdigten) Sachverhalt, der im Nachlasszeugnis auszuweisen ist; insbesondere wird gem. Art. 69 Abs. 2 S. 2 EuErbVO vermutet, dass die im ENZ als Erbe, Vermächtnisnehmer, Testamentsvollstrecker oder Nachlassverwalter ausgewiesene Person die in dem Zeugnis genannte Rechtsstellung bzw die in dem Zeugnis aufgeführten Rechte oder Befugnisse hat (*positive* Vermutung) und dass diese Rechte oder Befugnisse keinen anderen als den im Zeugnis genannten Bedingungen bzw Beschränkungen unterliegen (*negative* Vermutung). Die Vermutungswirkungen des ENZ gehen damit über den deutschen Erbschein hinaus, dessen Vermutung sich – jedenfalls nach hM – weder auf das positive Bestehen der ausgewiesenen Beschränkungen¹¹ noch auf den Berufungsgrund¹² (der im ENZ gem. Art. 68 lit. j EuErbVO anzugeben ist) erstrecken. 16

Die Vermutungswirkung des Art. 69 Abs. 2 EuErbVO tritt mit Ausstellung des ENZ (Art. 67 EuErbVO) in allen Mitgliedstaaten automatisch ein (vgl Art. 69 Abs. 1, Art. 62 Abs. 3 S. 2 EuErbVO). Sie endet jedenfalls mit Ablauf der Gültigkeitsfrist des Art. 70 Abs. 3 EuErbVO (grundsätzlich 6 Monate, in Ausnahmefällen auch länger; vgl Rn 12), sie kann jedoch auch zu einem vorherigen Zeitpunkt entfallen, wenn die Wirkungen des ENZ gem. Art. 73 EuErbVO ausgesetzt wurden oder eine Berichtigung, Änderung oder ein Widerruf des ENZ gem. den Verfahren nach Art. 71 und Art. 72 EuErbVO erfolgte¹³ (vgl insoweit auch Erwägungsgrund 71 S. 6). Wurden 17

---

9 AA *Dörner*, ZEV 2012, 505, 508; *Mankowski*, ZEV 2014, 121, 126.
10 Vgl insoweit *Volmer*, Rpfleger 2013, 421, 427 („Es gibt aus Verfahrensgründen keine sich widersprechenden Erbnachweise aus anderen Rechtsordnungen"). Zwar sind – entgegen *Volmer* aaO – in seltenen Fällen auch konkurrierende Zuständigkeiten im Rahmen der EuErbVO denkbar (etwa bei einem mehrfachen gewöhnlichen Aufenthalt, vgl § 4 Rn 17), inhaltlich widersprüchliche Entscheidungen dürften insoweit jedoch mit einer Anwendung von Art. 17 EuErbVO zu vermeiden sein.
11 NK-BGB/*Kroiß*, § 2365 BGB Rn 4; Palandt/*Weidlich*, § 2365 BGB Rn 1.
12 Palandt/*Weidlich*, § 2365 BGB Rn 1.
13 So auch *Volmer*, Rpfleger 2013, 421, 432. – AA *Süß*, ZEuP 2013, 725, 746 f (Wirkungen des Art. 69 EuErbVO bleiben auch in den Fällen eines Widerrufs bzw einer Änderung erhalten); wohl auch *Buschbaum*, ZEV 2012, 525, 526, 527.

sich widersprechende Erbscheine erteilt, dürfte ebenfalls – wie im Rahmen des deutschen Rechts[14] – die Vermutungswirkung des Art. 69 Abs. 2 EuErbVO im Hinblick auf den *konkreten* Widerspruch entfallen.[15] Auch wenn der Wortlaut des Art. 69 Abs. 2 EuErbVO diesbezüglich keinerlei Hinweise enthält, ist die Vermutung des Art. 69 Abs. 2 EuErbVO – ebenso wie im Rahmen von § 2365 BGB – **widerlegbar**.[16]

II. Öffentlicher Glaube des ENZ

18 Dem ENZ kommt – ebenso wie dem Erbschein nach deutschem Recht (§§ 2366, 2367 BGB) – öffentlicher Glaube zu.[17] Leistet ein Nachlassschuldner an einen im ENZ als zur Entgegennahme der Leistung ausgewiesenen Scheinberechtigten, gilt dieser gem. Art. 69 Abs. 3 EuErbVO (entsprechend § 2367 BGB) als zur Entgegennahme der Leistung berechtigt; positive Kenntnis des leistenden Nachlassgläubigers von Unrichtigkeit des ENZ schadet jedoch, ebenso wie (anders als im Rahmen von §§ 2366, 2367 BGB) grob fahrlässige Unkenntnis. Sind die Voraussetzungen von Art. 69 Abs. 3 EuErbVO erfüllt, kann der Nachlassgläubiger demnach mit befreiender Wirkung an den Scheinberechtigten leisten.

19 Verfügt hingegen der im ENZ als Berechtigter ausgewiesene Scheinberechtigte selbst über Nachlassvermögen, gilt dieser gem. Art. 69 Abs. 4 EuErbVO als zur Verfügung berechtigt; auch hier schaden jedoch wiederum positive Kenntnis und grob fahrlässige Unkenntnis von der Unrichtigkeit des ENZ.

20 Entsprechend dem deutschen Recht richtet sich der öffentliche Glaube des Art. 69 Abs. 4 EuErbVO ausschließlich nach dem Umfang der von Art. 69 Abs. 1 aufgestellten Vermutung, hilft also nur über eine nicht bestehende *erbrechtliche Berechtigung* hinweg.[18]

> **Beispiel:**
> Der im ENZ zu Unrecht als Erbe des X ausgewiesene Scheinberechtigte S verfügt in Deutschland über einen sich im Nachlass des X befindlichen, jedoch vor kurzem einem Dritten gestohlenen Gegenstand.
> Der sachenrechtliche Erwerbsvorgang unterliegt gem. Art. 43 Abs. 1 EGBGB deutschem Recht. Im Rahmen der Prüfung von § 929 BGB fingiert Art. 69 Abs. 4 EuErbVO indes alleine das tatsächlich nicht bestehende Erbrecht des S, er gewährt jedoch keine darüber hinausgehende Rechtsmacht, so dass ein gutgläubiger Erwerb gem. § 932 BGB an § 935 Abs. 1 S. 1 BGB scheitert.

21 Fraglich ist, ob die von Art. 69 Abs. 3, 4 EuErbVO vorgesehenen Wirkungen voraussetzen, dass dem leistenden Nachlassschuldner bzw dem Erwerber des Nachlassgegenstandes das ENZ **vorgelegt** wird. Der Wortlaut von Art. 69 Abs. 3, 4 legt eine solche Deutung nahe, da dieser eine Leistung bzw Veräußerung „auf Grundlage der in dem Zeugnis enthaltenen Angaben"[19] vorauszusetzen scheint.[20] Für eine solche Aus-

---

14 Vgl hierzu NK-BGB/*Kroiß*, § 2365 BGB Rn 5; Palandt/*Weidlich*, § 2366 BGB Rn 3.
15 AA *Buschbaum*, ZEV 2012, 525, 528 (vollständiges Entfallen der Vermutungswirkung).
16 *Janzen*, DNotZ 2012, 484, 493; *Dutta*, FamRZ 2013, 4, 15; *Kleinschmidt*, RabelsZ 77 (2013), 723, 726.
17 Im Unterschied zum deutschen Recht besteht der Gutglaubensschutzes des ENZ auch hinsichtlich des Amtes und der Befugnisse eines Testamentsvollstreckers; hierauf hinweisend *Lange*, in: Dutta/Herrler, S. 161, 170.
18 Vgl auch *Buschbaum*, ZEV 2012, 525, 528.
19 Vgl hierzu auch die englische („acting on the basis of the information certified in a Certificate") und französische („agissant sur la base des informations certifiées dans un certificat") Sprachfassung der EuErbVO.
20 AA *Buschbaum*, ZEV 2012, 525, 528.

legung spricht zudem Erwägungsgrund 71 S. 6, nach welchem der Schutz des Art. 69 Abs. 3, 4 EuErbVO gewährleistet werden soll, wenn noch gültige beglaubigte Abschriften (bei Entgegennahme der Leistung oder Veräußerung) *vorgelegt* werden. Art. 69 Abs. 3, 4 EuErbVO dürfte daher – anders als §§ 2366, 2367 BGB[21] – alleine das konkret durch die Vorlage eines (gültigen) ENZ geschaffene Vertrauen schützen,[22] so dass seine Wirkungen nur dann eintreten, wenn dem Geschäftsgegner das ENZ zur sinnlichen Wahrnehmung unmittelbar zugänglich gemacht wird.[23]

III. Vorlage des ENZ bei registerführenden Behörden

Das ENZ stellt gem. Art. 69 Abs. 5 EuErbVO ein „wirksames Schriftstück" dar, das zur Eintragung von Nachlassvermögen in einschlägige mitgliedstaatliche Register verwendet werden kann. Nimmt man den Verweis auf Art. 1 Abs. 2 lit. k, l EuErbVO ernst, wäre Art. 69 Abs. 5 EuErbVO rein deklaratorisch, im Hinblick auf den Auslegungsgrundsatz des effet utile erscheint es jedoch vorzugswürdig, dieser Bestimmung einen Regelungsgehalt dahin gehend zu entnehmen, dass das ENZ entsprechenden nationalen Zeugnissen (kraft vorrangigen Unionsrechts) gleichsteht[24] und daher – bereits ohne entsprechende Anpassung des nationalen Registerrechts – als hinreichender Nachweis zu akzeptieren ist. Für das deutsche Registerrecht ist das ENZ somit gleich einem nationalen Erbschein zu behandeln, und dies unabhängig davon, ob der deutsche Gesetzgeber eine ausdrücklich einfachgesetzliche Gleichstellung beider Zeugnisse angeordnet hat (etwa § 35 GBO nF, § 41 SchRegO nF) oder nicht (§ 12 Abs. 1 S. 4 HGB).[25]

Anzumerken ist, dass dem gem. Art. 21 bzw Art. 22 EuErbVO zu bestimmenden Erbstatut nach hier vertretener Ansicht die vollständige erbrechtliche Vermögenszuordnung einschließlich ihrer – dinglichen oder relativen – Wirkungen unterliegt (vgl hierzu § 2 Rn 12 ff), so dass sich auch die Beweiswirkung des ENZ – etwa im Hinblick auf ein in das ENZ aufzunehmendes **Vindikationslegat** (vgl Rn 13) – auf diese bezieht. Wird dem Grundbuchamt daher ein ENZ vorgelegt, aus welchem sich ein Vindikationslegat im Hinblick auf ein bestimmtes, in Deutschland belegenes Grundstück ergibt, ist die dingliche Rechtsänderung daher ohne Weiteres in das Grundbuch einzutragen (vgl bereits § 2 Rn 15; zur Gegenansicht Teil 3 § 5 Rn 28). Gleiches gilt im Übrigen auch für andere kraft Erbstatuts entstandene, der lex fori jedoch unbekannte dingliche Rechte (wie Trusts, joint tenancy, kraft Gesetzes entstandene Nießbrauchrechte, dinglich wirkende Teilungsanordnungen), jedoch in ihrer ggf aufgrund Art. 31 EuErbVO transponierten Ausgestaltung (vgl hierzu § 4 Rn 158 ff). Vgl. hierzu auch Teil 3 § 5 Rn 16 ff.

---

21 Vgl nur Palandt/*Weidlich*, § 2366 BGB Rn 1.
22 Ebenso *Volmer*, Rpfleger 2013, 421, 431. – Demgegenüber eine Kenntnis von dem ENZ ausreichend lassend MüKo-BGB/*Dutta*, Art. 69 EuErbVO Rn 22.
23 In Anlehnung an die – für die Zwecke der EuErbVO übertragbare – Bedeutung des Vorlegens im Rahmen von § 172 BGB, vgl Palandt/*Ellenberger*, § 172 BGB Rn 3.
24 Ebenso *Süß*, ZEuP 2013, 725, 748; *Kleinschmidt*, RabelsZ 77 (2013), 723, 775 Fn 269. – AA *Buschbaum*, ZEV 2012, 525, 528 f.
25 Vgl auch *Kleinschmidt*, RabelsZ 77 (2013), 723, 775.

E. Berichtigung, Änderung oder Widerruf des Zeugnisses
I. Allgemeines

24 Im Hinblick auf die mit einem ENZ einhergehenden Wirkungen (Art. 69 EuErbVO) stellen unrichtige Nachlasszeugnisse eine erhebliche Gefahr für den wahren Erben dar. Art. 71 EuErbVO ermöglicht es daher der Ausstellungsbehörde, auf Verlangen jedweder Person mit berechtigtem Interesse oder auch von Amts wegen ein ENZ nicht nur bei Schreibfehlern zu berichtigen (Art. 71 EuErbVO), sondern dieses auch bei inhaltlicher Unrichtigkeit zu ändern oder zu widerrufen. Der Sache nach entspricht Art. 71 EuErbVO dem Einziehungs- bzw Kraftloserklärungsverfahren des § 353 Abs. 1 FamFG nF (§ 2361 Abs. 1 BGB aF), die Regelung des Art. 71 EuErbVO trägt jedoch dem Umstand Rechnung, dass gem. Art. 70 EuErbVO ausschließlich beglaubigte Abschriften des ENZ an berechtigte Personen ausgestellt werden und die Urschrift des Zeugnisses seitens der Ausstellungsbehörde verwahrt wird; an die Stelle der Einziehung tritt daher gem. Art. 71 Abs. 3 EuErbVO die Unterrichtung all jener Personen, denen beglaubigte Abschriften gem. Art. 71 Abs. 1 EuErbVO ausgestellt wurden.[26] Eine Entscheidung nach Art. 71 EuErbVO kann mit dem Rechtsbehelf des Art. 72 EuErbVO angefochten werden.

II. Schreibfehler

25 Weist das ENZ einen schlichten Schreibfehler auf – also einen Fehler, der alleine in der Willensäußerung, nicht in der Willensbildung selbst liegt –, kann dieser seitens der Ausstellungsbehörde gem. Art. 71 Abs. 1 EuErbVO auf Verlangen einer Person mit berechtigtem Interesse oder auch von Amts wegen berichtigt werden; von der Berichtigung sind alle Personen, denen beglaubigte Abschriften des Zeugnisses gemäß Art. 70 Abs. 1 EuErbVO ausgestellt wurden, unverzüglich zu unterrichten (Art. 71 Abs. 3 EuErbVO).

III. Inhaltliche Unrichtigkeit

26 Hat die Ausgangsbehörde ihre Erklärung richtig wiedergegeben, entspricht der Inhalt des ENZ jedoch nicht der wahren Rechtslage, ist das ENZ unrichtig. In diesen Fällen muss das unrichtige ENZ seitens der Ausstellungsbehörde gem. Art. 71 Abs. 2 EuErbVO entweder teilweise geändert oder vollständig widerrufen werden – dies auf Verlangen einer Person mit berechtigtem Interesse oder von Amts wegen nach Maßgabe der lex fori (§ 38 S. 2 IntErbRVG). Von der Änderung oder dem Widerruf des ENZ sind gem. Art. 71 Abs. 3 EuErbVO ebenfalls alle Personen, denen beglaubigte Abschriften des Zeugnisses nach Art. 70 Abs. 1 EuErbVO ausgestellt wurden, unverzüglich zu unterrichten.

---

26 *Buschbaum*, ZEV 2012, 525, 526.

IV. Herausgabe des ENZ

Wie bereits erwähnt, sieht Art. 71 Abs. 3 EuErbVO bei einer Berichtigung, Änderung oder einem Widerruf alleine die **Unterrichtung** aller Personen, denen eine beglaubigte Abschrift des ENZ ausgestellt wurde, vor. Eine Einziehung entsprechend § 353 Abs. 1 S. 1 FamFG nF (§ 2361 Abs. 1 S. 1 BGB aF) ist demgegenüber nicht vorgesehen, eine Herausgabe der beglaubigten Abschrift des ENZ lässt sich jedoch möglicherweise rechtsfortbildend auf Grundlage von Art. 71 Abs. 3 EuErbVO entwickeln[27] oder – bei Anwendung deutschen Erbstatuts – über § 2362 Abs. 1 BGB begründen.[28] Ob insoweit jedoch überhaupt ein Bedürfnis besteht, erscheint fraglich, da nicht nur mit Aussetzung der Wirkungen des ENZ gem. Art. 73 EuErbVO, sondern auch mit Berichtigung, Änderung oder Widerruf des ENZ die Wirkungen gem. Art. 69 EuErbVO enden (vgl hierzu Rn 17); eine aus Art. 69 EuErbVO resultierende Gefahr für den wahren Berechtigten besteht damit in einem solchen Falle nicht.

27

F. Rechtsbehelfe

Entscheidungen der Ausstellungsbehörde gem. Art. 67 EuErbVO (Ausstellung des ENZ), gem. Art. 71 EuErbVO (Berichtung, Änderung und Widerruf des ENZ) sowie gem. Art. 73 Abs. 1 lit. a EuErbVO (Aussetzung der Wirkungen des ENZ) können gem. Art. 72 Abs. 1 EuErbVO vor einem Gericht des Ursprungsmitgliedstaats nach Maßgabe des jeweiligen nationalen Rechts angefochten werden. **Anfechtungsberechtigt** hinsichtlich einer Entscheidung gem. Art. 67 EuErbVO ist jede Person, die selbst ein ENZ beantragen kann, hinsichtlich einer Entscheidung gem. Art. 71 EuErbVO sowie gem. Art. 73 Abs. 1 lit. a EuErbVO jede Person, die ein berechtigtes Interesse nachweist. Weitere Vorgaben für die Einlegung des Rechtsbehelfs sind Art. 72 EuErbVO nicht zu entnehmen, so dass sich diese aus dem jeweiligen nationalen Recht ergeben müssen.

28

Hinweis:
Für das deutsche Recht nimmt die notwendige Konkretisierung des Art. 72 EuErbVO § 43 IntErbRVG vor. Statthafter Rechtsbehelf gegen Entscheidungen der Ausstellungsbehörde (gem. § 34 Abs. 4 IntErbRVG das Amtsgericht als Nachlassgericht) ist hiernach die **Beschwerde zum Oberlandesgericht** (§ 43 Abs. 1 S. 1 IntErbRVG). Die Beschwerde ist beim Ausgangsgericht (§ 43 Abs. 1 S. 3 IntErbRVG) innerhalb der Frist des § 43 Abs. 3 IntErbRVG einzulegen, die Anfechtungs- bzw Beschwerdeberechtigung iSv Art. 72 Abs. 1 EuErbVO wird von § 43 Abs. 2 IntErbRVG näher konkretisiert. Vgl hierzu im Einzelnen Teil 2 § 6.

Stellt sich im Rahmen des Rechtsbehelfsverfahrens heraus, dass das ausgestellte ENZ seinem Inhalt nach unrichtig ist (vgl hierzu Rn 26), kann die zuständige Behörde (gem. § 43 Abs. 5 S. 1 IntErbRVG das Beschwerdegericht) nach Art. 72 Abs. 2 UAbs. 1 EuErbVO das Zeugnis ändern bzw widerrufen oder die Ausstellungsbehörde (gem. § 34 Abs. 4 IntErbRVG das Nachlassgericht) anweisen, die Berichtigung, Änderung oder den Widerruf des ENZ vorzunehmen (vgl auch § 43 Abs. 5 S. 1 IntErbRVG). Soweit dem Anfechtenden die Ausstellung eines ENZ zu Unrecht versagt wurde, hat die zuständige Justizbehörde (gem. § 43 Abs. 5 S. 2 IntErbRVG das Be-

29

---

27 So *Volmer*, Rpfleger 2013, 421, 432.
28 So *Buschbaum*, ZEV 2012, 525, 526.

schwerdegericht) das ENZ nach Art. 72 Abs. 2 UAbs. 2 EuErbVO selbst auszustellen oder sicherzustellen, dass die Ausstellungsbehörde (gem. § 34 Abs. 4 IntErbRVG das Nachlassgericht) den Fall erneut prüft und eine neue Entscheidung trifft (vgl insoweit § 43 Abs. 5 S. 2 IntErbRVG).

30 Einen weiteren Rechtsbehelf gegen Entscheidungen des Rechtsmittelgerichts sieht die EuErbVO selbst nicht vor. Nach deutschem Recht ist jedoch gegen die Entscheidung des Beschwerdegerichts gem. § 44 IntErbRVG die **Rechtsbeschwerde zum BGH** möglich.

G. Aussetzung der Wirkungen des Zeugnisses

31 Gem. Art. 73 EuErbVO können die Wirkungen des ENZ (Art. 69 EuErbVO) bereits während eines anhängigen Verfahrens gem. Art. 71 oder Art. 72 EuErbVO vorläufig ausgesetzt werden, so dass weiterhin im Umlauf befindliche beglaubigte Abschriften des Nachlasszeugnisses so lange keine Wirkungen mehr entfalten,[29] bis eine endgültige Entscheidung in den jeweiligen Verfahren ergangen ist.

32 Für die Aussetzung der mit dem ENZ einhergehenden Wirkungen zuständig ist die mit der Sache befasste Stelle, also im Rahmen eines Verfahrens gem. Art. 71 EuErbVO die *Ausstellungsbehörde* (Art. 73 Abs. 1 lit. a EuErbVO), im Rahmen eines Verfahrens gem. Art. 72 EuErbVO das *Rechtsmittelgericht* (Art. 73 Abs. 1 lit. b EuErbVO). Die Aussetzungen der Wirkungen erfolgt nicht von Amts wegen, sondern *kann* auf Verlangen bzw auf Antrag des Beschwerdeführers erfolgen; sie steht damit im Ermessen der Ausstellungsbehörde bzw des Rechtsmittelgerichts. Werden die Wirkungen des ENZ gem. Art. 73 EuErbVO ausgesetzt, sind gem. Art. 73 Abs. 2 UAbs. 1 EuErbVO alle Personen, denen beglaubigte Abschriften des Zeugnisses gem. Art. 70 Abs. 1 EuErbVO ausgestellt worden sind, unverzüglich über die Aussetzung zu unterrichten; solange die Aussetzung andauert, dürfen gem. Art. 73 Abs. 2 UAbs. 2 EuErbVO keine weiteren beglaubigten Abschriften des Zeugnisses ausgestellt werden. Entscheidungen der Ausstellungsbehörde gem. Art. 73 Abs. 1 lit. a EuErbVO können mit dem Rechtsbehelf des Art. 72 EuErbVO angefochten werden.

---

29 So auch *Volmer*, Rpfleger 2013, 421, 432. – AA wohl *Buschbaum*, ZEV 2012, 525, 526, 527.

Teil 2
Artikel 1 des Gesetzes zum Internationalen Erbrecht
§ 1 Anwendungsbereich und Zuständigkeit

A. Anwendungsbereich des IntErbRVG (§ 1)

Der **sachliche Anwendungsbereich** des IntErbVG ist nur dann eröffnet, wenn auch die 1
EuErbVO zur Anwendung kommt (**Abs. 1**); die beiden **Anwendungsbereiche** sind also
identisch.

Da die EuErbVO unmittelbar gilt, ist für nationale Regelungen nur insoweit Raum, 2
als sie der Umsetzung der Regelungen der EuErbVO dienen oder die EuErbVO auf
das nationale Recht der Mitgliedstaaten verweist (vgl Art. 72 Abs. 1 EuErbVO). Soweit das IntErbVG seinerseits auf die EuErbVO verweist, handelt es sich um **dynamische Verweisungen**.

Das IntErbRVG gilt für die **Rechtsnachfolge von Todes** wegen mit **grenzüberschrei-** 3
tendem Bezug. Soweit das Gesetz auf „Mitgliedstaaten" abstellt, fallen unter den **Begriff** die Mitgliedstaaten der Europäischen Union mit Ausnahme Dänemarks, Irlands
und des Vereinigten Königreichs (**Abs. 2**).

B. Örtliche Zuständigkeit (§ 2)
I. Grundsätze

Der **Regelungsbereich** des § 2 umfasst **allein die örtliche Zuständigkeit für bürgerli-** 4
che Streitigkeiten, nicht aber die sachliche. Die **sachliche Zuständigkeit** bestimmt sich
nach den **allgemeinen Vorschriften** (vgl dazu näher Abs. 4; Rn 14; 19).

Die Regelung der örtlichen Zuständigkeit in § 2 ist dadurch **geprägt**, dass die EuErb- 5
VO in Art. 4 ff. Vorschriften betreffend die internationale Zuständigkeit enthält, die
unmittelbar gelten, und damit auch die örtliche Zuständigkeit der Gerichte festgelegt
wird. Insofern verbleibt dem nationalen Gesetzgeber nur insoweit ein Gestaltungsspielraum für eine Regelung der örtlichen Zuständigkeit, soweit die Art. 4 ff EuErbVO nicht greifen. Damit ergibt sich eine zersplitterte Rechtslage. **Sinn und Zweck des**
§ 2 ist es, die Regelung der örtlichen Zuständigkeit in einer Vorschrift zu bündeln
und damit die richtige Anwendung der EuErbVO sicherzustellen.[1]

Vor diesem Hintergrund gliedert sich die **Konzeption des** § 2 dergestalt, dass **Abs. 1–3** 6
die Regelung der örtlichen Zuständigkeit gem. Kapitel II (= Art. 4 ff) der EuErbVO
wiedergeben, während **Abs. 4–5** die örtliche Zuständigkeit für die Fälle regelt, in denen die EuErbVO bürgerliche Streitigkeiten den deutschen Gerichten zuweist, jedoch
für die örtliche Zuständigkeit keine unmittelbar geltende Regelung vorsieht. Dabei
hat der Gesetzgeber davon abgesehen, auf die Vorschriften der ZPO zu verweisen,
sondern hat **in Abs. 4 und 5** eine „**lex specialis**" geschaffen.

---

[1] BR-Drucks. 644/14 S. 47.

7 Bei den in **Abs. 1–3** geregelten örtlichen Zuständigkeiten handelt es sich um **ausschließliche Gerichtsstände**, während **Abs. 4** einen **besonderen Gerichtsstand** begründet, neben dem **Abs. 5** dem Kläger ein **Wahlrecht** hinsichtlich der in §§ 12–40 ZPO (mit Ausnahme von §§ 27, 28 ZPO) geregelten Gerichtsständen einräumt.

II. Örtliche Zuständigkeit aufgrund unmittelbarer Geltung der EuErbVO (§ 2 Abs. 1–3)

1. Durch Gerichtsstandsvereinbarung der Verfahrensparteien (§ 2 Abs. 1)

8 Die Vorschrift umfasst folgende **Fälle**:

Nr. 1: das **angerufene Gericht** des Mitgliedstaats, in dem der Erblasser im Zeitpunkt des Todes seinen **gewöhnlichen Aufenthalt** hatte, hat sich **für unzuständig erklärt**, da die Vertragsparteien im Rahmen ihrer Vereinbarung ein (konkretes) Gericht desjenigen Mitgliedstaats bestimmt haben, dessen Recht der Erblasser gewählt hat (Art. 7 a) iVm Art. 6 b) Alt. 1 und Art. 5 Abs. 1 Alt. 1 EuErbVO).

Ausschließlich örtlich zuständig ist das Gericht des Mitgliedstaats (dessen Recht der Erblasser gewählt hat), das die Vertragsparteien im Rahmen ihrer Vereinbarung (konkret) bestimmt haben.

Nr. 2: der Erblasser hat eine Rechtswahl iSd Art. 22 EuErbVO getroffen, die **Verfahrensparteien haben die Zuständigkeit eines (konkreten) Gerichts des Mitgliedstaats vereinbart**, dessen Recht der Erblasser gewählt hat (Art. 7 b) Alt. 1 EuErbVO iVm Art. 5 Abs. 1 Alt. 1 EuErbVO).

Ausschließlich örtlich zuständig ist das Gericht des Mitgliedstaats (dessen Recht der Erblasser gewählt hat), das die Vertragsparteien im Rahmen ihrer Vereinbarung (konkret) bestimmt haben

2. Durch ausdrückliche Anerkennung der Verfahrensparteien (§ 2 Abs. 2)

9 Wird ein Gericht des Mitgliedstaats angerufen, dessen Recht der Erblasser iSd Art. 22 EuErbVO gewählt hat, ist dieses örtlich zuständig, wenn die Verfahrensparteien die örtliche Zuständigkeit dieses Gerichtes ausdrücklich anerkannt haben (Art. 7 c) EuErbVO).

10 Das (angerufene) Gericht des Mitgliedstaats (dessen Recht der Erblasser gewählt hat) ist **ausschließlich örtlich zuständig**.

3. Durch rügelose Einlassung derjenigen Verfahrenspartei, die nicht Beteiligte der Gerichtsstandsvereinbarung ist (§ 2 Abs. 3)

11 Wird ein Gericht des Mitgliedstaats, dessen Recht der Erblasser iSd Art. 22 EuErbVO gewählt hat, entsprechend einer Gerichtstandsvereinbarung einzelner Verfahrensparteien angerufen, bleibt das angerufene Gericht auch dann örtlich zuständig, wenn die an der Gerichtsstandsvereinbarung nicht beteiligten Verfahrensparteien sich rügelos auf das Verfahren einlassen, ohne den Mangel der Zuständigkeit zu rügen (Art. 9 Abs. 1 EuErbVO).

Das an sich örtlich unzuständige, jedoch gemäß der Gerichtsstandsvereinbarung angerufene Gericht, bleibt weiterhin **ausschließlich örtlich zuständig**. 12

III. Örtliche Zuständigkeit aufgrund nationaler Regelung (§ 2 Abs. 4 und 5)

1. Internationale Zuständigkeit wird aufgrund anderer Vorschriften des Kapitels II der EuErbVO begründet (Abs. 4)

a) Überblick

Die Vorschrift knüpft an die Vorschriften der EuErbVO in Kapitel II an, bei denen die Zuständigkeit eines Gerichts des Mitgliedstaats nicht durch Vereinbarung, Erklärung und Unterlassung der Verfahrensparteien begründet wird. Abs. 4 stellt einen **besonderen Gerichtsstand** dar. 13

Die **sachliche Zuständigkeit** hingegen bestimmt sich nach den allgemeinen Grundsätzen. 14

b) Erblasser hatte im Zeitpunkt seines Todes seinen gewöhnlichen Aufenthalt im Inland (Abs. 4 S. 1)

Das **Gericht** ist örtlich zuständig, in dessen Bezirk der Erblasser im Zeitpunkt seines Todes seinen **gewöhnlichen Aufenthalt** hatte. 15

Abs. 4 S. 1 knüpft insoweit an **Art. 4 EuErbVO** an und gewährleistet einen **Gleichlauf zwischen internationaler und örtlicher Zuständigkeit**. Insofern wird eine Lücke vermieden, sofern gewöhnlicher Aufenthalt und Wohnsitz nicht identisch sind. Zugleich kommt der Gleichlauf auch der Praxis zugute, da der gewöhnliche Aufenthalt im Hinblick auf die internationale Zuständigkeit ohnehin zu ermitteln ist und insofern kein Arbeitsmehraufwand anfällt. 16

Abs. 4 S. 1 tritt insofern **an die Stelle des § 27 ZPO**. 17

c) Erblasser hatte im Zeitpunkt seines Todes seinen gewöhnlichen Aufenthalt nicht im Inland (Abs. 4 S. 2 und 3)

In diesem Fall ist das Gericht zuständig, in dessen Bezirk der Erblasser seinen **letzten gewöhnlichen** Aufenthalt im Inland hatte (**Abs. 4 S. 2**). 18

Hatte er **keinen gewöhnlichen Aufenthalt im Inland**, so ist das Amtsgericht Schöneberg (Berlin) zuständig (**Abs. 4 S. 3**). Sofern der Streitwert iSd § 23 Nr. 1 GVG überschritten ist, ist das Landgericht Berlin zuständig, da § 2 lediglich die örtliche Zuständigkeit regelt und sich die sachliche Zuständigkeit der Gerichte nach den allgemeinen Vorschriften bestimmt. 19

Damit werden zB folgende **Fälle** erfasst:[2] 20
- subsidiäre Zuständigkeit des Belegenheitsstaates (Art. 10 EuErbVO),
- Notzuständigkeit (Art. 11 EuErbVO),
- der Erblasser hat eine Rechtswahl iSd Art. 22 EuErbVO getroffen; das Gericht des Mitgliedstaats, in dem der Erblasser seinen gewöhnlichen Aufenthalt im Zeitpunkt seines Todes hatte, hat sich gem. Art. 6 a) EuErbVO auf Antrag einer der

---

[2] Beispielsfälle nach BT-Drucks. 644/14 S. 47/48.

Verfahrensparteien für unzuständig erklärt, weil nach seiner Auffassung der Mitgliedstaat, dessen Recht der Erblasser gewählt hat, in der Erbsache besser entscheiden kann (Art. 7 a) EuErbVO),
- die Verfahrensparteien haben nur die internationale Zuständigkeit der deutschen Gerichte vereinbart, nicht aber die konkrete örtliche Zuständigkeit eines deutschen Gerichts.

2. Die weiteren Gerichtsstände der ZPO (§§ 12 ff) mit Ausnahme von §§ 27, 28 ZPO (Abs. 5)

a) Überblick

21 Die **Gerichtsstände der ZPO** (§§ 12 ff) gelten grundsätzlich **neben** dem Gerichtsstand des Abs. 4. Insofern werden **Wahlgerichtsstände** iSd § 35 ZPO zwischen dem Gerichtsstand iSd Abs. 4 (in dem ein Stufenverhältnis gilt) und demjenigen iSd Abs. 5 begründet.

b) Inhalt

22 Es gelten die **Vorschriften der §§ 12–40 ZPO** mit **Ausnahme** von §§ 27, 28 ZPO. Letztere sind deswegen von ihrer Anwendung ausgenommen, da an deren Stelle Abs. 4 tritt (vgl Rn 6, 7 und 17).

23 Zu beachten ist, dass bei den **ZPO-Gerichtsständen** (weiterhin) auf den **Wohnsitz** und nicht auf den Aufenthalt abgestellt wird (zB § 12 ZPO) und daher das **Gleichlaufprinzip** zwischen EuErbVO und IntErbRVG durchbrochen wird. Diese Folge wird vom Gesetzgeber als hinnehmbar erachtet, da die ZPO nicht auf den Erblasser, sondern auf den Beklagten abstellt.[3]

§ 2 Anerkennung und Vollstreckung ausländischer Titel (§§ 3 bis 30 IntErbRVG)

A. Vorbemerkung

1 Wenngleich die Durchführungsvorschriften für das Verfahren betreffend die Anerkennung und Vollstreckung ausländischer Titel iS Kapitel IV EuErbVO grundsätzlich der Verordnung (EG) Nr. 44/2001 des Rates vom 22.12.2000 über die gerichtliche Zuständigkeit und die Anerkennung und Vollstreckung von Entscheidungen in Zivil- und Handelssachen (ABl. L 12 vom 16.1.2001 S. 1; sog Brüssel-I-VO) nachgebildet sind, orientieren sich die Regelungen in dem IntErbRVG vorrangig am „Gesetz zur Geltendmachung von Unterhaltsansprüchen im Verkehr mit ausländischen Staaten (Auslandsunterhaltsgesetz – AUG)". Grund hierfür ist, dass das AUG als jüngstes Durchführungsgesetz der justiziellen Zusammenarbeit in Zivilsachen (vgl Art. 81 Abs. 2 AEUV) moderner ist als die Vorschriften des Anerkennungs- und Vollstreckungsausführungsgesetzes (AVAG), das der Umsetzung der Brüssel-I-VO auf nationaler Ebene dient. Da aber das AUG von seinem primär familienrechtlichen Rege-

---

[3] Vgl BT-Drucks. 644/14 S. 48.

lungsbereich her nicht uneingeschränkt auf das erbrechtliche Verfahren Anwendung finden kann, greift das IntErbRVG in Fällen der Inkompatibilität auf die Vorschriften des **AVAG** zurück. Im Hinblick darauf, dass die Vorschriften des AUG/AVAG weitgehend wortgleich übernommen wurden, kann in Zweifelsfällen auf die dazu ergangene Rechtsprechung und Literatur zurückgegriffen werden.

Die EuErbVO unterscheidet nicht zwischen bürgerlichen Streitigkeiten und Angelegenheiten der freiwilligen Gerichtsbarkeit. **Gegenstand des Verfahrens** der Zwangsvollstreckung eines ausländischen Titels kann aber nur ein Titel sein, der einen vollstreckbaren Inhalt aufweist. 2

B. Verfahren
I. Zuständigkeit (§ 3)
1. Sachliche Zuständigkeit

Für die Vollstreckbarerklärung von Titeln aus einem anderen Mitgliedstaat ist **ausschließlich** das **Landgericht** zuständig (§ 3 Abs. 1). Sofern Gegenstand der Vollstreckbarerklärung eine **notarielle Urkunde** ist, kann aber die Vollstreckbarerklärung anstelle des Gerichts auch durch einen **Notar** erfolgen (Abs. 4 S. 1). In diesem Fall finden die Vorschriften für das Verfahren der Vollstreckbarerklärung durch das Gericht sinngemäß Anwendung (Abs. 4 S. 2). Insofern hat der Vollstreckungsgläubiger eine Wahlmöglichkeit („auch"). 3

2. Örtliche Zuständigkeit

Die Zuständigkeit, die ebenfalls **ausschließlich** ist, bestimmt sich nach dem **Wohnsitz** des Schuldners (bzw dem Sitz von Gesellschaften und juristischen Personen) bzw nach dem Bezirk, in dem die **Zwangsvollstreckung durchgeführt** werden soll (§ 3 Abs. 2 iVm Art. 45 Abs. 2 EuErbVO). Die Frage, ob der Schuldner einen Wohnsitz im Vollstreckungsmitgliedstaat hat, bestimmt sich nach den gesetzlichen Vorschriften des Vollstreckungsmitgliedstaates (Art. 44 EuErbVO). 4

3. Funktionelle Zuständigkeit

Die Entscheidungszuständigkeit ist grundsätzlich dem **Vorsitzenden einer Zivilkammer** vorbehalten (Abs. 3), es sei denn, dass der Verfahrensgegenstand eine notarielle Urkunde ist. In diesem Fall kann die Urkunde auch (!) durch einen Notar für vollstreckbar erklärt werden (Abs. 4 S. 2). 5

II. Verfahren
1. Grundsatz

Für das **Verfahren der Antragstellung** ist das **Recht des Vollstreckungsmitgliedstaats** maßgebend (Art. 46 Abs. 1 EuErbVO); insofern bestimmt sich das Verfahren nach dem IntErbRVG, sofern nicht die EuErbVO unmittelbar geltende Vorschriften enthält. 6

Das Verfahren ist **zweistufig** ausgestaltet. Zunächst erfolgt nach Antragstellung die gerichtliche Prüfung, ob die (formellen) Voraussetzungen für die beantragte Vollstre- 7

Gierl

ckungserklärung vorliegen. Im Anschluss an die stattgebende Entscheidung (§ 7) erteilt der Urkundsbeamte der Geschäftsstelle die Vollstreckungsklausel entsprechend der gerichtlichen Entscheidung (§ 8).

8   **Verfahrensgegenstand** ist ein Titel, der inhaltlich die Rechtsnachfolge von Todes wegen iSd Art. 1 EuErbVO betrifft.

2. Gerichtliche bzw notarielle Vollstreckbarerklärung
a) Antragstellung (§ 4)

9   Die Zulassung eines in einem anderen Mitgliedstaat vollstreckbaren Titels zur Zwangsvollstreckung setzt den **Antrag** voraus, dass der Titel mit einer Vollstreckungsklausel iSd § 8 zum Zwecke der Vollstreckung im Inland versehen wird (Abs. 1). Eine wörtliche Wiedergabe der erstrebten Vollstreckungsklausel ist insoweit nicht erforderlich.

10 Der Antragsteller kann nach Art. 55 Abs. 2 EuErbVO den Antrag darauf beschränken, dass die Vollstreckbarerklärung nur für einen **Teil des Gegenstandes** erteilt wird. Diese Regelung umfasst auch den Fall einer einheitlichen, teilbaren Forderung, wenn nur mehr ein Teil der Forderung im Wege der Vollstreckung eingetrieben werden soll (zB Teilerfüllung nach Entscheidungserlass).

11 Zusammen mit dem Antrag ist eine **Ausfertigung des Titels**, der mit der Vollstreckungsklausel versehen werden soll (Abs. 4 iVm Art. 46 Abs. 3 lit. a EuErbVO), und einer von der hierfür zuständigen Stelle des Ursprungsmitgliedstaats ausgestellten **Bescheinigung** entsprechend dem Formblatt nach Art. 81 Abs. 2 EuErbVO vorzulegen.

12 Bei **Nichtvorlage der Bescheinigung** stehen dem Gericht nach Art. 47 Abs. 1 EuErbVO mehrere Möglichkeiten offen:

(1) es kann eine Frist zur Vorlage der Bescheinigung bestimmen,

(2) sich mit einer gleichwertigen Urkunde begnügen oder

(3) von der Vorlage der Bescheinigung absehen, wenn kein weiterer Klärungsbedarf besteht.

13 Ist der Antrag entgegen § 184 S. 1 GVG nicht in deutscher **Sprache** abgefasst, so kann (!) das Gericht von dem Antragsteller eine Übersetzung verlangen, deren Richtigkeit bestätigt ist (vgl Abs. 3 iVm Art. 47 Abs. 2 EuErbVO).

14 Der Antrag kann bei dem zuständigen Landgericht bzw Notar **schriftlich** eingereicht oder **mündlich zu Protokoll der Geschäftsstelle** erklärt werden (Abs. 2). Es besteht insoweit kein Anwaltszwang (vgl auch § 5 Abs. 2).

15 Sofern die Entscheidung, die Gegenstand des Vollstreckbarerklärungsverfahren ist, der **Anerkennung iSd Art. 39 EuErbVO iVm §§ 21 ff** bedarf, ist der Gläubiger nicht daran gehindert, **einstweilige Maßnahmen** einschließlich Sicherungsmaßnahmen nach dem nationalen Recht des Vollstreckungsmitgliedstaats in Anspruch zu nehmen (Art. 54 Abs. 1 EuErbVO).

b) Verfahren

Die Durchführung des Verfahrens darf nicht davon abhängig gemacht werden, dass der Antragsteller im Vollstreckungsmitgliedstaat über eine **Postanschrift** oder einen **bevollmächtigten Vertreter** verfügt (Art. 46 Abs. 2 EuErbVO). Auch darf keine **Sicherheit** oder eine **Hinterlegung** für die anfallenden Verfahrenskosten von dem Antragsteller wegen seiner Eigenschaft als Ausländer oder wegen Fehlens eines inländischen Wohnsitzes bzw Aufenthalts im Vollstreckungsmitgliedstaat verlangt werden (Art. 57 EuErbVO). Dies gilt auch für Staatsangehörige eines Nichtmitgliedstaats.

16

Eine **Anhörung der Partei**, gegen die die Vollstreckung erwirkt werden soll, erfolgt in diesem Abschnitt des Verfahrens nicht (Art. 48 S. 2 EuErbVO). Nach der EuErbVO ist sie darauf verwiesen, ihre Einwände im Rahmen des Rechtsbehelfsverfahrens iSd Art. 50 EuErbVO geltend zu machen.

17

Sofern dem Antragsteller bereits im Ursprungsmitgliedstaat ganz oder teilweise **PkH** oder **Kosten- und Gebührenbefreiung** gewährt wurde, erhält er diese auch im Vollstreckbarerklärungsverfahren (Art. 56 EuErbVO). Eine eigenständige Prüfung, ob die Voraussetzungen für die Gewährung der PkH bzw der Kosten- und Gebührenbefreiung dem Grunde nach vorliegen, erfolgt im Vollstreckungsmitgliedstaat nicht mehr.[1] Im Rahmen der Entscheidung ist daher lediglich über den Umfang der PkH bzw der Kosten- und Gebührenbefreiung zu befinden. Dabei genießt der Antragsteller die günstigste Behandlung, die das Recht des Vollstreckungsmitgliedstaats vorsieht. Insofern kann auch bei nur teilweiser Gewährung von PkH im Ursprungsmitgliedstaat für das Vollstreckungserklärungsverfahren PkH im vollen Umfang gewährt werden.[2]

18

Gegenstand der gerichtliche Prüfung ist allein, ob die Förmlichkeiten iSd Art. 46 EuErbVO erfüllt sind (Art. 48 EuErbVO). Art. 48 S. 1 EuErbVO bestimmt ausdrücklich, dass sich die Prüfung nicht auf Gründe für die Nichtanerkennung einer Entscheidung iSd Art. 40 EuErbVO erstreckt. Insofern bleibt diese Prüfung dem Rechtsmittelverfahren vorbehalten (vgl Art. 52 EuErbVO). In **Sonderfällen**, also in denen die Zwangsvollstreckung nach dem Inhalt des Titels von einer dem Gläubiger obliegenden Sicherheitsleistung (entspricht Fall des § 709 ZPO), dem Ablauf einer Frist oder dem Eintritt einer anderen Tatsache abhängt (entspricht Fall des § 726 ZPO) oder die Klausel zugunsten eines anderen als den in dem Titel bezeichneten Gläubiger oder gegen einen anderen als den darin bezeichneten Schuldner (entspricht Fälle der §§ 727 ff ZPO) beantragt ist, ist für den Nachweis der besonderen Vollstreckungsvoraussetzungen und die Frage, ob die Klausel für oder gegen den anderen vollstreckbar erklärt werden kann, das **Recht des Ursprungsmitgliedstaats** maßgebend (§ 6).

19

Die **Entscheidung über den Antrag** erfolgt grundsätzlich **ohne mündliche Verhandlung** (§ 5 Abs. 1 S. 1). Die mündliche Erörterung mit dem Antragsteller oder seinem Bevollmächtigten kann jedoch dann durchgeführt werden, wenn diese der Beschleunigung des Verfahrens dient und der Antragsteller bzw sein Bevollmächtigter mit dieser einverstanden ist. Eine Beteiligung des Antraggegners findet dabei nicht statt (vgl Art. 48 S. 2 EuErbVO). **Zweck der mündlichen Verhandlung** kann daher nur sein, die

20

---
1 NK-NachfolgeR/*Köhler* Art. 56 EuEuErbVO Rn 1.
2 NK-NachfolgeR/*Köhler* Art. 56 EuEuErbVO Rn 1.

der Vollstreckbarerklärung entgegenstehenden formellen Mängel iSd Art. 46 EuErbVO zu beseitigen, und dass hierfür die mündliche Erörterung im Vergleich zu schriftlichen Hinweisen zielführender ist. Eine solche bietet sich zB an, wenn eine Bescheinigung iSd Art. 46 Abs. 3 lit. b EuErbVO nicht vorgelegt wird (bzw werden kann) und zu erwarten ist, dass infolge der mündlichen Erörterung kein weiterer Klärungsbedarf mehr besteht (vgl Art. 47 EuErbVO).

21 Das Gericht kann gem. Art. 42 EuErbVO das **Verfahren aussetzen**, wenn im Ursprungsmitgliedstaat gegen die Entscheidung, die Gegenstand des Vollstreckbarerklärungsverfahrens ist, ein ordentlicher Rechtsbehelf eingelegt worden ist.

3. Entscheidung
a) Dem Antrag wird stattgegeben

22 Liegen die Förmlichkeiten iSd Art. 46 EuErbVO vor, so ist die ausländische Entscheidung **unverzüglich** für vollstreckbar zu erklären (Art. 48 EuErbVO).

23 Die Entscheidung ergeht in **Form** eines **Beschlusses**, selbst wenn eine mündliche Erörterung (vgl Rn 20) stattgefunden hat. Im **Tenor** ist zum einen auszusprechen, dass der Titel mit der Vollstreckungsklausel zu versehen ist (§ 7 Abs. 1 S. 1), zum anderen ist die zu vollstreckende Verpflichtung in deutscher Sprache wiederzugeben (§ 7 Abs. 1 S. 2). Letztere wird in der Vollstreckungsklausel wörtlich übernommen (§ 8 Abs. 1).

24 Für die **Begründung** ist es ausreichend, dass auf die EuErbVO und die vom Antragsteller vorgelegten Urkunden Bezug genommen wird.

25 Bezüglich der **Kosten des Verfahrens** ist § 788 ZPO entsprechend anzuwenden (§ 7 Abs. 1 S. 4). Die Kostenregelung ist § 40 Abs. 1 S. 4 AUG bzw § 8 Abs. 1 S. 4 AVAG nachgebildet. Insofern kommt die Kritik in Bezug auf die in diesen Regelungen bereits vorgesehene Verweisung auf § 788 ZPO auch hier zum Tragen: das Vollstreckbarerklärungsverfahren ist kein Vollstreckungsverfahren, sondern ein Erkenntnisverfahren besonderer Art, so dass eigentlich eine Verweisung auf § 91 ZPO erfolgen müsste.[3] Vorteil der Verweisung auf § 788 ZPO ist aber, dass die für das Vollstreckbarerklärungsverfahren anfallenden Kosten unmittelbar vollstreckt werden können und insofern eine ausdrückliche **Kostenentscheidung entfällt**.[4]

26 Gegen die Vollstreckbarerklärung kann der Antragsgegner **Beschwerde** gem. § 10 einlegen.

b) Dem Antrag wird nicht stattgegeben

27 Ist der **Antrag nicht zulässig oder nicht begründet**, so ist er mittels zu begründenden Beschlusses abzulehnen. Zugleich sind dem Antragsteller die (Gerichts)Kosten des Verfahrens aufzuerlegen.

28 Gegen die Ablehnung seines Antrags kann der Antragsteller **Beschwerde** gem. § 10 einlegen.

---

3 Vgl Zöller/*Geimer* Anh. III AVAG § 8 Rn 3.
4 Musielak/*Lackmann* AVAG § 8 Rn 2.

c) Dem Antrag wird nur teilweise stattgegeben

Soweit die Voraussetzungen für die Zwangsvollstreckung nicht für alle in dem ausländischen Titel niedergelegten Ansprüche oder nur für einen Teil des Gegenstandes der Verpflichtung gegeben sind, ist dies im **Tenor** auszusprechen. Dieser Ausspruch führt zur Bezeichnung der Vollstreckungsklausel als „Teil-Vollstreckungsklausel nach § 4 des Internationalen Erbrechtsverfahrensgesetz vom …" (vgl § 8 Abs. 2). Im Übrigen ist der Antrag abzulehnen. 29

In der **Begründung** kann bzgl des stattgebenden Teils der Entscheidung auf die EuErbVO sowie auf die vorgelegten Urkunden Bezug genommen werden; bzgl des den Antrag ablehnenden Teils bedarf es einer näheren Begründung (vgl § 7 Abs. 2). 30

Die Entscheidung bedarf aufgrund ihres ablehnenden Teils eines **Kostenausspruchs** (§ 7 Abs. 2). Dabei sind die dem Antragsteller zur Last fallenden Kosten (Teil der Gerichtsgebühr sowie Teil seiner selbst zu tragenden außergerichtlichen Kosten) entsprechend der Quote seines Obsiegens/Unterliegens aufzuerlegen. 31

Sowohl Antragsteller als auch Antragsgegner können gegen die Entscheidung **Beschwerde** gem. § 10 einlegen (vgl Rn 51 ff und Rn 63 ff). 32

4. Erteilung der Vollstreckungsklausel (§ 7)

Der gerichtlichen Vollstreckbarerklärung schließt sich die Erteilung der Vollstreckungsklausel durch den **Urkundsbeamten** der Geschäftsstelle an. Da dem Antragsteller gem. Art. 49 Abs. 1 EuErbVO die Entscheidung über den Antrag **unverzüglich** mitzuteilen ist und § 9 eine gemeinsame Bekanntgabe von gerichtlicher Entscheidung und Vollstreckungsklausel vorsieht, gilt das Unverzüglichkeitsgebot iSd Art. 48 S. 1 bzw Art. 49 Abs. 1 EuErbVO auch für das Klauselerteilungsverfahren. 33

Hierbei wird **die zu vollstreckende Verpflichtung** gemäß dem Wortlaut des Beschlusses gem. § 7 Abs. 1 in der Klausel wiedergegeben (vgl § 7 Abs. 1). 34

Zudem ist der **Vermerk** aufzunehmen, dass die „Zwangsvollstreckung über Maßregeln zur Sicherung nicht hinausgehen darf, bis der Gläubiger eine **gerichtliche Anordnung** oder ein **Zeugnis** vorlegt, dass die Zwangsvollstreckung unbeschränkt stattfinden darf". 35

Eine **gerichtliche Anordnung** in diesem Sinne stellt die **Entscheidung des Beschwerdegerichts** gem. § 18 Abs. 1 dar, in der es die Beschwerde des Schuldners gegen die Zulassung der Zwangsvollstreckung zurückweist bzw auf die Beschwerde des Gläubigers hin die Zwangsvollstreckung aus dem Titel zulässt; das **Zeugnis** wird dem Gläubiger (erst) nach Erlass der Klausel in den Fällen des § 19 Abs. 2 erteilt. 36

Sofern der **Titel auf Leistung in Geld** lautet und die Vollstreckung über Maßregeln der Sicherung nicht hinausgehen darf, ist die Höhe des Betrags in der Klausel anzugeben, mit dem der Schuldner die Vollstreckung abwenden kann (vgl § 7 Abs. 1 aE sowie Rn 48). 37

Ist die Zwangsvollstreckung nur für einen **Teil der Ansprüche oder einen Teil des Gegenstandes der Verpflichtung** in dem Beschluss iSd § 7 zugelassen, so ist die Vollstreckungsklausel als „Teil-Vollstreckungsklausel nach § 4 des Internationalen Erbrechtsverfahrensgesetz vom …" zu bezeichnen (vgl § 7 Abs. 1 iVm Art. 5 Abs. 1 EuErbVO). 38

Gierl

39 Die Vollstreckungsklausel ist von dem Urkundsbeamten der Geschäftsstelle zu unterschreiben und mit dem Gerichtssiegel zu versehen. Sie kann entweder auf die von dem Antragsteller vorgelegte Ausfertigung oder auf ein gesondertes Blatt gesetzt werden. Letzteres wie auch eine vorliegende Übersetzung ist mit der Ausfertigung zu verbinden (§ 8 Abs. 3).

III. Bekanntmachung

1. den Antrag stattgebende Entscheidung (§ 9 Abs. 1)

40 Dem **Antragsgegner** (= Schuldner) werden folgende Urkunden **von Amts wegen zugestellt** (vgl Art. 48 Abs. 1 EuErbVO):

- beglaubigte Abschrift des Beschlusses iSd § 7
- der mit der Vollstreckungsklausel versehene Titel (samt vorliegender Übersetzung)
- die Urkunden, auf die im Beschluss iSd § 7 Abs. 1 S. 3 Bezug genommen wird.

41 Dem **Antragsteller** ist **formlos** zu übersenden (vgl Art. 49 Abs. 1 EuErbVO):

- beglaubigte Abschrift des Beschlusses iSd § 7
- die mit der Vollstreckungsklausel versehene Ausfertigung des Titels
- Bescheinigung über die bewirkte Zustellung

2. den Antrag ablehnende Entscheidung (§ 9 Abs. 2)

42 Dem Antragsteller ist der Beschluss iSd § 7 Abs. 2 **zuzustellen**. Dem Antragsgegner, der am Verfahren bisher nicht beteiligt war (vgl Art. 48 S. 2 EuErbVO), wird die Entscheidung nicht mitgeteilt.

IV. Zustellung

43 Die Zustellung erfolgt **im Inland** gem. §§ 166 ff ZPO; in **Mitgliedstaaten** nach der EuZustVO, **im Übrigen** nach der HZÜ bzw dem Haager Zustellungsabkommen vom 1.3.1954.[5]

V. Gerichtskosten

44 Es fällt eine **Festgebühr von 240 €** an (GKG KV Nr. 1510).

VI. Rechtsfolge der Vollstreckbarerklärung

1. Maßnahmen zur Sicherung der Zwangsvollstreckung

45 Infolge der Vollstreckbarerklärung erhält der Antragsteller aus Art. 54 Abs. 2 EuErbVO die Befugnis, Maßnahmen zur Sicherung zu veranlassen. Insoweit stellt die Vorschrift eine **unmittelbar geltende Rechtsgrundlage** für solche Maßnahmen dar. Eines Rückgriffs auf nationales Recht bedarf es daher nicht.[6]

---

[5] Vgl Thomas/Putzo/Hüßtege, 35. Aufl. 2014 Art. 43 EuGVVO Rn 9.
[6] Vgl NK-NachfolgeR/Köhler Art. 54 EuErbVO Rn 2.

2. Umfang der Zwangsvollstreckung
a) Grundsatz: beschränkte Zulassung der Zwangsvollstreckung

Die **Zwangsvollstreckung** in das Vermögen des Schuldners ist auf **Maßnahmen der Sicherung** beschränkt, solange die Rechtsmittelfrist iSd Art. 50 Abs. 5 EuErbVO noch nicht abgelaufen ist bzw über den Rechtsbehelf noch nicht entschieden ist (Art. 54 Abs. 2 EuErbVO). 46

Eine **gepfändete bewegliche Sache** kann jedoch aufgrund einer Anordnung des Vollstreckungsgerichts, die auf Antrag des Gläubigers, aber auch des Schuldners (!) zu ergehen hat, versteigert werden und der Erlös hinterlegt werden, wenn sie der Gefahr einer beträchtlichen Wertminderung ausgesetzt ist oder wenn ihre Aufbewahrung unverhältnismäßige Kosten verursachen würde (§ 17). 47

Der Schuldner kann durch **Sicherheitsleistung** in Höhe des Betrages, wegen dessen der Gläubiger vollstrecken darf, die Zwangsvollstreckung abwenden (§ 16 Abs. 1). Bei Nachweis der Leistungserbringung mittels einer öffentlichen Urkunde ist die Zwangsvollstreckung einzustellen; bereits getroffene Vollstreckungsmaßregeln sind aufzuheben (§ 16 Abs. 2). 48

b) Unbeschränkte Zulassung der Zwangsvollstreckung

Auch wenn in der Vollstreckungsklausel iSd § 8 Abs. 1 die Zwangsvollstreckung den Vermerk enthält, dass die Zwangsvollstreckung nicht über Maßnahmen zur Sicherung hinausgehen darf (vgl Rn 35), kann die Vollstreckung über Maßregeln der Sicherung hinaus fortgesetzt werden, wenn der Gläubiger ein **Zeugnis** iSd § 19 Abs. 1 vorlegt, das auf seinen Antrag hin bei Vorliegen der Voraussetzungen iSd Art. 19 Abs. 2 zu erteilen ist. Dieses verliert seine Wirkung, sofern die Entscheidung eines Beschwerdegerichts ergangen ist (Verkündung ist ausreichend; vgl auch § 19 Abs. 3 Alt. 1), dass der Titel zur Zwangsvollstreckung nicht zugelassen ist. 49

C. Das Rechtsmittelverfahren
I. Rechtsbehelf gegen die Entscheidung im Vollstreckungserklärungsverfahren
1. Grundsatz

Gem. Art. 50 EuErbVO kann **jede Partei** gegen die Entscheidung im Vollstreckbarerklärungsverfahren einen Rechtsbehelf einlegen. Dies sind der **Gläubiger** und der **Vollstreckungsschuldner**, nicht aber Dritte.[7] 50

2. Rechtsbehelf des Antraggegners (= Schuldner)
a) Statthaftigkeit

Gegenstand des Rechtsbehelfs ist die Entscheidung des Landgerichts (Vorsitzender einer Zivilkammer) bzw des iSd § 3 Abs. 4 zuständigen Notars betreffend den Antrag auf Erteilung der Vollstreckungsklausel. Art. 50 EuErbVO iVm §§ 10 ff sieht insofern das Rechtsmittel der **Beschwerde** vor. 51

---

[7] Thomas/Putzo/*Hüßtege*, 35. Aufl. 2014, Art. 43 EuGVVO Rn 1.

b) Form der Beschwerde

52 Die Beschwerde kann allein bei dem **Gericht** eingelegt werden, dessen Beschluss angefochten wird (judex a quo); also bei dem jeweiligen Landgericht (§ 10 Abs. 2 iVm § 3 iVm Art. 50 Abs. 2 EuErbVO), bzw bei Entscheidung durch einen Notar (vgl § 3 Abs. 4), bei dem Landgericht, in dessen Gerichtsbezirk das Notariat seinen Sitz hat (vgl § 3 Abs. 4).

53 Die **Einlegung** erfolgt mittels Einreichen einer Beschwerdeschrift oder durch Erklärung zu Protokoll der Geschäftsstelle, wobei die für die Zustellung der Beschwerde erforderliche Zahl von Abschriften beigefügt werden soll (§ 10 Abs. 2). Einer ausdrücklichen Bezeichnung des Rechtsbehelfs als Beschwerde wie auch einer Begründung bedarf es nicht. Es besteht **kein Anwaltszwang** (argumentum e contrario aus § 11 Abs. 2 S. 2 mit Verweis auf § 215 ZPO).

54 Zugleich kann der Antragsgegner den **Antrag gem. § 18 Abs. 2** stellen, dass bis zum Ablauf der Frist zur Einlegung der Rechtsbeschwerde oder bis zur Entscheidung über die Rechtsbeschwerde die Zwangsvollstreckung über Maßregeln der Sicherung nicht oder nur gegen Sicherheitsleistung hinausgehen darf. Wurde dieser Antrag bei dem Beschwerdegericht nicht gestellt, so kann er diesen aber mit bzw nach Einlegung der Rechtsbeschwerde beim BGH stellen (§ 18 Abs. 3). In Bezug auf den Antrag bedarf es eines Vortrags, inwiefern eine Zwangsvollstreckung über Maßregeln zur Sicherung hinaus dem Schuldner einen nicht zu ersetzenden Nachteil bringen würde (§ 18 Abs. 2 S. 2).

55 Die Beschwerde ist dem Beschwerdegegner von Amts wegen **zuzustellen** (§ 10 Abs. 3).

c) Beschwerdefrist

56 Das **IntErbRVG** sieht im Hinblick auf **Art. 59 Abs. 5 EuErbVO**, der unmittelbar gilt, keine Regelung einer Beschwerdefrist vor. Gem. Art. 59 Abs. 5 S. 1 EuErbVO beträgt die Rechtsmittelfrist **gegen** die Vollstreckbarerklärung grundsätzlich 30 **Tage** nach ihrer Zustellung.

57 Sofern der Antragsgegner seinen **Wohnsitz im Hoheitsgebiet eines anderen Mitgliedstaats** hat **als dem, in dem die Vollstreckbarerklärung ergangen** ist (zB die Vollstreckbarerklärung erfolgt durch das Gericht, an dem die Vollstreckung durchgeführt werden soll und der Wohnsitz des Antragsgegners liegt in einem Mitgliedsstaat; vgl Art. 45 Abs. 2 EuErbVO), beträgt die Beschwerdefrist **60 Tage**.

58 **Fristbeginn** ist der Tag, an dem die Vollstreckbarerklärung entweder dem Antragsteller persönlich oder in seiner Wohnung zugestellt worden ist. Eine Verlängerung der Frist wegen weiter Entfernung ist ausgeschlossen (Art. 50 Abs. 5 S. 3 EuErbVO).

59 Hat der Vollstreckungsgegner seinen **Wohnsitz in einem Drittstaat**, so greift Art. 50 Abs. 5 S. 1 EuErbVO.

60 Für die **Fristberechnung** gilt § 222 ZPO iVm §§ 187 ff BGB entsprechend.[8]

---

[8] NK-NachfolgeR/*Köhler* Art. 50 EuErbVO Rn 2.

61 Unklar bleibt, ob gegen die Versäumung der Beschwerdefrist **Wiedereinsetzung in den vorigen Stand** beantragt werden kann. § 10 ist § 43 AUG nachgebildet, der die Beschwerdefrist entgegen § 11 Abs. 3 S. 3 AVAG nicht als Notfrist bezeichnet. Die ausdrückliche Regelung in § 13 Abs. 3 könnte den Schluss nahe legen, dass der Gesetzgeber von der Bestimmung der Beschwerdefrist als Notfrist bewusst abgesehen hat. Naheliegender erscheint es aber, dass insoweit ein **Redaktionsversehen** vorliegt. In der Gesetzesbegründung in Bezug auf § 43 AUG[9] wird darauf hingewiesen, dass die Bestimmung inhaltlich im Wesentlichen § 11 AVAG entspricht. Ausführungen dazu, aus welchen Gründen die Frist iSd § 43 AUG entgegen § 11 AVAG nicht zur Notfrist erklärt wird, fehlen. Solche wären aber bei einer bewussten Nichtübernahme der Regelung von § 11 AVAG in § 43 AUG veranlasst gewesen. Der Ausschluss einer Verlängerung wegen weiter Entfernung gem. Art. 50 Abs. 5 S. 3 EuErbVO deutet zudem darauf hin, dass in der EuErbVO selbst die Beschwerdefrist im Sinne einer Notfrist verstanden wird.

d) Beschwerdewert

62 Die Zulässigkeit der Beschwerde ist **nicht davon abhängig**, dass eine Beschwerdesumme (vgl § 61 Abs. 1 FamFG) erreicht wird.

3. Rechtsbehelf für den Antragsteller
a) Statthaftigkeit

63 **Gegenstand** ist die Entscheidung des Landgerichts bzw des gem. § 3 Abs. 3 zuständigen Notars, in der der Antrag auf Vollstreckbarerklärung in vollem Umfang bzw eines von mehreren Ansprüchen bzw eines Teils des Gegenstandes der Entscheidung des Ursprungsmitgliedstaats abgelehnt worden ist. Es gelten insofern die §§ 10 ff Statthafter Rechtsbehelf ist somit die (einfache, vgl Rn 66 u 67) **Beschwerde**.

b) Form der Beschwerde

64 Insoweit gelten die Ausführungen in Bezug auf die Einlegung des Rechtsbehelfs durch den Antragsgegner (Rn 51 ff).

65 Der Antragsgegner kann auch bei einem Rechtsbehelf des Antragstellers einen Antrag iSd § 18 Abs. 2 bei dem Beschwerdegericht stellen (vgl Rn 54).

c) Beschwerdefrist

66 Das **IntErbRVG** sieht im Hinblick auf **Art. 59 Abs. 5 EuErbVO**, der unmittelbar gilt, keine Regelung einer Beschwerdefrist vor (s.o.). Art. 59 Abs. 5 EuErbVO regelt jedoch allein die Frist für die Einlegung des Rechtsbehelfs **gegen die Vollstreckbarerklärung**, also den von dem **Antragsgegner** (= Schuldner) eingelegten Rechtsbehelf (s.o.). Da aber gem. Art. 50 Abs. 1 EuErbVO jeder der Parteien einen Rechtsbehelf gegen die Entscheidung über den Antrag auf Vollstreckbarerklärung einlegen kann, ist auch dem Antragsteller der Rechtsmittelweg eröffnet. Es gelten insoweit die §§ 10 ff (s.o.).

67 Da Art. 59 Abs. 5 EuErbVO eine abschließende Regelung ist, sieht das IntErbRVG in Bezug auf den Antragsteller keine Beschwerdefrist vor. Demgemäß handelt es sich bei

---

9 Vgl BT-Drucks. 17/4887 S. 46/47.

§ 2 Anerkennung und Vollstreckung ausländischer Titel (§§ 3 bis 30 IntErbRVG)

dem Rechtsbehelf des Antragstellers gegen die vollständige bzw teilweise Ablehnung seines Antrages um eine sog. **einfache Beschwerde, die nicht fristgebunden** ist.

d) Beschwerdewert

68 Die Zulässigkeit der Beschwerde ist **nicht davon abhängig**, dass eine Beschwerdesumme (vgl § 61 Abs. 1 FamFG) erreicht wird.

e) Beschwerdeverfahren

69 Bei dem Beschwerdeverfahren handelt es sich um ein sog. **kontradiktorisches Verfahren**, in dem neben dem Antragsteller der Antragsgegner (nun erstmals) vor der Entscheidung zu hören ist (Art. 50 Abs. 3 EuErbVO iVm § 11 Abs. 2 S. 2 IntErbRVG). Die Pflicht zur Anhörung des Antragsgegners besteht selbst dann, wenn die Vollstreckung in einem Vollstreckungsmitgliedstaat durchgeführt werden soll und der Antragsgegner seinen Wohnsitz in einem Drittstaat hat.

70 Das Verfahren wird **grundsätzlich ohne mündliche Verhandlung** betrieben. Anträge und Erklärungen können dabei zu Protokoll der Geschäftsstelle gestellt werden (§ 11 Abs. 2 S. 1). Es besteht insoweit kein Anwaltszwang.

71 Das Gericht hat in Ausübung seines pflichtgemäßen Ermessens die Möglichkeit, eine **mündliche Verhandlung** anzuberaumen. In dieser besteht **Anwaltszwang**. Insofern muss die Ladung hierzu die Aufforderung enthalten, einen Anwalt zu bestellen (vgl § 11 S. 2 iVm Hinweis auf § 215 ZPO).

72 Auch das Beschwerdegericht kann gem. Art. 53 EuErbVO das **Verfahren aussetzen**, wenn die Entscheidung im Ursprungsmitgliedstaat wegen der Einlegung eines Rechtsbehelfs vorläufig nicht vollstreckbar ist.

73 **Prüfungsgegenstand** sind gem. Art. 52 EuErbVO **allein die in Art. 40 EuErbVO aufgeführten Gründe**, also solche die die Nichtanerkennung der Entscheidung im Vollstreckungsmitgliedstaat bedingen (vgl Art. 52 EuErbVO). Dies setzt aber eine Prüfung voraus, ob der **Anwendungsbereich der EuErbVO** selbst überhaupt eröffnet ist. Sonstige Einwendungen, insbesondere gegen den Anspruch selbst (zB Erfüllung), wie auch dass die formelle Voraussetzungen iSd Art. 46 EuErbVO nicht erfüllt sind, sind aufgrund des eindeutigen Wortlauts des Art. 52 EuErbVO im Beschwerdeverfahren unbeachtlich.

74 In Bezug auf die Anerkennungshindernisse iSd Art. 40 EuErbVO besteht für das Beschwerdegericht **keine Amtsermittlungspflicht**. Seine Prüfung beschränkt sich im Hinblick auf das Unverzüglichkeitsgebot des Art. 52 S. 2 EuErbVO auf den entsprechenden Vortrag des Beschwerdeführers.[10]

f) Kosten

75 Es fällt eine **Festgebühr iHv 360 €** an (GKG KV Nr. 1520). Für den Anwalt erwächst eine Verfahrensgebühr iHv 1,6 (RVG VV Nr. 3200 iVm Vorb 3.2.1. Nr. 2 Ziff. a).

---

10 Thomas/Putzo/*Hüßtege*, 35. Aufl. 2014, Art. 45 EuGVVO Rn 5.

g) Die Entscheidung des Beschwerdegerichts
aa) Betreffend den Rechtsbehelf des Antragstellers – Beschwerde hat in der Sache Erfolg
(1) Die Entscheidung des OLG

Die Entscheidung ergeht **durch den Senat** (nicht durch den Einzelrichter) in **Form** eines **Beschlusses**, der mit **Gründen** zu versehen ist (§ 11 Abs. 1). 76

Im **Tenor** ist die ablehnende Entscheidung der 1. Instanz (Landgericht bzw Notar; vgl § 3 Abs. 4) aufzuheben und die Entscheidung des Ursprungsmitgliedstaats zur Vollstreckung in dem Vollstreckungsmitgliedstaat zuzulassen (vgl § 11 Abs. 1). Darin ist die zu vollstreckende Verpflichtung in deutscher Sprache wiederzugeben (vgl § 7 Abs. 1 S. 2 iVm § 11 Abs. 3 S. 2). 77

Sofern der Schuldner einen **Antrag iSd § 18 Abs. 2** gestellt hat, hat der Senat über die erstrebte Anordnung zu entscheiden (§ 18 Abs. 2). Insoweit bedarf es einer Begründung, inwiefern eine Zwangsvollstreckung über Maßnahmen der Sicherung hinaus, dem Schuldner einen nicht zu ersetzenden Nachteil bringen würde. Die Schutzanordnung iSd § 18 Abs. 2 unterbleibt jedoch, wenn die Voraussetzungen für die Zulassung der Rechtsbeschwerde unzweifelhaft nicht vorliegen (vgl § 18 Abs. 2 S. 3 iVm § 713 ZPO). Die **Anordnung** kann vom **Inhalt** her dahin gehend abgefasst werden, dass die Zwangsvollstreckung **nicht oder nur gegen Sicherheitsleistung** wie auch (vom zeitlichen her) bis **zum Ablauf der Rechtsbeschwerdefrist oder bis zur Entscheidung über die Rechtsbeschwerde** nicht über Maßregeln zur Sicherung hinausgehen darf. 78

In Bezug auf die **Kosten des Beschwerdeverfahrens** gilt § 788 ZPO entsprechend (vgl § 11 Abs. 3 S. 2 iVm § 7 Abs. 1 S. 4). Einer ausdrücklichen Kostenentscheidung bedarf es daher nicht (vgl Rn 25). Der Beschluss ist, auch wenn er nach Durchführung einer mündlichen Verhandlung verkündet wird, von Amts wegen **zuzustellen** (§ 11 Abs. 3). Die Zustellung allein setzt die Rechtsbeschwerdefrist in Lauf (§ 12 Abs. 3). 79

(2) Rechtswirkung der den Antrag stattgebenden Entscheidung

Folge des erfolgreichen Rechtsbehelfs des Antragstellers ist, dass die **Zwangsvollstreckung** aus dem Titel (nunmehr) **über Maßregeln der Sicherung hinaus** fortgesetzt werden kann. Dies kann der Schuldner nur dadurch verhindern, dass er beim BGH (neben der Einlegung der Rechtsbeschwerde) zudem eine Anordnung iSd § 18 Abs. 2 (Beschränkung der Zwangsvollstreckung auf Maßregeln zur Sicherung) beantragt. Hierfür bedarf es eines entsprechenden Sachvortrags (vgl Rn 54). 80

(3) Erteilung der Vollstreckungsklausel

Die Klauselerteilung erfolgt durch den Urkundsbeamten der Geschäftsstelle des OLG. Insoweit finden die Vorschriften betreffend das Klauselerteilungsverfahren für die Erstinstanz entsprechende Anwendung (vgl § 11 Abs. 4 S. 2 iVm § 8). Der Zusatz, dass die Zwangsvollstreckung auf Maßregeln zur Sicherung beschränkt ist (vgl § 8 Abs. 1), ist nur zulässig, sofern das OLG eine Anordnung iSd § 18 Abs. 2 erlassen hat. Ist dies der Fall, so ist die Anordnung des OLG in die Vollstreckungsklausel aufzunehmen (§ 11 Abs. 4 S. 4). 81

82 Die **Entscheidung des Beschwerdegerichts** wie auch die **Vollstreckungsklausel** ist dem Antragsteller und dem Antragsgegner **bekanntzugeben**. Insoweit gilt § 9 Abs. 1 (vgl Rn 40 ff).

83 Der **Lauf der Frist** für die Einlegung der Rechtsbeschwerde beginnt für den Antragsgegner – auch wenn die Entscheidung des Gerichts im Rahmen einer mündlichen Verhandlung verkündet wurde – erst mit dessen Zustellung (vgl § 12 Abs. 3).

(4) Beschwerde ist unzulässig bzw hat in der Sache keinen Erfolg

84 Die Entscheidung ergeht **durch den Senat** (nicht durch den Einzelrichter) in **Form** eines **Beschlusses**, der mit **Gründen** zu versehen ist (§ 11 Abs. 1) und einer **Kostenentscheidung** bedarf; insoweit gilt § 97 Abs. 1 ZPO.[11]

85 Der Beschluss ist beiden Parteien von Amts wegen **zuzustellen**, auch wenn er im Rahmen einer mündlichen Verhandlung verkündet worden ist (§ 11 Abs. 2).

86 Der Lauf der **Frist für die Einlegung der Rechtsbeschwerde** beginnt für den Antragsteller – auch wenn die Entscheidung des Gerichts im Rahmen einer mündlichen Verhandlung verkündet wurde – erst mit dessen Zustellung (vgl § 12 Abs. 3).

bb) Rechtsbehelf für den Antragsgegner
(1) Beschwerde hat in der Sache Erfolg

87 Die Entscheidung ergeht **durch den Senat** (nicht durch den Einzelrichter) in **Form** eines **Beschlusses**, der mit **Gründen** zu versehen ist (§ 11 Abs. 1).

88 Im **Tenor** ist die Entscheidung, die die Zwangsvollstreckung aus dem Titel zulässt (vgl § 7 Abs. 1), aufzuheben und der Antrag des Gläubigers abzulehnen (vgl § 7 Abs. 2). Die Entscheidung bedarf einer **Kostenentscheidung**, in der dem Gläubiger die Kosten des Verfahrens erster Instanz (§ 7 Abs. 2 S. 2) sowie die des Beschwerdeverfahrens (§ 91 Abs. 1 ZPO) aufzuerlegen sind.

89 Der Beschluss ist, auch wenn er nach Durchführung einer mündlichen Verhandlung verkündet wird, von Amts wegen **zuzustellen** (§ 11 Abs. 3). Die Zustellung allein setzt die Rechtsbeschwerdefrist für den Antragsteller in Lauf (§ 12 Abs. 3).

90 **Rechtsfolge** des verkündeten bzw zugestellten Beschlusses des Beschwerdegerichts, dass der Titel zur Zwangsvollstreckung nicht zugelassen wird, ist, dass aus dem Titel die Zwangsvollstreckung nicht mehr stattfinden darf, selbst wenn sie auf Maßregeln zur Sicherung beschränkt ist (§ 19 Abs. 3).

(2) Beschwerde ist unzulässig bzw hat in der Sache keinen Erfolg

91 Die Entscheidung ergeht **durch den Senat** (nicht durch den Einzelrichter) in **Form** eines **Beschlusses**, der mit **Gründen** zu versehen ist (§ 11 Abs. 1).

92 Im **Tenor** ist die Beschwerde (bei Unzulässigkeit) zu verwerfen bzw (bei Unbegründetheit) zurückzuweisen. Die Kostenentscheidung beruht auf § 97 ZPO.

93 Der Beschluss ist, auch wenn er nach Durchführung einer mündlichen Verhandlung verkündet wird, von Amts wegen **zuzustellen** (§ 11 Abs. 3). Die Zustellung allein setzt die Rechtsbeschwerdefrist für den Antragsgegner in Lauf (§ 12 Abs. 3).

---

11 Thomas/Putzo/*Hüßtege*, 35. Aufl. 2014, § 43 EuGVVO Rn 21.

h) Rechtsbehelf gegen die Entscheidung über den Rechtsbehelf (Art. 51 EuErbVO)
aa) Statthaftigkeit

Gegenstand des Rechtsbehelfs ist die Entscheidung des OLG über die Beschwerde gegen die Entscheidung der 1. Instanz betreffend den Antrag auf Zulassung eines Titels, der in einem Mitgliedstaat ergangen ist. **94**

Statthafter **Rechtsbehelf** ist gem. § 12 Abs. 1 die **Rechtsbeschwerde**. **95**

Die Rechtsbeschwerde bedarf **keiner Zulassung** durch das OLG; sie ist aber aufgrund des Verweises auf § 574 Abs. 1 Nr. 1, Abs. 2 ZPO **nur zulässig**, wenn die Rechtssache **grundsätzliche Bedeutung** hat oder die **Fortbildung des Rechts** oder die **Sicherung einer einheitlichen Rechtsprechung** eine Entscheidung des Rechtsbeschwerdegerichts erfordert. **96**

bb) Rechtsbeschwerdefrist

Die Rechtsbeschwerde ist **innerhalb eines Monats** einzulegen. Die Frist ist eine **Notfrist**, so dass gegen ihre Versäumung Wiedereinsetzung in den vorigen Stand beantragt werden kann (vgl § 233 ZPO) und beginnt – selbst wenn die Entscheidung des OLG im Rahmen einer mündlichen Verhandlung verkündet wurde – erst mit der Zustellung des Beschlusses (§ 12 iVm § 11 Abs. 3). **97**

cc) Form der Rechtsbeschwerde

Die Rechtsbeschwerde ist **schriftlich** beim **BGH** (judex ad quem) durch einen dort zugelassenen **Anwalt** einzulegen.[12] **98**

Die Rechtsbeschwerde bedarf einer **Begründung**; es gelten insofern die **allg. Grundsätze** iSd **§ 575 Abs. 2 – 4 ZPO** (§ 13 Abs. 2 S. 1). Soweit die Rechtsbeschwerde darauf gestützt wird, dass das Beschwerdegericht von einer Entscheidung des EuGH abgewichen ist, muss die Entscheidung, von der der angefochtene Beschluss abweicht, bezeichnet werden (§ 13 Abs. 2 S. 2). **99**

Der Beschwerdeschrift soll eine Ausfertigung oder beglaubigte Abschrift des **angefochtenen Beschlusses** beigefügt werden (§ 13 Abs. 3). **100**

Daneben können sowohl Gläubiger als auch Schuldner einen **Antrag betreffend Anordnungen** iSd § 18 Abs. 2 stellen. **101**

dd) Verfahren

Der BGH kann grundsätzlich ohne mündliche Verhandlung über die Rechtsbeschwerde entscheiden; im Übrigen gelten die Vorschriften über die **Anschlussrechtsbeschwerde** (§ 574 Abs. 4 ZPO) und die **allg. Grundsätze für das Revisionsverfahren** (§§ 576 Abs. 3 iVm 546, 547, 560 ZPO) und § 577 ZPO entsprechend. **102**

Der **Prüfungsumfang** ist auf die in **Art. 40 EuErbVO** enumerierten Nichtanerkennungsgründe beschränkt (vgl Art. 52). Sofern während des Beschwerdeverfahrens Einwendungen gegen den der Zwangsvollstreckung zugrundeliegenden Anspruch entstanden sind, können diese vom BGH nicht berücksichtigt werden; diese können allein im Wege der Vollstreckungsklage iSd § 23 geltend gemacht werden.[13] **103**

---

12 Vgl BGH NJW 2002, 2181.
13 Vgl auch BGH NJW 2002, 2181 zu §§ 12, 14 AVAG.

104 Während des Rechtsbeschwerdeverfahrens kann der BGH **Anordnungen iSd § 18 Abs. 2** erlassen; hierzu bedarf es aber eines Antrags des Schuldners bzw des Gläubigers.

ee) Entscheidung

105 Wird die **Zwangsvollstreckung aus dem Titel erstmals durch den BGH zugelassen**, so erteilt der Urkundsbeamte der Geschäftsstelle des BGH die Vollstreckungsklausel. Insoweit gelten § 7 Abs. 1 S. 1 und 2 sowie die §§ 8 und 9 Abs. 1 entsprechend. Die Aufnahme eines Zusatzes über die Beschränkung der Zwangsvollstreckung entfällt (§ 14 Abs. 2).

ff) Rechtswirkungen

106 Sofern der Titel den Zusatz enthält, dass die Zwangsvollstreckung aufgrund der Anordnung des Gerichts nicht über Maßregeln der Sicherung hinausgehen darf (§ 11 Abs. 4 S. 3), kann der Gläubiger **bei Zurückweisung der Rechtsbeschwerde des Schuldners** die Erteilung des **Zeugnisses** beantragen, dass die Zwangsvollstreckung unbeschränkt stattfinden kann (§ 20 Abs. 1, Abs. 2 Nr. 3).

II. Durchführung der Zwangsvollstreckung – Grundsatz

107 Sofern ein **Titel** vorliegt, der auf **Leistung von Geld** lautet, ist bei dessen Anerkennung durch die 1. Instanz sowie bei Anerkennung durch die 2. Instanz mit der zugleich – auf Antrag des Schuldners – eine Anordnung iSd § 18 Abs. 2 ergangen ist, die **Zwangsvollstreckung** grundsätzlich **auf Sicherungsmaßregeln beschränkt**. Eine Verwertung bzw Einziehung des Objektes der Vollstreckung ist damit nicht zulässig.

108 Nach **Art. 54 Abs. 3 EuErbVO** ist eine Verwertung grundsätzlich erst dann zulässig, wenn die Rechtsbehelfsfrist betreffend die Vollstreckbarerklärung abgelaufen ist bzw – bei Einlegung eines Rechtsbehelfs – das OLG über den Rechtsbehelf entschieden hat. Ist dies der Fall, so ist die Zwangsvollstreckung grundsätzlich nicht mehr auf Maßregeln der Sicherung beschränkt (vgl § 11 Abs. 4 S. 2). Um eine solche Beschränkung wiedererlangen zu können, bedarf es einer gesonderten Anordnung des OLG auf Antrag des Schuldners (vgl § 11 Abs. 4 S. 2 iVm § 18 Abs. 2), nämlich dass die Zwangsvollstreckung nicht oder nur gegen Sicherheitsleistung über Maßregeln der Sicherung hinausgehen darf.

III. Rechtsschutzmöglichkeiten des Schuldners im Rahmen der Zwangsvollstreckung

1. Sicherheitsleistung durch den Schuldner (§ 16)

109 Bei einem Titel, der auf Geld lautet und der über Maßregeln zur Sicherung nicht hinausgehen darf, ist der Schuldner befugt, die Zwangsvollstreckung durch **Sicherheitsleistung** in Höhe des Betrages, wegen dessen der Gläubiger vollstrecken darf, abzuwenden. Die Höhe des Betrages kann der Vollstreckungsklausel iSd § 8 entnommen werden.

Bei **Leistung** der Sicherheit und dessen **Nachweis in Form einer öffentlicher Urkunde** (also entsprechend § 775 Nr. 3 ZPO iVm § 415 Abs. 1 ZPO: vorrangig Bescheinigung der Hinterlegungsstelle, so dass die Vorlage eines Einzahlungs- oder Überweisungsnachweises einer Bank oder Sparkasse nicht genügt!) ist die Zwangsvollstreckung einzustellen und es sind bereits getroffene Vollstreckungsmaßregeln aufzuheben (§ 16 Abs. 2). **110**

Die Vorschrift ergänzt insoweit **Art. 54 Abs. 3 EuErbVO** mittels einer Abwendungsbefugnis für die Dauer des Rechtsmittelverfahrens. **111**

2. Antrag auf Versteigerung beweglicher Sachen (§ 17)

Ist die Zwangsvollstreckung auf Maßregeln der Sicherung beschränkt, so kann der Schuldner bei Gefahr einer beträchtlichen (!) **Wertminderung** einer gepfändeten **beweglichen Sache** oder bei Entstehung **unverhältnismäßiger** (!) **Kosten** bei deren **Aufbewahrung** die Versteigerung der Sache und die Hinterlegung des Erlöses verlangen. **112**

3. Antrag, dass die Zwangsvollstreckung nicht oder nur gegen Sicherheitsleistung über Maßregeln der Sicherung hinausgehen darf (§ 18 Abs. 2)

Die Vorschrift betrifft sowohl den Fall, dass das Beschwerdegericht die Vollstreckbarerklärung der 1. Instanz bestätigt hat (Zurückweisung der Beschwerde des Schuldners gegen die Zulassung der Zwangsvollstreckung [§ 18 Abs. 1 Alt. 1]) als auch den Fall, dass das Beschwerdegericht auf Beschwerde des Gläubigers hin die Zwangsvollstreckung aus dem Titel zulässt (§ 18 Abs. 1 Alt. 2). Bei letzterem, bei der die Zwangsvollstreckung erstmals aus dem Titel zugelassen wird, ist die Vollstreckungsklausel gem. § 11 Abs. 4 grundsätzlich ohne den Zusatz zu erteilen, dass die Zwangsvollstreckung auf Maßregeln der Sicherung beschränkt ist. Eine Beschränkung kann nur durch eine gesonderte Anordnung des Beschwerdegerichts erreicht werden (vgl § 11 Abs. 4 S. 2), die einen **Antrag des Schuldners** gem. § 18 Abs. 2 erfordert. **113**

Neben dem Antrag bedarf es des **Nachweises**, dass eine Vollstreckung über Maßregeln der Sicherung hinaus, dem Schuldner einen **nicht zu ersetzenden Nachteil** bringen würde. **114**

Die **Schutzanordnung** zugunsten des Schuldners **unterbleibt** gem. § 18 Abs. 2 S. 3 iVm § 713 ZPO jedoch dann, wenn die Voraussetzungen für die Rechtsbeschwerde unzweifelhaft nicht vorliegen. **115**

4. Einwendungen des Schuldners betreffend einen Verstoß gegen die Beschränkung der Zwangsvollstreckung auf Sicherungsmaßregeln (§ 15)

a) Gegenstand der Einwendungen

Die Vorschrift umfasst **alle Einwendungen**, die darauf gründen, dass die Zwangsvollstreckung gegen das Gebot der **Beschränkung auf Sicherungsmaßregeln** verstößt. Die Beschränkung kann sich aus der EuErbVO unmittelbar ergeben (vgl Art. 54 Abs. 3 EuErbVO), aus einem Verstoß gegen eine Anordnung iSd § 18 Abs. 2 oder durch eine einzelne Vollstreckungsmaßnahme als solche. **116**

b) Rechtsbehelf

117 Auch wenn nach den einschlägigen Vorschriften der ZPO ein anderer Rechtsbehelf gegeben wäre, sieht § 15 aus Gründen der Vereinfachung als einzig statthaften Rechtsbehelf die **Erinnerung iSd § 766 ZPO** vor.

118 Zuständiges Gericht ist insofern das **Vollstreckungsgericht** iSd § 764 ZPO.

5. Einwendungen gegen den Anspruch selbst (Vollstreckungsabwehrklage, § 23)

119 Die Vorschrift betrifft Einwendungen, die sich gegen den titulierten Anspruch selbst richten, also **materielle Einwendungen**. Da die Funktion der Vorschrift allein darin liegt, den statthaften Rechtsbehelf für solche Einwendungen zu bestimmen, ordnet § 23 Abs. 1 S. 2 an, dass nur solche Einwendungen berücksichtigt werden können, die **nach dem Erlass der Entscheidung** entstanden sind. Insoweit finden die **Grundsätze des § 767 Abs. 2 ZPO** Anwendung.

120 Zuständiges **Gericht** für die Erhebung der Klage ist dasjenige, das über den Antrag auf Erteilung der Vollstreckungsklausel entschieden hat (vgl Rn 3 ff).

6. Antrag auf Aufhebung/Änderung der Zulassung der Zwangsvollstreckung aufgrund des Wegfalls der Vollstreckungskraft der Entscheidung des Ursprungsmitgliedstaats (§ 24)

a) Anwendungsbereich

121 In sachlicher Hinsicht ist der Anwendungsbereich darauf beschränkt, dass der **Titel in dem Mitgliedstaat**, in dem er ergangen ist, **aufgehoben** oder **abgeändert** worden ist. Insoweit sind all die Fälle erfasst, in denen der ausländische Titel in seinem Ursprungsland **die Vollstreckungskraft aus irgendeinem Grund verloren** hat. Demgemäß kann auch die Zulassung der Zwangsvollstreckung im Inland keinen Bestand haben.[14] Sofern der Schuldner **in zeitlicher Hinsicht** nicht mehr in der Lage ist (vgl § 24 Abs. 1), diese Tatsache in dem Verfahren der Zulassung der Zwangsvollstreckung geltend zu machen, stellt ihm § 24 **ein besonderes Verfahren** zur Verfügung, um diese Tatsache vorbringen zu können.

b) Verfahren

122 Das Verfahren wird durch die Stellung eines **Antrags des Schuldners** eingeleitet, der inhaltlich darauf abzielt, die Vollstreckungsklausel entsprechend der Änderung des ausländischen Titels im Ursprungsmitgliedstaat anzupassen. Dieser kann bei dem Gericht schriftlich oder zu Protokoll der Geschäftsstelle gestellt werden (§ 24 Abs. 3 S. 1). Insoweit gelten die Grundsätze des § 4 (Vgl Rn 9 ff). Eine Wertgrenze besteht nicht.

123 **Ausschließlich zuständig** ist – aus Gründen der Verfahrensbeschleunigung – das Gericht, das im ersten Rechtszug über den Antrag auf Erteilung der Vollstreckungsklausel entschieden hat (vgl dazu § 3), also das **Landgericht**.

124 Die **Entscheidung** ergeht **nach Anhörung des Gläubigers** (§ 24 Abs. 3 S. 3); die Durchführung einer **mündliche Verhandlung** ist nicht zwingend erforderlich, sondern

---

14 Vgl BT-Drucks. 11/351 S. 28 zu § 29 AVAG aF.

steht **im pflichtgemäßen Ermessen** des Gerichts. Findet eine solche statt, besteht Anwaltspflicht (vgl § 24 Abs. 3 S. 4 iVm § 11 Abs. 2 S. 2 iVm § 215 ZPO; vgl Rn 71). Die Entscheidung bedarf der Begründung und ist dem Schuldner und dem Gläubiger selbst dann zuzustellen, wenn sie im Rahmen einer mündlichen Verhandlung verkündet wurde (§ 24 Abs. 3 S. 4 iVm § 11 Abs. 3).

Statthaftes **Rechtsmittel** gegen die Entscheidung ist die **Beschwerde iSd §§ 567 – 577 ZPO** (§ 24 Abs. 4 S. 1). Die **Beschwerdefrist**, die eine Notfrist ist, beträgt einen Monat ab Zustellung der (auch verkündeten) Entscheidung (vgl § 24 Abs. 3 S. 4 iVm § 11 Abs. 3). 125

Für den Erlass **einstweiliger Anordnungen** finden die §§ 769, 770 ZPO entsprechende Anwendung, wobei die Aufhebung einer Vollstreckungsmaßregel auch ohne Sicherheitsleistung zulässig ist (§ 24 Abs. 5). 126

Den dadurch entstandenen **Schaden**, dass der Gläubiger **vor Verfahrensabschluss** in dem Ursprungsmitgliedstaat die **Zwangsvollstreckung betrieben** hat, kann der Schuldner gemäß § 26 Abs. 1 S. 2 ersetzt verlangen (Risikohaftung). 127

7. Antrag auf Aufhebung/Änderung der Zulassung der Zwangsvollstreckung aufgrund des Wegfalls der Entscheidung des Ursprungsmitgliedstaats (§ 25)

Die Vorschriften betreffend das **besondere Verfahren iSd § 24 Abs. 1 und 4** gelten entsprechend, wenn nach Zulassung der Vollstreckung die **Entscheidung als solche** im Ursprungsmitgliedstaat aufgehoben wird und der Schuldner diese Tatsache in dem Verfahren über den Antrag auf Feststellung der Anerkennung nicht geltend machen konnte. 128

Der durch die Vollstreckung entstandene **Schaden** ist nach den allgemeinen Vorschriften zu ersetzen. Die Risikohaftung des § 26 gilt insofern nicht (vgl § 26 Abs. 1 S. 2). 129

Für den Erlass **einstweiliger Anordnung** ist insofern kein Bedarf. 130

8. Schadensersatz wegen ungerechtfertigter Vollstreckung (§ 26)
a) Anwendungsbereich

Der Regelungsbereich der Vorschrift, die einen materiellrechtlichen Schadensersatzanspruch begründet, umfasst zum einen den Fall (**Abs. 1 S. 1 Alt. 1**), dass die Zulassung des Schuldtitels zur Zwangsvollstreckung auf Beschwerde (§ 10) oder Rechtsbeschwerde (§ 12) hin aufgehoben/abgeändert worden ist, weil Gründe für die Nichtanerkennung der Entscheidung iSd Art. 40 EuErbVO vorliegen (vgl Art. 52 EuErbVO), zum anderen denjenigen Fall (**Abs. 1 S. 1 Alt. 2**), dass die Vollstreckungskraft des Titels im Ursprungsmitgliedstaat gemäß § 24 aufgehoben/geändert wurde. Im letzteren Fall besteht aber ein Schadensersatzanspruch nur dann, wenn die ausländische Entscheidung im Zeitpunkt der Zulassung der Vollstreckung nach dem Recht des Mitgliedstaats, in dem sie ergangen ist, noch mit einem ordentlichen Rechtsmittel angefochten werden konnte (**Abs. 1 S. 2**). Dem Gläubiger wird also nur insoweit eine Schadensersatzpflicht auferlegt, als er die Zwangsvollstreckung aus einer Entschei- 131 dung betreibt, über welche die Parteien im Instanzenzug noch streiten, sich letztendlich aber herausstellt, dass die Zwangsvollstreckung ungerechtfertigt war.[15]

b) Verfahren

132 Im Gegensatz zu § 717 Abs. 2 ZPO kann der sog. „**Verfrühungsschaden**" nicht zugleich mit der Beschwerde (§ 10) bzw Rechtsbeschwerde (§ 12) geltend gemacht werden, sondern ist **in einem gesonderten Verfahren** zu verfolgen.

133 **Ausschließlich zuständig** ist hierfür das **Gericht**, das im ersten Rechtszug über den Antrag auf Erteilung der Vollstreckungsklausel entschieden hat, also das **Landgericht**. Die funktionelle Zuständigkeit bestimmt sich nach den allg. Grundsätzen iSd §§ 348 ff ZPO. § 3 Abs. 3 gilt insofern nicht, da die Entscheidung keinen Antrag auf Erteilung der Vollstreckungsklausel betrifft.

IV. Rechtsschutzmöglichkeiten des Gläubigers im Rahmen der Zwangsvollstreckung

1. Einwendungen des Gläubigers betreffend einen Verstoß gegen die Beschränkung der Zwangsvollstreckung auf Sicherungsmaßregeln (§ 15)

a) Gegenstand der Einwendungen

134 Die Vorschrift umfasst **alle Einwendungen**, die darauf gründen, dass die von dem Vollstreckungsorgan abgelehnte Zwangsvollstreckungsmaßnahme mit dem Gebot der **Beschränkung auf Sicherungsmaßregeln** vereinbar ist.

b) Rechtsbehelf

135 Auch wenn nach den einschlägigen Vorschriften der ZPO ein anderer Rechtsbehelf gegeben wäre, sieht § 15 aus Gründen der Vereinfachung als einzig statthaften Rechtsbehelf die **Erinnerung iSd § 766 ZPO** vor.

136 **Zuständiges Gericht** ist insofern das **Vollstreckungsgericht** iSd § 764 ZPO.

2. Antrag auf Versteigerung beweglicher Sachen (§ 17)

137 Ist die Zwangsvollstreckung auf Maßregeln der Sicherung beschränkt, so kann bei Gefahr einer beträchtlichen (!) **Wertminderung** einer gepfändeten **beweglichen Sache** oder bei Entstehung **unverhältnismäßiger** (!) **Kosten** bei deren **Aufbewahrung** auch der Gläubiger die Versteigerung der Sache und die Hinterlegung des Erlöses verlangen.

---

15 Vgl BT-Drucks. 11/351 S. 28 zu § 30 AVAG aF.

3. **Antrag beim BGH**, eine Anordnung des Beschwerdegericht iSd § 18 Abs. 2, wonach die Zwangsvollstreckung nicht bzw nur gegen Sicherheitsleistung über Maßregeln der Sicherung hinausgehen darf, abzuändern bzw aufzuheben (§ 18 Abs. 2)
4. Antrag auf unbeschränkte Fortsetzung der Zwangsvollstreckung

a) die durch das Gericht des ersten Rechtszuges zugelassen wurde (§ 19)

Die Zwangsvollstreckung ist auf **Antrag des Gläubigers** über Maßregeln der Sicherung hinaus fortzusetzen, wenn er ein **Zeugnis** vorlegt, dass die Zwangsvollstreckung unbeschränkt stattfinden darf. Das Zeugnis erteilt der Urkundsbeamte der Geschäftsstelle des Gerichts des ersten Rechtszuges, wenn die Voraussetzungen iSd § 19 Abs. 2 gegeben sind.

b) die durch das Beschwerdegericht zugelassen wurde (§ 20)

Sofern die Klausel erstmals durch das Beschwerdegericht erteilt wurde, ist die Zwangsvollstreckung über Maßregeln der Sicherung hinaus fortzusetzen, wenn der Gläubiger ein entsprechendes **Zeugnis** vorlegt. Dieses erteilt der Urkundsbeamte der Geschäftsstelle des Beschwerdegerichts (vgl § 11 Abs. 4 S. 1), sofern die Voraussetzungen iSd § 20 Abs. 2 gegeben sind.

D. Feststellung der Anerkennung einer ausländischen Entscheidung

I. Grundsatz

Die in einem Mitgliedstaat ergangenen Entscheidungen werden grundsätzlich in den anderen Mitgliedstaaten anerkannt, ohne dass es hierfür eines besonderen Verfahrens bedarf (Art. 39 Abs. 1 EuErbVO). Lediglich dann, wenn es streitig ist, ob die Entscheidung im Einklang mit den Anforderungen iSd Art. 40 EuErbVO steht, kann jede Partei, die sich auf diese Entscheidung stützt, die Feststellung beantragen, dass die Entscheidung anzuerkennen ist (Art. 39 Abs. 2 EuErbVO).

II. Verfahren

1. Inzidente Anerkennung (Art. 39 Abs. 3 EuErbVO)

Sofern die Anerkennung einer ausländischen Entscheidung eine entscheidungserhebliche Vorfrage in dem inländischen Rechtsstreit darstellt, kann das erkennende Gericht im Rahmen seiner Entscheidung die Voraussetzungen iSd Art. 40 EuErbVO inzident prüfen. Eines ausdrücklichen Ausspruchs der Anerkennung bedarf es dabei nicht. Die hierfür maßgebenden Erwägungen sind in den Entscheidungsgründen darzustellen. Insoweit tritt keine Rechtskraft hinsichtlich der Anerkennung ein.[16]

2. Selbstständiges Anerkennungsverfahren (Art. 39 Abs. 2 EuErbVO)

Die Vorschriften der **Art. 45 bis 58 EuErbVO** finden **entsprechende Anwendung**; es gelten also die Grundsätze des Anerkennungsverfahrens betreffend die Zwangsvollstreckung. Demgemäß sieht § 21 Abs. 1 die entsprechende Anwendung der Vorschriften vor, die nicht auf die Erteilung einer Vollstreckungsklausel gerichtet sind.

---

16 Thomas/Putzo/*Hüßtege*, 35. Aufl., Art. 34 EuGVVO Rn 6.

143 Ist der Feststellungsantrag erfolgreich, ist **im Tenor** des **Beschlusses** auszusprechen, dass die betreffende ausländische Entscheidung anzuerkennen ist (§ 21 Abs. 2). Die **Kosten** des Anerkennungsverfahrens sind (!) gem. § 22 S. 1 dem Antragsgegner aufzuerlegen.

144 Der Antragsgegner, der entspr. Art. 48 S. 2 EuErbVO im Anerkennungsverfahren keine Gelegenheit erhalten hat, eine Erklärung abzugeben, kann gegen die Entscheidung des Landgerichts **Beschwerde** (§ 10) einlegen, wobei er diese auf den Kostenausspruch beschränken kann. Sofern er durch sein Verhalten keine Veranlassung zu dem Antrag auf Feststellung gegeben hat, kann das Beschwerdegericht nunmehr (!) dem Antragsteller die Kosten des Anerkennungsverfahrens auferlegen.

E. Entscheidungen deutscher Gerichte – Mahnverfahren (§§ 27–39)

145 Unterabschnitt 6 enthält nähere Ausführungen bezüglich inländischer Titel, die in ausländischen Mitgliedstaaten vollstreckt werden.

I. Bescheinigungen zu inländischen Titeln (§ 27)

146 Die Vorschrift regelt die **innerstaatliche Zuständigkeit** zur Ausstellung **von Bescheinigungen** nach Art. 46 Abs. 3 lit. b, Art. 60 Abs. 2 und Art. 61 Abs. 2 EuErbVO iVm § 81 Abs. 2 EuErbVO. Sie entspricht weitgehend § 57 AVAG und § 71 AUG.

147 Die **Funktion der Bescheinigung** entspricht derjenigen einer Vollstreckungsklausel: Sie soll Bestand und Vollstreckbarkeit des Titels dokumentieren. Demgemäß ist die Zuständigkeit den **Gerichten** bzw den **Notaren** zugewiesen, die an sich für die Erteilung einer vollstreckbaren Ausfertigung iSd § 727 ZPO zuständig sind.

148 Die **Ausstellung der Bescheinigung** setzt jedoch nicht voraus, dass bereits eine vollstreckbare Ausfertigung iSd § 727 ZPO für das Inland erteilt worden ist, wie sie auch gemäß **Abs. 3** nicht das Recht auf die (nachfolgende) Erteilung einer Vollstreckungsklausel iSd § 727 ZPO ausschließt. Abs. 3 trägt dem Umstand Rechnung, dass der Gläubiger sowohl im Ausland als auch im Inland vollstrecken will. Insoweit wird auch klargestellt, dass für eine Vollstreckung im Inland aus dem inländischen Titel weiterhin eine Vollstreckungsklausel erforderlich ist.

149 Bescheinigungen, die die **Gerichte** ausstellen, werden nach **Abs. 2** grundsätzlich von den Gerichten erster Instanz ausgestellt; ist der Rechtsstreit bei einem höheren Gericht anhängig, so ist dieses Gericht zuständig (**Abs. 2 S. 1**). Funktionell zuständig ist idR der **Urkundsbeamte der Geschäftsstelle** (**Abs. 2 S. 2**).

150 **Bescheinigungen zu notariellen Urkunden,** die von einem Notar (§ 3 Abs. 4) für vollstreckbar erklärt werden, sind durch den Notar auszustellen.

151 Für die **Anfechtung** der Entscheidung über die Ausstellung der Bescheinigung finden die **allg. Vorschriften** über die Anfechtung der Entscheidung über die Erteilung der Vollstreckungsklausel Anwendung (**Abs. 2 S. 2**).

II. Vervollständigung inländischer Entscheidungen zur Verwendung im Ausland (§ 28)

Die Vorschrift, die § 30 AVAG nachgebildet ist, soll die Anerkennung deutscher Entscheidungen im Ausland erleichtern. 152

1. Anwendungsbereich

Die Vorschrift findet auf **Versäumnis- bzw Anerkenntnisurteile**, die nach § 313 b ZPO in verkürzter Form abgefasst worden sind (**Abs. 1**), sowie auf **Arrestbefehle**, **einstweilige Anordnungen** und **einstweilige Verfügungen**, die nicht mit einer Begründung versehen sind (**Abs. 4**), Anwendung, wenn sie nach dem Willen einer Partei in einem anderen Mitgliedstaat geltend gemacht werden sollen. 153

2. Verfahren

Das Vervollständigungsverfahren bedarf eines **Antrags** bei dem Gericht, das den Titel erlassen hat, der schriftlich oder durch Erklärung zu Protokoll der Geschäftsstelle zu stellen ist (Abs. 1 S. 1). 154

Die **Entscheidung** ergeht ohne mündliche Verhandlung (Abs. 1 S. 2). 155

In Bezug auf die **Versäumnis- bzw Anerkenntnisurteil**, die nach § 313 b ZPO in verkürzter Form abgefasst worden sind, erfolgt die **Vervollständigung** durch Abfassung des **Tatbestandes** und der **Entscheidungsgründe**, die von den Richtern gesondert zu unterschreiben sind und der Geschäftsstelle übergeben werden. Die Unterschrift kann auch durch Richter erfolgen, die bei dem Urteil nicht mitgewirkt haben (**Abs. 2 Hs 2**). 156

Für eine **Berichtigung** des nachträglich abgefassten Tatbestandes gilt § 320 ZPO (Abs. 3 S. 1). Die Unterschrift in Bezug auf die Berichtigung muss nicht durch diejenige Richter erfolgen, die bei dem Urteil bzw der nachträglichen Anfertigung des Tatbestandes mitgewirkt haben (Abs. 3 S. 2). 157

III. Vollstreckungsklausel zur Verwendung im Ausland (§ 29)

Vollstreckungsbescheide, **Arrestbefehle** und **einstweilige Verfügungen** bzw **einstweilige Anordnungen**, bedürfen idR keiner Vollstreckungsklausel zur Vollstreckung im Inland (vgl § 796 Abs. 1, § 929 Abs. 1 bzw § 936 ZPO). Dennoch ist gem. § 29 der Titel mit einer Vollstreckungsklausel zu versehen, wenn eine Vollstreckung im Ausland beabsichtigt ist. 158

IV. Mahnverfahren mit Zustellung im Ausland (§ 30)

Die Vorschrift knüpft an § 688 Abs. 1, 3 ZPO, § 690 Abs. 1 Nr. 5 ZPO sowie § 692 Abs. 1 Nr. 3 ZPO an. 159

In Abweichung von § 688 Abs. 3 ZPO findet das Mahnverfahren auch dann statt, wenn die Zustellung in einem anderen Mitgliedstaat erfolgen muss (**Abs. 1 S. 1**), wobei in diesem Fall auch die Geldsumme, die Gegenstand des Mahnverfahren ist, entgegen § 688 Abs. 1 ZPO nicht in Euro, sondern in ausländischer Währung beziffert werden kann (**Abs. 1 S. 2**). 160

2 § 3 Entgegennahme von Erklärungen; Aneignungsrecht (§§ 31, 32 IntErbRVG)

161 § 690 Abs. 1 Nr. 5 ZPO wird durch **Abs. 2** dahin gehend ergänzt, dass die durch den Antragsteller geltend gemachte Zuständigkeit des angerufenen Gerichts aufgrund einer Gerichtsstandsvereinbarung durch die Beifügung der erforderlichen Schriftstücke über die Vereinbarung belegt wird.

162 Die **Widerspruchsfrist** bzgl des im Ausland zugestellten Mahnantrags beträgt in Abweichung zu § 692 Abs. 1 Nr. 3 ZPO **einen Monat**.

§ 3 Entgegennahme von Erklärungen; Aneignungsrecht (§§ 31, 32 IntErbRVG)

A. Entgegennahme von Erklärungen (§ 31 IntErbRVG)
I. Allgemeines und Kritisches

1 Den Referenzpunkt stellt die Regelung in **Art. 13 EuErbVO** dar, die Bestimmung zur Annahme oder Ausschlagung einer Erbschaft, eines Vermächtnisses, eines Pflichtteils oder einer Erklärung zur Haftungsbegrenzung für Nachlassverbindlichkeiten (vgl auch Teil 1 § 3 Rn 7 und 36). Konzipiert als Verfahrensvereinfachung,[1] die der Umsetzung des 32. Erwägungsgrundes dient,[2] stellt die Bestimmung in Art. 13 EuErbVO den nach Art. 4, 7, 10 und 11 EuErbVO zuständigen Gerichten eine weitere gerichtliche Zuständigkeit zur Seite.[3] Die entsprechenden Erklärungen können **auch** vor den **Gerichten des Mitgliedsstaates** abgegeben werden, im dem die **erklärende Person** ihren **gewöhnlichen Aufenthalt** hat, Art. 13 EuErbVO.[4] Reminiszenzen[5] an § 344 Abs. 7 FamFG drängen sich auf, an eine spezielle örtliche Zuständigkeit, wenngleich diese Regelung an den Wohnsitz des Erklärenden anknüpft. Die Bestimmung in § 31 IntErbRVG greift den Regelungsaspekt auf und soll zur Umsetzung des Art. 13 EuErbVO beitragen.[6]

2 Die **Kritik** des Rechtsausschusses[7] und des Bundesrates[8] richtete sich gegen die Ausgestaltung des § 31 Satz 3 IntErbRVG, der eine **Hinweispflicht des Nachlassgerichts** vermissen lässt. Ein „Mitteilungsmechanismus"[9] iSv § 344 Abs. 7 FamFG fehlt. Unter Fürsorgegesichtspunkten sei es jedoch „sachgerecht, eine Verpflichtung des entgegennehmenden Gerichts zu normieren, den Erklärenden darauf hinzuweisen, dass er selbst das Gericht des anderen Mitgliedsstaates über die Annahme beziehungsweise Ausschlagung der Erbschaft informieren muss".[10] Die Implementierung einer entsprechenden Hinweispflicht des Nachlassgerichts trage zur Gefahrenreduktion bei,

---

1 *Müller-Lukoschek*, Die neue EU-Erbrechtsverordnung, 2013, § 2 Rn 256; ebenso *Wagner/Scholz* FamRZ 2014, 714, 716; vgl auch Teil 1 § 3 Rn 7 und 36.
2 Vgl auch BR-Drucks. 644/14, Amtliche Begründung zu Art. 1, § 31 IntErbRVG, S. 52.
3 Vgl auch *Kroiß* ErbR 2015, 127.
4 Vgl auch *Müller-Lukoschek*, Die neue EU-Erbrechtsverordnung, 2013, § 2 Rn 256.
5 *Müller-Lukoschek*, Die neue EU-Erbrechtsverordnung, 2013, § 2 Rn 257.
6 BR-Drucks. 644/14, Amtliche Begründung zu Art. 1, § 31 IntErbRVG, S. 52.
7 Empfehlung des Rechtsausschusses vom 23.1.2015, BR- Drucks. 644/1/14.
8 Stellungnahme des Bundesrates vom 6.2.2015, BR-Drucks. 644/14.
9 *Müller-Lukoschek*, Die neue EU-Erbrechtsverordnung, 2013, § 2 Rn 259.
10 Empfehlung des Rechtsausschusses vom 23.1.2015, BR- Drucks. 644/1/14.

trotz des eindeutigen Wortlautes des 32. Erwägungsgrundes, der den Erklärenden in der Pflicht sieht. Wegen der sachlichen Unabhängigkeit des Rechtspflegers könne die Hinweispflicht nur durch Gesetz begründet werden.[11] Die Bundesregierung ist in ihrer Gegenäußerung[12] diesem Vorschlag mit dem Hinweis entgegengetreten, die EuErbVO sehe kein Recht der Mitgliedsstaaten vor, „eine solche Pflicht ausdrücklich zu regeln".[13] Eine Normierungsmöglichkeit durch den nationalen Gesetzgeber sei ungewiss.[14] Gegen eine Hinweispflicht, die im Übrigen nur umfassend ausfallen könne, spreche auch der „erhebliche Arbeits-, Kosten- und Zeitaufwand".[15] In der Praxis sei es häufig überhaupt nicht möglich, die Zuständigkeit zu bestimmen.[16] In der Literatur geht die Empfehlung bereits dahin, die Annahme- oder Ausschlagungserklärung „nur vor der nach Art. 4 ff EuErbVO zuständigen Stelle zu erklären".[17] In der Beschlussempfehlung des Rechtsausschusses vom 20.5.2015 (BT-Drucks.. 18/4961) wird die Normierung einer Hinweispflicht nicht mehr gefordert, und auch der Gesetzesbeschluss vom 21.5.2015 (BR-Drucks. 230/15) sieht die unveränderte Übernahme des § 31 IntErbRVG vor.

II. Spezielle örtliche Zuständigkeit, § 31 Satz 1 IntErbRVG

Die Durchführungsbestimmung[18] in § 31 Satz 1 IntErbRVG schafft einen **besonderen Gerichtsstand**, eine spezielle örtliche Zuständigkeit für die **Annahme** und **Ausschlagung** einer **Erbschaft**, nicht aber für die Entgegennahme anderer Erklärungen, deren gerichtliche Rezeption nicht vorgesehen ist, darunter die Annahme oder Ausschlagung eines Vermächtnisses oder eines Pflichtteils.[19] Ebenso wenig werden die Nachlassverwaltung, die Inventarerrichtung und die eidesstattliche Versicherung der Erben hiervon erfasst,[20] weil sie keine unmittelbare Haftungsbeschränkung bewirken.[21] Der auf die Entgegennahme von Annahme- oder Ausschlagungserklärungen beschränkte Kreis der Erklärungen gibt Anlass zu der Frage, „ob § 31 IntErbRVG ... große praktische Bedeutung erlangen wird".[22]

Nach § 31 Satz 1 IntErbRVG ist in den Fällen des Art. 13 EuErbVO für die Entgegennahme einer Erbschaftsannahme oder -ausschlagung das **Nachlassgericht** örtlich zu-

---

11 So die Stellungnahme des Bundesrates vom 6.2.2015, BR-Drucks. 644/14.
12 BT-Drucks. 18/4201, S. 89, 90.
13 BT-Drucks. 18/4201, S. 89.
14 BT-Drucks. 18/4201, S. 89.
15 BT-Drucks. 18/4201, S. 90.
16 BT-Drucks. 18/4201, S. 90.
17 *Lehmann* ZEV 2015, 138, 141.
18 BR-Drucks. 644/14, Amtliche Begründung zu § 31 IntErbRVG, S. 52.
19 Entgegennahme durch das Nachlassgericht nicht vorgesehen (erfolgt gegenüber dem Beschwerten) oder dem deutschen Recht gänzlich fremd (Pflichtteilsausschlagung und -annahme), vgl BR-Drucks. 644/14, Amtliche Begründung zu § 31 IntErbRVG, S. 52; *Lehmann* ZEV 2015, 138, 139; vgl auch Teil 1 § 3 Rn 7; ebenso *Kroiß* ErbR 2015, 127.
20 BR-Drucks. 644/14, Amtliche Begründung zu § 31 IntErbRVG, S. 52; *Lehmann* ZEV 2015, 138, 139.
21 BR-Drucks. 644/14, Amtliche Begründung zu § 31 IntErbRVG, S. 52.
22 So *Lehmann* ZEV 2015, 138, 139.

ständig, in dessen Bezirk die **erklärende Person** ihren **gewöhnlichen Aufenthalt** hat.[23] Der letzte gewöhnliche Aufenthalt des Erblassers spielt keine Rolle.

III. Prozedere der Entgegennahme, § 31 Satz 2 IntErbRVG

5 Das Prozedere der Entgegennahme beschreibt § 31 Satz 2 IntErbRVG. Danach ist die Erklärung zur **Niederschrift** des Nachlassgerichts *oder* in **öffentlich beglaubigter Form** abzugeben.[24] Eine Wirksamkeitsprüfung des Nachlassgerichts erfolgt bei der Entgegennahme nicht,[25] ebenso wenig eine Prüfung des Inhalts, ob alle erforderlichen Genehmigungs- bzw Zustimmungserfordernisse[26] gewahrt sind. Die Aufgabe des Nachlassgerichts erschöpft sich in der Funktion einer bloßen *Entgegennahmestelle*, woran die Kritik anknüpft (vgl Rn 2 und 8).

IV. Prozedere nach Entgegennahme der Erklärung, § 31 Satz 3 IntErbRVG, und Kritik hierzu

6 Wie **nach Entgegennahme** der Erklärung zu verfahren ist, ist in § 31 Satz 3 IntErbRVG festgehalten. Die **Urschrift** der Niederschrift oder die Urschrift der Erklärung in öffentlich beglaubigter Form verbleibt nicht beim entgegennehmenden Gericht, sondern wird dem Erklärenden **ausgehändigt**[27].

7 Die **Urschrift** der entgegengenommenen Erklärung in öffentlich beglaubigter Form versieht das Nachlassgericht noch mit dem Ort und dem Datum der Entgegennahme, § 31 Satz 3, 2. Hs. IntErbRVG; die **Niederschrift** enthält ohnehin bereits die Angaben hierzu, so dass ein Vermerk überflüssig ist.

8 Auf **Kritik** stößt die **stumme Funktion** des Gerichts, das lediglich entgegennimmt und wieder aushändigt, ggf vermerkt,[28] ohne zu belehren, zu beraten oder auf den weiteren Verfahrensgang hinzuweisen. Zur Rechtfertigung wird der 32. Erwägungsgrund ins Feld geführt,[29] insbesondere dessen dritter Satz, der die Erklärenden selbst in der Pflicht sieht. Der Rechtsausschuss[30] und der Bundesrat[31] sind dieser Konzeption mit dem Vorschlag entgegengetreten, der Gesetzgeber möge auch in diesem Bereich seiner Fürsorgepflicht gerecht werden und eine Hinweispflicht des Nachlassgerichtes normieren. Danach soll das entgegennehmende Gericht verpflichtet sein, den Erklärenden auf den weiteren Verfahrensgang hinzuweisen. Die Bundesregierung ist diesem Vorschlag nicht gefolgt (vgl Rn 2).

---

23 Vgl auch *Wagner/Scholz* FamRZ 2014, 714, 716; der Deutsche Notarverein schlug in seiner Stellungnahme vom 4.6.2014 vor, man möge die Zuständigkeit nicht an den Aufenthalt, sondern an den Wohnsitz des Ausschlagenden knüpfen, vgl S. 6 der Stellungnahme; dieser Vorschlag blieb ohne Resonanz; zum gewöhnlichen Aufenthalt nach der EuErbVO vgl Teil 1 § 4 Rn 13; vgl ferner *Peter* MDR 2015, 309, 312.
24 Vgl auch *Kroiß* ErbR 2015, 127.
25 BR-Drucks. 644/14, Amtliche Begründung zu § 31 IntErbRVG, S. 53.
26 BR-Drucks. 644/14, Amtliche Begründung zu § 31 IntErbRVG, S. 53.
27 Vgl *Kroiß* ErbR 2015, 127.
28 Bei der Entgegennahme von Erklärungen in öffentlich beglaubigter Form.
29 Vgl *Wagner/Scholz* FamRZ 2014, 714, 717; vgl ferner *Peter* MDR 2015, 309, 312.
30 Empfehlung des Rechtsausschusses vom 23.1.2015, BR-Drucks. 644/1/14.
31 Stellungnahme des Bundesrates vom 6.2.2015, BR-Drucks. 644/14.

V. Kostenrecht, § 18 GNotKG

Die besondere Zuständigkeitsregelung in § 31 IntErbRVG legt es nahe, den Kostenansatz dem **Gericht zuzuweisen, bei dem die Ausschlagung bzw Entgegennahme abgegeben worden ist.**[32] Dies ist mit der Verweisung auf § 18 Abs. 1 GNotKG[33] geschehen ist, vgl § 18 Abs. 2 Satz 2 GNotKG.

B. Aneignungsrecht (§ 32 IntErbRVG)
I. Allgemeines und Kritisches

Wie bereits im 56. Erwägungsgrund beschrieben, gehen die verschiedenen **Rechtsordnungen** unterschiedlich mit **erbenlosen Nachlässen** um: „So kann nach einigen Rechtsordnungen der Staat – unabhängig davon, wo die Vermögenswerte belegen sind – einen Erbanspruch geltend machen. Nach anderen Rechtsordnungen kann der Staat sich nur die Vermögenswerte aneignen, die in seinem Hoheitsgebiet belegen sind."[34] Den programmatischen Auftrag im vierten Satz des 56. Erwägungsgrundes – die EuErbVO solle eine Vorschrift enthalten, die bei erbenlosen Nachlässen den Konflikt zwischen „Erbenstaat" und „Aneignungsstaat" löst –[35], erfüllt die Regelung in **Art. 33 EuErbVO.**[36] Falls weder ein durch Verfügung von Todes wegen eingesetzter Erbe oder Vermächtnisnehmer für die Nachlassgegenstände,[37] noch eine natürliche Person als gesetzlicher Erbe vorhanden ist, räumt Art. 33 EuErbVO dem Aneignungsrecht des Mitgliedsstaates den **Vorrang**[38] vor dem Erbstatut ein (vgl auch Teil 1 § 4 Rn 165). Hieran knüpft die Regelung in § 32 IntErbRVG an, die der Durchführung des Aneignungsrechtes dienen soll.[39] Das Verfahren lässt sich als **Ping-Pong-Verfahren** charakterisieren: Nachlassgericht (§ 32 Abs. 1, 2 IntErbRVG), Ausübungsstelle (§ 32 Abs. 3 IntErbRVG), Nachlassgericht (§ 32 Abs. 4 IntErbRVG), schließlich wieder die Ausübungsstelle (§ 32 Abs. 5 IntErbRVG).

Die im Laufe des Gesetzgebungsverfahrens geäußerte **Kritik**[40] wandte sich gegen die Ausgestaltung des § 32 Abs. 1 IntErbRVG. Aus dem Gesetzestext gehe nicht hinreichend hervor, „dass das Nachlassgericht nicht von sich aus verpflichtet ist, Nachforschungen bezüglich möglicher Erben anzustellen".[41] Der Änderungsvorschlag enthielt die Anfügung eines weiteren Halbsatzes an § 32 Abs. 1: „eine Amtsermittlungspflicht

---

32 BR-Drucks. 644/14, Amtliche Begründung zu Art. 13, § 18 GNotKG, S. 73.
33 Kosten werden bei dem Gericht angesetzt, bei dem sie entstanden sind, vgl zu § 18 Abs. 1 GNotKG allgemein Korintenberg/*Hellstab*, GNotKG, 19.A., 2015, § 18 Rn 16.
34 Sätze 2 und 3 des 56.Erwägungsgrundes der EuErbVO.
35 Vgl auch *Wagner/Scholz* FamRZ 2014, 714, 717 (dort auch zu den unterschiedlichen Regelungsmodellen).
36 Zur Normdiskrepanz vgl. auch MüKo-BGB/*Dutta*, Art. 33 EuErbVO Rn. 1; vgl im Übrigen Teil 1 § 4 Rn 165.
37 Bewegliches und unbewegliches Vermögen, ebenfalls Forderungen des Erblassers, vgl. auch *Kunz* GPR 2014, 285, 293.
38 MüKo-BGB/*Dutta*, Art. 33 EuErbVO Rn. 5, der auch von einem Zurückdrängen des Anwendungsbereichs des Erbstatuts spricht; ebenso BR-Drs. 644/14, Amtliche Begründung zu Art. 1, § 32 IntErbRVG, S. 53: „Vorrang vor dem `Erbenstaat`."; ebenso *Kunz* GPR 2014, 285, 293, Verdrängung des fremden Erbstatuts.
39 Vgl. *Wagner/Scholz* FamRZ 2014, 714, 717; Aneignungsrecht, keine Aneignungspflicht, vgl. auch *Kunz* GPR 2014, 285, 293; vgl auch *Kroiß* ErbR 2015, 127, 128.
40 Empfehlung des Rechtsausschusses vom 23.1.2015; ebenso Stellungnahme des Bundesrates vom 6.2.2015, Drucks. 644/14.
41 Empfehlung des Rechtsausschusses vom 23.1.2015; ebenso Stellungnahme des Bundesrates vom 6.2.2015, Drucks. 644/14.

des Nachlassgerichts wird hierdurch nicht begründet".[42] Die Intention des Änderungsvorschlages ging dahin, die Verfahrenseinleitung näher zu konkretisieren (keine Verpflichtung zur Feststellung des Aneignungsrechtes von Amts wegen).[43] Die Motive[44] erwähnen allerdings bereits, dass das Nachlassgericht nicht verpflichtet sei, das Verfahren von Amts wegen einzuleiten. Dennoch votierte die Bundesregierung für den Vorschlag des Bundesrates.[45] Die Beschlussempfehlung (Drs. 18/4961) des Rechtsausschusses vom 20.5.2015 Übernahme dieses Votum, und auch der Gesetzesbeschluss des Deutschen Bundestages vom 21.5.2015 (Drs. 230/15) sieht einen expliziten Hinweis vor.

II. Prämissen, nachlassgerichtliche Feststellung und Mitteilung der Erbenlosigkeit, § 32 Abs. 1 IntErbRVG

12 Am Anfang steht die Klärung der **Vorfrage**,[46] ob nach dem anzuwendenden Erbrecht eines anderen Mitgliedsstaates Erbenlosigkeit besteht. **Erbstatut** muss demnach **ausländisches Recht** sein,[47] anderenfalls erbt der deutsche Staat nach § 1936 BGB.[48] Die Vorfrage ist die Frage danach, ob weder ein durch Verfügung von Todes wegen eingesetzter Erbe, noch eine natürliche Person als gesetzlicher Erbe vorhanden ist, § 32 Abs. 1 IntErbRVG. Beide Voraussetzungen müssen **kumulativ**[49] gegeben sein. Erbenlosigkeit ist auch dann gegeben, sollte lediglich ein Vindikationslegatar vorhanden sein, da eine Umdeutung in ein Damnationslegat erfolgt.[50] Die Erbenlosigkeit stellt das **Nachlassgericht** fest, allerdings nicht von Amts wegen, sondern nur auf Antrag oder Anregung[51] (vgl. oben Rn 11). Eine Amtsermittlungsermittlungspflicht des Nachlassgerichts besteht nicht.

13 In welcher **Form** die Feststellung ergehen muss, **Beschluss oder Verfügung**, geht aus der Bestimmung nicht hervor. Es kommt FamFG zur Anwendung. Nach § 38 Abs. 1 Satz 1 FamFG entscheidet das Gericht durch Beschluss, soweit durch die Entscheidung der Verfahrensgegenstand ganz oder teilweise erledigt wird (Endentscheidung). Entscheidend ist das Kriterium der unmittelbaren Verfahrensbeendigung,[52] das immer dann zu bejahen ist, sofern der gesamte Verfahrensgegenstand oder ein selbständiger Teil hiervon zum Abschluss kommt. Die Feststellung des Nachlassgerichts iSv § 32 Abs. 1 IntErbRVG erfüllt diese Voraussetzungen, da mit der Feststellung die ers-

---

42 Empfehlung des Rechtsausschusses vom 23.1.2015; ebenso Stellungnahme des Bundesrates vom 6.2.2015, Drucks. 644/14.
43 Vgl Empfehlung des Rechtsausschusses vom 23.1.2015; ebenso Stellungnahme des Bundesrates vom 6.2.2015, Drucks. 644/14: „Die Regelung soll dem Nachlassgericht keinen Handlungsauftrag erteilen, sondern lediglich eine Ermächtigung geben.".
44 BR-Drucks. 644/14, Amtliche Begründung zu Art. 1, § 32 IntErbRVG, S. 54.
45 BT-Drucks. 18/4201, S. 90.
46 BR-Drucks. 644/14, Amtliche Begründung zu Art. 1, § 32 IntErbRVG, S. 53.
47 MüKo-BGB/*Dutta*, Art. 33 EuErbVO Rn 9; ebenso *Kunz* GPR 2014, 285, 293, das Aneignungsrecht gelte nur bei internationalen Nachlässen, die nach fremdem Erbstatut behandelt werden; *Kroiß* ErbR 2015, 127, 128.
48 Vgl *Wagner/Scholz* FamRZ 2014, 714, 717; *Kunz* GPR 2014, 285, 293;*Kroiß* ErbR 2015, 127, 128.
49 BR-Drucks. 644/14, Amtliche Begründung zu Art. 1, § 32 IntErbRVG, S. 53.
50 *Kunz* GPR 2014, 285, 293.
51 BR-Drucks. 644/14, Amtliche Begründung zu Art. 1, § 32 IntErbRVG, S. 54.
52 Keidel/*Meyer-Holz* § 38 FamFG Rn 4.

te Stufe des mehrstufigen⁵³ Aneignungsverfahrens zum Abschluss gebracht wird. Die Feststellung muss daher in **Beschlussform** ergehen, § 38 Abs. 1, Abs. 2 und Abs. 3 FamFG. Ein Rechtsmittel ist gegen den Beschluss nicht vorgesehen. Obgleich eine **Anfechtung nicht stattfindet**, empfiehlt sich eine entsprechende **Rechtsbehelfsbelehrung**, um unstatthafte bzw. unzulässige Rechtsmittel zu vermeiden.⁵⁴

Das Nachlassgericht **teilt** die Feststellung unverzüglich der für die Ausübung des Aneignungsrechts zuständigen **Stelle** mit. Adressat des Feststellungsbeschlusses ist die **Stelle**, die das Land bestimmt, in dem der Erblasser zur Zeit des Erbfalls seinen gewöhnlichen Aufenthalt hatte, im Übrigen die Bundesanstalt für Immobilienaufgaben, § 32 Abs. 3 Satz 4 IntErbRVG.⁵⁵

III. Örtliche Zuständigkeit, § 32 Abs. 2 IntErbRVG

Die Feststellung ist durch das **Nachlassgericht** zu treffen, in dessen Bezirk der Erblasser im Zeitpunkt seines Todes seinen **gewöhnlichen Aufenthalt**⁵⁶ hatte, § 32 Abs. 2 Satz 1 IntErbRVG.

Die örtliche Zuständigkeit des Amtsgerichts Schöneberg ist begründet, sofern der Erblasser im Zeitpunkt seines Todes **keinen gewöhnlichen Aufenthalt** im Inland hatte, § 32 Abs. 2 Satz 2 IntErbRVG.⁵⁷

IV. Ausübung des Aneignungsrecht, § 32 Abs. 3 IntErbRVG

Als **weiteren Verfahrensschritt**⁵⁸ sieht § 32 Abs. 3 IntErbRVG die **Entscheidung** darüber vor, ob das Aneignungsrecht ausgeübt werden soll. Nach dem Gesetzesaufbau kann die Entscheidung erst nach der Feststellung des Nachlassgerichts getroffen werden, nicht bereits davor.⁵⁹

Das **Handlungsspektrum** reicht von der gänzlichen Ablehnung⁶⁰ des Aneignungsrechts hin zur teilweisen oder ganzen Ausübung des Aneignungsrechts.⁶¹ Die Bestimmung sieht keine Mitteilungspflicht für den Fall vor, dass die zuständige Stelle von der Ausübung des Aneignungsrechts absehen möchte. Vielmehr enthält § 32 Abs. 3 Satz 1 IntErbRVG eine Erklärungspflicht für den umgekehrten Fall, für die **Ausübung des Aneignungsrechts**. In diesem Fall übt die für die Ausübung des Aneignungsrechts zuständige Stelle⁶² das Aneignungsrecht durch **Erklärung gegenüber dem nach § 32 Abs. 2 IntErbRVG zuständigen Nachlassgericht** aus, § 32 Abs. 3 Satz 1 IntErbRVG.

---

53 *Wagner/Scholz* FamRZ 2014, 714, 717.
54 Vgl allgemein hierzu Keidel/*Meyer-Holz* § 39 FamFG Rn 11.
55 Vgl auch BR-Drucks. 644/14, Amtliche Begründung zu Art. 1, § 32 IntErbRVG, S. 55.
56 Zum gewöhnlichen Aufenthalt vgl Teil 1 § 4 Rn 13.
57 Vgl. auch BR-Drucks. 644/14, Amtliche Begründung zu Art. 1, § 32 IntErbRVG, S. 54.
58 Vgl *Wagner/Scholz* FamRZ 2014, 714, 717.
59 BR-Drucks. 644/14, Amtliche Begründung zu Art. 1, § 32 IntErbRVG, S. 54; dies deckt sich mit dem Regelungsgehalt des § 1966 BGB, auch hier muss die Feststellung des Nachlassgerichts vorangehen.
60 BR-Drucks. 644/14, Amtliche Begründung zu Art. 1, § 32 IntErbRVG, S. 54, die Ausübungsstelle kann von der Ausübung absehen, sofern dies sachdienlich erscheinen.
61 *Wagner/Scholz* FamRZ 2014, 714, 717.
62 Siehe § 32 Abs. 3 Satz 4 IntErbRVG: zuständig ist die Stelle, die das Land bestimmt, in dem der Erblasser zur Zeit des Erbfalls seinen gewöhnlichen Aufenthalt hatte, im Übrigen die Bundesanstalt für Immobilienaufgaben; vgl. hierzu http://www.bundesimmobilien.de.

Anders als nach deutschem Recht, kommt die Aneignung nicht bereits durch den Realakt, sondern durch Erklärung und Entgegennahme (s. Rn 22) der Erklärung zustande.

19 Die Erklärung ist mit **Siegel** oder **Stempel** zu versehen, § 32 Abs. 3 Satz 3 IntErbRVG. Bei **Formfehlern** wirkt das Nachlassgericht unmittelbar darauf hin, dass diese beseitigt werden, § 28 Abs. 2 FamFG. Der Hinweis des Nachlassgerichts ergeht unmittelbar nach Eingang der Erklärung, wobei der Aneignungsstelle Gelegenheit zur Nachholung der notwendigen Form zu geben ist.[63] Formmängel der Erklärung begründen kein Übergangshindernis, zumal sich der Eigentumsübergang kraft Gesetzes vollzieht, formunabhängig, mit Eingang der Ausübungserklärung beim örtlich zuständigen Nachlassgericht, § 32 Abs. 4 Satz 1 IntErbRVG.

20 Durch die Erklärung legt die zuständige Ausübungsstelle den Umfang des Aneignungsrechts fest, § 32 Abs. 3 Satz 2 IntErbRVG. Die Rechtsfolge ergibt sich aus § 32 Abs. 4 IntErbRVG.

V. Rechtsfolge und Grundbuchberichtigung, § 32 Abs. 4 und 5 IntErbRVG

21 Das von der Ausübung des Aneignungsrechts betroffene **Vermögen** geht **kraft Gesetzes** auf das Land über, dessen Ausübungsstelle das Aneignungsrecht ausgeübt hat, § 32 Abs. 4 Satz 1 IntErbRVG. Bei Ausübung des Aneignungsrechts durch die Bundesanstalt für Immobilienaufgaben geht das Vermögen auf den **Bund** über, § 32 Abs. 4 Satz 2 IntErbRVG.

22 In beiden Fällen tritt der Rechtsübergang erst mit **Eingang der Ausübungserklärung bei dem örtlich zuständigen Nachlassgericht** ein, § 32 Abs. 4 Satz 1 IntErbRVG . Ein nachlassgerichtlicher **Feststellungsbeschluss**[64] ist nicht erforderlich, um den Rechtsübergang auszulösen. Der Eingang der Erklärung reicht aus. Zur Bescheinigung des Nachlassgerichts und zur Registerberichtigung vgl Rn 23.

VI. Bescheinigung des Nachlassgerichts und Registerberichtigung durch die Aneignungsstelle, § 32 Abs. 5 IntErbRVG

23 Nach Eingang der Ausübungserklärung **bescheinigt** das Nachlassgericht der Ausübungsstelle, zu welchem Zeitpunkt und in welchem Umfang die Ausübungsstelle das Aneignungsrecht ausgeübt hat, § 32 Abs. 5 Satz 1 IntErbRVG. Dabei kommt dem Nachlassgericht **keinerlei aneignungsrechtliche Prüfungsbefugnis** zu, insbesondere ist es ihm verwehrt, über die ordnungsgemäße Ausübung des Aneignungsrechts zu befinden.[65] Die nachlassgerichtliche Tätigkeit beschränkt sich auf die Bescheinigung des Eingangszeitpunkts und des Umfangs der Ausübungserklärung.

24 Die behördliche Dokumentation dient nicht nur der **Rechtssicherheit**,[66] sondern schafft auch die Grundlage für die **Registerberichtigung** nach § 32 Abs. 5 Satz 2 In-

---

63 Zur Hinwirkungspflicht allgemein vgl. Keidel/*Sternal* § 28 FamFG Rn 15.
64 Vgl. BR-Drucks. 644/14, Amtliche Begründung zu Art. 1, § 32 IntErbRVG, S. 55.
65 BR-Drucks. 644/14, Amtliche Begründung zu Art. 1, § 32 IntErbRVG, S. 55.
66 BR-Drucks. 644/14, Amtliche Begründung zu Art. 1, § 32 IntErbRVG, S. 55.

tErbRVG. Denn nach den Motiven soll dem Ersuchen der Aneignungsstelle auch die nachlassgerichtliche Bescheinigung beigefügt werden.[67]

Der Erwerb vollzieht sich kraft Gesetzes,[68] bei Immobilien außerhalb des Grundbuchs, ohne Auflassung. **Grundbuchunrichtigkeit** iSv § 894 BGB liegt vor. Nach § 32 Abs. 5 Satz 2 IntErbRVG soll die Ausübungsstelle die **Berichtigung** des **Grundbuchs** veranlassen, und zwar unter Vorlage der **Bescheinigung** des Nachlassgerichts nach § 32 Abs. 5 Satz 1 IntErbRVG. Wegen § 29 Abs. 3 GBO muss die Bescheinigung **unterschrieben** und **gesiegelt** oder **gestempelt** sein.[69] Gleiches gilt für das **Ersuchen**, das die Aneignungsstelle an das Grundbuchamt richtet, § 32 Abs. 5 Satz 2, Abs. 3 Satz 4 IntErbRVG iVm §§ 38, 29 Abs. 3 GBO.

Die Vorlage einer **Unbedenklichkeitsbescheinigung** des Finanzamtes nach § 22 GrEStG ist dagegen nicht erforderlich, da ein originärer Grundstückserwerb durch ein Land bzw. die Bundesrepublik Deutschland vorliegt.[70] Ein Erwerbsvorgang iSv § 1 GrEStG ist nicht gegeben.[71] Ebenso wenig sind zum Grundbuchvollzug eine **Vorkaufsrechtsbescheinigung**[72] der Gemeinde oder die **Verwalterzustimmung** nach § 12 Abs. 1 WEG[73] vorzulegen.

Die **Grundbucheintragung** erfolgt **kostenfrei**, da Bund und Länder von der Zahlung der Gerichtskosten befreit sind, § 2 Abs. 1 Satz 1 GNotKG. Die Gebührenbefreiung gilt auch für die Erteilung der nachlassgerichtlichen Bescheinigung.

VII. Vindikationslegatare, § 32 Abs. 6 IntErbRVG

Die Regelung in § 32 Abs. 6 IntErbRVG steht im Kontext mit dem Schutz von Nachlassgläubigern, den Art. 33 EuErbVO gewährt.[74] Die Bestimmung ist Ausdruck der Überlegung, dass die Aneignung **nicht** zu einer **Beeinträchtigung** führen kann. Zu den Nachlassgläubigern zählt auch der Vindikationslegatar, dessen Recht einer Anpassung unterzogen wird, Art. 31 EuErbVO. Der im Wege der Anpassung geschaffene schuldrechtliche Vermächtnisanspruch ist gegenüber der **Aneignungsstelle** geltend zu machen, § 32 Abs. 6 IntErbRVG.[75]

---

[67] BR-Drucks. 644/14, Amtliche Begründung zu Art. 1, § 32 IntErbRVG, S. 55: „Bei Nachlassgegenständen, die in einem Register verzeichnet sind, sollte eine entsprechende Registerberichtigung durch die aneignende Stelle bewirkt und dazu die Bescheinigung vorgelegt werden (Satz 2).".
[68] Vgl auch *Wagner/Scholz* FamRZ 2014, 714, 717.
[69] Nach § 29 Abs. 3 GBO sind Erklärungen oder Ersuchen einer Behörde, aufgrund deren eine Eintragung vorgenommen werden soll, zu unterschreiben und mit Siegel oder Stempel zu versehen.
[70] Vgl beispielsweise Ziffer 7 g der BayGBGA, die Eintragung kann demnach ohne Vorlage der Unbedenklichkeitsbescheinigung des Finanzamtes erfolgen.
[71] Vgl für den vergleichbaren Fall der Aneignung die Rspr. des OLG Zweibrücken, Beschl. v. 20.8.1986 – 3 W 143/86, JurionRS 1986, 18050; ebenso *Lippross/Seibel/Zöllner*, Basiskommentar Steuerrecht, 1. A., 1999, 82. Lfg., § 1 Rn. 5, eine Steuerbarkeit nach dem GrEStG sei bei einem Erwerb kraft Aneignung nicht gegeben; vgl. generell zur UB *Schöner/Stöber*, Grundbuchrecht, 15.A., 2012, Rn 148.
[72] Mangels Kaufvertrages mit einem Dritten, vgl. *Schöner/Stöber*, Grundbuchrecht, 15.A., 2012, Rn 4113 a.
[73] Nicht vom Anwendungsbereich des § 12 WEG umfasst, vgl. *Schöner/Stöber*, Grundbuchrecht, 15.A., 2012, Rn. 2897.
[74] Vgl hierzu MüKo-BGB/*Dutta*, , Art. 33 EuErbVO Rn 7.
[75] BR-Drucks. 644/14, Amtliche Begründung zu Art. 1, § 32 IntErbRVG, S. 55; zur weiteren grundbuchrechtlichen Behandlung ausländischer Vindikationslegate vgl Teil 3 § 5 Rn 28.

VIII. Gläubigerrechte, § 32 Abs. 7 IntErbRVG

29 In dieselbe Richtung zielt die Bestimmung in § 32 Abs. 7 IntErbRVG. Gläubigerrechte werden durch das Aneignungsrecht nicht tangiert, die Gläubiger können unverändert Befriedigung aus dem **gesamten Nachlass** verlangen.[76] Maßgeblich ist wiederum der eingangs[77] erwähnte 56.Erwägungsgrund. Danach soll die Erbrechtsverordnung sicherstellen, dass die Aneignungsvorschrift nicht zum Nachteil der Nachlassgläubiger ausfällt und diese weiterhin „berechtigt sein (sollen), aus dem gesamten Nachlassvermögen, ungeachtet seiner Belegenheit, Befriedigung ihrer Forderungen zu suchen".[78] Die Sicherstellung erfolgt durch Art. 33 EuErbVO, der die Nachlassgläubiger berechtigt sieht, Befriedigung aus dem gesamten Nachlass zu suchen.[79]

§ 4 Das Europäische Nachlasszeugnis (§§ 33–36 IntErbRVG)

A. Anwendungsbereich (§ 33 IntErbRVG)

I. Allgemeines

1 § 33 IntErbRVG regelt den Anwendungsbereich des Gesetzes für das Europäische Nachlasszeugnis. Demnach gilt der 5. Abschnitt des InErbRVG sowohl für Verfahren über die Ausstellung, Berichtigung, Änderung oder den Widerruf des Europäischen Nachlasszeugnisses, als auch über die Erteilung einer beglaubigten Abschrift eines Europäischen Nachlasszeugnisses oder die Verlängerung der Gültigkeitsfrist einer beglaubigten Abschrift als auch über die Aussetzung der Wirkungen eines Europäischen Nachlasszeugnisses.[1] Die internationale Zuständigkeit für die genannten Verfahren ist in der Europäischen Erbrechtsverordnung (EuErbVO) geregelt.[2]

II. Ausstellung, Berichtigung, Änderung oder Widerruf eines ENZ

2 Nach § 33 Ziffer 1 IntErbRVG werden neben der Ausstellung (der Urschrift) des Europäischen Nachlasszeugnisses, Art. 67 EuErbVO, auch die Berichtigung, die Änderung oder der Widerruf eines Europäischen Nachlasszeugnisses, Art. 71 EuErbVO, in den Geltungsbereich der besonderen Verfahrensvorschriften dieses Abschnitts 5 IntErbRVG einbezogen. Die Begriffe der Ausstellung, der Berichtigung, der Änderung und des Widerrufs sind nicht nach dem jeweiligen nationalen Recht, sondern eigenständig für die Zwecke der EuErbVO auszulegen, da diese insoweit keinen Verweis auf das nationale Recht enthält.

---

76 BR-Drucks. 644/14, Amtliche Begründung zu Art. 1, § 32 IntErbRVG, S. 55; *Wagner/Scholz* FamRZ 2014, 714, 717.
77 Siehe Rn 10, Allgemeines und Kritisches.
78 Satz 5 des 56. Erwägungsgrundes.
79 Vgl auch MüKo-BGB/*Dutta*, Art. 33 EuErbVO Rn 7.
1 *Kroiß*, Änderungen im Nachlassverfahrensrecht durch das neue IntErbRVG, ErbR2015, 127, 128.
2 *Wagner/Scholz*, FamRZ 2014, 715, 718; *Köhler*, Teil 1§ 7 Rn 17.

III. Beglaubigte Abschriften

§ 33 Ziffer 2 IntErbRVG betrifft alle Fälle der Erteilung einer beglaubigten Abschrift 3
eines Europäischen Nachlasszeugnisses und der Verlängerung der Gültigkeitsdauer
einer beglaubigten Abschrift, Art. 70 EuErbVO. Nach der zwingenden Vorgabe des
Art. 70 Abs. 3 der EuErbVO sind beglaubigte Abschriften des Europäischen Nachlasszeugnisses nur für einen begrenzten Zeitraum gültig.[3] Die EuErbVO verwendet in
Kapitel VI und den Erwägungsgründen 71 und 72 zwar den Begriff der beglaubigten
Abschrift. Gleichwohl ist für die deutsche Rechtspraxis darunter eine Ausfertigung zu
verstehen (vgl. insbesondere Art. 70 Abs. 1 und 2 EuErbVO). Vor dem Hintergrund
der grenzüberschreitenden Verwendung des Europäischen Nachlasszeugnisses wurde
zur Wahrung einer einheitlichen Terminologie aber darauf verzichtet, den durch die
EuErbVO (und auch die Formblätter nach Art. 67 Abs. 1 Satz 2 EuErbVO iVm
Art. 81 Abs. 2 EuErbVO) vorgegebenen Terminus „beglaubigte Abschrift" durch den
Begriff der Ausfertigung zu ersetzen.[4]

IV. Aussetzung der Wirkungen des ENZ

§ 33 Ziffer 3 IntErbRVG betrifft die Aussetzung der Wirkungen des Europäischen 4
Nachlasszeugnisses nach Art. 73 Abs. 1 EuErbVO.[5]

B. Örtliche und sachliche Zuständigkeit (§ 34 IntErbRVG)
I. Allgemeines

§ 34 IntErbRVG regelt die örtliche und sachliche Zuständigkeit für alle Entscheidungen nach Kapitel VI der EuErbVO. Die internationale Zuständigkeit hinsichtlich der 5
Ausstellung des Europäischen Nachlasszeugnisses richtet sich nach den allgemeinen
Regeln der Europäischen Erbrechtsverordnung, also nach Art. 4, 7, 10 oder 11 EuErbVO.[6] Gemäß Art. 64 EuErbVO wird das Europäische Nachlasszeugnis in dem
Mitgliedstaat ausgestellt, dessen Gerichte nach den Art. 4, 7, 10 oder 11 EuErbVO
zuständig sind.[7] § 34 IntErbRVG regelt die örtliche und die sachliche Zuständigkeit.[8]
Hinsichtlich der örtlichen Zuständigkeit greifen § 34 Abs. 1 und 2 IntErbRVG die
Fälle auf, in denen die EuErbVO der Sache nach nicht nur die internationale, sondern
auch die örtliche Zuständigkeit festlegt. § 34 Abs. 3 Satz 1 IntErbRVG bestimmt die
örtliche Zuständigkeit in Anlehnung an die allgemeine internationale Zuständigkeitsregel des Art. 4 EuErbVO und knüpft an den gewöhnlichen Aufenthalt des Erblassers
im Zeitpunkt seines Todes an. Hatte der Erblasser im Zeitpunkt seines Todes seinen
gewöhnlichen Aufenthalt nicht im Inland, ist das Gericht örtlich ausschließlich zu-

---

3 MüKo-BGB/*Dutta* Art. 50 EUErbVO Rn. 1.
4 Regierungsentwurf BT-Drucks. 18/4201 S. 52.
5 Siehe dazu oben *Köhler* Teil 1 § 7 Rn. 41.
6 *Köhler*, Teil 1 § 7 Rn. 12, 17; *Müller-Lukoschek*, § 2 Rn. 312; *Dorsel* in Löhnig/Schwab/Henrich/Gottwald/
Grziwotz/Reimann/Dutta, Erbfälle unter Geltung der Europäischen Erbrechtsverordnung, S. 36; Dutta/Herrler/*Lange*, Die Europäische Erbrechtsverordnung, S. 163; Wagner/Scholz, Der Referentenentwurf eines Gesetzes zur Durchführung der EU-Erbrechtsverordnung, FamRZ 2014, 714, 718.
7 *Lange* in Dutta/Herrler, Die Europäische Erbrechtsverordnung, S. 164; *Süß*, ZEuP 2013, 725, 731 ff; Zimmermann/*Grau*, Erbrechtliche Nebengesetze, Anh. zu Art. 25, 26 EGBGB Rn. 75.
8 *Peter*, Die Anwendung der ErbVO und ihrer Durchführungsvorschriften ab 17.8.2015, MDR 2015, 309, 313.

ständig, in dessen Bezirk der Erblasser seinen letzten gewöhnlichen Aufenthalt im Inland hatte.[9] Hatte der Erblasser keinen gewöhnlichen Aufenthalt im Inland, ist das Amtsgericht Schöneberg in Berlin örtlich ausschließlich zuständig. Entsprechend wie bei § 343 Abs. 2 FamFG kann das Amtsgericht Schöneberg in Berlin die Sache aus wichtigem Grund an ein anderes Nachlassgericht verweisen.[10]

II. Die örtliche Zuständigkeit

6 § 34 Abs. 1 und 2 IntErbRVG greift die Fälle auf, in denen die EuErbVO der Sache nach nicht nur die internationale, sondern auch die örtliche Zuständigkeit festlegt (vgl dazu die Ausführungen zu § 2 IntErbRVG).[11]

1. Gerichtsstandsvereinbarungen

7 § 34 Abs. 1 IntErbRVG erklärt in den Fällen, in denen die Verfahrensparteien die Zuständigkeit eines bestimmten deutschen Gerichts vereinbart haben, wie in der EuErbVO vorbestimmt, dieses Gericht für örtlich ausschließlich zuständig. Darunter fallen die Fälle des Art. 7 lit. a iVm Art. 6 lit. b Alt. 1 und mit Art. 5 Abs. 1 Alt. 1 und des Art. 7 lit. b Alt. 1 iVm Art. 5 Abs. 1 Alt. 1 EuErbVO, in denen eine entsprechende Gerichtsstandsvereinbarung der Verfahrensparteien vorliegt. Waren an der Gerichtsstandsvereinbarung nicht alle Verfahrensparteien beteiligt, kann dieser Mangel nicht durch eine rügelose Einlassung der betroffenen Verfahrensparteien geheilt werden, da Art. 64 EuErbVO nicht auf Art. 9 EuErbVO verweist, nach dem in diesen Fällen das seine Zuständigkeit ausübende Gericht weiterhin zuständig ist.[12]

2. Anerkennung der Zuständigkeit

8 § 34 Abs. 2 IntErbRVG erklärt in den Fällen des Art. 7 lit. c EuErbVO, in denen die Verfahrensparteien die Zuständigkeit des angerufenen Gerichts ausdrücklich anerkannt haben, dieses Gericht für örtlich ausschließlich zuständig.

3. Ausschließliche Zuständigkeit

9 § 34 Abs. 3 IntErbRVG regelt diejenigen Sachverhalte, in denen sich die internationale Zuständigkeit der deutschen Gerichte aus keiner der in den Abs. 1 und 2 aufgeführten Vorschriften der EuErbVO ergibt. § 34 Abs. 3 Satz 1 IntErbRVG bestimmt die örtliche Zuständigkeit in Anlehnung an die allgemeine internationale Zuständigkeitsregel des Art. 4 EuErbVO und knüpft in erster Linie an den gewöhnlichen Aufenthalt des Erblassers im Zeitpunkt seines Todes an.[13] Hatte der Erblasser im Zeitpunkt seines Todes seinen gewöhnlichen Aufenthalt nicht im Inland, ist nach Satz 2 das Gericht zuständig, in dessen Bezirk der Erblasser seinen letzten gewöhnlichen

---

9 *Wagner/Scholz*, Der Referentenentwurf eines Gesetzes zur Durchführung der EU-Erbrechtsverordnung, FamRZ 2014, 714, 718.
10 *Lamberz*, Verweisungsgründe des Amtsgerichts Schöneberg nach § 343 Abs. 2 FamFG, Rpfleger 2015, 187.
11 *Dörner*, Die Verordnung zum Internationalen Erb- und Erbverfahrensrecht ist in Kraft! ZEV 2012, 205, 209.
12 Regierungsentwurf BT-Drucks. 18/4201 S. 52.
13 *Kaya*, NWB-EV, 2015, 84; Wagner/Scholz, Der Referentenentwurf eines Gesetzes zur Durchführung der EU-Erbrechtsverordnung, FamRZ 2014, 714, 718.

Aufenthalt im Inland hatte. Fehlt es hieran, ist das Amtsgericht Schöneberg in Berlin zuständig, § 34 Abs. 3 Satz 3 IntErbRVG. Das Amtsgericht Schöneberg hat die Möglichkeit, die Sache aus wichtigem Grund an ein anderes Nachlassgericht zu verweisen, § 34 Abs. 3 Satz 4 IntErbRVG.[14] Als wichtiger Grund kommt beispielsweise die Belegenheit von Nachlassgegenständen oder der Aufenthalt einer im Verfahren anzuhörenden Person in einem anderen Amtsgerichtsbezirk in Betracht. § 34 Abs. 3 Satz 2 und 3 IntErbRVG erfassen neben den Fällen der Art. 7 lit. a iVm Art. 6 lit. a, der Art. 10 oder 11 EuErbVO zB auch die Fälle, in denen die Verfahrensparteien in der Gerichtsstandsvereinbarung – im Unterschied zu Abs. 1 – kein bestimmtes Gericht, sondern allgemein die deutschen Gerichte für zuständig erklärt haben, d. h. mit ihrer Gerichtsstandsvereinbarung nur die internationale Zuständigkeit der deutschen Gerichte als solche gewählt haben (Art. 7 lit. a iVm Art. 6 lit. b Alt. 2 und mit Art. 5 Abs. 1 Alt. 2, Art. 7 lit. b Alt. 2 iVm Art. 5 Abs. 1 Alt. 2 EuErbVO).[15]

III. Sachliche Zuständigkeit

§ 34 Abs. 4 IntErbRVG regelt die sachliche Zuständigkeit. Diese liegt wie in sonstigen Nachlassverfahren ausschließlich beim Amtsgericht, das als Nachlassgericht im Verfahren der freiwilligen Gerichtsbarkeit entscheidet.[16] Sind nach landesgesetzlichen Vorschriften für die Aufgaben des Nachlassgerichts andere Stellen als Gerichte zuständig, so sind diese ausschließlich zuständig, § 34 Abs. 4 Satz 4 IntErbRVG. Landesrechtliche Vorschriften, nach welchen für die dem Nachlassgericht obliegenden Verrichtungen andere als gerichtliche Behörden zuständig sind, existieren in Baden-Württemberg. So nimmt in Württemberg der Bezirksnotar, Art. 73 ff AGBGB, und in Baden der Notar nach § 33 LFGG die Aufgaben des Nachlassgerichts wahr.

Hat das Beschwerdegericht das Europäische Nachlasszeugnis nach § 43 Abs. 5 Satz 2 IntErbRVG ausgestellt, bleibt für alle Verfahren nach § 33 IntErbRVG, die das ausgestellte Europäische Nachlasszeugnis betreffen, das Nachlassgericht zuständig.[17] Zwar handelt es sich dabei der Sache nach um Folgeentscheidungen zur Ausstellung, die auch dem ausstellenden Gericht hätten zugewiesen werden können. Der Gesetzentwurf hat jedoch dabei dem Gesichtspunkt den Vorrang eingeräumt, dass den Beschwerdeberechtigten – insbesondere in den Fällen der Änderung oder des Widerrufs eines Europäischen Nachlasszeugnisses- keine Instanz verlorengehen soll und daher alle Folgeentscheidungen auch bei einer Ausstellung durch das Beschwerdegericht dem Nachlassgericht zugewiesen.

IV. Funktionelle Zuständigkeit

Nach § 3 Nr. 2 lit. i RPflG nF ist für die Erteilung des Europäischen Nachlasszeugnisses grundsätzlich der Rechtspfleger zuständig. Liegt jedoch eine Verfügung von Todes wegen vor oder kommt die Anwendung ausländischen Rechts in Betracht, so ist der

---

14 *Lamberz*, Verweisungsgründe des Amtsgerichts Schöneberg nach § 343 Abs. 2 FamFG, Rpfleger 2015, 187.
15 Vgl Regierungsentwurf BT-Drucks. 18/4201 S. 53.
16 *Köhler*, Teil 1 § 7 Rn. 17; *J. Schmidt*, ZEV 2014, 389, 390; *Kaya*, NWB-EV 2015, 83, 84.
17 Vgl. Regierungsentwurf BT-Drucks. 18/4201 S. 53.

Richter zur Entscheidung berufen.[18] Soll das Zeugnis auch zur Legitimation eines Testamentsvollstreckers dienen, greift ebenfalls der Richtervorbehalt[19]

C. Allgemeine Verfahrensvorschriften (§ 35 IntErbRVG)
I. Allgemeines

13 Die Verfahren nach § 33 IntErbRVG sind den Nachlassgerichten zugewiesen, § 34 Abs. 4 Satz 2 IntErbRVG. Auf diese Verfahren findet daher grundsätzlich das FamFG Anwendung.[20] Jedoch stellt § 34 Abs. 1 IntErbRVG klar, dass die Vorschriften der EuErbVO sowie die in diesem Abschnitt des Gesetzes enthaltenen Vorschriften als lex specialis dem FamFG aber insoweit vorgehen, als sie besondere Verfahrensregelungen zum Europäischen Nachlasszeugnis treffen.[21] Daraus folgt, dass unter anderem die Vorschriften zum Erbscheinsverfahren in den §§ 352 ff FamFG auf das Europäische Nachlasszeugnis nicht unmittelbar anzuwenden sind. Die EuErbVO enthält insbesondere ein eigenständiges Verfahren zur Ausstellung eines Europäischen Nachlasszeugnisses, das nicht mit dem deutschen Verfahren identisch ist und insbesondere keinen Feststellungsbeschluss vorsieht.[22]

II. Anwendbarkeit des FamFG, § 35 Abs. 1 IntErbRVG

14 Was die anzuwendenden Verfahrensvorschriften anbelangt, verweist § 35 Abs. 1 IntErbRVG auf das FamFG. Vorrangig sind aber die Verfahrensvorschriften der EuErbVO anzuwenden. Aus Art. 66 Abs. 1 Satz 2 EuErbVO ergibt sich, dass das Gericht befugt ist, von Amts wegen die erforderlichen Ermittlungen durchzuführen.[23] Der Umfang der Ermittlungspflicht bestimmt sich nach der lex fori.[24] Damit gilt für die deutschen Nachlassgerichte der Amtsermittlungsgrundsatz, § 35 Abs. 1 IntErbRVG iVm § 26 FamFG.[25]

15 Was die Beweisaufnahme anbelangt, kommen über § 35 Abs. 1 FamFG die §§ 29, 30 FamFG zur Anwendung. Das Nachlassgericht hat die Pflicht, den für die Auslegung maßgeblichen Sachverhalt von Amts wegen aufzuklären, § 2358 Abs. 1, § 2361 Abs. 2 BGB, § 26 FamFG.[26] Es kann sich dabei sowohl des Freibeweises als auch der Beweismittel der ZPO bedienen, § 30 FamFG. Der Grundsatz der Amtsermittlung verpflichtet das Nachlassgericht, alle zur Aufklärung des Sachverhalts erforderlichen Ermittlungen durchzuführen und die geeignet erscheinenden Beweise zu erheben. Das bedeutet zwar nicht, dass allen Beweisanträgen der Beteiligten stattgegeben und allen

---

18 *Köhler*, Teil 1 § 7 Rn. 17.
19 MüKo-BGB/*Dutta*, EUErbVO Art. 64 Rn. 10, 11.
20 *Kroiß*, Änderungen im Nachlassverfahrensrecht durch das neue IntErbRVG, ErbR2015, 127, 128.
21 MüKo-BGB/*Dutta*, EUErbVO Art. 65 Rn. 1; *Peter*, Die Anwendung der ErbVO und ihrer Durchführungsvorschriften ab 17.8.2015, MDR 2015, 309, 313.
22 *Peter*, Die Anwendung der ErbVO und ihrer Durchführungsvorschriften ab 17.8.2015, MDR 2015, 309, 313.
23 *Lange*, DNotZ 2012, 168, 172; MüKo-BGB/*Dutta*, Art. 66 EUErbVO Rn. 2; *Herzog*, ErbR 2013, 2, 14.
24 *Lange* in: Dutta/Herrler, Die Europäische Erbrechtsverordnung, S. 164; *Dorsel* in Löhnig/Schwab/Henrich/Gottwald/Grziwotz/Reimann/Dutta, Erbfälle unter Geltung der Europäischen Erbrechtsverordnung, S. 39; *Müller-Lukoschek*, Die neue EU-Erbrechtsverordnung, § 2 Rn. 323.
25 Vgl *Kaya*, NWB-EV, 2015, 85; *Lange*, Das geplante Europäische Nachlasszeugnis, DNotZ 2012, 168, 172.
26 NK-NachfolgeR/*Köhler*, Art. 66 EUErbVO Rn. 1; Prütting/Helms/*Fröhler*, § 352 FamFG Rn 17.

denkbaren Möglichkeiten zur Erforschung des Sachverhalts von Amts wegen nachgegangen werden müsste. Eine Aufklärungspflicht besteht aber insoweit, als das Vorbringen der Beteiligten und der festgestellte Sachverhalt aufgrund der Tatbestandsvoraussetzungen des materiellen Rechts bei sorgfältiger Überlegung zu weiteren Ermittlungen Anlass geben.[27] Das Gericht darf seine Ermittlungen erst abschließen, wenn von einer weiteren Beweisaufnahme ein sachdienliches, die Entscheidung beeinflussendes Ergebnis nicht mehr zu erwarten ist.[28]

Das Gericht hat in jedem Fall den Sachverhalt von Amts wegen zu ermitteln und seiner Entscheidung zugrunde zu legen, § 26 FamFG. Insoweit unterscheidet sich das FamFG-Verfahren wesentlich vom Zivilprozess. Zu beachten ist aber, dass besondere Vorschriften das Amtsermittlungsprinzip einschränken können. So sind zB im Erbscheinsverfahren die §§ 2354 ff BGB der Amtsermittlungspflicht vorgeschaltet, ohne diese zu verdrängen.[29] Entsprechendes gilt für das Verfahren auf Ausstellung eines Europäischen Nachlasszeugnisses. Hier muss der Antragsteller die in Art. 65 Abs. 3 EuErbVO genannten Angaben machen. Kommt ein Beteiligter seinen Pflichten nach §§ 2354 ff BGB bzw. Art. 65 Abs. 3 EuErbVO nicht nach, so beginnt die Amtsermittlungspflicht nicht zu laufen.[30] Verweigert zB der Antragsteller im Erbscheinsverfahren ohne triftigen Grund die Abgabe der nach § 2356 BGB bzw. Art. 66 Abs. 3 EuErbVO erforderlichen eidesstattlichen Versicherung, so ist das Nachlassgericht berechtigt, den Antrag ohne weitere Ermittlungen als unzulässig zurückzuweisen.[31]

16

Was die Form der Beweisaufnahme anbelangt, sind die §§ 29, 30 FamFG im Zusammenhang zu lesen. Nach dem eben dargestellten Amtsermittlungsgrundsatz § 26 FamFG, ist das Gericht verpflichtet, den Sachverhalt von sich aus hinreichend aufzuklären und sich aller geeignet erscheinenden Beweismittel zu bedienen, also auch des Freibeweises.[32]

17

Anders als im Zivilprozess können nach der hM[33] im Verfahren der freiwilligen Gerichtsbarkeit Tatsachen auch freibeweislich ermittelt werden. In Betracht kommen dabei insbesondere die Beziehung von Akten, die Einholung von Auskünften und die (formlose) Anhörung von Zeugen und Beteiligten.

18

Das Gericht ist bei der Beweisaufnahme an keine Form gebunden. Es kann den Beweis mündlich, telefonisch, aber auch durch schriftliche Anhörung erheben. Auch kann der Richter privates Wissen verwerten. Praktisch bedeutsam ist das Freibeweisverfahren vor allem, wenn Eile geboten ist, zB bei einstweiligen Anordnungen, oder zur Ermittlung von Tatsachen, die nur am Rande bedeutsam sind.

19

Sofern sich das Gericht des Strengbeweisverfahrens bedient, gelten die §§ 355–370 ZPO entsprechend, § 30 Abs. 1 FamFG. Insoweit ist eine förmliche Beweisaufnahme erforderlich.

20

---

27 BayObLG FamRZ 2000, 120 = NJW-RR 1999, 1311.
28 BGHZ 40, 54/57; BayObLGZ 1983, 153, 161.
29 MüKo-BGB/*Mayer*, § 2354 Rn 1; Keidel/*Sternal*, § 26 FamFG Rn 19.
30 Bassenge/Roth/*Bassenge*, FamFG, § 352 Rn 9.
31 OLG Frankfurt FGPrax 1996, 191.
32 BayObLG NJW-RR 1996, 583; FamRZ 1986, 1043, 1045; Keidel/*Sternal*, § 29 FamFG Rn 5; *Zimmermann*, ZEV 1995, 278.
33 BayObLG NJW-RR 1996, 583; OLG Zweibrücken NJW-RR 1988, 1211.

21 Die Anordnung der Beweisaufnahme kann formlos geschehen. Eines Beweisbeschlusses bedarf es nicht.[34] Wegen des Amtsermittlungsgrundsatzes muss auch kein Beweisantritt erfolgen. Die §§ 371, 373, 403, 420 ZPO sind nicht entsprechend heranzuziehen. Allerdings kann das Gericht die Beteiligten auffordern, Beweismittel vorzuschlagen, jedoch ist das Gericht an diese Vorschläge nicht gebunden.[35] Nach § 30 Abs. 1 FamFG iVm § 357 ZPO gilt auch im FamFG-Verfahren der Grundsatz der Beteiligtenöffentlichkeit.[36] Damit das Teilnahme- und Fragerecht auch tatsächlich möglich sind, ist eine rechtzeitige Terminsnachricht erforderlich.[37] Im Übrigen findet die Beweisaufnahme nicht öffentlich statt. Ein Verstoß begründet aber weder die Beschwerde noch die weitere Beschwerde.[38]

22 Das Nachlassgericht muss zwar nicht zwingend mündlich verhandeln; insoweit besitzt es ein Ermessen.[39] Entscheidet sich das Nachlassgericht aber für die förmliche Beweisaufnahme, hat dies regelmäßig eine mündliche Verhandlung zur Folge.

23 Soweit nach dem Freibeweisverfahren wird, § 29 FamFG, erhebt das Gericht die erforderlichen Beweise in der ihm als geeignet erscheinenden Form, ohne an das Vorbringen der Beteiligten gebunden zu sein. Allerdings hat es dabei gewisse prozessuale Grundregeln zu beachten, so die Amtsverschwiegenheit, § 376 ZPO, und das Recht zur Zeugnis- und Auskunftsverweigerung, §§ 383 bis 390 ZPO, bei der Befragung von Auskunftspersonen, § 29 Abs. 2 FamFG.

24 Nach § 30 Abs. 1 FamFG liegt es im pflichtgemäßen Ermessen des Gerichts, ob und inwieweit es sich zur Ermittlung des entscheidungserheblichen Sachverhalts einer förmlichen Beweisaufnahme nach den Vorschriften der ZPO bedienen will. Um die Flexibilität der Verfahren der freiwilligen Gerichtsbarkeit zu erhalten, verzichtete das FamFG auf eine ermessensleitende Generalklausel.[40] Allerdings ist in bestimmten Fällen eine förmliche Beweisaufnahme obligatorisch, so wenn dies im Besonderen Teil des Gesetzes vorgeschrieben wird, § 30 Abs. 2 FamFG, zB

- in einzelnen Rechtsfürsorgeverfahren oder
- bei Eingriffen in die Grundrechte des Betroffenen oder
- wenn das Gericht seine Entscheidung maßgeblich auf die Feststellung einer Tatsache, die im Freibeweisverfahren streitig geblieben ist, stützen will und die Richtigkeit der Tatsache von einem Beteiligten ausdrücklich weiter bestritten wird, § 30 Abs. 3 FamFG.

Eine subjektive Beweislast im Sinne einer Beweisführungslast ist nicht gegeben. Hingegen existiert eine objektive Beweislast (Feststellungslast) in dem Fall, wenn eine Tatsache nicht mehr aufklärbar ist: jeder Beteiligte trägt die Beweislast für die Voraussetzungen einer ihm günstigen Norm.

---

[34] Keidel/*Sternal*, § 30 FamFG Rn 17; Staudinger/*Herzog*, § 2358 Rn 17.
[35] Bumiller/*Harders*, § 29 FamFG Rn 7.
[36] KG FamRZ 1968, 605; Keidel/*Sternal*, § 29 FamFG Rn 28; Bumiller/*Harders*, § 30 FamFG Rn 21; MüKoZPO/*Ulrici* § 30 FamFG Rn 20.
[37] Staudinger/*Herzog*, § 2358 Rn 23.
[38] BayObLGZ 1974, 258.
[39] BayObLG NJW-RR 1990, 1420.
[40] Vgl *Kuntze*, Referentenentwurf eines FGG-Reformgesetzes, FG-Prax 2005, 185.

D. Ausstellung eines Europäischen Nachlasszeugnisses (§ 36 IntErbRVG)

Im Unterschied zum nationalen deutschen Erbscheinsverfahren ist für die Erteilung des Europäischen Nachlasszeugnisses kein Feststellungsbeschluss, § 352 FamFG vorgesehen.[41]

III. Gerichtssprache

§ 35 Abs. 2 IntErbRVG sieht vor, dass das Nachlassgericht bei Anträgen, die nicht in deutscher Sprache abgefasst sind, eine Übersetzung verlangen kann, § 184 Satz 1 GVG. Dies umfasst auch in ausländischer Sprache abgefasste Anlagen, die dem Antrag beigefügt sind.[42]

Für die Unterrichtung der Berechtigten durch öffentliche Bekanntmachung verweist § 35 Abs. 3 IntErbRVG auf die §§ 435-437 FamFG. Insoweit ist eine Frist von mindestens sechs Wochen vorgesehen.

IV. Bekanntmachung von Entscheidungen

§ 35 Abs. 3 IntErbRVG regelt zur Umsetzung von Art. 66 Abs. 4 EuErbVO die öffentliche Bekanntmachung entsprechend den FamFG-Vorschriften über das Verfahren in Aufgebotssachen.[43] Eine unmittelbare Anwendung der §§ 433 ff. FamFG scheidet aus, da es sich bei dem Verfahren mangels Präklusionswirkung nicht um ein dem § 433 FamFG aufgebotsähnliches Verfahren handelt.[44] Die öffentliche Bekanntmachung soll durch Aushang an der Gerichtstafel und durch einmalige Veröffentlichung im Bundesanzeiger, § 435 FamFG, erfolgen. Hierbei ist eine Frist von mindestens sechs Wochen vorgegeben, § 437 FamFG, in denen Berechtigte ihre Rechte geltend machen können. Ob und wie ein bislang unbekannter Berechtigter infolge der öffentlichen Bekanntmachung in das Verfahren einbezogen wird, soll das Gericht nach pflichtgemäßem Ermessen entscheiden.

D. Ausstellung eines Europäischen Nachlasszeugnisses (§ 36 IntErbRVG)
I. Allgemeines

Für den Antrag auf Ausstellung des Europäischen Nachlasszeugnisses verweist § 36 Abs. 1 IntErbRVG auf Art. 65 EuErbVO.[45] Auch hat der Antragsteller vor Gericht oder vor einem Notar an Eides statt zu versichern, dass ihm nichts bekannt sei, was der Richtigkeit seiner Angaben zur Ausstellung des Europäischen Nachlasszeugnisses entgegensteht.[46] Das Nachlassgericht kann dem Antragsteller die Versicherung erlas-

---

41 *Peter*, Die Anwendung der ErbVO und ihrer Durchführungsvorschriften ab 17.8.2015, MDR 2015, 309, 313; anders aber die Empfehlungen des Bundesrates vom 5.2.2015, BR-Drucks. 644/14 S. 9 f.
42 Vgl Regierungsentwurf BT-Drucks. 18/4201 S. 53.
43 *Lange* in Dutta/Herrler, Die Europäische Erbrechtsverordnung, S. 165; NK-NachfolgeR/*Köhler*, Art. 66 EuErbVO Rn. 3.
44 Vgl. Regierungsentwurf BT-Drucks. 18/4201 S. 53.
45 *Kroiß*, Änderungen im Nachlassverfahrensrecht durch das neue IntErbRVG, ErbR 2015, 127, 128; Müller-Lukoschek, Die neue EU-Erbrechtsverordnung, § 2 Rn 320.
46 Zimmermann/*Grau*, Erbrechtliche Nebengesetze, Anh zu Art. 25, 26 EGBGB Rn 78.

sen, wenn es sie nicht für erforderlich erachtet. Für diese Regelung stand § 2356 Abs. 2 BGB Pate.[47]

II. Antrag auf Ausstellung des ENZ

30 Art. 65 EuErbVO regelt Form und Inhalt des Antrags[48] sowie – iVm Art. 63 Abs. 1 EuErbVO – den Kreis der Antragsteller abschließend.[49] Für die Antragstellung kann das Formblatt nach Art. 65 Abs. 2 EuErbVO iVm Art. 81 Abs. 2 EuErbVO verwendet werden.[50] Die Ausstellungsbehörde ist berechtigt, den Antragsteller zu weiteren Angaben aufzufordern, die für die Zeugniserteilung relevant sind.[51]

III. Eidesstattliche Versicherung

31 § 36 Abs. 2 IntErbRVG setzt Art. 66 Abs. 3 EuErbVO um,[52] indem sich die eidesstattliche Versicherung auf alle Angaben erstrecken muss, die für die Ausstellung des Europäischen Nachlasszeugnisses erforderlich sind.[53] Wie im Erbscheinsverfahren, § 352 Abs. 3 Satz 4 FamFG nF, kann das Gericht auf die eidesstattliche Versicherung verzichten.[54]

§ 5 Europäisches Nachlasszeugnis – Beteiligte, Änderung, Widerruf, Art, Bekanntgabe und Wirksamwerden der Entscheidung, Gültigkeitsfrist und Rechtsbehelfe (§§ 37–42 IntErbRVG)

A. Beteiligte (§ 37 IntErbRVG)
I. Allgemeines

1 Anders als das FamFG, enthält die **EuErbVO** weder eine generalklauselartige Definition des Beteiligtenbegriffs, noch Beteiligtenkataloge, sondern beschreibt in den Artt. 65 Abs. 1, 63 Abs. 1 EuErbVO lediglich den Kreis der **antragsberechtigten Personen**.[1] Den Antrag auf Ausstellung des ENZ können Erben, Vindikationslegatare, Testamentsvollstrecker oder Nachlassverwalter stellen. Die Verordnung offenbart an dieser Stelle „**Gestaltungsspielraum**",[2] den der Gesetzgeber mit der Schaffung des § 37

---

47 *Kroiß*, Änderungen im Nachlassverfahrensrecht durch das neue IntErbRVG, ErbR2015, 127, 128.
48 Lange in Dutta/Herrler, Die Europäische Erbrechtsverordnung, S. 163; NK-NachfolgeR/*Köhler*, vor Art. 62 EuErbVO Rn. 2.
49 *Dorsel* in Löhnig/Schwab/Henrich/Gottwald/Grziwotz/Reimann/Dutta, Erbfälle unter Geltung der Europäischen Erbrechtsverordnung, S. 37.
50 *Lange* in Dutta/Herrler, Die Europäische Erbrechtsverordnung, S. 163.
51 *Dorsel* in Löhnig/Schwab/Henrich/Gottwald/Grziwotz/Reimann/Dutta, Erbfälle unter Geltung der Europäischen Erbrechtsverordnung, S. 38; Buschbaum/Simon, Das Europäische Nachlasszeugnis, ZEV 2012, 525.
52 NK-NachfolgeR/*Köhler*, Art. 66 EuErbVO Rn 2.
53 *Lange* in Dutta/Herrler, Die Europäische Erbrechtsverordnung, S. 164.
54 *Müller-Lukoschek*, Die neue EU-Erbrechtsverordnung, § 2 Rn 324.
1 Vgl auch BR-Drucks. 644/14, Amtliche Begründung zu Art. 1, § 37 IntErbRVG, S. 58.
2 *Wagner/Scholz* FamRZ 2014, 714, 719.

A. Beteiligte (§ 37 IntErbRVG)

IntErbRVG nutzen wollte, um die Verordnung praxistauglich zu gestalten.[3] In diesem Kontext ist die **Anlehnung an die** §§ 345, 7 FamFG zu sehen, die Unterscheidung zwischen Muss- und Kann-Beteiligten[4].

Die **Kritik**[5] monierte eine erhebliche Abweichung vom Beteiligtenbegriff des § 345 Abs. 1 FamFG und die „Ausuferung der Kann-Beteiligung auf sämtliche Nachlassgläubiger",[6] induziert durch § 37 Abs. 1 Satz 2 Nr. 6 IntErbRVG, der allgemein von „sonstige(n) Personen mit einem berechtigten Interesse" spricht. In seiner Empfehlung vom 23.1.2015 übernahm der **Rechtsausschuss**[7] diese Kritik und schlug vor, die Auffangregelung in § 37 Abs. 1 Satz 2 Nr. 6 IntErbRVG durch eine neue Regelung[8] zu ersetzen. Die vorgeschlagene Angleichung[9] an § 345 Abs. 1 Satz 2 Nr. 5 FamFG trage zugleich zur größeren Praxistauglichkeit der Regelung bei. Mit seiner Stellungnahme vom 6.2.2015 übernahm der Bundesrat[10] diesen Vorschlag und plädierte ebenfalls für die Neufassung des § 37 Abs. 1 Satz 2 Nr. 6 IntErbRVG. Die Bundesregierung trat in ihrer Gegenäußerung[11] dem Änderungsvorschlag mit der Begründung entgegen, dass insoweit „bewusst die Terminologie der ErbVO"[12] aufgegriffen werde und „kein Raum für die Übernahme nationaler Begrifflichkeiten bzw Diktionen der Verfahrensbeteiligungen"[13] bleibe. Daraufhin verfolgte der Rechtsausschuss in seiner Beschlussempfehlung vom 20.5.2015 (BT-Drucks. 18/4961) den Vorschlag nicht weiter, und auch der Gesetzesbeschluss des Deutschen Bundestages vom 21.5.2015 (BR-Drucks. 230/15) greift die Kritik nicht mehr auf.

II. Beteiligte im Verfahren über die Ausstellung eines ENZ, § 37 Abs. 1 IntErbRVG

1. Antragsteller, § 37 Abs. 1 Satz 1 IntErbRVG

Die Regelung in § 37 Abs. 1 Satz 1 IntErbRVG schafft den Gleichklang mit innerstaatlichem Recht, mit §§ 345 Abs. 1 S. 1 FamFG,[14] wonach der **Antragsteller** des Erbscheinsverfahrens zu den Muss-Beteiligten zählt. Nichts anderes gilt in den Verfahren über die Ausstellung eines ENZ, § 37 Abs. 1 Satz 1 IntErbRVG, der **Antragsteller** ist zwingend Beteiligter, unabhängig davon, ob ihm eine Antragsbefugnis iSv Art. 65 Abs. 1, 63 Abs. 1 EuErbVO zusteht (zur Antragsberechtigung vgl Teil 1 § 7 Rn 8 ff).

---

[3] BR-Drucks. 644/14, Amtliche Begründung zu Art. 1, § 37 IntErbRVG, S. 58.
[4] Vgl auch *Kroiß* ErbR 2015, 127, 128.
[5] Stellungnahme des Deutschen Richterbundes Nr. 9/14, Juni 2014, S. 2/3; der Deutsche Notarverein schlug in seiner Stellungnahme vom 4.6.2014 bereits den „möglichst enge(n) Gleichlauf mit § 345 FamFG" vor, S. 8.
[6] Stellungnahme des Deutschen Richterbundes Nr. 9/14, Juni 2014, S. 3.
[7] Empfehlung des Rechtsausschusses vom 23.1.2015, BR-Drucks. 644/14.
[8] Die neue Regelung in § 37 Abs. 1 Satz 2 Nr. 6 IntErbRVG sollte lauten: „alle Übrigen, deren Rechte am Nachlass durch das Verfahren unmittelbar betroffen sind".
[9] Empfehlung des Rechtsausschusses vom 23.1.2015, BR-Drucks. 644/14, zu § 37 IntErbRVG.
[10] Stellungnahme des Bundesrates vom 6.2.2015, BR-Drucks. 644/14.
[11] BT-Drucks. 18/4201, S. 92, 93.
[12] BT-Drucks. 18/4201, S. 93.
[13] BT-Drucks. 18/4201, S. 93.
[14] Vgl hierzu auch Keidel/*Zimmermann*§ 7 FamFG Rn 9;*Kroiß* ErbR 2015, 127, 128.

2. Weitere Beteiligte, § 37 Abs. 1 S. 2 und 3 IntErbRVG

4 Als weitere **Kann-Beteiligte** sind die in § 37 Abs. 1 Satz 2 IntErbRVG beschriebenen Personengruppen vorgesehen, wobei die Hinzuziehungsentscheidung in das pflichtgemäße Ermessen des Gerichts gestellt ist. Dies steht im Einklang mit dem Regelungsgehalt der §§ 345 Abs. 1 Satz 2, 7 Abs. 3 FamFG.[15] Über die Hinzuziehungsentscheidung findet sich keine spezielle Norm, so dass nach FamFG zu verfahren, demnach formlos zu entscheiden ist, nicht aber zwingend durch Beschluss.[16]

5 Auf Antrag sind die beschriebenen Personen zwingend[17] zu beteiligen, § 37 Abs. 1 Satz 3 IntErbRVG. In der Folge sind die hinzugezogenen Beteiligten nach § 7 Abs. 4 FamFG zu unterrichten und zu belehren.[18] Diese Verpflichtungen beschränken sich allerdings auf den Kreis der gerichtsbekannten Beteiligten.[19]

6 Der Kann-Beteiligtenkatalog nach § 37 Abs. 1 Satz 2 IntErbRVG umfasst die folgenden **weiteren Beteiligten**:

- die gesetzlichen Erben, § 37 Abs. 1 Satz 2 Nr. 1 IntErbRVG[20]
- diejenigen, die nach dem Inhalt einer vorliegenden Verfügung von Todes wegen als Erben in Betracht kommen, § 37 Abs. 1 Satz 2 Nr. 2 IntErbRVG[21]
- diejenigen, die im Fall der Unwirksamkeit der Verfügung von Todes wegen Erben sein würden, § 37 Abs. 1 Satz 2 Nr. 3 IntErbRVG[22]
- die Vermächtnisnehmer mit unmittelbarer Berechtigung am Nachlass, § 37 Abs. 1 Satz 2 Nr. 4 IntErbRVG (= Vindikationslegatare)[23]
- der Testamentsvollstrecker oder der Nachlassverwalter, § 37 Abs. 1 Satz 2 Nr. 5 IntErbRVG
- sonstige Personen mit einem berechtigten Interesse, § 37 Abs. 1 Satz 2 Nr. 6 IntErbRVG (Auffangregelung,[24] die u.a. dem „enterbten Pflichtteilsberechtigtem" eine Beteiligtenstellung verschaffen soll).[25]

Über die **Ablehnung** des Hinzuziehungsantrags ist nach FamFG zu entscheiden, § 7 Abs. 5 Satz 1 FamFG.[26] Der Ablehnungsbeschluss ist mit **sofortiger Beschwerde** anfechtbar, § 7 Abs. 5 Satz 2 FamFG iVm §§ 567- 572 ZPO.

---

15 Keidel/*Zimmermann* aaO, § 7 Rn 24.
16 Wie im Erbscheinsverfahren, vgl Keidel/*Zimmermann* § 345 FamFG Rn 6, formlose Entscheidung, kein förmlicher Beschluss zwingend nötig, aber möglich.
17 *Kroiß* ErbR 2015, 127, 128.
18 *Wagner/Scholz* FamRZ 2014, 714, 719.
19 *Wagner/Scholz* FamRZ 2014, 714, 719.
20 Vgl die entsprechende Vorschrift in § 345 Abs. 1 Satz 2 Nr. 1 FamFG.
21 Entsprechung im FamFG: § 345 Abs. 1 S. 2 Nr. 2 FamFG.
22 Pendant im FamFG: § 345 Abs. 1 S. 2 Nr. 4 FamFG.
23 Die Rechtsordnungen in folgenden Ländern kennen Vindikationslegate: Belgien, Frankreich, Griechenland, Italien, Luxemburg, Polen, Portugal, Rumänien, Spanien und Ungarn, vgl *Gärtner*, Die Behandlung ausländischer Vindikationslegate im deutschen Recht, 2014, S. 20/21.
24 Zur Kritik an der Auffangregelung vgl oben Rn 2, Allgemeines.
25 So *Wagner/Scholz*, FamRZ 2014, 714, 719.
26 Ebenso BR-Drucks. 644/14, Amtliche Begründung zu Art. 1, § 37 IntErbRVG, S. 58.

III. Beteiligte in ENZ-Berichtigungs-, Änderungs-, Widerrufs- und Aussetzungsverfahren, § 37 Abs. 2 IntErbRVG

1. Antragsteller, § 37 Abs. 2 Satz 1 IntErbRVG

In ENZ-Berichtigungs-, Änderungs-, Widerrufs- und Aussetzungsverfahren rechnet § 37 Abs. 2 Satz 1 IntErbRVG den **Antragsteller** zu den Muss-Beteiligten.[27]

Die **Berichtigung** eines ENZ kann jedoch auch **von Amts wegen** initiiert werden, Art. 71 Abs. 1 EuErbVO, ebenso der **Widerruf** eines ENZ, § 38 Satz 2 IntErbRVG, was die Regelung in § 37 Abs. 2 IntErbRVG nicht aufgreift. Subsidiär kommt § 7 Abs. 2 Nr. 1 FamFG[28] zur Anwendung. Als Beteiligte sind diejenigen hinzuzuziehen, deren Recht durch das Verfahren unmittelbar betroffen wird. Weiterhin gebietet bereits § 34 Abs. 1 FamFG die persönliche Anhörung der Beteiligten.[29]

2. Sonstige Personen mit berechtigtem Interesse, § 37 Abs. 2 S. 2 und 3 IntErbRVG

Nach § 37 Abs. 2 Satz 2 IntErbRVG können **sonstige Personen mit berechtigtem Interesse** als weitere Beteiligte hinzugezogen werden. Auf Antrag sind sie zwingend zu beteiligen, § 37 Abs. 2 Satz 3 IntErbRVG.[30] Was unter „berechtigtem Interesse" zu verstehen ist, geht aus der Norm nicht hervor, weil der Begriff „autonom im Sinne der (Erbrechts)Verordnung auszulegen"[31] sei, so die Motive (zur europarechtlich-autonomen Auslegung vgl Teil 1 § 1 Rn 6). Orientierung gibt der Katalog der weiteren Beteiligten iSv § 37 Abs. 1 Satz 2 IntErbRVG,[32] bestehend aus den gesetzlichen Erben, potentiellen Erben, Vindikationslegataren sowie Testamentsvollstreckern oder Nachlassverwaltern, denen ein berechtigtes Interesse an der Berichtigung, der Änderung, dem Widerruf oder der Aussetzung des ENZ nicht pauschal abgesprochen werden kann.

IV. Beteiligte in Verfahren über Erteilung einer beglaubigten ENZ-Abschrift oder Verlängerung der Gültigkeitsfrist einer beglaubigten ENZ-Abschrift, § 37 Abs. 3 IntErbRVG

Sonderregelungen gelten für die Verfahren über die **Erteilung einer beglaubigten ENZ-Abschrift** und über die **Verlängerung der Gültigkeitsfrist einer beglaubigten ENZ-Abschrift**. Die Regelung in § 37 Abs. 3 IntErbRVG schränkt den Kreis der Beteiligten auf den Antragsteller ein.[33] Die Begründung hierfür ist im Wesen des betroffenen Verfahrens zu suchen, einem Verfahren, dem kein großer Prüfaufwand beigemessen wird. Da sich die Prüfung auf das Negativkriterium[34] in Art. 73 Abs. 2 Satz 2 EuErbVO beschränkt, ist auch eine Beschränkung des Beteiligtenkreises indiziert.

---

27 *Kroiß* ErbR 2015, 127, 128.
28 § 7 Abs. 2 FamFG gilt auch für Amtsverfahren, vgl Keidel/*Zimmermann* § 7 FamFG Rn 10, 11.
29 Ähnlich *Wagner/Scholz* FamRZ 2014, 714, 719.
30 *Kroiß* ErbR 2015, 127, 128.
31 BR-Drucks. 644/14, Amtliche Begründung zu Art. 1, § 37 IntErbRVG, S. 59; zur europarechtlich-autonomen Auslegung vgl allgemein Teil 1 § 1 Rn 6.
32 Hinweis hierzu siehe BR-Drucks. 644/14, Amtliche Begründung zu Art. 1, § 37 IntErbRVG, S. 59.
33 Einziger Verfahrensbeteiligter ist der Antragsteller, vgl auch *Wagner/Scholz* FamRZ 2014, 714, 719.
34 Während der Aussetzung des Verfahrens dürfen keine weiteren beglaubigten Abschriften des Zeugnisses ausgestellt werden bzw darf die Gültigkeitsfrist einer beglaubigten ENZ-Abschrift nicht verlängert werden.

B. Änderung oder Widerruf eines Europäischen Nachlasszeugnisses (§ 38 IntErbRVG)

I. Allgemeines und Kritisches

11 Zur Beseitigung inhaltlicher Unrichtigkeiten offeriert die Regelung in Art. 71 Abs. 2 EuErbVO zwei Verfahrenmechanismen, die **Änderung** und den **Widerruf** eines ENZ. Die Änderung und der Widerruf sollen an die Stelle des nationalen Einziehungsverfahrens treten, das als Amtsverfahren[35] konzipiert ist. Die Regelung in § 38 IntErbRVG trifft Aussagen über die Verfahrenseinleitung und die Notwendigkeit einer Kostenentscheidung. Im weiteren Verlauf sind über die Änderung bzw den Widerruf alle Personen zu verständigen, denen beglaubigte Abschriften ausgestellt wurden, Art. 71 Abs. 3 EuErbVO.

12 Die im Laufe des Gesetzgebungsverfahrens vorgebrachte **Kritik**[36] richtete sich zum einen dagegen, dass die Änderung eines ENZ nur auf Antrag vorgenommen werden kann. Im Einklang mit der Widerrufsregelung sei aber auch ein Einschreiten von Amts wegen sinnvoll.[37] Die weitere Kritik[38] bemängelte den unzureichenden Rechtsschutz eines ENZ-Änderungs- bzw -widerrufsverfahren und plädierte für die „Normierung einer Einziehungsmöglichkeit",[39] um den faktischen Rechtsschein eines ENZ effektiv beseitigen zu können. Die nationale Gesetzgebungskompetenz sei eröffnet, vgl 80.Erwägungsgrund.[40] Der vorgeschlagene § 38 Abs. 2 IntErbRVG:[41] „Hat das Gericht ein unrichtiges Europäisches Nachlasszeugnis geändert oder widerrufen, finden die Bestimmungen des Bürgerlichen Gesetzbuchs über die Einziehung eines unrichtigen Erbscheins entsprechende Anwendung.". Die Bundesregierung[42] konnte sich diesem Änderungsvorschlag nicht anschließen. So führte die Bundesregierung in ihrer Gegenäußerung aus, dass die EuErbVO bereits Schutzmechanismen vorsehe, nämlich die begrenzte ENZ-Gültigkeitsdauer und die Aussetzung der Wirkungen des ENZ.[43] Eine Möglichkeit, diesen Schutzmechanismen weiteren Flankenschutz zu geben, sehe die EuErbVO nicht vor, weshalb es der Bundesregierung „höchst zweifelhaft (erschien), ob der deutsche Gesetzgeber überhaupt befugt wäre, ...die im nationalen Recht enthaltene Einziehung eines unrichtigen Erbnachweises auf das unionsrechtlich ausgestaltete Europäische Nachlasszeugnis auszuweiten".[44] In der Beschlussempfehlung des Rechtsausschusses vom 20.5.2015 (BT-Drucks. 18/4961) ist der Vorschlag nicht mehr enthalten, und auch der Gesetzesbeschluss des Deutschen

---

35 Vgl allgemein hierzu Jurgeleit/*Dieker*, Freiwillige Gerichtsbarkeit, 2010, § 18 Rn 152 ff.
36 Vgl Stellungnahme Nr. 9/14 (Juni 2014) des Deutschen Richterbundes.
37 Stellungnahme Nr. 9/14 (Juni 2014) des Deutschen Richterbundes.
38 Empfehlung des Rechtsausschusses vom 23.1.2015, Drucks. 644/1/14; Stellungnahme des Bundesrates vom 6.2.2015, BR-Drucks. 644/14.
39 Stellungnahme des Bundesrates vom 6.2.2015, BR-Drucks. 644/14; vgl auch *Lehmann* ZEV 2015, 138, 139.
40 Empfehlung des Rechtsausschusses vom 23.1.2015, Drucks. 644/1/14; Stellungnahme des Bundesrates vom 6.2.2015, BR-Drucks. 644/14.
41 Empfehlung des Rechtsausschusses vom 23.1.2015, Drucks. 644/1/14; Stellungnahme des Bundesrates vom 6.2.2015, BR-Drucks. 644/14.
42 BT-Drucks. 18/4201, S. 93.
43 BT-Drucks. 18/4201, S. 93.
44 BT-Drucks. 18/4201, S. 93.

B. Änderung oder Widerruf eines Europäischen Nachlasszeugnisses (§ 38 IntErbRVG)

Bundestages vom 21.5.2015 (BR-Drucks. 230/15) basiert auf der unveränderten Fassung.

II. Änderung eines ENZ und Antragserfordernis, § 38 IntErbRVG

Die **Änderung** eines ENZ kann nicht von Amts wegen, sondern nur auf **Antrag**[45] veranlasst werden, § 38 Satz 1 IntErbRVG. Die Begründung hierfür ist darin zu sehen, dass „niemandem ein geändertes Zeugnis aufgedrängt werden soll()".[46] Obgleich eine inhaltliche Unrichtigkeit gegeben ist, kann die Änderung nicht von Amts wegen ins Werk gesetzt werden, ein Amtsverfahren liegt nicht vor.

Die Änderung eines ENZ kann auch durch das **Beschwerdegericht** (OLG) vorgenommen werden, § 43 Abs. 5 Satz 1 IntErbRVG.

Dass zwingend über die Änderung durch gerichtlichen **Beschluss** zu entscheiden ist, ist in § 39 Abs. 1 Satz 3 IntErbRVG geregelt.[47] Dabei hat das Gericht zugleich über die **Kosten** des Verfahrens zu entscheiden, § 38 Satz 3 IntErbRVG.[48]

Es fällt eine volle Verfahrensgebühr nach der **Nr. 12217 KV GNotKG** an, der Geschäftswert richtet sich nach § 40 GNotKG.

III. Widerruf eines ENZ auf Antrag oder von Amts wegen, § 38 IntErbRVG

Der **Widerruf** kann nicht nur durch die Ausstellungsbehörde, sondern auch durch das Beschwerdegericht vorgenommen werden, § 43 Abs. 5 Satz 1 IntErbRVG. Anlass hierzu gibt ein **Antrag**; der Widerruf kann allerdings auch **von Amts wegen** erfolgen, § 38 Satz 2 IntErbRVG[49].

Über den Widerruf ist durch gerichtlichen **Beschluss** zu entscheiden, § 39 Abs. 1 Satz 3 IntErbRVG.[50] Der Beschluss muss zugleich eine Aussage über die **Kosten** des Verfahrens[51] treffen, § 38 Satz 3 IntErbRVG.

Anzusetzen ist eine 0,5 Verfahrensgebühr nach der Tabelle B, höchstens jedoch ein Betrag iHv 400 EUR, **Nr. 12216 KV GNotKG**.

---

45 Vgl auch *Kroiß* ErbR 2015, 127, 128; zur Kritik hieran vgl oben Rn 12, die erwähnte Stellungnahme des Deutschen Richterbundes.
46 BR-Drucks. 644/14, Amtliche Begründung zu Art. 1, § 38 IntErbRVG, S. 59.
47 Vgl hierzu BR-Drucks. 644/14, Amtliche Begründung zu Art. 1, § 39 IntErbRVG, S. 60.
48 Die Kostenentscheidung ist zwingend vorgesehen, vgl auch BR-Drucks. 644/14, Amtliche Begründung zu Art. 1, § 38 IntErbRVG, S. 59.
49 *Kroiß* ErbR 2015, 127, 128.
50 BR-Drucks. 644/14, Amtliche Begründung zu Art. 1, § 39 IntErbRVG, S. 60.
51 Die Kostenentscheidung ist zwingend vorgesehen, vgl auch BR-Drucks. 644/14, Amtliche Begründung zu Art. 1, § 38 IntErbRVG, S. 59; *Kroiß* ErbR 2015, 127, 128.

IV. Exkurs zu den sonstigen Verfahren (Ausstellung; Berichtigung; Erteilung einer beglaubigten Abschrift; Verlängerung Gültigkeitsfrist einer beglaubigten Abschrift; Aussetzung der Wirkungen eines ENZ)

20 Abschließend gilt es noch, einen Blick auf die **Verfahrenseinleitung der anderen ENZ-Verfahren** zu werfen:

- **Ausstellung eines ENZ:** Antrag erforderlich, § 36 Abs. 1 IntErbRVG; sofern das Beschwerdegericht (OLG) die Beschwerde gegen die Ablehnung für begründet hält, kann es das ENZ selbst ausstellen, § 43 Abs. 5 Satz 2 IntErbRVG[52]
- **Berichtigung eines ENZ:** doppelte Initiierungsmöglichkeit, vgl. Art. 71 Abs. 1 EuErbVO, die Ausstellungsbehörde kann von Amts wegen oder auf Antrag tätig werden; eine Zuständigkeit des Beschwerdegerichts zur Berichtigung des ENZ besteht nicht, das Beschwerdegericht kann das Ausgangsgericht lediglich zur Berichtigung anweisen, § 43 Abs. 5 Satz 1 IntErbRVG
- **Erteilung einer beglaubigten Abschrift eines ENZ:** Antrag erforderlich, Art. 70 Abs. 1 EuErbVO; für die Ausstellung ist das amtliche Formblatt zu verwenden, Artt. 67 Abs. 1 Satz 2, 81 Abs. 2 EuErbVO, vgl § 39 Abs. 2 IntErbRVG
- **Verlängerung der Gültigkeitsfrist einer beglaubigten Abschrift eines ENZ:** Antrag erforderlich, Art. 70 Abs. 3 Satz 3 EuErbVO; mangels entsprechender Bestimmung in § 43 IntErbRVG kann das Beschwerdegericht die Gültigkeitsfrist nicht verlängern. Etwas anderes gilt nur dann, falls das OLG das ENZ selbst ausgestellt hat, weil das Gericht dann als Ausstellungsbehörde fungiert, Art. 70 Abs. 3 Satz 3 EuErbVO.
- **Aussetzung der Wirkungen eines ENZ:** Antrag erforderlich, Art. 73 Abs. 1 EuErbVO; die Zuständigkeit liegt bei der Ausstellungsbehörde, uU aber auch beim Rechtsmittelgericht, falls ein Rechtsbehelf anhängig ist.

C. § 39 IntErbRVG – Art der Entscheidung
I. Allgemeines und Kritisches

21 Die Erbrechtsverordnung regelt zwar die Programmatik des Verfahrens, gerichtet auf Ausstellung, Berichtigung, Änderung, Widerruf, Erteilung einer beglaubigten Abschrift, Verlängerung der Gültigkeitsfrist und Aussetzung der Wirkungen eines ENZ, trifft aber keine Aussage darüber, in welcher **Art und Weise** die Endentscheidung ergehen muss. Der nationale Gesetzgeber nutzte diesen Gestaltungsspielraum und formte mit § 39 IntErbRVG einen umfassenden **Regelungskatalog**, dem sich die jeweilige Art der Entscheidung entnehmen lässt. Der Aufbau der Norm orientiert sich am üblichen Gang des Verfahrens.

22 Der **Rechtsausschuss**[53] und der **Bundesrat**[54] schlugen vor, „für Fälle, in denen die Sach- und Rechtslage unter den Beteiligten streitig ist, eine dem § 352 FamFG (bezie-

---

[52] Der Deutsche Richterbund stand der Erteilung durch das OLG ablehnend gegenüber, zuständig seien nur die Amtsgerichte, vgl auch die Darstellung bei *Kunz* GPR 2014, 285, 292.
[53] Empfehlung des Rechtsausschusses vom 23.1.2015, Drucks. 644/1/14; vgl auch *Lehmann* ZEV 2015, 138, 139.
[54] Stellungnahme des Bundesrates vom 6.2.2015, BR-Drucks. 644/14.

hungsweise § 352e FamFG-E) entsprechende Regelung in das IntErbRVG"[55] einzufügen. Gemeint ist die Situation, die sich im Rahmen einer ENZ-Ausstellung ergeben kann, sobald hiergegen Beschwerde eingelegt wird. Die Implementierung einer entsprechenden FamFG-Regelung trage den Bedürfnissen des Rechtsverkehrs Rechnung.[56] Die Bundesregierung konnte sich dieser Argumentation nicht anschließen,[57] schließlich enthalte die EuErbVO bereits ein „eigenes Regelungskonzept".[58] Eine vorgelagerte Entscheidung sei im ENZ-Ausstellungsverfahren nicht nötig. Bei Einwendungen werde überhaupt kein ENZ ausgestellt, Art. 67 EuErbVO.[59] Daraufhin ließ der Rechtsausschuss in seiner Beschlussempfehlung vom 20.5.2015 (BT-Drucks. 18/4961) den Vorschlag fallen.

II. Ausstellung eines ENZ und Art der Entscheidung, § 39 Abs. 1 Satz 1, Abs. 2 IntErbRVG

Falls die Voraussetzungen für die **Ausstellung** eines ENZ vorliegen, entscheidet das Gericht durch **bloße Ausstellung des ENZ**, nicht durch Beschluss, § 39 Abs. 1 Satz 1 IntErbRVG.[60] Damit erübrigt sich der im deutschen Erbscheinsverfahren erforderliche Feststellungsbeschluss.[61] Die Entscheidung wird dem Antragsteller durch Übersendung einer beglaubigten ENZ-Abschrift bekannt gegeben, § 40 Satz 1 IntErbRVG.[62] Für die Ausstellung des ENZ ist das **Formblatt**[63] nach Art. 67 Abs. 1 Satz 2, 81 Abs. 2 EuErbVO zu verwenden, § 39 Abs. 2 IntErbRVG. Zur Gültigkeitsfrist vgl § 42 IntErbRVG (Rn 37 ff).

Falls die Voraussetzungen für die Ausstellung eines ENZ nicht vorliegen und dem **Antrag nicht stattgegeben** werden kann, ist durch **Beschluss** zu entscheiden, § 39 Abs. 1 Satz 3 IntErbRVG.[64] Der **Inhalt** des Ablehnungsbeschlusses richtet sich nach § 38 Abs. 2, 3 FamFG und ist nach § 41 Abs. 1, Abs. 2 FamFG bekanntzugeben.[65] Die **Rechtsbehelfsbelehrung** nach § 39 FamFG bildet einen weiteren formellen Bestandteil des Beschlusses.

---

55 Empfehlung des Rechtsausschusses vom 23.1.2015, Drucks. 644/1/14; Stellungnahme des Bundesrates vom 6.2.2015, BR-Drucks. 644/14.
56 Empfehlung des Rechtsausschusses vom 23.1.2015, Drucks. 644/1/14; Stellungnahme des Bundesrates vom 6.2.2015, BR-Drucks. 644/14.
57 BT-Drucks. 18/4201, 94.
58 BT-Drucks. 18/4201, 94.
59 BT-Drucks. 18/4201, 94.
60 Ebenso *Wagner/Scholz* FamRZ 2014, 714, 719; *Kroiß* ErbR 2015, 127, 128.
61 Zur Kritik hieran vgl Stellungnahme Nr. 9/14 (Juni 2014) des Deutschen Richterbundes, der sich in die „Zeit der Geltung des FGG" zurückversetzt fühlte und forderte, man möge das ENZ in den Bereich des Feststellungsbeschlusses nach § 352 FamFG einbeziehen; diese Kritik ist jedoch nicht stichhaltig, da die EuErbVO insoweit keinen Gestaltungsspielraum gewährt. Das ENZ ist unverzüglich auszustellen, Art. 67 Abs. 1 EuErbVO, vgl *Kunz* GPR 2014, 285, 291, sowie *Kroiß* ErbR 2015, 127, 128.
62 Weiteren Beteiligten durch Übersendung einer einfachen Abschrift des ausgestellten ENZ, vgl § 40 Satz 2 IntErbRVG.
63 Durchführungsverordnung (EU) Nr. 1329/2014 der Kommission vom 9.12.2014 zur Festlegung der Formblätter nach Maßgabe der Verordnung (EU) Nr. 650/2012 des Europäischen Parlaments und des Rates über die Zuständigkeit, das anzuwendende Recht, die Anerkennung und Vollstreckung von Entscheidungen und die Annahme und Vollstreckung öffentlicher Urkunden in Erbsachen sowie zur Einführung eines Europäischen Nachlasszeugnisses (ABl. EU L 359 S. 30).
64 Ebenso BR-Drucks. 644/14, Amtliche Begründung zu Art. 1, § 39 IntErbRVG, S. 60, sowie zu Art. 4, § 3 RpflG, S. 65; *Wagner/Scholz* FamRZ 2014, 714, 720; *Kroiß* ErbR 2015, 127, 128.
65 Vgl auch BR-Drucks. 644/14, Amtliche Begründung zu Art. 1, §§ 39, 40 IntErbRVG, S. 60.

25 Beide Entscheidungen, die Ausstellung oder die Ablehnung, können mit **Beschwerde** zum OLG angefochten werden, §§ 43 Abs. 1, 33 Nr. 1 IntErbRVG, und zwar nicht gebunden an eine Beschwerdesumme oder die Zulassung der Beschwerde.[66] Häufig wird es sich empfehlen, der Beschwerde gegen die Ausstellung des ENZ den Antrag[67] auf Aussetzung der Wirkungen des ENZ zur Seite zu stellen.

III. Erteilung einer beglaubigten Abschrift sowie Verlängerung der Gültigkeitsfrist einer beglaubigten Abschrift eines ENZ und Art der Entscheidung, § 39 Abs. 1 Satz 2, Abs. 2 IntErbRVG

26 Eine identische Entscheidungsart gilt für die Erteilung einer beglaubigten Abschrift und die Verlängerung der Gültigkeitsfrist eines ENZ. Sofern die Verfahrensvoraussetzungen gegeben sind, entscheidet das Gericht durch **bloße Erteilung** einer beglaubigten Abschrift oder durch Verlängerung der Gültigkeitsfrist einer beglaubigten Abschrift des ENZ, § 39 Abs. 1 Satz 2 IntErbRVG. Die Endentscheidung ergeht **nicht durch Beschluss**, sondern in realer Art und Weise, durch den Erteilungsvorgang. Die Entscheidung wird dem Antragsteller durch Übersendung einer beglaubigten Abschrift bekannt gegeben, § 40 Satz 1 IntErbRVG. Für die **Erteilung einer beglaubigten Abschrift eines ENZ** ist das **Formblatt**[68] nach Art. 67 Abs. 1 Satz 2, 81 Abs. 2 EuErbVO zu verwenden, § 39 Abs. 2 IntErbRVG. Kein Formblattzwang besteht dagegen im Bereich der Verlängerung der Gültigkeitsfrist einer beglaubigten Abschrift des ENZ, § 39 Abs. 2 IntErbRVG im Umkehrschluss.

27 Falls die Verfahrensvoraussetzungen nicht gegeben sind und der Antrag auf Erteilung einer beglaubigten Abschrift oder Verlängerung der Gültigkeitsfrist einer beglaubigten Abschrift eines ENZ **abgelehnt** werden muss, entscheidet das Gericht durch **Beschluss**, § 39 Abs. 1 Satz 3 IntErbRVG.[69] Der **Inhalt des Ablehnungsbeschlusses** richtet sich nach § 38 Abs. 2, 3 FamFG und ist nach § 41 Abs. 1, Abs. 2 FamFG bekanntzugeben.[70] Es empfiehlt sich, eine **modifizierte Rechtsbehelfsbelehrung** iSv § 39 FamFG beizufügen, um unstatthafte Rechtsmittel und Rechtsbehelfe zu vermeiden[71]

28 Eine Besonderheit besteht darin, dass die stattgebende und ablehnende Entscheidung **nicht beschwerdefähig** sind. Die Beschwerde findet nicht statt, § 43 Abs. 1 Satz 1 IntErbRVG im Umkehrschluss,[72] was den Weg zum **allgemeinen Rechtsbehelf nach § 11 Abs. 2 RpflG** ebnet, sofern der Rechtspfleger entschieden hat.

---

66 § 43 Abs. 1 Satz 2 IntErbRVG erklärt die Bestimmungen in § 61 FamFG für unanwendbar, die Beschwerde ist demnach stets zulässig und ist auch nicht an den Beschwerdegegenstand oder die Zulassung gebunden.
67 Die Aussetzung erfolgt nur auf Antrag, vgl Art. 73 EuErbVO.
68 Durchführungsverordnung (EU) Nr. 1329/2014 der Kommission vom 9.12.2014 zur Festlegung der Formblätter nach Maßgabe der Verordnung (EU) Nr. 650/2012 des Europäischen Parlaments und des Rates über die Zuständigkeit, das anzuwendende Recht, die Anerkennung und Vollstreckung von Entscheidungen und die Annahme und Vollstreckung öffentlicher Urkunden in Erbsachen sowie zur Einführung eines Europäischen Nachlasszeugnisses (ABl. EU L 359 S. 30).
69 Ebenso BR-Drucks. 644/14, Amtliche Begründung zu Art. 1, § 39 IntErbRVG, S. 60.
70 Vgl auch BR-Drucks. 644/14, Amtliche Begründung zu Art. 1, §§ 39, 40 IntErbRVG, S. 60.
71 Vgl allgemein Keidel/*Meyer-Holz* aaO, § 39 Rn 11.
72 Vgl auch BR-Drucks. 644/14, Amtliche Begründung zu Art. 1, § 43 IntErbRVG, S. 61.

IV. Entscheidung im Übrigen und Art der Entscheidung, § 39 Abs. 1 Satz 3 IntErbRVG

In allen übrigen Verfahren, die nicht auf Ausstellung eines ENZ, Erteilung einer beglaubigten Abschrift oder Verlängerung der Gültigkeitsfrist einer beglaubigten Abschrift eines ENZ gerichtet sind, **entscheidet das Gericht durch Beschluss**, § 39 Abs. 1 Satz 3 IntErbRVG. Im Einzelnen:

- die **Ausstellung** eines ENZ wird **abgelehnt**
- die **Erteilung einer beglaubigten Abschrift** des ENZ wird **abgelehnt**
- die **Verlängerung der Gültigkeitsfrist** einer beglaubigten Abschrift des ENZ wird **abgelehnt**
- **Berichtigung** eines ENZ (sowohl die stattgebende, als auch die ablehnende Entscheidung)[73]
- **Änderung** eines ENZ (sowohl die stattgebende, als auch die ablehnende Entscheidung)[74]
- **Widerruf** eines ENZ (sowohl die stattgebende, als auch die ablehnende Entscheidung)[75]
- **Aussetzung** der Wirkungen eines ENZ (sowohl die stattgebenden, als auch die ablehnende Entscheidung).[76]

29

D. § 40 IntErbRVG – Bekanntgabe der Entscheidung

I. Allgemeines

Eng verbunden mit der Art der Entscheidung, die ihren Ausdruck in § 39 IntErbRVG gefunden hat, ist die **Bekanntgabe der Entscheidung**. Die Bestimmung in § 40 differenziert nicht nur hinsichtlich der Entscheidungsarten, sondern im Bereich der Ausstellung des ENZ auch zwischen der Bekanntgabe an den Antragsteller und der Bekanntgabe an die weiteren Beteiligten.

30

II. Ausstellung eines ENZ: Bekanntgabe der Entscheidung an den Antragsteller, §§ 40 Satz 1, 39 Abs. 1 Satz 1 IntErbRVG

Nach § 40 Satz 1 IntErbRVG wird dem **Antragsteller** die Ausstellung des ENZ durch Übersendung einer **beglaubigten Abschrift** bekannt gegeben.[77] Die Bestimmung übernimmt den Regelungsgehalt des Art. 70 Abs. 1 EuErbVO, wonach die Ausstellungsbehörde die Urschrift des Zeugnisses aufbewahrt und dem Antragsteller eine oder mehrere beglaubigte Abschriften ausstellt. Hieran knüpft die weitere Konzeption des

31

---

[73] Ebenso BR-Drucks. 644/14, Amtliche Begründung zu Art. 1, § 39 IntErbRVG, S. 60; *Wagner/Scholz* FamRZ 2014, 714, 720.
[74] Ebenso BR-Drucks. 644/14, Amtliche Begründung zu Art. 1, § 39 IntErbRVG, S. 60; *Wagner/Scholz* FamRZ 2014, 714, 720.
[75] Ebenso BR-Drucks. 644/14, Amtliche Begründung zu Art. 1, § 39 IntErbRVG, S. 60; *Wagner/Scholz* FamRZ 2014, 714, 720.
[76] Ebenso BR-Drucks. 644/14, Amtliche Begründung zu Art. 1, § 39 IntErbRVG, S. 60; *Wagner/Scholz* FamRZ 2014, 714, 720.
[77] Ebenso *Wagner/Scholz* FamRZ 2014, 714, 719; *Kroiß* ErbR 2015, 127, 128.

Ausstellungsverzeichnisses nach Art. 70 Abs. 2 EuErbVO an, dessen Führung dem Urkundsbeamten der Geschäftsstelle (UdG) anvertraut ist.

III. Ausstellung eines ENZ: Bekanntgabe der Entscheidung an die weiteren Beteiligten, §§ 40 Satz 2, 39 Abs. 1 Satz 1 IntErbRVG

32 Eine andere Verfahrensweise sieht § 40 Satz 2 IntErbRVG für die Bekanntgabe der ENZ-Ausstellung an die **weiteren Beteiligten** iSv § 37 Abs. 1 Satz 2 IntErbRVG vor. Die Bekanntgabe erfolgt nicht, wie gelegentlich zu lesen ist,[78] durch Übersendung einer beglaubigten Abschrift, sondern durch Übersendung einer **einfachen Abschrift** des ausgestellten ENZ, § 40 Satz 2 IntErbRVG.[79]

IV. Erteilung einer beglaubigten ENZ-Abschrift: Bekanntgabe der Entscheidung, §§ 40 S. 1, 39 Abs. 1 Satz 2 IntErbRVG

33 Die Spezialregelung für die **Erteilung einer beglaubigten ENZ-Abschrift** kehrt zur Ausgangssystematik zurück, zumal die **Bekanntgabe durch Übersendung einer beglaubigten Abschrift** vorgesehen ist, vgl § 40 Satz 1, 39 Abs. 1 Satz 2 IntErbRVG.[80] Dies gebietet bereits das Verfahrensziel (= Erlangung einer beglaubigten Abschrift).

V. Verlängerung der Gültigkeitsfrist einer beglaubigten ENZ- Abschrift: Bekanntgabe der Entscheidung, §§ 40 S. 1, 39 Abs. 1 Satz 2 IntErbRVG

34 Dies gilt auch für das Verfahren, gerichtet auf die Verlängerung der Gültigkeitsfrist einer beglaubigten ENZ-Abschrift. Die Regelung sieht vor, dass die Entscheidung durch Übersendung einer **beglaubigten Abschrift** bekannt gegeben werden muss, §§ 40 Satz 1, 39 Abs. 1 Satz 2 IntErbRVG.[81]

E. § 41 IntErbRVG – Wirksamwerden

I. Wirksamwerden der Entscheidung, § 41 Satz 1 IntErbRVG

35 Kontrastierend zu § 40 FamFG, trifft § 41 IntErbRVG in Anlehnung an § 287 Abs. 2 Satz 2 Nr. 2 FamFG[82] eine Aussage über das Wirksamwerden von ENZ-Entscheidungen. Maßgeblich ist der gerichtsinterne Vorgang, mit dem die Entscheidung der Geschäftsstelle zum Zweck der Bekanntgabe übergeben wird, § 41 Satz 1 IntErbRVG. Es kommt zu einer Vorverlagerung der Wirksamkeit, wobei als Begründung auch Art. 69 Abs. 2 EuErbVO ins Feld geführt wird.[83] Diese Einschätzung trifft zu, da die Vermutungswirkung eines ENZ bereits automatisch mit Ausstellung des ENZ eintritt, und zwar in allen Mitgliedstaaten.

---

[78] *Wagner/Scholz* FamRZ 2014, 714, 719: „Die Bekanntgabe erfolgt durch die Übersendung einer beglaubigten Abschrift des ENZ an den Antragsteller *und die weiteren Beteiligten*."

[79] Ebenso BR-Drucks. 644/14, Amtliche Begründung zu Art. 1, § 40 IntErbRVG, S. 60; *Kroiß* ErbR 2015, 127, 128.

[80] Ebenso BR-Drucks. 644/14, Amtliche Begründung zu Art. 1, § 40 IntErbRVG, S. 60.

[81] BR-Drucks. 644/14, Amtliche Begründung zu Art. 1, § 40 IntErbRVG, S. 60.

[82] BR-Drucks. 644/14, Amtliche Begründung zu Art. 1, § 41 IntErbRVG, S. 61; vgl auch *Wagner/Scholz* FamRZ 2014, 714, 720.

[83] BR-Drucks. 644/14, Amtliche Begründung zu Art. 1, § 41 IntErbRVG, S. 61.

II. Vermerk auf der Entscheidung, § 41 Satz 2 InterbRVG

Die Anlehnung an § 287 Abs. 2 Satz 2 Nr. 2 FamFG bringt es mit sich, auch den nächsten Schritt zu gehen, enthalten in § 287 Abs. 2 Satz 3 FamFG. Der **Zeitpunkt** der **Wirksamkeit** ist auf der Entscheidung zu vermerken, § 41 Satz 2 InterbRVG. Zuständig ist der **Urkundsbeamte der Geschäftsstelle** (UdG).[84]

36

F. § 42 InterbRVG – Gültigkeitsfrist der beglaubigten Abschrift eines Europäischen Nachlasszeugnisses
I. Allgemeines

Den verfahrensrechtlichen Hintergrund bildet Art. 70 Abs. 3 EuErbVO (s Teil 1 § 7 Rn 12), wonach beglaubigte Abschriften des ENZ nur für einen **begrenzten Zeitraum** von sechs Monaten gültig sind.[85] Nach Fristablauf[86] entfallen die in Art. 69 EuErbVO beschriebenen Wirkungen des Europäischen Nachlasszeugnisses, das sich auch in dieser Hinsicht als *„erbrechtliches Zeugnis sui generis"*[87] präsentiert, als ephemeres, begrenzt „haltbares" Zeugnis, das **in der Permanenz gehalten** werden soll, um der Ausstellungsbehörde Kontrollhoheit zu verschaffen.[88] Darin liegt eine wesentliche Abweichung zum deutschen Erbscheinsverfahren.[89] Die obligatorische Gültigkeitsdauer, die in der beglaubigten Abschrift durch ein Ablaufdatum anzugeben ist (vgl auch Teil 1 § 7 Rn 12), erschwert den Rechtsverkehr nicht unerheblich, da nach Fristablauf einer der in Art. 70 Abs. 3 Satz 3 EuErbVO beschriebenen Wege[90] beschritten werden muss. Möglich ist zum einen die Erteilung einer neuen beglaubigten ENZ-Abschrift, Art. 70 Abs. 3 Satz 3 EuErbVO, was einen entsprechenden Antrag voraussetzt. Möglich ist zum anderen, und daran knüpft die Regelung in § 42 InterbRVG an, die Regelung über Beginn und Berechnung der Gültigkeitsfrist, bei der Ausstellungsbehörde den Antrag auf Verlängerung der Gültigkeitsfrist der beglaubigten Abschrift zu stellen. Ein neuer Antrag iSv Art. 65 EuErbVO muss dagegen nicht gestellt werden.[91]

37

II. Beginn der Gültigkeitsfrist, § 42 Satz 1 InterbRVG

Während die Regelung in Art. 70 Abs. 1 EuErbVO von der *Ausstellung*[92] beglaubigter Abschriften des ENZ spricht, benutzt § 42 Satz 1 InterbRVG den Begriff der *Erteilung*,[93] was als redaktionelles Versehen gewertet werden muss, nicht aber als in-

38

---

84 Zur Situation nach § 287 Abs. 2 Satz 3 FamFG vgl Keidel/*Budde* aaO, § 287 Rn 12.
85 Zum begrenzten Zeitraum vgl auch BR-Drucks. 644/14, Amtliche Begründung zu Art. 1, § 33 InterbRVG, S. 56, sowie *Volmer* Rpfleger 2013, 421, 431; ferner Teil 1 § 7 Rn 12; *Kroiß* ErbR 2015, 127, 128, 129.
86 Vgl auch *Müller-Lukoschek*, , § 2 Rn 340.
87 *Lange*, in: Dutta/Herrler, Die Europäische Erbrechtsverordnung, 2014, S. 162.
88 Zur Kontrolle über zirkulierende Zeugnisse vgl MüKo-BGB/*Dutta*, Art. 70 EuErbVO Rn 1.
89 Vgl *Wilsch* ZEV 2012, 530, 532.
90 Ebenso *Müller-Lukoschek*, , § 2 Rn 339; anders die BR-Drucks. 644/14, Amtliche Begründung zu Art. 1, § 42 InterbRVG, S. 61, die nur die Verlängerung der Gültigkeitsfrist erwähnt.
91 *Volmer* Rpfleger 2013, 421, 431.
92 Nicht nur das ENZ wird ausgestellt, vgl Art. 67 Abs. 1 EuErbVO, sondern auch die beglaubigten Abschriften hiervon werden ausgestellt, vgl Art. 70 Abs. 1 EuErbVO. Das InterbRVG folgt im Übrigen dieser Terminologie, vgl beispielsweise §§ 33, 36, 37 InterbRVG.
93 Auch die Amtliche Begründung spricht von der „Erteilung der beglaubigten Abschrift", vgl BR-Drucks. 644/14, Amtliche Begründung zu Art. 1, § 42 InterbRVG, S. 61; vgl auch *Kroiß* ErbR 2015, 127, 129.

haltliche Abweichung. Der **Fristbeginn** ist an die Ausstellung der beglaubigten Abschrift des ENZ geknüpft, § 42 Satz 1 IntErbRVG, Fristbeginn ist der darauffolgende Tag. Zur weiteren Berechnung vgl Rn 39 ff.

III. Berechnung der Gültigkeitsfrist, § 42 Satz 2 IntErbRVG

39 Mit der Verweisung in § 42 Satz 2 IntErbRVG drängt sich der Praxis der Eindruck auf, primär kämen die BGB-Vorschriften zur Anwendung, sekundär die Vorschriften der Verordnung (EWG, Euratom) Nr. 1182/71 des Rates vom 3.6.1971 zur Festlegung der Regeln für die Fristen, Daten und Termine.[94] Obgleich letztere Bestimmungen den §§ 186 ff BGB ähneln,[95] ist diesem Eindruck entgegenzutreten, da das Gegenteil zutrifft. Wie im 77. Erwägungsgrund der EuErbVO[96] und in der Amtlichen Begründung festgehalten,[97] kommen in erster Linie[98] die Bestimmungen der **Fristenverordnung** zum Einsatz und nur „ergänzend die Vorschriften des BGB".[99]

40 Für die Fristen, die den Ablauf einer Geltungsdauer zum Gegenstand haben, gelten die Bestimmungen in Art. 3 Abs. 1 bis 3 der Fristenverordnung, so die Verweisung in Art. 4 Abs. 1 derselben Verordnung.[100] Das ENZ ist nur für einen begrenzten Zeitraum gültig[101] und daher dem Anwendungsbereich des **Art. 4 Abs. 1 Fristenverordnung** zuzurechnen.

41 Der Zeitraum beträgt regelmäßig sechs Monate, so dass bei Berechnung der Frist der Tag **nicht** mitgerechnet wird, in den das Ereignis bzw die Handlung fällt, Art. 3 Abs. 1 Satz 2 Fristenverordnung.[102] Nicht der Tag der Ausstellung markiert den Beginn der Frist, sondern der darauffolgende Tag, Anfang der ersten Stunde (0:00 Uhr), Art. 3 Abs. 2 lit. c Fristenverordnung.

42 Das **Fristende** ist in Art. 3 Abs. 2 lit. c Fristenverordnung geregelt, das Ablaufdatum ist in der beglaubigten Abschrift **anzugeben**. Die nach Monaten bemessene Frist endet mit Ablauf der letzten Stunde (24:00 Uhr) des Tages des letzten Monats, der dieselbe Zahl wie der Tag des Fristbeginns trägt, Art. 3 Abs. 2 lit. c Satz 1 Fristenverordnung.[103] Fehlt im letzten Monat der für den Fristablauf maßgebliche Tag, endet die Frist mit Ablauf der letzten Stunde des letzten Tages dieses Monats, Art. 3 Abs. 2 lit. c Satz 2 Fristenverordnung.

---

94 Die Verordnung – auch Fristenverordnung genannt – ist unter dem folgenden Pkt. V abgedruckt, um der Praxis die Arbeit zu erleichtern.
95 Vgl *Reidt*, in: Dreher/Motzke, Beck´scher Vergaberechtskommentar, 2. Aufl. 2013, § 10 a Rn 7 VOB/A.
96 „Die Berechnung der in dieser Verordnung vorgesehenen Fristen und Termine sollte nach Maßgabe der Verordnung (EWG, Euratom) Nr. 1182/71 des Rates vom 3. Juni 1971 zur Festlegung der Regeln für die Fristen, Daten und Termine erfolgen.".
97 BR-Drucks. 644/14, Amtliche Begründung zu Art. 1, § 42 IntErbRVG, S. 61.
98 BR-Drucks. 644/14, Amtliche Begründung zu Art. 1, § 42 IntErbRVG, S. 61.
99 BR-Drucks. 644/14, Amtliche Begründung zu Art. 1, § 42 IntErbRVG, S. 61; vgl auch *Kroiß* ErbR 2015, 127, 129.
100 Vgl BR-Drucks. 644/14, Amtliche Begründung zu Art. 1, § 42 IntErbRVG, S. 61.
101 Art. 70 Abs. 3 EuErbVO.
102 Ähnelt § 187 Abs. 1 BGB; vgl auch BR-Drucks. 644/14, Amtliche Begründung zu Art. 1, § 42 IntErbRVG, S. 61.
103 Ähnelt § 188 Abs. 2 BGB; im Übrigen s. BR-Drucks. 644/14, Amtliche Begründung zu Art. 1, § 42 IntErbRVG, S. 61.

F. § 42 IntErbRVG – Gültigkeitsfrist der beglaubigten Abschrift eines ENZ 2

Beispiel: 43
das ENZ wird am 11.11.2015 ausgestellt, 8:30 Uhr.
Fristbeginn daher: 12.11.2015, 0:00 Uhr;
Fristende (bei Regelgültigkeitsdauer von sechs Monaten): 12.5.2016, 24:00 Uhr.

IV. Kosten, Nr. 12218 KV GNotKG

Für die Verlängerung der Gültigkeitsfrist einer beglaubigten Abschrift des ENZ ist eine Festgebühr iHv 20 EUR anzusetzen, **Nr. 12218 KV GNotKG**, eine Dokumentenpauschale wird daneben nicht erhoben. 44

V. Anhang: Verordnung (EWG, Euratom) Nr. 1182/71 des Rates zur Festlegung der Regeln für die Fristen, Daten und Termine

Verordnung (EWG, Euratom) Nr. 1182/71 des Rates vom 3. Juni 1971 zur Festlegung der Regeln für die Fristen, Daten und Termine
(ABl. L 124 vom 8.6.1971, S. 1)

DER RAT DER EUROPÄISCHEN GEMEINSCHAFTEN –

gestützt auf den Vertrag zur Gründung der Europäischen Wirtschaftsgemeinschaft, insbesondere auf Artikel 235,

gestützt auf den Vertrag zur Gründung der Europäischen Atomgemeinschaft, insbesondere auf Artikel 203,

auf Vorschlag der Kommission,

nach Stellungnahme des Europäischen Parlaments,

in Erwägung nachstehender Gründe:

Zahlreiche Rechtsakte des Rates und der Kommission setzen Fristen, Daten oder Termine fest und verwenden die Begriffe des Arbeitstags oder des Feiertags.

Für diesen Bereich sind einheitliche allgemeine Regeln festzulegen.

In Ausnahmefällen kann es notwendig sein, daß bestimmte Rechtsakte des Rates oder der Kommission von diesen allgemeinen Regeln abweichen.

Für die Verwirklichung der Ziele der Gemeinschaften müssen die einheitliche Anwendung des Gemeinschaftsrechts gewährleistet und infolgedessen die allgemeinen Regeln für die Fristen, Daten und Termine festgelegt werden.

In den Verträgen sind keine Befugnisse zur Festlegung solcher Regeln vorgesehen –

HAT FOLGENDE VERORDNUNG ERLASSEN:

Artikel 1 [Geltungsbereich]
Diese Verordnung gilt, soweit nichts anderes bestimmt ist, für die Rechtsakte, die der Rat und die Kommission auf Grund des Vertrages zur Gründung der Europäischen Wirtschaftsgemeinschaft oder des Vertrages zur Gründung der Europäischen Atomgemeinschaft erlassen haben bzw. erlassen werden.

Kapitel I Fristen

Artikel 2 [Feiertage, Arbeitstage]
(1) Für die Anwendung dieser Verordnung sind die Feiertage zu berücksichtigen, die als solche in dem Mitgliedstaat oder in dem Organ der Gemeinschaften vorgesehen sind, bei dem eine Handlung vorgenommen werden soll.

[1]Zu diesem Zweck übermittelt jeder Mitgliedstaat der Kommission die Liste der Tage, die nach seinen Rechtsvorschriften als Feiertage vorgesehen sind. [2]Die Kommission veröffentlicht im *Amtsblatt*

der Europäischen Gemeinschaften die von den Mitgliedstaaten übermittelten Listen, die durch Angabe der in den Organen der Gemeinschaften als Feiertage vorgesehenen Tage ergänzt worden sind.

(2) Für die Anwendung dieser Verordnung sind als Arbeitstage alle Tage außer Feiertagen, Sonntagen und Sonnabenden zu berücksichtigen.

Artikel 3 [Berechnung]

(1) Ist für den Anfang einer nach Stunden bemessenen Frist der Zeitpunkt maßgebend, in welchem ein Ereignis eintritt oder eine Handlung vorgenommen wird, so wird bei der Berechnung dieser Frist die Stunde nicht mitgerechnet, in die das Ereignis oder die Handlung fällt.

Ist für den Anfang einer nach Tagen, Wochen, Monaten oder Jahren bemessenen Frist der Zeitpunkt maßgebend, in welchem ein Ereignis eintritt oder eine Handlung vorgenommen wird, so wird bei der Berechnung dieser Frist der Tag nicht mitgerechnet, in dem das Ereignis oder die Handlung fällt.

(2) Vorbehaltlich der Absätze 1 und 4 gilt folgendes:

a) Eine nach Stunden bemessene Frist beginnt am Anfang der ersten Stunde und endet mit Ablauf der letzten Stunde der Frist.

b) Eine nach Tagen bemessene Frist beginnt am Anfang der ersten Stunde des ersten Tages und endet mit Ablauf der letzten Stunde des letzten Tages der Frist.

c) Eine nach Wochen, Monaten oder Jahren bemessene Frist beginnt am Anfang der ersten Stunde des ersten Tages der Frist und endet mit Ablauf der letzten Stunde des Tages der letzten Woche, des letzten Monats oder des letzten Jahres, der dieselbe Bezeichnung oder dieselbe Zahl wie der Tag des Fristbeginns trägt. Fehlt bei einer nach Monaten oder Jahren bemessenen Frist im letzten Monat der für ihren Ablauf maßgebende Tag, so endet die Frist mit Ablauf der letzten Stunde des letzten Tages dieses Monats.

d) Umfaßt eine Frist Monatsbruchteile, so wird bei der Berechnung der Monatsbruchteile ein Monat von dreißig Tagen zugrunde gelegt.

(3) Die Fristen umfassen die Feiertage, die Sonntage und die Sonnabende, soweit diese nicht ausdrücklich ausgenommen oder die Fristen nach Arbeitstagen bemessen sind.

(4) Fällt der letzte Tag einer nicht nach Stunden bemessenen Frist auf einen Feiertag, einen Sonntag oder einen Sonnabend, so endet die Frist mit Ablauf der letzten Stunde des folgenden Arbeitstags. Diese Bestimmung gilt nicht für Fristen, die von einem bestimmten Datum oder einem bestimmten Ereignis an rückwirkend berechnet werden.

(5) Jede Frist von zwei oder mehr Tagen umfaßt mindestens zwei Arbeitstage.

Kapitel II Daten und Termine

Artikel 4 [Rechtsakte des Rates oder der Kommission]

(1) Artikel 3, mit Ausnahme der Absätze 4 und 5, gilt vorbehaltlich der Bestimmungen dieses Artikels für die Fristen des Inkrafttretens, des Wirksamwerdens, des Anwendungsbeginns, des Ablaufs der Geltungsdauer, des Ablaufs der Wirksamkeit und des Ablaufs der Anwendbarkeit der Rechtsakte des Rates oder der Kommission oder einzelner Bestimmungen dieser Rechtsakte.

(2) Rechtsakte des Rates oder der Kommission oder einzelne Bestimmungen dieser Rechtsakte, für deren Inkrafttreten, deren Wirksamwerden oder deren Anwendungsbeginn ein bestimmtes Datum festgesetzt worden ist, treten mit Beginn der ersten Stunde des diesem Datum entsprechenden Tages in Kraft bzw. werden dann wirksam oder angewandt.

Unterabsatz 1 gilt auch dann, wenn die vorgenannten Rechtsakte oder Bestimmungen binnen einer bestimmten Anzahl von Tagen nach dem Eintritt eines Ereignisses oder der Vornahme einer Handlung in Kraft treten, wirksam werden oder angewandt werden sollen.

(3) Rechtsakte des Rates oder der Kommission oder einzelne Bestimmungen dieser Rechtsakte, deren Geltungsdauer, Wirksamkeit oder Anwendbarkeit zu einem bestimmten Zeitpunkt enden, treten mit Ablauf der letzten Stunde des diesem Zeitpunkt entsprechenden Tages außer Kraft bzw. werden dann unwirksam oder nicht mehr angewandt.

Unterabsatz 1 gilt auch dann, wenn die vorgenannten Rechtsakte oder Bestimmungen binnen einer bestimmten Anzahl von Tagen nach dem Eintritt eines Ereignisses oder der Vornahme einer Handlung außer Kraft treten, unwirksam werden oder nicht mehr angewandt werden sollen.

Artikel 5 [Handlungen in Durchführung eines Rechtsaktes]
(1) Artikel 3, mit Ausnahme der Absätze 4 und 5, gilt vorbehaltlich der Bestimmungen dieses Artikels, wenn eine Handlung in Durchführung eines Rechtsaktes des Rates oder der Kommission zu einem bestimmten Zeitpunkt vorgenommen werden kann oder muß.
(2) Kann oder muß eine Handlung in Durchführung eines Rechtsaktes des Rates oder der Kommission an einem bestimmten Datum vorgenommen werden, so kann oder muß dies zwischen dem Beginn der ersten Stunde und dem Ablauf der letzten Stunde des diesem Datum entsprechenden Tages geschehen.
Unterabsatz 1 gilt auch dann, wenn eine Handlung in Durchführung eines Rechtsaktes des Rates oder der Kommission binnen einer bestimmten Anzahl von Tagen nach dem Eintritt eines Ereignisses oder der Vornahme einer anderen Handlung vorgenommen werden kann oder muß.

Artikel 6 [Inkrafttreten]
Diese Verordnung tritt am 1. Juli 1971 in Kraft.
Diese Verordnung ist in allen ihren Teilen verbindlich und gilt unmittelbar in jedem Mitgliedstaat.

§ 6 Beschwerde und Rechtsbeschwerde

A. Beschwerde (§ 43 IntErbRVG)
I. Zulässigkeit der Beschwerde
1. Statthaftigkeit der Beschwerde (§ 43 Abs. 1)

Gem. **Abs. 1 S. 1** findet die Beschwerde gegen Entscheidungen nach § 33 Nr. 1 und 3, nicht aber nach § 33 Nr. 2, statt.

Hintergrund der Regelung ist, dass die Vorschrift an **Art. 72 Abs. 1 EuErbVO** anknüpft, der die Rechtsbehelfe in dem Verfahren betreffend das Europäische Nachlassverfahren regelt. Danach können die

- **Ausstellung** bzw **Ablehnung** des Europäischen Nachlasszeugnisses (Art. 67 EuErbVO),
- die **Berichtigung**, **Änderung** oder **Widerruf** des Zeugnisses (Art. 71 EuErbVO) und
- die von der Ausstellungsbehörde angeordnete **Aussetzung der Wirkungen** des Zeugnisses (Art. 73 Abs. 1 a EuErbVO)

angefochten werden.

Da Art. 72 Abs. 1 EuErbVO nicht auf Art. 70 EuErbVO Bezug nimmt, ergibt sich daraus, dass **ablehnende** wie auch **stattgebende Entscheidungen** iSd Art. 70 EuErbVO, also solche betreffend

- die Erteilung einer beglaubigten Abschrift oder
- die Verlängerung der Gültigkeitsfrist einer beglaubigten Abschrift eines Europäischen Nachlasszeugnisses,

nicht angefochten werden können.

Die nähere Ausgestaltung des Rechtsbehelfsverfahrens iSd Art. 72 EuErbVO bleibt den Mitgliedstaaten vorbehalten. Diese erfolgt im Rahmen des § 43 Abs. 1. Entspre-

§ 6 Beschwerde und Rechtsbeschwerde

chend der Regelung des Rechtsbehelfsverfahrens in der EuErbVO nimmt Abs. 1 S. 1 nicht auf § 33 Nr. 2 (= Art. 70 EuErbVO) Bezug.

2. Beschwerdegericht (§ 43 Abs. 1 S. 1)

5 Zuständiges Beschwerdegericht ist in sachlicher Hinsicht das **Oberlandesgericht**. Insofern wird der Gleichlauf mit dem deutschen Erbschein hergestellt (vgl § 119 Abs. 1 Nr. 1 b GVG).

3. Beschwerdewert (§ 43 Abs. 1 S. 2)

6 In Abweichung zum Beschwerdeverfahren betreffend den deutschen Erbschein (vgl § 61 FamFG) ist die Zulässigkeit der Beschwerde **nicht** von dem **Erreichen einer Wertgrenze** (vgl § 61 Abs. 1 FamFG) oder der **Zulassung durch das Gericht des ersten Rechtszugs** (vgl § 61 Abs. 2, 3 FamFG) abhängig.

7 Hintergrund hierfür ist, dass die EuErbVO, die für die Eröffnung des Rechtsmittelverfahrens unmittelbar gilt, insoweit keine Zulassungsschranke vorsieht.

4. Beschwerdeberechtigung (§ 43 Abs. 2)

a) Grundsatz

8 Der Kreis der Beschwerdeberechtigten wird bereits in **Art. 72 Abs. 1 EuErbVO** mit unmittelbarer Wirkung bestimmt und durch § 43 Abs. 2 konkretisiert. Dabei wird nach den der anzufechtenden Entscheidung zugrunde liegenden Verfahren unterschieden:

b) Ausstellung eines Europäischen Nachlasszeugnisses (§ 33 Nr. 1 Alt. 1 iVm Art. 72 Abs. 1 EuErbVO)

- Erben,
- Vermächtnisnehmer mit unmittelbarer Berechtigung am Nachlass (Vermächtnisnehmer, deren Vermächtnisse nach dem zur Anwendung berufenen Erbrecht unmittelbar dingliche Wirkung zukommt; sog. Vindikationslegate);
- Testamentsvollstrecker,
- Nachlassverwalter.

c) Berichtigung, Änderung, Widerruf eines Europäischen Nachlasszeugnisses (§ 33 Nr. 1 Alt. 2 iVm Art. 72 Abs. 1 EuErbVO) sowie Aussetzung der Wirkungen eines Europäischen Nachlasszeugnisses (§ 33 Nr. 3 iVm Art. 72 Abs. 1, Art. 73 Abs. 1 a))

9 Diejenigen Personen, die ein **berechtigtes Interesse** nachweisen können. Der Begriff „berechtigtes Interesse" ist autonom im Sinne der EuErbVO und nicht nach dem nationalen Recht auszulegen.

d) Erteilung einer beglaubigten Abschrift eines Europäischen Nachlasszeugnisses; Verlängerung der Gültigkeitsfrist einer beglaubigten Abschrift (§ 33 Nr. 2)

10 Art. 72 EuErbVO, der unmittelbar gilt, sieht einen Rechtsbehelf gegen die in diesen Verfahren ergangenen Entscheidungen nicht vor. Demgemäß kann auch im nationalen Recht eine Anfechtungsmöglichkeit nicht eröffnet werden. Insofern nimmt § 43 Abs. 1 und § 43 Abs. 2 nicht auf § 33 Nr. 2 Bezug.

Die im Rahmen dieses Verfahrens ergangenen **Entscheidungen** sind damit **nicht anfechtbar!!**

5. Einlegung der Beschwerde (§ 43 Abs. 1 S. 2)

Die Beschwerde ist bei dem **Gericht** einzulegen, dessen **Entscheidung angefochten** wird („judex a quo"). Im Übrigen gelten die **allgemeinen Grundsätze des FamFG** (also **§ 64 Abs. 2 FamFG** und die **§§ 65–67 FamFG**). Es besteht kein Anwaltszwang für die Einlegung der Beschwerde. 11

6. Beschwerdefrist (§ 43 Abs. 3)

a) Grundsatz

Die Vorschrift stellt eine **lex specialis zu § 63 FamFG** dar und regelt den **Beginn** und die **Dauer** der Beschwerdefrist. 12

b) Beginn der Frist

Die Frist beginnt mit **Bekanntgabe** der Entscheidung an die Beteiligten (**§ 43 Abs. 3 S. 2**). Diese erfolgt nach § 40 oder nach § 41 FamFG. 13

c) Dauer der Frist (§ 43 Abs. 3 S. 1)

Bzgl. der Dauer der Frist wird danach unterschieden, ob der Beschwerdeführer seinen gewöhnlichen Aufenthalt im In- oder Ausland hat. Die Regelung ist insoweit § 24 Abs. 3 IntFamRVG nachgebildet: 14

gewöhnlicher Aufenthalt im Inland:	ein Monat
gewöhnlicher Aufenthalt im Ausland:	zwei Monate

d) Versäumung der Frist

Bei Versäumung der Frist ohne Verschulden findet § 17 FamFG (Wiedereinsetzung in den vorigen Stand) Anwendung. 15

II. Beschwerdeverfahren

1. Allgemeines

Das Beschwerdeverfahren wird in **§ 43 Abs. 4 und 5** geregelt; im Übrigen finden **§ 64 Abs. 3** und **§§ 65–68 FamFG** Anwendung. 16

2. Bekanntgabe der Beschwerde

Die Beschwerde ist gem. § 43 Abs. 3 den anderen Beteiligten iSd § 37 bekanntzugeben. Insoweit gilt § 15 Abs. 2 FamFG. 17

3. Beschwerdeentscheidung (§ 43 Abs. 5)

a) Grundsatz

§ 43 Abs. 5 knüpft an die unmittelbar geltenden Regelungen des **Art. 72 Abs. 2 EuErbVO** an und setzt diese ins nationale Recht um. Insoweit stellt § 43 Abs. 5 S. 1, 2 und 3 eine **Sonderregelung** zu § 69 FamFG dar. 18

19 Die **Entscheidung des Beschwerdegerichts** bestimmt sich nach dem **Beschwerdegegenstand** und dem **Ausgang des Beschwerdeverfahrens:**

aa) Beschwerde gegen die Ausstellung des Europäischen Nachlasszeugnisses ist begründet

20 Das Beschwerdegericht selbst ändert bzw widerruft das Zeugnis oder weist das Ausgangsgericht an, das Zeugnis zu berichtigen, zu ändern oder zu widerrufen.

bb) Beschwerde gegen die Ablehnung der Ausstellung des Europäischen Nachlasszeugnisses ist begründet

21 Das Beschwerdegericht selbst stellt das Nachlasszeugnis aus oder verweist die Sache unter Aufhebung des angefochtenen Beschlusses zur erneuten Prüfung und Entscheidung an das Ausgangsgericht zurück.

22 Stellt das Beschwerdegericht das Nachlasszeugnis selbst aus und lässt es die Rechtsbeschwerde nicht zu, gilt § 39 Abs. 1 S. 1 (**Abs. 5 S. 3**): die Entscheidung bedarf in diesem Fall keiner Begründung, da es zu keiner weiteren Anfechtung der Entscheidung kommt.

23 **ALSO:** Die Entscheidung des Beschwerdegerichts erfolgt durch Ausstellung der Urschrift des Nachlasszeugnisses!

b) Sonstige Entscheidungen im Beschwerdeverfahren (Beschwerden sind unzulässig oder unbegründet)

24 Insoweit finden die **Grundsätze des § 69 FamFG** entsprechende Anwendung. Insbesondere bedürfen die Entscheidungen einer Begründung (§ 69 Abs. 2 FamFG).

B. Rechtsbeschwerde (§ 44)

I. Grundsatz

25 Der EuErbVO ist nicht zu entnehmen, ob gegen die Entscheidung des Beschwerdegerichts eine weitere Anfechtungsmöglichkeit eröffnet ist. Insoweit erkennt der Gesetzgeber Raum für eine nationale Regelung. Entsprechend der Intention, einen Gleichlauf mit dem nationalen nachlassgerichtlichen Verfahren weitgehend zu erreichen, wurde die Möglichkeit der Rechtsbeschwerde betreffend das Verfahren nach der EuErbVO in das IntErbRVG aufgenommen.

II. Rechtsbeschwerdeverfahren

26 Die Rechtsbeschwerde findet nur statt, wenn sie **vom Beschwerdegericht zugelassen** wurde (S. 1). Bzgl. der **Zulassungsgründe** gilt § 70 Abs. 2 FamFG (S. 2).

27 Im Übrigen gelten die **allgemeinen Vorschriften des FamFG** betreffend das Rechtsbeschwerdeverfahren, jedoch mit der Maßgabe, dass bzgl des Beginns und der Dauer der Frist zur Einlegung der Rechtsbeschwerde § **43 Abs. 3 entsprechend** gilt (vgl Rn 12 ff).

§ 7 Authentizität von Urkunden (§§ 45, 46 IntErbRVG)

A. Aussetzung des inländischen Verfahrens (§ 45 IntErbRVG)
I. Anwendungsbereich

Der 62. Erwägungsgrund der EuErbVO definiert die **Authentizität** einer öffentlichen Urkunde als „autonome(n) Begriff ..., der Aspekte wie die Echtheit der Urkunde, die Formerfordernisse für die Urkunde, die Befugnisse der Behörde, die die Urkunde errichtet, und das Verfahren, nach dem die Urkunde errichtet wird, erfassen sollte".[1] Einwände mit Bezug auf die Authentizität einer öffentlichen Urkunde müssen bei den Gerichten des **Ursprungsmitgliedsstaates** erhoben werden, die wiederum nach innerstaatlichem Recht entscheiden, Art. 59 Abs. 2 Sätze 1 und 2 EuErbVO.[2] Die alleinige[3] Zuständigkeit zur Durchführung des Authentifizierungsverfahrens liegt bei den Gerichten des Ursprungsmitgliedsstaates. Im Laufe des Anhörungsverfahrens[4] wurde die Hoffnung geäußert, die Aussetzung des Verfahrens möge „die Ausnahme bleiben",[5] stelle doch die Aussetzung des Verfahrens „für einen ´räuberischen Erbprätendenten´ einen wichtigen Etappensieg dar".[6]

II. Aussetzung des Verfahrens, § 45 IntErbRVG

Unter der Voraussetzung, dass es im Rahmen der inländischen Entscheidung auf die ausländische Entscheidung zur Authentizität der Urkunde ankommt, kann das inländische Verfahren **ausgesetzt** werden, § 45 IntErbRVG (vgl auch Teil 1 § 6 Rn 4). Die Regelung eröffnet die Möglichkeit, das inländische Verfahren bis zur Erledigung des ausländischen Authentifizierungsverfahren auszusetzen.[7] Welches Verfahrensrecht zur Anwendung kommt, die ZPO oder das FamFG, richtet sich danach, ob eine bürgerliche Rechtsstreitigkeit (dann ZPO) oder ein Verfahren der Freiwilligen Gerichtsbarkeit (dann FamFG) vorliegt.[8]

Prämisse ist, dass sich die **Einwände gegen die Authentizität einer öffentlichen Urkunde** richten, nicht aber gegen die in einer öffentlichen Urkunde beurkundeten Rechtsgeschäfte oder Rechtsverhältnisse iSv Art. 59 Abs. 3 EuErbVO,[9] über die nach den Artt. 20 ff. EuErbVO zu befinden ist (vgl Teil 1 § 6 Rn 5).

Mangels abweichender Maßgaben gilt allgemeines Verfahrensrecht, so dass über die Anordnung oder Ablehnung der Aussetzung durch **Beschluss** zu entscheiden ist. Der Beschluss hat eine **Rechtsmittelbelehrung** zu enthalten.[10] Die Aussetzungsentscheidung ist in das **pflichtgemäße Ermessen** des Gerichts gestellt, dessen Aufgabe darin

---
1 Satz 1 des 62. Erwägungsgrundes.
2 Vgl auch MüKo-BGB/*Dutta*, Art. 59 EuErbVO Rn 18, sowie Teil 1 § 6 Rn 4.
3 Vgl auch MüKo-BGB/*Dutta*, Art. 59 EuErbVO Rn 16.
4 Stellungnahme des Deutschen Notarvereins vom 4.6.2014.
5 Stellungnahme des Deutschen Notarvereins vom 4.6.2014, S. 8.
6 Stellungnahme des Deutschen Notarvereins vom 4.6.2014, S. 8.
7 Vgl auch BR-Drucks. 644/14, Amtliche Begründung zu Art. 1, § 45 IntErbRVG, S. 63.
8 Hinweis s. BR-Drucks. 644/14, Amtliche Begründung zu Art. 1, § 45 IntErbRVG, S. 63.
9 Vgl auch BR-Drucks. 644/14, Amtliche Begründung zu Art. 1, § 45 IntErbRVG, S. 63, sowie Teil 1 § 6 Rn 5.
10 Vgl auch Rn 6: Rechtsmittel insoweit die sofortige Beschwerde nach §§ 567–572 ZPO, vgl § 21 Abs. 2 FamFG bzw § 252 ZPO.

besteht, alle vorgebrachten Gründe abzuwägen und prozessökonomische Aspekte zu berücksichtigen.[11] Für die Aussetzung kann sprechen, dass sich damit die Kernfrage erledigt bzw eine Beschleunigung eintritt. Gegen die Aussetzung kann sprechen, dass eine nicht vertretbare Verfahrensverzögerung eintritt bzw erpresserischen Taktiken Vorschub geleistet wird.[12]

III. Wirkung der Aussetzung

5   Die **Wirkungen** der Aussetzung unterscheiden sich nicht, es spielt keine Rolle, ob eine bürgerliche Rechtsstreitigkeit oder ein Verfahren der Freiwilligen Gerichtsbarkeit vorliegt:[13]

- **bürgerliche Rechtsstreitigkeit**, § 249 ZPO: der Lauf prozessualer Fristen hört auf und beginnt nach Beendigung der Aussetzung von neuem zu laufen, § 249 Abs. 1 ZPO; ferner relative Unwirksamkeit hauptsachebezogener Prozesshandlungen gegenüber dem Verfahrensgegner, § 249 Abs. 2 ZPO
- **Verfahren der Freiwilligen Gerichtsbarkeit**, § 21 FamFG: die Regelung in § 249 ZPO ist entsprechend anzuwenden, vgl § 21 Abs. 1 Satz 2 FamFG.

IV. Sofortige Beschwerde gegen Aussetzungsentscheidung

6   Die Kongruenz mit dem allgemeinen Verfahrensrecht findet ihren Abschluss im Rechtsmittel, das gegen die Anordnung oder die Ablehnung der Aussetzung eingelegt werden kann. Der im Aussetzungsverfahren ergangene Beschluss ist mit der **sofortigen Beschwerde**[14] anfechtbar, § 21 Abs. 2 FamFG[15] bzw § 252 ZPO[16] iVm §§ 567 – 572 ZPO.

B. Authentizität einer deutschen öffentlichen Urkunde (§ 46 IntErbRVG)
I. Allgemeines, Art. 59 Abs. 2 EuErbVO

7   Das auf Authentizitätseinwände gestützte Verfahren zur Beseitigung unechter öffentlicher Urkunden[17] siedelt die Erbrechtsverordnung nicht bei den Gerichten des annehmenden Mitgliedsstaates an, sondern ausschließlich[18] bei den Gerichten des Ur-

---

11   BR-Drucks. 644/14, Amtliche Begründung zu Art. 1, § 45 IntErbRVG, S. 63.
12   Vgl hierzu die Stellungnahme des Deutschen Notarvereins vom 4.6.2014, S. 8: „Die Regelung ... eröffnet Erbprätendenten, die sich aus taktischen Gründen gegen die Erteilung eines ENZ ... wenden, erhebliche verfahrensrechtliche Verzögerungsmöglichkeiten und schafft damit sogar Potenzial für Erpressung, sich entsprechende Einwendungen `abkaufen`zu lassen (im Wirtschaftsrecht unter dem Begriff *Italian torpedo* bekannt)."; ein ähnlicher Begriff ist das *Croatian torpedo*, vgl *Geimer*, in: Dutta/Herrler, Die Europäische Erbrechtsverordnung, 2014, 143, 155.
13   BR-Drucks. 644/14, Amtliche Begründung zu Art. 1, § 45 IntErbRVG, S. 63.
14   Ebenso BR-Drucks. 644/14, Amtliche Begründung zu Art. 1, § 45 IntErbRVG, S. 63.
15   In Verfahren der freiwilligen Gerichtsbarkeit.
16   In bürgerlichen Rechtsstreitigkeiten.
17   Zum Begriff der öffentlichen Urkunde vgl Art. 2 Abs. 1 lit. i EuErbVO.
18   Alleinige Zuständigkeit, vgl MüKo-BGB/*Dutta*, Art. 59 EuErbVO Rn 16; ebenso *Wagner/Scholz* FamRZ 2014, 714, 720, die Einwände seien „nur bei den Gerichten des Herkunftsmitgliedsstaates" geltend zu machen; vgl auch *Müller-Luboschek*, § 2 Rn 288.

sprungsmitgliedsstaates, Art. 59 Abs. 2 Satz 1 EuErbVO.[19] Der **Vorrang**[20] zur Beseitigung der Urkunde liegt im Mitgliedsland, in dem die Urkunde errichtet wurde. Das Authentifizierungsmonopol kann zu der Situation führen, dass einer unechten Urkunde im Ursprungsmitgliedstaat keine Wirkungen mehr beigemessen werden, im annehmenden Staat aber Wirkungen zu konstatieren sind, da dem annehmenden Staat die Überprüfung der Authentizität versagt ist. Um die Authentizität der Urkunde überprüfen zu können, bringt der Ursprungsmitgliedsstaat sein eigenes Recht zur Anwendung.[21]

In der **Vorstellung des Gesetzgebers** soll es sich bei den Authentifizierungsverfahren „um sehr wenige Fälle handeln",[22] weshalb eine „nennenswerte Zusatzbelastung"[23] nicht zu erwarten sei. Ein etwaiger Mehraufwand werde jedenfalls durch die Gebührenfolge kompensiert[24] (zur Gebühr vgl unten Rn 16).

II. Authentizitätseinwände gegen eine gerichtliche Urkunde, § 46 Abs. 1 Satz 1 IntErbRVG

Bei Einwänden gegen die Authentizität[25] einer deutschen **gerichtlichen Urkunde** entscheidet ausschließlich das **Gericht, das die Urkunde errichtet hat**, § 46 Abs. 1 Satz 1 IntErbRVG. Damit ist einem ausländischen Gericht die Möglichkeit verwehrt, über die Authentizität einer deutschen gerichtlichen Urkunde zu befinden. Die Lokalisierung im Herkunftsland bringt einen nicht unwesentlichen Vorteil im Bereich der Verfahrensökonomie mit sich, da das Herkunftsgericht am besten über die Echtheit, die Form- und Verfahrenserfordernisse,[26] die behördlichen Befugnisse sowie das eigentliche Errichtungsverfahren befinden kann.

III. Authentizitätseinwände gegen eine notarielle Urkunde, § 46 Abs. 1 Satz 2 IntErbRVG

Ähnliche Überlegungen greifen für **notarielle Urkunden**. Bei notariellen Urkunden entscheidet **das für den Amtssitz des Notars zuständige Gericht**, § 46 Abs. 1 Satz 2 IntErbRVG. Die ursprüngliche Fassung des Referentenentwurfs sah noch die Zuständigkeit des Gerichts vor, in dessen Bezirk die Urkunde errichtet wurde, was in der Praxis zu Problemen[27] geführt hätte, insbesondere vor dem Hintergrund des Amtsbereichs eines Notars, der sich nicht notwendigerweise mit dem Amtsgerichtsbezirk decken muss. Die aktuelle Fassung geht auf einen Vorschlag[28] des Deutschen Notarver-

---

19 Vgl auch BR-Drucks. 644/14, Amtliche Begründung, Allgemein zu den Gesetzesfolgen, S. 44; ferner *Geimer*, in: Dutta/Herrler, Die Europäische Erbrechtsverordnung, 2014, S. 143, 154.
20 MüKo-BGB/*Dutta*, Art. 59 EuErbVO Rn 16.
21 MüKo-BGB/*Dutta*, Art. 59 EuErbVO Rn 18.
22 BR-Drucks. 644/14, Amtliche Begründung, Allgemein zu den Gesetzesfolgen, S. 44.
23 BR-Drucks. 644/14, Amtliche Begründung, Allgemein zu den Gesetzesfolgen, S. 44.
24 BR-Drucks. 644/14, Amtliche Begründung, Allgemein zu den Gesetzesfolgen, S. 44.
25 Zur Authentizität einer öffentlichen Urkunde vgl allgemein den 62. Erwägungsgrund.
26 Vgl zum Begriff der „Authentizität" den Erwägungsgrund Nr. 62, sowie MüKo-BGB/*Dutta*, Art. 59 EuErbVO Rn 17; ebenso *Wagner/Scholz* FamRZ 2014, 714, 720; *Müller-Lukoschek*, § 2 Rn 288.
27 So der berechtigte Einwand des Deutschen Notarvereins in seiner Stellungnahme vom 4.6.2014, S. 8.
28 Vorschlag des Deutschen Notarvereins in seiner Stellungnahme vom 4.6.2014, S. 8; übernommen in BR-Drucks. 644/14, Amtliche Begründung zu Art. 1, § 46 IntErbRVG, S. 64.

eins zurück. Zuständig ist das für den Amtssitz des Notars zuständige Gericht, § 46 Abs. 1 Satz 2 IntErbRVG, § 10 BNotO.

IV. Authentizitätseinwände gegen eine von einem Konsularbeamten im Ausland errichtete Urkunde, § 46 Abs. 1 Satz 3 IntErbRVG

11 Im Falle einer **von einem Konsularbeamten im Ausland errichteten Urkunde** entscheidet das **Amtsgericht Schöneberg** in Berlin, § 46 Abs. 1 Satz 3 IntErbRVG, womit der besonderen[29] Rolle des Amtsgerichts Schöneberg in Nachlasssachen eine weitere Komponente hinzugefügt wird. Eine Verweisungsmöglichkeit iSv § 343 Abs. 2 Satz 2 FamFG – das AG Schöneberg verweist aus wichtigem Grund an ein anderes Gericht –, enthält die Bestimmung nicht. Dennoch scheidet eine Verweisung nicht aus, da § 46 Abs. 2 IntErbRVG allgemein auf die FamFG-Bestimmungen rekurriert, darunter auch § 4 FamFG. Schließlich kommt die Norm auch dann zur Anwendung, sollte die bloße Auffangzuständigkeit des AG Schöneberg gegeben sein.[30] Ob sich ein wichtiger Grund iSv § 4 FamFG finden lässt, wird die Praxis zeigen.

V. Authentizitätseinwände im Übrigen, § 46 Abs. 1 Satz 4 IntErbRVG

12 Die **Auffangzuständigkeit** – Authentizitätseinwände **im Übrigen**, also gegen Urkunden, die nicht von einem Gericht, Notar oder einem Konsularbeamten im Ausland erstellt wurden –, liegt bei dem Amtsgericht, in dessen Bezirk die Urkunde errichtet worden ist, § 46 Abs. 1 Satz 4 IntErbRVG.

VI. Verweisung auf FamFG-Vorschriften, § 46 Abs. 2 IntErbRVG

13 Nach der Verweisung in § 46 Abs. 2 IntErbRVG finden auf das Authentifizierungsverfahren die Vorschriften des **FamFG** Anwendung. Entschieden wird beispielsweise durch Beschluss, § 38 FamFG, dem zweckmäßigerweise[31] der Hinweis beizufügen ist, dass eine Abänderung der Endentscheidung ausgeschlossen ist, § 46 Abs. 3 Satz 2 IntErbRVG. Zu denken ist aber auch an die Beteiligtenfähigkeit (§ 8 FamFG), die Verfahrensfähigkeit (§ 9 FamFG) sowie die ordnungsgemäße Vertretung (§ 10 FamFG).

14 Eine **Einschränkung** enthält § 46 Abs. 3 Satz 1 IntErbRVG. Die Endentscheidung wird erst mit Rechtskraft wirksam, was eine Abweichung vom Regelungsgehalt des § 40 Abs. 1 FamFG bedeutet.[32]

---

[29] Vgl § 343 Abs. 2 FamFG, deutscher Erblasser ohne Wohnsitz bzw Aufenthalt im Inland.
[30] Keidel/*Sternal*, § 4 FamFG Rn 7.
[31] Vgl Keidel/*Meyer-Holz*, § 39 FamFG Rn 11; eine Belehrungspflicht iSv § 39 Satz 1 FamFG besteht nicht, trotzdem empfiehlt sich eine Belehrung, um unstatthafte Rechtsmittel zu vermeiden.
[32] Vgl auch BR-Drucks. 644/14, Amtliche Begründung zu Art. 1, § 46 IntErbRVG, S. 64; *Wagner/Scholz* FamRZ 2014, 714, 720.

VII. Wirksamkeit mit Rechtskraft sowie Bindungswirkung, § 46 Abs. 3 IntErbRVG

§ 46 Abs. 3 IntErbRVG räumt der Endentscheidung weitreichende Wirkungen ein, um dem 65. Erwägungsgrund[33] Geltung zu verschaffen. Die Bestimmung schließt nicht nur die **Abänderung** der rechtskräftigen Endentscheidung aus, § 46 Abs. 3 Satz 2 IntErbRVG, sondern ordnet auch deren **Bindungswirkung** an, § 46 Abs. 3 Satz 3 IntErbRVG. Damit erwächst die Endentscheidung für und gegen alle in materielle Rechtskraft und steht späteren Verfahren entgegen.[34]

VIII. Kosten des Verfahrens, Nr. 15215 KV GNotKG

Anzusetzen ist eine Festgebühr iHv 60 Euro, Nr. **15215 KV GNotKG**.

---

33 *Wagner/Scholz* FamRZ 2014, 721.
34 BR-Drucks. 644/14, Amtliche Begründung zu Art. 1, § 46 IntErbRVG, S. 64; *Wagner/Scholz* FamRZ 2014, 714, 721.

Teil 3
Änderungen anderer Gesetze
§ 1 Änderung des Konsulargesetzes (Art. 2, KonsularG)

Die Änderungen treten am 17.8.2015 in Kraft, Art. 22 Abs. 1 des Gesetzes zum Internationalen Erbrecht und zur Änderung von Vorschriften zum Erbschein sowie zur Änderung sonstiger Vorschriften.

A. Änderung des § 9 KonsularG

Die Änderung des § 9 KonsularG, der sich mit der Überführung Verstorbener und der Nachlassfürsorge beschäftigt, ist im Lichte der Grundanknüpfung an den **gewöhnlichen Aufenthalt**[1] des Erblassers zu sehen, den die EuErbVO vornimmt, ohne diesen Begriff zu definieren. So fehlt beispielsweise in Art. 3 EuErbVO eine entsprechende Begriffsbestimmung. Anhaltspunkte für die Auslegung des Begriffs liefern die Erwägungsgründe 23 bis 25.[2] Die Bestimmung in Art. 4 EuErbVO begründet allgemein die internationale Zuständigkeit des Mitgliedsstaates, in dessen Hoheitsgebiet der Erblasser im Todeszeitpunkt seinen gewöhnlichen Aufenthalt hatte, ebenso die Kollisionsnorm in Art. 21 EuErbVO (vgl auch Teil 1 § 4 Rn 10 und § 1 Rn 4). Die Literatur spricht von einer „kleinen Revolution",[3] von einer „überragend wichtige(n) Innovation für alle Mitgliedsstaaten",[4] die die Rechtsanwendung erleichtern soll.[5]

Die Änderung des § 9 Abs. 3 KonsularG adaptiert die neue Regelzuständigkeit in Nachlasssachen und ersetzt das bisherige Wohnsitzkriterium durch das **Aufenthaltskriterium**.[6]

Können Erben oder sonstige Berechtigte nicht ermittelt werden, können Nachlassgegenstände oder Erlöse aus deren Versteigerung an das Gericht des gewöhnlichen Aufenthalts des Erblassers im Inland übergeben werden. Falls sich ein solcher gewöhnlicher Aufenthalt nicht feststellen lässt, ist das Amtsgericht Schöneberg in Berlin als Nachlassgericht zuständig, § 9 Abs. 3 KonsularG nF.

B. Änderung § 12 KonsularG

Die Regelung in § 12 KonsularG befasst sich mit der **Entgegennahme von Erklärungen** durch Konsularbeamte. Um den erstrebten Gleichlauf mit dem Erbscheinsverfah-

---

[1] Vgl auch *Wagner/Scholz* FamRZ 2014, 714, 716; *Müller-Lukoschek*, § 2 Rn 209 ff; zum Problemfeld der Anknüpfung an den gewöhnlichen Aufenthalt s. beispielsweise *Pintens*, in: Löhnig/Schwab/Henrich/Gottwald/Grziwotz/Reimann/Dutta, S. 13 ff; *Hess*, in: Dutta/Herrler, S. 131, 134 ff; *Frank/Döbereiner*, Nachlassfälle mit Auslandsbezug, 2015, Rn 117 ff; vgl ferner den Referentenentwurf des Bundesministeriums der Justiz und für Verbraucherschutz zur Ersten Verordnung zur Änderung der Testamentsregister-Verordnung, worin auch eine „Umstellung auf das Zuständigkeitskriterium des letzten gewöhnlichen Aufenthalts" vorgenommen werden soll; vgl auch hier Teil 1 § 4 Rn 10.
[2] *Mankowski* IPRax 2015, 39, 42.
[3] *Mankowski* IPRax 2015, 39.
[4] *Mankowski* IPRax 2015.
[5] *Mankowski* IPRax 2015, 39, 41; zur Skepsis aus deutscher Sicht und zu den Abgrenzungsproblemen s. jedoch *Volmer* Rpfleger 2013, 421, 422.
[6] Vgl auch BR-Drucks. 644/14, Amtliche Begründung zu Art. 2, Änderung des KonsularG, S. 65; zum gewöhnlichen Aufenthalt vgl Teil 1 § 4 Rn 10.

3 § 2 Änderung der Auslandskostenverordnung (Art. 3, AKostV)

ren herzustellen,[7] stattet die Änderung die Konsularbeamten mit der Befugnis aus, **eidesstattliche Versicherungen** abzunehmen, die zur Erlangung eines ENZ abgegeben werden. Schließlich kann im Rahmen eines ENZ-Ausstellungsverfahrens auch die Abgabe einer eidesstattlichen Versicherung verlangt werden[8].

6 Zur Änderung der Kostenvorschriften vgl Art. 3, die Änderung der AKostV.

§ 2 Änderung der Auslandskostenverordnung (Art. 3, AKostV)

1 Die Änderungen treten am 17.8.2015 in Kraft, Art. 22 Abs. 1 des Gesetzes zum Internationalen Erbrecht und zur Änderung von Vorschriften zum Erbschein sowie zur Änderung sonstiger Vorschriften.

A. Änderung Nr. 160.2 der Anlage 1 (Gebührenverzeichnis) der AKostV

2 In der Konsequenz der Änderung des Konsulargesetzes (vgl oben § 1) kommt es zu einer Änderung der **Auslandskostenverordnung** (AKostV), die die gebührenpflichtigen Amtshandlungen der Auslandsvertretungen, der Honorarkonsularbeamten und des Auswärtigen Amtes regelt, § 1 AKostV. Die Intention geht wiederum dahin, den Gleichklang mit dem Erbscheinsverfahren zu schaffen.[1] Dies geschieht durch eine **Ergänzung** der **Wertgebühr** nach der Nr. 160.2 der Anlage 1 zur AKostV. Folglich ist die Aufnahme einer eidesstattlichen Versicherung zwecks Erlangung eines ENZ ein selbständiger Gebührentatbestand, belegt mit einer einfachen Wertgebühr.

B. Änderung der Nr. 18 der Anlage 2 (Wertermittlungsvorschriften) der AKostV

3 Nach § 2 AKostV wird die Gebühr nach dem Wert des Gegenstandes der Amtshandlung[2] erhoben, im Einzelnen dargelegt in der Anlage 2. Die Nr. 18 der Anlage 2 schildert, nach welchen Grundsätzen der **Wert einer eidesstattlichen Versicherung** (eV) zu ermitteln ist. Die Änderung bringt eine Synchronisierung mit der eV zur Erlangung eines Erbscheins. Der neu geschaffene Absatz 3 der Nr. 18 spricht davon, dass das ENZ dem Erbschein gleichsteht. In der Konsequenz ist bei einer eV zur Erlangung eines ENZ der Wert nach Abzug der Nachlassverbindlichkeiten maßgeblich, Nr. 18 Abs. 1 der Anlage 2 zur AKostV. Falls das ENZ nur für das Erbrecht eines Miterben beantragt ist, bestimmt sich der Wert für die Abnahme der eV nach dessen Erbteil, Nr. 18 Abs. 2 der Anlage 2 zur AKostV.

---

[7] BR-Drucks. 644/14, Amtliche Begründung zu Art. 2, Änderung des KonsularG, S. 65.
[8] Vgl *Kroiß* ErbR 2015, 127, 128.
[1] BR-Drucks. 644/14, Amtliche Begründung zu Art. 3, Änderung der Auslandskostenverordnung, S. 65.
[2] Amtshandlungen der Auslandsvertretungen, der Honorarkonsularbeamten und des Auswärtigen Amtes, vgl § 1 AKostV.

§ 3 Änderung des Rechtspflegergesetzes (Art. 4, RpflG)

Die Änderungen treten am 17.8.2015 in Kraft, Art. 22 Abs. 1 des Gesetzes zum Internationalen Erbrecht und zur Änderung von Vorschriften zum Erbschein sowie zur Änderung sonstiger Vorschriften.

A. Allgemeines

Für Entscheidungen in Erbsachen sehen die Art. 4–19 EuErbVO die internationale Zuständigkeit der Gerichte des Mitgliedstaates vor, bezogen auf den gesamten Nachlass des Erblassers.[1] Die EuErbVO berührt aber nicht die innerstaatliche Zuständigkeiten der mitgliedstaatlichen Behörden, Art. 2 EuErbVO, weshalb sich der nationale Gesetzgeber in der Pflicht sah, Regelungen zur **funktionellen Zuständigkeit** zu schaffen. Dabei griff der nationale Gesetzgeber nicht die Offerte des 21. Erwägungsgrundes auf, die Notare mit der Zuständigkeit zu betrauen, was teilweise als Option angesehen wird.[2] In Nachlasssachen spricht bereits die Vermutung für die Zuständigkeit des **Rechtspflegers**,[3] dem die Nachlasssachen iSv § 342 FamFG weitgehend übertragen sind.[4]

Die Änderungen[5] des Rechtspflegergesetzes übernehmen die **Funktionsteilung** des deutschen Erbscheinsverfahrens und vermeiden eine Zuständigkeitsasymmetrie, eine Divergenz zwischen nationalem Erbscheinsverfahren und europäischem Nachlasszeugnisverfahren. Aus der Sicht der Nachlasspraxis ist die Anknüpfung an die tradierte Zuständigkeitverteilung zu begrüßen, da eine Abweichung die Reform mit weiterem Problempotential überfrachtet hätte. Die Motive führen ferner Synergieeffekte ins Feld, sollte sowohl ein Europäisches Nachlasszeugnis, als auch ein deutscher Erbschein beantragt werden.[6]

Die Änderung des Rechtspflegergesetzes adaptiert „im **Grundsatz**"[7] die funktionelle Zuständigkeit des Rechtspflegers, dehnt sie aus auf den Bereich des Europäischen Nachlasszeugnisses, und zwar unter Beibehaltung der Zuständigkeitsverteilung zwischen Rechtspfleger und Richter. Konsequenterweise spricht die Amtliche Begründung[8] von einer Spiegelung bestehenden Rechts, von einer Nachzeichnung der bisherigen Zuständigkeitsverteilung, um einen „Gleichlauf des nationalen Erbscheinsverfahrens mit dem Europäischen Nachlasszeugnisverfahren"[9] zu bewirken.

---

1 Zur internationalen Zuständigkeit vgl *Müller-Lukoschek*, § 2 Rn 203; *Wagner/Scholz* FamRZ 2014, 714, 718; *Lehmann* ZEV 2014, 232.
2 Zuständigkeit der Gerichte „nicht selbstverständlich", vgl *Lehmann* ZEV 2014, 232; schließlich sieht Art. 64 lit. b EuErbVO vor, dass auch andere Behörden mit der Erteilung des Europäischen Nachlasszeugnis betraut werden können, vgl auch *Süß* ZEuP 2013, 725, 735, 736.
3 BayObLGZ 1974, 329; *Firsching/Graf*, Nachlassrecht, Rn 2.11; *Dörndorfer*, § 16 RpflG Rn 12; vgl auch *Kroiß* ErbR 2015, 127, 129.
4 Vgl *Dörndorfer*, § 3 RpflG Rn 141 ff.
5 BR-Drucks. 644/14, Amtliche Begründung zu Art. 4, Nr. 1, Änderung § 3 Nr. 2 RpflG, S. 65.
6 BR-Drucks. 644/14, Amtliche Begründung zu Art. 4, Nr. 1, Änderung § 3 Nr. 2 RpflG, S. 65.
7 BR-Drucks. 644/14, Amtliche Begründung zu Art. 4, Nr. 1, Änderung § 3 Nr. 2 RpflG, S. 65; *Wagner/Scholz* FamRZ 2014, 714, 721.
8 BR-Drucks. 644/14, Amtliche Begründung zu Art. 4, Nr. 1, Änderung § 3 Nr. 2 RpflG, S. 65.
9 BR-Drucks. 644/14, Amtliche Begründung zu Art. 4, Nr. 1, Änderung § 3 Nr. 2 RpflG, S. 65.

5 Der „Gleichlauf der funktionellen Zuständigkeit"[10] wird allerdings auch damit begründet, dass die Erteilung des Europäischen Nachlasszeugnisses „keine wesentlich komplexeren Aufgaben stellt als die Erteilung eines deutschen Erbscheins",[11] was bezweifelt werden muss. Empirische Daten oder rechtsvergleichende Betrachtungen liefert diese Aussage nicht. Sie berücksichtigt ferner nicht, mit welchem Aufwand die Ermittlung[12] von Verfügungsbefugnissen und -beschränkungen fremder Rechtsordnungen verbunden sein kann. Dies gilt umso mehr, als das Zeugnis unverzüglich auszustellen ist, Art. 67 Abs. 1 S. 1 EuErbVO. Zutreffender erscheint daher die Einschätzung, dass zwar Ähnlichkeiten zwischen Erbschein und Europäischem Nachlasszeugnis bestehen, für die Verfahrenspraxis jedoch „weitreichende Veränderungen"[13] zu erwarten sind, verursacht durch die „beispiellose Vielfalt"[14] des Erbrechts der EU-Mitgliedstaaten.

B. Grundsatz: Funktionsteilung nach § 3 RpflG

6 Der Regelungskatalog in § 3 RpflG trägt der **Funktionsteilung** zwischen Rechtspfleger und Richter Rechnung und differenziert zwischen der Voll-, Vorbehalts- und Einzelübertragung gerichtlicher Geschäfte.[15] Die Übertragung der konkreten Tätigkeit auf den Rechtspfleger ändert die Einordnung als richterliche Aufgabe nicht.[16] Deshalb ist in § 3 RpflG weiterhin die Rede von *Aufgaben, die nach den gesetzlichen Vorschriften vom Richter wahrzunehmen sind.*[17]

7 Während die in § 3 Nr. 1 RpflG aufgeführten gerichtlichen Geschäfte dem Rechtspfleger in ausschließlicher funktioneller Zuständigkeit übertragen sind, schreibt § 3 Nr. 2 RpflG einen besonderen Dualismus Rechtspfleger/Richter vor, die sog. **Vorbehaltsübertragung**. Danach besteht grundsätzlich die **funktionelle Zuständigkeit** des **Rechtspflegers** in Nachlass- und Teilungssachen nach § 342 Abs. 1, Abs. 2 Nr. 2 FamFG, so § 3 Nr. 2c RpflG, es sei denn, die Regelungen in §§ 14 bis 19b RpflG sehen einen Richtervorbehalt vor. Besondere Relevanz kommt dem Richtervorbehalt in § 16 RpflG zu, der wiederum durch Rechtsverordnung der jeweiligen Landesregierung ganz oder teilweise aufgehoben werden kann, § 19 Abs. 1 S. 1 Nr. 2 bis 5 RpflG.[18]

---

10 BR-Drucks. 644/14, Amtliche Begründung zu Art. 4, Nr. 1, Änderung § 3 Nr. 2 RpflG, S. 65; zum Gleichlaufmotiv vgl auch *Wagner/Scholz* FamRZ 2014, 714, 718.
11 BR-Drucks. 644/14, Amtliche Begründung zu Art. 4, Nr. 1, Änderung § 3 Nr. 2 RpflG, S. 65.
12 Vgl *Lange* in: Dutta/Herrler, S. 167.
13 *Lange* in: Dutta/Herrler, S. 178.
14 *Süß* ZEuP 2013, 727.
15 Vgl auch *Dörndorfer*, § 3 PPflG Rn 11 ff, sowie *Kroiß* ErbR 2015, 127, 129.
16 *Dörndorfer*, § 3 RPflG Rn 10.
17 Vgl Wortlaut § 3 Nr. 1 und Nr. 2 RpflG.
18 Landesrechtliche Regelungen finden sich für Baden-Württemberg, Bayern, Hessen, Mecklenburg-Vorpommern, Niedersachsen, Rheinland-Pfalz und Thüringen, allesamt Regelungen, die den Richtervorbehalt in Nachlasssachen betreffen, vgl die Zusammenstellung bei *Dörndorfer*, § 19 RPflG Rn 18 ff, sowie *Firsching/Graf*, Rn 2.11; ebenso BR-Drucks. 644/14, Amtliche Begründung zu Art. 4, Änderung zu § 3 Nr. 2 RpflG, S. 65.

C. Europäisches Nachlasszeugnis und funktionelle Zuständigkeit des Rechtspflegers, § 3 Nr. 2 lit. i RpflG

I. Ausstellung eines ENZ, Art. 67 EuErbVO, § 36 IntErbRVG

Die Gesetzesänderung fügt dem Katalog der **Vorbehaltsübertragungen** nach § 3 Nr. 2 RpflG eine neue Zuständigkeit hinzu, die grundsätzliche Zuständigkeit des **Rechtspfleger** für die **Verfahren** über die **Ausstellung des Europäischen Nachlasszeugnisses**,[19] § 3 Nr. 2 lit. i RpflG, vorbehaltlich einer Richterzuständigkeit nach § 16 Abs. 2 RpflG nF (zum Richtervorbehalt vgl unten Rn 61 ff- testamentarische Erbfolge oder Anwendung ausländischen Rechts; vgl auch Teil 1 § 7 Rn 7 ff).

8

Zum zwingendem **EuErbVO-Nachlasszeugnisverfahrensprogramm** zählen die in den Art. 65, 66 und 67 EuErbVO aufgeführten Verfahrensvorgaben,[20] woraus sich ebenfalls ableiten lässt, dass dem **Rechtspfleger** nicht nur die eigentliche Ausstellung des Zeugnisses übertragen ist, sondern in vollem Umfang die **komplette Ausstellung**, die umfassende **Verfahrensführung**. Maßgeblich ist der gewollte „Gleichlauf der funktionellen Zuständigkeit".[21] Deshalb erwähnt § 3 Nr. 2 lit. i RpflG die „Verfahren nach § 33 IntErbRVG über die Ausstellung eines Europäischen Nachlasszeugnisses".

9

Besondere Bedeutung misst die Amtliche Begründung[22] der Feststellung bei, der Begriff der **Ausstellung** sei im Sinne der EuErbVO zu verstehen, nicht dagegen im Sinne des nationalen Rechts. Gemeint ist zum einen die Abgrenzung zum deutschen Erbschein, der nach Aushändigung der Urschrift oder Ausfertigung erteilt ist, wohingegen das Europäische Nachlasszeugnis als Urschrift bei der Ausstellungsbehörde verbleibt. Herausgegeben werden lediglich beglaubigte Abschriften, Art. 70 Abs. 1 EuErbVO.[23] Gemeint ist zum anderen die Art der Entscheidung, § 39 Abs. 1 Satz 1 IntErbRVG, die ohne Feststellungsbeschluss auskommt.[24] Die Kritik[25] fühlt sich insoweit „in die Zeit der Geltung des FGG" zurückversetzt.

10

Falls die Voraussetzungen[26] für die ENZ-Ausstellung[27] gegeben sind, **entscheidet** der Rechtspfleger **durch Ausstellung** der Urschrift des Europäischen Nachlasszeugnisses, nicht aber durch Beschluss, § 39 Abs. 1 Satz 1 IntErbRVG. Eine wesentliche Abweichung zur Erbscheinserteilung ist darin zu sehen, dass ein Feststellungsbeschluss nach

11

---

19 Vgl auch § 33 Nr. 1 IntErbRVG; zur verfahrensmäßigen Einbettung vgl auch *Buschbaum/Simon* ZEV 2012, 525; vgl auch Teil 1 § 7 Rn 7 ff.
20 Vgl auch § 36 Abs. 1 IntErbRVG, danach richtet sich der Antrag auf Ausstellung des Europäischen Nachlasszeugnisses nach Art. 65 EuErbVO.
21 BR-Drucks. 644/14, Amtliche Begründung zu Art. 4, Nr. 1, Änderung § 3 Nr. 2 RpflG; zum Gleichlautmotiv vgl auch *Wagner/Scholz* FamRZ 2014, 714, 718.
22 BR-Drucks. 644/14, Amtliche Begründung zu Art. 1, § 33 IntErbRVG, S. 46.
23 Vgl auch *Müller-Lukoschek* NotBZ 2014, 361, 369.
24 BR-Drucks. 644/14, Amtliche Begründung zu Art. 1, § 35 IntErbRVG, S. 57; vgl auch Teil 1 § 7 Rn 11; *Kroiß* ErbR 2015, 127, 128; die Kritik des Deutschen Richterbundes hieran, vgl Stellungnahme Nr. 9/14, Juni 2014, wurde nicht aufgegriffen. Der Deutsche Richterbund forderte, den „inzwischen bewährten Feststellungsbeschluss nach § 352 FamFG" in das Verfahren einzubeziehen, allerdings ohne Erfolg.
25 Deutscher Richterbund, Stellungnahme Nr. 9/14, Juni 2014.
26 Zum Formularzwang vgl beispielsweise Art. 65 Abs. 2 EuErbVO; nun Durchführungsverordnung (EU) Nr. 1329/2014 der Kommission vom 9.12.2014 zur Festlegung der Formblätter nach Maßgabe der Verordnung (EU) Nr. 650/2012 des Europäischen Parlaments und des Rates über die Zuständigkeit, das anzuwendende Recht, die Anerkennung und Vollstreckung von Entscheidungen und die Annahme und Vollstreckung öffentlicher Urkunden in Erbsachen sowie zur Einführung eines Europäischen Nachlasszeugnisses (ABl. EU L 359 S. 30).
27 Zu den Ausstellungsvoraussetzungen vgl Teil 1 § 7 Rn 5 ff.

§ 352 e Abs. 1 Satz 1 FamFG nicht erforderlich ist[28]. Für die Ausstellung eines ENZ ist das Formblatt nach Artt. 67 Abs. 1 Satz 2, 81 Abs. 2 EuErbVO zu verwenden, § 39 Abs. 2 IntErbRVG[29].

12 Im Anwendungsbereich der **Höfeordnung** stellt das Amtsgericht als Landwirtschaftsgericht das ENZ aus, vgl Art. 19 des Gesetzes zum Internationalen Erbrecht und zur Änderung von Vorschriften zum Erbschein sowie zur Änderung sonstiger Vorschriften (= Ergänzung des § 18 Abs. 2 HöfeO).

13 Falls dem Antrag auf ENZ-Ausstellung **nicht stattgegeben** wird, entscheidet der Rechtspfleger durch **Beschluss**,[30] § 39 Abs. 1 Satz 3 IntErbRVG.

14 Ob sich die grundsätzliche Zuständigkeit des Rechtspflegers auch auf das **Ausstellungsverzeichnis** nach Art. 70 Abs. 2 EuErbVO bezieht (Verzeichnis aller Personen, denen beglaubigte Abschriften ausgestellt wurden, vgl auch Teil 1 § 7 Rn 11), geht aus den Motiven nicht hervor. Hinweise gibt der erstrebte Gleichlauf mit dem deutschen Erbscheinsverfahren.[31] Da im Erbscheinsverfahren der **Urkundsbeamte der Geschäftsstelle** (UdG) mit der Akten- und Registerführung[32] betraut ist, dürfte die Zuständigkeit des UdG eröffnet sein, nicht aber die Zuständigkeit des Rechtspflegers.

15 Eine Besonderheit birgt § 43 Abs. 5 Satz 2 IntErbRVG, eine **Zuständigkeit des Oberlandesgerichts** für die Ausstellung des Europäischen Nachlasszeugnisses (vgl auch Teil 1 § 7 Rn 29). Sofern das Beschwerdegericht die Beschwerde gegen die ENZ-Ablehnung für begründet hält, kann es das ENZ selbst ausstellen oder die Sache an das Ausgangsgericht zurückverweisen. Insoweit ist die funktionelle Zuständigkeit des Rechtspflegers durchbrochen und die Möglichkeit der Ausstellung durch das Beschwerdegericht geschaffen.[33] Das Beschwerdegericht sieht sich dann mit der Verpflichtung konfrontiert, ein **Ausstellungsverzeichnis** nach Art. 70 Abs. 2 EuErbVO zu führen. Zuständig ist der Urkundsbeamte der Geschäftsstelle. Das Verzeichnis knüpft zwar an die Ausstellung an, kommt aber erst bei der Berichtigung, der Änderung oder dem Widerruf des Europäischen Nachlasszeugnisses zur Geltung, Art. 70 Abs. 2, 71 Abs. 3, 73 Abs. 2 EuErbVO.[34]

16 Die Verpflichtung zur unverzüglichen Ausstellung des Zeugnisses ergibt sich aus Art. 67 Abs. 1 S. 1 EuErbVO. Weitere Verfahrensvorschriften enthält das Kapitel über das Europäische Nachlasszeugnis nicht, so dass im Übrigen die **lex rei fori**[35] anzuwenden ist, demnach deutsches Verfahrensrecht. Die Einordnung als **spezielles Hybridverfahren**, als **Verfahren sui generis** lässt sich nicht von der Hand weisen, zumal

---

28 *Kroiß* ErbR 2015, 127, 128.
29 Vgl nun Durchführungsverordnung (EU) Nr. 1329/2014.
30 Vgl auch BR-Drucks. 644/14, Amtliche Begründung zu Art. 4, § 3 RpflG, S. 65.
31 BR-Drucks. 644/14, Amtliche Begründung zu Art. 1, § 35 IntErbRVG, S. 57.
32 Vgl *Firsching/Graf*, Teil 2 Rn 2.23.
33 Vgl auch BR-Drucks. 644/14, Amtliche Begründung zu Art. 1, § 35 IntErbRVG, S. 62; der Deutsche Richterbund sieht hierin eine „verfahrensrechtlich unbefriedigende" Lösung, vgl Stellungnahme Nr. 9/14, Juni 2014; vgl auch die Schilderung bei Kunz GPR 2014, 285, 292. Das OLG muss hiervon jedoch keinen Gebrauch machen, sondern kann die Sache zurückverweisen. Die Prognose geht dahin, dass nur in Einzelfällen hiervon Gebrauch gemacht werden wird. Zur Ausstellung durch das OLG vgl auch Teil 1 § 7 Rn 29.
34 Vgl auch MüKo-BGB/*Dutta*, Art. 70 Rn 5 EuErbVO.
35 *Dorsel*, in: Die EU-Erbrechtsverordnung, S. 126, Tagungsband des Deutschen Anwaltsinsituts e.V. (DAI), 15. November 2013, DAI-Ausbildungscenter, Berlin; ders., ZErb 2014, 212; ebenso *Müller-Lukoschek*, Rn 317; *dieselbe*, NotBZ 2014, 361, 369.

eine Mischung aus zwingendem EuErbVO/IntErbRV-Verfahrensrecht und subsidiärem FamFG-Verfahrensrecht zu konstatieren ist.[36] Die Amtliche Begründung[37] spricht von einem „eigenständige(n) Verfahren zur Ausstellung eines Europäischen Nachlasszeugnisses, das nicht mit dem deutschen Verfahren identisch ist". Eine ähnliche Grundcharakterisierung findet sich in § 35 Abs. 1 IntErbRVG wieder: das FamFG ist anzuwenden, soweit sich aus der EuErbVO und dem IntErbRVG nichts anderes ergibt. Die Einordnung als spezielles Hybridverfahren, als Verfahren sui generis findet ihre systematische Begründung in der Bewältigung grenzüberschreitender Sachverhalte,[38] für die das Europäische Nachlasszeugnis konzipiert ist (vgl auch Teil 1 § 7 Rn 6).

Die **Regelungshierarchie** lautet: EuErbVO – IntErbRVG – FamFG. Hierin eine systemimmante „Gefahr von Wertungswidersprüchen zum sonstigen Verfahrensrecht des FamFG"[39] zu erkennen, dürfte dem Ausstellungsverfahren nicht gerecht werden. 17

Die Anwendung des subsidiären **FamFG** wird sich beispielsweise in den folgenden Verfahrensbereichen zeigen: 18

- Beteiligtenfähigkeit,[40] § 8 FamFG
- Verfahrensfähigkeit, § 9 FamFG
- ordnungsgemäße Vertretung, § 10 FamFG[41]
- Unterrichtungs- und Belehrungspflicht nach § 7 Abs. 4 FamFG
- Ablehnung eines Antrags auf Beteiligung, § 7 Abs. 5 Satz 2 FamFG[42]
- Beweiserhebung, § 29 FamFG, Verwendung eidesstattlicher Versicherungen[43]
- öffentliche Bekanntmachung iSv Art. 66 Abs. 4 EuErbVO, §§ 435, 437 FamFG[44]
- leidet der Antrag auf Ausstellung eines Europäischen Nachlasszeugnisses unter Formfehlern, greift die verfahrensleitende Hinwirkungspflicht des Nachlassgerichts, § 28 Abs. 2 FamFG[45]
- verwendet der Antragsteller nicht das fakultative[46] Antragsformular, kann der Antrag gegenüber dem zuständigen Gericht schriftlich oder zur Niederschrift der Geschäftsstelle abgegeben werden, § 25 Abs. 2 FamFG[47]

---

36 Zur Einschätzung des Europäischen Nachlasszeugnisses als *Rechtsnachweis sui generis* vgl *Lange* in: Dutta/Herrler, S. 162; zur Regelungshierarchie vgl auch Kunz GPR 2014, 285, 291.
37 BR-Drucks. 644/14, Amtliche Begründung zu Art. 1, § 35 IntErbRVG, S. 57.
38 Siehe Art. 62 Abs. 1 EuErbVO sowie den 67. Erwägungsgrund.
39 So die Befürchtung des Deutschen Richterbundes, Stellungnahme Nr. 9/14, Juni 2014, der das Verfahrensrecht des ENZ sogar „in bewusstem Gegensatz zu den Vorschriften des FamFG ausgestaltet" sieht.
40 Nicht dagegen übernommen wurde der Beteiligtenbegriff iSv § 7 FamFG; insoweit gilt die Spezialregelung in § 37 IntErbRVG, vgl auch Amtliche Begründung zu Art. 1, § 35 IntErbRVG, BR-Drucks. 644/14, S. 58.
41 MüKo-BGB/*Dutta*, Art. 65 EuErbVO Rn 12.
42 BR-Drucks. 644/14, Amtliche Begründung zu Art. 1, § 37 IntErbRVG, S. 58.
43 MüKo-BGB/*Dutta*, Art. 66 EuErbVO Rn 5.
44 BR-Drucks. 644/14, Amtliche Begründung zu Art. 1, § 35 IntErbRVG, S. 57.
45 Vgl auch MüKo-BGB/*Dutta*, Art. 65 EuErbVO Rn 2.
46 Vgl Art. 65 Abs. 2 EuErbVO sowie 76. Erwägungsgrund, der allgemein Standardformblätter erwähnt; vgl nun die Durchführungsverordnung (EU) Nr. 1329/2014 der Kommission vom 9.12.2014 zur Festlegung der Formblätter nach Maßgabe der Verordnung (EU) Nr. 650/2012 des Europäischen Parlaments und des Rates über die Zuständigkeit, das anzuwendende Recht, die Anerkennung und Vollstreckung von Entscheidungen und die Annahme und Vollstreckung öffentlicher Urkunden in Erbsachen sowie zur Einführung eines Europäischen Nachlasszeugnisses (ABl. EU L 359 S. 30, dort Anhang 4, Formblatt IV).
47 MüKo-BGB/*Dutta*, Art. 65 Rn 8.

- lehnt das Nachlassgericht die Ausstellung eines Europäischen Nachlasszeugnisses ab, entscheidet es durch Beschluss, § 39 Abs. 1 Satz 3 IntErbRVG, dessen Inhalt sich nach § 38 Abs. 2 und Abs. 3 FamFG richtet;[48] der Beschluss ist nach § 41 Abs. 1, Abs. 2 FamFG bekanntzugeben[49]
- hält das Nachlassgericht das Europäische Nachlasszeugnis für unrichtig, kann es von Amts wegen in die Ermittlungen eintreten, § 26 FamFG.[50]

Die auf **Ausstellung** des Europäischen Nachlasszeugnisses lautende Entscheidung des Rechtspflegers kann mit der **Beschwerde** zum OLG angefochten werden, Art. 72 Abs. 1 Satz 1 EuErbVO, §§ 43 Abs. 1, 33 Nr. 1 IntErbRVG, ebenso die **ablehnende Entscheidung** (vgl auch Teil 1 § 7 Rn 28). Da § 43 Abs. 1 Satz 2 IntErbRVG die Bestimmungen in § 61 FamFG für unanwendbar erklärt, ist die Beschwerde stets zulässig und nicht an den Wert des Beschwerdegegenstandes oder die Zulassung gebunden.[51] Die Beschwerde ist fristgemäß einzulegen, § 43 Abs. 3 IntErbRVG (vgl Teil 2 § 6).

II. Berichtigung eines ENZ, Art. 71 Abs. 1 EuErbVO

19 Vorbehaltlich einer Richterzuständigkeit nach § 16 Abs. 2 RpflG (vgl unten Rn 61 ff – testamentarische Erbfolge oder Anwendung ausländischen Rechts), weist die Neuregelung in § 3 Nr. 2 lit. i RpflG dem **Rechtspfleger** die Zuständigkeit für die **Berichtigung eines Europäischen Nachlasszeugnisses** zu. Eine Zuständigkeit des Beschwerdegerichts zur Berichtigung des Europäischen Nachlasszeugnisses besteht nicht, das Beschwerdegericht kann das Ausgangsgericht lediglich anweisen, das Zeugnis zu berichtigen, § 43 Abs. 5 Satz 1 IntErbRVG.

20 § 33 Nr. 1 IntErbRVG stellt fest, dass die Bestimmungen des fünften Abschnittes in gleicher Weise für das Berichtigungsverfahren gelten. Der Antragsteller ist zwingend im Berichtigungsverfahren zu beteiligen,[52] § 37 Abs. 2 Satz 1 IntErbRVG, sonstige Personen mit berechtigtem Interesse können als weitere Beteiligte hinzugezogen werden, § 37 Abs. 2 Satz 2 IntErbRVG. Auf Antrag sind sie zwingend zu beteiligen, § 37 Abs. 2 Satz 3 IntErbRVG.

21 Ob die **Berichtigung** auf Antrag oder von Amts wegen ins Werk zu setzen ist, regelt Art. 71 Abs. 1 EuErbVO. Die Vorschrift gibt zugleich Auskunft darüber, was unter einer Berichtigung zu verstehen ist, nämlich die Korrektur von **Schreibfehlern**, von **Abfassungsfehlern, Fehlern formaler Art**, die im Widerspruch zum Willen der Ausstellungsbehörde stehen.[53] Die Bestimmung in Art. 71 Abs. 1 EuErbVO gibt der Ausstellungsbehörde die Möglichkeit, von Amts wegen oder auf Antrag tätig zu werden.[54] Aufgrund dieser doppelten Initiierungsmöglichkeit wird der Ausstellungsbehörde die Handhabe dafür gegeben, unrichtige Nachlasszeugnisse der Berichtigung

---

48 BR-Drucks. 644/14, Amtliche Begründung zu Art. 1, § 39 IntErbRVG, S. 60.
49 BR-Drucks. 644/14, Amtliche Begründung zu Art. 1, § 40 IntErbRVG, S. 60.
50 Vgl BR-Drucks. 644/14, Amtliche Begründung zu Art. 1, § 38 IntErbRVG, S. 59.
51 Vgl auch BR-Drucks. 644/14, Amtliche Begründung zu Art. 1, § 43 IntErbRVG, S. 61; *Kroiß* ErbR 2015, 127, 129.
52 Zur Beteiligung vgl BR-Drucks. 644/14, Amtliche Begründung zu Art. 1, § 37 IntErbRVG, S. 59.
53 MüKo-BGB/*Dutta*, Art. 71 EuErbVO Rn 2; vgl auch *Müller-Lukoschek*, § 2 Rn 344.
54 Vgl auch *Buschbaum/Simon* ZEV 2012, 526.

zuzuführen. Die vermeintliche Einschränkung- das Zeugnis im Falle eines Schreibfehlers nur auf Verlangen einer Person zu berichtigen, die ein berechtigtes Interesse nachweist, Art. 71 Abs. 1 EuErbVO-, besitzt keine praktische Relevanz, da stets ein Tätigwerden von Amts wegen indiziert ist.[55]

Unabhängig davon, ob der Berichtigung stattgegeben oder die Berichtigung abgelehnt wird, entscheidet der Rechtspfleger durch **gerichtlichen Beschluss**, § 39 Abs. 1 Satz 3 IntErbRVG.[56]

Über die Benachrichtigungspflicht der Ausstellungsbehörde im Zuge der Berichtigung vgl Art. 71 Abs. 3 EuErbVO (vgl Teil 1 § 7 Rn 25).

Die auf **Berichtigung** oder **Ablehnung der Berichtigung** des Europäischen Nachlasszeugnisses lautende Entscheidung (Beschluss) des Rechtspflegers kann mit der **Beschwerde** zum OLG angefochten werden, Art. 72 Abs. 1 Satz 2 EuErbVO, §§ 43 Abs. 1, 33 Nr. 1 IntErbRVG (vgl auch Teil 1 § 7 Rn 28). Die Beschwerde stets zulässig und nicht an den Wert des Beschwerdegegenstandes oder die Zulassung gebunden,[57] da § 43 Abs. 1 Satz 2 IntErbRVG die Bestimmungen in § 61 FamFG für unanwendbar erklärt. Die Beschwerde ist fristgemäß einzulegen, § 43 Abs. 3 IntErbRVG (vgl Teil 2 § 6).

III. Änderung eines ENZ, Art. 71 Abs. 2 EuErbVO

Konsequenterweise weist § 3 Nr. 2 lit. i RpflG dem **Rechtspfleger** grundsätzlich auch die funktionelle Zuständigkeit für die **Änderung** eines ENZ zu, vorbehaltlich einer Richterzuständigkeit nach § 16 Abs. 2 RpflG (vgl Rn 61 ff- testamentarische Erbfolge oder Anwendung ausländischen Rechts). Eine Änderung des Zeugnisses kann überdies durch das **Beschwerdegericht** (OLG) vorgenommen werden, § 43 Abs. 5 Satz 1 IntErbRVG, obgleich Art. 71 Abs. 2 EuErbVO von der Ausstellungsbehörde spricht. Die Änderung steht einer neuen Ausstellung nach Widerruf gleich.[58] Ein Antrag auf Teilwiderruf des ENZ ist als Änderungsantrag auszulegen.

Über den Änderungsantrag entscheidet der Rechtspfleger zwingend durch **gerichtlichen Beschluss**, § 39 Abs. 1 Satz 3 IntErbRVG,[59] gleichgültig, ob der Änderung stattgegeben oder sie abgelehnt werden soll. Bis zur Änderung können die Wirkungen des Zeugnisses ausgesetzt werden, Art. 73 Abs. 1 lit. a EuErbVO (vgl dazu unten Rn 53 ff).

Eine Änderung ist veranlasst, sobald feststeht, dass das Zeugnis oder einzelne Teile des Zeugnisses inhaltlich unrichtig sind, Art. 71 Abs. 2 EuErbVO. Während die Berichtigung formelle Fehler abdeckt (Schreibfehler, Abfassungsfehler, sonstige Fehler formaler Art),[60] bezieht sich die Änderung auf die Beseitigung **inhaltlicher Unrichtigkeiten**. Die Änderung tritt an die Stelle des nationalen Einziehungsverfahrens[61] und

---

55 Ebenso MüKo-BGB/*Dutta*, Art. 71 EuErbVO Rn 2.
56 Vgl BR-Drucks. 644/14, Amtliche Begründung zu Art. 1, § 39 IntErbRVG, S. 60.
57 Vgl auch BR-Drucks. 644/14, Amtliche Begründung zu Art. 1, § 43 IntErbRVG, S. 61.
58 BR-Drucks. 644/14, Amtliche Begründung zu Art. 13, Nr. 12216 ff KV GNotKG, S. 75.
59 Vgl BR-Drucks. 644/14, Amtliche Begründung zu Art. 1, § 39 IntErbRVG, S. 60.
60 MüKo-BGB/*Dutta* EuErbVO, Art. 71 Rn 2.
61 *Buschbaum/Simon* ZEV 2012, 526.

kann nicht von Amts wegen, sondern nur auf **Antrag**[62] veranlasst werden, Art. 71 Abs. 2 EuErbVO, § 38 Satz 1 IntErbRVG.[63] Wer Beteiligter ist und als Beteiligter hinzugezogen werden kann, regelt § 37 Abs. 2 IntErbRVG. Der Änderungsbeschluss[64] des Gerichts ist zwingend mit einer **Kostenentscheidung** zu versehen, § 38 Satz 3 IntErbRVG.[65]

28 Die auf Änderung oder Nichtänderung des Europäischen Nachlasszeugnisses lautende Entscheidung des Rechtspflegers kann mit der **Beschwerde** zum OLG angefochten werden, Art. 72 Abs. 1 Satz 2, Art. 71 Abs. 2 EuErbVO, §§ 43 Abs. 1, 33 Nr. 1 IntErbRVG (vgl auch Teil 1 § 7 Rn 28). Die Beschwerde ist stets zulässig und nicht an den Wert des Beschwerdegegenstandes oder die Zulassung gebunden,[66] § 43 Abs. 1 Satz 2 IntErbRVG. Die Beschwerde ist fristgemäß einzulegen, § 43 Abs. 3 IntErbRVG (vgl Teil 2 § 6).

29 Über die Benachrichtigungspflicht der Ausstellungsbehörde im Zuge der Änderung vgl Art. 71 Abs. 3 EuErbVO.

IV. Widerruf eines ENZ

30 § 3 Nr. 1 lit. i RpflG ordnet dem **Rechtspfleger** die funktionelle Zuständigkeit für den **Widerruf** eines ENZ zu, vorbehaltlich einer Richterzuständigkeit nach § 16 Abs. 2 RpflG (vgl dazu Rn 61 ff- testamentarische Erbfolge oder Anwendung ausländischen Rechts). Allerdings räumt § 43 Abs. 5 Satz 1 IntErbRVG auch dem **Beschwerdegericht** (OLG) die Möglichkeit ein, das Europäische Nachlasszeugnis zu widerrufen,[67] obgleich Art. 71 Abs. 2 EuErbVO von der Ausstellungsbehörde spricht.

31 Über den Widerruf entscheidet der Rechtspfleger zwingend durch **gerichtlichen Beschluss**, § 39 Abs. 1 Satz 3 IntErbRVG.[68] Dies gilt sowohl für die stattgebende, als auch für die ablehnende Entscheidung des Rechtspflegers[69]. Bis zum Widerruf können die Wirkungen des Zeugnisses ausgesetzt werden, Art. 73 Abs. 1 lit. a EuErbVO (vgl dazu unten Rn 53 ff).

32 Über die Benachrichtigungspflicht der Ausstellungsbehörde im Zuge des Widerrufs vgl Art. 71 Abs. 3 EuErbVO.

33 In Abgrenzung zur Änderung des Europäischen Nachlasszeugnisses, die ebenfalls bei **inhaltlichen Unrichtigkeiten** zur Geltung kommt, ist der Widerruf geboten, sofern das

---

62 Noch anderer Ansicht, getroffen vor dem Ausführungsgesetz: MüKo-BGB/*Dutta* EuErbVO, Art. 71 Rn 5: da unrichtige Erbscheine von Amts wegen eingezogen werden, muss auch die Änderung von Amts wegen erfolgen. In der Amtlichen Begründung wird das Antragserfordernis damit begründet, dass „niemandem ein geändertes Nachlasszeugnis ´aufgedrängt´ werden sollte", BR-Drucks. 644/14, Amtliche Begründung zu Art. 1, § 38 IntErbRVG, S. 59.
63 BR-Drucks. 644/14, Amtliche Begründung zu Art. 1, § 38 IntErbRVG, S. 59.
64 Entscheidung durch Beschluss, vgl § 39 Abs. 1 Satz 3 IntErbRVG.
65 So auch die Verfahrensweise bei der Einziehung des Erbscheins, BR-Drucks. 644/14, Amtliche Begründung zu Art. 1, § 38 IntErbRVG, S. 59.
66 Vgl auch BR-Drucks. 644/14, Amtliche Begründung zu Art. 1, § 43 IntErbRVG, S. 61; die Anwendung des § 61 FamFG ist ausdrücklich ausgeschlossen.
67 Vgl auch BR-Drucks. 644/14, Amtliche Begründung zu Art. 1, § 43 IntErbRVG, S. 62.
68 Vgl BR-Drucks. 644/14, Amtliche Begründung zu Art. 1, § 39 IntErbRVG, S. 60.
69 BR-Drucks. 644/14, Amtliche Begründung zu Art. 1, § 39 IntErbRVG, S. 60.

C. ENZ und funktionelle Zuständigkeit des Rechtspflegers, § 3 Nr. 2 lit. i RpflG

Zeugnis **vollständig** aus dem Rechtsverkehr gezogen werden soll. Daher ist ein Antrag auf **Teilwiderruf** des ENZ als Änderungsantrag auszulegen.

Der Widerruf kann nicht nur auf Antrag, sondern auch von Amts wegen erfolgen, § 38 Sätze 1 und 2 IntErbRVG.[70] Wer Beteiligter ist und als Beteiligter hinzugezogen werden kann, regelt § 37 Abs. 2 IntErbRVG.[71] Der Widerrufsbeschluss[72] des Gerichts ist zwingend mit einer **Kostenentscheidung** zu versehen, § 38 Satz 3 IntErbRVG.[73]   34

Die auf Widerruf oder Nichtwiderruf des Europäischen Nachlasszeugnisses lautende Entscheidung des Rechtspflegers kann mit der **Beschwerde** zum OLG angefochten werden, Art. 72 Abs. 1 Satz 2, Art. 71 Abs. 2 EuErbVO, §§ 43 Abs. 1, 33 Nr. 1 IntErbRVG (vgl auch Teil 1 § 7 Rn 28). Die Beschwerde ist stets zulässig und nicht an den Wert des Beschwerdegegenstandes oder die Zulassung gebunden,[74] § 43 Abs. 1 Satz 2 IntErbRVG. Die Beschwerde ist fristgemäß einzulegen, § 43 Abs. 3 IntErbRVG (vgl Teil 2 § 6).   35

V. Erteilung einer beglaubigten Abschrift eines ENZ

Nach § 3 Nr. 1 lit. i RpflG besteht die funktionelle Zuständigkeit des **Rechtspflegers** für die Verfahren auf **Erteilung einer beglaubigten Abschrift eines ENZ**.   36

Ein **Richtervorbehalt** nach § 16 Abs. 2 RpflG besteht **nicht**, die Regelung in § 33 Nr. 2 IntErbRVG ist dort nicht aufgeführt. Daher ist der Rechtspfleger auch dann für das Verfahren auf Erteilung einer beglaubigten ENZ-Abschrift zuständig, sofern dem ENZ eine Verfügung von Todes wegen oder der ENZ-Erteilung ausländisches Recht zugrunde liegen sollte.   37

Mit dem in Art. 70 Abs. 1 EuErbVO sowie § 33 Nr. 2 IntErbRVG erwähnten Verfahren verbindet der Gesetzgeber keinen großen Prüfungsaufwand. Die Prüfung beschränkt sich auf das Negativkriterium in Art. 73 Abs. 2 Satz 2 EuErbVO.[75] Während der Aussetzung der Wirkungen des Zeugnisses dürfen keine weiteren beglaubigten Abschriften des Zeugnisses ausgestellt werden. Für die Ausstellung einer beglaubigten Abschrift ist das **Formblatt** nach Artt. 67 Abs. 1 Satz 2, 81 Abs. 2 EuErbVO zu verwenden, § 39 Abs. 2 IntErbRVG.   38

Die Ausstellungsbehörde bewahrt die Urschrift des Zeugnisses auf und stellt dem **Antragsteller** und **Personen mit berechtigtem Interesse** beglaubigte Abschriften aus. Die Erteilung einer beglaubigten Abschrift kommt nicht nur während des begrenzten Gültigkeitszeitraums[76] des Europäischen Nachlasszeugnisses in Betracht, sondern auch nach Ablauf dieses Zeitraums, dann jedoch als „neue" beglaubigte Abschrift, vgl Art. 70 Abs. 3 Satz 3 EuErbVO. Alternativ könnte die Verlängerung der Gültig-   39

---

70 Vgl im Übrigen *Süß* ZEuP 2013, 725, 739.
71 BR-Drucks. 644/14, Amtliche Begründung zu Art. 1, § 37 IntErbRVG, S. 59.
72 Entscheidung durch Beschluss, vgl § 39 Abs. 1 Satz 3 IntErbRVG.
73 Amtliche Begründung zu Art. 1, § 38 IntErbRVG, BR-Drucks. 644/14, S. 59.
74 Vgl auch BR-Drucks. 644/14, Amtliche Begründung zu Art. 1, § 43 IntErbRVG, S. 61; die Anwendung des § 61 FamFG ist ausdrücklich ausgeschlossen.
75 BR-Drucks. 644/14, Amtliche Begründung zu Art. 13, Nr. 12216 ff KV GNotKG, S. 75.
76 Siehe Art. 70 Abs. 3 Satz 1 EuErbVO, sechs Monate, in begründeten Ausnahmefällen auch länger gültig, vgl Art. 70 Abs. 3 Satz 2 EuErbVO.

keitsfrist beantragt werden. In der Praxis dürfte der Erteilung einer „neuen" beglaubigten Abschrift der Vorzug zu geben sein, da sich auf diese Art und Weise der Erbnachweis unkomplizierter führen lässt (kein Nachweisverbund). Gebührenmäßig unterscheiden sich beide Verfahren nicht, sowohl die Erteilung einer beglaubigten Abschrift eines ENZ, als auch die Verlängerung der Gültigkeitsfrist einer beglaubigten Abschrift des ENZ sind je mit einer Festgebühr iHv 20 EUR belegt, Nr. 12218 KV GNotKG.

40 Der **Beteiligtenbegriff** ergibt sich aus § 37 Abs. 3 IntErbRVG, als alleiniger[77] Beteiligter gilt der Antragsteller.

41 Liegen die Voraussetzungen für die Erteilung einer beglaubigten Abschrift vor, wird durch bloße **Erteilung** einer beglaubigten Abschrift **entschieden**, § 39 Abs. 1 Satz 2 IntErbRVG, nicht durch stattgebenden Beschluss des Rechtspflegers.[78] Falls der Antrag auf Erteilung einer beglaubigten Abschrift abgelehnt wird, entscheidet der Rechtspfleger durch Beschluss, § 39 Abs. 1 Satz 3 IntErbRVG.[79]

42 Die stattgebende oder ablehnende Entscheidung des Gerichts ist **nicht beschwerdefähig**, eine Beschwerde findet nicht statt, § 43 Abs. 1 Satz 1 IntErbRVG im Umkehrschluss.[80] Da ein Rechtsmittel nicht gegeben ist, ist der allgemeine Rechtsbehelf[81] statthaft, die **Erinnerung nach § 11 Abs. 2 RpflG**, die innerhalb einer Frist von zwei Wochen[82] einzulegen ist, § 11 Abs. 2 Satz 1 RpflG. Der Rechtspfleger kann der Erinnerung abhelfen, § 11 Abs. 2 Satz 5 RpflG, anderenfalls legt er die Erinnerung dem Richter zur Entscheidung vor, § 11 Abs. 2 Satz 6 RpflG.

43 Der beabsichtigte Gleichlauf mit dem deutschen Erbscheinsverfahren[83] gebietet es, die Erteilung einer beglaubigten Abschrift dem Zuständigkeitsbereich des Rechtspflegers zuzuordnen, die Führung des **Ausstellungsverzeichnisses** nach Art. 70 Abs. 2 EuErbVO dagegen dem Urkundsbeamten der Geschäftsstelle zu überlassen, dem Gerichtsbeamten, der allgemein mit der Akten- und Registerführung[84] betraut ist.

44 Die Regelung in § 43 IntErbRVG sieht keinerlei Zuständigkeit des Beschwerdegerichts (OLG) vor, so dass sich dieses nicht in der Lage sieht, eine beglaubigte Abschrift zu erteilen. Es besteht ein „Ausstellungsmonopol"[85] der Ausstellungsbehörde.

45 Alle Personen, denen beglaubigte Abschriften ausgestellt wurden, werden auch über eine Berichtigung, Änderung oder einen Widerruf des Zeugnisses unterrichtet, Art. 71 Abs. 3 EuErbVO.

---

77 BR-Drucks. 644/14, Amtliche Begründung zu Art. 1, § 37 IntErbRVG, S. 59.
78 Vgl auch BR-Drucks. 644/14, Amtliche Begründung zu Art. 1, § 39 IntErbRVG, S. 59, 60.
79 Vgl auch BR-Drucks. 644/14, Amtliche Begründung zu Art. 1, § 39 IntErbRVG, S. 60.
80 Vgl im Übrigen BR-Drucks. 644/14, Amtliche Begründung zu Art. 1, § 43 IntErbRVG, S. 61.
81 Allgemein zur Erinnerung nach § 11 Abs. 2 RpflG vgl *Dörndorfer*, § 11 RpflG Rn 88 ff.
82 Seit dem 1.1.2014 beträgt die Einlegungsfrist zwei Wochen, vgl *Dörndorfer*, § 11 RpflG Rn 94.
83 BR-Drucks. 644/14, Amtliche Begründung zu Art. 1, § 35 IntErbRVG, S. 57.
84 Vgl *Firsching/Graf*, Teil 2 Rn 2.23.
85 *Müller-Luschek*, § 2 Rn 341.

VI. Verlängerung der Gültigkeitsfrist einer beglaubigten Abschrift des ENZ

§ 3 Nr. 1 lit. i RpflG statuiert ferner die funktionelle Zuständigkeit des **Rechtspflegers** 46
für die **Verlängerung der Gültigkeitsfrist einer beglaubigten Abschrift des ENZ**.

Ein **Richtervorbehalt** nach § 16 Abs. 2 RpflG besteht **nicht**, die Regelung in § 33 47
Nr. 2 IntErbRVG ist dort nicht aufgeführt. Daher ist der Rechtspfleger auch dann zuständig, sollte dem ENZ eine Verfügung von Todes wegen oder der ENZ-Erteilung ausländisches Recht zugrunde liegen.

Im Fokus steht die in Art. 70 Abs. 3 Satz 3 EuErbVO und § 33 Nr. 2 IntErbRVG er- 48
wähnte Verlängerung der Gültigkeitsfrist,[86] die aufgrund eines **Antrags**[87] ausgesprochen werden kann. Die Ausführungsbestimmungen schränken den Beteiligtenkreis auf den Antragsteller ein, § 37 Abs. 3 IntErbRVG. Zur Verfahrensalternative (Erteilung einer „neuen" beglaubigten Abschrift) vgl Rn 36 ff. Der Gesetzgeber misst dem Verfahren keinen großen Prüfungsaufwand bei, sondern sieht die Prüfprogrammatik auf die Frage beschränkt, ob eine Aussetzung entgegensteht, Art. 73 Abs. 2 Satz 2 EuErbVO.

Liegen die Voraussetzungen für die Verlängerung der Gültigkeitsfrist vor, **entscheidet** 49
der Rechtspfleger durch **Verlängerung** der Gültigkeitsfrist der beglaubigten Abschrift, § 39 Abs. 1 Satz 2 IntErbRVG, nicht durch stattgebenden Beschluss.[88]

Falls der Antrag auf Verlängerung der Gültigkeitsfrist **abgelehnt** wird, entscheidet der 50
Rechtspfleger durch **Beschluss**, § 39 Abs. 1 Satz 3 IntErbRVG,[89] nicht zwingend mit Kostenentscheidung, § 38 Satz 3 IntErbRVG im Umkehrschluss.

Die stattgebende oder ablehnende Entscheidung des Gerichts ist **nicht beschwerdefä-** 51
hig, eine Beschwerde findet nicht statt, § 43 Abs. 1 Satz 1 IntErbRVG im Umkehrschluss.[90] Da ein Rechtsmittel nicht gegeben ist, ist der allgemeine Rechtsbehelf[91] statthaft, die **Erinnerung nach § 11 Abs. 2 RpflG**, die innerhalb einer Frist von zwei Wochen[92] einzulegen ist, § 11 Abs. 2 Satz 1 RpflG. Die Regelung in § 11 Abs. 2 Satz 5 RpflG räumt dem Rechtspfleger die Möglichkeit der Abhilfe ein, anderenfalls legt er die Erinnerung dem Richter zur Entscheidung vor, § 11 Abs. 2 Satz 6 RpflG.

Konsequenterweise sieht die Regelung in § 43 IntErbRVG keine Zuständigkeit des 52
Beschwerdegerichts (OLG) vor, so dass dieses die Gültigkeitsfrist nicht verlängern kann. Den Hintergrund bildet das „Ausstellungsmonopol"[93] der Ausstellungsbehörde, was auch ein **Fristverlängerungsmonopol** mit sich bringt.

---

86 Zur Gültigkeitsfrist vgl auch § 42 IntErbRVG (Beginn und Berechnung).
87 BR-Drucks. 644/14, Amtliche Begründung zu Art. 1, § 42 IntErbRVG, S. 61.
88 Vgl auch BR-Drucks. 644/14, Amtliche Begründung zu Art. 1, § 39 IntErbRVG, S. 59, 60.
89 Vgl auch BR-Drucks. 644/14, Amtliche Begründung zu Art. 1, § 39 IntErbRVG, S. 60.
90 Vgl im Übrigen BR-Drucks. 644/14, Amtliche Begründung zu Art. 1, § 43 IntErbRVG, S. 61.
91 Allgemein zur Erinnerung nach § 11 Abs. 2 RpflG vgl *Dörndorfer*, § 11 RPflG Rn 88 ff.
92 Seit dem 1.1.2014 beträgt die Einlegungsfrist zwei Wochen, vgl *Dörndorfer*, § 11 RPflG Rn 94.
93 *Müller-Lukoschek*, § 2 Rn 341.

VII. Aussetzung der Wirkungen des ENZ

53 Schließlich ordnet § 3 Nr. 1 lit. i RpflG dem **Rechtspfleger** auch die funktionelle Zuständigkeit für die **Aussetzung der Wirkungen des ENZ** zu, vorbehaltlich einer Richterzuständigkeit nach § 16 Abs. 2 RpflG (vgl dazu unten Rn 61 ff- testamentarische Erbfolge oder Anwendung ausländischen Rechts). Der Gesetzgeber misst dem Aussetzungsverfahren die Bedeutung einer einstweiligen Anordnung bei,[94] die Literatur[95] spricht von einem einstweiligen Sicherungsinstrumentarium mit ungeklärter Reichweite (zur Aussetzung der Wirkungen eines ENZ vgl Teil 1 § 7 Rn 31 ff).

54 Unter welchen Voraussetzungen die Wirkungen (Art. 69 EuErbVO) des Europäischen Nachlasszeugnisses ausgesetzt werden können, regelt Art. 73 Abs. 1 EuErbVO. Die Aussetzung erfolgt auf **Antrag** und steht im Ermessen des Gerichts. Bis zur Änderung oder zum Widerruf des Zeugnisses nach Art. 71 EuErbVO können die Wirkungen **vorläufig ausgesetzt** werden (vgl auch Teil 1 § 7 Rn 32). Zuständig sind entweder die Ausstellungsbehörde, oder das Rechtsmittelgericht, falls ein Rechtsbehelf anhängig ist, Art. 73 Abs. 1 EuErbVO. Beteiligter ist der Antragsteller, § 37 Abs. 2 Satz 1 IntErbRVG, sonstige Personen mit berechtigtem Interesse können als weitere Beteiligte hinzugezogen werden, § 37 Abs. 2 Sätze 1 und 2 IntErbRVG.

55 Über die Aussetzung entscheidet der Rechtspfleger durch **gerichtlichen Beschluss**, § 39 Abs. 1 Satz 3 IntErbRVG.[96] Dies gilt sowohl für die stattgebende, als auch für die ablehnende Entscheidung des Rechtspflegers.[97] Eine Kostenentscheidung ist nicht zwingend vorgesehen, § 38 Satz 3 IntErbRVG im Umkehrschluss.

56 Die auf **Aussetzung** oder **Nichtaussetzung** des Europäischen Nachlasszeugnisses lautende Entscheidung des Rechtspflegers kann mit der **Beschwerde** zum OLG angefochten werden, Art. 72 Abs. 1 Satz 2, Art. 73 Abs. 1 lit. a EuErbVO, §§ 43 Abs. 1, 33 Nr. 3 IntErbRVG. Die Regelung in § 43 Abs. 1 Satz 2 IntErbRVG erklärt die Bestimmungen in § 61 FamFG für unanwendbar, weshalb die Beschwerde stets zulässig und nicht an den Wert des Beschwerdegegenstandes oder die Zulassung gebunden ist.[98] Die Beschwerde ist fristgemäß einzulegen, § 43 Abs. 3 IntErbRVG (vgl Teil 2 § 6).

57 Die Ausstellungsbehörde (ggf das Rechtsmittelgericht) trifft die **Verpflichtung**, über die Aussetzung der Wirkungen des Zeugnisses alle Personen zu informieren, denen beglaubigte Abschriften (Art. 70 Abs. 1 EuErbVO) ausgestellt worden sind.

VIII. Weitere Aspekte der funktionellen Zuständigkeit

58 Dass sich die grundsätzliche Zuständigkeit des Rechtspflegers nicht auch auf die Führung des **Ausstellungsverzeichnisses** nach Art. 70 Abs. 2 EuErbVO bezieht (Verzeichnis aller Personen, denen beglaubigte Abschriften ausgestellt wurden, vgl Teil 1 § 7

---

[94] BR-Drucks. 644/14, Amtliche Begründung zu Art. 13, Vorb. 1.6.2, S. 76; zu der Aussetzung der Wirkungen eines ENZ vgl auch Teil 1 § 7 Rn 31 ff.
[95] *Lange* in: Dutta/Herrler, S. 174.
[96] Vgl BR-Drucks. 644/14, Amtliche Begründung zu Art. 1, § 39 IntErbRVG, S. 60.
[97] BR-Drucks. 644/14, Amtliche Begründung zu Art. 1, § 39 IntErbRVG, S. 60.
[98] Vgl auch BR-Drucks. 644/14, Amtliche Begründung zu Art. 1, § 43 IntErbRVG, S. 61.

Rn 11), ist bereits unter Rn 14 dargestellt. Zuständig ist der allgemein mit der Akten- und Registerführung betraute **Urkundsbeamte der Geschäftsstelle** (UdG).[99]

Aspekte der **Wertfestsetzung** nach § 79 GNotKG regeln sich weiterhin nach nationalem Verfahrensrecht,[100] so dass die Zuständigkeit des Rechtspflegers eröffnet ist, was der tradierten, engen Auslegung des § 16 RpflG entspricht.[101]

Gleiches gilt für die Entscheidung über **Erinnerung gegen den Kostenansatz**, § 81 Abs. 1 GNotKG, die unverändert in den Zuständigkeitsbereich des Rechtspflegers fällt,[102] ebenso die Entscheidung über die **Akteneinsicht** in Angelegenheiten, die dem Rechtspfleger übertragen sind.[103]

D. Europäisches Nachlasszeugnis und funktionelle Zuständigkeit des Richters; Zuständigkeitsübertragung von Richter auf Rechtspfleger, § 16 RpflG

Der leitende Gedanke der Vorbehaltsübertragung äußert sich in einer **grundsätzlichen Zuständigkeit** des Rechtspflegers in Nachlass- und Teilungssachen, es sei denn, es besteht ein **Richtervorbehalt**. In Nachlass- und Teilungssachen bleibt dem Richter u.a. die Erteilung von Erbscheinen vorbehalten, sofern eine **Verfügung von Todes wegen vorliegt** oder die **Anwendung ausländischen Rechts** in Betracht kommt, § 16 Abs. 1 Nr. 6 RpflG.[104] Ob die Verfügung von Todes wegen für die Beerbung maßgeblich ist, spielt keine Rolle.[105]

Der erstrebte „Gleichlauf der funktionellen Zuständigkeit"[106] brachte die Notwendigkeit mit sich, den Regelungskatalog des Richtervorbehalts um eine identische ENZ-Regelung zu ergänzen. Dies ist mit der Einfügung des neuen § **16 Abs. 2 RpflG** geschehen. Die **Ausstellung, Berichtigung, Änderung** oder der **Widerruf** eines ENZ sowie die **Aussetzung** der Wirkungen eines ENZ bleiben dem **Richter** vorbehalten, sofern eine Verfügung von Todes wegen vorliegt oder die Anwendung ausländischen Rechts in Betracht kommt, § 16 Abs. 2 RpflG nF[107] iVm § 33 Nr. 1 und 3 IntErbRVG.

Keine Erwähnung fanden die Verfahren nach § 33 Nr. 2 IntErbRVG, die Verfahren, gerichtet auf **Erteilung einer beglaubigten ENZ-Abschrift** oder die **Verlängerung der Gültigkeitsfrist einer beglaubigten ENZ-Abschrift**. Ein Richtervorbehalt besteht insofern nicht, so dass die uneingeschränkte Zuständigkeit des **Rechtspflegers** eröffnet ist (vgl oben Rn 37 und 47).

---

99 Vgl *Firsching/Graf*, Teil 2 Rn 2.23.
100 Grundsätzlich zum ergänzenden Rückgriff auf nationales Verfahrensrecht vgl *Lange* in: Dutta/Herrler, S. 178.
101 Eine Richterzuständigkeit ist nicht gegeben, vgl auch *Dörndorfer*, § 16 RPflG Rn 12.
102 Generell hierzu *Dörndorfer*, § 16 RPflG Rn 13.
103 Allgemein zur Akteneinsicht vgl *Dörndorfer*, § 4 RPflG Rn 4.
104 Zum Normzweck und zur Entwicklung vgl *Dörndorfer*, § 16 RPflG Rn 44 ff; vgl auch *Kroiß* ErbR 2015, 127, 129.
105 *Dörndorfer*, § 16 RPflG Rn 47.
106 BR-Drucks. 644/14, Amtliche Begründung zu Art. 4, Nr. 1, Änderung § 3 RpflG, S. 65.
107 Zum Gleichlauf mit dem nationalen Erbscheinsverfahren vgl BR-Drucks. 644/14, Amtliche Begründung zu Art. 4, Änderung § 16 RpflG, S. 66; vgl auch *Wagner/Scholz* FamRZ 2014, 714, 721.

3 § 3 Änderung des Rechtspflegergesetzes (Art. 4, RpflG)

64 Zu weiteren Aspekten vgl die obige Schilderung unter Rn 8 bis 60 (Verfahrensinitiierung, Entscheidung, Beteiligter, Beschwerde, sonstige Hinweise).

65 Im Einzelfall kann der Nachlassrichter[108] die **Ausstellung** eines ENZ dem **Rechtspfleger zurückübertragen,**[109] sofern trotz einer Verfügung von Todes wegen die gesetzliche Erbfolge maßgeblich und deutsches Erbrecht anzuwenden ist, § 16 Abs. 3 Satz 1 Nr. 2 RpflG nF.[110] Die Gesetzesänderung dient der Synchronisierung[111] mit dem nationalen Erbscheinsverfahren und beschränkt die Delegation auf die Ausstellung des ENZ unter den oben erwähnten Prämissen. Die Übertragung erfolgt durch ausdrückliche Übertragungsverfügung,[112] an die der Rechtspfleger gebunden ist.[113]

E. Verordnungsermächtigung, § 19 RpflG

§ 19 RpflG eröffnet den Landesregierungen die Möglichkeit, durch Rechtsverordnung **Richtervorbehalte aufzuheben**, was in Baden-Württemberg, Bayern, Hessen, Mecklenburg-Vorpommern, Niedersachsen, Rheinland-Pfalz und Thüringen geschehen ist.[114]

Mit der Ergänzung des **§ 19 Abs. 1 Satz 1 Nr. 5 RpflG**, der sich nun auch auf den neuen § 16 Abs. 2 RpflG bezieht (s.o. Rn 62), steht dieser Weg in gleicher Weise für die dort erwähnten Verfahren offen. Gemeint sind die Ausstellung, die Berichtigung, die Änderung, der Widerruf sowie die Aussetzung der Wirkungen eines ENZ, die dem Richter vorbehalten sind, sofern eine Verfügung von Todes wegen vorliegt oder die Anwendung ausländischen Rechts in Betracht kommt.[115] Im Wege der Verordnungsermächtigung können die geschilderten ENZ-Verfahren auf den Rechtspfleger übertragen werden. Verantwortlich hierfür zeichnen selten rechtspolitische, häufig fiskalpolitische Überlegungen. Die beklagte „Zersplitterung der funktionellen Zuständigkeit" bzw „intransparente() Rechtspflege"[116] wird sich im ENZ-Bereich fortsetzen- ein echter „Gleichlauf des nationalen Erbscheinsverfahrens mit dem Europäischen Nachlasszeugnisverfahren".[117]

F. Änderung des § 20 Abs. 1 Nr. 16 a RpflG (Hinweis auf § 17 IntErbRVG)

66 Die in § 17 IntErbRVG geregelte Versteigerung beweglicher Sachen entspricht § 51 AUG.[118] Die gerichtliche Anordnung ist bereits dem Rechtspfleger übertragen, vgl § 20 Abs. 1 Nr. 16a RpflG, weshalb es nur folgerichtig war, die vollstreckungsge-

---

108 Nicht Beschwerdegericht, vgl *Dörndorfer*, § 16 Rn 74.
109 „Rückübertragung" auf den Rechtspfleger, vgl *Wagner/Scholz* FamRZ 2014, 714, 721; *Kroiß* ErbR 2015, 127, 129.
110 Wagner/Scholz FamRZ 2014, 714, 721.
111 Vgl BR-Drucks. 644/14, Amtliche Begründung zu Art. 4, Änderung § 16 RpflG, S. 66: „Gleichlauf des nationalen Erbscheinsverfahrens mit dem Europäischen Nachlasszeugnis".
112 *Dörndorfer*, § 16 RpflG Rn 76.
113 *Dörndorfer*, § 16 RpflG Rn 78.
114 Zusammenstellung bei *Dörndorfer*, § 19 RpflG Rn 18 ff, sowie *Firsching/Graf*, Rn 2.11.
115 Vgl auch BR-Drucks. 644/14, Amtliche Begründung zu Art. 4, Änderung des RpflG, S. 66.
116 So jeweils *Dörndorfer*, § 19 RpflG Rn 4.
117 Zitat aus BR-Drucks. 644/14, Amtliche Begründung zu Art. 4, Änderung des RpflG, S. 66.
118 BR-Drucks. 644/14, Amtliche Begründung zu Art. 1, IntErbRVG, S. 50.

richtliche Anordndung nach § 17 IntErbRVG dem Rechtspfleger zu überantworten,[119] vgl § 20 Abs. 1 Nr. 16 a RpflG nF.

G. Besonderheiten für Baden-Württemberg, § 35 RpflG

Modifiziert werden die Bestimmungen in § 35 Abs. 1 und 2 RpflG, die das **badische Rechtsgebiet** tangieren, demnach den OLG-Bezirk Karlsruhe.[120] Dem Katalog der Vorbehaltsübertragungen wird der Verweis auf den neu geschaffenen § 3 Nr. 2 i RpflG hinzugefügt. Zu § 3 Nr. 2 i RpflG vgl oben Rn 8 ff. Ferner musste der Transfer des § 2356 BGB in das FamFG (nun § 352) nachvollzogen werden,[121] vgl nun § 35 Abs. 2 RpflG nF.

67

§ 4 Änderung des Beurkundungsgesetzes (Art. 5, BeurkG)

Die Änderung tritt am 17.8.2015 in Kraft, Art. 22 Abs. 1 des Gesetzes zum Internationalen Erbrecht und zur Änderung von Vorschriften zum Erbschein sowie zur Änderung sonstiger Vorschriften.

1

Die **Änderung** des **§ 56 BeurkG**- Streichung des dritten Absatzes-, bringt keine inhaltliche Änderung mit sich, sondern stellt eine rein redaktionelle Folgeänderung[1] bzw Anpassung an die bestehende Rechtslage dar. Die Bestimmung in § 56 Abs. 3 Satz 1 BeurkG war bereits eingearbeitet, vgl die Wortlaute der §§ 1410, 1750 BGB, und der Hinweis auf § 2356 Abs. 2 Satz 1 BGB, enthalten in § 56 Abs. 3 Satz 2 BeurkG, wird durch die Übertragung der Norm in das FamFG (nun § 352 FamFG nF) gegenstandslos.[2]

2

§ 5 Änderung von Grundbuch- und Schiffsregistervorschriften (Art. 6 bis 10, GBO, GBMaßnG, GBVfg, SchRegO, SchRegDV)

Die Änderungen treten am 17.8.2015 in Kraft, Art. 22 Abs. 1 des Gesetzes zum Internationalen Erbrecht und zur Änderung von Vorschriften zum Erbschein sowie zur Änderung sonstiger Vorschriften.

1

A. Allgemeines

Lediglich sechs Vorschriften werden durch die Art. 6 bis 10 abgeändert, so dass sich der Eindruck aufdrängt, die EuErbVO wirke sich auf das **Grundbuch- und Schiffsregisterrecht** nicht wesentlich aus. Dieser Eindruck täuscht. Die Grundbuchpraxis sieht

2

---

119 „Gleichlauf mit den bisher nach dieser Vorschrift bestehenden Zuständigkeiten", so BR-Drucks. 644/14, Amtliche Begründung zu Art. 4, Änderung des RpflG, S. 66.
120 Vgl *Dörndorfer*, § 35 RpflG Rn 5.
121 BR-Drucks. 644/14, Amtliche Begründung zu Art. 4, Änderung des RpflG, S. 66.
1 BR-Drucks. 644/14, Amtliche Begründung zu Art. 5, Änderung des BeurkG, S. 67.
2 BR-Drucks. 644/14, Amtliche Begründung zu Art. 5, Änderung des BeurkG, S. 67.

sich mit einer Vielzahl von Neuerungen und Fragestellungen[1] konfrontiert, die ihren Ursprung in der EuErbVO haben (vgl unten Rn 16 ff). Ausführungsvorschriften konnten insoweit keine Abhilfe schaffen bzw Klärung bewirken. Die Klärung kann nur durch die Rechtsprechung erfolgen.

B. Änderung grundbuchrechtlicher Vorschriften, Art. 6- 8
I. Änderungen der Grundbuchordnung (GBO), Art. 6
1. Änderung § 35 GBO

3   Eine Ergänzung erfährt § 35 GBO, die Regelung, die einen **Nachweistypenzwang** für den Nachweis der Erbfolge, das Bestehen der fortgesetzten Gütergemeinschaft und den Nachweis der Testamentsvollstreckung im Grundbuchverfahren statuiert.[2] Was die Erbrechtsverordnung in Art. 69 Abs. 5 vorgibt – das ENZ stellt ein wirksames Schriftstück für die Eintragung in das einschlägige Register eines Mitgliedsstaates dar[3] –, muss Eingang in das Grundbuchverfahren finden. Schließlich kann das ENZ als **Nachweis** verwendet werden, um die Rechtsstellung als Erbe oder Testamentsvollstrecker zu belegen, Art. 63 Abs. 2 lit. a und c EuErbVO.[4]

4   Die Nachzeichnung im Grundbuchverfahrensrecht erfolgt **ohne Paradigmenwechsel**, beibehalten bleibt die Differenzierung zwischen primärem und sekundärem Unrichtigkeitsnachweis, zwischen Erbschein bzw ENZ und Verfügung von Todes wegen in öffentlicher Urkunde samt Eröffnungsniederschrift.[5] Das **ENZ** sieht sich nun aufgenommen in den Kreis der **Unrichtigkeitsnachweise**, die der Legitimation des Erben im Grundbuchverfahren dienen (vgl auch Teil 1 § 7 Rn 1). Der Nachweis der Erbfolge kann durch einen Erbschein oder ein ENZ geführt werden, § 35 Abs. 1 Satz 1 GBO nF.[6]

5   Im Interesse der Rechtssicherheit und der Risikominimierung empfiehlt es sich, nach Grundbucheintragung auch der **ENZ-Ausstellungsbehörde** eine **Eintragungsnachricht**[7] zukommen zu lassen, wenngleich § 55 GBO diese nicht zum Empfängerkreis derjenigen zählt, die unmittelbar und zwingend benachrichtigt werden müssen.[8] Ein Anspruch auf Benachrichtigung steht der Ausstellungsbehörde nicht zu, was aber das deutsche Grundbuchamt nicht daran hindert, dennoch eine Mitteilung zu übersenden.[9] Umgekehrt zählt das Grundbuchamt auch nicht ohne Weiteres zu den ENZ-Empfängern iSv Art. 70 Abs. 2 EuErbVO, also zum Pool derjenigen, denen beglaubigte ENZ-Abschriften ausgestellt wurden. Dies lässt eine Aufnahme des Grundbuchamtes in das Ausstellungsverzeichnis nach Art. 70 Abs. 2 EuErbVO zweifelhaft erschei-

---

1 Vgl *Wilsch* ZEV 2012, 530 ff.
2 Vgl Hügel/*Wilsch*, Überblick vor § 35 GBO.
3 Vgl auch 71.Erwägungsgrund.
4 Vgl BR-Drucks. 644/14, Amtliche Begründung zu Art. 6, Änderung der GBO, S. 67.
5 Siehe Darstellung Hügel/*Wilsch*, § 35 GBO Rn 24.
6 Vgl auch *Lehmann* ZEV 2015, 138, 139, 140; ferner Teil 1 § 7 Rn 1.
7 Mit Begleittext, etwa in englischer Sprache, der zum einen kurz erläutert, dass eine Eintragung aufgrund des ENZ vorgenommen wurde, zum anderen darum bittet, im Falle der Berichtigung, Änderung, des Widerrufs und der Aussetzung der Wirkungen des ENZ unmittelbar verständigt zu werden, vgl *Wilsch* ZEV 2012, 530, 534.
8 Zu den Empfängern der Bekanntmachung vgl Hügel/*Wilsch*, § 55 GBO Rn 2 ff.
9 *Wilsch* ZEV 2012, 530, 534.

nen, ausgeschlossen ist die Aufnahme jedoch nicht. Schließlich soll durch die Aktivierung des Ausstellungsverzeichnisses eine missbräuchliche Verwendung der ENZ-Abschriften vermieden werden (vgl 72. Erwägungsgrund, Satz 5). Im Falle eines fälschlicherweise erteilten ENZ liegt es sogar im Eigeninteresse der ENZ-Ausstellungsbehörde, Folgeschäden zu vermeiden bzw gering zu halten und die relevanten Registerbehörden unmittelbar in Kenntnis zu setzen. Dass die Reaktionswege verkürzt, evtl umständliche Wege über das Europäische Justizielle Netz überhaupt nicht beschritten werden müssen, fällt ebenso ins Gewicht. Damit wird der Berichtigung, der Änderung, dem Widerruf und der Aussetzung der ENZ-Wirkungen der Weg geebnet.[10]

Beruht die Erbfolge auf einer Verfügung von Todes wegen, die in einer öffentlichen Urkunde enthalten ist, genügt es, wenn anstelle des Erbscheins oder des ENZ die Verfügung und die Eröffnungsniederschrift vorgelegt werden, § 35 Abs. 1 Satz 2 GBO nF.

Parallel dazu kann auch der Nachweis der **Testamentsvollstreckung** nicht nur durch Vorlage eines Testamentsvollstreckerzeugnisses oder der Verfügung von Todes wegen samt Eröffnungsniederschrift und Annahmenachweis geführt werden,[11] §§ 35 Abs. 2, Abs. 1 Satz 2 GBO, sondern auch durch **Vorlage eines ENZ**, § 35 Abs. 2 GBO nF[12]. Dies steht im Einklang mit der Zweckbestimmung des ENZ in Art. 63 Abs. 2 lit. c EuErbVO, mit der Verwendung des ENZ durch den Testamentsvollstrecker, der seinen Legitimationsnachweis erbringen möchte.

Die Änderung des **§ 35 Abs. 3 GBO** erstreckt die **Nachweiserleichterung**[13] für geringwertige Grundstücke oder Anteile an Grundstücken auf das ENZ. Nach der Ausnahmeregelung[14] in § 35 Abs. 3 GBO kann das Grundbuchamt von der Vorlage des primären[15] oder sekundären[16] Erbnachweises absehen und sich mit anderen Beweismitteln,[17] die der Form des § 29 GBO nicht entsprechen müssen, begnügen, wenn das Grundstück oder der Anteil des Grundstücks weniger als 3.000 EUR[18] wert ist *und* die Beschaffung des ENZ nur mit unverhältnismäßigem Aufwand an Kosten oder Mühe möglich ist. Betroffen ist nur die Eintragung eines Eigentümers oder Miteigentümers, nicht dagegen die Eintragung eines neuen Grundpfandrechtsgläubigers. Hohe Bodenrichtwerte sind regelmäßig der Grund dafür, warum die Nachweiserleichterung nur selten zur Anwendung gelangt.[19] Häufig scheitert die Anwendung auch daran, dass beide Voraussetzungen- Wertgrenze und unverhältnismäßiger Aufwand an Kosten oder Mühe-, kumulativ vorliegen müssen.[20] So ist die Beschaffung eines Erb-

---

10 *Wilsch* ZEV 2012, 530, 534.
11 Vorlage in Urschrift oder Ausfertigung, Hügel/*Wilsch*, § 35 GBO Rn 126.
12 Vgl BR-Drucks. 644/14, Amtliche Begründung zu Art. 6, Änderung der GBO, S. 67.
13 Hügel/*Wilsch*, § 35 GBO Rn 138; BR-Drucks. 644/14, Amtliche Begründung zu Art. 6, Änderung der GBO, S. 67.
14 OLG München JurionRS 2014, 16535.
15 Erbschein oder ENZ.
16 Verfügung von Todes wegen in öffentlicher Urkunde samt Eröffnungsniederschrift.
17 Etwa einer eidesstattlichen Versicherung.
18 Zur Wertgrenze vgl OLG Rostock NotBZ 2006, 104; der Wert des ganzen Grundstücks ist maßgeblich, sofern der Rechtsnachfolger eines Alleineigentümers eingetragen werden soll; bei Eintragung eines Rechtsnachfolgers eines Miteigentümers oder Gesamthandseigentümers ist der Wert des Anteils maßgeblich.
19 Vgl auch Hügel/*Wilsch*, § 35 GBO Rn 138.
20 OLG München JurionRS 2014, 16535; BeckOK GBO Hügel/*Wilsch*, Stand 1.1.2015, 23. Edition, § 35 Rn 138.

scheins oder ENZ noch nicht mit einem unverhältnismäßigen Aufwand an Kosten oder Mühe verbunden, sofern die Kosten des Erbscheins bzw ENZ weniger als 1/3 betragen.[21]

9   Fernwirkungen ergeben sich für das **Handelsregisterverfahren**, das den Rechtsnachfolgenachweis durch öffentliche Urkunden[22] kennt (§ 12 Abs. 1 Satz 4 HGB) und zur analogen Anwendung des § 35 GBO tendiert. Rechtsprechung[23] und Literatur[24] begrüßen diese Annäherung an § 35 GBO, da die Regelungsmaterie „auch im Registerrecht Geltung beanspruchen kann".[25] In der Folge kann bei einer Anmeldung, die der Rechtsnachfolger eines im Handelsregister Eingetragenen vornimmt, der Erbnachweis in Anlehnung an § 35 GBO erfolgen,[26] demnach durch Vorlage eines **ENZ**, allerdings in elektronischer Gestalt. Es reicht die Übermittlung eines beglaubigten elektronischen Dokuments.[27]

2. Änderung § 83 GBO

10   Ohne die Terminologie an Art. 67 EuErbVO anzupassen, der von der *Ausstellung* eines ENZ spricht, wohingegen § 83 Satz 1 GBO von der *Erteilung* ausgeht, erweitert die Gesetzesänderung die **Mitteilungspflichten des Nachlassgerichts**, § 83 Satz 1 GBO nF.

11   Die Mitteilungspflicht des Nachlassgerichts gegenüber Grundbuchamt und Erben wird nunmehr auch durch die Ausstellung eines ENZ ausgelöst, sofern dem Nachlassgericht bekannt ist, dass zum Nachlass eine Immobilie gehört. Das Nachlassgericht, das das ENZ ausgestellt hat, sieht sich dann verpflichtet, dem zuständigen Grundbuchamt von dem Erbfall und den Erben Mitteilung zu machen, § 83 Satz 1 GBO nF.

12   Im Hinblick auf die Zielrichtung des § 83 GBO, der im Zusammenhang mit der Zwangs- und Amtsberichtigung nach §§ 82, 82 a GBO zu sehen ist,[28] bezieht sich die Mitteilungspflicht nur auf **deutsche Grundbuchämter**, nicht auch auf ausländische Grundbuchämter bzw entsprechende Grundbuchagenturen (agencies).

II. Änderung des Gesetzes über Maßnahmen auf dem Gebiet des Grundbuchwesens (Art. 7, GBMaßnG)

13   Die Bestimmung in § 18 GBMaßnG betrifft die **Löschung umgestellter Hypotheken oder Grundschulden**, deren Geldbetrag 3.000 EUR nicht übersteigt.[29] Während § 18 Abs. 1 Satz 1 GBMaßnG die Formvorschrift des § 29 GBO abmildert,[30] durchbricht § 18 Abs. 1 Satz 2 GBMaßnG den Typenzwang, der beim Nachweis der Erbfolge

---

21 OLG München JurionRS 2014, 16535.
22 Öffentliche Urkunden iSv § 415 ZPO, vgl auch Baumbach/Hopt/*Hopt*, § 12 HGB Rn 5.
23 OLG Stuttgart ZEV 2012, 338; OLG Bremen, Beschl. v. 15.4.2014 – 2 W 22/14.
24 *Kilian* notar 2015, 10, 13; *Krafka/Kühn*, Registerrecht, Rn 128.
25 *Kilian* notar 2015, 10, 13.
26 Allgemein hierzu vgl OLG Stuttgart ZEV 2012, 338; *Heinemann* FGPrax 2015, 1, 4; KG Rpfleger 2003, 67.
27 Krafka/*Kühn*, Registerrecht, Rn 128.
28 Hügel/*Holzer*, § 83 GBO Rn 1.
29 Vgl auch *Schöner/Stöber*, Rn 4235.
30 BayObLG, Beschluss v. 20.11.1997 – 2Z BR 91/97, ZNotP 1998, 117.

grundsätzlich zu beachten ist. Unverkennbar ist die Anlehnung an den Regelungsgehalt des § 35 Abs. 3 GBO.³¹ Das **ENZ**, das in gleicher Weise dem Nachweis der Erbfolge dient, vgl Art. 63 Abs. 2 lit. a EuErbVO, findet nunmehr Berücksichtigung in § 18 Abs. 1 Satz 2 GBMaßnG. In der Folge kann das Grundbuchamt bei der Löschung umgestellter Bagatellrechte (Hypothek oder Grundschuld, geringer als 3.000 EUR) von der Vorlage eines Erbscheins oder ENZ absehen und sich mit anderen Beweismittel begnügen, wenn die Beschaffung des Erbscheins oder ENZ nur mit unverhältnismäßigem Aufwand an Kosten oder Mühe möglich ist, § 18 Abs. 1 Satz 2 GBMaßnG nF. Die „anderen Beweismittel" müssen nicht der Form des § 29 GBO entsprechen. Damit erschöpft sich der Bereich der Erleichterungen, die § 18 GBMaßnG gewährt. Eine Löschung ohne Bewilligung des Betroffenen lässt die Regelung auch nach der Novellierung nicht zu.³²

III. Änderung der Grundbuchverfügung (GBVfg.), Art. 8

Geändert wird § 9 Abs. 1 lit. d GBVfg., die Vorschrift, die der Frage nach der **Eintragung** des **Eigentümers**³³ im Grundbuch nachgeht. Der Eigentümer wird in der Ersten Abteilung des Grundbuchs eingetragen, dort in den Spalten 1 bis 4, wobei in der Spalte 4 die Grundlage der Eintragung angegeben werden muss. Anzugeben ist der rechtliche Vorgang, auf dessen Grundlage die Eigentümereintragung beruht,³⁴ etwa die Auflassung, der Zuschlagsbeschluss, das Behördenersuchen, aber auch der Erbschein oder die Verfügung von Todes wegen, die in einer öffentlichen Urkunde enthalten ist. Die Aufzählung in § 9 Abs. 1 lit. d GBVfg. ist nicht abschließend, sondern **exemplarisch**,³⁵ beschränkt auf **wichtige Phänotypen der Eintragungspraxis**. Um den Gleichlauf mit dem Erbschein herzustellen und die rechtspolitische Akzeptanz des ENZ zu erhöhen, hielt es der Gesetzgeber für angebracht, „die beispielhafte Aufzählung in der Klammer ... um das Europäische Nachlasszeugnis zu ergänzen".³⁶ Schließlich fungiert auch das **ENZ** als **Unrichtigkeitsnachweis**, mit dem die Rechtsstellung des Erben belegt werden kann, Art. 63 Abs. 2 lit. a EuErbVO.³⁷ 14

Die Gesetzesbegründung erwähnt nicht, dass das ENZ auch zur **Berichtigung anderer dinglicher, vererblicher Rechte** eingesetzt werden kann, zur Berichtigung anderer Grundbuchabteilungen, der **Zweiten** und **Dritten Abteilung**. Der Rechtsübergang wird dann in der Spalte 5 der Zweiten Abteilung (vgl § 10 Abs. 5 GBVfg.) bzw in der Spalte 7 der Dritten Abteilung (vgl § 11 Abs. 6 GBVfg.) vermerkt, so dass das ENZ auch an diesen Eintragungsorten eine Rolle spielen wird. 15

---

31 Siehe auch Hügel/*Wilsch*, § 35 GBO Rn 138.
32 BayObLG, Beschluss v. 20.11.1997, 2Z BR 91/97, ZNotP 1998, 117; *Schöner/Stöber*, Rn 4239.
33 Oder Erbbauberechtigten im Erbbaugrundbuchblatt, vgl § 57 GBV, vgl *Schöner/Stöber*, Rn 700.
34 *Schöner/Stöber*, Rn 700.
35 Siehe Wortlaut § 9 Abs. 1 lit. d GBVfg.: „usw.".
36 BR-Drucks. 644/14, Amtliche Begründung zu Art. 8, Änderung der GBVfg., S. 68.
37 Vgl auch *Wilsch* ZEV 2012, 530, 531.

C. Exkurs: die EuErbVO und das IntErbRVG in der deutschen Grundbuchpraxis

I. Unrichtigkeitsnachweis für die Eintragung eines Erben und Testamentsvollstreckers

16 Mit der Ergänzung des § 35 GBO zeichnet der Gesetzgeber verfahrensrechtlich die Artt. 69 Abs. 5, 63 Abs. 2 lit. c EuErbVO nach.[38] Das ENZ verkörpert ein „wirksames Schriftstück für die Eintragung des Nachlassvermögens in das einschlägige Register" (vgl auch oben Rn 3 ff, Änderung § 35 GBO). Die Rechtsstellung des Erben bzw Testamentsvollstreckers kann nicht nur durch Vorlage eines Erbscheins bzw Testamentsvollstreckerzeugnisses nachgewiesen werden,[39] sondern auch durch Vorlage eines ENZ, Art. 63 Abs. 2 lit. a und c EuErbVO,[40] § 35 Abs. 1 Satz 1 GBO nF.

17 Das ENZ genießt eine **Richtigkeits- und Vollständigkeitsvermutung**, weshalb es dem Grundbuchamt verwehrt ist, die Richtigkeit des ENZ einer **Überprüfung** zu unterziehen.[41] Etwas anderes gilt nur für neue Tatsachen, die der Ausstellungsbehörde noch nicht bekannt waren.[42] Ob den vorgetragenen oder bekanntgewordenen Tatsachen eine neue Qualität beizumessen ist, wird sich aber regelmäßig dem grundbuchamtlichen Erfahrungshorizont entziehen. Mit der Richtigkeitsvermutung (vgl Teil 1 § 7 Rn 15 ff) lässt es sich auch nicht vereinbaren, die **Ausstellungsvoraussetzungen** zu überprüfen, insbesondere den grenzüberschreitenden Bezug des ENZ. Das Grundbuchamt ist weder verpflichtet, noch berechtigt, eine solche Richtigkeitsüberprüfung vorzunehmen.[43] Gleiches gilt für die Frage, ob aufgrund eines bilateralen Abkommens[44] eigentlich ein deutscher Erbschein hätte vorgelegt werden müssen, nicht aber ein ENZ. Dies käme einer unzulässigen Prüfung der Ausstellungsvoraussetzungen gleich.

II. Formblattzwang

18 Nach Art. 67 Abs. 1 Satz 2 EuErbVO erfolgt die ENZ-Ausstellung nach dem von der Kommission per Durchführungsakt erlassenen **Formblatt** (Art. 80 und 81 EuErbVO). Einigkeit besteht darüber, dass die Verwendung des Formblattes[45] nicht optional, sondern **obligatorisch** ausgestaltet ist, als zwingende Verpflichtung, das Formblatt zu

---

38 Vgl auch *Wilsch* ZEV 2012, 530, 531.
39 Daneben gibt es noch den sekundären Unrichtigkeitsnachweis, falls die Erbfolge auf einer Verfügung von Todes wegen beruht, die in einer öffentlichen Urkunde enthalten ist, vgl auch Hügel/*Wilsch*, § 35 GBO Rn 74 ff.
40 Vgl BR-Drucks. 644/14, Amtliche Begründung zu Art. 6, Änderung der GBO, S. 67.
41 Vgl *Wilsch* ZEV 2012, 530, 531; zu den Wirkungen des Zeugnisses vgl auch Teil 1 § 7 Rn 15 ff.
42 *Wilsch* ZEV 2012, 530, 531; *Lange* in: Dutta/Herrler, S. 171.
43 *Wilsch* ZEV 2012, 530, 531; *Lange* in: Dutta/Herrler, S. 171; so nun auch Kuntze/Ertl/Herrmann/Eickmann/*Volmer*, § 35 GBO Rn 104.
44 Vgl *Lehmann* ZEV 2015, 138, 140: bilaterale Abkommen mit der Türkei, dem Iran und den Nachfolgestaaten der Sowjetunion; *Lehmann* sieht die Gefahr, „dass deutsche Registergericht völkerrechtswidrig die bestehenden bilateralen Abkommen ... missachten"; zu den vorrangig zu beachtenden Staatsverträgen auf dem Gebiet des Internationalen Erbrechts vgl Teil 1 Anhang zu § 4 Rn 191 ff, ferner Teil 1 § 3 Rn 8, 9, sowie *Frank/Döbereiner*, Nachlassfälle mit Auslandsbezug, Rn 6–11.
45 Vgl nun Durchführungsverordnung (EU) Nr. 1329/2014 der Kommission vom 9.12.2014 zur Festlegung der Formblätter nach Maßgabe der Verordnung (EU) Nr. 650/2012 des Europäischen Parlaments und des Rates über die Zuständigkeit, das anzuwendende Recht, die Anerkennung und Vollstreckung von Entscheidungen und die Annahme und Vollstreckung öffentlicher Urkunden in Erbsachen sowie zur Einführung eines

verwenden.⁴⁶ Darin liegt ein essentieller Unterschied zum *Antrag* auf Ausstellung des ENZ, der formblattmäßig (vgl Art. 81 Abs. 2 EuErbVO) gestellt werden *kann*. Keine Einigkeit besteht dagegen darüber, wie mit einem ENZ umzugehen ist, das vom vorgegebenen Formblatt abweicht oder gänzlich ohne Formblatt zustande gekommen ist. Dabei wird zu beachten sein, dass der Formblattzwang nicht tangiert ist, sofern das ENZ lediglich im **Layout** vom Formblatt abweicht, etwa in den **Rahmenmaßen**, der **Liniendicke** und **–länge**, in den **Zeilen-** und **Seitenabständen** oder den sonstigen Layoutelementen, die den ENZ-Aufbau nicht berühren.⁴⁷ Gleiches gilt, falls einige Kategorien nicht ausgefüllt sind.⁴⁸ Im Fokus stehen inhaltliche Abweichungen, echte Divergenzen, die nach einhelliger Meinung nicht zur Nichtigkeit, sondern zur **Anfechtbarkeit** des ENZ führen.⁴⁹ Bereits die Anfechtbarkeit bedeutet allerdings ein Vollzugshindernis, das nach § 18 GBO zu beanstanden ist.⁵⁰ Ob dies in Gestalt einer Zwischenverfügung geschieht, die die fehlende Formblattverwendung moniert, oder in Gestalt einer Zurückweisung, die auf die fehlende Rückwirkung⁵¹ der Mängelbehebung rekuriert, wird sich in der Praxis zeigen. Die abweichende Ansicht⁵² trägt den Besonderheiten der grundbuchamtlichen Prüfungspflicht nicht ausreichend Rechnung. Ein systemkonformer Unrichtigkeitsnachweis iSv §§ 35, 22 GBO liegt noch nicht vor.⁵³ Das Legalitätsprinzip⁵⁴ verpflichtet das Grundbuchamt zur Beachtung der in Gesetz und Verordnung vorgegebenen Maßgaben, und zwar in allen Eintragungsstadien⁵⁵ und in allen relevanten Facetten. Dass hiermit ein bloßer Selbstzweck verbunden sei, kann auch nicht behauptet werden, da die Anfechtbarkeit der Eintragungsgrundlage das Integritätsniveau des Registers erschüttert. Der Rechtsverkehr wird unnötigerweise in die erneute Prüfung der Eintragungsgrundlage hineingezwungen, trotz erfolgter Grundbucheintragung. Ziel muss es jedoch sein, die Eintragung auf ein völlig zweifelsfreies Fundament zu stellen, auch bei Verwendung eines ENZ.

III. Vorlage des ENZ in beglaubigter Abschrift

Das Nachlassgericht stellt dem Antragsteller und jeder anderen Person, die ein berechtigtes Interesse nachweisen kann, eine oder mehrere **beglaubigte ENZ-Abschriften** aus, Art. 70 Abs. 1 EuErbVO. Das ENZ wird nicht als Ausfertigung ausgestellt und auch nicht eingezogen, vielmehr kursiert es einzig und allein in Gestalt einer beglaubigten Abschrift.⁵⁶ Eine Ausfertigung kann daher nicht verlangt werden (vgl auch Teil 1 § 7 Rn 11)

19

Europäischen Nachlasszeugnisses (ABl. EU L 359 S. 30, dort Anhang 5, Formblatt V, Europäisches Nachlasszeugnis.
46 *Janzen* DNotZ 2012, 484, 492; MüKo-BGB/*Dutta*, Art. 67 Rn 14; *Süß* ZEuP 2013, 725, 738; Wilsch ZEV 2012, 530; *Lange* in: Dutta/Herrler, 166.
47 Zu den Grenzen des Formularzwangs bei Forderungspfändung vgl BGH NJW 2014, 3160; die insoweit gefundenen Erkenntnisse lassen sich auf das ENZ übertragen.
48 *Süß* ZEuP 2013, 725, 738.
49 MüKo-BGB/*Dutta*, Art. 67 Rn 14; *Süß* ZEuP 2013, 725, 738.
50 Keine Erörterung insoweit durch *Süß* ZEuP 2013, 725, 738.
51 *Wilsch* ZEV 2012, 530.
52 *Süß* ZEuP 2013, 725, 738 („weniger formalistisch zu verfahren").
53 *Wilsch* ZEV 2012, 530.
54 *Schöner/Stöber*, Rn 20.
55 Hügel/*Holzer*, § 1 GBO Rn 111.
56 Vgl auch *Müller-Lukoschek*, § 2 Rn 339; *Buschbaum/Simon* ZEV 2012, 525, 526.

20 Damit kann der **Unrichtigkeitsnachweis** erbracht werden,[57] sofern die Gültigkeitsfrist noch nicht abgelaufen ist (vgl hierzu § 42 IntErbRVG). Nach Fristablauf muss entweder eine neue beglaubigte Abschrift, oder die Verlängerung der Gültigkeitsfrist der beglaubigten Abschrift vorgelegt werden, Art. 70 Abs. 3 Satz 3 EuErbVO (zum Ablaufdatum vgl Teil 1 § 7 Rn 12).

21 Die Wirkungen des ENZ treten **ohne weiteres besonderes Verfahren** ein, Art. 69 Abs. 1 Satz 1 EuErbVO, so dass sich das Grundbuchamt nicht in der Lage sieht, eine **Legalisation** oder **Apostille** des ENZ zu verlangen. Ein Anerkennungsverfahren entfällt. In gleicher Weise ist es nicht zulässig, sich trotz Vorlage einer beglaubigten ENZ-Abschrift die beglaubigte ENZ-Abschrift direkt von der Ausstellungsbehörde zu beschaffen,[58] um das Nachweisniveau zu erhöhen. Die Doppelung, das **verfahrensrechtliche backup durch die Ausstellungsbehörde** stellt nicht nur einen Verstoß gegen Art. 69 Abs. 1 Satz 1 EuErbVO dar, sondern auch eine Verletzung des Beibringungsgrundsatzes, der das gesamte Grundbuchverfahren beherrscht. Im Grundbuchverfahren obliegt es einzig und allein dem Antragsteller, die Unterlagen beizubringen.[59]

IV. Gültigkeitsdauer des ENZ

22 Art. 70 Abs. 3 EuErbVO konstituiert das ENZ als **ephemeres, zeitlich beschränktes Zeugnis**, das nur für einen Zeitraum von 6 Monaten gültig ist, sofern ausnahmsweise keine längere Gültigkeitsfrist vorgesehen ist (zur Gültigkeitsfrist vgl § 42 IntErbRVG sowie Teil 1 § 7 Rn 12). Nach Fristablauf entfallen die in Art. 69 EuErbVO beschriebenen Wirkungen des ENZ, damit auch die Fähigkeit des ENZ, als Unrichtigkeitsnachweis zu fungieren. In der Folge erstreckt sich die grundbuchamtliche Prüfungspflicht auch auf die **Gültigkeitsdauer**, die „Haltbarkeit" des ENZ,[60] wie in der beglaubigten Abschrift angegeben (vgl § 42 IntErbRVG).

23 Die Vorlage eines „abgelaufenen" ENZ wird mit **Zwischenverfügung** iSv § 18 Abs. 1 GBO beanstandet.[61] Rechtswirkungen kommen einem solchen ENZ nicht mehr zu, zugleich ist das Vollzugshindernis leicht zu beheben, durch Übersendung einer neuen beglaubigten Abschrift, Art. 70 Abs. 3 Satz 3 EuErbVO, oder durch Übersendung der Verlängerung der Gültigkeitsfrist einer beglaubigten ENZ-Abschrift. Beide Entscheidungen ergehen nicht durch Beschluss,[62] sondern in realer Art und Weise, durch Übersendung einer beglaubigten Abschrift, vgl § 39 Abs. 1 Satz 2, Abs. 2 IntErbRVG (vgl § 39 IntErbRVG).

24 Der Grundbuchvollzug auf der Grundlage eines **abgelaufenen ENZ** rechtfertigt noch keinen **Amtswiderspruch** iSv § 53 Abs. 1 Satz 1 GBO. Vielmehr ist die Eintragung eines Widerspruchs nur dann veranlasst, sofern das Grundbuch unrichtig geworden ist.

---

57 Vgl auch *Wilsch* ZEV 2012, 530, 531, 532; *Peter* MDR 2015, 309, 313.
58 So die Vermutung bei KEHE/*Volmer*, Grundbuchrecht, 7. A. 2015, § 35 Rn 107.
59 *Schöner/Stöber*, Rn 152.
60 *Wilsch* ZEV 2012, 530, 532.
61 *Wilsch* ZEV 2012, 530, 532.
62 Insoweit durch das IntErbRVG überholt: *Wilsch* ZEV 2012, 530, 532 (dort ist, im Jahr 2012, noch von einem Beschluss die Rede; das IntErbRVG hat sich 2015 jedoch dafür entschieden, vgl § 39, dass ein Beschluss nicht notwendig ist).

C. Exkurs: die EuErbVO und das IntErbRVG in der deutschen Grundbuchpraxis 3

Falls eine Unrichtigkeit nicht zu bejahen ist, liegt lediglich eine ordnungswidrig bewirkte Eintragung vor, die auf einem unschädlichen Rechtsverstoß beruht.[63] Die formelle Buchlage entspricht der materiellen Rechtslage, womit der Eintragung eines Amtswiderspruchs der Boden entzogen ist.

Die ephemere, zeitlich beschränkte Natur des ENZ konfrontiert die Grundbuchpraxis mit der Frage, wie mit dem **Fristablauf nach Grundbucheintragung** umzugehen ist.[64] Das ist die Frage danach, ob die Erben nach Fristablauf eine neue ENZ-Abschrift vorlegen müssen, um weiter über die Immobilie verfügen zu können.[65] Nach Eintragung streitet jedoch die gesetzliche Vermutung des § 891 Abs. 1 BGB für den Eingetragenen, der sich folglich nicht in der Pflicht sieht, in weiterer Weise als Rechtsinhaber zu legitimieren.[66] Die Legitimation speist sich aus der Eintragung, die durch den ENZ-Ablauf nicht erschüttert wird. Dem Rechtsverkehr bleibt das Paradoxon erspart, trotz Eintragung einen Legitimationsnachweis zu erbringen, und zwar ohne jegliche zeitliche Einschränkung.[67] 25

Eine andere Fragestellung ergibt sich aus dem **Fristablauf nach Antragseingang, aber noch vor Grundbucheintragung**. In diesem Bereich wird bereits vorgebracht, die Gültigkeit des ENZ bei Antragseingang reiche aus, und die grundbuchamtliche Bearbeitungsdauer können dem Antragsteller nicht zur Last gelegt werden.[68] Diese Einschätzung trifft zu und kann für sich u.a. den Regelungsgehalt des § 878 BGB reklamieren, wenngleich es nicht gilt, eine nachträgliche Verfügungsbeschränkung zu überwinden, sondern die Ungültigkeit des ENZ. Der Hinweis auf die Verfahrensweise nach § 878 BGB[69] – nach bindender Einigung und Stellung des Eintragungsantrags fällt die Verfügungsbefugnis weg, was sich aber auf den Rechtserwerb nicht auswirkt –, kann im Wege des **argumentum a maiore ad minus** nutzbar gemacht werden. Was das Gesetz bei Eintritt einer nachträglichen Verfügungsbeschränkung aufbietet, § 878 BGB, kann dem bloßen Zeitablauf des ENZ nicht verwehrt werden. Dies gilt umso mehr, als die Wirkungsimplosion nicht auf einer abweichenden Erbrechtslage, sondern auf einer gesetzlichen Zeitschranke beruht. 26

V. Vindikationslegate, dinglich wirkende Teilungsanordnungen und Legalnießbrauchsrechte im deutschen Grundbuchverfahren

Zentrale Bedeutung[70] kommt der Frage nach der Qualifikation von **Vindikationslegaten**, dinglich wirkenden **Teilungsanordnungen** und **Legalnießbrauchsrechten** zu. Die Praxisrelevanz ist nicht von der Hand zu weisen, zumal im romanischen Rechtskreis häufig Vindikationslegate anzutreffen sind. Zu den Mitgliedstaaten, die Vindi- 27

---

63 *Wilsch* ZEV 2012, 530, 532.
64 *Wilsch* ZEV 2012, 530, 532.
65 Zum Diskussionsstand vgl *Wilsch* ZEV 2012, 530, 532 532; aA *Lange* DNotZ 2012, 168, 178.
66 *Wilsch* ZEV 2012, 530, 532; so nun auch Kuntze/Ertl/Herrmann/Eickmann/*Volmer*, § 35 GBO Rn 106.
67 Zum „Dauerabschriftenfeuer ad infinitum" vgl *Wilsch* ZEV 2012, 530, 532.
68 Kuntze/Ertl/Herrmann/Eickmann/*Volmer*, § 35 GBO Rn 106.
69 Zu § 878 BGB vgl Hk-BGB/*Staudinger*, § 878 BGB Rn 1.
70 *Dutta* sieht hierin bereits einen „veritablen Klassiker der Erbrechtsverordnung", IPRax 2015, 32, 33; zur abweichenden Meinung vgl auch Teil 1 § 2 Rn 12 bis 15, § 4 Rn 45, 56 und 160, § 7 Rn 23.

kationslegate kennen, zählen Belgien, Frankreich, Griechenland, Italien, Luxemburg, Polen,[71] Portugal, Rumänien, Spanien und Ungarn.[72]

28 Die Frage nach der **Qualifikation von Vindikationslegaten** ist die Frage danach, ob das Vindikationslegat **sachenrechtlich** oder **erbrechtlich** einzuordnen ist, allein nach dem Sachstatut oder dem Erbstatut. Bereits die Entstehungsgeschichte[73] spricht jedoch dafür, dass das Vindikationslegat allein sachenrechtlich zu qualifizieren und eine dingliche Wirkung in Deutschland zu versagen ist (aA Teil 1 § 2 Rn 12 bis 15, § 4 Rn 45, 56 und 160, § 7 Rn 23). Dass dem nationalen Sachenrecht unverändert Vorrang vor dem Erbstatut zukommt, ergibt sich aus dem 18. Erwägungsgrund, dem Registervorbehalt. Danach sollen die „Voraussetzungen für die Eintragung von Rechten an beweglichen oder unbeweglichen Vermögensgegenständen in einem Register... aus dem Anwendungsbereich dieser Verordnung ausgenommen werden".[74] Es gilt lex rei sitae.[75] Deshalb nimmt Art. 1 Abs. 2 lit. k und l EuErbVO die Art der dinglichen Rechte und die Eintragung dinglicher Rechte in einem Register vom Anwendungsbereich der EuErbVO aus, unterstellt sie demnach nicht dem Erbstatut, sondern dem nationalen Sachenrechtsstatut.[76] In der Folge können Vindikationslegaten nicht Wirkungen zugemessen werden, die dem deutschen Sachenrecht fremd sind.[77] Der deutsche Gesetzgeber sieht dies nicht anders und betont in den Materialien,[78] dass Vindikationslegate in schuldrechtlich wirkende Vermächtnisse umgedeutet werden müssen, Art. 31 EuErbVO. Also in Damnationslegate, zu deren Erfüllung die Auflassung vorgeschrieben ist.[79] Also Immobilienstatut vor Erbstatut.[80] Eine Grundbuchunrichtigkeit, die mit Hilfe des ENZ nach § 22 GBO beseitigt werden könnte, liegt damit nicht vor.[81] Der Vindikationslegatar sieht sich nicht in die Lage versetzt, allein unter Vorlage des ENZ eine Umschreibung herbeizuführen. Vermieden wird damit nicht nur ein Konflikt mit dem numerus clausus des Sachenrechts,[82] sondern möglicherweise auch ein Konflikt mit dem Inhalt des ordre public,[83] da wesentliche Grundsätze

---

71 Zum Vindikationslegat im polnischen Recht vgl. *Zakrzewski* ZEV 2011, 127; *de Vries* ZEV 2013, 548.
72 Zusammenstellung bei *Gärtner*, Die Behandlung ausländischer Vindikationslegate im deutschen Recht, 2014, S. 20/21.
73 Vgl *Lechner*, in: Dutta/Herrler, S. 5, 16, 17; *Janzen* DNotZ 2012, 484, 487, 488.
74 So Satz 1 des 18. Erwägungsgrundes.
75 Vgl Satz 2 des 18. Erwägungsgrundes.
76 So *Lechner* in: Dutta/Herrler, S. 17, zur Entstehungsgeschichte des Registervorbehalts; *Buschbaum*, in: Gedächtnisschrift für Ulrich Hübner, S. 595, 596; *Buschbaum/Simon* ZEV 2012, 525, 529; *Hertel* ZEV 2013, 539, 540; Kuntze/Ertl/Herrmann/Eickmann/*Volmer*, § 35 GBO Rn 109; *Frank/Döbereiner*, Nachlassfälle mit Auslandsbezug, Rn 86.
77 *Lange*, in: Dutta/Herrler, 161, 172; *Janzen* DNotZ 2012, 484, 487, 488; *Wilsch* ZEV 2012, 530, 531; *Frank/Döbereiner*, Nachlassfälle mit Auslandsbezug, Rn 79; *Peter* MDR 2015, 309, 313.
78 Siehe BR-Drucks. Amtliche Begründung zu Art. 6 (GBO), S. 67; ebenso der Hinweis von *Frank/Döbereiner*, Nachlassfälle mit Auslandsbezug, Rn 93.
79 *Simon/Buschbaum* NJW 2012, 2393, 2397; Lange in: Dutta/Herrler, S. 172; Kuntze/Ertl/Herrmann/Eickmann/*Volmer*, § 35 GBO Rn 109; Wilsch ZEV 2012, 530, 531; *Müller-Lukoschek*, § 2 Rn 365; *dies.*, NotBZ 2014, 361, 370; *Dorsel* ZErb 2014, 212, 219; *Hertel* ZEV 2013, 539, 540; *Wachter* ZNotP 2014, 2, 22; *Frank/Döbereiner*, Nachlassfälle mit Auslandsbezug, 2015, Rn 79; *Döbereiner* GPR 2014, 42, 43; *Wagner/Scholz* FamRZ 2014, 714, 721; aA *Gärtner*, Ausländische Vindikationslegate, S. 104; *Schmidt* ZEV 2014, 133, 136; *Dutta* IPRax 2015, 32, 33, 34; Teil 1 § 2 Rn 12 bis 15, § 4 Rn 45, 56 und 160, § 7 Rn 23.
80 *Frank/Döbereiner*, Nachlassfälle mit Auslandsbezug, 2015, Rn 86.
81 aA *Gärtner*, Ausländische Vindikationslegate, S. 167, 168, der für einen Erwerb „am Grundbuch vorbei" postuliert und für eine Berichtigung nach § 22 GBO plädiert; ebenso Teil 1 § 2 Rn 12 bis 15, § 4 Rn 45, 56 und 160, § 7 Rn 33.
82 Vgl auch *Dorsel* ZErb 2014, 212, 219.
83 aA *Gärtner*, Ausländische Vindikationslegate, S. 141; zum ordre public vgl auch Teil 1 § 4 Rn 171.

des deutschen Sachenrechts verletzt sind. In gleicher Weise erwirbt der Berechtigte eines Legalnießbrauchs[84] das Recht nicht unmittelbar, sondern durch Erfüllungsakt[85] und Grundbucheintragung. Gelegentlich wird auch Art. 213 EGBGB als Kollisionsnorm ins Feld geführt, um dem Vindikationslegat die dingliche Gefolgschaft zu versagen.[86] Zu befürchten ist überdies eine Aushöhlung des Publizitätsgrundsatzes, resultierend aus der Anerkennung des Vindikationslegats.[87]

VI. Erbschein und ENZ widersprechen sich

Wie mit **divergierenden Erbnachweisen**- Erbschein auf der einen, ENZ auf der anderen Seite-, umzugehen ist, beantwortet die EuErbVO nicht, belässt es vielmehr bei der grundsätzlichen Koexistenz[88] von Erbschein und ENZ. In der Konsequenz kommt einer der beiden Nachweisformen auch kein Vorrang zu,[89] insbesondere erweist sich das ENZ nicht als höherrangig.[90] Da § 35 GBO auf der Überlegung gründet, dem Grundbuchamt eine umfassende und zeitraubende Prüfung der erbrechtlichen Verhältnisse zu ersparen, ist der Berichtigungsantrag **zurückzuweisen**.[91] Die Vermutungswirkung beider Erbnachweise ist aufgehoben,[92] der Gutglaubensschutz entfällt,[93] so dass eine Berichtigung kann nicht mehr ins Werk gesetzt werden, solange die divergierenden Erbnachweise kursieren.

29

VII. Berichtigung eines ENZ

Stellt das Grundbuchamt fest, dass das ENZ unter Schreibfehlern, Abfassungsfehlern bzw Fehlern formaler Art leidet,[94] die für die Grundbucheintragung relevant sind,[95] kann es einen **Berichtigungsbeschluss**[96] des Nachlassgerichts verlangen (zu Schreibfehlern vgl auch Teil 1 § 7 Rn 25). Die Eintragungsgrundlage weist einen Widerspruch auf, der leicht behoben werden kann.[97] Bei Erteilung durch ein deutsches Nachlassgericht ergeben sich keine Besonderheiten, die Beanstandung erfolgt in der

30

---

84 Nießbrauchsrechte des längerlebenden Ehegatten, so im belgischen, französischem und spanischem Recht, vgl *Frank/Döbereiner*, Nachlassfälle mit Auslandsbezug, Rn 79.
85 Öffentliche oder öffentlich beglaubigte Urkunden, § 29 Abs. 1 Satz 1 GBO.
86 Zu Art. 213 EGBGB und der strittigen intertemporalen oder kollisionsrechtlichen Bedeutung vgl *Gärtner*, Ausländische Vindikationslegate, S. 49.
87 So auch *Frank/Döbereiner*, Nachlassfälle mit Auslandsbezug, Rn 80; aA *Gärtner*, Ausländische Vindikationslegate, S. 133.
88 Zum „système de coexistence" s. MüKo-BGB/*Dutta*, Art. 62 Rn 9.
89 *Wilsch* ZEV 2012, 530, 532.
90 MüKo-BGB/*Dutta*, Art. 62 Rn 16; *Wilsch* ZEV 2012, 530, 532; *Lange* in: Dutta/Herrler, S. 177, keinem Erbnachweis kann der Vorzug gegeben werden.
91 *Wilsch* ZEV 2012, 530, 532;.
92 MüKo-BGB/*Dutta*, Art. 62 Rn 16 sowie Art. 69 Rn 28; *Buschbaum/Simon* ZEV 2012, 525, 528; vgl auch *Müller-Lukoschek*, § 2 Rn 353.
93 *Buschbaum/Simon* ZEV 2012, 525, 528: Gutglaubensschutz entfällt vollständig.
94 Nur Schreibfehler bzw Abfassungsfehler, eine inhaltliche Unrichtigkeit ist damit nicht verbunden; zur inhaltlichen Unrichtigkeit vgl Art. 71 Abs. 2 EuErbVO, insoweit greifen die ENZ-Änderung bzw der ENZ-Widerruf; vgl auch Teil 1 § 7 Rn 25.
95 Irrelevante Fehler, die sich auf die Grundbucheintragung nicht auswirken bzw für die Grundbucheintragung keine Rolle spielen, müssen nicht beanstandet werden; sie befinden sich außerhalb des grundbuchamtlichen Prüfungsspektrums.
96 Die Berichtigung ergeht durch gerichtlichen Beschluss, vgl § 39 Abs. 1 Satz 3 IntErbRVG; zu den formellen Fehlern eines ENZ, die berichtigt werden können, vgl auch Art. 71 Abs. 1 EuErbVO.
97 Vgl *Schöner/Stöber*, Rn 444.

tradierten Art und Weise, durch förmliche Zwischenverfügung oder formlose Beanstandung. Bei Erteilung durch ein anderes Mitgliedsland empfiehlt sich aus Dokumentationszwecken der Erlass einer **Zwischenverfügung**, § 18 Abs. 1 Satz 1 GBO. Der grenzüberschreitende Sachverhalt legt es nahe, auf eine formlose Beanstandung[98] zu verzichten und eine förmliche Zwischenverfügung zu erlassen, versehen mit Begründung und Rechtsmittelbelehrung. Auch verfahrensökonomische[99] Gründe können ins Feld geführt werden. Die Weitergabe der Zwischenverfügung versetzt den Antragsteller in die Lage, eine dezidierte Berichtigung des ENZ zu erwirken, ohne einen formalen Fehler zu übersehen. Eine Benachteiligung ist darin nicht zu sehen, sondern eine zweckorientierte Beschleunigung des Verfahrens.

VIII. Widerruf eines ENZ

31 Der **Widerruf** eines ENZ ist geboten, sofern feststeht, dass das ENZ oder einzelne Teile des ENZ inhaltlich unrichtig sind, Art. 71 Abs. 2 EuErbVO (zur Verfahrensinitiierung vgl § 38 IntErbRVG). Erreicht der Widerruf das Grundbuchamt im laufenden Eintragungsverfahren, muss **Zwischenverfügung** iSv § 18 Abs. 1 Satz 1 GBO ergehen, da die Richtigkeitsvermutung[100] des ENZ iSv Art. 69 Abs. 2 EuErbVO entfallen ist.[101] Der Schutz des Rechtsverkehrs ist nicht mehr gewährleistet, mangels Vorlage einer gültigen ENZ-Abschrift (vgl auch Satz 6 des 71. Erwägungsgrundes). Eine Beweiskraft als Legitimationsnachweis kommt dem ENZ nicht mehr zu. Die Art des Eintragungshindernisses rechtfertigt nicht die Zurückweisung des Antrags, zumal das Verfahrenshindernis leicht behoben werden kann. Geboten ist der Erlass einer Zwischenverfügung.[102]

IX. Aussetzung der Wirkungen eines ENZ

32 Unter den Voraussetzungen des Art. 73 EuErbVO können die **Wirkungen** eines ENZ **ausgesetzt**[103] werden (vgl auch Teil 1 § 7 Rn 31 ff), womit die Effekte einer einstweiligen Anordnung verbunden sind.[104]

33 Erreicht die ENZ-Wirkungsaussetzung das Grundbuchamt **im laufenden Eintragungsverfahren**, wird dieses eine **Zwischenverfügung** erlassen, § 18 Abs. 1 Satz 1 GBO.[105] Die Grundbucheintragung auf der Grundlage eines ENZ, dessen Wirkungen ausgesetzt sind, scheidet aus, weil die Vermutungswirkung des Art. 69 Abs. 2 EuErbVO entfallen ist. Es kommt zu einer „Suspension der Wirkungen nach Art. 69".[106]

---

98 Vgl hierzu *Schöner/Stöber*, Rn 445; die formlose Beanstandung ist in der Grundbuchordnung nicht vorgesehen und kann auch nicht angefochten werden.
99 Zu den Grenzen der formlosen Beanstandung vgl *Schöner/Stöber*, Rn 445; die formlose Beanstandung stößt hier an ihre Grenzen; dem Verfahrensziel dienlicher ist es, eine förmliche Zwischenverfügung zu erlassen.
100 Zur Richtigkeitsvermutung allgemein vgl *Lange* in: Dutta/Herrler, S. 168 ff; die Vermutung ist widerleglich, vgl auch *Dorsel* ZErb 2014, 212, 216.
101 Ebenso *Volmer* Rpfleger 2013, 421, 432.
102 Zur Zwischenverfügung beim Nachweis fehlender Unterlagen, etwa eines Erbscheins, vgl *Schöner/Stöber*, Rn 444.
103 Die Entscheidung ergeht durch gerichtlichen Beschluss, vgl § 39 Abs. 1 Satz 3 IntErbRVG.
104 Vgl BR-Drucks. 644/14, Amtliche Begründung zu Art. 13, Vorb. 1.6.2, S. 76.
105 Vgl auch *Wilsch* ZEV 2012, 530, 532.
106 MüKo-BGB/*Dutta*, Art. 73 Rn 5.

Worin die dennoch vermittelte Rechtsscheinwirkung[107] bestehen soll, erschließt sich nicht. Die Zwischenverfügung lautet auf Vorlage eines wirksamen, in seinen Wirkungen nicht suspendierten ENZ.[108]

Sofern die ENZ-Wirkungsaussetzung das Grundbuchamt **nach Eintragung** erreicht, kommt die Eintragung eines Amtswiderspruchs nach § 53 Abs. 1 Satz 1 GBO nicht in Betracht. Es fehlt an einer objektiven Gesetzesverletzung durch das Grundbuchamt, dem zum Eintragungszeitpunkt eine wirksame ENZ-Abschrift vorgelegen hat. 34

X. Aneignungsrecht nach § 32 IntErbRVG

Vgl insoweit die Anmerkungen zu § 32 IntErbRVG. 35

D. Änderung schiffsregisterlicher Vorschriften, Art. 9-10
I. Änderung der Schiffsregisterordnung (SchRegO), Art. 9

Dass **Schiffsregister** und Grundbuch **vergleichbare Rechtsregister** darstellen, zeigt sich nicht nur in der Übernahme immobiliarrechtlicher Grundsätze,[109] beispielsweise im Bereich des numerus clausus der Sachenrechte und der Vermutungswirkung des Schiffsregisters, § 15 SchiffsRG, sondern auch im formellen Recht, im Bereich der **Schiffsregisterordnung** (SchRegO). So stimmt die Regelung in § 41 SchRegO, die dem Nachweis der Erbfolge im Schiffsregisterverfahren nachgeht, völlig mit § 35 Abs. 1 und 2 GBO überein, dem Nachweis der Erbfolge im Grundbuchverfahren.[110] 36

Die **Änderung des § 35 GBO** (vgl Rn 3) indiziert bereits die **Änderung des § 41 SchRegO**. Im Schiffsregisterverfahren kann der Nachweis der Erbfolge nur durch einen Erbschein, ein **ENZ** oder, falls die Erbfolge auf einer Verfügung von Todes wegen in öffentlicher Urkunde beruht, durch Vorlage dieser Verfügung und der nachlassgerichtlichen Eröffnungsniederschrift geführt werden, § 41 Abs. 1 Satz 1 und 2 SchRegO nF. Der Fokus lag auf der verfahrensrechtlichen Umsetzung des Art. 69 Abs. 5 EuErbVO. Danach stellt das ENZ ein wirksames Schriftstück für die Eintragung in das einschlägige Register eines Mitgliedstaates dar,[111] sei es die Eintragung der Erbfolge, sei es die Eintragung der Testamentsvollstreckung, Art. 63 Abs. 2 lit. a EuErbVO.[112] Damit erfüllt das ENZ im Schiffsregisterverfahren die Nachweisfunktion, die ihm im Grundbuchverfahren beigemessen wird (Rn 3 ff; ENZ als Legitimationsnachweis im Schiffsregisterverfahren). 37

---

107 Kuntze/Ertl/Herrmann/Eickmann/*Volmer*, § 35 GBO Rn 108.
108 Dass die Aussetzung allein eine „Suspension des Ausfertigungsanspruchs" bedeutet, bezweifelt auch Volmer Rpfleger 2013, 421, 432, die „Aussetzung der Wirkungen" reicht weiter, die Gutglaubenswirkung des Art. 69 EuErbVO ist suspendiert.
109 *Baur/Stürner*, Sachenrecht, § 31 I 2 Rn 2 bis 4.
110 Deshalb ist in den Motiven auch bloß der Rekurs auf § 35 GBO zu finden, vgl BR-Drucks. 644/14, Amtliche Begründung zu Art. 9, Änderung der Schiffsregisterordnung, S. 68.
111 Vgl auch 71. Erwägungsgrund.
112 Vgl auch *Wilsch* ZEV 2012, 530, 531.

II. Änderung der Verordnung zur Durchführung der Schiffsregisterordnung (SchRegDV), Art. 10

38 Die Ergänzung der beispielhaften Aufzählung in § 28 Abs. 1 Nr. 5 lit. a SchRegDV steht im Zusammenhang mit der Änderung des § 9 Abs. 1 lit. d GBVfg., der Vorschrift, die der Frage nach der **Eintragung** des **Eigentümers** nachgeht (vgl Rn 14).

39 Auch im Schiffsregister ist die **Grundlage der Eigentümereintragung** anzugeben, hier allerdings in der fünften Spalte der Zweiten Abteilung. Erwähnt wird der rechtliche Vorgang, auf dem die Eigentümereintragung beruht. Die bisherige Darstellung listete lediglich den Erbschein oder das Testament auf. Es bestand Ergänzungsbedarf, da auch das ENZ einen Unrichtigkeitsnachweis darstellt, mit dem das Register berichtigt werden kann, Art. 63 Abs. 2 lit. a EuErbVO.[113] In diesem Lichte ist die Neufassung des § 28 Abs. 1 Nr. 5 lit. a SchRegDV zu sehen.

§ 6 Änderungen des Gesetzes über das Verfahren in Familiensachen und in den Angelegenheiten der freiwilligen Gerichtsbarkeit (Art. 11)

A. Vorbemerkung

1 Im Rahmen des IntErbRVG wurden zugleich die entsprechenden Regelungen zum deutschen Erbschein angeglichen. **Ziel der Änderungen** ist die Bündelung der Zuständigkeit für das Verfahren zur Erteilung eines deutschen Erbscheins und über die Ausstellung eines Europäischen Nachlasszeugnisses bei demselben Gericht.

2 Diese Anpassungen beim Erbschein wurden **zudem als Anlass genommen**, im BGB enthaltene rein verfahrensrechtliche Vorschriften des Erbscheins aus systematischen Gründen in das FamFG zu übertragen und überflüssige Doppelregelungen im BGB und FamFG zu bereinigen.

B. Änderungen betreffend die örtliche Zuständigkeit der Nachlassgerichte (§ 343–344 FamFG)

3 § 343 FamFG knüpft an § 342 FamFG an, und regelt die **örtliche Zuständigkeit** für die in § 342 FamFG bezeichneten Nachlass- (§ 342 Abs. 1 FamFG) und Teilungssachen (§ 342 Abs. 2 FamFG).

I. Örtliche/internationale Zuständigkeit (§ 343 FamFG)

4 Die Änderungen in § 343 FamFG zielen darauf ab, eine **einheitliche örtliche Zuständigkeit der Gerichte** für die Erteilung eines deutschen Erbscheins und der Ausstellung eines Europäischen Nachlasszeugnisses gem. Art. 62 ff der EuErbVO herzustellen („Bündelung der örtlichen Zuständigkeit für Zeugnisse betreffend den Nachlass").

---

[113] Das ENZ kann auch Grundlage der Eigentümereintragung sein, vgl BR-Drucks. 644/14, Amtliche Begründung zu Art. 10, Änderung der SchRegDV, S. 68.

B. Änderungen betreffend die örtliche Zuständigkeit der Nachlassgerichte 3

Davon unberührt bleibt die Bestimmung der **internationalen Zuständigkeit**. Diese richtet sich weiterhin nach § 105 FamFG und bestimmt sich danach, ob die Voraussetzungen des § 343 FamFG gegeben sind. Dessen Anwendungsbereich ist für solche erbrechtlichen Angelegenheiten mit Auslandsberührung eröffnet, die nicht von der EuErbVO unmittelbar geregelt werden. Darunter fallen zB die besondere amtliche Verwahrung (§ 342 Abs. 1 Nr. 1 FamFG) sowie die Erteilung und Einziehung bzw Kraftloserklärung von Erbscheinen, Testamentsvollstreckerzeugnissen und sonstigen vom Nachlassgericht zu erteilenden Zeugnissen iSd § 342 Abs. 1 Nr. 6 FamFG.

Die **wesentliche Neuerung** des § 342 FamFG liegt in der **Neufassung des Abs. 1**. Insoweit wird für die **Bestimmung der örtlichen Zuständigkeit** nicht mehr auf den Wohnsitz abgestellt; maßgebend ist nunmehr generell der **letzte gewöhnliche Aufenthalt** des Erblassers. Es findet daher auch für deutsche Erbscheine das im europäischen Kollisionsrecht und internationalen Verfahrensrecht geltende **Aufenthaltsprinzip** Anwendung. Demgemäß ist auch in dem Fall, in dem der Erblasser keinen gewöhnlichen Aufenthalt im Bundesgebiet hat, gem. **Abs. 2** dessen letzter inländischer Aufenthalt maßgebend. Insoweit wird eine Konzentration der örtlichen Zuständigkeit für die Erteilung von deutschen Erbscheinen und die Ausstellung des Europäischen Nachlasszeugnisses (vgl § 34 Abs. 3 S. 2 IntErbRVG) bewirkt. Die **Auffangzuständigkeit des Amtsgerichts Schöneberg- Berlin –(Abs. 3)** ist auf diejenigen Fälle begrenzt, in denen ein Bezug zum Inland durch die deutsche Staatsangehörigkeit des Erblassers bzw durch Nachlassvermögen im Inland gegeben ist.

II. Besondere örtliche Zuständigkeit (§ 344 FamFG)

Die generelle Aufgabe des Wohnsitzprinzips bedingt auch die Folgeänderung der örtlichen Zuständigkeit der Notare betreffend die **Auseinandersetzung des Nachlasses** (§ 344 Abs. 4 a), die sich nunmehr auch nach dem letzten gewöhnlichen Aufenthalt des Erblassers bestimmt.

Die Änderungen in § 344 Abs. 7 FamFG, der die Zuständigkeit für **nachlassbezogene Erklärungen** regelt, beinhalten zum einen die „Umstellung" der Vorschrift auf das nunmehr geltende Aufenthaltsprinzip, aber auch die **Klarstellung**, dass **alle eine Erbschaft betreffende Ausschlagungs- und Anfechtungserklärungen** von Abs. 7 erfasst sind, unabhängig davon, ob sie in öffentlich beglaubigter Form oder zur Niederschrift des Nachlassgericht abgegeben wurden. Die Vorschrift betrifft in gegenständlicher Hinsicht neben der bisher allein ausdrücklich geregelten Ausschlagungserklärung und der Anfechtung der Ausschlagung einer Erbschaft die bisher von Abs. 7 miterfasste, nun aber auch ausdrücklich benannte Anfechtung der Annahme der Erbschaft und die Anfechtung der Versäumung der Ausschlagungsfrist einschließlich der nachfolgenden Anfechtungserklärungen.[1] Demgemäß stellt auch **Abs. 7 S. 2** klar, dass die Erklärungen unabhängig von der Form an das zuständige Nachlassgericht zu übersenden sind.

---

1 BR-Drucks. 644/14 S. 69.

C. Neuregelung des Erbscheinsverfahrens (§ 352–352 e FamFG)

I. Überblick

9 Das bislang in §§ 2354 bis 2356 BGB aF normierte **Verfahren bzgl der Erteilung eines Erbscheins** (Angaben für die Erteilung des Erbscheins, Nachweise der Richtigkeit der Angaben, gemeinschaftlicher Erbschein sowie die Ermittlungen des Nachlassgerichts) wurde in das FamFG übergeführt und in § **352 FamFG** als **Grundvorschrift** zusammengefasst.

10 Die Regelung der **Zuständigkeit des Nachlassgerichts** und des **Antragserfordernisses** für die Erteilung des Erbscheins wird weiterhin trotz ihres verfahrensrechtlichen Regelungsgehalts in § **2353 BGB** verortet. Grund hierfür ist, dass die Vorschrift die erbrechtliche Legaldefinition des Erbscheins enthält und zugleich der Gleichlauf mit vergleichbaren Regelungen über die Ausstellung von Zeugnissen beibehalten wird, die ebenfalls nicht zentral im FamFG verortet sind (vgl §§ 1507 und § 2368 BGB; §§ 36 und 37 GBO; §§ 42 und 47 Schiffregisterordnung).

11 §§ 352 a bis § 352 e **FamFG** übernimmt weitere Verfahrensvorschriften aus dem BGB, wobei die Regelungen den **Inhalt des Erbscheins** (§§ 352 a–352 c FamFG), die **Ermittlungen** (§ 352 d FamFG) und die **Entscheidungen des Nachlassgerichts** (§ 352 e FamFG) betreffen.

II. Angaben im Antrag auf Erteilung eines Erbscheins – Nachweise (§ 352 FamFG)

12 Der Regelungsinhalt der **bisherigen §§ 2354 und § 2355 BGB** wurde in **§ 352 Abs. 1 und 2 FamFG** unverändert übernommen.

13 Die in § 2353 Hs 2 BGB geregelte Angabe betreffend die **Größe des Erbteils** findet sich in § 352 Abs. 1 Nr. 8 FamFG wieder, während die Regelung des § 2356 Abs. 3 BGB aF (wonach ein Nachweis betreffend Tatsachen, die offenkundig sind, nicht erforderlich ist) mangels Regelungsbedarf nicht in das FamFG übernommen wurde. Insoweit ist anerkannt, dass im FamFG der Grundsatz des § 291 ZPO entsprechend gilt.

14 Die Vorschriften betreffend den **Nachweis der Richtigkeit der Angaben** iSd § 2356 Abs. 1 und 2 aF wurden in § 352 Abs. 3 FamFG gebündelt.

15 Neu aufgenommen wurde
- in **Abs. 1 Nr. 2** die **Angabe der Staatsangehörigkeit** und des **letzten gewöhnlichen Aufenthaltes des Erblassers**, die beide durch eidesstattliche Versicherung (§ 352 Abs. 3 FamFG) nachzuweisen sind. Der Angabe der Staatsangehörigkeit kommt im Hinblick auf die in Art. 22 EuErbVO vorgesehene Rechtswahl maßgebliche Bedeutung für die Bestimmung der Erbfolge nach dem Erblasser zu.
- in **Abs. 1 Nr. 7** die in der Praxis bereits bisher übliche Angabe, dass der Erbe die Erbschaft angenommen hat

16 **Zu beachten** ist, dass sich durch den Regelungsgehalt des § 352 FamFG eine **inhaltliche Abweichung** in der Fassung eines **Antrags auf Erteilung eines deutschen Erb-**

scheins und eines **Antrags auf Ausstellung eines Europäischen Nachlasszeugnisses** ergibt: Letzteres erfordert gem. Art. 65 Abs. 3 EuErbVO detailliertere und umfassendere Angaben. Von der Übernahme dieser Angaben in § 352 FamFG hat der Gesetzgeber mangels Regelungsbedarf für die Erteilung eines deutschen Erbscheins ausdrücklich Abstand genommen.

III. Gemeinschaftlicher Erbschein (§ 352 a FamFG)

1. Grundsatz

Die Vorschrift enthält die **bisher in** § **2357 BGB (alt)** vorgesehene Regelung bzgl der Erteilung eines gemeinschaftlichen Erbscheins. 17

2. Neuerung

Die **wesentliche Neuerung** findet sich in § **352 a Abs. 2 S. 2 FamFG** in Bezug auf die Erteilung eines gemeinschaftlichen Erbscheins. Entgegen § 2357 Abs. 2 BGB aF bedarf es der Angabe der Erbteile nicht, wenn alle Antragsteller in dem Antrag auf die Aufnahme der Erbteile in den Erbschein verzichten. Insoweit soll dem Umfang Rechnung getragen werden, dass die Bestimmung der Erbquoten unverhältnismäßig zeit- und kostenaufwändig ist, wenn der Erblasser die Erbquoten nicht ausdrücklich bestimmt hat, sondern sein Vermögen nach Gegenständen bzw Vermögensgruppen (vgl § 2087 BGB) verteilt hat. Denn insoweit errechnen sich die Wertquoten aus dem Wertverhältnis dieser Gegenstände zum Gesamtnachlass. Zu diesem Zweck ist in der Praxis idR ein Wertgutachten einzuholen. 18

Zu beachten ist, dass ein Absehen der Erbquoten nur bzgl eines gemeinschaftlichen Erbscheins, also eines Erbscheins, der die **Rechtsnachfolge aller Miterben** wiederspiegelt, möglich ist. Sofern ein **Teilerbschein** oder ein **gemeinschaftlicher Teilerbschein** beantragt wird, bleibt die Angabe des Erbteils verpflichtend! 19

IV. Inhalt des Erbscheins für den Vorerben – Angabe des Testamentsvollstreckers (§ 352 b FamFG)

Die Regelung übernimmt den **verfahrensrechtlichen Inhalt** des Abs. 1 der Vorschriften der §§ **2363 und 2364 BGB (alt)** betreffend die **Angaben** im Erbschein zu Vorerben bzw zum Testamentsvollstrecker und fasst sie in einer Vorschrift zusammen. 20

Die **Herausgabeansprüche des Nacherben** und des **Testamentsvollstreckers**, die bisher in dem jeweiligen Abs. 2 der §§ 2363 und 2364 BGB (alt) geregelt waren, verbleiben hingegen als materiellrechtliche Regelungen im BGB und werden in § **2363 BGB (neu)** zusammengefasst; demgemäß entfällt § 2364 BGB (alt). 21

Die bisher in § **2368 Abs. 1 S. 2 BGB (alt)** geregelten **Angaben betreffend die Verwaltungsbefugnis des Testamentsvollstreckers** wurden in § 354 Abs. 2 FamFG übernommen. 22

V. Gegenständlich beschränkter Erbschein (§ 352 c FamFG)

23 § 352 c FamFG übernimmt die **Regelung des** § 2369 BGB (alt); eine inhaltliche Änderung hat der Regelungsgehalt nicht erfahren.

VI. Öffentliche Aufforderung (§ 352 d FamFG)

24 Die in § 2358 Abs. 2 BGB (alt) geregelte öffentliche Aufforderung der anderen Personen zustehenden Erbrechte wird unverändert in § 352 d FamFG übernommen.

25 Hingegen wurde § 2358 Abs. 1 (alt), in der die Amtsermittlungspflicht und die Beweisaufnahme geregelt sind, **ersatzlos gestrichen**, da diese **bereits in** §§ 26 und 29 **FamFG geregelt** sind. Da anerkanntermaßen die Angabe von Beweismittel durch den Antragsteller in § 2358 Abs. 1 (alt) zu keiner Einschränkung der Amtsermittlungspflicht des Nachlassgerichts führt bzw dieses nicht bindet, bedurfte es der Übernahme des entsprechenden Zusatzes in § 2358 Abs. 1 (alt) in das FamFG nicht.

VII. Entscheidung über Erbscheinsanträge (§ 352 e FamFG)

26 Die bisherigen Regelungen in § 2359 BGB (alt) und § 352 FamFG (alt) wurden **in** § 352 e **FamFG zusammengefasst**. Eine inhaltliche Änderung hat der Regelungsgehalt der Vorschrift nicht erfahren.

VIII. Einziehung oder Kraftloserklärung von Erbscheinen (§ 353 FamFG)

1. Kraftloserklärung von Erbscheinen (Abs. 1)

27 In Abs. 1 (neu) wurden die bisher in § 2361 Abs. 2 BGB und § 353 Abs. 3 FamFG enthaltenen verfahrensrechtlichen Regelungen betreffend die Kraftloserklärung eines unrichtigen Erbscheins zusammengefasst und entsprechend der Intention des Gesetzgebers (vgl Rn 1 und 2) in das FamFG verschoben.

28 Zu beachten ist,
- dass die in Bezug auf die **Bekanntmachung** bisher in § 2361 Abs. 1 S. 2 BGB (alt) vorgesehene Verweisung auf die für die öffentliche Zustellung einer Ladung geltenden Vorschriften der ZPO (§ 185 ff ZPO) nicht übernommen wurde. Insoweit findet § 435 **FamFG** entsprechende Anwendung (**Abs. 1 S. 2**). Dies hat zur Folge, dass die Bekanntmachung idR durch Aushang an der Gerichtstafel und durch einmalige Veröffentlichung im Bundesanzeiger zu erfolgen hat, wobei gem. § 435 Abs. 1 S. 2 FamFG anstelle des Aushangs die öffentliche Bekanntmachung auch in einem elektronischen Informations- und Kommunikationssystem erfolgen kann;
- dass die bisher in § 2361 Abs. 3 BGB geregelte **Amtsermittlungspflicht** betreffend die **Einziehung** eines unrichtigen Erbscheins **ersatzlos gestrichen** wurde, da dieser Verfahrensgrundsatz bereits in § 26 FamFG geregelt ist.

2. Sonstige Änderungen

Die **bisherigen Abs. 1 und Abs. 2** wurden **zu Abs. 2 und Abs. 3 (neu)**. Eine inhaltliche Änderung haben die Vorschriften nicht erfahren. 29

IX. Sonstige Zeugnisse (§ 354 FamFG)

Abs. 1 erstreckt die Anwendung der in §§ 352 bis 353 FamFG neu gefassten Regelungen auf alle sonstige Zeugnisse. 30

Abs. 2 überführt die bisher in § 2368 Abs. 1 S. 2 BGB (alt) enthaltenen verfahrensrechtlichen Regelungen betreffend das Testamentsvollstreckerzeugnis in das FamFG. 31

§ 7 Änderung des Gerichtskostengesetzes (Art. 12)

Die Änderungen treten am **17.8.2015** in Kraft, Art. 22 Abs. 1 des Gesetzes zum Internationalen Erbrecht und zur Änderung von Vorschriften zum Erbschein sowie zur Änderung sonstiger Vorschriften. 1

Eine Abweichung gilt nur für die **Änderung der §§ 5 Abs. 2 Satz 2 und 52 Abs. 7 GKG**, die unmittelbar am Tag nach der Verkündung in Kraft tritt, Art. 22 Abs. 2 des Gesetzes zum Internationalen Erbrecht und zur Änderung von Vorschriften zum Erbschein sowie zur Änderung sonstiger Vorschriften. Die Änderung des § 5 GKG erweist sich jedoch als eine redaktionelle Änderung,[1] ebenso die Änderung in § 52 Abs. 7 GKG, die erst mit der Beschlussempfehlung des Rechtsausschusses vom 20.5.2015 (BT-Drucks. 18/4961) Berücksichtigung fand. 2

Welche Kosten (Gebühren und Auslagen) nach dem GKG zu erheben sind, regelt § 1 GKG. Der Geltungsbereich in Verfahren vor den ordentlichen Gerichten ergibt sich aus § 1 Abs. 1 Satz 1 Nr. 1 bis 16 GKG,[2] die Kostenregelung zu anderen europäischen Verfahren findet sich in § 1 Abs. 3 GKG. 3

Die **Änderung** erweitert den **Regelungskatalog** des § 1 Abs. 1 GKG um eine neue Nummer. Eingefügt wird die neue **Nummer 20**, die die Verfahren des dritten Abschnittes des IntErbRVG dem GKG-Anwendungsbereich unterstellt. Gemeint sind die Verfahren nach den **§§ 3–30 IntErbRVG**, die Verfahren im Rahmen der Zulassung der Zwangsvollstreckung aus ausländischen Titeln samt Anerkennungsfeststellung. Unter Berücksichtigung der Ergänzung der Nr. 1512 KV GKG ergibt sich folgendes Bild:[3] 4

- Verfahren über Anträge auf Vollstreckbarkeit ausländischer Titel,
  §§ 3–9 IntErbRVG:
  240 EUR, Nr. 1510 Nr. 1 KV GKG,
  ggf Reduzierung auf 90 EUR, Nr. 1511 KV GKG

---

1 BR-Drucks. 644/14, Amtliche Begründung zu Art. 12, Änderung des GKG, S. 73.
2 Zur Erweiterung des Geltungsbereichs vgl *Zimmermann*, in: Binz/Dörndorfer/Petzold/Zimmermann, § 1 GKG Rn 2.
3 Vgl BR-Drucks. 644/14, Amtliche Begründung zu Art. 12, Änderung des GKG, S. 72.

- Beschwerde- und Rechtsbeschwerdeverfahren, §§ 10–14 IntErbRVG:
  360 EUR, Nr. 1520 KV GKG,
  ggf Reduzierung auf 90 EUR (Nr. 1521 KV GKG) bzw 180 EUR[4]
  (Nr. 1522 KV GKG)
- Verfahren über Anträge auf Feststellung der Anerkennung einer ausländische Entscheidung,
  §§ 21–22 IntErbRVG:
  240 EUR, Nr. 1510 Nr. 2 KV GKG,
  ggf Reduzierung auf 90 EUR, Nr. 1511 KV GKG[5]
- Verfahren über Anträge auf Aufhebung oder Änderung ausländischer Vollstreckungstitel,
  §§ 24–25 IntErbRVG:
  240 EUR, Nr. 1510 Nr. 2 KV GKG,
  ggf Reduzierung auf 90 EUR, Nr. 1511 KV GKG
- Verfahren über Antrag auf Ausstellung einer Bescheinigung nach § 27 IntErbRVG:
- 15 EUR, Nr. 1512 KV GKG.[6]

§ 8 Änderung des Gerichts- und Notarkostengesetzes (Art. 13, GNotKG)

1 Die Änderungen treten am 17.8.2015 in Kraft, Art. 22 Abs. 1 des Gesetzes zum Internationalen Erbrecht und zur Änderung von Vorschriften zum Erbschein sowie zur Änderung sonstiger Vorschriften. Abweichungen sind bei der Erläuterung der jeweiligen Norm vermerkt. Die erbrechtlich nicht relevanten Änderungen des GNotKG sind nicht Gegenstand der Darstellung.

A. Allgemeines

2 Welche Gerichtskosten im Bereich des Europäischen Nachlasszeugnisses anfallen, bestimmt nicht die EuErbVO, sondern **nationales Kostenrecht**,[1] das GNotKG. Die Intention des Gesetzgebers ging dahin, die Parallele zu den kostenrechtlichen Erbscheinsvorschriften zu ziehen.[2] Denn der gerichtliche Aufwand sei vergleichbar mit dem Erbscheinsverfahren,[3] was sich in der Praxis nur teilweise bewahrheiten dürfte, insbesondere vor dem Hintergrund der Ermittlung von Verfügungsbefugnissen und

---

[4] BR-Drucks. 644/14, Amtliche Begründung zu Art. 12, Änderung des GKG, S. 72.
[5] BR-Drucks. 644/14, Amtliche Begründung zu Art. 12, Änderung des GKG, S. 72.
[6] BR-Drucks. 644/14, Amtliche Begründung zu Art. 12, Änderung des GKG, S. 73: der Aufwand der Bescheinigung nach § 27 IntErbRVG entspreche dem Aufwand der Bescheinigung nach § 57 AVAG; vgl zur Nr. 1512 KV GKG auch *Zimmermann*, in: Binz/Dörndorfer/Petzold/Zimmermann, Nr. 1512 Rn 1.
[1] Vgl bereits *Lange* in: Dutta/Herrler, S. 178.
[2] BR-Drucks. 644/14, Amtliche Begründung, S. 43.
[3] BR-Drucks. 644/14, Amtliche Begründung zu § 40 GNotKG, S. 73.

-beschränkungen fremder Rechtsordnungen.⁴ Allerdings rechtfertigt selbst eine gravierende Abweichung im Ermittlungsaufwand keinen systematischen Bruch mit dem sonstigen Nachlasskostenrecht, das von Verfahrensgebühren geprägt ist.⁵ Besonderheiten des Europäischen Nachlasszeugnisses trägt die Neuregelung durch die Einführung einer besonderen Anrechnungsvorschrift und durch die Schaffung bestimmter Festgebühren Rechnung.

B. Das Europäische Nachlasszeugnis im Kostenrecht
I. Ausstellung eines ENZ
1. Verfahrensgebühr, Nr. 12210 Abs. 1 KV GNotKG

Der neu eingefügte zweite Absatz der Vorbemerkung 1.2.2 KV GNotKG ordnet die Verfahren über den Antrag auf Ausstellung eines Europäischen Nachlasszeugnisses dem Abschnitt 2 zu, Nr. 12210 ff KV GNotKG, und vollzieht damit die beabsichtigte **Gleichstellung**⁶ mit dem Erbscheinsverfahren. Aus Übersichtlichkeitsgründen⁷ gilt die Ausstellung eines ENZ kostenrechtlich als Endentscheidung, Vorbemerkung 1.2.2, dritter Absatz KV GNotKG.

Für das **Verfahren auf Ausstellung eines Europäischen Nachlasszeugnisses** fällt eine **1,0 Gebühr** nach der **Nr. 12210 Abs. 1 KV GNotKG** an, Tabelle B, eine Pauschalgebühr, mit der sämtliche Tätigkeiten des Nachlassgerichts abgedeckt sind,⁸ darunter auch die erstmalige Ausstellung einer oder mehrerer beglaubigter Abschriften.⁹ Nach Beendigung des Ausstellungsverfahrens fällt dagegen eine Festgebühr iHv 20 EUR an, Nr. 12218 KV GNotKG.

Auslagen des Gerichts (Übersetzer, Dolmetscher, Zeugen, Sachverständige) werden in voller Höhe in Rechnung gestellt, Nr. 31005 KV GNotKG.

Die Verfahrensgebühr entsteht bereits mit Eingang des Antrags, wird jedoch erst nach Beendigung des Ausstellungsverfahrens **fällig**, § 9 Abs. 1 Nr. 5 GNotKG.¹⁰

Dabei macht es keinen Unterschied, wer das ENZ ausstellt, das **Nachlassgericht** oder das **Beschwerdegericht** (OLG, vgl § 43 Abs. 5 Satz 2 IntErbRVG). Schließlich steht die ENZ- Ausstellung durch das Beschwerdegericht der Ausstellung durch das Nachlassgericht gleich, Vorbemerkung 1.2.2.1 KV GNotKG. In einer entsprechenden Konstellation erhebt das Beschwerdegericht mehrere Gebühren, zum einen die Gebühr nach der Nr. 12210 KV GNotKG, zum anderen die Gebühr für das Beschwerdeverfahren.¹¹

---

4 So zu Recht *Lange* in: Dutta/Herrler, S. 167.
5 Vgl Korintenberg/*Wilsch*, Nr. 12210–12212 Rn 2.
6 BR-Drucks. 644/14, Amtliche Begründung zur Vorb. 1.2.2 KV GNotKG, S. 75.
7 BR-Drucks. 644/14, Amtliche Begründung zur Vorb. 1.2.2 KV GNotKG, S. 75.
8 Vgl zur Verfahrensgebühr Korintenberg/*Wilsch*, Nr. 12210–12212 KV Rn 9.
9 BR-Drucks. 644/14, Amtliche Begründung zu den Nr. 12216 ff KV GNotKG, S. 75.
10 Vgl Korintenberg/*Wilsch*, Nr. 12210–12212 KV Rn 16.
11 BR-Drucks. 644/14, Amtliche Begründung zur Vorb. 1.2.2 KV GNotKG, S. 75.

2. Geschäftswert hierzu, § 40 Abs. 1 S. 1 Nr. 2 GNotKG

8   Der **Geschäftswert** der **Ausstellung eines ENZ**, das die Rechtsstellung und die Rechte der **Erben** oder **Vermächtnisnehmer mit unmittelbarer Berechtigung am Nachlass** betrifft, richtet sich nach § 40 Abs. 1 Nr. 2 KV GNotKG.

9   Maßgeblich ist der Wert im Zeitpunkt des Erbfalls, reduziert lediglich um die Erblasserschulden, nicht die Erbfallschulden, § 40 Abs. 1 Satz 2 GNotKG. Die Geschäftswertregelung steht im Zusammenhang mit dem Zweck des ENZ, wie er in Artikel 63 EuErbVO festgehalten ist.[12]

10 Während die erste Alternative, die Ausstellung eines ENZ zum Nachweis der Rechtsstellung des Erben, keine Probleme bereiten wird, wird sich in der Kostenpraxis die Fragestellung um die Einordnung des **Legatszeugnisses** drehen, eines Teil-ENZ,[13] das dem Nachweis des Vermächtnisnehmers mit unmittelbarer Berechtigung am Nachlass dient. Gemeint sind die Vindikationslegate, die vor allem im romanischen Rechtskreis anzutreffen sind (vgl. auch Teil 3 § 5 Rn 27 ff).[14] Nach einhelliger Meinung[15] kann dem Vindikationslegatar allein über seine Berechtigung ein ENZ ausgestellt werden, wobei in diesem ENZ nicht einmal die Rechtstellung des Erben verlautbart werden muss. Weil sich die Wirkungen eines solchen ENZ nur auf das Legat erstrecken, hätte es nahe gelegen, die Teilwertregelung nach § 40 Abs. 3 GNotKG zu bemühen. In der Konsequenz wären Nachlassverbindlichkeiten nicht berücksichtigt worden. Der Gesetzgeber ist jedoch einen anderen Weg gegangen. Das Legatszeugnis fand in § 40 Abs. 1 Satz 1 Nr. 2 GNotKG Berücksichtigung. Maßgeblich ist der Wert des Legats im Zeitpunkt des Erbfalls, reduziert um hierauf lastenden Verbindlichkeiten des Erblassers, § 40 Abs. 1 Satz 2 GNotKG, was auch dem wirtschaftlichen Wert entspricht, den der Legatar erhält.

11 Erstreckt sich das ENZ nur auf einen **Teil des Nachlasses**, ist dieser Teil als Geschäftswert zugrunde zu legen, § 40 Abs. 3 Satz 3 GNotKG, und zwar ohne jeglichen Abzug von Nachlassverbindlichkeiten. Die Regelung greift die Möglichkeit der Erteilung eines europäischen Teilnachlasszeugnisses[16] auf, eines Teilzertifikats.[17] In Betracht kommt das **Teilzertifikat**, das nur die Erbquote eines einzelnen Erben oder einzelner Erben ausweist.[18] Dann ist an die Höhe der Erbquote anzuknüpfen. Eine etwaige Begrenzung des Geschäftswertes (vgl § 40 Abs. 3 Satz 2 GNotKG) wird nicht von Amts wegen berücksichtigt.

12 Eine besondere Geschäftswertvorschrift gilt für das Verfahren, dessen Gegenstand in der Angabe der Befugnisse eines **Testamentsvollstreckers** besteht. Dann findet die Teilwertregelung in § 40 Abs. 5 GNotKG entsprechende Anwendung. Maßgeblich ist ein Geschäftswert iHv 20 Prozent des Nachlasswerts im Zeitpunkt des Erbfalls, und

---

12 Vindikationslegate finden sich beispielsweise im französischen, italienischen und spanischen Recht.
13 *Gärtner*, Die Behandlung ausländischer Vindikationslegate im deutschen Recht, 2014, 165; *Süß* ZEuP 2013, 725, 740.
14 Zusammenstellung bei *Gärtner*, Ausländische Vindikationslegate, S. 20/21: Belgien, Frankreich, Griechenland, Italien, Luxemburg, Polen, Portugal, Rumänien, Spanien und Ungarn.
15 *Gärtner*, Ausländische Vindikationslegate, S. 165, 166 mwN; ähnlich *Schmidt* ZEV 2014, 389, 391.
16 *Gärtner*, Ausländische Vindikationslegate, S. 165, 166.
17 Vgl auch *Süß* ZEuP 2013, 725, 740.
18 *Süß* ZEuP 2013, 725, 740.

zwar ohne jeglichen Abzug von Nachlassverbindlichkeiten,[19] § 40 Abs. 5 Satz 2 GNotKG. Ein solches Verfahren steht dem Verfahren auf Erteilung eines Testamentsvollstreckerzeugnisses gleich.[20]

Welcher Geschäftswert zugrunde zu legen ist, sofern der **Nachlassverwalter** die Ausstellung eines ENZ beantragt, um seine Rechtsstellung nachzuweisen, Art. 63 Abs. 1 EuErbVO, geht aus § 40 GNotKG nicht hervor. Die Regelungslücke ist durch Rückgriff auf das weitere Kostenrecht zu schließen, hier § 64 Abs. 1 GNotKG. Geschäftswert ist der Wert des von der Verwaltung betroffenen Vermögens.

3. Sonderregelung für Anschlussverfahren, Nr. 12210 Abs. 2 KV GNotKG

Nach Art. 62 Abs. 3 Satz 1 EuErbVO tritt das ENZ nicht an die Stelle des Erbscheins, des nationalen Erbnachweises.[21] Beide Zeugnisse weisen erhebliche Strukturunterschiede[22] auf, und die Verwendung des ENZ ist nicht verpflichtend, Art. 62 Abs. 2 EuErbVO. Das ENZ ersetzt grundsätzlich nicht die innerstaatlichen Schriftstücke, die für den Erbnachweis vorgesehen sind, 67. Erwägungsgrund.[23] Umgekehrt kann nach der Erteilung des Erbscheins die Notwendigkeit entstehen, die Ausstellung eines ENZ zu beantragen, da Auslandsvermögen aufgetaucht ist. Ein fehlendes Rechtsschutzbedürfnis kann nicht attestiert werden.[24] Beide Zeugnisse können sogar nebeneinander[25] beantragt werden, in Parallelität.

In der Praxis wird sich die Diskussion um die Frage drehen, ob **Parallelverfahren** auch unter die Anrechnungsvorschrift[26] fallen. Dies gilt umso mehr, als gelegentlich[27] bereits empfohlen wird, „am besten beides zu erwirken",[28] beide Zeugnisse „unter Ausnutzung der … Kostenprivilegierung".[29] Die Motive sprechen jedoch von nachgeschalteten Verfahren[30]. Dann folgt auf die Erteilung eines Erbscheins die Ausstellung eines ENZ bzw auf die Ausstellung eines ENZ die Erteilung eines Erbscheins.

Die Regelung in Nr. 12210 Abs. 2 KV GNotKG sieht eine **Anrechnung der Verfahrensgebühr**[31] vor, allerdings unter der Prämisse, dass zwischen **beiden erteilten Zeugnissen keine Divergenz** besteht. Gemeint sind nur die Fälle echter Divergenz,[32] also Abweichungen in der Wiedergabe der materiellen Erbsituation, echte Widersprüche zwischen beiden Zeugnissen, nicht dagegen unechte Divergenzen,[33] die auf die unter-

---

19 Zu § 40 Abs. 5 GNotKG allgemein vgl Korintenberg/*Wilsch*, Nr. 12210-12212 KV Rn 22.
20 Vgl BR-Drucks. 644/14, Amtliche Begründung zu § 40 GNotKG, S. 74.
21 Das ENZ „eröffnet eine zusätzliche Option", so *Schmidt* ZEV 2014, 389, 390.
22 *Müller-Lukoschek*, § 2 Rn 335.
23 *Dorsel*, S. 52 ff
24 *Buschbaum/Simon* ZEV 2012, 525, 528.
25 *Müller-Lukoschek*, § 2 Rn 301.
26 *Volmer* plädierte bereits früh für die „wechselseitige[] Kostenanrechnung zwischen Erbschein und ENZ", vgl Rpfleger 2013, 421, 433.
27 *Schmidt* ZEV 2014, 389, 395.
28 *Schmidt* ZEV 2014, 389, 395.
29 *Schmidt* ZEV 2014, 389, 395.
30 Vgl BR-Drucks. 644/14, Amtliche Begründung zu Nr. 12210 KV GNotKG, S. 75: „… dass nach Erteilung eines Erbscheins die Ausstellung eines ENZ dem zuständigen Gericht keinen weiteren erheblichen Aufwand bereiten wird … Für den umgekehrten Fall … gilt das Gleiche."
31 Die Anrechnung gilt nur für das Erteilungs- und Ausstellungsverfahren, nicht auch für die Gebühr für die Beurkundung der eidesstattlichen Versicherung; vgl dazu folgenden Rn 18.
32 *Dorsel*, S. 58, zur Unterscheidung zwischen echten und unechten Divergenzen.
33 *Dorsel*, S. 58.

schiedliche Ausgestaltung des nationalen Verfahrensrechts zurückgehen.[34] Die Anrechnungsvorschrift ist der Überlegung geschuldet, dass das nachgeschaltete Verfahren „dem zuständigen Gericht keinen weiteren erheblichen Aufwand bereiten wird, wenn sich die beiden Erbnachweise nicht widersprechen".[35]

17 Die bereits entstandene Gebühr eines Erbscheinsverfahrens, das in der Erteilung eines Erbscheins endete, wird mit **75 %** auf ein nachgeschaltetes ENZ-Ausstellungsverfahren **angerechnet**, sofern auch insoweit das Zeugnis ausgestellt wird und **beide Zeugnisse** sich nicht widersprechen, Satz 1 des zweiten Absatzes der Nr. 12210 KV GNotKG. Entsprechendes gilt für die umgekehrte Situation (zuerst ENZ-Ausstellungsverfahren, ENZ ausgestellt; dann Erbscheinsverfahren, Erbschein erteilt; kein Widerspruch zwischen beiden Zeugnissen), so Satz 2 des zweiten Absatzes der Nr. 12210 KV GNotKG. Am Kongruenzmerkmal der Zeugnisse scheitern diejenigen Verfahren, in denen die Erteilung bzw Ausstellung abgelehnt oder in denen der Antrag vor Erteilung bzw Ausstellung des Zeugnisses zurückgenommen wird. Die Anrechnungsvorschrift kommt nicht zur Anwendung, da nicht mehrere Zeugnisse vorliegen. Dies steht im Einklang mit der Regelungsabsicht, die Anrechnung solle „nur im Fall der zweimaligen Erteilung"[36] zum Einsatz kommen.

4. Gebühr für die Abnahme der eidesstattlichen Versicherung, Nr. 23300 KV GNotKG

18 Nicht anders als im deutschen Erbscheinsverfahrens, kann das Nachlassgericht im Rahmen des **ENZ-Ausstellungsverfahrens** die Vorlage öffentlicher Urkunden und die Abgabe der eidesstattlichen Versicherung nach § 352 Abs. 3 FamFG verlangen. Ziel muss es sein, das Nachweisniveau des deutschen Erbscheinsverfahrens auf das ENZ-Ausstellungsverfahren zu übertragen, um zur Akzeptanz des ENZ beizutragen. Für die Beurkundung der eidesstattlichen Versicherung setzt das Nachlassgericht eine volle Verfahrensgebühr an, **Nr. 23300 KV GNotKG**, Tabelle B.[37] Die Verweisungskette lautet: Nr. 12210 KV GNotKG, erster Absatz, in Verbindung mit Vorbemerkung 1 Abs. 2 iVm Nr. 23300 KV GNotKG.

19 In **Anschlussverfahren** – zuerst Erbscheinsverfahren, dann ENZ-Ausstellungsverfahren und umgekehrt –, wird sich die Notwendigkeit weiterer oder erneuter **eidesstattlicher Versicherungen** regelmäßig nicht zeigen, da der Antragsteller auf die Nachweise des vorangegangenen Verfahrens verweisen kann. Darin besteht ein weiterer Vorteil der Verfahrenspraxis, die im Bereich der Ausstellung des ENZ das Nachweisniveau des Erbscheinsverfahrens etablieren möchte, wozu Art. 66 Abs. 3 EuErbVO die verfahrensrechtliche Handhabe liefert.[38]

5. Geschäftswert hierzu, § 40 Abs. 1 S. 1 Nr. 1 GNotKG

20 Nach der Ergänzung von § 40 Abs. 1 Satz 1 Nr. 1 GNotKG steht fest, dass der Geschäftswert für das Verfahren zur Abnahme der eidesstattlichen Versicherung zur Er-

---

34 Beispiel hierfür: unterschiedliche Wiedergabe von Vindikationslegaten in den Zeugnissen.
35 BR-Drucks. 644/14, Amtliche Begründung zu Nr. 12210 KV GNotKG, S. 75.
36 So die BR-Drucks. 644/14, Amtliche Begründung zu Nr. 12210 KV GNotKG, S. 75.
37 Vgl auch Korintenberg/*Wilsch*, Nr. 12210- 12212 Rn 2.
38 Vgl auch *Müller-Lukoschek*, § 2 Rn 323, 324.

langung eines ENZ mit dem Wert des Nachlasses im Zeitpunkt des Erbfalls anzusetzen ist, reduziert lediglich um die Erblasserschulden.

II. Berichtigung eines ENZ

Die **Berichtigung** eines ENZ bezieht sich auf die Korrektur von Schreibfehlern, Abfassungsfehlern und sonstigen Fehlern formaler Art, die im Widerspruch zum Willen der Ausstellungsbehörde stehen.[39]

Das Berichtigungsverfahren löst **keine Gebühr** aus,[40] mangels Gebührentatbestandes im Kostenverzeichnis.

III. Änderung eines ENZ, Nr. 12217 KV GNotKG; § 40 GNotKG

Die **Änderung** des ENZ erfolgt nur auf Antrag und dient der Beseitigung inhaltlicher Unrichtigkeiten. Als Änderungsantrag ist auch der Antrag auf Teilwiderruf des ENZ zu verstehen. Die neu geschaffenen Kostenregelungen sind von der Überzeugung getragen, die Änderung eines ENZ komme einer **neuen Ausstellung** nach Widerruf gleich.[41] In der Folge ist das Verfahren über die Änderung eines ENZ mit einer **vollen Verfahrensgebühr** nach der Tabelle B belegt, **Nr. 12217 KV GNotKG**.

Flankiert wird dies durch eine Ergänzung der besonderen **Geschäftswertvorschrift** in § 40 GNotKG. Der Geschäftswert des ENZ-Änderungsverfahrens ist der Wert des Nachlasses im Zeitpunkt des Erbfalls, § 40 Abs. 1 Satz 1 Nr. 4 GNotKG, allerdings unter der Prämisse, dass die Rechtsstellung und die Rechte der Erben und Vindikationslegatare am Nachlass betroffen sind. Erblasserschulden werden abgezogen, § 40 Abs. 1 Satz 2 GNotKG. Ein Teilwert wird insoweit nicht angesetzt, maßgeblich ist der reguläre Wert (zu den Teilzeugnissen s. unten).

Die Ergänzung in § 40 Abs. 3 Satz 3 GNotKG ermöglicht uU eine **Teilwertbildung**, orientiert am betroffenen Teil des Nachlasses, zugleich jedoch ohne Berücksichtigung von Nachlassverbindlichkeiten. Betroffen ist das **Teilzeugnis**, das einem einzelnen Miterben erteilt werden kann.[42]

IV. Widerruf eines ENZ, Nr. 12216 KV GNotKG

Der Zweck des **ENZ- Widerrufs** besteht darin, das Zeugnis vollständig aus dem Rechtsverkehr zu ziehen. Diese Zielrichtung lieferte dem Gesetzgeber[43] die Begründung dafür, eine gebührenrechtliche Anleihe an das Einziehungs- und Kraftloserklärungsverfahren[44] zu suchen. In Verfahren über den Widerruf eines ENZ fällt eine 0,5 **Verfahrensgebühr** nach der Tabelle B an, höchstens jedoch ein Betrag iHv 400 EUR, **Nr. 12216 KV GNotKG**.

---

39 MüKo-BGB/*Dutta*, Art. 71 Rn 2 EuErbVO; vgl auch *Müller-Lukoschek*, § 2 Rn 344.
40 Vgl auch BR-Drucks. 644/14, Amtliche Begründung zur Vorbemerkung 1.2.2., S. 75.
41 So die BR-Drucks. 644/14, Amtliche Begründung zu Art. 13, Nr. 12216 ff, S. 75.
42 *Lange* DNotZ 2012, 168, 172.
43 BR-Drucks. 644/14, Amtliche Begründung zu Art. 13, Nr. 12216 ff, S. 75.
44 Zur Nr. 12215 KV GNotKG – Verfahren über Einziehung oder Kraftloserklärung- vgl Korintenberg/*Wilsch*, Nr. 12215 Rn 1.

§ 8 Änderung des GNotKG (Art. 13)

27 Der **Geschäftswert** des ENZ-Widerrufsverfahrens ist der Wert des Nachlasses im Zeitpunkt des Erbfalls, **§ 40 Abs. 1 Satz 1 Nr. 4 GNotKG**, wiederum unter der Prämisse, dass die Rechtsstellung und die Rechte der Erben und Vindikationslegatare am Nachlass betroffen sind. Erblasserschulden werden abgezogen, § 40 Abs. 1 Satz 2 GNotKG.

28 Im Falle eines **Teil-ENZ**, dessen Wirkungen sich nur auf einen Teil des Nachlasses beziehen, findet die Teilwertregelung entsprechende Anwendung, § 40 Abs. 3 Satz 3 GNotKG.[45] Nachlassverbindlichkeiten können dann nicht in Abzug gebracht werden.

V. Erteilung einer beglaubigten Abschrift eines ENZ, Nr. 12218 KV GNotKG

29 Ohne Geschäftswertbestimmung kommt dagegen die Erteilung einer beglaubigten Abschrift eines ENZ nach Beendigung des Ausstellungsverfahrens aus, da die **Nr. 12218 KV GNotKG** hierfür keine Wertgebühr, sondern eine **Festgebühr iHv 20 EUR** vorsieht. Verantwortlich ist die Einschätzung, der gerichtliche Aufwand sei gering und beschränke sich im Wesentlichen auf ein Negativkriterium, Art. 73 Abs. 2 Satz 2 EuErbVO. Dass durch bloße Erteilung entschieden wird, nicht durch Beschluss, § 39 Abs. 1 Satz 2 IntErbRVG, trägt ebenfalls zur Qualifizierung als Festgebühr bei.

30 Besondere Bedeutung kommt dem Umstand zu, dass die Festgebühr nur für die Erteilungsvorgänge *nach* Beendigung des Ausstellungsverfahrens anfällt, nicht aber für die erstmalige Ausstellung einer oder mehrerer beglaubigter Abschriften im Zusammenhang mit der ENZ-Ausstellung,[46] die mit der Verfahrensgebühr Nr. 12210 KV GNotKG abgedeckt ist.[47] Erst nach Beendigung des ENZ-Ausstellungsverfahrens muss das Gericht prüfen, ob nicht die Wirkungen des ENZ ausgesetzt sind, was eine eigene Festgebühr rechtfertigt. Im Rahmen der erstmaligen ENZ-Ausstellung erfolgt eine solche Prüfung dagegen nicht.

31 Neben der Festgebühr wird **keine Dokumentenpauschale** erhoben, Anmerkung zur Nr. 12218 KV GNotKG.

VI. Verlängerung der Gültigkeitsfrist einer beglaubigten Abschrift des ENZ, Nr. 12218 KV GNotKG

32 Eine identische kostenrechtliche Einordnung trifft die Nr. 12218 KV GNotKG für die Verlängerung der Gültigkeitsfrist einer beglaubigten ENZ-Abschrift. Anzusetzen ist eine **Festgebühr iHv 20 Euro, Nr. 12218 KV GNotKG**, eine Dokumentenpauschale wird daneben nicht erhoben. Die Begründung hierfür ist im gerichtlichen Aufwand zu suchen, zumal durch Verlängerung der Gültigkeitsfrist entschieden wird, nicht durch stattgebenden Beschluss, § 39 Abs. 1 Satz 2 IntErbRVG.

---

45 BR-Drucks. 644/14, Amtliche Begründung zu Art. 13, § 40 GNotKG, S. 73, die Zugrundelegung eines Teils des Nachlasses soll auch bei Widerruf möglich sein.
46 BR-Drucks. 644/14, Amtliche Begründung zu Nr. 12216 ff KV GNotKG, S. 75/76.
47 BR-Drucks. 644/14, Amtliche Begründung zu Nr. 12216 ff KV GNotKG, S. 76.

VII. Aussetzung der Wirkungen des ENZ

Den kostenrechtlichen Weg weist die Änderung der Vorbemerkung 1.2.2 KV GNotKG. Danach werden in **Verfahren über die Aussetzung der Wirkungen eines ENZ** (Art. 73 EuErbVO) die Gebühren nach Hauptabschnitt 6, zweiter Abschnitt erhoben, so die Verweisung in der Vorbemerkung 1.2.2 Abs. 2 Satz 2 KV GNotKG. Zugleich wird eine neue Vorbemerkung 1.6.2 KV GNotKG eingefügt mit dem Inhalt, dass die Vorschriften dieses Abschnitts auch für Verfahren über die Aussetzung der Wirkungen eines ENZ gelten. Die Regelungsabsicht geht dahin, dem Aussetzungsverfahren die Bedeutung einer einstweiligen Anordnung beizumessen.[48] Maßgeblich ist die **Nr. 16210 KV GNotKG**, die auch im Erbscheinsverfahren zur Anwendung kommt.[49] Für das Aussetzungsverfahren wird eine pauschale **0,3 Verfahrensgebühr** nach der Tabelle B erhoben, **Nr. 16210 KV GNotKG**, da die Verfahrensgebühr für die Hauptsache (= ENZ-Ausstellungsverfahren) weniger als 2,0 betragen würde (zur Verfahrensgebühr vgl Rn 4). Eine Ermäßigung ist nicht vorgesehen,[50] ebenso wenig die Erhebung eines Kostenvorschusses.

33

Der **Geschäftswert** richtet sich nach dem geänderten **§ 62 GNotKG**. Deshalb ist in Verfahren über die ENZ-Wirkungsaussetzung der Wert idR unter Berücksichtigung der geringeren Bedeutung gegenüber der Hauptsache zu ermäßigen, § 62 Satz 1 GNotKG. Den Ausgangspunkt bildet der halbierte Geschäftswert der Hauptsache, § 62 Satz 2 GNotKG,[51] der einer abschließenden Abwägung zuzuführen ist,[52] um den Aspekten des vorläufigen Rechtsschutzes gerecht zu werden.

34

C. Sonstige Änderungen im Kostenrecht

I. Änderung des § 18 GNotKG

Die Änderung in § 18 Abs. 2 GNotKG verweist auf § 31 IntErbRVG,[53] den besonderen Gerichtsstand für die **Entgegennahme von Erklärungen**, gerichtet auf die Ausschlagung oder die Annahme einer Erbschaft. Die örtliche Zuständigkeit liegt bei dem Nachlassgericht, in dessen Bezirk die erklärende Person ihren gewöhnlichen Aufenthalt hat, § 31 Satz 1 IntErbRVG. Die besondere Zuständigkeitsregelung legt es nahe, den Kostenansatz dem **Gericht zuzuweisen, bei dem die Ausschlagung bzw Entgegennahme abgegeben worden ist**.[54] Dies ist mit der Verweisung auf § 18 Abs. 1 GNotKG[55] geschehen ist, vgl § 18 Abs. 2 Satz 2 GNotKG.

35

---

48 BR-Drucks. 644/14, Amtliche Begründung zu Art. 13, Vorb. 1.6.2 KV GNotKG, S. 76; ebenso zu § 62 GNotKG, S. 74.
49 Vgl Korintenberg/*H. Schneider*, Nr. 16210 Rn 2 KV GNotKG.
50 Korintenberg/*H. Schneider*, Nr. 16210 Rn 5 KV GNotKG.
51 Vgl Korintenberg/*Fackelmann*, § 62 Rn 14.
52 Korintenberg/*Fackelmann*, § 62 Rn 15: hälftiger Wert lediglich als Bezugspunkt, danach ist unter Berücksichtigung aller Umstände eine weitere Abwägung vorzunehmen.
53 Mittelbar damit auch auf Art. 13 EuErbVO und den 32. Erwägungsgrund.
54 Vgl BR-Drucks. 644/14, Amtliche Begründung zu Art. 13, § 18 GNotKG, S. 73.
55 Kosten werden bei dem Gericht angesetzt, bei dem sie entstanden sind, vgl § 18 Abs. 1 GNotKG allgemein Korintenberg/*Hellstab*, § 18 Rn 16.

II. Änderung § 67 Abs. 1 GNotKG; Änderung Nr. 12211 KV GNotKG

36 Die Änderung des § **67 Abs. 1 GNotKG** bringt das GNotKG auf den Stand der Gesetzesänderung vom 5.12.2012.[56] Damit wurde in Abwicklungsverfahren nach § 47 Abs. 2 VAG bereits die Zuständigkeit des Unternehmensgerichts eröffnet und die Zuständigkeit des Registergerichts für Versicherungsunternehmen beendet. Somit birgt die Anpassung an das FamFG keinerlei kostenrechtliche Änderung.[57] Die Änderung tritt bereit am Tag der Verkündung in Kraft, Art. 22 Abs. 2 des Gesetzes zum Internationalen Erbrecht und zur Änderung von Vorschriften zum Erbschein sowie zur Änderung sonstiger Vorschriften.

37 Keinerlei inhaltliche Änderung folgt auch aus der Neufassung der **Nr. 12211 KV GNotKG**. Die Streichung der Wörter „Beschluss nach § 352 Abs. 1 FamFG" bedeutet nur eine „redaktionelle Folgeänderung",[58] eine Änderung, induziert durch den neuen Wortlaut der Vorbemerkung 1.2.2, dritter Absatz KV GNotKG. Endentscheidungen im Sinne des Kostenrechts sind auch der Beschluss nach § 352 e Abs. 1 FamFG[59] und die Ausstellung eines ENZ. Beide sind kostenrechtlich einer Endentscheidung gleichgestellt, womit das Erfordernis einer expliziten Nennung in Nr. 12211 KV GNotKG entfallen ist.

III. Authentizitätsverfahren nach § 46 IntErbRVG: Nr. 15215 KV GNotKG

38 Einwände, die sich gegen die Authentizität[60] einer deutschen öffentlichen Urkunde richten, sind bei den Gerichten des Ursprungsstaates[61] zu erheben, Art. 59 Abs. 2 EuErbVO, § 46 IntErbRVG. Das Authentizitätsverfahren genießt Vorrang[62] vor einer Feststellungsklage nach § 256 ZPO, erreicht aber dessen Prüfungsumfang nicht,[63] was die Schaffung einer Festgebühr rechtfertigt. In Verfahren nach § 46 IntErbRVG über die Authentizität einer Urkunde fällt eine **Festgebühr iHv 60 EUR an, Nr. 15215 KV GNotKG**.

IV. Vollstreckbarerklärung einer ausländischen notariellen Urkunde nach § 3 Abs. 4 IntErbRVG: Nr. 23806 KV GNotKG

39 Eine **ausländische notarielle Urkunde** kann auch von einem deutschen Notar für **vollstreckbar** erklärt werden, wobei die Vorschriften des gerichtlichen Vollstreckbarerklärungsverfahrens sinngemäß gelten, § 3 Abs. 4 IntErbRVG. Die Übereinstimmung mit § 55 Abs. 3 AVAG und § 35 Abs. 3 AUG[64] lieferte den Grund dafür, das entsprechende Vollstreckbarerklärungsverfahren dem Anwendungsbereich der **Nr. 23806**

---

56 Gesetz zur Einführung einer Rechtsbehelfsbelehrung im Zivilprozess und zur Änderung anderer Vorschriften, BGBl. I S. 2418, vgl Keidel/*Heinemann*, § 375 FamFG Rn 95.
57 BR-Drucks. 644/14, Amtliche Begründung zu Art. 13, § 67 GNotKG, S. 74.
58 So BR-Drucks. 644/14, Amtliche Begründung zu Art. 13, Nr. 12210 ff KV GNotKG, S. 75.
59 § 352 e FamFG ist an die Stelle des bisherigen § 352 FamFG getreten.
60 Vgl hierzu den 62. Erwägungsgrund.
61 Vgl auch *Müller-Lukoschek*, § 2 Rn 288.
62 BR-Drucks. 644/14, Amtliche Begründung zu Art. 1, § 46 IntErbRVG, S. 64.
63 BR-Drucks. 644/14, Amtliche Begründung zu Art. 13, Nr. 15215 KV GNotKG, S. 76.
64 Vgl BR-Drucks. 644/14, Amtliche Begründung zu Art. 1, § 3 IntErbRVG, S. 49.

KV GNotKG zuzuordnen. Anzusetzen ist eine **Festgebühr** iHv 240 EUR, und zwar auch dann, sollte der Antrag durch den deutschen Notar abgelehnt werden.[65]

V. Ausstellung der Bescheinigung nach § 27 IntErbRVG: Nr. 23808 KV GNotKG

§ 27 IntErbRVG regelt in Anlehnung an § 57 AVAG und § 71 AUG[66] die Zuständigkeit für die Ausstellung bestimmter Bescheinigungen zu inländischen Titeln. Gemeint sind die Bescheinigungen nach Art. 46 Abs. 3 lit. b (Exequaturverfahren), Art. 60 Abs. 2 (Vollstreckbarerklärung öffentlicher Urkunden) und Art. 61 Abs. 2 (Vollstreckbarerklärung gerichtlicher Vergleiche) EuErbVO, allesamt Verfahren, die formblattmäßig erledigt werden. Weil die Bescheinigung nach § 27 IntErbRVG inhaltlich einer Bescheinigung nach § 57 AVAG gleicht,[67] findet sich nun in der **Nr. 23808 KV GNotKG** ein Hinweis auf § 27 IntErbRVG. Für das Verfahren über die Ausstellung einer Bescheinigung nach § 27 IntErbRVG ist eine **Festgebühr iHv 15 EUR** anzusetzen, **Nr. 23808 KV GNotKG**. Die Verfahrensgebühr ist auch dann in Ansatz zu bringen, sollte die Erteilung abgelehnt oder der Antrag zurückgenommen werden.[68]

40

§ 9 Änderung des Rechtsanwaltsvergütungsgesetzes (Art. 14)

Die erst kürzlich eingefügte Vorschrift des § 19 Abs. 1 Satz 2 Nr. 9 a RVG wird um folgenden Buchstaben ergänzt: „f) § 27 des Internationalen Erbrechtsverfahrensgesetzes;". Die Ausstellung der Bescheinigung nach § 27 IntErbRVG entspricht der Tätigkeit im Verfahren über die Ausstellung einer Bescheinigung nach § 57 AVAG und soll deshalb gleichbehandelt werden.[1]

1

§ 10 Änderung des Einführungsgesetzes zum Bürgerlichen Gesetzbuche (Art. 15)

A. Art. 3 EGBGB (Anwendungsbereich)

Da die ErbVO für Erbfälle ab dem 17.8.2015 in der Bundesrepublik Deutschland unmittelbar anwendbar ist, wird dem Art. 3 Nr. 1 EGBGB folgender Buchstabe e angefügt:

1

„e) die Verordnung (EU) Nr. 650/2012 des Europäischen Parlaments und des Rates vom 4. Juli 2012 über die Zuständigkeit, das anzuwendende Recht, die Anerkennung und Vollstreckung von Entscheidungen und die Annahme und Vollstreckung öffentlicher Urkunden in Erbsachen sowie zur Einführung eines Europäischen Nachlasszeugnisses oder".

---

65 Korintenberg/*Hey'l*, Nr. 23805–23808 Rn 9 KV GNotKG.
66 BR-Drucks. 644/14, Amtliche Begründung zu Art. 1, § 27 IntErbRVG, S. 51.
67 BR-Drucks. 644/14, Amtliche Begründung zu Art. 13, Nr. 23808 KV GNotKG, S. 77.
68 Korintenberg/*Hey'l*, Nr. 23805–23808 Rn 12 KV GNotKG.
1 Vgl. Regierungsentwurf BT-Drucks. 18/4201 S. 70.

§ 10 Änderung des EGBGB (Art. 15)

2 Da es sich um eine dynamische Verweisung auf die EuErbVO handelt, wird diese ohne Fundstellenangabe genannt.[1]

B. Art. 3 a EGBGB (Sachnormvereisung; Einzelstatut)

3 Da die EuErbVO nun von Nachlasseinheit ausgeht, Art. 21 Abs. 1 EuErbVO, entfallen die Erbfälle mit Nachlassspaltung. Das Sonderstatut des Art. 3 a Abs. 2 EGBGB kommt nicht mehr zur Anwendung. Insoweit werden in dieser Vorschrift die Wörter „und Vierten" gestrichen. Die kollisionsrechtlichen Vorschriften der EuErbVO lassen keine nationalen Parallelregelungen mehr zu. An die Stelle der Verweisung in Art. 3 a Abs. 2 EGBGB auf den Vierten Abschnitt des EGBGB tritt Art. 30 EuErbVO.[2] Zu den deutschen Vorschriften, die nach dieser Vorschrift unabhängig von dem nach der EuErbVO anzuwendenden Recht gelten, zählen insbesondere die Vorschriften der Höfeordnung.

C. Art. 17 b EGBGB (Eingetragene Lebenspartnerschaft)

4 Das Erbrecht für registrierte Lebenspartner ist (derzeit noch) in Art. EGBGB Art. 17 b Abs. EGBGB Art. 17 b Abs. 1 Satz 2 EGBGB geregelt, gleichlaufend mit der früheren, jetzt aufgehobenen Regelung für den partnerschaftlichen Unterhalt. Maßgeblich ist demnach primär das Erbstatut nach allgemeinen Regeln, Art. 25 EGBGB, hilfsweise, wenn dieses kein gesetzliches Erbrecht des Lebenspartners begründet, das Registerstatut.[3] Art. 17 Abs. 1 Satz 2 EGBGB wird nun aufgehoben, da das auf Erbfälle anzuwendende Recht zukünftig durch die EuErbVO geregelt wird.

D. Art. 25 EGBGB (Rechtsnachfolge von Todes wegen)

5 Anders als noch im Referentenentwurf[4] vorgesehen, soll Art. 25 EGBGB nicht abgeschafft, sondern für die Fälle, für die die EuErbVO nicht unmittelbar anwendbar ist, durch einen Verweis auf die Regeln der Art. 21 ff EuErbVO ersetzt werden.[5]

6 Art. 25 EGBGB wird wie folgt gefasst:

Artikel 25 Rechtsnachfolge von Todes wegen
Soweit die Rechtsnachfolge von Todes wegen nicht in den Anwendungsbereich der Verordnung (EU) Nr. 650/2012 fällt, gelten die Vorschriften des Kapitels III dieser Verordnung entsprechend.

7 Soweit das auf die Rechtsnachfolge von Todes wegen anzuwendende Recht nicht in den Anwendungsbereich der EuErbVO fällt, bleibt Raum für nationales Recht. Art. 25 EGBGB bestimmt aus Gründen eines möglichst weitgehenden Gleichlaufs des erbrechtlichen Kollisionsrechts, dass insoweit die Vorschriften des Kapitels III der EuErbVO entsprechend gelten.[6] In bilateralen Abkommen enthaltene Regelungen über

---

1 Vgl Regierungsentwurf BT-Drucks. 18/4201 S. 70.
2 Vgl Regierungsentwurf BT-Drucks. 18/4201 S. 70.
3 *Coester*, Das Erbrecht registrierter Lebenspartner unter der EuErbVO, ZEV 2013, 115.
4 Vgl. dazu *Wagner/Scholz*, Der Referentenentwurf eines Gesetzes zur Durchführung der EU-Erbrechtsverordnung, FamRZ 2014, 714 ff.
5 *Lehmann*, Der Regierungsentwurf für ein Gesetz zum Internationalen Erbrecht, ZEV 2015, 138, 140.
6 Vgl Regierungsentwurf BT-Drucks. 18/4201 S. 70.

das auf die Rechtsnachfolge von Todes wegen anzuwendende Recht bleiben unberührt, Art. 75 Abs. 1 EuErbVO.

E. Art. 26 EGBGB (Verfügungen von Todes wegen)

Art. 26 EGBGB soll künftig nicht mehr den Wortlaut des Haager Testamentsübereinkommens wiedergeben; vielmehr enthält er nun einen Hinweis auf das Übereinkommen, die Ausdehnung auf gemeinschaftliche Verfügungen und einen Verweis auf den im Übrigen vorrangigen Art. 27 EuErbVO.[7]

Art. 26 EGBGB wird wie folgt neu gefasst:

Artikel 26 Form von Verfügungen von Todes wegen
(1) In Ausführung des Artikels 3 des Haager Übereinkommens vom 5. Oktober 1961 über das auf die Form letztwilliger Verfügungen anzuwendende Recht (BGBl. 1965 II S. 1144, 1145) ist eine letztwillige Verfügung, auch wenn sie von mehreren Personen in derselben Urkunde errichtet wird oder durch sie eine frühere letztwillige Verfügung widerrufen wird, hinsichtlich ihrer Form gültig, wenn sie den Formerfordernissen des Rechts entspricht, das auf die Rechtsnachfolge von Todes wegen anzuwenden ist oder im Zeitpunkt der Verfügung anzuwenden wäre. Die weiteren Vorschriften des Haager Übereinkommens bleiben unberührt.
(2) Für die Form anderer Verfügungen von Todes wegen ist Artikel 27 der Verordnung (EU) Nr. 650/2012 maßgeblich.

In den Text des geltenden Art. 26 Abs. 1 bis 3 EGBGB hat der Gesetzgeber Vorschriften des Haager Übereinkommens vom 5.10.1961 über das auf die Form letztwilliger Verfügungen anzuwendende Recht (nachfolgend: Haager Testamentsformübereinkommen) übernommen. Dies hat in der Praxis für Rechtsunsicherheit gesorgt, da das Haager Testamentsformübereinkommen ohnehin nach Art. 3 Nr. 2 EGBGB vorrangig anwendbar ist und unmittelbar gilt.[8] Die in dem geltenden Art. 26 Abs. 1 Satz 1 Nr. 1 bis 4, Satz 2 sowie Abs. 2 und 3 EGBGB enthaltenen Wiederholungen des Inhalts der Art. 1 Abs. 1 lit. a bis e, Abs. 3 sowie der Art. 2, 4 und 5 des Haager Testamentsformübereinkommens werden daher gestrichen. Der neue Abs. 1 des Art. 26 EGBGB enthält nunmehr lediglich noch die bislang in Art. 26 Abs. 1 Nr. 5 EGBGB geregelte weitere alternative Anknüpfung zur Formwirksamkeit einer letztwilligen Verfügung. Damit macht der Gesetzgeber – wie bereits bislang – von der durch Art. 3 des Haager Testamentsformübereinkommens eingeräumten Möglichkeit einer ergänzenden nationalen Regelung Gebrauch. Art. 75 Abs. 1 Satz 2 EuErbVO stellt im Übrigen ausdrücklich klar, dass das Haager Testamentsformübereinkommen in dessen Vertragsstaaten weiterhin angewendet werden darf.[9] Ebenso wie bisher bleibt es dabei, dass die sich unmittelbar aus dem Hager Testamentsformübereinkommen ergebenden und nach dem Abs. 1 Satz 2 unberührt bleibenden Anknüpfungen zur Formwirksamkeit letztwilliger Verfügungen alternativ gelten. Daneben tritt die (bislang auch schon bestehende) weitere alternative Anknüpfung nach dem neuen Abs. 1 des Art. 26 EGBGB. Da das Haager Testamentsformübereinkommen nicht für Erbverträge gilt, bestimmt sich nach Abs. 2 das auf die Form anwendbare Recht fortan nach Art. 27

---

7 *Lehmann*, Der Regierungsentwurf für ein Gesetz zum Internationalen Erbrecht, ZEV 2015, 138, 140.
8 Regierungsentwurf BT-Drucks. 18/4201 S. 70.
9 Regierungsentwurf BT-Drucks. 18/4201 S. 70.

EuErbVO.[10] Ebenso wie der neue Abs. 1 Satz 2 ist auch diese Vorschrift rein deklaratorischer Natur. Beide Vorschriften sollen die Rechtsanwendung erleichtern. Art. 26 Abs. 5 EGBGB enthält eine Vorschrift zur Anwendung des „materiellen" Erbrechts und nicht zur Form. Diese Vorschrift ist aufzuheben, da das auf die Rechtsnachfolge von Todes wegen anzuwendende Recht im Anwendungsbereich der EuErbVO nunmehr durch die EuErbVO geregelt wird. Soweit die Rechtsnachfolge von Todes wegen nicht in den Anwendungsbereich der EuErbVO fällt, gelten nach Art. 25 EGBGB die Vorschriften des Kapitels III der EuErbVO entsprechend.

F. Überleitungsvorschrift

11 Dem Art. 229 EGBGB wird folgender § ... [einsetzen: nächster bei der Verkündung freier § mit Zählbezeichnung] angefügt:

§ ... [einsetzen: nächster bei der Verkündung freier § mit Zählbezeichnung]
Überleitungsvorschrift zum Gesetz zum Internationalen Erbrecht und zur Änderung von Vorschriften zum Erbschein sowie zur Änderung sonstiger Vorschriften vom ... [einsetzen: Datum der Ausfertigung]
Auf Verfahren zur Erteilung von Erbscheinen nach einem Erblasser, der vor dem 17. August 2015 verstorben ist, sind das Bürgerliche Gesetzbuch und das Gesetz über das Verfahren in Familiensachen und in den Angelegenheiten der freiwilligen Gerichtsbarkeit in der bis zu diesem Tag geltenden Fassung weiterhin anzuwenden.

12 Mit der Regelung wird für die Verfahren zur Erteilung von Erbscheinen ein Gleichlauf zur Übergangsbestimmung in Art. 83 Abs. 1 EuErbVO hergestellt, nach der die Verordnung auf die Rechtsnachfolge von Personen Anwendung findet, die am 17.8.2015 oder danach verstorben sind. Für die in diesem Gesetz vorgesehenen Vorschriften zur Durchführung der EuErbVO sind innerstaatliche Übergangsregelungen hingegen entbehrlich. Wenn die Verordnung anwendbar ist, gelten auch die zu dieser Verordnung geschaffenen Durchführungsvorschriften.

G. Länderöffnungsklausel

13 In Art. 239 EGBGB werden die Wörter „§ 2356 Absatz 2 Satz 1 des Bürgerlichen Gesetzbuchs" durch die Wörter „§ 352 Absatz 3 Satz 3 des Gesetzes über das Verfahren in Familiensachen und in den Angelegenheiten der freiwilligen Gerichtsbarkeit und nach § 36 Absatz 2 Satz 1 des Internationalen Erbrechtsverfahrensgesetzes vom ... [einsetzen: Datum der Ausfertigung und Fundstelle]" ersetzt.

14 Es handelt sich um eine redaktionelle Folgeänderung wegen der Überführung von § 2356 BGB in das FamFG und der Neueinführung einer Versicherung an Eides statt im IntErbRVG (vgl. Art. 1 § 36, Art. 11 Nr. 4, Art. 16 Nr. 3).

---

10 Regierungsentwurf BT-Drucks. 18/4201 S. 71.

§ 11 Änderungen des Bürgerlichen Gesetzbuchs (Art. 16)

A. Wechselbezügliche Verfügungen (§ 2270 Abs. 3 BGB) – vertragsmäßige Verfügungen (§ 2278 Abs. 2 BGB)

Die Aufzählungen in § 2270 Abs. 3 BGB und § 2278 Abs. 2 BGB legen den Gegenstand wechselbezüglicher bzw vertragsmäßiger Verfügungen und insoweit den Umfang der sich aus diesen Verfügungen ergebenden Bindungswirkung fest. **1**

Neu aufgenommen wurde in den **Katalog** die **Wahl des anzuwendenden Erbrechts**. Hintergrund dieser Aufnahme ist, dass nach derzeitigem Kollisionsrecht streitig ist, ob eine Rechtswahl nach Art. 25 Abs. 2 EGBGB erbvertraglich bindend erfolgen kann[1] und die EuErbVO hierzu keine Regelung enthält. Sinn und Zweck der Aufnahme in den Katalog der §§ 2270 Abs. 3, 2278 Abs. 2 BGB ist daher die Schaffung von Rechtssicherheit. Zugleich soll verhindert werden, dass sich einer der Beteiligten einseitig der Rechtswahl entzieht. **2**

Insoweit finden auch für die Rechtswahl künftig die **Grundsätze des § 2271** bzw des § 2289 Abs. 1 S. 2 BGB Anwendung! **3**

B. Bestimmungen des Erbscheinsverfahrens (§§ 2354–2359 BGB)

§§ 2354–2359 BGB wurden als verfahrensrechtliche Vorschriften in das FamFG übertragen (vgl § 2 Rn 9 ff). **4**

§ 2353 BGB bliebt trotz seines verfahrensrechtlichen Bezugs im BGB (vgl § 2 Rn 10). **5**

C. Einziehung (oder Kraftloserklärung) des Erbscheins (§ 2361 BGB)

Der **bisherige Abs. 2** wurde als verfahrensrechtliche Regelung in das FamFG verschoben und findet sich dort als **§ 353 Abs. 1 FamFG (neu)** wieder. **6**

Die **bisherigen Abs. 1 und 2** des § 2361 BGB wurden zu Abs. 2 und 3; der **bisherige Abs. 3** entfiel ersatzlos (vgl Rn § 2 Rn 27 ff). **7**

D. Herausgabeanspruch des Nacherben und des Testamentsvollstreckers (§ 2363 BGB)

§ 2363 BGB wurde **inhaltlich neu** gefasst. Während § 2363 BGB (alt) in Abs. 1 den Inhalt des Erbscheins für den Vorerben und in Abs. 2 die Rechte des Nacherben entsprechend § 2362 Abs. 1 BGB regelte, werden in **§ 2363 BGB (neu)** nunmehr **die Herausgabeansprüche des Nacherben und des Testamentsvollstreckers**, die bisher in § 2363 Abs. 2 BGB (alt) bzw § 2364 Abs. 2 BGB (alt) geregelt waren, zusammengefasst. **8**

Die bisherigen Regelungen in **Abs. 1 der §§ 2363, 2364 BGB (alt)** betreffend den Inhalt des Erbscheins für den Vorerben bzw die Ernennung des Testamentsvollstreckers wurden als verfahrensrechtliche Vorschriften in **§ 352 b FamFG (neu)** verschoben. Demzufolge entfiel § 2364 BGB (alt). **9**

---

[1] Vgl dazu *Döbereiner*, DNotZ 2014, 323, 332.

E. Testamentsvollstreckerzeugnis (§ 2368 BGB)

10 Die bisherigen Abs. 1 und Abs. 2 finden sich als verfahrensrechtliche Vorschriften in § 354 Abs. 2 FamFG (neu).

11 Der bisherige Abs. 3 verbleibt als Grundnorm für das Zeugnis im BGB.

F. Gegenständlich beschränkter Erbschein (§ 2369 BGB alt)

12 Die Vorschrift wurde im Hinblick auf ihren verfahrensrechtlichen Kern in das FamFG übertragen und findet sich dort in § 352c FamFG (neu) wieder (vgl § 2 Rn 23).

§ 12 Änderung des Erbschaftsteuer- und Schenkungsteuergesetzes (Art. 17)

1 § 34 Abs. 2 ErbStG wird dergestalt ergänzt, dass nach dem Wort „Erbscheinen" die Wörter „Europäischen Nachlasszeugnissen" eingefügt werden. Es handelt sich um eine durch die Einführung des Europäischen Nachlasszeugnisses bedingte Folgeänderung. Sie zielt auf eine weitgehende verfahrensrechtliche Gleichbehandlung von Europäischem Nachlasszeugnis und deutschem Erbschein.[1] § 37 ErbStG wird um einen Abs. 9 ergänzt. Die Vorschrift bestimmt den Anwendungszeitpunkt für die geänderte Vorschrift. Der § 34 Abs. 2 Nr. 2 ErbStG in der Fassung des vorliegenden Änderungsgesetzes findet auf Erwerbe Anwendung, für die die Steuer nach dem 16.8.2015 entsteht.

§ 13 Änderung der Erbschaftsteuer-Durchführungsverordnung (Art. 18)

1 Entsprechend wird auch § 7 ErbStDV angepasst. Im Abs. 1 Satz 1 wird nach Nr. 2 folgende Nr. 2a eingefügt: „2a. Europäische Nachlasszeugnisse". Es handelt sich auch hier um eine durch die Einführung des Europäischen Nachlasszeugnisses bedingte Folgeänderung. Sie zielt auf eine weitgehende verfahrensrechtliche Gleichbehandlung von Europäischem Nachlasszeugnis und deutschem Erbschein. § 12 ErbStDV bestimmt den Anwendungszeitpunkt für die in § 7 Abs. 1 Satz 1 ErbStDV eingefügte Nr. 2a und die Änderung im Muster 5. Diese finden auf Erwerbe Anwendung, für die die Steuer nach dem 16.8.2015 entsteht.

---

1 Vgl Regierungsentwurf BT-Drucks. 18/4201 S. 72.

§ 14 Änderung der Höfeordnung (Art. 19)

Die Änderungen treten am 17.8.2015 in Kraft, Art. 22 Abs. 1 des Gesetzes zum Internationalen Erbrecht und zur Änderung von Vorschriften zum Erbschein sowie zur Änderung sonstiger Vorschriften.

Als Regelung des **landwirtschaftlichen Sondererbrechts** gilt die Höfeordnung (HöfeO) nur für spezielle land- und/oder forstwirtschaftliche Betriebseinheiten (Höfe mit grundbuchersichtlichem Hofvermerk) im Bereich der Bundesländer Hamburg, Niedersachsen, Nordrhein-Westfalen und Schleswig-Holstein, § 1 Abs. 1 HöfeO. Zentral ist die Regelung in § 4 HöfeO, die zu einer **Nachlassspaltung** führt. Der Hof fällt kraft Gesetzes nur dem Hoferben zu, § 4 Satz 1 HöfeO, die anderen Miterben werden auf einen Abfindungsanspruch verwiesen, § 12 HöfeO. Die Feststellung des Hoferben erfolgt durch das **Amtsgericht als Landwirtschaftsgericht**, § 18 Abs. 2 Satz 1 HöfeO, wobei bislang zwei Verfahren zur Verfügung standen: das besondere Feststellungsverfahren nach § 11 HöfeVfO, das durch die Einführung des ENZ nicht tangiert wird, und das reguläre Erbscheinsverfahren.

Art. 19 fügt als weiteres Verfahren das Verfahren auf **Ausstellung des ENZ** hinzu und begründet auch insoweit die Zuständigkeit des Amtsgerichts als Landwirtschaftsgericht,[1] § 18 Abs. 2 Satz 1 HöfeO nF. Das Verfahren richtet sich nach den allgemeinen Bestimmungen, §§ 33–44 IntErbRVG.[2] Die Regelung bedeutet nicht nur eine Ausstellungszuständigkeit, sondern impliziert die Zuständigkeit für Verfahren, die hiermit im **Sachzusammenhang** stehen. Das sind die Verfahren, gerichtet auf Berichtigung, Änderung oder Widerruf des ENZ, Art. 71 EuErbVO, sowie Aussetzung der Wirkungen eines ENZ, Art. 73 EuErbVO.[3] Gleiches gilt für die Verfahren auf Erteilung einer beglaubigten Abschrift eines ENZ, Art. 70 Abs. 1 EuErbVO, und die Verlängerung der Gültigkeitsfrist eines ENZ, Art. 70 Abs. 3 EuErbVO.

Nach § 18 Abs. 2 Satz 2 HöfeO ist dann der **Hoferbe** als **solcher** im **ENZ** aufzuführen. Die Motive[4] begründen dies mit dem Inhalt des ENZ nach Art. 68 lit. l EuErbVO, mit dem „Verzeichnis der Rechte und/oder Vermögenswerte, die einem bestimmten Erben zustehen". Diese Konstellation ist gegeben, da der Hof nur dem Hoferben zusteht, § 4 Satz 1 HöfeO

§ 15 Änderung des Einführungsgesetzes zum Gerichtsverfasssungsgesetz (Art. 20)

Die Änderung tritt am Tag nach der Verkündung in Kraft, vgl. Art. 22 Abs. 2 des Gesetzes zum Internationalen Erbrecht und zur Änderung von Vorschriften zum Erbschein sowie zur Änderung sonstiger Vorschriften.

---

1 BR-Drucks. 644/14, Amtliche Begründung zu Art. 19, Änderung der HöfeO, S. 81.
2 BR-Drucks. 644/14, Amtliche Begründung zu Art. 19, Änderung der HöfeO, S. 81.
3 Dort ist jeweils von der Ausstellungsbehörde die Rede.
4 BR-Drucks. 644/14, Amtliche Begründung zu Art. 19, Änderung der HöfeO, S. 81.

2 Die Änderungsinitiative ging vom Rechtsausschuss aus (vgl Empfehlung vom 23.1.2015, BR-Drucks. 644/1/14, dort Pkt. 9). Den Anlass hierzu bildete eine fehlerbehaftete Interaktion zwischen dem 2.Kostenrechtsmodernisierungsgesetz (2. KostRMoG) vom 23.7.2013 (BGBl. I S. 2586), das am 1.8.2013 in Kraft getreten ist, und dem Gesetz zur Einführung der Rechtsbehelfsbelehrung im Zivilprozess und zur Änderung anderer Vorschriften vom 5.12.2012 (RechtsbehZPEG, BGBl. I S. 2418), in Kraft getreten am 1.1.2014. Während das 2. KostRMoG unter Art. 13, Pkt. 2, noch Folgeänderungen enthielt, die der Anpassung von Verweisungsvorschriften dienten (BGBl. I S. 2586, 2704, statt KostO nun GNotKG, siehe auch BT-Drucks. 17/11471, S. 447), nahm das Gesetz zur Einführung der Rechtsbehelfsbelehrung im Zivilprozess und zur Änderung anderer Vorschriften vom 5.12.2012 diese **redaktionellen Anpassungen** wieder zurück (vgl auch Schilderung des Rechtsausschusses vom 23.1.2015, aaO). Verantwortlich hierfür zeichnet Art. 2 Nr. 4 des RechtsbehZPEG, dort ist die fehlerhafte Implementierung von bereits außer Kraft getretenen KostO-Vorschriften enthalten. Der Änderungsvorschlag des Rechtsausschusses greift die ursprünglich intendierte und versehentlich revidierte Anpassung wieder auf, ergänzt um eine Verweisung auf § 7a GNotKG, die zwischenzeitlich zur Gesetzesrealität gewordene Verpflichtung zur **Rechtsbehelfsbelehrung**. Wortgleich übernahm der Bundesrat in seiner Sitzung vom 6.2.2015 den Vorschlag des Rechtsausschusses (vgl BR-Drucks. 644/14, dort ebenfalls Pkt. 9). In der Gegenäußerung zur Stellungnahme des Bundesrates stimmte die Bundesregierung dem Vorschlag des Bundesrates zu (vgl Anlage 4 zur BT-Drucks. 18/4201). In der Beschlussempfehlung des Rechtsausschusses vom 20.5.2015 (BT-Drucks. 18/4961) erscheint der Änderungsvorschlag nicht mehr als Artikel 3a, sondern als neuer Artikel 20. So auch der Gesetzesbeschluss des Deutschen Bundestages vom 21.5.2015 (BR-Drucks. 230/15).

§ 16 Änderung anderer Rechtsvorschriften (Art. 21)

1 In § 7a Abs. 3 Satz 2 des Bundesrückerstattungsgesetzes, § 181 Abs. 3 Satz 2 des Bundesentschädigungsgesetzes und § 317 Abs. 5 Satz 2 des Lastenausgleichsgesetzes werden die Wörter „§ 2356 Absatz 2 des Bürgerlichen Gesetzbuchs" durch die Wörter „§ 352 Absatz 3 Satz 3 des Gesetzes über das Verfahren in Familiensachen und in Angelegenheiten der freiwilligen Gerichtsbarkeit" ersetzt. Insoweit handelt es sich um redaktionelle Folgeänderungen zu der Übertragung von § 2356 BGB in das FamFG (vgl Art. 11 Nr. 4, Art. 16 Nr. 3).[1]

---

1 Vgl Regierungsentwurf BT-Drucks. 18/4201 S. 73.

Stichwortverzeichnis

Kursive Ziffern verweisen auf Teile, **fette Ziffern** auf Kapitel (§§), magere auf Randnummern.
Beispiel: Teil 1 § 2 Rn. 10 = *1* **2** 10

Abfassungsfehler
- Europäisches Nachlasszeugnis *3* **3** 21, **5** 30

Abwicklungsverfahren *3* **8** 36

Akteneinsicht *3* **3** 60

Amtsgericht Schöneberg *2* **3** 16, **7** 11; *3* **1** 4

Amtshandlungen der Auslandsvertretungen *3* **2** 2

Amtswiderspruch *3* **5** 24

Aneignungsrechts
- Ausübung *2* **3** 18

Anerkennung einer ausländischen Entscheidung
- inzidente Anerkennung *2* **2** 141
- selbstständiges Anerkennungsverfahren *2* **2** 142 142

Anerkennung mitgliedstaatlicher Entscheidungen
- Allgemeines *1* **5** 2 ff
- Nichtanerkennungsgründe *1* **5** 4 ff
- Wirkungserstreckungslehre *1* **5** 3

Anerkennungsfeststellung *3* **7** 4

Anerkennung und Vollstreckung ausländischer Titel *2* **2** 1 f

Anpassung *1* **4** 149 ff
- dingliche Rechte (Art. 31 EuErbVO) *1* **4** 154 ff
- dinglich wirkende Teilungsanordnungen *1* **4** 161
- erbenlose Nachlässe (Art. 30 EuErbVO) *1* **4** 165 ff
- Hinnahmetheorie *1* **4** 155
- joint tenancy *1* **4** 159
- Kommorienten (Art. 32 EuErbVO) *1* **4** 162 ff
- Methode *1* **4** 150 ff
- Nießbrauchrechte *1* **4** 160
- Sachnormen im IPR *1* **4** 151 ff
- spezielle Anpassungsregelungen der EuErbVO *1* **4** 153 ff
- Transposition *1* **4** 154 ff
- Trust *1* **4** 159
- unbekannte dingliche Rechte *1* **4** 154 ff
- Vindikationslegate *1* **4** 161

Anschlussverfahren *3* **8** 14, 19

Antrag *3* **5** 18

Antragsformular *3* **3** 18

Anwendung ausländischen Rechts *3* **3** 62

Anwendungsbereich EuErbVO
- Bereichsausnahmen des Art. 1 Abs. 1 EuErbVO *1* **2** 3 ff
- räumlicher Anwendungsbereich *1* **2** 17
- sachlicher *1* **2** 2 ff
- Verhältnis zu bestehenden internationalen Übereinkommen *1* **2** 18 ff
- zeitlicher *1* **2** 16

Apostille *3* **5** 21

Aufenthaltskriterium *3* **1** 3

Auffangzuständigkeit *2* **7** 12

Auslagen *3* **7** 3

Ausländische Entscheidung
- Verfahren über Anträge auf Feststellung der Anerkennung *3* **7** 4

Ausländische notarielle Urkunde
- Vollstreckbarerklärung *3* **8** 39

Ausländischer Titel
- Anerkennung und Vollstreckung *2* **2** 1 f
- Verfahren über Anträge auf Vollstreckbarkeit *3* **7** 4

Stichwortverzeichnis

Ausländischer Vollstreckungstitel
– Verfahren über Anträge auf Aufhebung oder Änderung *3 7 4*
Ausländisches Recht
– Anwendung *3 3 62*
Auslandskostenverordnung *3 2 2*
Auslandsvertretung
– Amtshandlungen *3 2 2*
Auslegung EuErbVO
– Auslegungskompetenz des EuGH *1 1 8 ff*
– europarechtlich-autonome Auslegung *1 1 6 ff*
– Rechtsfortbildung *1 1 7*
Auslegungskompetenz EuGH
– Allgemein *1 1 8 ff*
Ausschlagung
– Erbschaft *2 3 1 f*
Aussetzungsentscheidung *2 7 4*
Aussetzungsverfahren *3 3 53, 8 33*
Ausstellungsbehörde *2 5 17; 3 3 21*
Ausstellungsverzeichnis *3 3 14, 5 5*
Ausübungsstelle *2 3 21*
Auswärtiges Amt *3 2 2*
Ausweichklausel
(Art. 21 Abs. 2 EuErbVO)
1 4 18 ff
Authentifizierungsmonopol *2 7 7*
Authentizität *2 7 1*
Authentizitätsverfahren *2 7 1; 3 8 38*

Bagatellrechte
– Löschung umgestellter *3 5 13*
Beibringungsgrundsatz *3 5 21*
Bekanntgabe *2 5 32*
Bekanntgabe der Entscheidung
2 5 30
Benachrichtigungspflicht *3 3 23*
Berichtigung eines Europäischen Nachlasszeugnisses *3 3 19*
Berichtigungsverfahren *3 3 20, 8 21*

Bescheinigungen zu inländischen Titeln *3 8 40*
Bescheinigung nach § 27 IntErbRVG
– Ausstellung *3 8 40*
– Verfahren über Antrag auf Ausstellung *3 7 4*
Beschwerde *3 3 15*
– Beschwerdeberechtigung *2 6 8 ff*
– Beschwerdefrist *2 6 12 ff*
– Beschwerdegericht *2 6 5 5*
– Beschwerdeverfahren *2 6 16 ff*
– Beschwerdewert *2 6 6 f*
– Statthaftigkeit *2 6 1 1*
– Wiedereinsetzung in den vorigen Stand *2 6 15*
– Zulassung *2 5 25*
Beschwerdegericht *3 8 7*
Beschwerdesumme *2 5 25*
Beschwerde- und Rechtsbeschwerdeverfahren *3 7 4*
Besondere Bestimmungen iSv Art. 30 EuErbVO *1 4 104 ff*
Bestellung und die Befugnisse von Nachlassverwaltern
(Art. 29 EuErbVO) *1 4 101*
Beteiligtenbegriff *2 5 1; 3 3 40*
Beteiligtenfähigkeit *3 3 18*
Beteiligtenkataloge *2 5 1*
BeurkG *3 4 2*
Beweglicher Sachen
– Versteigerung *3 3 66*
Beweiserhebung *3 3 18*
Bindungswirkung *2 7 15*
Bundesanstalt für Immobilienaufgaben *2 3 21*

Damnationslegate *3 5 28*
Deutsch-belgisches Abkommen über die gegenseitige Anerkennung und Vollstreckung von gerichtlichen Entscheidungen, Schiedssprüchen und öffentlichen Urkunden *1 5 12*

Stichwortverzeichnis

Deutsch-britisches Abkommen über die gegenseitige Anerkennung und Vollstreckung von gerichtlichen Entscheidungen *1* 5 11

Deutsch-iranisches Niederlassungsabkommen *1* 4 193 ff

Deutsch-italienisches Abkommen über die Anerkennung und Vollstreckung gerichtlicher Entscheidungen *1* 5 12

Deutsch-niederländischer Vertrag über gegenseitige Anerkennung und Vollstreckung gerichtlicher Entscheidungen und anderer Schuldtitel *1* 5 12

Deutsch-österreichischer Vertrag über die gegenseitige Anerkennung und Vollstreckung von gerichtlichen Entscheidungen, Vergleichen und öffentlichen Urkunden *1* 5 12

Deutsch-schweizerisches Abkommen über die gegenseitige Anerkennung und Vollstreckung von gerichtlichen Entscheidungen und Schiedssprüchen *1* 5 11

Deutsch-sowjetischer Konsularvertrag *1* 4 201 ff

Deutsch-spanischer Vertrag über die Anerkennung und Vollstreckung von gerichtlichen Entscheidungen und Vergleichen sowie vollstreckbaren öffentlichen Urkunden *1* 5 12

Deutsch-türkischer Konsularvertrag *1* 4 197 ff

Dingliche Rechte *1* 2 12 ff

Dinglich wirkende Teilungsanordnungen *1* 4 161; *3* 5 27

Dokumentenpauschale *3* 8 31

Ehegattentestament *1* 4 75

Eidesstattliche Versicherung *2* 3 3; *3* 1 5
– Wert *3* 2 3

Eigentümer
– Eintragung *3* 5 14

Eingriffsnormen
– staatliches Aneignungsrecht *1* 4 170

Eingriffsnormen (Art. 30 EuErbVO) *1* 4 104 ff
– Anwendungsinteresse *1* 4 112 ff
– Anwendungsvoraussetzungen *1* 4 107 ff
– drittstaatliche *1* 4 112 ff
– gesellschaftsrechtliche Regelungen *1* 4 116
– Grundlagen der Eingriffsnormenproblematik *1* 4 105 ff, 108 ff
– Höferecht *1* 4 108
– Prüfungskompetenz des EuGH *1* 4 115
– Sperrwirkung *1* 4 117
– Versorgungsanwartschaften *1* 4 116
– § 14 HeimG *1* 4 117
– §§ 563 ff BGB *1* 4 116

Eintragung
– Eigentümer *3* 5 14

Eintragungsnachricht *3* 5 5

Eintragungspraxis *3* 5 14

Einwände gegen die Authentizität einer öffentlichen Urkunde *2* 7 3

Einziehung (oder Kraftloserklärung) des Erbscheins
– Änderungen *3* 11 6 f

Endentscheidung
– Verfahren *2* 5 21

Entgegennahme
– Erbschaftsannahmeerklärung *2* 3 5 f
– Erbschaftsausschlagungserklärung *2* 3 5 f
– Erklärungen *3* 1 5, 8 35

Entscheidung
– Wirksamwerden *2* 5 35

327

Entscheidungen deutscher Gerichte
- Anerkenntnisurteil 2 2 156
- Berichtigung 2 2 157
- Bescheinigungen 2 2 146 ff
- Mahnverfahren 2 2 159 ff
- Versäumnisurteil 2 2 156
- Vervollständigungen 2 2 152 ff
- Vollstreckungsklausel 2 2 158

Erbenloser Nachlass 1 4 165 ff; 2 3 10
- Anpassung 1 4 165 ff
- staatliche Aneignungsrechte mit überwiegend öffentlicher Zwecksetzung 1 4 170

Erbenlosigkeit 2 3 12

Erbnachweis
- divergierender 3 5 29

Erbschaft
- Annahme 2 3 1
- Ausschlagung 2 3 1
- Ausschlagungserklärung 2 3 2

Erbschaftsannahme
- Entgegennahme der Erklärung 2 3 5 f

Erbschaftsausschlagung
- Entgegennahme der Erklärung 2 3 5 f

Erbschein 3 3 10
- Einziehung (oder Kraftloserklärung) 3 11 6 f
- gegenständlich beschränkter Erbschein 3 6 23
- gemeinschaftlicher 3 6 17 ff
- Inhalt, Änderungen 3 6 11
- Kraftloserklärung 3 6 27 f
- örtliche Zuständigkeit 3 6 3 ff
- Testamentsvollstrecker 3 6 20
- Vorerbe 3 6 20

Erbscheinsverfahren 3 8 3
- Amtsermittlungsprinzip 2 4 15
- Änderungen 3 6 10 ff
- Angaben 3 6 12 ff
- Nachweise 3 6 12 ff
- öffentliche Aufforderung 3 6 24

Erbscheinsvorschriften
- kostenrechtliche 3 8 2

Erbstatut 1 4 7 ff
- Abgrenzung zum Adoptionsstatut 1 4 60
- Abgrenzung zum Errichtungsstatut bzw Formstatut 1 4 49
- Abgrenzung zum Gesellschaftsstatut 1 4 61 ff
- Abgrenzung zum Güterstatut 1 4 57 ff
- Abgrenzung zum Sachenstatut 1 4 55 ff
- Abgrenzung zum Vertragsstatut 1 4 50 ff
- Annahme und Ausschlagung der Erbschaft 1 4 45
- Anrechnung 1 4 48
- Ausgleichung 1 4 48
- Ausweichklausel (Art. 21 Abs. 2 EuErbVO) 1 4 18 ff
- Berechtigung am Nachlass 1 4 43
- Eingriffsnormen 1 4 64
- Enterbung 1 4 44
- Erbberechtigung 1 4 46
- Erbfähigkeit 1 4 44
- Erbgang 1 4 45
- Erbünwürdigkeit 1 4 44
- gewöhnlicher Aufenthalt 1 4 10 ff
- Gründe, Zeitpunkt und Ort des Erbfalls 1 4 42
- Haftung für Nachlassverbindlichkeiten 1 4 47
- Nachlassteilung 1 4 48
- objektive Bestimmung (Art. 21 EuErbVO) 1 4 8 ff
- Pflichtteilsrecht 1 4 48
- Qualifikation von § 1371 Abs. 1 BGB 1 4 57 ff
- Rechtswahl (Art. 22 EuErbVO) 1 4 23 ff
- Reichweite (Art. 23 EuErbVO) 1 4 41 ff

Stichwortverzeichnis

- Schenkungen von Todes wegen
  1 4 52 ff
- Verträge zugunsten Dritter auf den
  Todesfall *1* 4 54
- § 14 HeimG *1* 4 64

Erbvertrag *1* 4 74 ff
- Übergangsrecht *1* 4 81

Erinnerung
- gegen den Kostenansatz *3* 3 60
- nach § 11 Abs. 2 RpflG *3* 3 42

Erklärung
- Entgegennahme *3* 1 5, 8 35
- Formfehler *2* 3 19

Ermittlung ausländischen Rechts
1 4 187 ff
- Nichtfeststellbarkeit *1* 4 189
- Revisibilität *1* 4 190

Errichtungsstatut *1* 4 65 ff

Europäisches Nachlasszeugnis
1 7 1 ff; *3* 3 4
- Abfassungsfehler *3* 3 21, 5 30
- Änderung *1* 7 24; *2* 5 11 ff, 13;
  3 8 23
- Anfechtbarkeit *3* 5 18
- Antragsverfahren *1* 7 7 ff
- Ausfertigung *3* 5 19
- Aussetzung *3* 3 56
- Aussetzung der Wirkungen
  1 7 31 ff; *3* 3 53, 5 32
- Ausstellung *2* 5 23; *3* 3 8, 11
- Ausstellungsvoraussetzung *1* 7 5;
  3 5 17
- Berichtigung *1* 7 24; *2* 5 8;
  3 8 21
- Beschwerde *2* 6 1 ff
- Formfehler *3* 3 21, 5 30
- Fristberechnung *2* 5 41
- Gültigkeitsdauer *3* 5 22
- Gültigkeitsfrist *2* 5 41; *3* 5 22
- Gültigkeitszeitraum *1* 7 12
- güterrechtlich erhöhte Erbquote
  1 7 14
- Inhalt *1* 7 13
- inhaltliche Unrichtigkeiten *3* 3 27

- internationale Zuständigkeit
  3 6 3 ff
- Legalitätsprinzip *3* 5 18
- öffentlicher Glaube *1* 7 18 ff
- örtliche Zuständigkeit *3* 6 3 ff
- Rechtsbehelfe *1* 7 28 ff
- Richtigkeitsvermutung *1* 7 16 ff
- Schreibfehler *3* 3 21, 5 30
- Teilwiderruf *3* 3 25, 33
- Unrichtigkeitsnachweis *3* 5 4, 20
- Verfahren auf Ausstellung *3* 8 4
- Verfahren über die Aussetzung der
  Wirkungen *3* 8 33
- Verhältnis zu anderen nationalen
  Zeugnissen *1* 7 6
- Verlängerung der Gültigkeitsfrist
  2 5 26; *3* 5 23, 8 32
- Vorlage bei registerführenden Behörden *1* 7 22 ff
- Widerruf *1* 7 24; *2* 5 8, 11 ff, 18;
  3 3 33, 5 31, 8 26
- Wirksamwerden der Entscheidung
  2 5 35
- Wirkungen des Zeugnisses
  1 7 15 ff
- Zuständigkeit *1* 7 7
- Zweck *1* 7 4

Europäisches Nachlasszeugnis, beglaubigte Abschrift *1* 7 11; *3* 5 19
- Erteilung *2* 5 10, 26; *3* 3 36, 8 29
- Fristbeginn *2* 5 38
- Fristende *2* 5 42
- Gültigkeitsdauer *2* 5 37
- Gültigkeitsfrist *2* 5 37
- Gültigkeitszeitraum *3* 3 39
- Verlängerung der Gültigkeitsfrist
  2 5 10, 34; *3* 3 39, 46

EuErbVO
- Anerkennung, Vollstreckbarkeit und
  Vollstreckung von Entscheidungen
  1 5 1 ff
- Anwendungsbereich *1* 2 1 ff
- Auslegung *1* 1 6 ff

329

Stichwortverzeichnis

– Europäisches Nachlasszeugnis
  1 7 1 ff
– Internationales Privatrecht *1* 4 1 ff
– Internationale Zuständigkeit
  1 3 1 ff
– öffentliche Urkunden *1* 6 2 ff
– Überblick *1* 1 4
Exequaturverfahren *3* 8 40
Familienrechtliche Verhältnisse *1* 2 3
Festgebühr *2* 5 44, 7 16; *3* 8 29
Feststellungsbeschluss *3* 3 11
Fiktion der Rechtswahl *1* 4 37
Flüchtlinge
– UN-Übereinkommen über die Rechtsstellung *1* 4 205
Formblatt *2* 5 23; *3* 3 11, 5 18
Formblattzwang *2* 5 26; *3* 5 18
Formfehler
– Erklärung *2* 3 19
– Europäisches Nachlasszeugnis
  3 3 21, 5 30
Formgültigkeit von Annahme- und Ausschlagungserklärungen
  (Art. 28 EuErbVO) *1* 4 99
Formstatut *1* 4 86 ff
– Änderungen oder Widerruf
  1 4 94 ff
– Formgültigkeit mündlicher Verfügungen von Todes wegen *1* 4 97
– Formgültigkeit von Verfügungen von Todes wegen (mit Ausnahme von mündlichen letztwilligen Verfügungen) *1* 4 88 ff
– Rechtsgrundlage *1* 4 86 ff
– Reichweite *1* 4 95
– Verhältnis von Art. 27 EuErbVO zu HTestformÜ *1* 4 86 ff
Fortgesetzte Gütergemeinschaft *3* 5 3
Freibeweis
– Erbscheinsverfahren *2* 4 18 ff.
Fristablauf
– nach Antragseingang *3* 5 26

– nach Grundbucheintragung *3* 5 25
Fristenverordnung *2* 5 39
Funktionelle Zuständigkeit *3* 3 2
Funktionsteilung *3* 3 3, 6
Gebühren *3* 7 3
Gemeinschaftliches Testament *1* 4 75
Gerichtsstand
– besonderer *2* 3 3
Gerichtsstandsvereinbarungen
  1 3 23 ff
– formelle Voraussetzungen *1* 3 24
– materielle Voraussetzungen *1* 3 25
Geschäftsfähigkeit *1* 2 4
Geschäftswert *3* 8 13, 20
Geschäftswertvorschrift
– besondere *3* 8 24
Gesellschaftsrecht *1* 2 10
Gesetzesumgehung *1* 4 182 ff
Gewöhnlicher Aufenthalt *2* 3 1; *3* 1 2
– animus manendi *1* 4 15
– Auslandsaufenthalt *1* 4 16
– Auslandsstudium *1* 4 16
– Begriff *1* 4 10 ff
– Berufspendler *1* 4 17
– Bestimmung *1* 4 13 ff
– Einzelfälle *1* 4 16 ff
– erbrechtsspezifische Begriffsbildung *1* 4 11 ff
– „Mallorca-Rentner" *1* 4 17
– mehrfacher gewöhnlicher Aufenthalt *1* 4 17
– pflegebedürftige Personen *1* 4 16
– Strafhaft *1* 4 16
– Umzug *1* 4 16
– Verhältnis objektiver und subjektiver Kriterien *1* 4 15
GKG *3* 7 2
Grundbuch
– Berichtigung *2* 3 25
Grundbuchamt *3* 5 5
Grundbuchverfahren *3* 5 3

Stichwortverzeichnis

Grundstück
- geringwertiges *3 5 8*

Güterrecht *1 2 6*

Handeln unter falschem Recht
1 4 185

Handelsregisterverfahren *3 5 9*

Handlungsfähigkeit *1 2 4*

Herausgabeanspruch des Nacherben
- Änderung *3 11 8 8*

Herausgabeanspruch des Testamentsvollstreckers
- Änderung *3 11 8 8*

Hinnahmetheorie *1 4 155*

Hinweispflicht
- Nachlassgericht *2 3 2*

Hinwirkungspflicht
- Nachlassgericht *3 3 18*

Höfeordnung *3 3 12, 14 2*

Höferecht *1 4 108*

Honorarkonsularbeamten *3 2 2*

Hypotheken
- Löschung umgestellter *3 5 13*

Hypothetische Rückverweisung
1 4 131 ff

Hypothetische Weiterverweisung
1 4 134

Inländische Titel
- Bescheinigungen *3 8 40*

Interlokale Rechtspaltung *1 4 140 ff*

Internationales Erbrecht
- Staatsverträge *1 4 191 ff*

Internationales Privatrecht
- Annahme- und Ausschlagungserklärungen *1 4 99 ff*
- Anpassung *1 4 149 ff*
- Anpassung dinglicher Rechte
  1 4 154 ff
- Befugnisse des Nachlassverwalters
  1 4 101 ff
- besondere Vorschriften iSv
  Art. 30 EuErbVO *1 4 104 ff*

- deutsch-iranisches Niederlassungsübereinkommen *1 4 193 ff*
- deutsch-sowjetischer Konsularvertrag *1 4 201 ff*
- deutsch-türkischer Konsularvertrag *1 4 197 ff*
- Eingriffsnormen *1 4 104 ff*
- erbenlose Nachlässe *1 4 165 ff*
- Erbstatut *1 4 7 ff*
- Erbverträge *1 4 73 ff*
- Ermittlung ausländischen Rechts
  1 4 187 ff
- Formstatut *1 4 86 ff*
- Gesetzesumgehung *1 4 182 ff*
- Handeln unter falschem Recht
  1 4 185
- Kommorienten *1 4 162 ff*
- ordre public *1 4 171 ff*
- Problem des Auslandssachverhaltes *1 4 184 ff*
- Prüfungsschema *1 4 6*
- Rechtsspaltung *1 4 139 ff*
- Rechtswahl *1 4 23 ff*
- Rück- und Weiterverweisungen
  1 4 119 ff
- Staatsverträge *1 4 191 ff*
- Substitution *1 4 186*
- Überblick über die Regelungen der
  EuErbVO *1 4 1 ff*
- UN-Übereinkommen über die
  Rechtsstellung der Flüchtlinge
  1 4 205
- UN-Übereinkommen über die
  Rechtsstellung der Staatenlosen
  1 4 205
- Verfügungen von Todes wegen
  1 4 65 ff
- Vorfragen *1 4 145 ff*

Internationale Zuständigkeit *1 3 1 ff*
- allgemeine Zuständigkeit
  (Art. 4 EuErbVO) *1 3 10 ff*
- Beschränkung des Verfahrens
  (Art. 12 EuErbVO) *1 3 40 ff*
- Bestimmung der Anhängigkeit
  (Art. 14 EuErbVO) *1 3 43 ff*

331

- Gerichtsstandsvereinbarungen
  1 3 22 ff
- Kognitionsbefugnis   *1* 3 3
- Notzuständigkeit
  (Art. 11 EuErbVO)   *1* 3 32 ff
- Prüfung der Zulässigkeit
  (Art. 16 EuErbVO)   *1* 3 52, 53
- Rechtshängigkeit
  (Art. 17 EuErbVO)   *1* 3 45 ff
- rügelose Einlassung
  (Art. 9 EuErbVO)   *1* 3 27
- subsidiäre Zuständigkeit
  (Art. 10 EuErbVO)   *1* 3 28 ff
- Überblickschema   *1* 3 9
- Überblick Zuständigkeitssystem
  1 3 4 ff
- Unzuständigkeitserklärung
  (Art. 6 EuErbVO)   *1* 3 15 ff
- Vereinbarung einer außergerichtlichen Regelung der Erbsache
  (Art. 8 EuErbVO)   *1* 3 14
- Vermeidung von Parallelverfahren
  1 3 45 ff
- zusammenhängende Verfahren
  (Art. 18 EuErbVO)   *1* 3 48 ff
- Zuständigkeit bei Annahme- und Ausschlagungserklärungen
  (Art. 13 EuErbVO)   *1* 3 36
- Zuständigkeit bei einstweiligen Maßnahmen einschließlich Sicherungsmaßnahmen
  (Art. 19 EuErbVO)   *1* 3 37 ff
- Zuständigkeit bei Rechtswahl
  (Art. 7 EuErbVO)   *1* 3 17 ff
- Zuständigkeitsbegründung kraft Gerichtsstandsvereinbarung
  (Art. 7 lit. b EuErbVO)   *1* 3 22 ff
- Zuständigkeitsbegründung kraft Unzuständigkeitserklärung
  (Art. 7 lit. a EuErbVO)   *1* 3 18 ff

Interpersonale Rechtspaltung
1 4 143

Intertemporale Rechtspaltung
1 4 144

IntErbVG
- Anwendungsbereich   *2* 1 1 ff
- Sachlicher Anwendungsbereich
  2 1 1 ff
- Verhältnis zur ZPO   *2* 1 6

Inventarerrichtung   *2* 3 3

joint tenancy   *1* 4 159

Juristische Person
- Recht   *1* 2 10

Kann-Beteiligte   *2* 5 4

Kann-Beteiligtenkatalog   *2* 5 6

Kommorienten (Art. 32 EuErbVO)
1 4 162 ff

Konsularbeamten   *2* 7 11

KonsularG   *3* 1 2

Landwirtschaftliches Sondererbrecht
3 14 2

Landwirtschaftsgericht   *3* 14 2

Legalnießbrauchsrecht   *3* 5 27

Legatszeugnis   *3* 8 10

Mündliche Verfügungen von Todes wegen   *1* 2 8

Muss-Beteiligten   *2* 5 3

Nacherbe
- Änderung des Herausgabeanspruchs   *3* 11 8 8

Nachlass
- Aneignungsrecht   *2* 3 10, 23
- Teil   *3* 8 11

Nachlassgericht   *3* 5 11
- Hinweispflicht   *2* 3 2
- Hinwirkungspflicht   *3* 3 18
- Mitteilungspflichten   *3* 5 10

Nachlassspaltung   *3* 14 2

Nachlass- und Teilungssachen   *3* 3 7

Nachlassverwaltung   *2* 3 3

Nachweis der Erbfolge   *3* 5 3, 4

Nachweis der Testamentsvollstreckung   *3* 5 3

Nachweiserleichterung   *3* 5 8

Stichwortverzeichnis

Nachweistypenzwang *3 5 3*
Nichtaussetzung *3 3* 56
Nießbrauchrechte *1 4* 160
Notarielle Urkunde *2 7* 10
– Authentizitätseinwand *2 7* 10
numerus clausus *3 5* 28

Öffentliche Bekanntmachung *3 3* 18
Öffentliche Urkunde
– Allgemeines *1 6* 2 ff
– Anmeldung *3 5* 9
– Annahme *1 6* 2
– Einwände *1 6* 4 ff
– Einwände gegen die Authentizität *2 7* 3
– widersprechende Urkunden *1 6* 8
– Zuständigkeit hinsichtlich Vorfragen *1 6* 7 ff
ordre public *1 4* 171 ff
– Anwendungsvoraussetzungen *1 4* 174 ff
– Einzelfälle *1 4* 176 ff
– Methodik *1 4* 172 ff
– Prüfungskompetenz des EuGH *1 4* 181
– Verortung des kollisionsrechtlichen Anwendungsbefehls *1 4* 179 ff
– Zweck *1 4* 172

Parallelverfahren *3 8* 15
Pauschalgebühr *3 8* 4
Personen mit berechtigtem Interesse *2 5* 9
Personenstand *1 2* 3

Qualifikation von Vindikationslegaten *3 5* 28
Qualifikation von § 1371 I BGB *1 4* 57 ff

Rechtsbehelfsbelehrung *2 5* 27
Rechtsbeschwerde
– Verfahren *2 6* 25, 26
Rechtsfähigkeit *1 2* 4

Rechtsgeschäfte unter Lebenden *1 2* 9, *4* 52 ff
Rechtsmittelbelehrung *2 7* 4
Rechtspaltung
– interlokale *1 4* 140 ff
– interpersonale *1 4* 143
– intertemporale *1 4* 144
Rechtspfleger *3 3* 2
– Unterrichtungs- und Belehrungspflicht *3 3* 18
– Verfahrensführung *3 3* 9
Rechtspflegergesetz *3 3* 4
Rechtsregister *3 5* 36
Rechtsspaltung *1 4* 139 ff
Rechtswahl *1 4* 23 ff
– Änderung *1 4* 31 ff
– Bindung *3 11* 1 f
– dynamische Rechtswahl *1 4* 25
– fiktive Rechtswahl *1 4* 37
– formelle Wirksamkeit *1 4* 28
– konkludente Rechtswahl *1 4* 30
– materielle Wirksamkeit *1 4* 29 ff
– Mehrrechtsstaater *1 4* 26
– Recht der Staatsangehörigkeit *1 4* 24 ff
– Übergangsrecht *1 4* 34 ff
– Widerruf *1 4* 31 ff
Registerberichtigung *2 3* 24
Registerrecht *1 2* 15
Richtervorbehalt *3 3* 7
Richterzuständigkeit *3 3* 8
Richtigkeitsüberprüfung *3 5* 17
Richtigkeits- und Vollständigkeitsvermutung *3 5* 17
Rück- und Weiterverweisung *1 4* 119 ff
– Abbruchregelung *1 4* 122 ff
– Gesamtverweisung *1 4* 121 ff
– hypothetische Rückverweisung *1 4* 131 ff
– hypothetische Weiterverweisung *1 4* 134
– Nachlassspaltung *1 4* 128

- Nichtermittelbarkeit ausländischen Kollisionsrechts *1* 4 135
- notwendige teleologische Korrekturen *1* 4 127
- Qualifikationsverweisung *1* 4 130
- Sachnormverweisung *1* 4 136
- teleologische Korrektur bei Verweisungen auf mitgliedstaatliche Rechtsordnungen *1* 4 138
- versteckte Verweisung *1* 4 131 ff
- Verweisung auf das Recht eines (ersten) Drittstaates *1* 4 121 ff
- Verweisung auf das Recht eines (zweiten) Drittstaates *1* 4 126 ff
- Verweisung auf das Recht eines Mitgliedstaates *1* 4 122 ff
- Verweisungen auf mitgliedstaatliche Rechtsordnungen *1* 4 137 ff
- Verweisungen auf mitgliedstaatliche Rechtsordnungen mit vorrangigen Staatsverträgen *1* 4 138
- Verweisung kraft abweichender Qualifikation *1* 4 129
- Voraussetzungen einer hypothetischen Rückverweisung *1* 4 133

Schenkungen von Todes wegen *1* 4 52 ff

Schiffsregister *3* 5 36

Schiffsregisterordnung *3* 5 36

SchRegDV *3* 5 38

Schreibfehler
- Europäisches Nachlasszeugnis *3* 3 21, 5 30

Sofortige Beschwerde *2* 7 6

Sondererbrechts
- landwirtschaftliches *3* 14 2

Sonstige Personen mit berechtigtem Interesse *2* 5 9

Staatenlose
- UN-Übereinkommen über die Rechtsstellung *1* 4 205

Staatliches Aneignungsrecht *1* 4 167 ff

Staatsverträge auf dem Gebiet des Internationalen Erbrechts *1* 4 191 ff

Substitution *1* 4 186

Teilungsanordnungen
- dinglich wirkende *1* 4 161; *3* 5 27

Teilwertbildung *3* 8 25

Teilzertifikat *3* 8 11

Teilzeugnis *3* 8 25

Testamentsvollstrecker
- Änderung des Herausgabeanspruch *3* 11 8 8

Testamentsvollstreckung *3* 5 7, 8 12

Transposition *1* 4 154 ff

Trust *1* 2 11, 4 159

Übergangsrecht *1* 2 16
- Erbverträge *1* 4 81
- Rechtswahl *1* 4 34 ff
- Verfügungen von Todes wegen *1* 4 71
- zeitlicher Anwendungsbereich EuErbVO *1* 2 16

Übersendung einer beglaubigten Abschrift *2* 5 31

Unbedenklichkeitsbescheinigung *2* 3 26

Unrichtigkeitsnachweis
- Europäisches Nachlasszeugnis *3* 5 4, 20

Unterhaltspflicht *1* 2 7

Unterrichtungs- und Belehrungspflicht *3* 3 18

UN-Übereinkommen über die Rechtsstellung der Flüchtlinge *1* 4 205

UN-Übereinkommen über die Rechtsstellung der Staatenlosen *1* 4 205

Urkundsbeamte der Geschäftsstelle *3* 3 14

Vereinsrecht *1* 2 10

Verfahren
- Aussetzung *2* 7 2, 4
- Endentscheidung *2* 5 21

Stichwortverzeichnis

- Wirkungen der Aussetzung 2 7 5
Verfahren auf Ausstellung eines Europäischen Nachlasszeugnisses 3 8 4
Verfahrenseinleitung 2 5 20
Verfahrensfähigkeit 3 3 18
Verfahrensführung
- Rechtspfleger 3 3 9
Verfahrensgebühr 2 5 16; 3 8 6, 18
- Anrechnung 3 8 15 ff
Verfahren über Antrag auf Ausstellung einer Bescheinigung nach § 27 IntErbRVG 3 7 4
Verfahren über Anträge auf Aufhebung oder Änderung ausländischer Vollstreckungstitel 3 7 4
Verfahren über Anträge auf Feststellung der Anerkennung einer ausländischen Entscheidung 3 7 4
Verfahren über Anträge auf Vollstreckbarkeit ausländischer Titel 3 7 4
Verfahren über die Aussetzung der Wirkungen eines ENZ 3 8 33
Verfügungen von Todes wegen 1 4 65 ff
- Erbverträge 1 4 73 ff
- formelle Wirksamkeitsvoraussetzungen 1 4 86 ff
- Formstatut 1 4 86 ff
- gemeinschaftliche Testamente mit Bindungswirkungen 1 4 75 ff
- gemeinschaftliche Testamente ohne Bindungswirkung 1 4 66 ff
- materielle Wirksamkeitsvoraussetzungen 1 4 66 ff
- mündliche 1 2 8
- Reichweite des Errichtungsstatuts 1 4 82 ff
- Stellvertretung bei der Errichtung einer Verfügung von Todes wegen 1 4 83
- Testamente 1 4 66 ff
- Testierfähigkeit 1 4 83

- Testierfähigkeit bei Statutenwechsel 1 4 85
- Testier- und Erbverbote 1 4 83
- Verbot gemeinschaftlicher Testamente 1 4 84
- Willensmängel 1 4 83
Verfügung von Todes wegen 3 3 61
Vermutungswirkung 3 5 29
Versteigerung beweglicher Sachen 3 3 66
Verträge zugunsten Dritter auf den Todesfall 1 4 54
Vertrag zwischen der Bundesrepublik Deutschland und dem Königreich Griechenland über die gegenseitige Anerkennung und Vollstreckung von gerichtlichen Entscheidungen, Vergleichen und öffentlichen Urkunden 1 5 12
Vertretung vor Gericht 3 3 18
Verwalterzustimmung 2 3 26
Verweisungsmöglichkeit 2 7 11
Vindikationslegat 2 3 28; 3 5 27, 8 10
- Anpassung 1 4 161
- Beweiswirkung ENZ 1 7 23
- dingliche Wirkungen 1 2 12, 4 45, 161
- Eintragung in das ENZ 1 7 13
- Grundbucheintragung 1 7 23
Vollstreckbarerklärung 3 8 40
- Antrag 2 2 9 ff
- ausländische notarielle Urkunde 3 8 39
- Bekanntmachung 2 2 40
- Entscheidungen 2 2 22 ff
- Erteilung der Vollstreckungsklausel 2 2 33
- funktionelle Zuständigkeit 2 2 5
- gerichtliche Prüfung 2 2 19
- Kosten 2 2 44 44
- örtliche Zuständigkeit 2 2 4
- Prozesskostenhilfe 2 2 18 18

- Rechtsfolgen 2 2 45 ff
- Rechtsmittelverfahren vor dem Beschwerdegericht 2 2 50 50 ff
- Rechtsmittelverfahren vor dem BGH 2 2 94 94 ff
- sachliche Zuständigkeit 2 2 3
- Verfahren 2 2 6 ff
- Zustellung 2 2 43

Vollstreckbarkeit
- gerichtliche Vergleiche 1 6 10
- mitgliedstaatliche Entscheidungen 1 5 9
- öffentliche Urkunden 1 6 9

Vorbehaltsübertragung 3 3 7
Vorfrage 1 4 145 ff; 2 3 12
Vorkaufsrechtsbescheinigung 2 3 26

Wertfestsetzung 3 3 59
Wertgebühr 3 2 2
Wohnsitzkriterium 3 1 3

Zuständigkeit
- Aufenthaltsprinzip 3 6 6
- aufgrund nationaler Regelung 2 1 13 ff
- aufgrund unmittelbarer Geltung der EuErbVO 2 1 8 ff
- ausdrückliche Anerkennung der Verfahrensparteien 2 1 9
- Auseinandersetzung des Nachlasses 3 6 7
- Gerichtsstandvereinbarung 2 1 8
- internationale 1 3 1 ff
- nachlassbezogene Erklärungen 3 6 8
- örtliche 2 1 4 ff
- rügelose Einlassung 2 1 11

- sachliche 2 1 14

Zwangsvollstreckung
- Antrag auf Versteigerung beweglicher Sachen 2 2 112
- Antrag iSd § 18 Abs. 2 2 2 113
- Durchführung 2 2 107 ff
- einstweilige Anordnungen 2 2 126 126
- Einwendungen des Schuldners 2 2 116 ff
- Rechtsschutzmöglichkeiten des Gläubigers 2 2 134 ff
- Schadensersatz 2 2 127, 129, 131
- Sicherheitsleistung 2 2 48
- Sicherheitsleistung durch den Schuldner 2 2 109
- Umfang 2 2 46 ff
- unbeschränkte Fortsetzung der Zwangsvollstreckung 2 2 138 f
- Verfrühungsschaden 2 2 132
- Versteigerung beweglicher Sachen 2 2 137
- Verstoß gegen die Beschränkung der Zwangsvollstreckung auf Sicherungsmaßregeln 2 2 134
- Vollstreckungsabwehrklage 2 2 119 f
- Wegfall der Entscheidung des Ursprungsmitgliedstaats 2 2 128 f
- Wegfalls der Vollstreckungskraft der Entscheidung des Ursprungsmitgliedstaats 2 2 121 ff

Zwangsvollstreckung aus ausländischen Titeln
- Zulassung 3 7 4